비창적 사고로 혁신을

비창적 사고로 혁신을
틀에 박힌 상식의 창조적 파괴

초 판 1쇄 2025년 02월 20일

지은이 박진용
펴낸이 류종렬

펴낸곳 미다스북스
본부장 임종익
편집장 이다경, 김가영
디자인 임인영, 윤가희
책임진행 이예나, 안채원, 김요섭, 김은진, 장민주

등록 2001년 3월 21일 제2001-000040호
주소 서울시 마포구 양화로 133 서교타워 711호
전화 02) 322-7802~3
팩스 02) 6007-1845
블로그 http://blog.naver.com/midasbooks
전자주소 midasbooks@hanmail.net
페이스북 https://www.facebook.com/midasbooks425
인스타그램 https://www.instagram.com/midasbooks

ISBN 979-11-7955-088-1 03190

값 27,500원

미다스북스는 다음세대에게 필요한 지혜와 교양을 생각합니다.

비판적 창의적 사고로 혁신을

판적
의적

틀에 박힌 상식의
창조적 파괴

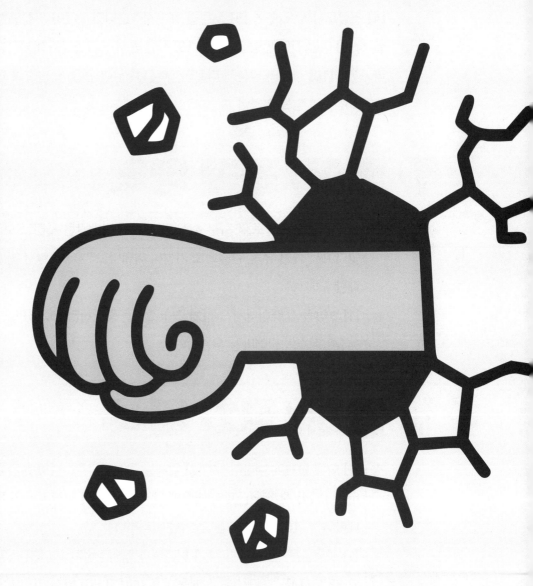

박진용(찌눙쌤) 지음

미다스북스

중상위권 학생들이 한탄하는 게 있다. 아무리 '노·오·력'해도 최상위권 학생들은 따라 잡을 수 없다고, 타고난 머리는 어쩔 수 없다고. 그런데 정말 타고난 머리일까? 혹시 어느 도시에선 아이큐가 높은 아이들이, 어느 도시에선 아이큐가 낮은 아이들이 태어난다는 이 야기를 들어 본 적이 있는가? 그런 일은 이제까지 한 번도 없었고 앞으로도 결코 일어나지 않을 것이다. 지적 수준은 아이큐가 아닌 교육 여건과 공부 방식에 좌우된다. 후진국의 시 골 아이들은 저능하게 태어나서가 아니라 교육 여건이 열악하여 지적 수준이 낮고, 선진 국의 도시 아이들은 좋은 두뇌를 갖고 태어나서가 아니라 교육 여건이 좋아 지적 수준이 높은 것이다. 교육 여건이 같을 땐 어떻게 공부하느냐에 따라 실력이 달라진다. 중상위권 학생들에게 필요한 게 이것이다. 공부 방식의 차이가 하루하루 쌓이고 쌓여 실력 격차가 점점 더 벌어진다. 머리를 탓하지 말고 자신의 공부 방식에 뭐가 문제인지 살펴봐야 한다.

공식적인 통계 자료가 없어서 단정 지을 순 없지만 필자는 공부 방식에 따라 아이큐도 달라진다고 생각한다. 필자는 중학교 입학할 때 새 각오를 다졌다. 어차피 해야 할 거라면 즐기며 해 보자고 마음먹었다. 마음을 고쳐먹자 읽기, 쓰기, 외우기를 좋아하게 됐고, 요 리조리 궁리하는 그리기, 만들기, 문제풀기가 즐거워졌으며, 매시간 모든 수업을 재미있 게 듣게 됐다.[1] 그렇게 3년을 보낸 결과 중학교 때 딱 100이었던 아이큐가 고등학교 때 확 달라졌다.

누군 그러고 싶지 않아서 그러느냐, 나도 각오는 해 봤지만 안 됐다고 낙담하는 독자들 도 있을 것이다. '작심3일'이라 한숨 쉬면서. 필자도 작심3일에서 자유롭지 못했다. 하지

---

1   유감스럽게도 이로 인해 수업시간에 졸거나 딴 짓하는 아이들을 이해하지 못하게 됐고, 이게 이어져 교사 초년 시절엔 이런 아이들 을 혼내키는 고지식한 교사로 지내게 됐다.

만 이를 역으로 생각했다. 3일마다 각오를 다지자고. 그러기 위해 낙서장을 한 권 마련했다. 마음이 흐트러질 때마다 "○월 ○일(요일) ○시, 찌농아 힘들지? 쫌만 더 해 보자. 딱 3일만!"이라고 끄적이고, 땅에 팻말을 박은 이정표를 그리곤 "찌농아, 아자, 가자!"라고 새겨 넣었다. 꽃, 나비 그리고 엄지척 그림도 숱하게 그렸다. 중학교 3년간 낙서장 한 권을 이런 식으로 채웠다. 물론 고교 때도 계속했다.

필자는 8남매 중에 막내다. 같은 부모로부터 같은 유전자를 갖고 태어났지만 8남매 모두 두뇌가 다 다르다. 교육 여건과 공부 방식이 서로 달랐기 때문이다. 만약 두뇌가 유전적 요인에 의해 결정된다면 석기시대의 인간과 지금의 인간의 두뇌는 같아야 한다. 개나 원숭이는 석기시대나 지금이나 두뇌가 같다. 하지만 인간은 다르다. 석기인의 두뇌는 현대인의 두뇌에 비교조차 할 수 없다. 도구와 언어를 사용하고 관찰과 사고를 함으로써 두뇌가 엄청 발달된 것이다. ─(「§Ⅴ.-[10]털 없는 원숭이로의 진화?」참조) 두뇌는 타고나는 것보다 어떻게 개발하느냐가 더 중요하다.

필자는 "사람은 보는 만큼 알게 되고, 세상은 아는 만큼 보인다."고 생각한다. 선진국의 아이들과 후진국의 아이들, 공부하는 아이들과 노는 아이들은 보는 것에 차이가 크다. 이에는 눈으로 보는 것과 머리로 보는 것이 있다. 눈으로 보는 것 못지않게 머리로 보는 것도 중요하다. 머리로 본다 함은 이리저리 생각해 본다는 것인바, 이는 필자가 이 책을 비창적(비판적·창의적) 사고에 초점을 맞춘 이유이기도 하다. 머리를 탓하는 사람들의 공통점이 생각하길 귀찮아 한다는 것이다. 귀찮아하지 말고 끈기를 갖고 이 책을 끝까지 꼼꼼히 읽어 보자. 두 번 세 번 읽고 나면, 세상을 보는 안목이 확 달라질 것이다. 아는 것이 힘이라는 것을 새삼 느끼게 되고, 모르면 모르는 만큼 손해라는 것도 깨닫게 될 것이다.

인터넷에 '아는 게 힘이다.'에 대해 '모르는 게 약이다.'라는 말로 대비시킨 글이 많다. '맞아, 아는 게 다 좋은 것만은 아니지.'라며 고개를 끄덕일 독자도 있을 것이다. 그러나 전자와 후자를 대비시키는 것은 번지수를 잘못 짚은 것이다. 전자는 '지식·식견·지혜'를, 후자는 '비밀·사정·사연'을 일컫기에 서로 대비시킬 상대가 아니다. 후자는 '무소식이 희소식'과 같은 계통의 말이지 결코 무지·무식이 좋을 수도 있다는 비유가 아니다. '부부 간에 과거의 비밀은 서로 알게 되면 파탄이 일어날 수 있으니 차라리 모르는 게 낫다.'는 식의 경우에 쓰이는 말이다. 부부가 무지·무식해서 좋은 경우도 있다는 말이 아니다.

'아는 게 힘'에 대해 '식자우환'을 대비시킨 글도 많다. '아는 게 병'이라는 식자우환은, "손바닥에 수많은 균이 있다는 것을 늘 인식하고 산다면 어떨까? 내가 먹는 음식의 성분들이나 위해성을 안다면 더 행복할까? 물건에서 균이 옮을까 봐 다른 사람이 쓰던 물건을 만지지 않는 사람도 있다. 이런 게 알아서 생긴 병이다."처럼 설명한다. 노래방 마이크에 위생 커버가 씌워져 있지 않으면 노래하길 꺼리는 사람, 여럿이 사용하는 식수대는 그 안의 잔류된 물에 대장균이 득실거린다면서 개인용 생수병을 들고 다니는 사람, 식당에 나오는 물티슈에 들어가는 성분이 가습기 살균제와 유사한 유해 성분이라고 물티슈로 손닦이를 마다하는 사람 등을 두고 '아는 게 병'이라고 한다.

하지만 이런 사례들은 아는 게 병이 아니라 '어설피 아는 게 병이다'라고 해야 한다. 헛똑똑이(헛똑이)가 병인 것이다. 헛똑이들은 위생을 잘 아는 것처럼 행세하지만 정작 이사람 저사람 손을 거쳐 온갖 세균이 묻어 있다는 지폐와 동전, 출입문 손잡이, 화장실 문고리, 엘리베이터 버튼을 아무 거리낌 없이 만지고 누른다. 여러 사람이 거쳐 간 스파의 온천탕에 홀랑 벗고 들어가고, 이 사람 저 사람 걸터앉았던 공용화장실의 좌변기에 엉덩이 까고 잘만 앉는다. 깨끗이 씻긴 했어도 이 사람 저 사람 입에 들어갔다 나온, 남의 침이 잔뜩 묻었었던 식당 수저를 거침없이 제 입에 쏙 집어넣는다. 식당에서 손님이 먹다 남긴 반찬을 다시 내오면 기겁하면서 집에서 식구끼리 먹다 남긴 반찬은 다시 꺼내 잘도 먹는다. 이런 유(類)는 위생 전문가란 사람들도 마찬가지이므로 이들도 헛똑이의 범주에서 벗어나지 못한다.[2] 식자우환은 헛똑이를 향하여 "하나만 알고 둘은 모른다." 또는 "하나를 알아도 제대로 알아라."로 바꿔야 한다.

과자 공장 직원 중에 과자튀기는 기름, 공정에 들어가는 재료, 제조 과정의 위생 상태 등이 어떻고 저떻고 하면서 자기 공장 과자는 안 먹기도 하는데, 이런 사람들이 정작 다른 회사 과자는 잘도 먹는다. 지금은 많이 사라졌지만 1970년대부터 1990년대까지 전 국

---

2   올바른 위생에 대해선 「§V-[11] 의술의 발달로 멍청해졌다?」를 참고하시라.

민의 사랑을 받았던 공중전화 부스를 보자. 이 사람 저 사람 검지로 눌러댔던 전화기 번호 버튼, 손으로 쥐었던 송·수화기의 손잡이, 귀에 대고 듣던 수화기, 입에 대고 말하던 송화기.[3] 공중전화 부스에선 헛똑이가 기겁할 비위생 상황이 연출되는데도, 부스 밖에 줄서서 기다리는 것이 일상이었던 그 시절에 어느 누구도 위생 장갑 끼고 버튼과 손잡이를 다루지 않았고 송·수화기에 위생 커버를 씌우지 않았다. 물론 헛똑이들도 마찬가지였다.

비 올 때 우산 없는 사람이 '뛰어갈 것이냐, 걸어갈 것이냐'라는 유명한 논쟁이 있다. 일전에 방영된 '호기심 천국', '스펀지' 등의 TV프로에서도 다뤄졌었다. 당시 3명의 이·공학 박사가 나와 '뛰는 게 낫다/뛰나 걸으나 마찬가지다/뛰면 도리어 더 많은 비를 맞는다'로 갈라져 자신의 주장을 기하와 벡터 등 어려운 수식을 칠판에 적어 가며 설명했다. 세 번째 주장은, 곧추선 자세로 걸을 때와 앞쪽으로 기울인 자세로 달릴 때, 머리, 어깨, 가슴, 등, 배처럼 위치가 고정된 부위와 팔, 다리처럼 위치와 자세 형태가 변하는 부위로 나누고, 수직으로 떨어지는 빗방울이 각 부위별로 맞게 되는 각도와 그 각도에 따른 벡터 범위의 빗방울 양을 구한 다음, 여기에 걸을 때와 달릴 때 걸리는 시간 계수를 곱하여 모든 부위가 맞는 빗방울 총량을 계산하는 등, 무지무지 복잡하게 설명하고는, 한 지역에 내리는 비는 빗방울의 양이 균일하므로 A지점에서 D지점으로 '곧장' 뛰어가면 A지점의 빗방울도 맞고 B, C, D 각 지점의 바로 앞에 떨어지는 빗방울도 미리 가서 맞는 것이므로 걸어가는 것보다 뛰어가는 것이 더 많은 비를 맞게 된다는 논리였다. 전공지식이 없으면 도통 알아들을 수 없는 설명이었다.

세 분 모두 전문적인 설명을 했지만 이·공학 전문가이기에 전공의 틀에 갇혀 지엽적인 사고에서 맴돌 뿐이었다. 틀에서 벗어난 비창적 사고의 빈곤을 여실히 보여 줬다. 한 지역에 쏟아지는 빗방울의 양이 균일하다는 전제에 이미 답이 있다. 어느 지점이라도 내리는 빗방울의 양이 균일하므로 자세가 어떻든 간에 비를 40초 동안 맞으면 10초 동안 맞는 것보다 4배 더 많이 노출된다. 보통 걷기보다 달리기가 4배 빠르므로 A지점에서 D지점까지 10초에 뛰어가면 40초를 걸어간 것보다 1/4 적게 맞는 것이다.[4]

---

3   송화기에 침 튀기며 말하는 사람 꽤 있었다.
4   극단적으로 A지점에서 D지점까지 후레시맨이 0.1초도 안 걸려 달려가는 것과 나무늘보가 30분 걸려 기어가는 것을 비교해 보라. '가

어떤가, 논쟁거리도 아닌 걸 논쟁하는 것이 한심해 보이지 않는가? 한심한 논쟁을 한방에 날려버리는 통찰적 사고의 위력이 느껴지는가? 이 책을 읽고 나면 전문가로 행세하는 헛똑이(사이비)에 휘둘리지 않는 비창력이 쑥 커질 것이다. 하지만 입력하는 대로 저장이 되는 컴퓨터와 달리 인간의 두뇌엔 한계가 있기 때문에 단 한 번 읽은 것으로 체득·체화할 수 없을 것이다. 필자는 필자가 쓴 글임에도 불구하고 체득·체화를 높이기 위해 틈나는 대로 계속 읽고 있다. 읽으면 읽을수록 한층 더 깊어짐이 느껴진다. "사람은 보는 만큼 알게 된다."의 첩경을 "이 책을 보는 만큼 알게 된다."로 삼으시라. 2번이고 3번이고 횟수를 가리지 말고 틈나는 대로 천천히 곱씹으며 읽어서 체득·체화를 최대로 끌어올리시길 바란다.

세상에 사이비와 엉터리가 많아 이를 혁파하는 글이 그만큼 많아졌다. 원래 이 책의 글들은 통찰적인 성격이 강해 몇몇을 제외하곤 딱히 어느 한 영역으로 가둘 수 없는데, 꼭지가 많다 보니 무슨 글이 어디에 있는지 찾기 어려울 것 같아 굳이 주제별로 영역을 나눠 편제했다. 영역을 나누다 보니 제목이 거창한 것도 생겼다. 그러나 주눅 들지 마시라. 전문 지식이 없어도 술술 읽을 수 있게 '찌농'스럽게 썼다. 영역별로는 가볍게 읽을 수 있는 짧은 글부터 배열하고 시간이 드는 긴 글은 뒤쪽으로 배치했다. 스피드 시대라서 앞쪽만 읽고 뒤쪽은 읽지 않을까 우려된다. 하지만 뒤쪽의 긴 글들도 칼럼 형식이라 읽는 데에 5분 남짓밖에 안 걸린다. 몇 시간 걸려 읽어야 하는 소설이나 논문형 도서에 비하면 무척 짧은 편이다. 여유를 갖고 찬찬히 뒤쪽의 글들도 모두 읽어 보시기 바란다. 읽는 시간 대비 얻는 것을 가독비(價讀比)라 할 때 이 책의 모든 글이 가독비가 높다고 자부한다.

한편, 영역을 나눈 관계로 독자들이 자신의 관심분야가 아닌 영역은 읽지 않을까도 우려된다. 이 책에 실린 글들은 대부분 한쪽에 치우친 편향성을 비창적으로 혁파하는 내용으로 채워져 있다. 몇몇 영역만 읽으면 비창적 사고가 그 영역에만 머물어 지엽적인 비창력에 그친다. 통찰적인 비창력을 기르기 위해 영역을 가리지 말고 모두 읽어 보시기 바란다. 좋아하는 음식만 편식하지 말고 골고루 먹어야 몸이 건강해진다. 관심 있는 영역만 편

랑비에 옷 젖는다'는 속담을 응용해도 쉽게 풀 수 있다.

독하지 말고 골고루 읽어 머리를 건강하게 하시길 바란다.

이 책엔 생활의 팁과 난센스 · 아재개그를 곳곳에 달아 놨다. 난센스 · 아재개그를 책의 취지에 걸맞지 않은 군더더기 말장난으로 여길 수도 있겠지만, 필자는 사고의 유연성과 창발성에 보탬이 된다고 생각하여 심혈을 기울여 실었다. 실없다고 넘기지 말고 가볍게 생각하며 보시면 좋을 것 같다. 이 책은 원래 비창적 사고의 함양을 취지로 썼다. 하지만 차가운 머리 못지않게 따뜻한 가슴도 중요하다고 생각한다. 가슴으로 읽을거리를 각 영역 끝에 「머리를 식혀요」로 실었다. 「머리를 식혀요」에 등장하는 인물은 모두 가명이며 '필자'나 '나'라는 표현은 몰입감을 높이기 위한 장치로 동원한 것이다. 실제가 아니므로 오해하지 않길 바란다. 잔잔하고 여유로운 마음으로 읽고 음미할 가치가 있다고 생각한다.

끝으로, 졸고임에도 불구하고 흔쾌히 출간을 수락해 주신 미다스북스 출판사에 진심으로 감사의 말씀을 전한다. 주제넘은 생각일지 모르지만 미욱한 이 책이 미다스북스 출판사가 노다지를 캐는 '미다스의 손'이 되길 간절히 기원한다.

> **일러두기**
>
> 이 책엔 표기법에 어긋난 비표준어와 과격하거나 고상하지 못한 표현들이 종종 나온다. 아재 개그를 비롯한 온갖 필자의 생각을 되도록 생생히 살려 쓰기 위한 것일 뿐 다른 불순한 의도가 있어서 그런 것이 아니라는 것을 너그러이 이해해 주시기 바란다.

PART 1

비창적 사고의 길라잡이

"비창적 사고의 첫걸음, 요령을 터득하라"

**Critical Creative
Thinking Innovation**

【 1 】 가로줄 옷이 날씬하다

보통 가로줄 무늬 옷을 입으면 뚱뚱해 키 작아 보이고 세로줄 무늬 옷을 입으면 날씬해 키 커 보인다고 믿고 있다. 중학교 기술 · 가정 교과서에도 실려 있는 내용으로 상식 중의 상식으로 통한다. 그런데 주위를 둘러보면 세로줄 옷보다 가로줄 옷이 훨씬 눈에 많이 띈다. 뚱뚱해 키 작아 보이고 싶어서 가로줄 옷을 입는 사람은 없을 것이다. 필자는 가로줄 옷은 시각적으로 안정감을 주는데 비해 세로줄 옷은 불안감을 준다는 생각에 사람들이 가로줄 옷을 선호하는 것이라고 생각했었다. 반면에 순발력이 중요한 운동선수에겐 안정감보다 역동감을 주기 위해 세로줄 옷 유니폼이 꽤 쓰인다는 이유로도 파악했었다.

그러나 뜻밖에도 영국 요크대학 지각 전문가 피터 톰슨 박사팀은, 가로줄 옷과 세로줄 옷을 입고 있는 같은 체형의 여성 사진 200장을 본 사람들이 가로줄 옷 여성이 세로줄 옷 여성보다 6% 더 날씬해 보인다고 답했다고 밝혔다. —(2002.9.12. 영국 텔레그래프 신문) 이는 같은 정사각형이라도 가로줄로 등분하면 세로로 긴 직사각형으로, 세로줄로 등분하면 가로로 긴 직사각형으로 보인다는 생리 광학자 '헬름홀츠'의 정사각형 이론을 입증한 것으로, 사람들이 가로줄 옷은 안정감뿐만 아니라 날씬하고 키 커 보이기 때문에 세로줄 옷보다 선호한 것이다. 여러 사람의 오랜 경험에 의한 합리적 선택이다.

○ TYPE

의외로 상식으로 여기는 것에 사회적 편견이나 비합리적 선입관에 의한 것이 많다. '이열치열'도 상식으로 통한다. 더운 여름날에 뜨거운 삼계탕을 먹는 것을 이열치열이라 한다. 삼계탕을 땀 흘려 가며 먹은 것이지 더위를 제압한 게 아니다. 이열치열이라면 삼계탕을 땡볕에 앉아 먹어야 하지 않겠는가? 삼계탕은 허해지기 쉬운 여름철의 보신용이지 이열치열은 아니다. 매운 고추를 매운 고추장에 찍어 먹는 것을 이열치열이라고 설명한다. 하지만 고추와 고추장의 매운 정도가 중간 값으로 형성된 것이지 다스려진 게 아니다. 100℃ 물에 40℃도 물을 부어 70℃로 만든 것을 두고 열을 열로 낮췄다고 하지 않는다. 불나면 물로 끄지 불 질러 제압하진 않는다. 열을 열로써 다스린다는 것은 과학적 근거 없다고 봐야 한다. 이 책에는 상식처럼 보이지만 과학적 근거가 없는 갖가지 편견과 선입관을 부수고 합리적 판단을 이끌어 내고자 애썼다. 이 책을 읽고 또 읽어 합리적 판단력을 기르시기 바란다.

【2】삼인행 필유아사?

세 사람이 걷고 있다면 그중에 반드시 나의 스승이 있다는 '3인행 필유아사'(三人行必有我師)는 『논어』에 나오는 말로, 나보다 못한 사람에게도 배울 점이 있다는 가르침이다. 그런데 이를 액면 그대로 한번 뜯어 보자. 갑, 을, 병 3인의 스승과 제자 관계를 부등호로 표시하면, '갑〉을'이고 '을〉병'이면 '갑〉을〉병'이므로 병은 어느 누구의 스승이 되지 못하고, '갑〉을'이고 '을〈병'이면 을은 어느 누구의 스승이 못 된다. 어느 누구의 스승이 되지 못하는 사람이 생기므로 논리적으론 성립되지 않는 명구다.

"좋은 친구를 사귀어라."는 교훈 중의 교훈으로 꼽히는데, 이도 액면 그대로 뜯어 보자. 네 명의 또래가 있을 때 이들을 '좋음'의 급에 따라 A, B, C, D로 나누면, A는 자신보다 급이 낮은 B, C, D를 모두 친구로 사귈 수 없다. 또한 B는 A를 친구로 사귀어야 좋은 친구를 사귀게 되는데 A가 거부할 것이고 C와 D는 자신보다 급이 낮아 친구로 사귈 수 없게 된다. "좋은 친구를 사귀어라."는 "나보다 나은 친구를 사귀어라"로 전용되기도 하는데, 이는 "나보다 못한 자를 벗하지 마라."라는 '무우불여기자'(毋友不如己者·『논어』)와 상통한다. 이들은 표현만 다를 뿐 논리적으론 성립하지 않는 격언이다.

◯TYPE

너무도 지당한 교훈일지라도, 아예 상식으로 받아들여지는 것일지라도, 논리에 맞는지 아닌지를 한번쯤 비창적(비판적·창의적)으로 곱씹어 보자는 취지로 썼다. 결코 교훈을 무시하자는 건 아니다. 논리적으로 성립할 수 없는데도 일상적으로 하는 다른 예로, "○○는 아무나 하나? ○○도 해 본 놈이 하는 거여!"라는 말을 들 수 있다. 어설픈 의지나 실력으로 섣불리 나서지 말라는 것인데, 이에 대해 액면 그대로 뜯어 보자. 쩌는 강연으로 유명한 강사 '쩌눙'이 있다고 할 때 쩌눙이는 강연을 언제부터 했을까? 언제든 첫 강연은 있어야 한다. 첫 강연을 하려할 때 "강연은 아무나 하나? 강연도 해 본 놈이 하는 거여!"라는 말을 곧이곧대로 들으면 쩌농이는 이전에 강연을 해 본 적이 없기에 '쩌는 강연'을 아예 시도조차 할 수 없게 된다. 쩌농이뿐만 아니라 어느 누구도 강연은 할 수 없게 된다.

【 3 】무용지물의 고사

옛날에 한 유명한 목수가 제자와 함께 좋은 목재를 찾아다니다 어느 산속에서 아주 큰 아름드리나무를 만났다. 목수는 힐끗 한 번 쳐다보고는 그냥 지나갔다.

제자: 스승님, 제가 스승님을 좇은 이후로 이렇게 우람한 나무는 처음 봅니다. 그런데 왜 스승님은 거들떠보시지도 않고, 못 본 척 그냥 지나치십니까?

목수: 저 나무는 아무짝에도 쓸모없는 나무이니라. 쓸모가 있었으면 진작에 누군가가 베어갔겠지. 쓸모가 없어서 방치돼 저토록 아름드리로 자랄 수 있었던 것이니라.

제자: 오~오~, 스승님의 안목은 역시 남다르십니다.

'아하~!'하고 무릎을 탁 치게 하는, 절정의 고수는 '뭐가 달라도 다르구나!'라고 생각하게 하는, '무용지물'(無用之物)의 고전 이야기다. 그런데, 감탄을 자아낸 것은, 유명한 목수라면 최고의 전문가일거라는 선입관에서 비롯된 게 아닐까? 전문가라는 타이틀을 지워버리고 비창적(비판적·창의적)으로 뜯어 보자.

과연 이 목수는 몇 년 된 나무를 벨 수 있을까? 목수의 말에 따르면 500년 된 나무는 쓸모가 없어 500년간 베어지지 않고 방치돼 자란 것이 된다. 마찬가지로 100년, 50년, 10년, 5년, 1년 된 나무는 각각 쓸모가 없어서 100년, 50년, 10년, 5년, 1년간 베어지지 않고 방치되어 자란 것이 된다. 그러면 벨 나무가 아예 없지 않은가? 성립할 수 없는 것을 교묘한 요설(妖說)로 제자를 현혹한 것이다. 목수는 최고수인 양 행세하는 사이비이다.

"비워라. 그래야 채우고, 버려라 그래야 얻느니라."도 그럴 듯한 요설이다. 채우기 위해 비우는 것인데 그럼 채우고 나서 또 비워야 한다. 대체 뭐 하러 비운단 말인가? 욕망을 버려야 참됨을 얻는 다는데 '참됨을 얻음' 자체가 욕망이다. 이 책은 '참됨의 욕망'으로 태어났다. 욕망이 없으면 참됨을 얻을 수 없다. '일장춘몽'이란 부귀영화의 덧없음을 일깨우는 교훈으로 잘 통한다. 그렇다면 학생들에게 열심히 공부하란 소릴 하지 말란 말인가? 우리는 인생의 부귀영화를 위해 갈고닦아야 한다. 비록 한순간에 그칠지라도 부귀영화를 누리기 위해 힘써야 한다. '일장춘몽'이 비록 꿈일지라도 그런 꿈을 꿀 수 있어야 인생은 아름다워진다. 우리 일상은 이런 사이비의 교묘한 언변과 술수에 현혹되는 경우가 비일비재하다. 이 책을 읽고 '◯◯전문'이란 강력한 현혹 장치로 그럴싸하게 포장된 갖가지 사이비를 깔끔하게 쓸어버리시기 바란다.

【 4 】조삼모사의 오해

중국의 송나라에 원숭이를 좋아해 키우는 저공이란 사람이 원숭이가 늘어 먹이로 주는 도토리가 넉넉잖게 되자 원숭이들에게 "이제부터 도토리를 아침에 3개, 저녁에 4개씩 주겠다."라고 했다. 그러자 원숭이들이 모두 화냈다. 이에 저공이 "그럼 아침에 4개, 저녁에 3개를 주겠다."라고 했다. 이에 원숭이들은 좋아하며 고개를 끄덕였다고 한다. 이 고사에서 조삼모사가 유래했다.

조삼모사(朝三暮四)는 눈앞의 이익에만 급급하여 전체를 바라보지 못하는 어리석음을 꾸짖는 이야기로, 또는 교묘한 술수로 남을 농락함을 빗댈 때 쓰이고 있다. 하지만 결코 원숭이는 어리석은 것이 아니다. 수학적 계산법과 실생활의 계산법은 사뭇 다르다.─「『§Ⅱ-[3] 묘한 계산법」 참조) 실생활에 교환법칙을 함부로 적용하면 안 된다.

〈아침에 3개, 저녁에 4개〉나 〈아침에 4개, 저녁에 3개〉나 같다고 본다면, 〈아침에 0개, 저녁에 7개〉도 〈아침에 7개, 저녁에 0개〉와 같다고 봐야 한다. 한 달간 원숭이가 받는 도토리를 생각해 보자. 총 210개인데 이를 첫날 아침에 미리 다 준 것이나, 한 달간 전혀 주지 않다가 마지막 날 저녁에 한꺼번에 준 것이나 같다고 할 수 있는가? 단적인 말로 아침에 3개 먹고 죽은 원숭이와 4개 먹고 죽은 원숭이를 어찌 같다고 하겠는가? 30년 근무해서 받을 봉급을 미리 전부 받는 것과 30년 근무한 뒤에 한꺼번에 받는 것을 비교해 보면 쉽게 이해할 수 있을 것이다.

실생활에선 선후의 원리가 중요한 경우가 의외로 많다. 쉬운 문제를 먼저 풀고 어려운 문제를 나중에 푸는 것도 선후의 원리를 적용한 지혜다. 뒤에 언급하는 「§Ⅰ-[6] 오십보백보의 진실」도 선후 관계의 중요성과 연관된다. 그런데도 선후 관계를 도외시하고 교환법칙을 함부로 적용한다. 일례로 2012년에 이명박 정부가 내수 활성화를 위해 연말정산을 추석 전으로 앞당겨 시행하자 "조삼모사로 국민을 우롱한다."라는 여론이 비등했었다. 좋은 일을 조삼모사에 빗대니 다시는 시행하지 않게 됐다. 굴러온 호박을 걷어찼다. 국민 스스로가 '조삼모사의 어리석음'에 얽매인 셈이다.

【5】누구를 태우시겠습니까

미국의 유수한 어느 회사 면접시험에 다음과 같은 질문이 던져졌다고 한다.

> 당신은 지금 당신이 살던 도시에 폭풍이 몰려온다는 뉴스를 듣고, 2인용 빨간 스포츠카를 몰고 도시를 급히 빠져 나가고 있습니다. 그러던 중 버스 정류소에 버스를 기다리는 3사람을 목격합니다. 한 사람은 당신의 평생 은인, 한 사람은 꿈에 그리던 이상형의 여자/남자, 다른 한 사람은 생명이 위급한 할머니 환자. 당신이 몰고 가는 차는 2인용 스포츠카라 한 명만 더 태울 수 있습니다. 당신은 누구를 태우시겠습니까?

인터넷에 '누구를 태우시겠습니까?'를 치면 위와 같은 글이 무척 많이 뜬다. 유튜브에 동영상으로도 많이 소개돼있다. 면접에서 최고점을 받은 답변은 기발한 발상의 전환에 있다고 강조한다. 혹시 최고점을 받은 답변을 아시는가? "평생 은인에게 자동차 키를 주어 위급한 할머니를 태우고 가게 하고 자신은 이상형의 여자/남자와 함께 버스를 기다리겠다." 몇 해 전 필자가 다뤘던 고등학교 논술 교과서에도 '창의적인 글쓰기'로 이것이 소개됐었다. 이걸 보고 학생들은 '우와~!' 하는 반응을 보였다.

그런데 앞의 답변에 최고점을 준 회사도, 이를 기발한 '발상의 전환'이라고 찬탄하는 이들도 한심하다. 논술시험에서 제시된 조건을 지키지 않으면 무조건 낙제 처리된다. 'A와 B 중 하나를 선택하여 자신의 의견을 개진하라.'라는 논술에서 C를 선택하여 의견을 개진하면 헛소리만 늘어놓았다고 거들떠보지도 않는다. 이를 '전제 망각', 또는 '조건 위반'의 오류라고 한다. 셋 중에 누구를 태우겠냐고 물었는데, 자기가 내리겠다고 했으니 중대한 전제 위반이다. 전제 조건을 위반한 것이 기발한 답이라면 필자는 그보다 더 기발한 답을

낼 수 있다. (예) "모두 다 태우겠습니다."-1) 스포츠카의 트렁크가 엄청 넓었습니다. 2) 타고 오던 차를 바꿨습니다./"빠져나가던 도시로 되돌아가겠습니다."-1) 폭풍이 지나갔습니다. 2) 알고 보니 뉴스는 오보(誤報)였습니다./"아무도 안 태우고 그냥 가겠습니다."-1) 버스가 내 차 뒤에 바로 왔습니다. 2)사람을 잘못 봤어요. 알고 보니 그 셋은 동네깡패였습니다./"폭풍을 멈추게 하겠습니다."-저는 초능력자[1]입니다.

○ TYPE

　　전제 망각은 본질 망각과도 통한다. 또한 본질을 몰라 편향성에 빠지는 오류와도 상통한다. 신이란 발을 위한 것인데 하이힐을 무리하게 신어 무지외반증으로 고생한다. 의료행위는 환자의 고통을 줄이기 위한 것인데 가망 없는 환자를 연명치료로 고통을 늘린다. 정치란 합리적 갈등 조정이 본질인데 상대방 헐뜯기에 몰두하고 자기주장만 내세우기 급급하다. 인문고는 교과수업이 전제인데 이를 제쳐두고 전인교육, 맞춤형교육, 특기·적성교육, 문·이과 통합교육 등 입맛대로 떠든다.

　　운동선수들이 시합 중에 반칙을 일삼거나 비신사적인 행태를 벌이는 것, 관중이 상대팀을 야유하거나 난동을 부리는 것도 전제 망각이라 할 수 있다. 경기란 정정당당히 서로의 기량을 겨루는 것, 이를 통해 신체적·정신적 건강과 활력을 북돋운다는 전제를 망각한 작태이다. 오심도 경기의 일부라면서 넘기려는 경우도 있는데 이도 전제 망각의 오류이다. 심판을 왜 두는가? 억울함이 생기지 않도록 함이다. 그런데 억울하게 만드는 오심이 어찌 정당화될 수 있는가? 오심을 넘기면 편파 판정도 정당화된다.

　　인터넷에 투명 인간이 꽤 많이 올라와있다. 전문가들은 투명 인간의 눈 망막에 피사체 상이 맺히지 않고 투과되므로 사물을 볼 수 없고, 그러기에 자신이 어디에 있는지 분간할 수 없어서 존재할 수 없다고 설명한다. 투명 인간이 앞을 볼 수 없고 자신이 어디에 있는지 분간할 수 없다는 것은 맞지만 이것이 존재를 부정하는 근거가 될 수는 없다. 장님의 투명 인간으로 존재하면 된다.

　　투명 인간은 인간이 투명하다는 것보다, 눈에 띄지 않아 어디 있는지를 사람들이 알아챌 수 없다는 전제로 설정된 것이다. 전자를 소전제라 하면 후자는 대전제가 된다. 전문가들의 설명은 대전제 망각의 오류이다. 투명 인간은 대전제 자체의 모순으로 존재할 수 없다. 투명한 인간은 상상력으로 설정할 수 있다. 하지만 투명 인간이 음식을 먹으면 그 음식물이 몸 밖으로 비치기 때문에 투명 인

1　제임스 랜디가 초능력자들이 사기꾼임을 공개적으로 밝혔는데도 여전히 꾼들은 설치고 사람들은 놀라워한다. 랜디처럼 전문장비가 없는 일반인들은 속기 쉬운데 전문장비가 없어도 비창적 사고로 꾼들을 쉽게 제압할 수 있다. 열쇠나 쇠숟가락을 구부리는 것의 공통점은 지렛대 원리를 이용한 것이다. 이런 꾼들에겐 동전이나 열쇠고리를 건네 구부려 보라고 하면 된다.-(열쇠손잡이나 숟가락머리를 구부리라고 해도 된다) 동전, 병뚜껑, 일회용라이터를 이마와 손바닥에 척척 붙이며 자석 인간이라 자처하는 꾼들이 있는데 이 물건들의 특징은 평평한 접촉면이 있다는 것이다. 이런 꾼들에겐 펜이나 열쇠고리를 건네 붙여 보라고 하면 된다.-(분을 바르고서 붙여보라 해도 된다) 탁자위의 열쇠, 반지, 스푼을 염력으로 움직인다는 꾼들도 있는데, 이 물건들의 특징은 눈에 안 띄는 가는 실로 맬 수 있다는 것이다. 이런 꾼들에겐 동전이나 구슬을 건네 움직여 보라고 하면 된다.-(염력으로 당기지만 말고 밀어 보라 해도 된다) 투시능력을 자랑하면 지갑을 내밀며 지갑 안의 지폐 발행번호를 맞춰 보라 하면 된다.-("포커 판에 가지 왜 구차하게 여기서 그러느냐?"고 물어도 된다)

24　　비창적 사고로 혁신을

간이 어디 있는지를 사람들이 알아채게 된다. 어디 있는지를 남들이 알아채면 더 이상 투명 인간이 아니다. 혀를 차게 하는 전제 망각의 우화 한 토막. 불면증 환자가 모처럼 병실에 곤히 잠들었는데 간호사가 "약 드실 시간입니다."라고 흔들어 깨우며 수면제를 건넸다.

【 6 】 오십보백보의 진실

양혜왕은 맹자에게 자기 자랑과 함께 물었다. "과인은 나랏일에 정성을 다하고 있습니다. 하내 지방에 흉년이 들면 그곳 백성들을 하동으로 이주시키고 떠나지 못한 백성들에겐 곡식을 나눠줬으며, 하동 지방에 흉년이 든 경우에도 그렇게 했습니다. 과인처럼 마음 쓰는 나라가 없습니다. 그런데도 이웃 나라에 백성들이 줄거나 과인의 백성들이 늘지 않으니 어찌된 일입니까?" 맹자가 답했다. "왕께서 전쟁을 좋아하시니 전쟁에 비유하겠습니다. 전쟁에 패색이 짙자 한 사람은 백 보를, 다른 사람은 오십 보를 도망갔습니다. 이때 오십 보 도망간 사람(오십보자)이 백 보 도망간 사람(백보자)보고 비겁하다고 비웃는다면 어떻겠습니까?", "옳지 않아요. 백 보가 아닐 뿐 도망간 것은 마찬가지입니다.", "왕께서 그 이치를 아신다면 이웃 나라보다 백성들이 많아지길 바라지 마십시오."
- 『맹자』의 「양혜왕 상편」

이 글에서 유래한 오십보백보는 보통 지엽적인 것보다 본질이 중요하다는 것을 일깨우는 교훈으로 '대동소이/도긴개긴'-('도찐개찐'은 비표준어라네요)-의 의미로 널리 회자된다. 그러나 이대로 받아들이기엔 석연찮은 구석이 많다. 먼저 말을 꺼낸 양혜왕의 진술에 전쟁 얘기가 한 마디도 없는데 어찌 맹자는 양혜왕이 전쟁을 좋아한다고 단정 지었을까? 당시는 춘추전국 시대로 국방을 소홀히 하면 망하므로 양혜왕이 전쟁을 좋아한다는 설정은 맹자의 독단으로 보인다. 설령 그렇다 하더라도 양혜왕이 구휼(救恤)의 선정(善政)을 베푼 것을 전쟁에 빗대 오십보백보라고 폄하한 것은 생트집이요 견강부회(牽强附會)이다.

맹자는 양혜왕의 선정을 진정성이 없는 '자기 자랑'이라고 폄훼했다. 하지만 글에 진정성을 언급할 근거가 없다. 설령 진정성이 없다 해도, 목적이나 의도가 무엇이든 간에 양혜왕이 백성을 보살핀 것은 높이 평가해야 한다. 흉년이 들어도 제 배만 불리려고 백성을 갈취하기 급급한 다른 나라 위정자들과 다를 바 없다고 어찌 비난할 수 있겠는가? 필자는 진정성이 없더라도 '선행'을 하는 것이 안하는 것보다 낫다고 생각한다. 간혹 자선 사업이나 사회 기부 등을 '의혹'의 눈으로 보는 경우가 있는데, 선행에는 굳이 '의도'나 '의중'을 따지지 말자는 것이다. '의도'나 '의중'이 무엇이든지 간에 자선 활동과 사회 기부가 활성화된 사회가 이런 것이 아예 없는 사회보다 훨씬 좋지 않겠는가?

　오십보백보는 본질에 차이가 없다지만 이엔 큰 함정이 도사리고 있다. 백보자는 오십보자보다 '먼저' 도망갔다. 선후의 차이가 분명히 있으며, 오십보자는 백보자보다 더 버티다 도망간 것으로 도망의 격이 다르다. '먼저'한 사람을 좋은 일인 경우엔 선구자 또는 선도자라고, 나쁜 일인 경우엔 선동자 또는 주동자라고 부른다. 먼저냐 아니냐가 중요하기 때문에 따로 칭하는 것이다. 누가 먼저냐에 따라 저작권과 특허권이 갈린다. '오픈 런, 뱅크 런'과 같은 선착순뿐만 아니라 웬만한 곳에 사람들이 줄서서 기다리는 것도 '먼저'의 중요성을 인식하기 때문이다. 새치기를 악질로 보는 까닭이 여기에 있다.

　더 중요한 것은 백보자는 70보 날아가는 화살에 안전하지만 오십보자는 안전하지 못하다는 것이다. 생사가 달라지는 상황의 차이가 크다. 이런데도 본질이 같다고 할 수 있는가? 도망갔다는 방향성만 같은 것이다. 설령 방향성을 본질이라고 하더라도 오십보백보는 아주 위험한 논리이다. 오십보나 백보나 마찬가지라면, 백보나 이백보도 마찬가지며, 이백보나 사백보나 마찬가지가 된다. 이리하면 오십보나 오천보나 같게 되며 그 이상도 모두 마찬가지가 된다. 이에 동감할 수 있겠는가? 정도의 차이가 무시되면 안 된다. 정도의 차이가 무시되면 세상은 온통 난리가 난다. 이에 대해선 다음 'TYPE'을 보시라.

학계에서뿐만 아니라 사회 전반에 걸쳐 '본질'을 강조하는 경향이 강하다. 하지만 '본질'만 바라보면 '상황 파악'을 놓치는 오류를 범하기 쉽다. 이에 상황 파악이 전제되지 않으면 진정한 본질이 될 수 없다고 돌려 생각할 수 있다. 정도의 차이를 무시하고 방향성을 본질이라고 하면서 본질만을 강조하면, 하루에 1시간 게임이나 10시간 게임이나 게임하긴 마찬가지요, 하루 굶으나 열흘 굶으나 굶기는 마찬가지요, 하루 8시간 일시키나 16시간 일시키나 일시키기는 마찬가지라는 억지 논리가 생긴다.

집 한 채 있는 사람과 집 열 채 있는 사람을 집 있기는 마찬가지라면서 똑같이 종부세를 매기면 안된다. 한 문제 틀리나 열 문제 틀리나 틀리긴 마찬가지라며 어차피 틀릴 거 공부를 아예 때려 치자고 하면 안 된다. 10만 원 횡령한 사람과 10억 원 횡령한 사람은 처벌을 엄청나게 달리 해야 한다. 훔치기는 마찬가지라며 같은 형량을 부과하면 형평에 어긋난다. 소비세를 3%로 하는 것과 10%로 하는 것은 어마어마하게 다르다. 세금 맞기는 매한가지라며 방관할 사항이 아니다. 결코 오십보백보는 '대동소이/도긴개긴'으로 풀이해선 안 된다. '선후와 정도의 차이' 등 제반 상황 파악이 전제돼야 진정한 본질임을 새겨두자.

【7】이런 것도 편향성[2]이다

영국 작가 윌리엄 캠던이 만든 유명한 명구가 있다. "일찍 일어나는 새가 벌레를 잡는다." 성공의 열쇠로 부지런함을 독려하는 명구이지만 논리적으론 편향적이다. 누가 새에게 잡아먹히는가? 일찍 일어나 부지런을 떤 벌레이다. 이와 비슷한 말로 "거지도 부지런하면 더운밥을 얻어먹는다."가 있다. 얼핏 그럴 듯해 보이지만 부지런하면 거지일 수 없기에 편향성의 오류에 해당한다. 필자가 학창시절 때 선생님들이 "사회에 나아가 출세하려면 남들보다 딱 20분만 일찍 출근하라."는 말씀을 곧잘 하셨다. 이 역시 부지런함을 독려하는 말이지만, 정상적으로 출근하는 성실한 사람을 의지와 의욕이 부족한 나약한 존재로 인식하게 할 위험성이 있다. 게다가 이 말을 모두가 새겨듣고 실행에 옮기면 어떻게 될까? 너도나도 모두 20분 일찍 출근하면 남들보다 20분 일찍 출근한 사람은 없게 된다. 이런 상황에서 남들보다 20분 일찍 출근하려면 40분 일찍 출근해야 한다. 이 때 너도나도 출세하려고 모두다 40분 일찍 출근하게 된다. 이런 식이라면 60분 일찍, 80분 일찍 등등 계속 출근시간을 당겨야 한다. 물론 계속 출근을 앞당겨 아예 퇴근하지 않아도 출셋길이 열리지 않는다. 누군가가 출세하려면 선생님의 말씀을 새겨듣지 않은 학생이 상당수 있어야 성립하는 아이러니이다.

리처드 바크의 소설 『갈매기의 꿈』에 "높이 나는 새가 멀리 본다."도 유명하다. 윌리엄 클라크의 "Boys, be ambitious!"(야망을 가져라!)와 일맥상통하는 말인데, 평범한 삶을 나약한 것으로 몰고 갈 편향적 위험성이 있다. "낮게 나는 새가 자세히 본다."나 "Boys, be true to today!"(오늘에 충실하라!)로 소소한 삶도 가치 있는 삶이라고 북돋아 줘야 한다.

---

2 이 책에서 다룬 상당수의 글들이 한쪽에 치우쳐 일면만 바라보는 편향성을 지적하고 이를 혁파하는 내용이다. 여기에선 비창적으로 음미할 만한 신박한 읽을거리를 추려 썼다.

노벨상 수상자가 발표되는 매년 10월이 되면 우리나라에서 노벨상 수상자가 나오지 않는 것을 한탄하는 칼럼들이 넘쳐난다. 그 원인에 대한 칼럼들의 문체가 다양하지만 대체로, 성공과 실패로 이분화하는 극단적 사회 풍조로 실패 위험이 있는 분야에 대한 창의적 도전정신의 실종과, 당장의 눈에 보이는 달콤한 열매에 매달리는 실적주의에 떠밀려 성과가 곧바로 나오지 않는 기초 과학과 장기적 연구를 꺼리게 한다는 조급성으로 그 논지가 좁혀진다. 모두를 끄덕이게 하는 일리 있는 지적이다.

하지만 이런 진단을 내린 전문가들 스스로 이런 풍조를 벗어던지고 끈기 있게 연구하여 노벨상을 받았어야 하지 않는가? 정작 자신들은 해내지 못하면서 말만 그럴싸하게 한 것이다. 더 큰 문제는 꼭 노벨상이어야 하는가라는 것이다. 물론 노벨상은 영예롭다. 하지만 이는 '1등 지상주의'의 병폐로 볼 수도 있다. "세상은 1등만 기억한다."라는 말은 편향적이다. 2등, 3등이 있어야 1등도 존재한다. 학교에서 2등, 3등도 가치가 있다. 1등만 대학 가는 것이 아니다. 시장 점유율이 2등, 3등인 기업체도 존재한다. 1등 기업만 살아남는 게 아니다. 앞의 칼럼 지적 사항을 사회적 병폐인양 몰면 안 된다. "낮게 나는 새가 자세히 본다."처럼 노벨상을 수상하지 못한 소소하고 평범한 연구자들도 존재 자체로 의미 있다. 도리어 이들의 바탕 없이는 노벨상 수상자가 나올 수 없다는 것을 잊지 말아야 한다.

전쟁사에서 이순신을 뛰어넘을 장군은 없다. 임진왜란 당시 섬나라인 일본의 '해군'은 수적으로나 기술적으로나 조선 '수군'을 압도했다. 해군과 수군은 성격이 다르다. 일본의 해군은 해상의 전투병이지만 조선의 수군은 해안의 정찰병이었다. 경상도 남해가 왜군에게 속절없이 뚫리는 건 필연적이라 할 수 있다. 하지만 이런 절대적인 열세를 딛고 연전연승으로 전라도 남해를 지켜냈기에 이순신 장군을 위대한 성웅으로 탄복해 마지않는 것이다.

그런데 이때 이순신 장군 혼자였다면? 변화무쌍한 남해 바다의 지형·지리에 밝은 현지의 휘하 장수들과 숙의하여 전술을 짜고, 전술을 숙지한 장수들의 작전 지시를 목숨 걸고 수행한 뭇 군졸들이 있었기에 연전연승이 가능했던 것이다. 따라서 이순신 장군만을 영웅으로 치켜세우는 것은 편향적이라 할 수 있다. 이순신 장군뿐만 아니라 휘하 장수들과 뭇 군졸들도 진정한 영웅인 것이다. 소소하고 평범한 존재의 가치를 무시하지 말자.

필자의 이야기는 '우월 지향'을 비난하는 것이 아니다. 자칫 1등 지상주의로 흐를 수 있는 우월 지향의 '편향성'을 경계하자는, 평범의 가치도 소중하다는 균형적 시각을 갖자는 것이다. 우월 지향의 '편향성'을 한 방에 날려 버린 일화 5개를 소개한다.

아빠가 TV를 보는 아들에게 "링컨은 네 나이 때 손에서 책을 놓는 법이 없었단다."라고 하자, 아들이 "링컨은 아마 아빠 나이 때 대통령이 되었다죠?"라고 되물었다.

한 교사가 학생들에게 "알렉산더는 여러분 나이 때 열심히 공부하여 세계를 제패하는 대왕이 됐어요."라고 훈계하자, 한 학생이 "당시 그의 스승이 아리스토텔레스였다고 들었습니다."라고 응수했다.

세계적인 명사였던 재클린 케네디 오나시스 여사의 사망 소식이 전해지자, 미모와 지성을 지니고 권력과 부를 거머쥔 화려한 인생을 살다 갔다며 "여자라면 저렇게 한번 살아봐야 하는데…"라고 선망의 말을 한 아내에게 남편이 "남자라면 저런 여자와 한번 살아봐야 하는데…"라고 받아쳤다.

빌 클린턴이 힐러리 클린턴과 차를 타고 가다가 한 시골에서 기름이 떨어져서 주유소에 들렀다. 그런데 우연히도 주유소 사장이 힐러리의 옛 애인 로버트였다. 돌아오는 길에 빌이 힐러리에게 농조로 "만일 당신이 저 남자와 결혼했으면 지금쯤 시골의 주유소 사장 사모님이 되어 있겠지?"라고 말하자 힐러리가 "아니, 저 사람이 미국 대통령이 되어 있겠지."라고 대꾸했다.

세계적인 극작가, 소설가, 비평가로 1925년 노벨문학상을 수상한 아일랜드의 버나드 쇼에게 당시 인기 절정이었던 미모의 미국 무용수 이사도라 덩컨이 편지를 썼다. "당신이 저랑 결혼하면 저와 같은 빼어난 용모에 당신처럼 뛰어난 자질을 갖춘 2세가 태어날 것입니다." 이에 버나드 쇼는 "나처럼 못생긴 용모에 당신처럼 멍청한 아기가 태어날 수도 있잖소."라며 거절했다.

【8】석면 공사 유감

2012년에 처음 제정되고 몇 차례 개정안을 거쳐 2015년부터 본격 시행된 석면 안전 관리법에 따라 2027년까지 완결할 것을 목표로 전국의 초중고교의 교실 천장을 모두 뜯어 고치고 있다. 실로 어마어마한 비용이 들뿐만 아니라 공사에 따른 불편이 적지 않다. 이미 전 교사(校舍) 천장을 뜯어 고친 필자의 학교에선 공사 이후에도 교무실에 3달 간 먼지가 날려 고통스러웠다.

기존의 천장 판자(텍스)에 석면이 들어가 있어서 이를 제거·교체한 것인데, 석면은 발암 물질 1호이므로 그 정도는 감수해야 한다고 했다. 일각에서 "예전에 지붕 재료로 쓰였던 석면 슬레이트 판에 숱하게 고기를 구워먹어도 멀쩡했다."고 이의를 제기하자, 환경부 감리 관계자가 "석면은 호흡기에 문제를 일으키는 것이지 소화기에 문제를 일으키는 것이 아니다."라고 훈계했다. 이에 다들 "아, 그렇구나!"라며 고개를 끄덕였다.

하지만 필자는 아니다. 관계자가 "석면 슬레이트에 고기 구워먹어도 멀쩡했다."는 이의 제기를 부정한 것이 아니다. 도리어 관계자의 의도와는 달리 "석면 슬레이트를 뜨거운 '불로 가열해도' 소화기는 물론 호흡기에도 아무 문제없다."고 실토한 것이다. 불로 가열해도 아무 문제없는데, 어찌 천장에 가만히 있는 석면 판자가 호흡기질환을 일으키겠는가?

필자가 근무하는 한영고에서 학창시절로 3년간 교실 생활을 한 수많은 학생들 중에서 석면 천장으로 인하여 호흡기질환에 걸린 학생은 한 명도 없었다. 심지어 석면 천장 아래서 30년 이상 교실 수업하였어도 호흡기질환에 걸려 퇴임한 교사는 한 명도 없었다. 전국의 어느 학교에서도 석면 천장으로 환자가 생긴 사례는 보고된 바가 한 건도 없다.[3]

---

3 의식있는 단체는 사회적 정의를 일깨우는 중요한 역할을 하는데 간혹 정의감이 지나치는 경우도 있다. 특히 그간 아무 탈 없이 잘 지내온 것에 대해선 정의만을 외치면 온건한 사회를 들쑤시고 엄청난 사회적 비용을 날리게 하는 부작용을 초래한다. 대표적인 사례 셋. 삼양식품, 삼립유지, 서울하인즈, 오뚜기식품, 부산유지 등 5개 회사가 식품제조에 미국산 '공업용 소기름'을 사용했다고 고발됐

석면을 채취하는 광산이나 가공하는 공장에선 미세한 석면가루가 날리어 현장 종사자가 호흡기질환에 노출된다. 하지만 가만히 있는 석면 제품은 가루로 날릴 일이 없으므로 안전하다. 석탄을 채취하고 가공하는 곳에선 미세하게 날리는 석탄가루에 호흡기질환의 위험이 커진다. 그러나 석탄으로 가공된 연탄은 부엌에 수백 장 쌓아놓아도, 이를 아궁이에 뜨겁게 불 지펴도 호흡기질환을 일으키지 않는 것과 같은 이치이다.

무엇이든 그 자체를 갖고 단정 지으면 안 된다. 어떻게 작동하느냐가 중요하다. 식칼이 요리에 쓰이는 도구이지만, 사람을 찌르면 흉기가 된다. 담배를 피우면 몸에 해롭지만 담배가 옆에 있다고 몸에 해를 끼치지 않는다. 석유를 한 통 들이마시면 큰일 나지만 석유가 담긴 통이 옆에 있다고 문제되지 않는다. 마찬가지로 석면이 발암물질이긴 하지만 천장에 가만히 있는 석면 텍스 자체가 질환을 일으키지 않는다. 경제성 측면에서 방음과 단열에 석면만큼 효과적인 것은 없다.

대대적으로 시행된 전국 초중고교 교실의 석면 천장 교체 공사는 국민의 혈세를 쓸데없이 어마어마하게 낭비한 것인데, 국회에선 공사의 타당성 여부는 한마디 지적하지 않고 여야 할 것 없이 정부 관계자에게 공사 진척이 더딘 것만을 질책했다. 참고로 전국에 초등학교 6,087개, 중학교가 3,214개, 고등학교 2,356개가 있다. 학교는 초대형 건축물에 해당된다. 전국의 11,657개나 되는 초대형 건축물을 하나도 빠짐없이 공사하는 것이다.

◯ TYPE

석면공사는 편향성을 넘어 제어되지 않은 과잉의 오류다. 과잉은 낭비와 피해를 키운다. 우리생활에 지대한 악영향을 끼친 과잉의 오류는 의외로 많다. 필자의 아파트는 방화문을 열어두지 못하게 하고 있다. 화재 시 공기 흐름을 차단해 불길의 확산을 막기 위한 소방법에 따른 조치라는데 복도의 창문과 각 세대의 창문 및 현관문은 왜 닫아 두라하지 않는가? 건물엔 방화문보다 창문과 현관문이 훨씬 많다. 큰 구멍은 놔두고 작은 구멍 메우라는 격이다. 방화문이 항상 닫혀 있어 여름에

으나 "정제한 것은 식용"이라는 무죄판결 났다. 대진침대에 라돈(방사성물질)이 검출됐다고 고발됐으나 "인체에 유해한 기준치에 못 미친다"며 불기소처분 내려졌다. 비전푸드가 쓰레기로 버려지는 단무지로 만두를 만들었다고 고발됐으나 "단무지의 자투리가 버려지는 쓰레기는 아니다"라며 위생상 혐의없음 처리됐다. 만약 국민들 중 피해가 있었거나 새로 피해가 발생됐을 경우는 이런 사례들에 대해 정의롭게 고발함이 옳다. 그러나 그간 아무런 탈도 없었던 것을 괜히 들추면 해당 업체뿐만 아니라 관련 시장을 망조 들게 하고 국민들의 불안과 불신을 키운다. 미국소 광우병, 사드 전자파, 핵처리수 등에 관련된 것도 한 건의 피해 사례가 보고된 바 없는데도 자꾸 이슈화하면 천문학적인 사회적 비용만 날리게 된다.

답답하고 문을 드나드는 일상생활에 불편이 크다. 두 손에 물건을 들고 지날 때 문 열기가 짜증까지 난다. 1991년 이래 필자가 거주해 온 하남시에 불난 아파트 단지는 하나도 없다. 방화문은 불이 났을 때 닫으면 된다.

1978년 홍성 지진을 계기로 논의되던 내진 설계가 1988년 이후 2층 이상 200㎡ 이상인 전국의 건축물에 의무화했는데 이로 인해 우리나라 건축 비용이 천문학적으로 추가됐다. 한반도에서 지진으로 건물이 무너져 내린 적도, 인명 피해도 발생한 적도 없어 내진 설계는 낭비 중에 낭비이다. 한반도는 절대 안전지대가 아니라고 강변하며 언제 어디서 발생할지 모르니 만반의 대비를 해야 한다는 논리이지만, 이는 백두산-(필자가 어렸을 땐 사화산이라고 했는데 고교 땐 휴화산이라고 하더니 지금은 활화산이라고 한다)-이 언제 폭발할지 모르니 백두산 관광을 금지하고, 한강이 언제 범람할지 모르니 한강 주변의 건물을 모두 철거하라는 바보짓과 별반 다를 바 없다. 우리나라에선 지진보다 땅꺼짐(싱크홀) 사고가 더 빈번하게 일어나고 있다. 2005~2024년에 보고된 대형 건수만도 전국에 47건이다. 지진보다 땅꺼짐 피해가 훨씬 더 크다. 그런데도 땅꺼짐에 대비하여 전국의 지표면을 두꺼운 철근콘크리트로 바르지 않는다. 이집트, 사우디아라비아 등의 사막지대 국가들도 몇 십 년에 한 번 꼴로 큰 눈이 내려 도로가 난리난다. 하지만 이에 대비하여 도로에 제설 장비를 설치해 두진 않는다.

대입 체력장은 대학 입시에 체력 검사를 점수화하여 반영하는 제도였다. 그런데 체력장의 오래달리기에서 몇몇 학생이 사망하는 사고가 생기자 1993년에 전면 폐지됐다. 체력장이 각급 학교에 맡겨지다 보니 형식적이었다는 비판도 있었지만 체력장 폐지이후 학생들의 기초체력이 급격히 저하되고 성인병에 현저히 노출됐다. 학생들이 콧바람 쐬며 정서를 함양하고 대입에 지친 기운을 북돋는 기능까지 담보하는 체력장을 부활시켜야 한다. 2008년 충남의 한 중학교에서 여학생이 자살 사건이 발생하자 2009년에 전국의 초중고교의 전 교실 창문에 자살 방지용 쇠창살을 설치했다. 비용도 비용이지만 흉칙한 쇠창살은 하루 종일 교실 생활하는 학생들의 정서에도 너무 안 좋다. 아파트 베란다 투신자살이 훨씬 많은데 건축법에 왜 투신 방지용 베란다 철창 설치를 의무화하지 않는가? 어떤 사건이 터지면 다각도로 면밀히 살피지 않고 호들갑떨면서 과잉 조치하기 바쁘다.

지하철 승강장에서 취객이 선로로 추락하는 등 사고가 발생하자 2012년 전 지하철 승강장에 안전문(스크린도어)을 설치했다. 천문학적인 설치비용이 들어갔을 뿐만 아니라 전자동으로 작동하기에 유지비용은 지속적으로 어마어마하게 쌓여간다. 또한 1분 1초가 바쁜 수많은 시민들이 안전문의 개폐로 인해 불편이 가중됐다. 과잉 중의 과잉이요, 낭비 중의 낭비이다. 수능을 치르고 성적을 비관하여 자살한 학생들이 있다고 수능을 폐지하지 않고, 물놀이하다 익사사고가 발생했다고 물놀이를 금지하지 않으며, 계곡에서 추락한 등산객이 있다고 등산을 금지하지 않고, 해수욕장의 연안류에 휩쓸려 실종되는 사건이 발생했다고 해수욕장을 폐쇄하지 않는다. 태풍에 대형 상가 간판이 떨어져 무척 위험하다고 간판 설치를 금지하지 않고, 풍랑에 배가 조난당해 많은 사람이 실종된다고 해상 운행을 금지하지 않으며, 자동차 사고로 매년 수십만 명이 다치고 수천 명이 죽지만 도로를 폐쇄하거나 차운전을 금지하지 않는다.

　체력장폐지와 교실창살, 지하철 승강장 안전문 설치는 이들보다 훨씬 미미한 안전사고에 대한 과잉조치이다. 2024년에 군대 체력훈련(얼차려)으로 한 병사가 사망하는 사고가 생기자 전면 금지 조치가 내려졌다. 강한 체력이 절대적인 군대에서 체력훈련을 없애다니 어찌하겠다는 건가? 체력 훈련으로 사망한 것이 아니라 과도한 얼차려로, 즉, 가혹행위로 사망한 것이므로 번지수를 잘못 짚은 과잉조치이다.

【9】마부작침을 새기라고?

이백(李白)이 공부를 등한시하자 부친이 상의산에 있는 스승에게 보냈다. 어느 날 이백이 공부에 싫증을 느껴 몰래 산을 내려오다 냇가에서 도끼를 바위에 갈고 있는 노파를 만났다. 노파는 도끼날을 가는 게 아니라 날의 반대쪽을 갈고 있었다. "지금 뭐 하시나요?"-"바늘을 만들려 한다오." "어느 세월에 도끼를 갈아서 바늘을 만듭니까?"-"하다가 그만두지 않는다면 어찌 바늘 될 날이 오지 않겠소?" 이 말에 자신의 경솔함을 뉘우친 이백은 다시 산으로 들어가 열심히 공부해서 시선(詩仙)이 됐다.

이백은 두보와 더불어 중국 당나라 때 한시의 양대 거성으로 불렸던 이태백의 본명이다. 앞의 고사에서 "도끼를 갈아 바늘을 만든다."라는 '마부작침'(磨斧作鍼)이 유래했다. "아무리 어려운 일이라도 중간에 포기하지 않고 끈기 있게 해 나가면 결국 성공할 수 있다."는 것을 일깨울 때 쓰인다. 고사의 전체적인 맥락은 이해가 갈 것이다.

그러나 비유가 적절치 않다. 굳이 정진(精進)의 교훈을 살리려면 "낙숫물이 댓돌 뚫는다."나 "열 번 찍어 안 넘어가는 나무 없다."로 하면 된다. 도끼를 갈아 바늘을 만드는 것은 엄청난 시간과 정력을 낭비하는 바보짓이요, 값진 재물을 갈아 없애고 미세한 쇳가루로 냇물을 오염시키는 몹쓸 짓이다. 대장간에 가져가면 도끼 하나로 바늘을 수백 개 만들 수 있다. 대장간에 의뢰할 돈이 없다면 저자에 가서 도끼를 팔거나 바늘과 맞바꾸면 된다. 멀쩡한 침대를 깎아서 젓가락을, 멀쩡한 식탁을 깎아서 이쑤시개를 만들면 안 된다.

앞의 고사는 비유가 잘못됨을 지적한 것이지만 '마부작침'을 통해 '교각살우'(矯角殺牛)나 '빈대 잡으려 초가삼간 태운다.'는 소탐대실(小貪大失)을 상기할 필요가 있다. '소탐대실'하지 않기 위해 '사소취대'(捨小取大)의 자세를 잃지 않도록 경계를 늦추지 말아야 한다. '사소취대'와 관련하여 생각해 볼 이야기를 하나 소개한다. 도산 안창호 선생은 숱한 일화를 남긴 독립운동가로 우리민족뿐만 아니라 전 인류에 귀감이 되는 가르침을 몸소 보여 주신 분이다. 그런데 한 가지 아쉬움이 남는 일화가 있다.

> 도산은 한 아이에게 생일선물을 주기로 약속했는데, 그날 윤봉길 의사의 홍커우 공원 의거가 있었다. 일본 경찰이 그 주변의 조선인들을 닥치는 대로 검문·검거하자 사람들이 도산에게 피하라고 했는데, 도산은 약속을 어겨서는 안 된다며 약속 장소로 갔다가 결국 체포됐다. 도산은 위험을 두려워하지 않았고 약속을 지켜야 한다는 신조를 철저히 실천에 옮겼다.

이야기는 여러 버전이 있는데, 매년 5월 첫 일요일에 어린이날 행사하는 한국소년동맹 회장에게 기금 5원을 주겠다는 약속을 지키기 위해 그 소년 집을 찾아갔다가 체포된 것이 정설로 보인다. 안창호 선생이 피하라는 정보를 받지 못해서 체포됐다는 버전도 있는데 어쨌거나 일본 경찰이 삼엄하게 포진된 위험 지역 내의 집에 간 것은 맞다.

"하찮게 어린아이와의 약속을 지키려다 체포됐다."는 말에 "약속은 반드시 지켜야 한다. 아이와의 약속도 소중하다. 작은 약속도 못 지키는 사람이 어찌 큰 약속을 지킬 수 있겠는가?"라고 훈계한 것으로도 유명하다. '역시 도산 선생이구나!' 하는 탄복을 자아낸 일화이다. 그러나 관점의 차이겠지만, 약속을 어겨 한 아이가 슬퍼하는 것과 체포되어 이천만 동포가 슬퍼하는 것을 냉철하게 재봤어야 하지 않을까?[4] 필자에겐 사소취대의 자세가 아쉽게 여겨진다.

---

4   중국 춘추 시대에 미생이라는 자가 다리 밑에서 만나자고 한 여자와의 약속을 지키기 위해 홍수에도 피하지 않고 기다리다 익사하였다는 '미생지신'(尾生之信)이란 고사가 떠오른다.

도산과 관련한 일화 중 미국인을 감동시킨 일화를 보고 '사소취대'에 대한 생각 거리를 만들었다.

> 도산이 미국 유학하던 소년 시절에 학비와 생활비를 충당하려고 집 청소 알바를 했다. 매사에 성실해야 한다는 신조를 외쳐온 도산은 하찮은 집 청소였지만 이마에 땀이 나도록 열심히 했다. 이를 지켜본 집주인이 "자네처럼 열심히 하는 사람은 처음 본다. 어느 나라 사람인가?"-"한국인입니다." "동양인은 게으르고 지저분한 줄 알았는데"-"한국인은 그렇지 않습니다." "자넬 보니 그런 것 같군. 덕분에 집이 아주 깔끔해졌네. 대가로 품삯을 두 배 쳐 줌세."-"고맙습니다."

위의 결말을 비창적 사고를 위해 찌뇽 방식으로 각색해 보자. "고맙습니다만, 한국인을 인정해 주신 것으로 제 땀의 대가는 충분합니다. 품삯은 원래 약조하신 대로 받겠습니다." 어떤가, 한국인의 기상을 드높이고 약속도 철저히 지키는 기백이 느껴지는가? 이러지 않고 그냥 두 배를 받은 것에 기개가 부족했다고 탓하려는 게 아니다. 여기선 약조한 품삯만을 받는 것과 두 배를 받는 것의 의미를 따져 보자는 것이다. 약조한 품삯을 지키는 것은 중요하다.

하지만 일을 게을리 한 사람과 열심히 한 사람의 대가나 보상이 같다면? 집 청소에 2명을 고용했는데 1명은 농땡이만 치고 한 사람만 열심히 하여 집 청소를 끝냈다면 전자에겐 한 푼도 주지 않고 후자에게 2명분을 지급함이 합당할 것이다. 도산이 땀나도록 청소한 것이 집주인에겐 2명을 고용한 효과로 흡족하게 인정된 것이다. 결론적으로 찌뇽 방식의 각색은 겉만 멋들어진 허세(虚勢)이다. 자존심만 내세우는 허세를 버리는 것도 사소취대의 자세이다. 특히 일본에 대해서 과거사에 얽매인 민족적 자존심과 대승적·미래지향적 관계라는 양면 사이에서 사소취대의 자세를 망각하지 않는지 헤아려볼 필요가 있다.

1964년에 박정희 정권이 1945년 광복 후 단절된 일본과 수교를 맺으려는 협상을 진행하자, 일본의 식민 지배에 대한 사과와 배상[5]이 없는 굴욕외교라며 '대일굴욕외교반대투쟁위원회'를 위시하여 6·3항쟁이 벌어졌다. "친일 매국 박정희 정권은 왜놈과의 국교 정상화를 철회하라.", "해방

---

5   이승만 정권 때 24억, 장면 정권 때 18억 달러를 요구했으나 거절됐고 박정희 정권은 무상 3억, 유상 2억, 차관 1억 달러를 받아 냈다. 받아 낸 액수가 적어 굴욕외교인가? 문제는 세계 각지에서 수많은 나라가 식민 지배당했지만 독립 후 응당한 배상을 받은 나라가 하나도 없다는 것이다. 도리어 식민 시절 한반도 총자산의 80%가 일본인 소유(북한쪽 29억, 남한쪽 23억 달러)였는데 해방 후 70만 명의 한국 거주 일본인이 이에 대해 한 푼도 변제 못 받고 추방됐다.-(이 적산(敵産)을 정부가 민간에 불하(拂下)했다) 참고로 태평양 전쟁 후 샌프란시스코 조약으로 일본이 전쟁 배상금으로 필리핀 5억5천, 미얀마 3억4천, 인도네시아 2억2천, 베트남 4천 달러를 지급했다. 식민 지배에 대한 배상이 아니었다. 그런데 일본의 식민 지배보다 훨씬 더 큰 피해를 입힌 6·25한국 전쟁-(「§III-정치[3] 독일 통일의 교훈?」 참조)-에 대해 북한에 공식적 사과와 응당한 배상을 요구하지 않는 것은 무슨 까닭일까?

20년 만에 제2의 경술국치의 치욕을 안겨줄 텐가?", "국민을 무시하고 일제의 칼부림을 방조하는 사대 매국 정권은 물러가라."라고 외치며 한일 국교 정상화 반대 시위를 벌였다. 이런 반대에도 불구하고 1965년에 한일 협정이 체결됐다. 매국 협정이라 비난했던 6·3항쟁의 주장대로 협정체결 이후에 우리나라가 일본에 넘어가고 한반도에 일제의 칼부림이 판치고 있는가?

　해방 후 미군정, 이승만 정권, 장면 정권을 거치면서 반일 감정만 앞세우다 일본의 사과도 배상도 받아 내지 못했다. 일본은 잘못을 시인하지 않고 약소국 한국을 한 수 아래로 깔보며 외면했다. 당시 우리나라는 최빈국으로 경제는 불능에 허덕였다. "자존심이 밥 먹여 주냐. 반일 데모와 불매 운동보다는 일본을 능가하는 실력을 길러 부강한 나라를 만드는 것이 진정한 복수요 극일이다."라는 대국민 담화문의 정면 돌파 투지로 맺은 한일 협정을 발판으로, UN의 구호품에 목매는 경제를 일으키고 바닥을 헤매는 국가의 위상을 끌어올렸다.

【 10 】성현의 말씀에 따르면?

무릇, 서양에선 아리스토텔레스(아텔), 동양에선 공자가 인류의 대 스승으로 받들어지고 있다. 요즘도 품위 있는 어르신들은 "성현의 말씀에 따르면"이란 말로 젊은이들을 훈계하곤 한다. 그러나 성현이란 권위는 추종자들이 갖다 붙인 것이다. 권위란 결코 절대적이지 않다. 아텔도 공자도 과거 신분사회에선 위대한 성현이었을지 몰라도 현대 산업사회에선 그렇지 않다.

둘 다 공히 여자와 노예(동양은 노비)를 천시하여 아텔은 현자(賢者)의 정치를, 공자는 군자(君子)의 정치를 내세웠다. 정치를 비롯한 여러 방면에 여성과 노예, 평민을 소외시키고 특권층 남성(서양은 귀족, 동양은 양반)의 독점을 정당화했다. 이들은 과거 신분사회에 걸맞은 시대상을 '定立'(정립: 정하여 세움)시킨 권위자이지 전(全)시대를 관통하는 사회상을 '正立'(정립: 바로 세움)시킨 절대자가 아니다. 과거 신분사회의 시대상과 현대 민주사회의 시대상은 괴리가 무척 크다. 이들을 현대에도 인류의 대 스승으로 받드는 것이 얼마나 한심하고 위험한 일인지 다음을 보자.

아텔은 "우주의 중심은 지구이므로 모든 물체는 지구 중심을 향해 똑바로 떨어진다.", "모든 물체는 무거운 게 먼저 떨어진다.", "색깔은 물체에 내재된 고유한 성질의 발현이다."라고 설파했다. 이 말이 통했다는 것은 "돌멩이를 던지면 지구 중심을 향해 똑바로 떨어지지 않고 포물선을 그리며 낙하합니다. 우주의 중심은 다른 차원의 문제이지 않을까요?", "같은 크기의 나뭇잎도 떨어지는 속도가 다 다릅니다. 낙하 속도는 물체의 무게와 무관한 것 아닙니까?", "색깔이 물체 자체에서 발현되는 것이라면 어둠속에도 색깔로 물체를 식별할 수 있어야 하지 않습니까?"라는 이의 제기가 불가했다는 것을 뜻한다. 막강한 권위에 대들어 눈 밖에 나는 건 그 사회에서 매장됨을 각오해야 하는 위험한 객기가 되는 것이다. 권위에 짓눌려 과학적·비판적 사고가 원천 봉쇄됐고 이로 인해 유럽은 긴 암흑기에 파묻혔다.[6]

앞의 §Ⅰ-[2]에서 『논어』의 "나보다 못한 사람에게도 배울 게 있다."라는 '3인행 필유아사'와 "나보다 못한 자를 벗하지 말라."라는 '무우불여기자'를 언급했었다.—(『논어』는 공자의 언행을 제자들이 기록한 것이다) 후자는 〈나보다 못한 자를 벗하면 나를 망쳐 득 될게 없음〉을 경계하는 말로 이는 〈나보다 못한 자에겐 배울 게 없다〉를 내포한다. 앞에선 나보다 못한 자에게도 '배울 게 있다.'고 해 놓고 뒤에선 '배울 게 없다.'라고 설파한 것인데, 이 말을 한 공자에게 "전자와 후자가 상충되지 않습니까?"라고 논박한 제자가 없었다.—(책제목은 『논어』지만 공자와 제자 간에 '논의·토론'은 없고 일방적인 훈계로만 도배돼있다)

또한 『논어』에서 공자는 "唯女子與小人…近之則不孫 遠之則怨"—(여자와 소인은…가까이 하면 불손하고 멀리하면 원망한다)라는 해괴한 말로 근거없이 여자를 비하하는 '남존여비'(男尊女卑) 사상을 강고히 다졌다. 당시의 공자에겐 "여자는 비천하다면서 부모님을 공경하라시는데, 어머니는 여자가 아닙니까?"라고 이의를 제기할 여건이 조성될 수 없는 불가항력의 권위가 부여된 것이다. 말의 앞뒤가 맞고 안 맞고는 아랑곳하지 않고 막강한 권위로 지구상의 '절반의 인권'을 아주 가볍게⑦ 짓이겨 버렸다.

정치가 어지러울 때, 고결⑦한 식자층으로부터 공자의 「정명론」(正名論)이 곧잘 소환된다. "君君臣臣父父子子"—(임금은 임금답고 신하는 신하답고, 아비는 아비답고 자식은 자식다워야 한다)라는 말을 인용하며 모두 제 자리를 지켜야 정치가 바로 선다고 설파한다. 정명론은 시시각각 변화하는 현대사회에도 정곡을 찌르는 정치적 훈계로, 정계에 설쳐대는⑦ 폴리페서 (Politics+Professor: 정치적 교수)에게 가하는 따끔한 일침으로도 통한다.

그런데 임금과 신하가 언제 적 얘긴가? 신분사회에나 격이 맞는 말을 민주사회에 꺼내니 한심한 식자층이다. 〈임금 대 신하〉, 〈아비 대 자식〉 등의 상대적 개념을 대비시켜 그럴듯하게 들리지만 이는 〈군자 대 소인〉, 〈남자 대 여자〉으로 이어져 "군자는 군자답고 소인은 소인답고, 남자는 남자답고 여자는 여자다워야 한다."는 식으로 몰아가 양반 남

---

6   사례로 든 아텔이 설파한 세 명제 중 첫 번째는 코페르니쿠스의 '태양 중심설', 두 번째는 갈릴레이의 '자유낙하운동', 세 번째는 뉴턴의 '빛의 반사원리'가 반박 이론으로 제시됐다. 과학적·논리적 근거로 반박했지만 아텔의 신봉시대에 이 이론들은 불온하다 공박당하고 상당기간 인정받지 못했다.

성의 정치 독점을 정당화한, 평민과 여성을 소외시켰던 신분사회에나 걸맞은 사고방식이다. 민주사회에선 아비와 자식, 여자와 남자, 부자와 빈자, 상사와 부하 등의 차별 없이 자유롭게 의견을 표출할 수 있어야 한다. 정치는 과거 신분사회에서 근대 시민사회를 거쳐 현대 민주사회로 발전해 왔다. 정치의 시대적 발전을 학생의 성장에 비유하자면 초딩, 중딩, 고딩의 순이 되는데 정명론의 소환은 고딩에게 초딩 옷을 입히는 꼴이 된다.

가방 끈이 긴 사람도 권위에 기대어 우(愚)를 범하는 경우가 많다. 하지만 권위는 다분히 자의적이며 시간과 장소에 따라 달라질 수 있다. 전문가라는 포장보다 권위자라는 포장이 더욱 막강해서 이를 말끔히 혁파하기란 결코 쉽지 않다. 하지만 막강하다는 것은 그만큼 그로 인한 피해도 막대하다는 것을 뜻한다. 아무리 시대의 주류로 통했다 하더라도 추종자들에 의해 부여된 권위는 혁파해야 할 이유가 여기에 있다.

☁ 생각 더하기

"무거운 게 먼저 떨어진다."가 틀렸음을 갈릴레이가 피사의 사탑에서 쇠공과 나무공을 함께 떨어뜨려 "모든 물체는 무게와 상관없이 동시에 떨어진다."고 증명했다는 얘기가 널리 알려져 있다. 그러나 지구에선 공기저항 때문에 자유낙하의 등가원리를 실험으로 증명할 수 없다. 물체는 초속 9.8m/sec2의 중력가속도로 낙하하지만 가속될수록 공기저항도 점점 커진다. 공기의 저항력이 물체의 중력과 같아지는 시점부턴 가속이 불가하여 더 이상 빨라지지 않고 등속으로 낙하한다.-(이를 종단속도라 한다) 따라서 모양이 같을 경우 물체가 무거울수록-(같은 물질일 땐 클수록) 공기저항을 뚫고 가속된 시간이 길기 때문에 종단속도가 높아 빨리 떨어진다.

지구상에선 무거운 물체일수록 낙하 속도가 빨라 지면에 가해지는 충격도 커진다. 유리구슬보다 쇠구슬이, 가랑비보다 장대비가, 작은 우박보다 큰 우박이 빨리 떨어지고 그 충격이 크다. 두께와 크기가 같을 경우 송판(0.7), 유리판(2.5), 철판(7.8)의 밀도 순으로 속도와 충격이 커진다. 공기저항이 있는 지구상에 사는 인간들에게 일상적으로 관찰되는 것들은 이렇기에 무거운 물체가 떨어지면 얼른 피하고 가벼운 물체가 떨어지면 별 신경 안 쓰는 것이 경험적 상식이다.[7] 상당수의 사람들이 지금도 아텔의 주장을 믿는 이유이다. 피사의 사탑에서 낙하 실험하면 되레 아텔의 주장을 입증하

---

7   필자가 본문에서 언급한 나뭇잎의 보기는 특수한 상황으로 넘기기 쉽다. 같은 무게의 물체가 다른 속도로 떨어지는 현상은 모양이 다를 때 낙하 시 받는 공기저항이 달라서이다. 사각휴지를 한 장은 원 상태 그대로, 다른 한 장은 돌돌 뭉친 상태로 떨어뜨리면 휴지 2장의 무게는 서로 같지만 돌돌 뭉친 휴지가 훨씬 빨리 떨어진다는 것에서 쉽게 확인할 수 있다.

는 꼴이 된다.

그래서 갈릴레이는 공기저항이 적은 상황을 연출하기 위해 비스듬히 기울인 기다란 홈통에 공을 굴리는 실험으로 대신했다. 하지만 실험이 '낙하'가 아닌 '굴림'이었기 때문에 당시에 큰 호응을 끌어내진 못했다. 그런데, 갈릴레이는 무슨 근거로 경험적 상식을 거부하고 감히 아텔 신봉의 시대에 맞서서 홈통에 공을 굴리는 실험까지 선보였을까? 갈릴레이는 귀류법을 써서 모든 물체는 똑같이 떨어진다는 확신을 갖게 됐다고 한다. 귀류법이란, 전제가 옳다면 그에 따른 추론 결과도 옳아야 하는데, 만약 추론 결과가 모순된다면 전제가 틀렸다고 결론짓는 간접 증명법이다. 전제의 오류를 밝히는 증명이라서 배리법이라고도 한다. 갈릴레이는 아텔의 전제대로 하면 모순된 결과가 나온다고 추론하였다.

무거운 게 먼저 떨어진다는 전제로, 2kg 쇠공과 10kg 쇠공의 낙하 속도를 각각 2와 10이라고 가정하자. 이들을 끈으로 연결하면 천천히 떨어지는 쇠공과 빨리 떨어지는 쇠공이 서로 영향을 끼쳐 (2+10)/2=6의 속도로 떨어져야 한다. 그런데 두 쇠공을 끈으로 연결했기 때문에 전체 무게는 12kg이다.–(끈으로 연결된 두 쇠공이 '하나'로 인식이 잘 안 되면 두 쇠공을 납땜하여 붙인 것으로 상정하시라) 아텔의 전제에 따르면 12kg의 쇠공은 12의 속도로 떨어져야 한다. 한 물체의 낙하 속도가 6이면서 동시에 12일 수는 없다. 두 가지 모순된 추론 결과를 낳으므로 전제가 틀린 것이 입증된다. 이를 갈릴레이의 사고실험–(머릿속에서나 가능한 실험)–이라고 하는데, 이는 가히, 일상적 경험에 기반한 견고한 상식을 뛰어넘은 인류 역사에 찬란하게 빛나는 비창적 사고의 꽃으로 손꼽을만하다.

지구상에선 실제 상황으로 직접 증명할 수 없어 사고실험에 그쳤다. 그러나 아폴로 15호(1971)의 데이비드 스콧이 공기 저항이 거의 없는 달에서 1.32kg 망치와 30g 깃털을 1.6m 높이에서 동시에 떨어뜨리는 실험이 전 세계에 TV로 중계됐다. 그 결과 둘이 동시에 바닥에 닿아 '자유낙하의 등가원리'가 입증됐다. 일련의 사실에서 '갈릴레이와 피사의 사탑'은 지어낸 이야기임을 알 수 있다. 하지만 필자는 이 이야기를 지우고 싶지는 않다. 과학에 대한 호기심을 피사의 사탑의 신비감에 결합시켜 잘 살린 이야기로, 아이들의 꿈을 북돋우는 이야기로 계속 전해지길 바란다. 낙하 실험의 실제 사실과 이에 대한 귀류법 증명은 중학교 이상의 과정에서 가르치면 된다. 이와 관련해선 「§Ⅵ-[1] 뉴턴의 사과나무」편을 참조하시라.

【 11 】 닭이 먼절까, 달걀이 먼절까

보통 선후를 구별하기 어렵거나 원인을 알아내기 어려울 때, '닭[8]이 먼저냐, 달걀이 먼저냐?'와 같은 문제라고 비유한다. 닭이 태어나려면 달걀이 있어야 하고, 달걀이 생겨나려면 닭이 있어야 한다. 이것이 있으려면 저것이 먼저 있어야 하고, 저것이 먼저이려면 이것이 또 우선해야 하는 문제! 정말 닭과 달걀은 무엇이 먼저인지 알 수 없을까?

우선, 난센스[9]로 답하자면 달걀이 닭보다 먼저다. 왜냐고? 사전에 나와 있다. 가나다순으로 배열된 국어사전엔 달걀이 닭보다 먼저 나온다. 그럼 계란이 달걀보다 먼저겠죠?(ㅎㅎ) 각설하고, '닭이 먼저냐, 달걀이 먼저냐?'는 문제는 문제 자체에만 매몰되면 순환논리에 빠져 결코 풀 수 없다. 지엽적인 시각을 벗어나 거시적·통찰적인 시각이 필요하다. 본론으로 들어가기 전에 숨을 고르기 위해 달걀과 관련된 문제를 풀어 보자. ─(답은 각주[10]에)

① '삶은 달걀'을 영어로 하면? 'a boiled egg'라 하면 센스 꽝!
② 달걀을 깨지 않고 생달걀과 삶은 달걀을 구별하는 방법은?
③ 닭이 달걀을 낳을 때 뭉툭한 쪽과 뾰족한 쪽 중 어느 쪽이 먼저 나올까? 달걀은 어느 쪽이 위쪽일까?

---

8   닭에 대한 난센스: ① 닭이 벽에 부딪히면? ② 닭에게 스키니즈 입히면 뭐라고 외칠까? ─(답은 글 뒤에)

9   내가 센스 있으면 난센스, 네가 센스 있으면 넌센스라고 말할 줄 알면 수가 센 쎈수쟁이의 자격이 있다.

10   ① 'Life is Egg~!' ② 달걀을 탁자위에 빙글 돌리고 나서 검지로 살짝 짚은 뒤 얼른 떼면 속이 액체 상태인 생달걀은 계속 돌지만 고체 상태인 삶은 달걀은 돌지 않는다. ③ 기계로 짜낸 아이스크림의 먼저 부분보다 나중 부분이 뾰족한 모양, 또는 사람의 똥 모양을 연상하여 달걀도 뾰족한 쪽이 나중일 거라고 생각할 수도 있겠지만, 달걀은 물렁한 상태로 낳으면 바닥에 닿을 때 터지기 때문에 닭의 뱃속에서 미리 껍데기 형태를 갖췄고, 뭉툭한 쪽이 먼저 나오면 달걀이 바닥에 떨어질 때 깨질 위험이 있다네요.─(달걀 2개를 뭉툭한 쪽과 뾰족한 쪽을 맞부딪히면 뭉툭한 쪽만 깨진다) 뾰족한 쪽이 더 단단해서 달걀을 포장·보관할 때도 뾰족한 쪽을 아래로 세운대요. 뭉툭한 쪽엔 기실(氣室)이 있어 이쪽을 위로 해야 신선도도 유지된대요. 그래서인지 보통의 인식과는 달리 달걀은 뭉툭한 부분이 위쪽, 뾰족한 부분이 아래쪽이래요.

생명의 기원엔 창조론과 진화론이 있다. 창조론의 관점에서 보면, 태초에 조물주가 만물을 온전한 '성체'로 창조했다. 해와 달과 지구도, 풀과 꽃과 나무도, 삼엽충과 공룡과 익룡도, 개와 소와 말도, 그리고 '닭'도 온전한 '성체'로! 게다가 길짐승과 날짐승은 애초에 암수 한 쌍으로 만들었으니 성체인 닭이 먼저다. 온갖 만물을 '알'의 형태로 시료를 죽 늘어놓고서 뿅망치로 뿅뿅 두드리며 "해 나와라, 구름 나와라, 나무 나와라, 공룡 나와라, 소 나와라 그리고 '닭' 나와라."라고 했다면 창조론에선 난센스가 된다. 따라서 창조론적 관점에선 닭이 먼저다.

그럼 진화론의 관점에선 어떨까? 진화론에선 생명이 단계별로 진화했다고 설정한다. 단선 진화든 다선 진화든 진화론적 관점에서 태초에 만물이 온전한 '성체'로 불쑥 튀어나왔다고 말하지 않는다. 태초에 바다에 단백질이 형성되고 여러 단백질이 유기 결합하여 신진대사를 하는 원시 생명체가 됐고, 단세포에서 다세포로 진화했다. 진화를 거듭하다 어느 시점에서 '알'을 낳는 생명체가 나타나고, 이 생명체가 낳은 수많은 알 중에서 돌연변이가 익룡에서 시조새로, 시조새의 수많은 알 중에서 돌연변이가 다른 부류의 새로 태어났다고 본다면, 닭은 그 수많은 알들 중에서 돌연변이로 태어난 것이 된다. 돌연변이 알을 통하지도 않고 닭이 존재하려면, 닭의 앞 단계 새가 "까악까악" 날다가 어느 순간 갑자기 "꼬꼬댁 꼬꼬"하는 닭으로 '변신'해야 하는데 이런 일은 진화론에서 있을 수가 없다.

쉽게 정리하자면, 창조론에선 알에서 무엇이 나왔든 간에 '닭이 낳은 알'이 달걀이고, 진화론에선 알을 무엇이 낳았든 간에 '닭이 나온 알'이 달걀인 것이다. 물론 진화론이 맞네, 창조론이 옳네 논란의 여지가 있다. 그러나 필자가 언급하고자 하는 것은 이것이 아니므로 이것은 각자의 판단에 맡긴다. 여기선 어디까지나 '닭이 먼저냐, 달걀이 먼저냐?'라는 문제를 통해서, 풀 수 없어 보이는 문제도 거시적인 통찰의 시각에서 풀어 볼 수 있으며, 접근하는 시각에 따라 해답도 달라 질 수 있다는 것을 점을 강조하는 바이다.

○ TYPE

사회의 온갖 사태들을 보면, '닭이 먼저냐, 달걀이 먼저냐?'처럼 지엽적인 현상 자체에만 매몰되어 통찰적인 해결책을 못 찾고 즉자적으로 대응하는 경우가 많다. 교육에 국한하여 살펴보자. 과열

된 교육열에 대해서 평준화로 해결하려 했고, 과외 열풍과 단순 암기식 교육을 잠재우려고 수능으로 대응했으며, 세계화에 발맞추고자 외국어의 의사소통 기능에 총력을 기울였다. 그 결과 학습 능력이 저하되고, 학원이 과대 성장했으며, 대학가서 과외 받는 역전 현상만 더욱 부채질하게 되었다. 대입 모집 요강의 다양화는 입시 지도의 혼란과 고3 담임의 불신을, 특차와 수시는 고3교실의 파행과 학생들의 위화감을, 논술과 면접의 점수화는 대학의 서열화와 학원 특수를 배가시켰다.

'이게 문제요, 저게 문제요.'하는 식의 지엽적·즉자적인 접근 말고 거시적·통찰적으로 보자. 총량개념일 경우 풍선효과를 인정해야 한다. 대학의 입학정원, 특히, 일류대학의 정원은 한정이 돼있기 때문에 어쨌든 학생 선발에 있어서 줄 세울 수밖에 없다. 어떤 방식의 제도를 도입해도 줄 세우기를 피할 수 없다. 도리어 줄 세우기를 없애면 대학은 망하게 된다. 설령 대학에 학생을 줄 세우지 않고 뽑았다 하더라도, 어차피 무한 경쟁의 사회가 기다리고 있기 때문에 대학생을 줄 세우기 해서 배출할 수밖에 없다. 물론 사회를 경쟁이 없는 체제로 할 수도 있다. 하지만 이는 이론상의 공산사회로 별로 바람직하지 않다. 획일적인 평등 사회는 도태되고 다양한 경쟁사회가 발전한다는 것을 직시해야 한다.

경쟁을 나쁘게만 몰지 말자. 동물은 물론 식물조차 경쟁한다. 햇볕을 더 많이 받기 위해 경쟁한다. 생명체는 경쟁을 포기하는 순간 도태된다. 돌, 물, 바람 같은 무생물과 달리 생명체는 경쟁하기에 존재가치를 갖는다. 사람도 생명체이기 때문에 경쟁함으로써 존재가치를 갖는다. 도리어 인간이기에 가장 경쟁적이다. 인간만이 즐기는, 그래서 인간을 더욱 인간답게 하는 놀이, 게임, 스포츠를 보자. 여기에 경쟁을 빼면 어찌 될까? 경쟁을 없애면 이들은 시체가 된다. 우리나라에 그때그때 도입된 일련의 교육제도는 총량개념, 풍선효과, 줄 세우기의 필요성, 경쟁의 중요성 등을 인식하지 못한 조급증에 기인한다. 지엽적·대증적 정책을 획일적으로 강제하다 보니 혼란은 커지고 진정한 의미의 다양성은 위축됐다.

우리나라는 1999년부터 본고사, 기여 입학, 고교등급제를 금지하는 3불 정책을 고수하고 있다. 사교육 경감, 교육 기회의 평등, 학벌 중심 사회 해소 등의 취지이지만 별효과 없다. 도리어 부작용만 더 커졌는지 되짚어 봐야 한다. 본고사 금지는 대학의 자율성 침해이다. 본고사를 금지하자 대학별로 우수학생을 뽑기 위해 논술과 면접의 형태로 본고사를 대신하고 있다. 본고사 금지로 사교육이 줄어들지도 않았다.

기여 입학제는 기부금을 내면 특례입학 시키는 것으로 돈 많은 특권층에 인해 대학에 떨어지는 선의의 피해자가 발생한다는 점에서 국민의 공감을 얻고 있다. 그러나 필자에겐 속 좁은 평등주의로 비쳐진다. 기여 입학제는 부모가 자신의 출신 대학에 기부금을 내면 자녀에게 입학 가산점을 주는 제도이다. 그러기에 이들의 합격으로 떨어지는 선의 피해자가 발생할 수밖에 없다. 특례에 따른 피해의식은 당연하다. 그러나 이는 틀에 박힌 고정관념의 전형이다. 대학 정원 내의 특례입학이 아니라 10%를 정원 외로 추가 선발하는 기여 입학제로 하면 선의의 피해자도 없이 대학의 발전 기금을 마련할 수 있다. 우리나라 대학의 재정은 열악하기 그지없다. 대학 등록금을 정부가 규제하는 현실에서 대학의 재정 마련을 위해 정원 외 10% 기여 입학제를 시급히 도입해야 한다.

　고교등급제 금지는 우수 학생들이 모인 특목고에 가산점 부여하는 것을 막겠다는 취지로 고교 서열화방지 장치로서 상당한 설득력을 갖는다. 하지만 일반고 출신 학생과 특목고 출신 학생의 학업 능력에 무시 못 할 격차가 있다는 것을 인정해야 한다. 일부 대학에선 일반고 출신 반과 특목고 출신 반을 따로 꾸려 강의할 정도다. 여건상 따로 꾸리지 못하는 대학은 강의에 수월성 교육의 효율성이 뚝 떨어질 수밖에 없다.

　고교등급제 금지는 1980년부터 전면 실시된 고교평준화의 연장선상에 있다. 고교평준화에 따라 추첨 배정되는 것은 학생의 선택권을 침해한다. 이와 관련한 소송에서 법원은 "고교입시 과열 경쟁을 해소함으로써 중학교 교육을 정상화하고, 학교 및 지역의 격차 해소를 통해 고교 교육 기회의 균등 제공을 위한 것으로서 입법목적이 정당하다."라고 판시했다. 고교평준화 이후로 우수생의 서울 집중 현상이 가속돼 지역 격차가 심화됐는데 이를 부정하는 어이없는 판시로 보인다.

　고교평준화 이전엔 부산의 부산고, 경남고, 대구의 경북고, 인천의 제물포고, 전주의 전주고, 광주의 광주일고, 광주고, 순천의 순천고, 대전의 대전고가 명문고로 이름을 떨쳤다. 하지만 고교평준화 이후로 이들은 명문고 명단에서 사라지고 상위권 학생의 서울 쏠림 현상이 두드러졌다. 지역 격차가 더 벌어진 하향평준화의 문제점을 여실히 보여 주는데도 속 좁은 평등주의의 강박증에서 벗어나지 못하고 있다. 또한 고교평준화는 특목고, 자사고의 설립으로 그 의미는 퇴색됐다. 특목고, 자사고를 위해 중학교 상위권에서 입시 경쟁이 붙고 있다. 그나마 중학교의 경쟁력이 명맥을 유지하게 된 것이다.

　교육은 평등주의의 강박관념에서 벗어나야 한다. 모두 다 서울대 갈 수도 없고 모두 다 서울대 가서 좋을 것도 없다. 모두 다 1등 만들 수도 없고 모두 다 1등 만들어서 좋을 것도 없다. 사회는 1등도 필요하고 중하위권도 필요하다. 도리어 사회는 1등보다 중·하위권을 필요로 하는 분야가 훨씬 더 넓다. 사회는 사무직(화이트칼라)보다 노무직(블루칼라)의 범위가 훨씬 넓다. 농업, 어업, 광업, 건축업, 수산업, 요식업, 유통업, 유흥업, 제조업, 축산업, 서비스업 등 오만가지 분야에 사무직보다 노무직 근로자가 훨씬 많다. 해당 업종 종사자들을 거론하여 외람되지만 농부, 어부, 광부, 목수, 경비원, 미용사, 수리공, 양치기, 제빵사, 전기공, 판매원, 택배기사, 버스 기사, 마트 종업원, 건설노동자, 식당 종업원, 환경미화원, 신발공장 노동자 등이 없으면 사회는 마비된다. 사회의 각종 노무직 종사자들에게 항상 고마운 마음을 간직해야 한다.

 각주8 답 　① 다꽝(닭'꽝') ② 꼬끼오('꼭'끼오)

【 12 】 비창력 함양을 위하여

외국의 저명한 교수들이 한국 대학생들은 수업은 참 잘 듣는데 "왜?"라는 질문을 할 줄 몰라 안타깝다고 입을 모으며, 학생들이 질문에 대답은 잘하는데 정작 '자기생각'이 없다고 지적한다. 또한 토론할 때 상대방의 말을 알아듣지 못하고 '자기주장'만 늘어놓아 합리적인 결론을 도출할 줄 모른다고도 비판한다. 독자들도 지겹도록 들어 봤을 것이다. 이에 대해 선도적 교육학자들은 우리나라 초중고 수업이 "왜?"라는 질문 없이 답만 외우는 주입식교육에 내몰린 결과라면서, 비창적 사고함양을 위해 토론식 수업의 활성화가 절실하다고 목청을 돋운다.

그러나 이는 겉만 번지르르한 교육전문가의 망상적 현혹술이다. 우리 학생들에 대해 앞에선 '자기생각'이 없다고 하고 뒤에선 '자기주장'만 내세운다 하는데, 어떻게 '자기생각'이 없는데 '자기주장'을 한단 말인가? 비판을 위한 비판이다. 사고의 고갱이로 자주 언급되는 '자기생각'이란 허황된 프레임인바, 교육관에서 폐기처분해야 하는 환상이다. 학교 현장에서 무엇이, 국어[11], 수학, 과학, 영어, 독어, 지리, 경제, 음악, 체육 등에서 무슨 생각이 과연 '자기만의 생각'인가? 학생들마다 다 다른 자기생각을 갖추는 것은 있을 수도 없고 바람직하지도 않다.

사람들이 "내 생각엔"이라 말할 때, 이를 '자신의 견해'인양 생각하는데, 이는 착각이다. "내 생각엔"이란 말은 "내가 믿는 바로는"이나 "내가 아는 바로는"을 뜻한다. 전자의 경우 "행복한 삶이란?"을 주제로 토론이 벌어졌을 때 각자 자신의 소신을 개진하는 것, 그 이상도 그 이하도 아니다. 소신은 주관적이기에 근거를 제시하며 상대방을 설득하는 토론이

---

11   아재개그: 우리나라에서 국어를 제일 잘 하는 사람은? -(답은 글 뒤에)

아니라 서로 간에 개인적인 사견을 교환하는 것뿐이다. 후자의 경우 '아는 바'는 〈정도의 차이〉와 〈옳고 그름의 차이〉만 있을 뿐이다. '아는 바'가 같거나 비슷한 타인이 있다면 그와 견해가 별반 다르지 않다. 그래서 토론은 같은 견해를 가진 두 집단 간의 찬반 논쟁으로 진행되는 것이 일반적이다. 따라서 〈올바로 아는 바가 많은 쪽〉이 항상 이기는 것이다.

모든 사람에게 각자 다른 '자기만의 생각'은 있을 수 없다. 설령 '자기만의 독특한—(독특함을 창의적인 것으로 포장한다) 생각'을 가졌더라도 이는 '독선'이나 '제멋대로 생각'으로 흐르기 십상이다. '자기만의 생각'이 아닌, '넓고 깊은 올바른 생각'이 중요하다. 또한, 토론이란 '여럿이 의견을 나누는 것'으로서 〈정해진, 또는 올바른〉 답이 없는 문제에나 유효하다. 수학의 어느 단원에서 답이 없어 토론할 문제가 있는가? 영어수업, 과학수업 시간에 토론할 주제가 과연 무엇일까? 대다수 교과 수업에서 토론할 내용을 찾기 힘들다. 간혹 토론식 수업을 공개한 인터넷 영상이 보이는데 주제 발표 수업을 토론으로 꿰맞춘 완전 억지춘향이 대부분이다.

주입식 교육이 절정에 달한 세대가 1980년대의 학력고사 세대이다. 하지만 우리나라의 인구분포 중에 86세대(60년대 생·80년대 학번)가 가장 비창적인 세대로 인정받고 있다. 필자도 64년생 83학번으로 학력고사를 거친 86세대이다. 필자는 대학 때에도 주입식 교육으로 머릿속을 채워나갔다. 그런데도 불구하고 필자의 글을 보고 무척 다양하고 복잡다단한 문제들에 대해 어떻게 그런 생각을 해낼 수 있는지 무척 궁금해 할 독자도 있을 것이다.

요는, 주입식 교육이 문제가 아니라 주입된 지식에만 머무는 '사고의 정체'(停滯: stagnation)가 문제이다. 도리어 주입식 교육이 부족한 학생들에겐 기초학력 미달이라는 최악의 결과가 따라온다.—(기초 학력이 미달되면 부진아로 전락한다) 대부분 초중고 교육을 마치고 나면 최상위권 학생들조차 대학의 전공지식의 주입에만 전념한다. 초중고 때 주입한 곳간을 비워버리고 전공지식을 새로 주입하는 식이다. 주입식 교육이 주입으로만 끝나면 사고의 발전이 없다. 머릿속에 주입된 내용을 다양하게 버무려 새롭게 뽑아내야만 사고의 정체에서 벗어나 비창적 사고력이 길러진다.

자, 그럼, 주입된 지식을 '어떻게' 버무려야 비창적 사고를 함양할 수 있는가? 이에 대한 방법으로 일단 〈"왜?"라는 질문하기〉가 적용된다. 이는 서두에 언급한 선도적 교육학자들의 주장에 부합한다. 그러나 이미 지적했듯이 "왜?"만으로는 신기루로 흐르기 쉽다. "왜?"라는 질문에 결함이 있어서 그런 것인데, 과연 그 결함은 무엇일까? 필자가 이런저런 글을 쓸 수 있었던 비창적 사고는 "왜?"라는 질문 앞에 "정말 그럴까?"라는 명제를 내세웠기 때문에 가능하다. 자, 여러분도 앞으로 〈정말 그럴까? 아니라면 왜 그럴까?〉, 〈정말 그럴까? 그렇다면 왜 그럴까?〉를 머릿속에 심고 세상을 바라보시라. 천천히 곱씹어 생각하는 습관을 들이면 비창적 사고는 어렵지 않게 체화된다.

비창적 사고를 '배가시키기'엔 신문읽기가 좋다. 책도 좋지만, 책 중에는 독자를 끌기 위해 미사여구를 써서 필요 이상으로 분량을 늘린 것도 많고, 한 책에서 다루는 주제가 한정되기에 동어 반복이 많아 사고와 어휘가 편중되기 십상이다. 읽는 시간 대비 얻는 것을 가독비(價讀比)라 할 때, 개인적인 경험상−(필자의 사견임을 뜻한다) 적잖은 책을 읽었지만 가독비가 대체로 낮았다.[12]

신문은 시간 대비 읽는 분량이 '사고의 확장'과 '어휘력 신장'에 적합하다. 특히 칼럼은 다양한 견해가 정갈하게 실려 있기 때문에 가독비가 높은 편이다.−(필자가 책을 칼럼형식으로 쓴 이유이다) 같은 날의 신문이라도 칼럼의 내용은 모두 다르므로, 여러 신문을 보수네 진보네 가리지 말고 두루 읽어 보시라. 곰곰이 생각하며 꼼꼼히 읽으면 비창력이 배가된다.

비창적 사고의 함양을 위한 훈련용으로 자료 하나를 제시한다. 먼저 다음 페이지의 그림을 2번 정도 보시기 바란다. 〈탐구활동〉 꼭지에 '누가 보트에서 내려야 하는가?'라는 주제로 고교 정치 교과서에 실렸던 삽화이다. 본론으로 들어가기 전에 몸 풀기로 삽화를 보고 떠오른 난센스 문제를 순서대로 풀어 보자.−(답은 글 뒤에) 난센스 문제는 고정관념을 깨고 사고의 유연성과 창발성 다지기에 보탬이 된다고 생각한다.

---

12 책을 읽지 말라는 말이 아니다. 책만 말고 신문도 챙겨보자는 것이다. 사색의 측면에서 신문보다 책이 한 수 위인 것은 분명하지만, '가독비' 측면에서 신문의 칼럼을 적극 권한다. 따라서 칼럼 형식으로 쓴 이 책은 가독비도 높다고 자부한다.

1) ① 갈매기의 동생? 반대말? ② 비둘기의 형님과 동생? ③ 망가진 항아리 고쳐주는 새는?

2) ① 회원제로 운행하는 배는? ② 사회 지도층만 타는 배는? ③ 친구랑 같이 타야 하는 배는?
   ④ 화장품을 파는 배는? ⑤ 타서는 안 되는 위험한 배는? ⑥ 앞으로도 뒤로도 다 가는 배는?

3) 그림의 구명보트는 정원이 몇 명일까? 그림만으론 알 수 없다고? 그냥 난센스로 풀자고요.

4) ① 선장의 반대말은? ② 지위가 높은 의사는? ③ 항일투쟁에 목숨 바친 가장 유명한 의사는?

5) ① 구명보트에 탄 사람들은 굶어죽을 일이 없다. 왜? ② 필자가 전과자라는 사실을 아시는가?

비창적 사고로 혁신을

본론으로 들어가서, 그림은 구명보트에 정원이 넘쳐 누구를 내리게 할 것인지를 물은 문제이다. 답이 없는 문제이므로 토론 주제로 적합하다. 그러나 토론에 앞서, 전개되는 상황마다 하나하나 꼼꼼하게 "정말 그럴까?"라는 질문을 먼저 던져 보자. 우선, 선장에게 책임이 있지만 육지 도착 때까지 선장이 필요하다는 주장. 이런 논리라면 구명보트 자체에 문제가 터져 몇 명이 더 내려야 할 경우가 발생해도 육지 도착 때까지 필요하다며 선장은 또 뺄 것이다. 선장은 육지 도착 때까지 어떤 경우라도 결코 책임지지 않게 되는데, 책임자가 책임을 지지 않는다? 이게 말이 되는가?

　필자는 도리어 선장으로서 선원을 지휘하며 침몰하는 선박을 지키지 않고 구명보트에 피신한 것부터 단죄감이라고 생각한다. —(팔짱끼고 있는 자세도 맘에 안 든다) 또한, 선장과 승무원은 조타실이 있는 큰 배에서나 필요로 한다. 구명보트는 뗏목보다, 뗏목은 나룻배보다 못하다. 나룻배에 선장을 둔다면 소가 웃는다. 하물며 구명보트에 선장이 필요하다? 구명보트를 선장이 승무원을 지휘하여 운항해야 한다는 건가?

　선장 다음으로 가장 나이가 많아 지목된 의사는 환자가 생기면 자기가 필요할 거라며 반박한다. 그런데 구명보트에서 이 의사가 필요한 환자가 생길까? 망망대해에 떠 있는 구명보트에서 과연 어떤 환자가 이 의사의 도움을 필요로 할까? 의약품도 의료 도구도 없는 구명보트에서 의사가 도움을 줄 환자는 생길 수 없다. 더 큰 문제는 자신이 의사라는 것을 내세웠지 '나이 기준'을 반박하진 않았다. 가장 나이가 많은 사람을 보트에서 내리게 하자는 주장에 동조한 것으로, 만약 자신이 의사가 아니라면 보트에서 내리겠다는 의사를 표명한 셈이다. 노약자는 사회적 약자인바, 사회적 약자는 우선적으로 배려해야 한다는 일반 정서에 배치되는 위험한 사고방식이다.

　마지막 컷에 승객명부를 보고 전과자가 있다고 말한 것을 보자. 이 말을 한 사람은 목숨이 경각에 달린 위급한 상황인데 승객명부를 챙겨오다니, 이게 제정신인가? 놀라지 마시라. 이보다 더 심각하고 섬뜩한 것이 있다. 승객명부를 보고 전과자가 있다고 말한 것이다. 정황상 승객의 이름을 보고 알아낸 것이 아니라, 명부에 전과가 기록돼 있었기에 알아냈다고 봐야 한다. 승객명부에 비밀이 지켜져야 할 개인 신상정보인 전과기록이 노출된다는 것은 심각한 문제이다. 더군다나 정보 보안이 안 돼 이를 아무나 들여다볼 수 있다니 너무도 섬뜩하다.

　자, 어떤가? "정말 그럴까?"의 눈으로 보는 훈련이 됐는가? 다 됐으면 비창적 사고를 한 단계 더 높여보자. 이른바 '발상의 전환!' 발상의 전환을 천재적인 재능으로 여기는데 결코 그렇지 않다. 발상의 전환은 도발적 사고와 비약적 사고를 통해, 도발적 사고는 '비틀어 보기', 비약적 사고는 '뒤집어 보기'를 통해 발휘할 수 있다.

　그림에서 구명보트에 정원이 넘쳤으니 한 사람이 내려야 한다는 논의를 하고 있다. 이 상황에 매몰되지만 말고 정원 초과에 대해 비틀어 봐보자. 엘리베이터에 사람들이 몰렸을 때 최대한 비집고 탄다. 엘리베이터마다 정원이 표시돼 있지만 굳이 정원이 몇 명인지 따지지 않는다. 9명 정원에 12명이 타도 '삑'하는 경고음이 울리지 않으면 그대로 문을 닫는다. 정원이 초과됐다고 나중에 탄 3명을 내리라고 외치면 정신병원에 보내진다. 그림에서 보트에 정원이 초과돼 누군가가 한 명 내려야 한다고 했다. 그런데 여러 사람의 논의가 진행된 상당 시간 동안 보트가 가라앉지 않았다. "보트가 가라앉지 않는데 굳이 누군가가 내릴 필요가 있을까?"라고 논의 자체를 비틀 수 있다. 그러면 그냥 그대로 구조될 때까지 최대한 버텨 보자는 발상의 전환이 가능해진다.

　그림에 설정된 보트는 정원초과 시 막바로 가라앉지 않고 일정 시간이 지나면 저절로 가라앉는 아주 '요상한' 보트였다고 치자. 이럴 땐 아예, 상황 자체를 '확' 뒤집어서 생각해 보자. 한 사람이라도 억울한 희생자가 나오지 않게 할 순 없을까? 공기는 부력이 약해 보트가 땅바닥에 내려앉지만 물은 부력이 엄청 커서 보트가 둥둥 뜬다. 더구나 바닷물은 소금물이기 때문에 부력이 맹물보다 훨씬 크다.—(사해에선 맨몸으로 물위에 누워 책을 읽을 수 있다) 보트에서 1명이 내려 보트를 붙잡고 매달리면 모두 무사할 수 있을 것이다. 만약 보트가 강팍해서 매달린 쪽으로 기울 경우 반대쪽으로 1명 더 내려 매달리면, 보트는 정원이 한 사람 적은 상태라 거뜬하게 된다. 보트에 매달린 사람이 저체온 증에 걸리지 않도록 보트 안의 사람들이 차례차례 교대하면 아름다운 결말을 거두는 발상의 전환이 가능해진다.

　마지막으로, 발상의 전환보다 한 차원 높다는 '통찰적 사고!' 가장 고차원적인 사고라 하는 통찰력은 전체를 꿰뚫는 눈이 필요하므로, 소위 말해 달관의 경지에 이르러야만 가능한 영역으로 여긴다. 보통 문제가 주어지면 풀기 위해 집중하는데 그러다 보면 '문제의 틀' 안에 갇혀 매몰되기 쉽다. 그러나 문제의 틀을 벗어나면 문제 자체를 '성찰'하는 눈으로 볼 수 있고, 성찰의 눈으로 톺아 보는 습관을 들이면 차츰차츰 통찰력이 길러진다.

그림의 맨 처음으로 되돌아가 토론 주제를 천천히 곱씹어 보자. 앞에서 답이 없는 문제 이므로 토론 주제로 적합하다고 하였다. 그러나 그림의 설정은 실제로 일어난 적이 한 번 도 없는 극한 상황을 상정하여 토론토록 한 것이다. 그림의 내용은 일종의 사고실험(머릿속 에서나 가능한 실험)인바, 트롤리(trolley) 딜레마처럼, 세상에 있지도 않은, 있어도 우리의 일상 과 전혀 상관이 없는 것을 상정해 놓고 인간 목숨의 처분에 대해 토론하자는 것이다.

하지만 그 누구에게도 생사람의 목숨을 처분할 권한도 자격도 없다. 사람의 목숨은 아 무리 이성적이라 하더라도 토의로 결정할 사항이 아니다. 또한 극한 상황에 대해선 이성 의 잣대로 재단해선 안 된다. 전쟁 중에 적군을 총 쏴 죽인 군인을 생명 존중의 잣대를 들 이대 살인자라고 단죄해선 안 된다. 모성 본능이 소중하지만 물에 빠져 허우적대는 아이 를 보고 "우리 애 좀 살려 줘요!"라고 외치며 발만 동동 구르는 엄마에게 "왜 직접 구하러 물에 뛰어들 생각을 안 했냐?"고 물으면 안 된다. 불 난 극장에서 수많은 관객이 일시에 출구로 몰려 막혀서 탈출하지 못하고 집단 몰사한 것을 두고 나만 살겠다고 질서를 지키 지 않아 발생한 후진적 참사라고 비난해선 안 된다. 극한 상황에 대해선 이성의 잣대로 재 단할 수 없기에 토론주제로 삼아서도 안 된다.

따라서 이런 유(類)의 토론은 참여자를 쓸데없이 고뇌하게 하여 정신적 고통을 가하기 만 하는 비인간적인 토론이며, 토론에 들인 시간에 비해 얻는 것도 별로 없어 낭비적이다. 도리어 이런 주제는 사람을 시험에 들게 하는 잔인한 토론인 바, 의견을 개진한 사람 중 엔 깊은 마음의 상처를 입을 수도 있으므로 너무 위험하다. 다루는 주제가 학문적·철학 적 차원의 문제라 할지라도, 학생들에겐, 문제를 위한 문제가 바람직하지 않듯이 토론을 위한 토론도 결코 바람직하지 않다. 굳이 사고실험까지 시도해야 하는 비현실적인 무겁고 위험한 주제는 그 계통의 초일류 전문가에게 맡기면 된다. 파릇파릇 자라야 하는 학생들 을 시험에 들게 하면 몹쓸 짓이 된다.

☞ 1) ① 동생은 겨울매기, 반대말은 올매기, 갈풀기 ② 'B'둘기의 형님은 'A'둘기, 비둘기의 동생은 비셋기 ③ 독수리(독을 수리함). 2) ① 멤버ship ② 리더ship ③ 프렌드ship ④ 스킨ship ⑤ 불량배 ⑥ 선후배. 3) '9명 보트'이니까 정원은 아홉 명. 4) ① 앉은장 ② 수(首)의사, 장(長)의사 ③ 안중근 의사. 5) ① 보트에 '전(全)과자'가 있기 때문에 ② 필자는 독어과에서 사회과로 전공을 바꾼, 전과(轉科)한 사람이다.

난센스만으로는 좀 싱거울까 봐 아재 개그를 몇 개 덧붙인다. ☞ 1) 바다가 적으면 '받아 적어'인가? 2) '부산 앞바다'의 반대말은? [부산 아빠다] ↔ 부산 엄마다. 3) 마을에 장이 들어서면 선장인가? 4) 그림에 선장이 모자를 쓰고 있는데, 선장이 좀 모자라서 모자를 쓴 걸까? 모가 자라면 모자란 건가? 5) 안중근 의사 동상 앞에 세울 것은 안중근 의사 은상, 안중근 의사 금상인가? … 흐음, 갑분찌한가?(갑자기 분위기가 찌눙찌눙?) -⟨ 웃읍시다. 안 웃겨도 웃읍시다. 웃으면 건강에 좋답니다. 웃다보면 진짜 웃깁니다. 웃기는 말이라고요? 맞습니다. 제가 원래 웃기는 놈이거든요! ‖ 생각이란 생각하면 생각할수록 생각나는 것이 생각이므로, 생각하고 생각하고 또 생각하면 결국 신박한 생각이 생각난다고 생각하는 생각이 좋은 생각이라고 생각하는데, 네 생각은 어때? ⟩

① **거꾸로 읽으면 무슨 말이 될까요?**[13]

1) 지방 상인 정부미 부정 인상 방지

2) 다시 합창 합시다/생선 사가는 가사선생

3) 여보 안경 안 보여/다 깐 도라지일지라도 깐다

4) 소주 만 병만 주소/대한 총기 공사 공기총 한 대

5) 가련하시다 사장 집 아들딸들아 집장사 다시 하련가

② **말하는 속도로 소리내서 읽어 봐요.**

1) 저 콩깍진 깐 콩깍진가 안 깐 콩깍진가?

2) 물에 빠진 건전진 건진 건지 안 건진 건지.

3) 저 말뚝은 말 맬 말뚝인가 말 못 맬 말뚝인가?

4) 이 기린 그림은 내가 기른 기린 그린 기름 그림이야.

5) 중앙청 철창살과 경찰청 철창살은 강철 철창살이겠지?

6) 밤의 겉껍질은 본겉껍질과 겉겉껍질의 겹겉껍질로 돼 있다.

③ **'Orange'[14] 시리즈**

오렌지 먹은 지 얼마나 오랜 지/작년인지 올핸지/모두 NG나면 All-NG/닭인지 오린지/뭘 자르고 오린지/이게 어느 옷의 올인지/나이가 나보다 윈지 아랜지/장독 위엔 고양이, 그 아랜 쥐/랜덤 프로그램은 RNG/오토바이 열선 그립은 R&G/얼마나 쓰리고 아린지/달걀인지 오리 알인지/윗전에 뭘 아린지/고양이 눈알엔 쥐/누가 더 어린지/어찌나 눈에 어린지/뭐가 조상의 얼인지/이게 어느 나라 어린지/늙은 쥐와 어린 쥐

---

13 거꾸로가 아닌 뒤집어서 읽어도 같은 말이 되는 것으로 '허리피라우'가 있다.

14 과음한 뒤 자고 나서 숙취로 해롱대고 속이 쓰릴 땐 오렌지 주스가 아주 좋다.

4 63빌딩 이야기

  사람을 뜻하는 '人'자와 두 손을 모아 기도·기원하는 모양을 형상화했다는 63빌딩. 흔히 이 63빌딩은 63층으로 알고 있다. 그러나 실제론 60층이다. 지하 3층이 있는데 그렇기 때문에 63빌딩이 맞다고 하는 사람도 있는데 건물 층수는 지하를 포함시키진 않는다. 원래는 63층으로 지으려했는데 당시 빌딩이 남산보다 높으면 남산의 정기가 눌린다 하여 남산보다 1m 낮게 지었다고 한다.

  그래서 3층을 더 올리지 못했는데 높이에 맞춰 '육십'빌딩이라고 하면 '육삼'빌딩보다 발음이 좋지 않아 원래 명칭을 그대로 쓴 것이라 한다. 이 63빌딩과 관련한 현기증 나는 퀴즈 하나. 63빌딩에서 엄마, 아빠, 큰아들, 큰딸, 작은아들, 작은딸의 일가족 6명이 뛰어내렸는데 아무도 다친 사람이 없었다. 어찌된 영문일까?-(아래 각주를 보기 전에 생각해 보자.[15] 머리 식히는 페이지에 머리 시키는 얘길 실어서 싫어요? 그럼 죄송!)

5 수능 감독 후 겪은 일[16]

  1999년 11월 17일(수)에 수능 감독을 마치고 동료 쌤들과 뒤풀이로 술 한 잔하고 나서 시간이 꽤 늦었지만 볼일이 있어서 학교로 갔다.-(당시엔 외고에서 근무하던 때였다) 컴퓨터를 켜고 의자에 앉아 작업하던 중 오줌이 마려워 화장실로 향했다.[17] 화장실은 복도 양끝에 있는데 필자의 교무실 앞엔 여자화장실이, 남자화장실은 반대편에 있었다. 학교에 아무도 없는 밤늦은 시각이라 복도 끝까지 갔다 오기엔 술이 알딸딸하게 취한 몸으로 귀찮아 여자화장실로 갔다.

  그래도 혹시나 해서 불은 켜지 않고 얼른 일보고 나오려 했다. 5칸으로 된 컴컴한 화장실의 첫째 칸에 들어가 문을 걸어 잠그고 일보고 있는데 뒤쪽 칸에 물 내리는 소리가 들렸다. '앗, 사람이 있었나? 지금 나가다간 들키겠다. 저 여학생 나간 뒤에 나가

---

15 ① 옥상에서 번지 점프했다. ② 낙하산을 차고 뛰어내렸다. ③ 63빌딩 아래에 그물망을 쳐놨다. ④ 모두 다 사망했다. ⑤ 옥상 난간에서 안쪽으로 뛰어내렸다. ⑥ 63빌딩 2층에서 뛰어내렸다. ⑦ 엄마는 새엄마, 아빠는 기러기 아빠, 큰아들은 강남의 제비족, 큰딸은 날라리, 작은아들은 비행 청소년, 작은딸은 덜떨어진 아이였다.

16 심장이 약하신 분은 이글을 건너뛰시길 바란다. 그렇게 무서운 이야기는 아니지만 혹시나 하는 노파심에 미리 밝혀둔다.

17 나이가 들면 방광의 기능이 약해져 잔뇨감이 심해지고 화장실을 나와도 오줌이 찔끔찔끔 새는 경우도 생긴다. 오줌을 누고서 회음부를 지그시 누르면 찔끔 남은 잔뇨가 꾹 짜진다.

야지.'라고 생각하고 있는데 누군가가 화장실로 들어오는 소리가 들렸다.

"야, 너 오늘 또 왔구나?"-"내 기일(忌日)인데 안 올 수 있냐? 근데 네 뒤에 누구야?", "아, 오늘 수능 망쳤다고 옥상에서 뛰어내린 애래."-"아, 그래서 머리가 깨졌구나? 근데 왜 왔니?", "저, 오늘 아침 여기 일보러 왔었는데 그때 페이퍼를 잃어 버렸나 봐요."-"뭐야, 그동안 커닝 페이퍼로 시험친 거야? 그럼 시험 망친 게 아니라 니 실력껏 나온 거네.", "어쨌든 다들 제가 상위권인 줄 아는데 수능이 하위권 되면 다 들통 나잖아요. 그래서 페이퍼를 찾으러왔어요."-"어느 칸에서 일봤는데?", "그때 너무 붐벼서 어딘지 분간이 안가 모르겠어요."-"그래? 그럼 첫째 칸부터 뒤져 보자."

첫째 칸에 있던 나는 '흐억'하고 놀라 숨소리도 내지 못하고 잠근 문고리를 꽉 틀어쥐었다. "어, 문이 안 열리네. 다음 칸부터 뒤져 보자. 야, 여기 페이퍼 있다. 네 거냐?"-"제 게 아녀요. 흑흑흑.", "야, 울지 말고 다음 칸 뒤져 보자."-"여기에도 없어요, 흑흑", "이거 완전 울보네. 어서 다음 칸 뒤져 보자."-"흑흑흑. 여기에도 없네요.", "그래? 그럼 저기 뒤지고 없으면 맨 앞 칸 다시 가 보자.", '아, 마지막 칸으로 가는구나. 이틈에 나 가야지.'하고 문을 살그머니. 검은 그림자의 세 여자가 5째 칸으로 가는 것이 보였다. 오금이 저리고 입이 바싹 타들어갔지만, 심호흡하고 아랫배에 힘준 다음 슬쩍 나와 몸을 돌려 화장실 출구 쪽으로 살금살금. 그런데….

어느새 왔는지 머리 깨진 여학생이 내 뒷덜미를 잡고 흔들었다. "쌤이 제 페이퍼 가져갔죠?"-"아냐, 난 아냐!" 발버둥 쳤지만 뒷덜미를 계속 흔들었다. "쌤, 이 시간에 여기서 주무시면 어떡해요?" 경비 아저씨가 뒷덜미를 흔들어 난 꿈[18]에서 깨어났다. 술 취해 책상에 엎어져 잠들었던 것이었다.

---

18 꿈이 아닌 진짜 무시무시한 얘기. 밤에 나재 기계에 갔더니 무가 서서 울어 무서운 얘기라 했더니 애들이 '에'하고 무시했다. 한 여자가 밤에 공동묘지를 지나가는데 뒤에 머리를 풀어헤친 할머니가 손을 휘저으며 "같이 가 저녀, 싥이 기 치녀."하면서 쫓아와 다리가 얼어붙었는데 알고 봤더니 "갈치가 천원, 갈치가 천원."이었다고 했더니 애들이 '에'하고 무시했다. 이 두 얘기는 애들이 '에'하고 무시·무시한 얘기였다.

가장 끔찍한 똥침 이야기[19]

옛날에-(글 뒤쪽에 영어가 등장하는 것으로 보아 개화기로 추정된다) '길우'라는 청년이 길을 가다가 해가 뉘엿뉘엿할 때 한 낯선 마을에 다다랐다. 마을 입구 성황당을 지나는데 갑자기 배가 아파 급히 응가¶할 곳을 찾았다.[20]

> <¶> : '응가'는 엉덩이 나라의 노래라고 한다. 엉덩이 나라 시리즈. ① 엉덩이 나라에 사는 주민은? ② 엉덩이 나라에 사는 뱀은? ③ 엉덩이 나라에 사는 소는? ④ 엉덩이 나라에 내리는 비는? ⑤ 엉덩이 나라에 있는 중국집은? ⑥ 엉덩이 나라에 흐르는 개울은? ⑦ 엉덩이 나라의 법은? ⑧ 엉덩이 나라 사람이 죽으면? ⑨ 엉덩이 나라에 필요한 사고력은? ⑩ 엉덩이 나라 식당의 곱빼기는? ⑪ 엉덩이나라의 가장 심한 욕은? ⑫ 엉덩이 나라 사람들이 가장 두려워하는 일은? ⑬ 엉덩이나라 사람들은 공부를 잘 할까요 못 할까요?-(답은 각주[21]에)

다행히 성황당 뒤쪽에 해우소[22]가 있었다. 그런데 문에 글이 적혀 있었다. → 신이 잠든 곳, 신을 깨우지 마시오.← 글귀가 께름칙했지만 도저히 참을 수 없어 문 열고 들어가 일을 봤다. 일을 보고 일어서는데 똥통에서 연기가 피어오르더니[23] 펑하고 신이 나타났다. 일명 변신(便神)이 얼굴에 똥이 덕지덕지 묻은 채로.

"네 이놈, 내가 누워 자고 있는데 내 얼굴에 더럽게 똥을 갈겨대?"-"똥신이 똥을 더

---

19 고상함을 추구하시는 분은 이글을 건너뛰시길 바란다. 이글을 읽고 추저분함을 느껴도 필자는 책임질 수 없다.

20 고상하신 분이라도 글상자는 풀어 보시라. 난센스는 사고의 유연성과 창발성을 다지는 데에 보탬이 된다. 영역의 구분이 없는 '찌농'쌤의 필살기, 경계가 없는 아재 개그이다.

21 ① 대변인(大便人) ② 설사 ③ 변소 ④ 변비 ⑤ 몽고반점 ⑥ 구린내 ⑦ 변증법(便增法) ⑧ 변사(便死), 분사(糞死) ⑨ 변별력(便別力), 분별력(糞別力) ⑩ 2인분(人糞) ⑪ "변변(便便)치 못한 놈" ⑫ 분통(糞桶) 터지는 일 ⑬ 공부를 잘해요. 매일같이 학문을 펼치고, 학문을 넓히고, 학문에 힘쓰고, 학문을 닦기 때문.-('학문'의 발음에서 유추할 것)

22 비데가 없는 화장실에서 일을 보고 밑을 화장지로만 닦으면 그리 깔끔하지 않다. 또한 하루에 서너 번 일을 볼 경우 화장지로만 닦으면 항문이 헐어 따갑고 피가 나기도 한다. 밑을 화장지로 대충 닦고 나서 물휴지로 재차 닦으면 항문이 깔끔하고 허는 것을 막을 수 있다. 물휴지가 없을 경우엔 종이 화장지에 물을 살짝 적셔서 사용하면 된다.

23 연기가 아래로 흐를 수 있을까? 밑동을 잘라낸 페트병의 뚜껑 가운데에 송곳 구멍 뚫고 둘둘 말은 종이쪽지를 꽂아 쪽지 끝에 불붙이면, 페트병 안쪽에 진한 우윳빛 연기가 한 줄 타고 내려가 바닥에 짝 깔린다. 공기 중에 날아 흩어지는 연기는 희푸른 색이지만 이 연기는 짙은 우윳빛이라 더욱 신기하다. 페트병이 공기의 대류를 막아 불완전 연소된 무거운 탄소 분자 알갱이가 흩어지지 않고 아래로 쏟아지는 것으로 짐작된다. A4 용지를 둘둘 말아 위쪽에 불을 붙이면 아래쪽으로 연기가 나오지만 바로 위쪽으로 흩어진다. 전자도 후자도 아래쪽 연기에 불을 갖다 대면 불타오르는데 불꽃이 전자는 아래쪽으로 후자는 위쪽으로 향한다.

럽다고 하시나요?"[24] "어쨌든 내 평온한 잠을 망쳤으니 용서할 수 없다. 두 가지 중에 택해라. 죽을래[25], 똥침 맞을래?"-"아직 젊어서 죽긴 싫어요." "그래, 그럼 엉덩이를 대거라." 어릴 적 애들 장난으로 똥침을 맞아 본 기억이 있었던 길우는 엉덩이에 힘을 빡 주고 내밀었다. 하지만 똥신의 똥침은 차원이 달랐다. "으악"소리를 지르고 꼬꾸라져 한참동안 일어나질 못했다. 난생 가장 끔찍한 똥침이었다.

세월이 흘러흘러 길우의 나이가 50이 됐다. 어느 날 길을 가다가 해가 뉘엿뉘엿 할 때 한 낯선 마을에 다다랐다. 기억이 가물가물한 오래 전의 그 마을이었다. 그런데 또, 마을 입구 성황당을 지나는데 갑자기 배가 아파 급히 응가할 곳을 찾았다. 어쩔 수 없이 바로 그 해우소로 들어가 일을 보고 일어섰다. 아니나 다를까 그때의 똥신이 또 나타났다. "죽을래, 똥침 맞을래?" 똥침 맞은 기억이 너무도 끔찍했던 길우, 도저히 똥침 맞을 용기(?)가 나질 않았다. "제가 살만큼 살았으니 그냥 죽겠습니다."-(당시의 평균수명은 40세도 안 됐었다) "그으래~?" 똥신이 씨익 웃으며 영어를 섞어 가며 말했다. "Death by ttong-chim! 똥침 맞아 죽느니라." 끄~읕.

(!) 붙임 '길우'의 성씨는 '신'씨였다고 한다.

(^_^) 각주25 답 ① 다이소/다이아몬드 ② 다이애나 ③ 다이옥신 ④ 다이빙 ⑤ 죽염 ⑥ 주거지 ⑦ 고주몽/고추장 ⑧ 형용사/감탄사

[7] 산신령이 사라진 사연[26]

나무꾼인데도 도끼도 없이 찢어지게 사는 한 나무꾼이 대감집의 도끼를 빌려 산속 호숫가의 커다란 나무를 찍었다. 그런데 손아귀에 기운이 없어 도끼를 휘두르다 놓쳐 그만 호수에 빠뜨렸다. 망연자실한 나무꾼. 털썩 주저앉아 "난 이제 죽었구나."하

---

24 이에 언뜻 떠오른 이야기.-(고상하신 분은 보지 마시라) 똥개가 똥을 먹고 있는데 진돗개가 "야, 왜 더럽게 똥을 먹냐?"하자 똥개 왈, "야, 밥 먹는데 왜 더럽게 똥 얘기하냐? 밥맛 떨어지게."

25 '다이'시리즈: ① 소/아몬드가 죽으면? ② 죽은 아기를 낳으면? ③ 온몸이 쑤시다 죽으면? ④ 얼음이 죽으면? ⑤ 소금이 죽으면? ⑥ 거지가 죽으면? ⑦ 주몽과 추장이 죽으면? ⑧ 용의 형이 죽으면?/감이 불타 죽으면? -(답은 글 뒤에)

26 옛날엔 종종 가난하지만 착하게 사는 사람들 앞에 산신령이 나타나, "세 가지 소원을 말해 보라" 하며 도와줬었는데, 어느 순간부터 산신령이 종적을 감췄다. 이 글은 산신령이 종적을 감추게 된 내막 이야기이다.

고 엉엉 울었다. 그때 호숫물이 뽀글뽀글하더니 산신령이 펑하고 나타나 "왜 그렇게 우느냐? 자초지종을 말해 보라." 그래서 나무꾼이 설명을 했어요.

"나무를 하다 실수를 해서 도끼를 호수에 빠뜨렸어요." 그래 '난 이제 죽었구나.'하고 엉엉 울고 있는데 호숫물이 뽀글뽀글하더니, 산신령이 펑하고 나타나 "왜 그렇게 우느냐? 자초지종을 말해 보라." 그래서 나무꾼이 설명을 했어요. "나무를 하다 실수를 해서 도끼를 호수에 빠뜨렸어요." 그래 '난 이제 죽었구나.'하고 엉엉 울고 있는데 호숫물이 뽀글뽀글하더니, 산신령이 펑하고 나타나 "왜 그렇게 우느냐? 자초지종을 말해 보라." 그래서 나무꾼이 설명을 했어요. "나무를 하다 실수를 해서 도끼를 호수에 빠뜨렸어요." 그래 '난 이제 죽었구나.'하고 엉엉 울고 있는데 호숫물이 뽀글뽀글하더니…….

끝이 없는 이야기 속에서 산신령이 호숫물에서 펑하고 나타나기를 수도 없이 반복하다 결국 탈진됐다. 그일 이후로 산신령은 호숫가를 피해 깊은 산속으로 무대를 옮겼다. 그 산골에 홀어머니 모시고 어렵게 살던 돌쇠가 눈 내리는 날씨에도 불구하고 나무를 해서 저자에 판 돈으로 어머니를 위해 떡과 털신을 샀다. 이를 지켜본 산신령은 할머니로 변신하여 집으로 돌아가는 돌쇠를 시험하기 위해 산길에 눈 맞고 쓰러진 척 했다.

"할머니, 정신 차리세요."-"으으, 젊은이 고마우이. 근데 발이 얼어터질 것만 같네그려.", "이 털신 신으세요."-"고마우이. 근데 내가 5일이나 굶어 죽을 것만 같네그려.", "이 떡 드세요."-"고마우이.", "할머니, 누추하지만 저희 집에 가서 눈 좀 피하고 가실래요?"-"아니, 급히 갈 데가 있다네.", "그럼, 몸 조심히 가세요, 할머니."-"자네도 잘 가시게, 젊은이."

그러고 나서 집으로 가려는데 어머니께 드릴 떡도 털신도 없어 발길이 떨어지지 않았다. 눈물이 주르르 흘렀다. 그때 산신령이 돌쇠 앞에 펑하고 나타났다. "누구신지요?"-"난 산신령이니라. 좀 전의 할머니는 내가 널 시험해 본 것이니라. 소원이 있으면 3가지 말해 보거라.", "발이 너무 시려우니 털신 좀 주시옵소서."-"옛다. 두 번째는 뭔고?", "배가 너무 고프니 떡 좀 주시옵소서."-"옛다. 마지막 소원은?"

배를 채우고 정신 차려 보니 어머니를 위해 3가지 소원을 다 써도 모자랄 판인데 자신을 위해 벌써 2가지를 써버린 돌쇠. 자책하고 있는데 산신령이 재차 "마지막 소원이 뭐고?"라고 물었다. "…저, 앞으로 3가지 소원을 더 들어주시옵소서. 이게 저의 마지막 소원입니다."-"그, 그, 그래? 말, 말해 봐라.", "첫째, ○○ 해 주시옵소서."-"옛다.", "둘째, ◇◇ 해 주시옵소서."-"옛다. 마지막 소원은 뭐고?", "앞으로 3가지 소원을 더 들어주시옵소서."-"그래? 말해 봐라.", "첫째, △△ 해 주시옵소서."-"옛다.", "둘째, ◎◎ 해 주시옵소서."-"옛다. 마지막 소원은 뭐고?", "앞으로 3가지 소원을 더 들어주시옵소서."-"그래? 말해 봐라." ……

산신령은 돌쇠의 끝없는 소원을 들어주다 결국 탈진됐다. 그 후로 소원을 하나만 들어주기로 방침을 바꿨다. 그러던 어느 날 갑순이 앞에 나타나 "소원이 있으면 하나 말하거라."-"아니, 산신령님. 소원은 3가지 아닌가요?", "사정이 있어 바뀌었느니라."-"그럼, 하나는 반드시 들어주시나요?", "그럼, 반드시. 소원이 뭐고?"-"…저, 제가 원하는 걸 다 들어주소서. 이게 저의 유일한 소원입니다.", "……." 이날 산신령은 완전 거덜났다. 그 후로 산신령은 종적을 감추고 세상에 나타나지 않게 됐다.

8 가평의 단합대회 때 생긴 일

필자가 외고에 근무하던 시절. 1학기 기말고사 후 학급회의를 열어 여름 방학 때 1박 2일 단합대회 가기로 했다. 장소를 논의하는데 한 학생이 자기 부모가 가평에서 ○○리조트를 운영하는데 괜찮다면 부모님께 여쭤보겠다고 했다. "그렇다면 오케이 쌩큐지." 그런데 그날 독어반 졸업생 3명이 찾아왔다.

"야, 니들 수업 땡땡이 친 거 아냐?"-"쌤, 저희들은 범생이 3총사, 방학이라 온 거예요.", "벌써 방학? 역시 대학이 좋구나."-"올해도 방학 때 단합대회 가시나요?", "당근이쥐. 한 학부모가 가평에 리조트가 있다네?"-"방학 때면 리조트는 한창 때인데, 민폐 아녀요?", "하지만 민박이나 방갈로도 비용이 만만찮아서, 애들 주머니 사정 때문에."-"가평에 대학생들이 MT장소로 애용하는 폐교가 있어요. 거기로 가요. 숙박비 제로.", "하지만 폐교는 신경 쓸 게 많잖아."-"저희 3총사가 도와드릴 게요. 애들은 카레,

라면만 준비해 오면 돼요. 버너나 코펠 같은 것들은 저희가 다 준비할 게요. 단합대회 진행도 저희가 하고요. 노는 건 저희가 끝내주잖아요.", "이렇게 고마울 데가."-"쌤이 제자 복이 있으신 거죠."

이를 리조트 건의 학생에게 전했더니, 학부모가 전화[27]했다. "쌤에게 잘 보이고 싶었는데 아쉽게 됐네요."-"말씀만이라도 고맙습니다.", "근데 폐교로 가신다고요? 많이 불편하실 텐데요."-"졸업생들이 도와주기로 했습니다.", "그 학교가 ○○○ 중학교인데요, 저희 리조트랑 가까워요. 저희 리조트 이름도 거기서 따온 거거든요. 만약을 위해 리조트 한쪽 숙소를 비워 놓고 음식을 준비해 두겠습니다."-"아니, 음식까지요? 저희가 안 먹으면 다 버려야 하잖아요.", "준비한 음식은 애들이 안 먹어도 다음날 들어오는 팀들에게 제공하니 걱정하지 마세요."-"네, 마음만이라도 고맙게 받겠습니다."

가평의 ○○○ 중학교, 3시 도착. 운동장 가운데에 타다 남은 장작이 쌓여 있었다. 1층 교실에 짐을 풀었다. 그 교실에 책걸상이 적었다. 책걸상을 캠프파이어 장작으로 쓴 것 같았다. 애들이 교실바닥에 옹기종기 모여 앉았다. 졸업생 3명의 지도로 진형을 갖추고 단합대회가 진행됐다. 리조트 학부모가 찾아와서 인사했다. 필요한 게 있으면 언제든지 연락주시라는 말을 남기고 돌아갔다.

저녁이 되어 라면과 카레를 해먹고 좀 쉰 다음 이런저런 놀이를 이어갔다. 9시 쯤 되자 운동장 가운데에 타다 남은 장작에 불을 붙이고 걸상 하나를 쪼개서 불 위에 얹었다. 모닥불 피워놓고 캠프파이어를 즐겼다. 그런데 1시간 뒤, 갑자기 비가 쏟아지기 시작했다. 분위기가 한창 무르익을 때라서 무척 아쉬웠지만 모닥불을 뒤로 한 채 교실로 들어갔다.

빗줄기가 점점 세지더니 갑자기 "우르릉 꽝!" 소리와 함께 교실불이 퍽하고 나갔다. "엄마야!", "쌤, 무서워요!" 곳곳에서 소리가 터져 나왔다. "애들아, 침착, 침착. 담임 쌤 말씀 들어 봐." 졸업생들이 애들을 진정시켰다. "잠깐 일시적으로 일어난 정전일 수도 있으니 한 5분만 기다려 보자. 그래도 안 되면 리조트로 간다." 내가 랜턴을 비추

---

27   전화 아재 개그: ① 전화로 지은 건축물은? ② 불에 데지 않게 조심해야 하는 전화는?-(답은 글 뒤에)

며 말하자 조용해졌다. 그때, →경비실에서 알립니다. 갑작스런 낙뢰로 중앙 배전반이 차단됐습니다. 복구에 20분 정도 소요됩니다. 임시로 음악실로 이동했다 20분 후에 되돌아오시기 바랍니다.←라는 안내 방송이 들려왔다.

"얘들아, 짐 챙겨라."-"쌤, 음악실에 갔다 다시 오는 거 아녀요?" "리조트로 간다."-"밖에 비가 세찬데 방송에 따라야 안전하지 않겠어요?" "배전반이 차단돼 학교 전체가 정전인데, 음악실엔 왜 가? 거기도 컴컴할 텐데."-"헉, 그런가요?" "그건 우릴 컴컴한 학교 안에서 헤매 돌게 하려는 홀림 술책이야."-"그, 그런?" "그리고, 정전에 무슨 방송? 정전이면 방송도 먹통여. 게다가 폐교에 근무하는 경비실이 어딨냐? 20분 안에 모두 여길 빠져나가야 해!" 우리는 세찬 빗줄기를 뚫고 황급히 ○○리조트로 내달렸다. 경찰차가 삐뽀삐뽀 출동했다.

(!) 붙임 이 학교 이름은 세 자로 좀 특이했다. '왕헉우' 중학교! ○○리조트의 실명은 '헉우'리조트!

(ㅡ) 각주27 답 ① 콜로세움 ② 화상 전화

PART 2

언어/논리 영역

"언어는 사고를 지배하고, 논리는 사고를 기른다"

Critical Creative
Thinking Innovation

【 1 】 ‘동해’로는 ‘독도’를 지킬 수 없다!

2011년 3월 11일에 발생한 쓰나미, 방사능 유출 등 대재난으로 커다란 충격에 휩싸인 일본을 우리나라 사람들은 자발적으로, 그간의 민족적 감정을 묻어두고 물심양면으로 적극 도와주었다. 그러나 그달 30일에 검정을 마친 것으로 공식 발표된 일본 교과서에서 독도 왜곡이 한층 더 심화·확대된 것이 확인되면서 우리는 심한 배신감과 분노를 삭일 수 없게 됐다. 일본은 틈만 나면 독도의 영유권을 주장[1]하면서 우리의 감정을 자극해 왔는데, 이에 대해 우리는 그때마다 단호하게 대처해 왔지만, 독도 지키기에 있어서 우리가 간과하고 있는 전략적 정곡이 하나 있다. 국민 대다수가 이 정곡이 무엇인지 깨닫지 못하고 있어 안타깝다.

독도가 우리 땅임은 분명하다. 역사적 사실, 국민적 인식, 실효적 지배 등에 있어서 그 어느 것 하나도 일본은 감히 명함을 내밀 수 없는 엄연한 우리 대한민국의 영토이다. 그러나 세계 지리학회에서 발행되는 세계지도에 ‘동해’가 ‘일본해’로 명시된다면 세계 사람들은 일본해에 있는 ‘독도’를 어느 나라 섬으로 인식하게 될까? 독도를 우리나라 섬으로 세계에 인식시키기 위해서는 동해를 일본해로 쓰지 못하게 하는 것이 아주 중요하고 시급하다.

하지만 세계 지리학회에선 ‘동해’의 영문표기를 주저한다. 그건 바로 ‘동해’라는 명칭에 적합성이 약하기 때문이다. 우리에게는 ‘동쪽 바다’이지만 다른 나라 사람들에겐 전혀 아니다. 방향만을 나타내어 지명으로서의 인지도가 낮은데도 ‘동해’를 〈East Sea〉또는 〈Sea of East〉라고 써달라면, 세계 지리학회에서 고유명사로 선뜻 받아들일 수 있을까? 때문

---

1   일본이 독도를 노리는 이유를 '찌농'개그로 풀면, 독도를 일어로 '다케시마'라 하는데 이를 거꾸로 읽으면 '마시케다'가 된다. '맛있겠다'고 생각하고 자꾸 덤벼드는 것이다. 대마도는 일어로 '쓰시마'인데 이를 거꾸로 읽으면 '마시쓰'이다. 그래서 '맛있으~!'하고 집어삼켰다고 한다. 독도는 일본 땅이라고 우기는 것에 감정적으로만 대응하면 자칫 일본의 꼼수에 휘말릴 우려가 있다. 독도가 일본 땅이라고 자꾸 떼쓰면 일본에 주자. 대신 "일본은 우리 땅!"이라고 찍소리 못하게 뭉개버리자.

에, 세계 지리학회에서는 지명의 인지도를 높이기 위해 〈East Sea〉와 〈Sea of Japan〉을 병기하거나, 번거로움을 피해 아예 〈Sea of Japan〉으로만 표기하게 된다. 이렇게 되면 전자든 후자든 독도는 일본의 손아귀에서 벗어나지 못한다. 이것이 우리가 간과하고 있는 전략적 정곡인 것이다.

우리나라 '서해'는 우리에겐 '서쪽 바다'이지만 중국에겐 '동쪽 바다'이므로 '서해'의 공식 영문 명칭을 〈West Sea〉라 하지 않고 〈Yellow Sea〉(황해)라고 하듯이, 우리끼리는 '동해'로 불러도 외부에겐 〈East Sea〉가 아닌 다른 영문 명칭을 내세워야 한다. 여기에는 'Dong-hae'와 'Korea Sea'가 있는데, 전자는 외국 사람들에겐 이해도가 떨어지는 데다 '독도'에 대한 영유권과 무관해 보이므로 대외적 이미지상 후자가 더 합당할 것이다. 다만 후자로 할 경우 일본이 딴죽 걸어 세계 지리학회에서 난색을 표하면 '2002 한일월드컵'처럼 '한일해'(Korea-Japan Sea)로 한발 양보하는 아량을 발휘하면 될 것이다. 이래야만 '독도'가 '일본해'에 함락되는 불상사를 막을 수 있게 된다.

말이 나온 김에 '황해'(Yellow Sea)라는 명칭도 보자. 일각에서 서해가 중국의 황하의 영향으로 황해라고 불린다는데, 황하에서 흘러나온 물로 서해가 누렇게 될 리는 만무하다. 서해 북쪽의 발해 만에 2011년 한 달 새 세 번이나 해상 유전에서 원유가 대량으로 유출되는 사고가 발생했지만 인근 해역 1㎢만 시커멓게 오염됐을 뿐 서해바다 전체가 검게 되지는 않았다. 이보다 훨씬 적은 황하의 토사로 서해전체가 세세연년 누렇게 변할 수는 없다.

중국의 연안 해역은 모두 대륙붕으로 짙푸른 바다색을 띠지 않는다. 중국인에겐 어디는 푸르고 어디는 누렇고 하는 식으로 구분할 바다가 따로 없다. 하지만 한반도의 서해는 평균 수심 45m, 동해는 1,400m로 현저하게 차이 나는바, 짙푸른 동해에 비해 서해는 꽤 누르스름하게 비춰진다. 그래서 서해를 누런 바다라는 의미로 불렀다. '황해'라는 명칭은 우리가 붙인 이름인 것이다. 황해는 전 세계에서 색깔로 이름 지은 유일한 바다이다.[2]

명칭이야기가 나온 김에 하나 더. 우리나라 이름은 고유명사이므로 우리가 정한 대로 따르는 것이 옳다. 우리나라 이름이 '대한민국'이므로 'Daehanminguk'으로 적어야 한다.

---

2 보통 홍해(Red-Sea)와 흑해(Black-Sea)를 색깔로 이름 지은 바다라 생각한다. 그러나 홍해는 아덴만 안쪽에 이어진 만으로 바다라 할 수 없고 흑해는 내륙에 위치하여 아예 바다가 아니다. 흑해는 검지도 않다. 'Black'은 '거칠다/사납다'의 뜻이다.

그러나 나라마다 통용되는 관례가 있으므로 군이 'Korea'라는 영문 표기를 시비하지 말자. 일각에선 원래 'Corea'이었는데 일본이 'Korea'로 왜곡한 것이라며 'Corea'로 되돌려야 한다고도 한다.

올림픽 때 각국 깃발 게양과 선수단 입장의 순서가 알파벳순으로 돼있는데 이리하면 'Corea'가 'Japan'보다 앞선다. 제14회 런던 올림픽 때 일본이 우리나라보다 앞서기 위해 'Korea'로 바꿨다는데 이는 있을 수 없는 일이다. 1948년 제14회 런던 올림픽은 우리나라가 독립된 1945년 이후에 치러졌기 때문에 일본이 우리나라 이름에 관여할 상황이 못 된다. 구한말 고종이 외국에 보낸 공문서를 보면 게르만어 권에는 'Korea'로, 라틴어권과 아랍어권에는 'Corea'로 적어 보냈다. 그 지역의 관례를 존중한 것으로 'Korea'라는 표기는 일본이 강제한 것이 아니다. 다만, 필자는 우리나라 이름을 'CoreA'로 새로 정하면 어떨까 한다. 발음은 '코리아'로 유지하고 의미는 〈핵심의 에이스〉가 되어 이미지가 아주 좋은 이름이 되지 않겠는가?

〈마오쩌둥, 저우언라이, 덩샤오핑, 루이나이웨이〉와 〈도요토미 히데요시, 도쿠가와 이에야스, 메이지 덴노, 이토우 히로부미〉. 이는 외래어 표기법에 따른 중국과 일본의 인명이다. 이름하여 원음주의 표기법인데 과연 이를 능숙하고 불편 없이 읽을 한국인이 얼마나 될까? 설령 우리가 이대로 읽는다 해도 성조니 장단이니 하는 발음 체계와 발음 구조가 전혀 다른 중국 사람이나 일본 사람이 알아듣지도 못한다. 그런데도 원음으로 표기하고 발음하라는 것은 우리더러 어설프게 중국사람 흉내 냈다 일본사람 흉내 냈다 하라는 낯간지러운 행태이다. 원음주의에 따르면 통상적으로 쓰이고 있는 섭씨 · 화씨를 '쓰이쉬 · 후아쉬'로 해야 하는지 '셀시우스 · 파렌하이트'로 해야 하는지 고민해야 한다.

앞에 열거한 인명의 원문은 '毛澤東 · 周恩來 · 鄧小平 · 芮乃偉'와 '豊臣秀吉 · 德川家康 · 明治天皇 · 伊藤博文'이다. 이를 우리 식으로 하면 〈모택동 · 주은래 · 등소평 · 예내위〉와 〈풍신수길 · 덕천가강 · 명치천황 · 이등박문〉으로 원문의 글자 수와 우리식 음절수가 정확히 일치한다. 이렇게 편리하고 합리적인 우리식을 버리고 불편하고 혼란스러운 방식을 따르라니 참으로 어이없다.

지명에 있어선 우리식 표기가 더욱 절실해진다. 한국인이 한국에서 생활함에 있어서 '랴오허강 · 랴오뚱반도 · 타이샨 · 샨둥반도'라고 적고 말하면 혀만 꼬일 뿐 의미 전달도 되지 않아 재삼재사 번역해서 이해해야 하는 불편함만 생긴다. 반면에 〈요하(遼河)강 · 요동(遼東)반도 · 태산(泰山) · 산동(山東)반도〉로 하면 발음도 편하고 대번에 의미 전달도 잘된다. 일본의 '교토(京都:경도) · 도쿄(東京:동경) · 혼슈(本州:본주) · 홋카이도(北海道:북해도)' 등도 마찬가지이다.

학계에선 훈민정음 창제 서문에 '중국/편안'을 〈동국정운식 한자음표기〉(동국식 표기)에 따라 '듕귁/뼌한'이라 한 것을 두고 원음주의 표기방식을 표방한 것이라고 본다. 하지만 중국 원음에 가깝게 적었다면 '중꾸어[zhōngguó]/핑안[píng'ān]'이었을 것이다. 지금의 '중국/편안'보다 '듕귁/뼌한'이 중국 원음과 더 멀다. 또한 '듕귁'이란 말도 우리식의 통상적인 표현이다. 당시의 원음주의라면 '미잉꾸어'(明國:명국)나 '따미잉'(大明:대명)으로 적었을 것이며, 사대주의 원음주의였다면 '후왕띠꾸어'(皇帝國:황제국)나 '티엔쯔꾸어'(天子國:천자국)라고 적었을 것이다.

학계에선 동국식 표기를 중국 원음에 가깝게 적기 위한 표기법으로 보고 있다. 그러나 이는 『동국정운』에 대한 심각한 곡해이다. 『동국정운』이란 책이름만 봐도 곡해임을 알 수 있다. '동국'(東國)이란 우리나라를 지칭하는 말로 '중국식'과 무관하다. 『동국정운』은 신숙주, 성삼문 등이 참여하여 1447년에 완성되었고 이듬해 10월 간행되었다. 신숙주는 『동국정운』서문에 세종이 지시한 4대 기본 방침에 의거하여 편찬됐음을 밝혔다.

그 4대 방침은, 첫째, 민간에 쓰이는 관습을 널리 채택할 것, 둘째, 옛날부터 전해 오는 서적을 널리 상고할 것, 셋째, 한 글자가 여러 개의 음일 땐 가장 널리 쓰이는 것을 삼을 것, 넷째, 옛날부터 전해 오는 협운—(協韻: 어떤 음운이 다른 음운과 통용되는 것)—에서 벗어나지 않도록 할 것 등이다. 어디에도 '중국 원음에 가깝게 하라'는 지침은 없다. 도리어 전국적으로 제각각 쓰이던 한자음을 가장 널리 쓰이는 '조선의 현실음을 반영하여 통일하라'는 지침이다.

'중국'을 '듕귁'이라 쓴 것은 '접다/좋고/죽순(竹筍)'을 '뎝다/됴코/듁슌'이라고 쓴 것처럼 구개음화 현상이 일어나기 전의 우리말 표기이며, '편안'을 '뼌한'이라 적은 것은 '칼날/푼(分)돈/양치질'을 '갈날/분(分)돈/양지질'로 적은 것처럼 격음화가 일어나기 전의 우리말 표기이다. '듕귁/뼌한'이 중국 원음식 표기로 오해받은 까닭은 구개음화와 격음화 현상의 우리말 변천 과정을 모르고 현재의 표기와 글자형태가 많이 다르다는 피상적 인식에서 비롯된 것으로 보인다.

훈민정음 창제 서문엔 '듕귁/뼌한'과 함께 '문쯩/빅셩'도 동국식 표기로 돼 있다. 그런데 전자와 달리 후자는 '문자/백성'의 현재 표기와 자형이 비슷해 문제시하지 않는다. 하지만 이들은 '원쯔[wénzì]/빠이씽[bǎixìng]'으로 적어야 중국 원음에 가깝다. '문쯩/빅셩'은 '원쯔/빠이씽'과 너무 다르다. 중국어엔 '빅셩'의 '빅'은 고사하고 '비'나 '배'의 발음이 없으며 '셩'의 '셔' 발음도 없다. 〈世宗御製 訓民正音〉을 중국 원음식으로 적었다면 '쉬쫑[shìzōng] 유지[yùzhì] 쉬엔민[xùnmín] 정진[zhèngyīn]'일 텐데 〈셰종엉졩 훈민졍흠〉이라 적었으니 멀어도 한참 멀다.

우리말은 〈초성+중성+종성〉의 3성(聲) 체제이지만 중국어는 '성모(聲母)+운모(韻母)'의 2성(聲) 체제이다. 이를 반절법(反切法)이라 하는데 중국어엔 중성·종성 구분 없이 운모라 한다. 동국식 표기를 중국의 음성 체제에 따랐다면 2성 체제로 썼어야 한다. 그런데 동국식 표기는 〈초성+중성+종성〉의 3성 체제로 철저히 우리 방식으로 적었다. 심지어 받침이 없는 음절엔 '문쯩/셰종엉졩 훈민졍흠'처럼 허소(虛素) 'ㅇ[Ø]'을 받쳐 적어 3성 체계를 맞췄다. —(중국식이라면 '문쯔/세종어제 훈민졍흠')

따라서 "동국식 표기는 이상적인 중국 원음을 좇은 나머지 당시 조선의 현실음과 너무 동떨어졌기에 얼마 안 가 16세기 초에 전면 폐기됐다."라는 엉터리 설(說)은 폐기해야 한다. 동국식 표기는 현실음과 동떨어져서가 아니라 실용적이지 못해서 폐기된 것이다. 동국식 표기를 위해 고유어엔 쓰지 않는 'ㅱ/ㅹ/ㆄ/ㆅ'이 추가됐고, 한자어는 무조건 〈초성+중성+종성〉을 모두 갖춰 적는 3성 체제 표기법을 규정하여 받침이 없는 한자어에는 형식적인 허소 'ㅇ[Ø]'을 받쳐 적었다.

이는 복잡하고 불편하기만 하여 'ㅱ/ㅹ/ㆄ/ㆅ'은 바로 폐기되고 허소 'ㅇ'받침을 없앴다. 게다가 받침에 'ㅇ'을 쓰면 [ŋ]음이 되게 하여 [ŋ]음 받침으로만 쓰는 꼭지 이응'ㆁ'을 대체했다. 따라서 초창기 이후 새로 출간된 서책에선 '世宗御製 訓民正音'을 '셰종엉졩 훈민졍흠'으로 적던 것이 〈세종어졔 훈민정음〉으로, '不相流通'을 '븛샹륳통'으로 적던 것이 〈불샹류통〉으로 바뀐 것이다.

원음주의 표기법은 누구를 위해 왜 도입했는지 의심스럽다. 우리나라 인쇄물은 외국인을 대상으로 하지 않는다. 우리나라 방송도 대한민국 국민을 대상으로 한다. 우리끼리 주고받는 일상적인 대화에 외국인은 없다. 외국인을 상대하는 경우가 아닌 한 인명·지명의 원음주의 방식은 불필요하고 불편하기만 하므로 즉각 우리식으로 환원해야 한다.

과연 지구상의 어느 나라가 자국 내의 통상적인 표현을 버리고 자국민에게 불편한 원음주의를 채택하고 있는가? 미국이 〈로움·패리스·제네바·베니스〉를 버리고 〈로마·파리·쥬네브·베네치아〉라는 원음을 쓰는가? 영국이 〈줄리어스 시이저·지저스 크라이스트〉를 버리고 〈율리우스 카이자르·예수 그리스도〉라는 원음을 쓰는가? 우리나라를 일본은 '강고꾸', 영국은 '코리아'라고 부르는데, 우리만 유독 일본을 '니뽄', 영국을 '더 유나이티드 킹덤'이라고 부르잔 말인가?

요컨대, 〈랴오둥반도와 산둥반도 사이에 있는 보하이만〉이라는 어쭙잖고 시답잖은 표현을 버리고 〈요동 반도와 산동 반도 사이에 있는 발해만〉이라는 주체적이고 당당한 우리식 표현을 지체 없이 되살려야 한다. 무릇, 말과 글은 그 나라 나름의 통상적인 방식을 억지로 틀어막으면 불편만 가중되고 의미 전달이 안 되어 생명력을 잃을 뿐만 아니라 주체성까지도 잃게 된다는 것을 명심해야 할 것이다.

언어【 3 】유독, 한글의 표기법이 어렵다고?

우리는 말글 생활의 일치를 당연시 하지만 실제로 말글 생활의 일치는 어느 나라도 해결하지 못한 어려운 과제이다. 중국, 일본, 미국, 유럽, 아랍 등 각 나라가 쓰고 있는 글자는 실제의 말과 많이 동떨어진 표기이기에 어쩔 수 없이 무조건 외워서 쓰고 있다. 지구촌에서 가장 널리 쓰이는 영어도 외우지 않으면 읽고 쓸 수가 없다.

'c'는 철자 이름이 '씨'[si:]지만 clinic, concrete 등에선 모두 [k]로 발음한다. 'c'가 한 단어 안에서 앞에 쓰인 것과 뒤에 쓰인 것이 다르기도 한다. concert, cancel 등에서 단어 앞쪽은 [k]로, 뒤쪽은 [s]로 발음하고, cycle, circus 등에선 단어 앞쪽의 'c'는 [s]로, 뒤쪽은 [k]로 발음한다.

'g'는 철자이름이 '쥐'[dʒi:]지만 giant, gentle 등에선 [dʒ]로, game, garden 등에선 [g]로 발음한다. garage, gas-agent 등에서 단어 앞쪽의 'g'는 [g]로, 뒤쪽은 [ʒ]로 발음하고, gigantism, geography 등에선 단어 앞쪽의 'g'는 [dʒ]로, 뒤쪽은 [g]로 발음한다. 〈singer/finger/danger〉는 비슷한 환경인데도 'g'의 발음이 셋 다 다르다.

〈in site girl〉[in-sait-gɜːrl]의 'i'의 발음이 다 다르고, 〈All swans are Abraham's.〉[ɔːl-swɒns-ɑː(r)-eibrəhæm]의 'a'의 발음이 모두 다르다. 〈Come on, women movie hour.〉[kʌm -ɒn-wímin-muːvi-auə(r)]의 'o'의 발음이 다 다르고, 〈eleven[ɪlevən]〉의 'e'의 발음이 모두 다르다. 〈element[elɪmənt]〉의 'e'도 다 다른데, 'ele-'의 발음조차 전자와 후자가 서로 다르다. 'u'의 발음을 보면, bury[e], busy[i], quiet[w], usual[juː/u], album[ə], culture[ʌ/ə], manicure[jʊ] 등으로 무척 복잡하다.

심지어 'ea'의 발음은 10가지를 훌쩍 넘는다. area[iə], beauty[j], break[ei], bureau[o], comeatable[æ], create[iei], earth[əː], European[iːə], head[e], heart[ɑː], mileage[i], ocean[ə], reality[iæ], seat[iː], wear[ɛə], yeah[æː] 등에서 보듯이 'ea'로 쓰인 철자의 발음이 모두 다르다. 게다가 동일한 철자로 이루어졌는데도 불구하고 환경에 따라 발음을 달리하는 것도 많다. (예) break[ei]–breakfast[e], breath[e]–breathe[iː], heave[iː]–heavy[e], leave[iː]–leaven[e], pear[iː]–pearl[əː], wear[ɛə]–weary[iə], year[iə]–yearn[əː]

그래서 외우지 못한 사람들은 교육을 받았더라도 글자를 쓰기는 고사하고 읽을 줄도 몰라서 유럽 의 문맹률이 20~30%나 된다. 물론, 후진국의 문맹률은 이보다 훨씬 높다. 그러나 우리 한글은 말을 표기하기에 거의 99%가 들어맞기에 우리나라는 문맹률이 제로에 가깝다. 이를 가능케 한 한글의 창제를 기리기 위해 유네스코에서 문맹퇴치상으로 세종대왕상을 제정한 것은 주지의 사실이다. 따라서 너무도 뛰어난 한글을 사용하는 대한민국 사람들은 굳이 표기를 외울 필요가 없어 땀 흘려 외우지 않았던 까닭에 오히려 '정확한' 표기법을 어렵다고 여기게 된 것이다.

띄어쓰기도 마찬가지다. 영어는 쉽고 한글은 어려운 것이 아니다. 'Helayonthebedand readamail.'이라 쓰면 미국인도 영국인도 한참 더듬거린다. 영어는 띄어 쓰지 않으면 너무 불편하기에 일일이 단어를 외우고 외운 단위로 띄어 쓰고 있다.—(He lay on the bed and read a mail.) 만약 한글도 모아쓰기가 아닌 풀어쓰기를 했다면, 즉, 'ㅇㄴㅐㅈㅏㄱㄱㅜㅌㅗㅇㄷㅏㄹㄱㅁㅏㄴㅅㅏㅅㅅㅇㅡㄹㄱㄱㅏㅇㅛ?'로 표기했다면 띄어쓰기의 필요성을 절감하여 너도나도 열심히 그 규범을 외우고 실천했을 것이다.

그러나 한글은 세종대왕의 독창적 표기법으로 인해 띄어 쓰지 않아도 웬만한 문장 해독이 불편하지 않다. 음절 단위로 초·중·종성을 모아쓰는 위대한 발명이 있었기에 가능한 현상이다. 모아쓰기에 따른 '1자1음' 표기법으로 한글은 철자 수가 음절수와 정확히 일치한다. '그는침대에누워편지를읽었다./왜자꾸통닭만샀을까요?'라고 다붙여 써도 별 불편 없이 해독되는 이유이다.

하지만 영어는 철자수와 음절수가 동떨어져 띄어 쓰지 않으면 해독이 어렵다. 'opera'는 3음절이지만 이보다 철자가 긴 'sprinkler'와 'brightness'는 2음절이다. 심지어 'opera'의 음절이 'o-per-a'(오펠아)인지 'o-pe-ra'(오페라)인지, 또는 'op-er-a'(옾엘아)인지 'op-e-ra'(옳에라)인지 구별할 수 없다. 'singer, finger, danger'의 음절구성이 서로 달라 발음이 다 다른데 표기에 구별이 안 된다. "Whereareyougoingnowmom?"이라 적은 것과 "지금어 디가세요엄마?"로 적은 것은 음절 구분에서 확연한 차이를 보인다.

따라서 〈오늘밤나무사온다.〉[3]와 같이 오해의 소지가 생기는 경우가 아니라면 띄어쓰기 는 군이 규제하지 않아도 될 것이다. 띄어쓰기 규제가 과도하여 "술 한 잔 밥 한 끼 단 한 번 안 사다 회사 온 지 석 달 만에 딱 한 번 차 한 잔 산 게 뭐 잘 한 일이라고!"라는 벙벙 한 문장도 생긴다. "술한잔 밥한끼 단한번 안사다 회사온지 석달만에 딱한번 차한잔 산게 뭐잘한 일이라고!"로 쓰면 짜임새 있어 보인다. 현 규정에선 〈어젯밤/지난주〉는 붙여 쓰 고 〈오늘 밤/이번 주〉는 띄어써야 한다. 〈앞말/정신없이/재미있는〉은 붙여 쓰는데 〈앞 단 어/미련 없이/권위 있는〉은 같은 구조인데도 띄어써야 한다. 감당하기 어렵다. 사람들이 괜히 어려워하는 게 아니다.

아울러, 한글 표기법이 어렵게 여겨지는 까닭은 〈오또기/오뚜기/오똑이/오뚝이, 가든 지/가던지/가든 지/가던 지〉나 〈왠만큼/웬만큼/왠 만큼/웬 만큼, 오랫만에/오랜만에/오 랫 만에/오랜 만에〉의 예에서 보듯이 어떻게 쓰든 실제 말글 생활엔 별 지장이 없지만 표 기법은 이 중 하나만을 강제하기에 무조건 외워야 하기 때문인 것이다. 학계에선 혼란을 막기 위해 통일성을 기한 거라지만 필자의 눈엔 숨 막히는 획일화로 비친다. 〈생각건대/ 생각건데/생각컨대/생각컨데/생각 건대/생각 건데/생각 컨대/생각 컨데〉로 썼다고 뭐가 혼란스럽고 무슨 지장이 생기는가? '다름'과 '틀림'은 다른데 자꾸 '다름'을 '틀림'으로 몰아 가면 안 된다. 혼란스럽다는 칙칙한 색안경으로 다채로움을 옭죄지 말자.

현재의 규정에선 "다그닥다그닥/대그닥대그닥/더그덕더그덕/데그덕데그덕/도그닥도 그닥/두그덕두그덕/따그닥따그닥/때그닥때그닥/떠그덕떠그덕/떼그덕떼그덕/또그닥또 그닥/뚜그덕뚜그덕/타그닥타그닥/태그닥태그닥/터그덕터그덕/테그덕테그덕/토그닥토

---

3 '오늘밤나무사온다.'를 제대로 띄어 쓰면 무슨 말이 될까? 보통은 '① 오늘밤 나무 사온다.'와 '② 오늘 밤나무 사온다.'라고만 한다. 그 러나 이는 고정관념에 갇힌 것이다. 비창력은 분석·종합력을 바탕으로, 분석·종합력은 분할·조합력을 기반으로 한다. 고정관념을 깨 는 이 책의 많은 비창적인 글들은 '정말 그런지'를 의심의 눈으로 분석·종합하여 쓴 것이다. 비창적 사고는 분할·조합을 할 줄만 알 아도 상당히 길러진다. '오늘밤나무사온다'를 분할·조합해 보자. '오-늘-밤-나-무-사-온-다'처럼 음절마다 다 띄어놓고 이리저리 조합 을 해 보면 앞엣것 말고도 <③ 오 늘 밤나무 사온다. ④ 오 늘밤 나무 사온다. ⑤ 오늘밤 나 무사 온다. ⑥ 오 늘 밤 나 무사 온다. ⑦ 오 늘밤 나 무 사온다. ⑧ 오 늘 밤 나 무 사온다.>처럼 다양하게 만들 수 있다. 한때 "산토끼의 반대말은?"이란 개그문제가 유행했었다. 이도 분할·조합력을 기르는 좋은 문제이다. 가볍게 한번 풀어 보시라.-(답은 글 뒤에)

그닥/투그덕투그덕"은 모두 틀리고 '또각또각'만 써야 한다. 어감을 살려야 말이 풍성해지고 다채로움을 허용해야 말이 생동하지 않겠는가? 이는 핸드폰 문자의 일상화와도 맞물리며, 미디어의 대중화 여파로 점점 사라져 가는 다양한 사투리 지키기가 점점 인정돼가는 상황에도 걸맞다 하겠다.

😊 각주3답

'산토끼'에서 '산'을 분할하여 <① 집토끼, ② 판 토끼, ③ 죽은 토끼, ④ 알칼리 토끼>를 끌어낸다. 한 가지 더하자면 '반대로 하다'는 '거꾸로 하다'로도 쓰므로 거꾸로 읽은 <⑤ 끼토산>도 '산토끼'의 반대말로 할 수 있다. 이런 식으로 '산부인과'와 '이상형남자'의 반대말을 만들어 보시라. '백댄서'[빽댄서]도 여러 가지로 뜻풀이해 보자.─(답은 각주⁴에) 이처럼 분할·조합은 새로운 것을 상당히 많이 창조해 낸다는 것을 보여 주는데, 이들을 억지스럽다고 별로 달가워하지 않는 사람들도 있다. 억지스럽다고 거부하는 것은 그만큼 고정관념이 깊어 사고의 유연성이 떨어진다는 것을 의미하지 않을까한다. 이럴 경우 더 이상 사고의 발전은 없다고 본다.

---

4 '산부인과'의 반대말은 '① 집부인과, ② 판 부인과, ③ 죽은 부인과, ④ 알칼리 부인과, ⑤ 과인부산, ⑥ 비뇨기과, ⑥ 불임 인과, ⑦ 산 남편 과, ⑧ 산 긍정 과', '이상형남자'의 반대말은 '① 저 상형 남자, ② 이 변형 남자, ③ 이 별 형 남자, ④ 이하 형 남자, ⑤ 정상 형 남 자, ⑥ 현실 형 남자, ⑦ 동상 형 남자, ⑧ 이상 동생 남자, ⑨ 이상 누나 남자, ⑩ 이상형 나 자, ⑪ 이상형 북 자, ⑫ 이상형 여자, ⑬ 이 상형 남 깨, ⑭ 이상형 떠나자, ⑮ 자남형상이'라 할 수 있다. 또한, '이상형남자'를 '2상형남자'로 본다면 '2'의 역수를 써서 '⑯ 1/2상형 남자', 그리고 '2'의 음수(-)를 써서 '⑰ -2상형 남자'도 반대말로 할 수 있다. '백댄서'[빽댄서]는 '① 가방 멘 댄서, ② 흰옷 입은 댄서, ③ 백 명의 댄서, ④ 백점짜리 댄서, ⑤ 성이 백 씨인 댄서, ⑥ 뒤돌아서서 추는 댄서, ⑦ 머리카락이 올백인 댄서, ⑧ 머리를 올백으로 넘긴 댄서, ⑨ 빽빽이 모여 추는 댄서, ⑩ 빽빽 소리 지르는 댄서' 등으로 풀이할 수 있다.

^{언어}【 4 】 한자 및 한자어에 대한 오해

    대한민국 사람 중에 '한자 알레르기'가 전혀 없는 사람은 없을 것이다. 중국인조차도 한자 스트레스는 일상적으로 받고 있는 걸로 알고 있다. 문제는 '한자' 알레르기가 한자어 알레르기로 이어지지 않아야 한다는 것이다. 한자가 중국글자이므로 한자어도 중국말로 곡해하는데 한자와 한문, 한자어 및 중국어는 모두 다르다. 한문은 고전(古典)이지 중국어가 아니다. 익히 알고 있는 사자성어 '주마간산'(走馬看山)을 중국어에선 '走馬觀花'라 한다. '침소봉대'(針小棒大)/소탐대실(小貪大失)'은 목적어가 동사 뒤에 오는 중국 어법에 안 맞는다. 이들을 중국 사람들은 〈誇大其詞/貪小便宜吃大虧〉라고 한다.

    「정명론」(공자)의 '君君臣臣父父子子'라는 구절을 보자. 중국어에는 이런 표현이 없다. 〈임금은 임금다워야 한다.〉는 말을 중국어로 하면 〈君是要符合君〉이다. 「권학문」(주자)의 '一寸光陰不可輕'은 〈촌각의 시간도 가벼이 여기지 마라〉로 번역한다. 〈不要輕視一寸光陰〉이라고 말하는 중국 어법에 어긋난다. 「학이편」(논어)의 '有朋自遠方來 不亦樂乎?'를 〈벗이 있어 멀리서 찾아오면 이 또한 즐겁지 아니한가?〉로 번역한다. 〈有遠方來的朋友不是也很有趣嗎?〉라고 말하는 중국어와 많이 다르다. 즉, 한문은 동아시아의 '고전'으로서 중국 사람도 따로 공부해야 하는 것이다. 라틴어로 쓰인 서양의 고전을 라틴어의 본고장인 이탈리아 사람도 따로 공부하지 않으면 해석할 수 없는 것과 같은 이치이다.

    한자어에 대한 오해는 더 심각하다. 한자어를 중국어라 착각하는데, 전문·학술 용어가 아닌 우리가 일상적으로 쓰는 한자어들은 중국어와 사뭇 다르다. 〈先生(선생), 弟子(제자), 敎卓(교탁), 敎壇(교단), 窓門(창문), 複道(복도)〉를 중국에선 [師父(시푸), 門生(멘썽), 講卓(쟝초우), 講臺(쟝타이), 窗戶(추앙후), 過道(구오다오)]라고 한다. 〈汽車(기차), 點心(점심), 間食(간식), 車間(찻간), 待合室(대합실), 訪問客(방문객), 化粧室(화장실)〉을 중국에선 〈火車(훠처), 午飯(우판), 零食(링씨), 車廂(추쌍), 等候室(더허우씨), 來訪者(라이방저), 洗手間(지쑈디엔)〉라고 한다. 한자어엔 우리식인 것들이 무척 많은데 이를 모조리 중국어인양 몰아붙여선 안 된다.

　　누구라도 한자는 중국글자라고 믿는다. 그러나 필자는 이에 동의하지 않는다. 유럽에선 알파벳이 쓰인다. 각 지역(나라)마다 다양한 나름의 알파벳을 쓰고 있다. 영국, 독일, 프랑스, 이탈리아, 그리스, 러시아등이 각기 나름의 문자를 쓰고 있는데 만약 유럽 전체를 어느 한 나라가 통일한다면, 유럽을 로마가 지배했을 때 당시 문자를 로마자라고 통칭했던 것처럼 유럽의 알파벳을 그 나라 문자라고 통칭할 것이다. 예를 들어 나폴레옹이 유럽을 통일하여 지속됐다면 유럽의 알파벳은 프랑스 문자로 불리게 되는 것이다. 이때 각 나라(지역)마다 나름대로 쓰였던 문자를 없애지 않고 다양하게 섞어 쓸 가능성이 농후하다.

　　유럽에 알파벳이 쓰인 것처럼 동아시아에선 한자가 쓰였다. 지역마다 각기 나름의 한자를 쓰고 있었다. 중원의 한 지역이 '붉다'라는 뜻으로 홍(紅), 주(朱), 적(赤), 단(丹), 강(絳), 비(緋)로, '집'이라는 뜻으로 가(家), 궁(宮), 당(堂), 사(舍), 옥(屋), 우(宇), 원(院), 주(宙), 택(宅), 호(戶) 등 필요 이상으로 만들었을 리 없다. 각지에서 나름대로 써오던 한자들이 나라의 흥망에 따라 서로 섞인 것으로 봐야 한다. 유럽과는 달리 중원은 여러 지역으로 나뉘어져 오다가 지금은 하나의 중국으로 통일됐다. 그래서 한자가 중국글자로 '퉁'쳐지는 것이다. 한자가 중국의 중원만이 아닌 동아시아 전체의 산물임을 알게 하는 증거들은 많다.

　　우리 민족을 동이족(東夷族)이라 한다. '東夷'를 '동쪽의 오랑캐'라고 풀이하는데 어이없다. '夷'는 '大'(큰 대)자에 '弓'(활 궁)을 겹친 글자로 커다란 활을 자유자재로 다룬다는 뜻이다. 고구려 시조인 주몽은 '활 잘 쏘는 사람'을 뜻한다. 동이족은 활을 근본으로 삼았던바, 전쟁에서 전사가 죽으면 전사가 쓰던 활[弓]을 막대기[丨]를 땅에 꽂아 걸치고 조의를 표했다. '弔'(조문 조)의 유래다. 동이족은 개[犬] 고기[肉]를 불[火]에 구워먹었다. 이를 자연스럽게 여겼기 때문에 '然'(그럴 연)자가 만들어졌다. —('肉'은 왼쪽엔 '月'로 적고 '육달월 변', '火'는 아래쪽엔 '灬'로 적고 '불화 발'이라고 읽는다) 중국인들에겐 없는 풍습들이다.

　　사물을 유심히 볼 때 보통 눈 아래 두 손을 받치거나 목을 길게 뺀다. 그래서 눈(目) 아래에 '儿'을 받친 '見'(볼 견)이 만들어졌다. 그러나 '看'(볼 간)자는 눈(目) 위에 손(手)을 얹은 것이다. 손을 이마에 얹고, 즉, 눈 위에 손을 얹고 유심히 바라보는 종족은 동이족밖에 없다. 그런데도 중국인들이 이 글자를 〈간주(看做), 간파(看破), 간호(看護), 주마간화(走馬看花)〉 등에 스스럼없이 쓰고 있다.

전 세계 모든 종족이 손가락으로 숫자를 셀 때, 주먹을 쥔 상태에서 엄지부터 손가락을 펴면서 센다. 동이족만이 숫자를 셀 때 손가락을 꼽는다. 우리는 숫자 셀 때 손가락 꼽는 것이 자연스럽지만, 다른 나라 사람들은 손가락 꼽아가며 숫자를 세라고 하면 엄지, 검지 이후로는 손가락을 꼽지 못하고 덜덜 떤다. '굴지의 대기업'에서 '굴지'(屈指)란 '손가락 꼽다/구부리다'를 뜻하는바, 중원에서 만들었다면 '펴다'에 해당하는 〈伸(펼신)/展(펼전)〉을 써서 〈신지(伸指)/전지(展指)〉라고 해야 한다. 하지만 중국어에 '伸指/展指'가 없고 '屈指'(qūzhǐ:취지)가 쓰인다.

한자는 중국에서 만들어져 우리나라를 거쳐 일본에 전해진 것이라 하는데, 이럴 경우 풀리지 않는 미스터리가 남는다. 중국어는 〈성모(聲母)+운모(韻母)〉의 2성(聲) 체제로 중성과 종성의 구분이 없다. 받침이 따로 없고 'ㄱ/ㅂ'의 받침을 발음하지 못한다. '直角/敵國'을 [지쟈오/디구어], '揷入/集合'을 [차루/지허]라고 발음하는데 우리는 이를 〈직각/적국, 삽입/집합〉이라고 'ㄱ/ㅂ' 받침을 넣는다. 중국어엔 'ㄹ' 받침도 거의 없는바, 〈屈折(굴절)/發達(발달)〉을 [치이저/파아다]로 읽는다. 이런 예는 엄청 많은데, 중국어에 없는 'ㄱ/ㅂ' 및 'ㄹ' 받침을 우리나라 사람들이 제멋대로 넣은 것이라고 볼 수는 없다.

우리의 'ㄱ/ㄹ/ㅂ'받침이 체계적이라는 것은 일본어와 비교해 보면 확연해진다. 일본도 중국처럼 'ㄱ/ㄹ/ㅂ'을 받침으로 발음하지 못한다. 대신 'ㄱ/ㄹ' 받침을 2음절로 늘려서, 'ㄱ' 받침은 [꼬]로, 'ㄹ' 받침은 [치]로 발음한다. 따라서 우리의 〈일, 이, 삼, 사, 오, 육, 칠, 팔〉이 [이치, 니, 산, 시, 고, 로꾸, 시치, 하치]가 된다. 'ㅂ' 받침은 앞말일 땐 [우], 뒷말일 땐 [츠]로 발음한다. 따라서 〈合格(합격)/入學(입학)〉을 [고우가꼬/뉴우가꼬], 〈獨立(독립)/複雜(복잡)〉을 [도꼬리츠/후꼬사츠]라고 읽는다. 수많은 한자어가 이 규칙을 따르고 있다.

중국에선 〈일 … 육, 칠, 팔〉을 [니 … 뉴, 치, 파]라 읽고, 〈合格(합격)/入學(입학)〉을 [허거/루씨에], 〈獨立(독립)/複雜(복잡)〉을 [도츠/푸자]라고 읽는데, 중국에 없는 종성을 우리가 임의대로 붙였다면 이런 체계적인 현상은 있을 수 없다. 이런 현상은 우리의 한자어가 일본과 중국에 전해지면서 그 나라의 음운 규칙에 따라 변환된 것으로 봐야 아귀가 맞다.

또한, 앞서 언급했듯이 우리가 일상적으로 쓰는 한자어의 상당수가 중국의 한자어와 사뭇 다르다. 〈공부(工夫), 공책(空冊), 책상(冊床), 친구(親舊), 칠판(漆板), 등록금(登錄金)〉이 한자어이지만 중국에선 이들을 〈쓰에씨(學習), 삐지반(筆記本), 쇼주어(書卓), 팡야오(朋友), 허이빤(黑板), 쥬주베이(注冊費)〉이라 한다. 중국어에 없으면 막바로 일본에서 들어온 것으로 몰아붙이는 경향이 강한데, 일본에선 이들을 〈벤쿄(勉强), 히끼초우(筆記帳), 츠꾸에(机), 도모다치(友達), 고꾸반(黑板), 슈교로(授業料)〉라고 한다.

필자는 국어의 60~70%를 차지하는 한자어 중 15%만 중국식(일부는 일본식)이고, 45%는 우리식이라고 생각한다. 우리식 한자어는 우리말을 한자를 빌어 적은 것이므로 '차한어(借漢語)'라 함이 옳다. 차한어 사용은 한글이 없던 시절엔 어쩔 수 없는 일이었으며, 한글 창제 이후에도 이를 굳이 없앨 필요는 없었을 것이다. 차한어는 중국말이 아니므로 국어의 60~70%가 한자어라는 판단은 틀린 것이다. 국어에는 한자어가 15%, 차한어가 45%, 고유어가 40%를 차지한다고 해야 한다. 우리말이 30~40%가 아니라 85%인 것이다.

설령 모든 한자어가 중국에서 유래했다고 하더라도 거부 반응을 보일 필요는 없다. 자동차를 우리나라가 발명하지 않았다고 거부할 일은 아니잖은가? 현대 자동차가 우리나라 차가 아니면 어느 나라 차인가? 누가 발명했든 우리가 편하게 사용하면 된다. 우리말의 6·70%인 한자어를 거부하면 우린 말글 생활은 불편하다 못해 아예 불가능해진다. 한자어는 우리가 편리하게 사용하는 우리말이지, 일일이 외워서 써야 하는 불편한 '한자'가 아니며 혀가 엉켜 발음도 되지 않는 '중국어'는 더더욱 아니라는 점을 명심하자.

논리【 1 】 '0'이 늦게 태어나서?

컴퓨터 숫자판을 보면 맨 앞에 와야 할 '0'이 맨 뒤에 있습니다. 이는 0이 가장 늦게 '태어났기' 때문에 생긴 문제이지 순서를 잘못 지정한 것은 아닙니다. 0이 뒤늦게 발견돼 혼란스러운 일은 종종 생깁니다. 대망의 2000년이 밝기 전, 많은 사람들이 21세기가 2000년부터인지, 2001년부터인지 옥신각신했습니다. 세기는 100년을 단위로 하기 때문에, 서기 1C는 1~100년이고, 2C는 101~200년, 19C는 1801~1900년, 20C는 1901~2000년이 되는 거지요. 하지만 2000년이란 해는 1999년과 4자리 숫자가 모두 달라 전혀 다른 시대의 시작으로 구분하는 것이 오히려 자연스럽다고 여긴 것입니다.

달력을 정할 당시의 서양 수학엔 0이 없었던 까닭에 기원 후 첫 시작 연도를 서기 1년 1월 1일로 잡아 생긴 혼란인 거죠. 2000년 1월 1일에 태어난 아이는 2002년 1월 1일에 2년을 살았기 때문에 2살일 것 같은데 실제로는 3살이 됩니다. 우리나라는 태어나자마자 한살을 먹기 때문에 여기에 1을 더 더해야 됩니다. 반면, 지하 1층에서 지상 2층으로 가려면 2-(-1)=3이므로 세 층을 올라가야 할 것 같은데 실제로는 두 층만 올라갑니다. 즉, 지상 2층과 지하 1층은 3층 차이가 아니라 2층 차이이므로 이때는 오히려 1을 빼야 하는 거지요. 이게 다 '0'이 늦게 발견되어 '0'을 시작으로 삼지 않아 생긴 혼란입니다.

『인류 100대 과학사건』(웅진닷컴) 1권 115쪽에 실린 글에서 발췌한 것이다. 일상적으로 인식하지 못하고 지나쳐버리는 오류나 혼란을 기발한 시각으로 파악·분석한 비창적인 글로 보일 것이다. 실제적 사례들을 근거로 제시하여 주장에 상당한 힘이 실려 있는 설득력 높은 글로 수긍할 독자도 많을 것이다. 그러나 글은 근거가 약해 논리[5]의 비약이 심하다.

---

5   논리 시리즈: ① 논리적인 사람의 총소리는?(권총, 소총, 장총으로 구분하시라) ② 비논리적인 사람의 총소리는?-(답은 글 뒤에)

"정말 그럴까?"라고 물으며 비창적으로 톺아 보자.

글에서 '0'이 가장 늦게 '태어났다'고 했는데 그럼 다른 숫자는 일찍 태어났단 말인가? 숫자가 태어나는 거라면 수는 한이 없으므로 지금도 계속 태어나야 한다. 숫자는 탄생한 것이 아니다. 인간이 머리로 고안해 낸 상징체계이다. 글은 「'0'의 발견」이란 꼭지로 본문에도 〈'0'의 발견〉이란 표현이 나온다.─(인용 글 말고도 '0의 발견'이란 표현을 흔히 쓴다) 이는 발견과 발명을 혼동한 표현이다. 발견이란 〈미처 찾아내지 못하였거나 아직 알려지지 아니한 사물이나 현상, 사실 따위를 찾아냄〉을, 발명이란 〈아직까지 없던 기술이나 물건을 새로 생각하여 만들어 냄〉을 뜻한다. 두 단어의 차이는 '찾아냄'과 '만들어 냄'(개발·고안 포함)인데 둘을 혼동하는 경우가 왕왕 있다.

대표적인 예로 불의 사용이다. 개도 원숭이도 불을 발견할 수 있다. 하지만 이들은 불을 사용할 줄 모른다. '불의 사용'은 인간이 고안해 낸 것이므로 불의 발명이라 해야 합당하다. 호모에렉투스를 불을 '발견'한 최초의 인류라고 소개된 글들이 많은데, 자연 발화된 불은 그 이전의 인류들도 발견했었다. 다만 그 이전의 인류는 불을 사용할 줄 몰랐던 것이다. 최초의 '불의 발견자'라 칭함은 호모에렉투스가 불을 바라만 볼 뿐 사용할 줄 모르는 개나 원숭이와 차이가 없는 상태를 일컫게 된다.

발명과 발견의 명확한 구별점을 알지 못하는 사람들이 원시인이 자연 상태의 여러 개의 사과를 보고 하나, 둘, 셋이라는 숫자를 처음으로 발견한 것으로 착각한다. 그런데 사과마다 서로 다른 숫자가 따로따로 적혀 있지 않은데 어떻게 1, 2, 3, 4라는 식의 숫자를 발견해낼 수 있는가? 발명의 핵심은 바로 '고안'[개발]이다. 인간의 머리로 고안해 낸 것은 발명이고 그렇지 않은 것은 발견이다.

따라서 발명은 양상이 다양할 수 있지만 발견은 다양할 수가 없다. 달이 차고 기우는 원리는 발명이 아닌 발견한 것이기에 누가 봐도 동일한 것이다. 사과에 아무것도 적혀 있지 않지만 한국 사람은 '사과'라고 적고, 영국 사람은 'apple'이라고 적는다. '글자'는 발견한 것이 아니라 말을 표기하는 기호로 발명한 것이라 한국과 영국이 다르다. 애초의 자연 상태에 글자가 있어 발견된 것이라면 서로 다를 수가 없다.

'숫자'도 발견한 것이 아니라 수를 표기하는 기호로 발명한 것이다. 그러기에 옛날 로마인은 'Ⅰ, Ⅱ, Ⅲ, Ⅳ, Ⅴ'로, 중국에선 '一, 二, 三, 四, 五'로 달리 적었다. 즉, 글자도 숫자도 인간이 고안해 낸 발명이다. '무'(無) 또는 '공'(空)이란 의미를 숫자의 개념으로 이해하고 표기한다는 것이 난해해서 기호로서의 '0'의 고안이 다른 숫자들보다 어마어마하게 늦어진 것이다. 만약 '숫자의 사용'을 자연법칙에 따르는 '수의 발견'이라 하면 '0'이 다른 숫자들에 비해 늦게 발견될 리가 없다.

수학을 '자연의 법칙을 설명하는 논리 체계'로 정의하기도 하지만 수학의 세계는 자연 법칙과 무관하다. 자연 상태엔 사과 1/2개, −2개가 존재하지 않는다. 정삼각형, 정사각형은 고사하고 수직선도 평행선도 자연 상태에선 찾아 볼 수 없다. 이러한 수리 체계는 인간의 필요에 의해 고안된 관념 체계이지 자연 법칙과 무관한 것이다.

학계에선 숫자를 원시인이 가축의 수효를 작은 돌멩이나 작대기에 눈금으로 대응시킨 것에서 시작됐다고 설명하고 있다. 하지만 원시인들은 공동체 사회로 사유 재산이 없었다. 가축의 수효도 숫자가 필요할 정도로 많지도 않았다. 청동기 시대에 계급이 분화하고 사유 재산이 축적되면서 부족 국가 차원에서 숫자가 고안된 것으로 봐야 한다. 필자의 말은 원시인보다 훨씬 나중에 등장한 청동기 인으로 보자는 것에 초점을 둔 게 아니다. 가축의 수효에 '일대일 대응'시켜 숫자를 고안해 냈다는 것을 억측이라 본 것이다.

일대일 대응에서 숫자를 고안해 냈다면 가축의 수효만큼의 숫자를 만들어야 한다. 일대일 대응설에 따르면, 어느 부족에 양이 270마리 있다면 숫자도 270개 만들었어야 하는데 그런 부족은 결코 없다. 또한, 고대 4대 문명에서 공히 '만, 억, 조'의 엄청 큰 수들이 기록돼 있는데, 이들은 무엇에 대응시켜 만들어 냈을까? 일대일 대응설은 그럴싸한 사이비다.

자연 상태에 묶음 단위로 존재하는 것은 없다. 농경과 목축, 정복 전쟁으로 헤아려야 할 수효가 커지자 그 수효만큼의 숫자를 만들지 않고 묶음 단위를 혁명적으로 고안해 낸 것이다. 십진법을 쓰는 부족은 숫자를 딱 아홉 개만 만들었다. 중국의 예를 보면 '一, 二, 三, 四, 五, 六, 七, 八, 九'의 9개의 숫자만 만들고 그 이상은 묶음 단위로 표기한 것이다. 〈십, 백, 천, 만, 억, 조〉는 숫자가 아니라 단위이다. '1만 2천 3백 4십 5'에서 숫자와 단위가 눈에 확 구분 갈 것이다.

고대 로마에서도 'Ⅰ, Ⅱ, Ⅲ, Ⅳ, Ⅴ, Ⅵ, Ⅶ, Ⅷ, Ⅸ'의 9개 숫자만 만들고 그 이상은 묶음 단위로 〈X, L, C, D, M〉을 썼다. 묶음 단위로 수를 헤아리는 진법의 고안은 어마어마하게 큰 수를 손쉽게 해결하는 혁명적 발상으로 숫자는 발견도 아니고 일대일 대응도 아니라는 것을 알 수 있다.

또한, '0'이 늦게 발명됐다는 것이 컴퓨터 숫자판의 맨 뒤에 온다는 이유가 될 순 없다. '1, 2, 3, 4…' 등의 숫자는 발명 순으로 배열한 것이 아니다. 컴퓨터 숫자판의 배열을 발명 시점으로 시비하지 않는다. 게다가 '0'이 컴퓨터가 만들어지고 나서 발명된 것도 아니다. 맨 앞이 좋으면 맨 앞에 두면 된다. 수의 체계상 '0'을 맨 앞에 두는 것이 논리적으로 맞다. 그런데 '0'을 맨 앞에 두면 '1, 2, 3…' 등의 숫자는 순서가 〈두 번째, 세 번째, 네 번째…〉 등으로 한 칸씩 밀린다. 숫자판에 1이 두 번째에, 2가 세 번째에 위치하면 불편하기 짝이 없다. 숫자와 순서를 일치시키기 위해 '0'을 맨 뒤에 둔 것으로 봐야 한다.

기원후 첫 연도를 서기 1년 1월 1일로 잡은 것도 옛날에 '0'이 없어서가 아니다. '0'이 있었다 하더라도 서기 전과 서기 후 첫날은 1년 1월 1일이 된다. '0'은 서기 전과 서기 후의 구분점(기준점)이지 날짜로 자리할 순 없다. 30명이 있는 학급에 '0'이 있다고 학생의 번호를 '0'번부터 매겨야 할까? 이러면 학생은 30명인데 가장 끝번의 학생이 29번이 된다. '0'이란 학생이 '있나, 없나?'의 구분점이지 학생 번호로 자리하면 안 되는 것처럼, 연월일에도 '0'이 날짜로 자리하면 안 된다.

만약 당시에 '0'이 있어서 이를 첫 연도로 잡았다면 월과 일도 '0'을 맨 앞으로 잡아 서기 〈0년 0월 0일〉로 해야 한다. 이리하면 〈0년 0월 1일, 0년 0월 2일〉, 〈0년 1월 0일, 0년 2월 0일〉, 〈2023년 0월 5일, 2023년 5월 0일〉처럼 엉터리 날짜가 수도 없이 생긴다. 1월은 31일까지 있는 큰달인데 마지막 날이 30일이 되는 엉터리 달력이 나온다. 글은 2000년을 맞아 21세기가 언제인가에 초점을 맞춰 연도만을 생각하다가 오류에 빠진 것이다.

우리나이를 계산하는 것에선 글쓴이가 글의 취지를 망각한 것 같다. 우리 나이는 예전에 '0'없어서 태어나자마자 1살로 셈한 것이 아니다. ─(『§Ⅵ.-[4] 웬 만 나이?』 참조) 우리 나이가 '0'이 없어서 태어나자마자 1살이 된 것이라면 다른 나라도 예전에 '0'이 없었으므로 모두 태어나자 1살이어야 하지 않은가? 나이 셈법은 '0'의 발명 여부와 상관이 없다.

층수 계산은 상당히 설득력 있어 보인다. 정수의 집합은 〈음의 정수, '0', 양의 정수〉로 구성되고 숫자의 배열은 이 순서로 돼있다. 그러나 여기서 '0'이란 엄밀히 말해서 (+), (−)의 구분점이다. '0'이 늦게 발명돼 층 계산에 혼란이 생겼다고 했는데, 그럼 '0'을 미리 알았다고 가정하고 층을 '0'부터 시작하면 어떻게 될까?

지상은 '지상0'층에서 1, 2, 3층으로 올라가게 되는데 지하는 '지하0'층에서 −1, −2, −3층으로 내려가야 한다. +0과 −0이 지상층과 지하층으로 존재하여 대응돼야 논리에 맞다. 이런 상태라면 지상 2층에서 지하 2층으로 가면 1,0,−0,−1층을 거쳐야 하므로 5층을 내려가는 것이 된다. 2−(−2)=4라는 계산과 일치되지 않는다. 층에 '0'이 있어도 해결될 문제가 아니다. 건물을 다섯층으로 올렸는데 이를 4층 건물이라 하면 혼란만 가중된다.

☺ (각주5답) ① 권총: "타당, 타당!", 소총: "적당, 적당!", 장총: "흐압당, 흐압당!", ② "우당탕탕!"

논리【 2 】 '1+1=2'임을 증명하라?

아주 당연시하는 것도 의심을 품고 비판적으로 생각하여 창의성을 기르자는 영재 교육의 화두로 〈1+1=2'임을 증명하라〉는 주문이 단골로 제시된다. 이에 대해 '러셀'과 '화이트 헤드'의 공저 『수학원리』(Principia Mathematica.1913)에 실린 증명이 유명하다. 수학자도 읽기 어려운 난해한 기호로 도배돼 있어 제대로 읽은 사람은 저자 두 명과 불완전성 정리로 유명한 수학자 '괴델'밖에 없다는 책으로도 유명하다. 이 책에 실린 증명을 현대적으로 풀어쓴 것을 소개하면 다음과 같다.

---

1. 페아노의 공리계

  1.1) 1은 자연수이다.

  1.2) 모든 자연수 n은 그 다음수 n'을 갖는다.–(원문의 '계승자'를 '다음수'로 옮김)

  1.3) n'=1이 성립하는 자연수 n은 없다. 즉, 1≠n'이다.–('1'이 자연수의 첫째수라는 뜻임)

  1.4) a=b이면 a'=b'이고 a≠b이면 a'≠b'이다.

  1.5) 1∈P이고 모든 n∈P에 대해 n'∈P가 성립하면 P는 자연수 전체의 집합이다.

 2. 덧셈의 정의

  2.1) 모든 자연수 n에 대하여 n+0 = n이고 n+1 = n'이다.

  2.2) 모든 자연수 m, n에 대하여 m+n' = (m+n)'이다.

3. 따라서 1+1 = 1+0' → 1+1 = (1+0)' → 1+1 = 1' → 1+1 = 2이다. 증명 끝.

인터넷을 비롯하여 여러 수학 풀이에 이를 소개하며 은근슬쩍 작성자가 자기 자랑하고 있다. 좀 어렵지만 몇 번 곱씹어 읽어 보면 이해가 간다. 하지만 도입을 장황하고 난해하

게 해서 사람들을 현혹시켰을 뿐 결코 증명한 것이 아니다. 학계에서는 러셀과 화이트헤드의 권위가 워낙 막강하여 이를 선뜻 나서서 반박하려 하지 않는다. 하지만 제아무리 천재적 권위자가 쓴 것이라도 엉터리는 엉터리일 뿐이다. 단지 난해하다는 이유 하나만으로 '천재는 역시 다르구나!'하고 탄복만 해선 안 된다. 위의 증명은 고난도의 현학적이라 속기 쉽지만 모순투성이다.

첫째, 굳이 어렵고 까다로운 페아노의 공리계를 설정한 까닭은 자연수 집합 내의 모든 수는 빈틈없이 촘촘하며 자연수 집합계에 자연수가 아닌 수가 끼어드는 것을 차단하기 위한 철두철미한 만반의 대비책이라고 한다. 페아노의 공리계는 자연수 집합계 밖에 있는 수의 침범을 막기 위한 장치이므로 "모든 자연수 n에 대해 〈n+0=n〉이다"에 쓰인 '0'은 자연수여야 한다.[6] 이는 1=0'임을 뜻하므로-(이는 3항의 "따라서 <1+1=1+0'>"이라고 한 것에서도 드러남) 제 1.3)항에서 1≠n'이라고 한 것과 배치된다. 즉, 제 1.3)항에선 1이 첫 번째 자연수라 해 놓고는 제 2.1)항에선 0이 첫 번째 자연수라고 한 것이니 앞뒤가 안 맞다.

둘째, 〈1+1=2〉임을 증명하려는 의도는 이것으로부터 〈2+1=3〉, 〈3+1=4〉, 〈4+1=5〉… 〈n+1=n'〉임을 도출하기 위한 것이다. 그런데 제 2.1)항에서 모든 자연수 n에 대하여 〈n+0=n〉이고 〈n+1=n'〉이라고 정의(定義:뜻매김)했다. 〈1+1=2〉라는 전제가 성립돼야 도출될 〈n+1=n'〉을 제멋대로 정의라고 못 박고 이를 이용해서 〈1+1=2〉를 증명한 것이니 어이가 없다. '비가 오면 우산을 쓴다.'에서 '비가 오면'은 전제이고 '우산을 쓴다.'는 도출이다. 전제가 성립돼야 도출도 성립된다. '비가 오면 우산을 쓴다.'를 '우산을 쓰면 비가 온다.'로 억지 부려서야 되겠는가?

셋째, 결론부분에서 "〈1의 다음 수(1')가 2〉이기 때문에 〈1+1=2〉이다."라고 끝맺었다. 어처구니없기 짝이 없다. 표현만 달리 했을 뿐 동어 반복이다. 〈1+1=2'임을 증명하라〉는 것은 〈1의 다음 수가 2'임을 증명하라〉는 것과 같은 것이다. 동어반복은 순환논리에 불과하다. 〈1의 다음 수가 2'임을 증명하라〉는 주문에 대해선 〈1+1=2'이므로 '1의 다음 수는 2'이

---

6 실제로 『수학원리』에선 0을 자연수로 삼았는데 이런 엉터리를 전문가들이 공박하지 않고 증명을 위해 설정한 임의 장치라고 두둔하니 한심하다. 임의 설정도 개념과 정의에서 벗어나지 않는 범위에서 허용된다. 개념과 정의를 벗어난 임의 설정은 전제 오류라 하여 일고의 가치도 두지 않는다. 임의로 찌농이의 IQ는 15라고 설정하면 '찌농이는 바보'라고 증명할 수 있다. 그러나 이 때 임의 설정한 IQ 15가 IQ의 본 개념과 정의에서 벗어난 전제오류라 성립할 수 없다.-(아재개그: AIDS는 후천성면역결핍증이다. 그렇다면 AIQS는?)-(답은 글 뒤에)

다〉라고 증명하는 순환논리와 다를 바 없다. 이런 방식이라면 필자는 한눈감고도 얼마든지 할 수 있다.

예1) 모든 자연수 n에 대해 그보다 1만큼 큰 수를 n*이라 하자. 이럴 경우,

    ① 1 = 1*-1 → 1 = 2-1 → 1+1 = 2

    ② 1+1 = 1+0* → 1+1 = (1+0)* → 1+1 = 1* → 1+1 = 2

예2) 모든 자연수 n에 대해 그 앞수를 n#이라 하자. 이럴 경우,

    ① 1 = 2-2# → 1 = 2-1 → 1+1 = 2

    ② 1+1 = 1+2# → 1+1 = 1+(3#-1) → 1+1 = (1-1)+3# → 1+1 = 3# → 1+1 = 2

예3) 모든 자연수 n에 대해 그보다 1만큼 작은 수를 n∂라 하자. 이럴 경우,

    ① 1 = 2-2∂ → 1 = 2-1 → 1+1 = 2

    ② 1+1 = 1+2∂ → 1+1 = 1+(3∂-1) → 1+1 = (1-1)+3∂ → 1+1 = 3∂ → 1+1 = 2

어떤가, 그럴듯하긴 해도 역시 순환논리요 동어반복에 불과하다는 것이 느껴지지 않는가? 문제의 핵심은 〈1+1=2임을 증명하라〉라는 주문 자체에 있다. '1'에 '하나'를 더한 것을 '2'로, '2'에 '하나'를 더한 것을 '3'이라 정의한 것이므로, '1'보다 '하나' 더 많은 것은 '2', '2'보다 '하나' 더 많은 것은 '3'이고, '1'의 다음수는 '2', '2'의 다음수는 '3'이다. 이들은 표현만 다를 뿐 모두 다 동일한 정의 영역에 해당한다.

〈아들이 남자이고, 딸이 여자임을 증명하라〉라고 주문하면 소가 웃는다. 자식 중에 남자로 태어나면 아들, 여자로 태어나면 딸이라고 정의한 것이므로 이는 증명할 내용이 아니다. 그런데도 위의 방식대로 억지 부리면 〈아들이 남자임을 증명하라〉는 주문에 "아들은 여자가 아니다. 따라서 아들은 남자다."라고 증명하고, 〈아들이 여자가 아님을 증명하라〉고 하면 "아들은 남자이다. 따라서 아들은 여자가 아니다."로 증명하는 순환논리에 빠진다.

정의 영역은 증명의 대상이 아니며 또한 추론의 대상도 될 수 없다. 다음을 보자.

'모든 곤충은 다리가 3쌍이다. 나비는 곤충이다. 따라서 나비는 다리가 3쌍이다.'에서처럼 일반적인 명제에서 낱낱의 사실을 이끌어 내는 추론이 연역법이고, 반대로 '나비는 다리가 3쌍이다. 파리도 다리가 3쌍이다. 따라서 모든 곤충은 다리가 3쌍이다.'처럼 낱낱의 사실로부터 일반적인 명제를 이끌어 내는 추론을 귀납법이라고 한다.

논리학 책에서 단골로 설명하는 글이다. 글을 읽고 고개를 끄덕이는 사람이 꽤 있을 것이다. 하지만 다리가 3쌍인 벌레를 곤충이라고 정의한 것이기 때문에 〈곤충의 다리가 3쌍임을 증명하라〉고 주문하면 헛소리가 되듯이 정의를 추론의 대상으로 삼으면 헛소리가 된다. 나비는 곤충이라서 다리가 3쌍인 것이 아니라, 나비의 다리가 3쌍이라서 곤충으로 분류된 것이다. 또한, 나비와 파리의 다리를 세어서 곤충의 다리 수를 정한 것이 아니라 다리가 3쌍인 벌레를 곤충으로 정의한 것이다. 연역법과 귀납법의 설명에만 연연하다보니 사례를 현학적으로 꿰맞추다 생긴 오류이다.

추론 또는 논법에 대해 말나온 김에 담배[7]에 관련한 궤변을 소개한다. 일전에 담배 피우는 어른들이 농조로 "담배는 나쁜 것이다. 그래서 내가 피워 없애는 것이다." 또는 "담배는 해로운 것이다. 해로운 것을 없애기 위해 피우는 것이다."라 말하곤 했다. 지금도 이 말을 하면 이에 대해 사람들이 "그건 궤변"이라고만 할 뿐 정작 정곡을 찔러 깨부수지 못하고 그냥 웃어넘기고 만다. 그럼 이게 왜 궤변일까? 이는 본말전도의 오류인 논법이다.

담배 회사에서 담배를 왜 만들었을까? 그건 사서 피우는 사람들이 있기 때문이다. 따라서 어느 누구도 담배를 안 피우면 담배 회사는 사라지게 된다. 담배 사서 피우는 것이 원인(전제)이고 담배 제조·판매가 결과(도출)인데 이 궤변은 도출(종속변인)을 원인으로, 전제(독립변인)를 결과로 뒤튼 것이다. 방독면이 필요 없는 청정 지역에 방독면 공장을 세워 공기를 탁하게 해서 방독면을 팔아먹는다는 것과는 상반된 상황이지만 본말전도라는 측면에

---

7   있다없다 남녀시리즈: ① 담배는 있는데 라이터가 없는 남자는? ② 라이터는 많은데 담배가 없는 남자는? ③ 볼펜은 있는데 메모지가 없는 여자는? ④ 메모지는 있는데 볼펜이 없는 여자는? ⑤ 아령을 들고 있는 남자는? ⑥ 한여름에 모피코트를 입고 있는 여자는?-(답은 글 뒤에)

선 상통하는 논리이다.

　이보다 더 교묘해서 사람들을 쩔쩔매게 만드는 논법이 있다. "담배 끊는 것은 좋은 일이다. 좋은 일은 많이 할수록 좋다. 담배를 자주 끊으면 좋은 일을 많이 하는 것이다. 담배를 자주 끊으려면 자주 피워야 한다. 그래서 난 담배를 자주 피운다." 이에 대해 명쾌히 반박하는 사람들이 의외로 많지 않다. 과연 어떤 유(類)의 궤변일까? 이는 대전제 망각의 오류를 이용한 궤변이다. 담배를 끊는 것이 좋은 일인 까닭은 담배를 피우지 않게 돼서이다. 따라서 담배를 끊는 것보다 아예 안 피우는 것이 더 좋은 일이라는 대전제를 숨기고 전개한 궤변인 것이다.

 각주6 답 　후천성IQ결핍증

각주7 답 　① 불필요한 남자 ② 불만 많은 남자 ③ 쓸데없는 여자 ④ 쓸모없는 여자 ⑤ 철든 남자 ⑥ 철 없는 여자

논리【3】묘한 계산법

이론과 실제는 다를 수 있다는 것은 상식이다. 그러나 수학만큼은 이론과 실제가 일치하는 것으로 철썩 같이 믿고 있는 것이 일반적이다. 그리하여 음수 곱하기 음수가 양수가 되는 것을 실생활의 사례를 들어 설명하려는 눈물겨운(?) 시도를 하기도 한다. 그러나 수학의 세계는 실생활의 세계가 아니라 수리적 논리의 세계이다. (+)×(+)=(+), (+)×(-)=(-), (-)×(+)=(-)이므로 (-)×(-)=(+)가 되는 것을 논리적으로 끌어낸 것이지 그 이상도 그 이하도 아니다. 물론 언어적 사고가 논리적일 경우로 본다면 '없지 않다'가 '있다'가 되므로 '부정(-)의 부정(-)'은 '긍정(+)'이라고 할 수 있다.

하지만 언어의 논리성은 철저하지 못하므로 이를 수학에 대입하는 것은 무리이다. "우리 쌤은 '앞날이 구만리 같은 청춘들아, 뒷날은 나 몰라라 놀기만 하니 장차 훗날 뭐가 될꼬?'라며 전날 한 얘기 또 하고 또 하셔."에서 언어가 논리적이라면 앞날과 전날은 뒷날과 훗날의 반대말이 되어야 하는데 전날만 과거고 나머지 셋은 미래이므로 논리에 안 맞다. '앞바다'의 반대말은 '뒷바다'가 아니라 '먼바다'이다. 그렇다고 이를 틀린 말이라고 할 수는 없다. 언어는 논리성보다 사회성이 우선한다. 〈맨발 벗고 나선다〉를 "맨발인데 어떻게 벗냐?"고 따지지 않는다. 〈눈이 안 보여/귀가 안 들려〉를 "눈에 사물이 안 보여./귀에 소리가 안 들려."로 고쳐 말할 필요는 없는 것이다.

굳이, 음수 곱하기 음수가 양수가 되는 것을 수학적으로 설명한 것을 보자면 다음과 같다.

$$(-2)\times(-3)=(-2)\times(-3)+0=(-2)\times(-3)+0\times3=(-2)\times(-3)+(2-2)\times3$$
$$=(-2)\times(-3)+(-2+2)\times3=(-2)\times(-3)+(-2)\times3+(2\times3)$$
$$=\{(-2)\times(-3)+(-2)\times3\}+(2\times3)=(-2)\times(-3+3)+(2\times3)$$
$$=(-2)\times0+(2\times3)=0+(2\times3)=2\times3\quad\therefore(-2)\times(-3)=2\times3$$

『수학의 징검다리』(전원문화사) 37쪽에 실린 것인데 부호를 단순화해 편집했다. 보통은 벡터를 이용하여 무척 난해하게 증명하는데 초등학생도 이해할 수 있도록 한 발상이 참신하다. 그런데 수학은 간단할수록 좋다는 말을 들었다. 앞보다 간단하게 해 보자.

$$AC=AC+0=AC+(AB-AB)=(AC-AB)+AB=A(C-B)+AB$$
$$AC=A(C-B)+AB \rightarrow AC-A(C-B)=AB, (AC-AC)-A\times-B=AB \quad\therefore-A\times-B=AB$$

더 간단히 하자면, $[-A(-B+B)=0 \rightarrow (-A\times-B)-(AB)=0 \quad\therefore(-A\times-B)=(AB)]$

하지만 이 증명도 교환법칙, 배분법칙이 적용된 수리적 논리세계를 따른 것으로 실제와는 다를 수 있다. 몸무게 70kg의 어른이 10kg의 짐을 지면 별거 아니지만 몸무게 10kg의 아이가 70kg의 짐을 지면 깔려 죽는다. '70+10=10+70'이라는 교환법칙은 수리적 세계에서 통하는 것이다. '70+10=80'이라는 것도 수리적 계산이다. 70℃물에 10℃물을 섞으면 80℃물이 되지 않는다. '2×500=500×2'도 마찬가지이다. 사람의 등을 2파운드로 500번 치면 시원한 안마가 되지만 500파운드로 2번 치면 즉사한다. 세금을 2만원씩 500번 내는 것과 500만원씩 2번 내는 것은 현실 세계에선 천지 차이이다.

수리의 세계에선 '9−7'은 '2'와 같다. 그러나 실생활에선 9만원 벌어 7만 쓴 것과 2만원만 번 것은 엄연히 다르다. 수중에 가진 것은 2만으로 같을지라도 전자는 7만원의 편익을 누린 것에 차이가 있다. 7만 원짜리 게임기를 샀다면 게임을 계속 즐길 수 있다. 앞쪽으로

9천보 걷고 되돌아 뒤쪽으로 7천 보 걸으면 앞쪽으로 2천 보 걸은 것과 같은 위치에 있게 된다. 하지만 전자는 1만 6천 보를 걸어 시간을 엄청 들여야 하며 운동량이 2천 보 걸은 것보다 훨씬 많다.

배분법칙에 의하면 '(2+3)×200=400+600'이다. 하지만 사람의 등을 2파운드와 3파운드를 번갈아 200번 치는 것과 400파운드와 600파운드로 한 번씩 치는 것은 다르며, 세금을 2만 원, 3만 원씩 200번 내는 것과 400만원, 600만 원을 한 번씩 내는 것은 다르다. 수학의 세계와 현실의 세계는 다르다. 수학에선 '3×3=1×9'이다. 그러나 '1m×9m'의 나무는 기둥으로 쓸 수 있지만 '3m×3m'의 나무는 그렇지 못하다. 집안의 거실을 '3m×3m'로 만들면 아름답지만 '1m×9m'로 만들면 끔찍해진다.

수학의 세계에선 'A=B'나 'B=A'나 같다. 하지만 '찌농이는 사람이다.'는 '사람은 찌농이다.'로 할 수 없다. 수학의 세계에선 'A=B'이고 'B=C'이면 'C=A'이다. 하지만 '찌농(A)이는 사람(B)이고, 사람(B)은 포유류(C)이다.'라고 해서 '포유류(C)는 찌농(A)이다'가 성립하지는 않는다. 수학의 세계에선 '1/10= 10/100'이지만, 현실의 세계에선 '1/10'과 '10/100'이 다른 경우도 많다. 1명 뽑는 회사에 10명이 지원하면 9명이 떨어지지만, 10명을 뽑는 회사에 100명이 지원하면 90명이나 떨어진다. '1/10'이 '10/100'이 같다고만 할 수 없다.

'(−)×(−)=(+)'라는 것조차도 실생활에선 주의를 기울여야 할 때가 많다. 하루에 10개 팔리던 1만 원짜리 물건을 9천 원으로 내려 8개 팔리면 총수입이 10만 원에서 7만 2천 원으로 2만 8천 원 줄어든다. 떨어진 가격과 줄어든 판매량을 계산하여 총수입 변동을 '(-)1천 원×(-)2개 = (+)2천 원'이라고 하면 안 된다. 1만 원에 10개 팔리던 것이 2개 줄고, 팔린 8개가 1천 원 낮아졌으므로 총수입 변동은 '(-)2만 원+(-)8천 원=(-)2만 8천 원'이라고 계산해야 한다.

10시간씩 30일 일하다 8시간씩 20일 일하면 총 노동시간은 '10×30=300'시간에서 '8×20=160'시간으로 줄어든다. 원래보다 2시간씩 줄고, 10일 줄었으므로 '(−2)×(−10)'으로 계산하여 (+)20시간이 늘었다고 하면 안 된다. 10시간씩 일하던 날이 10일 줄고, 여기에 일하는 20일의 노동시간이 2시간씩 줄었으므로 총 140시간이 줄어든 것이다.

'2-3=⁽⁻⁾2'이라고 하면 바보라 한다. 그러나 건물 2층에서 세 층을 내려가면 지하2층이므로 이때 '2-3=⁽⁻⁾2'가 된다. 거꾸로 지하2층에서 세 층을 올라가면 지상 2층이 된다. 이때 '⁽⁻⁾2+3=2'가 되는 것이다. '11+3=2'라는 계산은 어떤가? 11시에 3시간을 더하면 2시가 되는 시계읽기이다. 오전과 오후를 같은 양⁽⁺⁾의 값으로 계산해서 생긴 난센스라고?

그럼 오전은 음⁽⁻⁾의 값, 오후는 양⁽⁺⁾의 값으로 계산해 보자. 오전 11시에 3시간을 더하면 오후 2시이므로 '11+3=⁽⁺⁾2'가 된다. 오전 11시에 2시간을 빼면 오전 9시가 되므로 '⁽⁻⁾11-2=⁽⁻⁾9'가 된다. 수학의 세계에선 '⁽⁺⁾'와 '⁽⁻⁾'가 반대 개념이지만 현실 세계에선 십자⁽⁺⁾머리나사와 일자⁽⁻⁾머리나사 및 십자⁽⁺⁾드라이버와 일자⁽⁻⁾드라이버가 동일한 목적으로 사용된다. 수학적 계산법이 실생활에선 여건에 따라 달라질 수 있다는 것을 몇 가지 예시한 것이다.

분수끼리 더할 땐 통분을 하는 규칙도 현실의 세계에선 다를 수 있다. '(1/2)+(3/4)'를 '(2/4)+(3/4)'로 하여 '5/4'만 맞는다고 할 수 없다. 농구에서 3점 슛을 1쿼터에 2번 던져 1번 성공시키고, 2쿼터에 4번 던져 3번 성공시키면 총 3점 슛 성공률은 '(1/2)×100+(3/4)×100={(1/2)+(3/4)}×100'인데 이를 통분하지 않고 분자는 분자끼리, 분모는 분모끼리 더해 '(4/6)×100'으로 해야 66.6%가 된다. 만약 '{(1/2)+(3/4)}×100'을 통분해서 더하면 '(5/4)×100'이 되어 성공률이 100%를 넘는다. 이와 관련하여 세간에 미스터리라고 일컬어지는 '심슨의 역설'을 풀어 보자. —(결코 미스터리가 아니라는 말이다)

표1	1쿼터			2쿼터			전체		
	시도	성공	성공률	시도	성공	성공률	시도	성공	성공률
갑	7	5	71.4%	3	1	33.3%	10	6	60.0%
을	4	3	75.0%	5	2	40.0%	9	5	55.5%

표2	1쿼터			2쿼터			전체		
	시도	성공	성공률	시도	성공	성공률	시도	성공	성공률
갑	70	50	71.4%	3	1	33.3%	73	51	69.9%
을	4	3	75.0%	50	20	40.0%	54	23	42.6%

표1에서 전체 3점 슛 성공률은 갑이 을보다 나아 갑이 더 우수한 선수임이 분명하다. 그러나 1쿼터도 2쿼터도 갑보다 을이 앞서는 것으로 나타나 을이 더 우수한 선수라는 착각

에 빠지게 한다. 앞 표의 항목(영역)을 갑과 을의 1분기 판매율, 2분기 판매율로 바꾸었을 경우 교묘한 트릭으로 사용될 수 있다. 뿐만 아니라 연도별 청년 취업률, 지역별 사교육 비율 등 적용할 수 있는 범위는 무한하므로 이런 통계를 분석할 때에는 상당한 주의를 요한다. 이는 '심슨의 패러독스'로 규모에 따른 비중을 고려하지 않은 단순 분할의 함정이다. 이를 쉽게 이해하기 위해 표1을 표2처럼 영역의 규모를 극단화해 보자.

표2를 보면 갑의 2쿼터 3점 숫 시도는 무시해도 될 만큼 무의미해지므로 전체 평균 (69.9%)은 비중이 큰 1쿼터 성공률(71.4%)에 가까워진다. 을의 경우는 1쿼터 규모는 무의해지므로 전체 평균(42.6%)은 비중이 큰 2쿼터 성공률(40.0%)에 가까워진다. 각 영역 값과 전체 평균 값과의 격차 비는 각 영역의 규모의 격차 비와 일치한다. 따라서 평균값과의 격차로 각 영역의 규모 차를 알 수 있다.

지면 관계상 을의 경우만 보면, 1쿼터 평균(75.0%)과 전체 평균(42.6%)과의 차는 32.4%p, 2쿼터 평균(40.0%)과 전체 평균(42.6%)과의 격차는 2.6%p인 바, 둘의 격차는 약 12.5배이다. ―(전체평균 42.6%는 근삿값이다. 참값으로 계산하면 정확히 12.5배이다) 을의 1쿼터 규모(시도4회) 대비 2쿼터 규모(시도50회)가 12.5배인 것과 정확히 일치함을 알 수 있다. 이를 '평균비의 원리'라 하는데 이는 다음과 같이 일반화하여 도출할 수 있다.

a℃의 x ℓ 물과 b℃의 y ℓ 물이 있다고 하자. 이 둘을 섞으면 전체영역의 물은 '(ax+by)/(x+y)℃'가 된다. 이를 c라고 하면 다음과 같다.

$$(ax+by)/(x+y)=c \rightarrow ax+by=c(x+y) \rightarrow ax+by=cx+cy$$
$$\rightarrow ax-cx=cy-by \rightarrow x(a-c)=y(c-b) \quad \therefore x:y=(c-b):(a-c)$$

x는 a영역의 규모, y는 b영역의 규모이고, (c-b)와 (a-c)는 전체평균 값(c)과 각 영역 값(a,b)의 격차이므로 평균비의 원리는 늘 성립한다. 단, 평균비의 원리는 각 영역의 질이 같다는 것을 전제로 한다는 것을 염두에 둬야 한다. 영역이 이질적이면 도리어 '단순 합산의 오류'에 빠진다. 다음을 보자.

표3	A大			B大			전체		
	지원	합격	합격률	지원	합격	합격률	지원	합격	합격률
α高	70	50	71.4%	30	10	33.3%	100	60	60.0%
β高	40	30	75.0%	50	20	40.0%	90	50	55.5%

표4	A大			B大			전체		
	지원	합격	합격률	지원	합격	합격률	지원	합격	합격률
갑	70	50	71.4%	70	23.3	33.3%	140	73.3	52.4%
을	50	37.5	75.0%	50	20	40.0%	100	57.5	57.5%

표3을 3년간의 누적통계라고 하자. 이때의 영역인 A대와 B대가 동질의 대학이라면 α고가 β고보다 더 좋은 성적을 낸 것이다. 그러나 두 대학이 동질이 아니라면 단순합산하면 안 된다. 이때는 비중이 아닌 가중치를 고려해야 하므로 지원자 항목(영역)을 학교별로 같은 규모로 통일해야 한다. 영역의 규모를 같게 한 표4를 보면 A대, B대에 모두 더 좋은 성적을 낸 β고가 전체에서도 합격률이 앞선다는 것을 알 수 있다. 하지만 이도 영역별 규모 수준이 어느 정도 비교할 가치가 있을 경우에나 유효하다. 다음과 같이 영역의 규모 차가 심하면 미미한 것은 버려야 한다.

표5	C大			D大			전체		
	지원	합격	합격률	지원	합격	합격률	지원	합격	합격률
갑高	70	50	71.4%	3	1	33.3%	73	51	69.9%
을高	4	3	75.0%	50	20	40.0%	54	23	42.6%

표6	A암			B암			전체		
	환자	완치	완치율	환자	완치	완치율	환자	완치	완치율
'가'병원	70	50	71.4%	3	1	33.3%	73	51	69.9%
'나'병원	4	3	75.0%	50	20	40.0%	54	23	42.6%

표5에서 영역 간 규모의 격차가 너무 크므로 전체 합격률은 의미가 없다. C대에 가고 싶으면 '을'고로, D대에 가고 싶으면 '갑'고로 가는 것이 낫다. 이를 표6처럼 영역명을 바꿔서 살펴보자. 이럴 경우 전체 완치율이 전혀 의미가 없다는 것이 확연해진다. A암인 경우 '가'병원에, B암인 경우 '나'병원에 가야 현명하다. '가'병원은 A암, '나'병원은 B암 주력 병원이기 때문인데, '가'병원의 B암, '나'병원의 A암 완치율은 규모가 너무 작아 신뢰성이 떨어진다고 봐야 한다.

즉, A암의 경우, '가'병원은 신규환자 1명의 추가로 완치율이 성공하면 '71.83%[=(51/71)×100]', 실패하면 '70.04%[=(50/71)×100]'가 된다. 변동 폭이 1.79%로 작아 신뢰성이 아주 높다. 그러나 A암의 경우, '나'병원은 신규환자 1명의 추가로 완치율이 성공하면 '80%[=(4/6)×100]',

실패하면 '50%[=(3/6)×100]'가 된다. 변동 폭이 30%나 돼 신뢰성이 뚝 떨어진다. A암 환자가 '나'병원에 입원한다는 것은 요행수를 바랄 뿐이다.

그럼, 영역의 질이 다를 경우 규모의 격차가 어느 정도 벌어지면 무시해야 하는가? 이에 대한 명확한 기준은 없다. 다만 필자는 1/3에 못 미치면 무의미하다고 본다. 표3에서는 A대의 α고와 β고의 지원자가 7:4이므로 의미 있지만, 표5에서 C대의 '갑'고와 '을'고의 지원자가 70:4이므로 무의미하다는 것이다. 표6에서 A암의 경우 α병원의 환자수가 70명이므로 β병원의 환자수가 23명을 넘어서야 통계자료로서 유효하다고 판단할 수 있겠다.

묘한 계산법이니 하나 더 소개한다. 〈1=0이고 2=0'이므로 '1=2'이다〉 이는 필자가 재미로 만들어 본 것이다. 'a+b=ab'일 때, a=1이면 '1+b=1b→1+b=b'이므로 '1=0'이 된다. 마찬가지로 '2a+b=ab'라고 가정할 때, a=1이면 '2+b=1b→2+b=b'이므로 '2=0'이 된다. 따라서 〈1=0이고 2=0'이므로 '1=2'가 된다.〉 이 풀이의 함정을 아시는가? 첫 번째 식 'a+b=ab'를 이항 정리하면, 'a=ab−b→a=(a−1)b'이다. 여기서 'a/(a−1)=b'이 되므로 a=1이면 분모가 0이 되어 불능에 빠진다. 따라서 'a≠1'라야 한다. 두 번째 식도 마찬가지이다. 분모가 0이 되면 안 된다는 것도 수리적 논리체계인 것이다.

논리【 4 】 '죄수의 딜레마'는 무슨!

2007년의 우리나라는 탈레반의 한국인 인질사건과 17대 대통령선거로 온통 시끄러웠던 한해였다. 이러한 초미의 사건을 '죄수의 딜레마'(prisoner's dilemma)를 비롯한 '게임[8]이론'(game theory)으로 설명하려는 논리적 시도가 이어졌으며 상당히 설득력 있게 평가됐다. ―(실제론 설득력이 있는 게 아니라 일반인들은 뭔 소린지 몰라 그런가 보다 한 것이다) '죄수의 딜레마'(죄딜마)는 학계에서 절묘한 '게임이론'으로 거창하게 다뤄진다. 심지어 정치 · 경제 · 사회 상황에까지 '죄딜마'와 '게임이론'을 적용하여 설명하며 우쭐댄다.

'죄딜마'는 최상위권 학생들이나 겨우 알아듣는 고도의 이론으로 알려져 있지만 결코 어려운 게 아니다. 엉터리라서 이해하기 어려운 것이다. 왜 그런지 비창적으로 쉽게 풀어 보자. 우선 이론도 아닌 것을 'game theory'이라 칭한 것부터 잘못됐다. 게임 참여자들이 나름대로의 논리를 갖고 전략을 편다는 주장으로 일종의 '게임 전략'인데 어찌 이론이라 갖다 붙이는가? '게임이론'은 '일종의 대치전략'으로 고쳐야 한다.

~# 1. 죄수의 딜레마?

한 범죄사건의 공범으로 용의자 갑, 을이 서로 '격리'된 취조실에서 심문을 받고 있다고 하자. 지금의 불충분한 증거로는 둘이 징역 2년, 충분한 증거가 확보되면 둘 다 징역 4년

---

8 묵찌빠 게임은 집중력과 순발력 기르기에 좋다. 사람의 동조 심리를 이용한 게임인데 빽하면 게임에 지기만 해 원통해하는 사람들이 있다. 묵찌빠 게임엔 지지 않는 요령이 있다. 지지 않는 요령이므로 공격 기술이 아닌 방어 기술이다. 가위바위보를 해서 공격권이 상대방일 때 바로 눈을 살짝 감아 공격자의 동작을 외면하여 동조 심리를 차단하고 공격자가 '내가 낸' 것을 외치기를 기다렸다가 외치는 순간 재빨리 손가락 수를 줄인다. 내가 보를 내고 상대방이 가위이면 바로 눈을 감고 다른 것에 반응하지 말고 "빠"소리가 들리면 손가락을 줄여 가위로 바꾸고, 내가 가위고 상대가 바위일 땐 "찌"소리가 나오면 손가락을 줄여 주먹으로 바꾼다. 일명 손가락 줄이기 수법인데 더 이상 줄일 손가락 없는 바위인 경우엔 "묵"소리를 기다려 손가락을 다 펴서 보로 바꾼다. 이리하면 지지 않고 항상 공격권을 가져올 수 있다. 물론 단번에 되진 않는다. 상대방의 '외침'에 동조하지 않기 위해 내가 낸 것만 생각하는 집중력이 필요하고 손가락을 재빨리 바꾸는 순발력이 필요하다. 하면 할수록 집중력과 순발력이 붙게 된다.

을 살게 되며, 한 용의자가 자백(P=Positive)하고 다른 용의자가 부인(N=Negative)하면 전자는 정상 참작되어 1년형으로 감형되고 후자는 가중처벌로 6년형에 처해진다고 할 때, 두 용의자는 과연 어떤 선택을 하는 것이 최선일까?

범행진술		을	예상 형량	갑의 판단	을의 판단	총 형량
갑	부인 (N)	부인(n)	[Nn] : 갑 2년, 을 2년	차선(△)	차선(△)	4년
		자백(p)	[Np] : 갑 6년, 을 1년	최악(x)	최선(○)	7년
	자백 (P)	부인(n)	[Pn] : 갑 1년, 을 6년	최선(○)	최악(x)	7년
		자백(p)	[Pp] : 갑 4년, 을 4년	차악(-)	차악(-)	8년

갑은 '을이 어떻게 진술할지 모르므로' 을의 부인과 자백의 각 경우에 대해 갑 자신의 부인과 자백에 따른 유·불리를 위의 표처럼 계산할 수 있다. 갑의 최악도, 을의 최악도 부인할 경우에 발생하므로 둘 다 최악을 피하기 위해 자백을 선택하게 된다. 이때 갑에게는 '무조건 자백'이 자신에게 유리한 우월전략이 된다.

한편 을의 입장에서도 마찬가지이므로 '무조건 자백'은 갑, 을 모두에게 우월전략이 된다. 따라서 객관적으로 봐서 둘 다 범행을 부인하는 [Nn](총4년)의 경우가 가장 유리한데도 불구하고, 갑과 을은 서로의 입장에서 각자 자백이라는 우월전략을 택하게 되며, 결국 가장 불리한 총 8년 형[Pp]에 처해질 수밖에 없다는 기막힌 딜레마에 빠지게 된다는 '죄딜마'의 논리이다.

여기서 딜레마란 첫째, 얼핏 보기엔 양자에게 자유로운 선택권이 있는 듯한데 실제론 선택의 여지가 거의 없다는 것과 둘째, 양자의 합리적인 최선의 선택이 가장 불합리한 결과를 낳는다는 '궁지 몰림'에 있음을 유념해야 한다. 이런 딜레마논리가 성립하려면 첫째, 유력자가 하나이거나 많으면 안 되며, 둘째, 유력자끼리는 협의할 수 없는 상태여야 한다. 이와 같은 조건이 갖추어진 아주 제한적인 상황에만 이 논리를 적용할 수 있다. 하지만 이러한 상황에서조차도 '죄딜마' 논리는 인정할 수 없다.

계산에 따라 한 공범용의자가 '무조건 자백'이 유리하다는 판단이 섰다 해도 다른 용의자의 보복을 무시할 수 없다면, '선뜻' 자백을 선택하지 못한다. 보복이 아닌 다른 어떤 이유로도 격리된 취조실에서 서로 형사의 눈치만 보다 자백을 끝까지 미루는 '균형 유지'를 연출할 수 있다. '죄딜마'에 따르면 수사는 쉽게 해결돼야 하는데 실제로 공범용의자들이 끝내 입 다문 사건이 얼마나 많은가? 설령, 모두 자백하였더라도 수사관의 집요한 추궁, 고통스런 취조, 용의자의 뉘우침, 체포되어 끝장났다는 자포자기 등 변수가 많기 때문에, 이를 '죄딜마'라고 단정 지을 순 없다.

문제는 이에 그치지 않는다. 제목은 〈prisoner's dilemma〉라 해 놓고 상황은 용의자 취조로 설정했다. 'prisoner'는 재소자이기에 취조하지 않는다. 취조 받는 용의자는 'suspect'라 해야 한다. 또한, 'prisoner'는 단수이므로 용의자를 복수로 설정한 것과도 안 맞는다. 따라서 〈prisoner's dilemma〉라는 명칭은 '단독범행 재소자의 딜레마'를 의미하기에 한참 잘못됐다. 게다가 공범도 2명으로 제한하고 둘 간의 진술 딜레마로 설정했기 때문에 〈The dilemma between the two suspected accomplices〉(두 공범용의자 간의 딜레마)로 왕창 뜯어고쳐야 상황 설정에 부합한다.

더 말도 안 되는 것은 〈지금의 불충분한 증거로는 둘이 징역 2년, 충분한 증거가 확보되면 둘 다 징역 4년을 살게 된다는 것〉을 형사가 용의자에게 말 할 리 없다. 물론 두 용의자도 이런 사실을 알 리 없다. 설정 상황이 너무 억지스럽다. 또한 〈한 용의자가 자백하고 다른 용의자가 부인하면 전자는 정상 참작되어 1년형으로 감형되고 후자는 가중처벌로 6년형에 처해진다는 것〉도 있을 수 없다. 자백하지 않았다고 원래의 형량보다 가중처벌하지 않는다. 억지 중에 억지다.

~# 2. 유력 후보 간의 딜레마?

왜 거의 모든 선거가 막판에 가면 유권자들이 싫어하는 줄 뻔히 알면서도 유력 후보자들은 상대후보 헐뜯기에 열을 올리고, 어째서 이러한 비방전술에 대해 의연하게 대처하는 후보는 없는 것일까? 유세기간에 정당이나 인물, 정책 등은 어느 정도 판가름 난 까닭에 큰 변수가 없는 한 후보들의 지지율에 별 변동이 없게 된다. 하지만 상대후보를 헐뜯었을 때 헐뜯은 후보는 치사한 이미지로 지지율이 3% 하락하고 헐뜯긴 후보는 먹칠된 이미지로 지지율이 6% 하락한다면 이때 유력후보 갑, 을의 각 선거캠프에선 다음과 같은 분석할 수 있다고 '죄딜마'에선 설명한다.

선거전술		을	예상 지지율 변화	갑의 유불리	갑의 선택	총지지율
갑	의연 (P)	의연(p)	[Pp] : 갑 불변, 을 불변	없음	△	불변
		비방(n)	[Pn] : 갑 6%↓, 을 3%↓	-3%	×	9%↓
	비방 (N)	의연(p)	[Np] : 갑 3%↓, 을 6%↓	+3%	○	9%↓
		비방(n)	[Nn] : 갑 9%↓, 을 9%↓	없음	△	18%↓

표를 보면 두 후보자 전체의 입장에선 둘 다 의연하게 대처하는 [Pp]의 경우가 가장 지지율이 높다. 그러나 갑이 의연하게 대처할 때 상대가 비방하면 3%나 불리해지는 최악에 빠지므로 최악만은 면하려는 '비방'전략을 택하게 된다. 한편 을의 입장에서도 마찬가지이므로 '무조건 상대 비방'하는 것을 갑, 을 모두 우월전략으로 삼게 된다.

결국 두 후보는 지지율이 가장 나빠지는 [Nn]의 상호비방전술을 선택할 수밖에 없다는 것이다. [Nn]의 경우 서로 비방하는 까닭에 치사함의 3%하락에 먹칠 당함의 6%하락이 더해져 각자 9%씩 지지율 하락을 안게 된다는 것이 '죄딜마'론자들의 설명이다. 유력후보가 아닌 군소후보는 위의 전략이 별 영향이 없는 까닭에 상대적으로 깔끔한 선거후보로 행세할 수 있게 된다고 덧붙인다.

하지만 대부분의 선거에서 유력 후보 간의 지지율은 선거운동 전과 후에 엎치락뒤치락할 순 있어도 상호 비방으로 동반 폭락하지 않는다. 거의 그대로 유지된다. '죄딜마'에 따르면 유력자 둘을 제치고 3순위 후보가 당선되는 경우도 왕왕 생겨야 하는 그런 일은 '0'에 가깝다. 또한 '죄딜마'식 캠프 결정에 따르면 선거운동이 비방전으로 시작돼야 하는데 그런 경우도 '0'에 가깝다.

선거 운동이 하루하루 진행됨에 지지율 추이를 살피고 한 후보가 비방하기 시작하면 그때 맞대응으로 비방하는 것이 보통이다. 이럴 경우, '죄딜마'는 서로의 진술을 알 수 없는 격리된 상황을 전제로 해 놓았기에, 서로의 진술을 알 수 있는 격리 없는 선거전이 되므로 전제를 어기는 모순이 된다. 이래저래 '죄딜마'를 선거에 적용하는 것은 엉터리가 된다. 선거에서의 상호 비방은 맞대응 전략으로 보는 게 더 적합하다 하겠다.

~# 3. 과점 업체 간의 딜레마?

동종 제품을 같은 가격에 판매하는 과점업체−(공정거래위에선 3개사 합계 시장점유율이 75% 이상을 칭한다) 갑, 을의 두 회사가 있다 하자. 갑과 을의 시장점유율과 매출액이 '40%−40'억 원, '50%−50'억 원이고 가격을 10%인하하면 시장의 상대 점유율이 10% 높아진다고 할 경우 '죄딜마'에선 다음과 같이 설명한다.

가격전략		을	예상 시장점유율	예상매출액	甲의 선택	총 매출액
갑	고정 (P)	고정(p)	[Pp] : 甲 40%, 乙 50%	甲 40억, 乙 50억	×	90억
		인하(n)	[Pn] : 甲 30%(10%↓), 乙 60%(10%↑)	甲 30억, 乙 54억[9]	○	84억
	인하 (N)	고정(p)	[Np] : 甲 50%(10%↑), 乙 40%(10%↓)	甲 45억, 乙 40억	×	85억
		인하(n)	[Nn] : 甲 40%(불변), 乙 50%(불변)	甲 36억, 乙 45억	○	81억

표를 보면 '무조건 10% 가격인하'는 갑, 을 모두에게 우월전략이 된다. 따라서 두 회사는 전체 입장에서 둘 다 가격을 고정하는 [Pp]의 경우가 예상매출액이 총 90억으로 가장 높은데도 불구하고 예상매출액이 총 81억으로 가장 낮아지는 [Nn]의 상호 10% 가격인하전략을 택할 수밖에 없다는 딜레마에 빠진다는 것이다.

얼핏 그럴듯해 보이지만 두 업체가 가격을 동시에 인하하면 담합이 되어 격리된 상황일 수 없고, 한 업체의 가격 인하에 대응하여 다른 업체가 즉각 가격을 인하하면 이도 격리된 상황일 수 없다. 격리를 전제로 한 '죄딜마'는 이래저래 성립할 수 없다. 그런데도 불구하고 '죄딜마'논리에 의해 두 업체가 가격을 인하했다고 치자. 그래도 모순은 또 기다린다. 두 업체가 가격을 인하하면 다시 같은 가격이 형성되므로 이 때 '죄딜마'에 의해 가격을 또 인하해야 한다. 이런 일 계속 반복돼야 하는데 이게 수긍이 가겠는가?

또한 유력업체가 과점하는 시장이 엄청 다양하고 많은데 앞의 설명대로라면 국가경제는 인플레를 전혀 걱정할 필요가 없게 된다. 실제 시장에선 가격 인하 전쟁은 거의 '0'에 가까운데 어찌 이런 주장을 버젓이 하는지 모르겠다. 가격 인하는 거의 없고 속절없는 가격 인상에 서민들의 시름이 크다. 유사업체의 가격은 '균형'을 유지하고 가끔 서로 눈치 보며 가격을 슬쩍 올리는 게 보통이다.

---

9   시장점유율이 [Pn]의 을은 60%이지만 10% 가격 인하로 점유한 예상매출액이기 때문에 60−(60×10%)=54억이 된다. [Np]의 갑과 [Nn] 의 갑, 을도 마찬가지로 계산하면 된다.

'죄딜마'의 논리는 과점업체들의 광고경쟁에도 적용한다. 과점업체 중 어느 한 회사가 점유율을 더 높이기 위해 어느 순간 광고에 열을 올리면 다른 회사도 곧바로 광고에 투자를 늘리지 않을 수 없는데 이러다 보면 결국 경쟁회사 간의 광고효과에 따른 이득은 제자리고 광고비용만 늘게 된다. 광고비를 제품 값에 반영하는 것에도 한계가 있기 때문에 과점업체 간의 광고경쟁은 실로 골치 아픈 고민거리가 아닐 수 없다는 것이다.[10] 어이가 없다. 광고를 늘려도 효과가 제자리라 광고비만 늘게 된다는 것은 실제로 언제 무슨 업종에서 발생했을까? 광고 시간대가 한정이 돼있어 무한정 광고를 늘릴 수도 없다. 실제 사례를 들지도 않으면서 이런 주장을 하는 것은 소설쓰기에서나 허용된다.

~# 4. 군비 경쟁의 딜레마?
'죄딜마'의 신봉자들은 군비경쟁에도 이를 적용해 설명하며 폼 잡는다.

군비전략		乙	군사력 우열	甲의 상대적 국방력	甲의 선택	※ 甲의 전쟁피해	※ 甲의 선택
甲	축소 (P)	축소(p)	[Pp] : 甲≒乙	무변	×	감소	○
		증대(n)	[Pn] : 甲 < 乙	약화	×	증가	?
	증대 (N)	축소(p)	[Np] : 甲 > 乙	강화	○	무변	×
		증대(n)	[Nn] : 甲≒乙	무변	○	극대	×

표에서 국방력 측면만 보면 '죄딜마' 논리로 서로 군비 증대하는 [Nn]으로 결론지을 수 있다. 그러나 군비경쟁엔 고려할 사항이 많다는 점에서 '죄딜마'를 적용하기에 무리가 있다. 일례로 '※'표에 덧붙인 전쟁피해의 측면만 보더라도 군비축소의 [Pp]가 마땅하다. 일각에선 국방력 강화가 전쟁발발 억제력을 강화시켜 전쟁피해도 줄인다고 주장하지만, 국방력의 우열과 상관없이 전쟁은 지금도 일어나고 있으며 전쟁피해는 갈수록 늘기 때문에 이는 설득력이 약하다.

더군다나 국방은 '두 유력자' 간의 문제가 아닌 모든 나라의 문제이기 때문에 '죄딜마'의 논리는 성립할 수 없다. 그러기에 군비에 '경쟁'을 붙인 것도 오류이다. 모든 나라의 국방

---

10 실례로 미국의 담배회사들은 1971년 미 의회가 담배의 TV광고 금지법을 입법예고하자 뒷짐만 지고 있었으며, 법이 시행되자 담배회사들의 수익은 광고비 지출감소로 오히려 증가했다. 미 의회가 나서서 담배회사들의 고민을 해결해 준 격이 됐다고 '죄딜마'는 설명한다. 그렇다면 모든 광고를 금지하면 모든 업체들의 고민이 해결될 것 아닌가? 소가 웃을 일이다.

은 국가 예산 범위 내에서 집행된다. 군사력이 약하면 자주권이 약해지고 국방이 무너지면 모든 게 끝장이라는 인식에 따라, 유감스럽고 슬프지만 국방에선 아름다운 '균형유지'도 이루어지지 않고 있다.

~# 5. 테러/유괴범의 딜레마?

그럼 이제 '죄딜마'를 테러협박 사건에도 적용할 수 있는지에 대해 살펴보자. 소수민족 테러범단체(甲)가 중국 정부(乙)를 상대로 독립을 인정하지 않으면 乙국의 관공서를 습격하겠다는 협박을 가했다고 하자. 이럴 경우 甲의 테러협박에 분명한 의도가 있으며 乙국의 반응에 따라 甲의 대응이 달라지는 조건부 대치사건이므로 양자가 유력자로 양립하여 무조건적 우월전략이 있는 '죄딜마'를 적용할 수 없다. 다음의 표를 보자.

乙		甲	결과 판단	실제가능성	재발여지
	요구 수용(P)	테러철회(p)	[Pp] : 甲 목적달성, 乙 굴복	농후	×
		테러감행(n)	[Pn] : 甲 명분상실, 乙 굴복	희박	×
	요구 거절(N)	테러철회(p)	[Np] : 甲 명분상실, 乙 위신	희박	×
		테러감행(n)	[Nn] : 甲 명분유지, 乙 위신	농후	○

테러는 테러자체가 목적이 아닌 수단이므로, 乙국이 요구를 수용하면 甲이 테러를 감행할 수 없다. 또한 乙국이 요구를 거절할 경우 甲이 테러를 철회한다면 공갈에 그치므로 협박의 명분을 잃게 된다. 즉, 독립을 인정했는데도 관공서를 습격하거나, 독립요구를 거절했는데도 관공서를 습격하지 않는다는 것은 진정한(?) 의미의 협박이 아닌 것이다.

따라서 위 표의 '수용—감행'의 [Pn]과 '거절—철회'의 [Np]는 가능성이 낮다고 볼 수 있다. 가능성이 낮은 [Pn]과 [Np]를 빼면 가능성이 높은 것은 '수용—철회'의 [Pp]와 '거절—감행'의 [Nn]의 두 가지가 남는데 여기서 '선택지는 무조건 하나'라는 '죄딜마'가 적용될 수 없음을 알 수 있다.

乙국의 입장에서 요구를 '무조건' 거절하면 乙국은 위신은 세울 수 있지만 甲의 목적이 달성될 때까지 지속적으로 테러가 이어질 것을 걱정해야 한다. 그렇다고 甲의 요구를 '무조건' 들어주면 위신도 깎일 뿐더러 이를 계기로 이어질 다른 소수 민족들의 요구가 테러

협박으로 재발할 것을 걱정해야 한다. 즉, 협박을 수용하든 거절하든 테러방지 차원에선 둘 다 효과를 얻기 어렵다는 한계에 부딪친다.

한편, 甲은 乙국이 요구를 순순히 수용하지 않을 것이라는 걸 뻔히 알면서도 목적달성을 위해 협박을 한 것이므로, 乙국이 甲의 요구를 '무조건' 거절하면 명분을 세우기 위해 1차로 테러를 감행할 수밖에 없고, 요구가 달성 안됐는데도 테러를 1회성으로 그치면 협박의 의미가 사라지므로 요구가 관철될 때까지 계속적으로 협박과 테러감행을 반복해야 한다는 모순에 빠진다.

가능성이 높은 두 경우에 대해 '무조건'이라는 단서를 달았는데 이는 '조건'을 제시하면 양자 간에 협상의 여지가 생긴다는 뜻이 된다. 그렇기 때문에 테러협박 사건이 발생되면 보통 테러 대상자와 테러 협박자는 서로 위신과 명분을 내세워 겉으론 '강경한 태도'를 취하면서 물밑 협상을 시도한다. 유괴사건도 목적을 위해 유괴라는 수단을 쓴 것이지 유괴 자체가 목적이 아니라는 점에서 테러협박사건과 유사하다. 다만 이 경우엔 유괴범을 자극하지 않기 위해서 최대한 '저자세로 시간을 끌면서' 해결책을 모색한다는 점에서 다르다고 할 수 있다.

~# 6. 한국인은 인질범의 맛좋은 표적?

2007년에 탈레반의 한국인 인질사건이 생겼을 때 정부가 저자세로 대처한 것에 비난이 쏟아졌었다. 협박에 강경대응을 시도조차 하지 않아 탈레반에 끌려 다닌 결과를 초래했다고 곳곳에서 비난했다. 하지만 아프간 파견 한국군 철수를 요구하며 여러 사람의 목숨을 인질로 협박하는 다급한 실제 사건에 한가롭게 '죄딜마'를 적용하기엔 따르는 위험 부담이 너무 크다. 더군다나 2명을 살해하면서까지 압박을 가해 오는 급박한 상황에서 정부의 대처방식을 비난하는 것은 도리어 무책임한 발상이다.

앞에서 표면적으론 테러협박엔 강경, 유괴사건엔 저자세로 대응하는 것이 일반적이라고 했는데, 그럼 인질사건은 어떨까? 인질사건은 사람을 볼모로 협박을 가하는 사건이기 때문에 유괴사건과 테러협박사건의 속성을 동시에 띤다. 따라서 강경과 온건 중 어느 쪽을 택해야 나은지조차 판단하기 곤란한 너무 어려운 문제이다. 그렇기 때문에 2007년 탈레반의 한국인 인질협박 사건에 대한 우리 정부의 대응방식을 일방적으로 비난할 수는 없는 일이다.

이런 점을 파악하지 못하고 정부의 나약한 대처로 한국인은 인질범들에게 좋은 표적이라는 인식만 심어주었다고 극언을 퍼붓기도 했는데, 과연 이들의 극언처럼 2007년 이후 인질범들의 신나는 먹잇감으로 한국인들이 시도 때도 없이 납치되고 있는가? 탈레반은 미국을 주적(主敵)으로 삼고 있으며 이슬람원리주의 사수를 목적으로 하고 있다.

그러므로 탈레반이 미국편으로 인식하는 한국군의 아프간 주둔 상태에서 이슬람에 반하는 선교활동을 하는 한국인이 있을 경우, 이런 상황에선 설령, 탈레반의 한국인 인질사건이 재발한다 할지라도, 이는 어디까지나 탈레반이 테러협박자로서의 딜레마에서 빠져 재차 도발한 것으로 해석해야 할 것이다. 우리는 모두, 테러에 대해 강경 일변도로 대응하는 미국을 상대로 오히려 테러가 끊이지 않고 있다는 사실을 분명히 명심해야 할 필요가 있다.

결론적으로, '죄딜마'는 몇몇 의아한 사태결과에 대한 일리 있는 설명을 시도한다는 점에선 의미가 있지만, 여러 가지 무리가 따르므로 이를 탈레반의 한국인 인질 사태를 비롯한 사회의 각종 제반현상에까지 함부로 적용하는 일은 절대로 삼가야만 할 것이다.

1 필자의 썰렁한 교실 이야기

** 눈이 펑펑 내리는 날 썰렁한 레퍼토리 **

> "쌤, 눈 와요."-"쌤은 누나가 아녜요." "쌤, 나가요."-"나가자고?" "예~!"-"그래 나가자." "와~!"-"진도 나가자고. 어디까지 했찌뇽?" "찌뇽 쌤, 그러지 말고 나가서 눈싸움해요."-"눈싸움하자고?" "네~!"-"뭘 나가서 해. 여기서 하면 되지. 자 다들 눈을 부릅뜨고, 먼저 깜빡이면 지는 거예요." "쌤, 눈사람이라도 만들어 운동장 한가운데에 세우고 와요."-"눈사람은 뉘워놔야 진짜야." "왜요?"-"그래야 누운 사람이지." "쌤~!"-"왜, 실망이니?" "아, 아니에요."-"그럼 여기가 안이지 밖이냐? 다 알만한 친구들이 눈 온다고 떼쓰면 안돼요." "쌤, 저흰 모두 알보다 커요"-"쌤이 머리가 짧아 거기까진 생각지 못했다." "쌤, 머리를 왜 그렇게 짧게 치셨어요?"-"생활 지도부에 걸려서.... 미용실¶에 가서 깜찍하게 깎아 달랬더니 끔찍하게 깎고, 산뜻하게 쳐달랬더니 섬뜩하게 쳤네." "근데 예전에 학생 두발 검사는 왜 했대요?"-"그러게 두 손은 검사 안하면서…."

** (¶): 미용실에 얽힌 에피가 소드한 이야기 **

> 충청도 한 시골 미용실에 미국사람이 들어섰다. 사장이 "왔시유?"하자 미국인이 "밀어!"라 말해 머리를 박박 밀었다는 웃픈 이야기. 사연인즉슨, "왔시유?"는 "오셨어요?"의 충청도 사투리인데 이를 미국인은 "What see you?"로 알아듣고 미용실의 커

다란 거울이 눈에 띄어 "Mirror!"라고 답한 것이다. 사장은 이를 "밀어"로 알아들었던 것이다.

"안녕하세요, 손님이 많네요?"-"어서 오세요, 오늘은 혼자 오셨네요?" "어제 여자 친구랑 헤어졌어요."-"헤어지면 헤어컷, 길게 자를까요, 짧게 자를까요?" "꿀꿀한데 확 깎아 주세요."-"네." … … "아니, 이건 너무 짧아요. 좀 더 길게 잘라 주세요."-"한 달 뒤에 다시 오세요." "얼마죠?" "만원입니다."-"확 깎아 주신다며 한푼도 안 깎아 주세요?"-"손님이 만원이라 어쩔 수 없습니다." "전 만 원이 아니라 상범이에요."-"성이 현 씨이신가요?" "형은 장범, 동생은 행범."-"삼형제인가요?" "사형제면 사형 당할까 봐" "제 이름은 어진입니다." "문 씨는 아니겠죠?"-"넘 씨도 아닙니다." "여기 만 원요."-"손님 농담 덕에 피로가 가셨네요. 8천 원만 받겠습니다. 나머진 손님 하세요." "아, 사장님 성이 남 씨시군요?"-"안녕히 가십시오."

** 매점에 있다 교실에 늦게 들어온 학생에게 **

"너 왜 인제 와? 지각이야."-"죄송해요, 제가 지각이 없어서." "매점 있다 온 거지?"-"네." "매점매석하려고?"-"그건 아니고, 한번만 봐주세요." "봐달라고?"-"네" "지금 보고 있잖아."-"애드 립을 잘 치시네요." "애들 입을 치면 폭행이야. 쌤이 범죄를 저지르면 선생이니까 교사범 되지"-"헐~!" "쌤이 교수면 쌤의 형은 교수형이고."-"헉, 그런" (손에 든 과자봉지 압수하며) "냄새나게 교실에서 먹지 말라는 거 몰라?"-"교실에서 안 먹을게요. 돌려주세요." (봉지를 허공에 휘휘 돌리며) "과자를 돌려야 맛있어지냐?"-"그게 아니라" (봉지를 책상위에 놓고 빙글 돌리며) "이렇게 돌려달라는 거냐?"-"쌤, 제~발!" "니~발을 어쩌라고?"-"말을 이리저리 돌리지 마시고." "말을 이리저리 돌리다간 말 뒷굽에 채여."-"더는 말을 못하겠네요." "쌤도 말을 못 탄단다. 근데 이 과자 맛있냐?"-"네, 맛있어요." "정말 맛있어?"([맛이 써])-"네, 정말 맛있어요." "맛이 쓴데도 먹는 겨?"-"혼자 먹다 둘이 죽어도 모를 맛이에요." "교실에선 먹지 마?"-"네, 고맙습니다." (봉지를 돌려주면서 노란분필을 내밀며) "이게 빨개, 파래?"-"노래요." "노래?"-"네" "얘들아 얘가 노래한단다. 다들 박수~!"-"와~!"-(이러면 지각생 얼굴이 노래진다. 왜? 노래이길 수 없어서)

** 독일어 수업을 시작하는 첫 시간 레퍼토리 **

독일어도 내신에 들어가냐고 묻는 친구들이 있는데 정말 내신에 들어갈까요? (독어 교과서를 말아쥐고 신발에 넣으며) 정말 내 신에 들어가네요. 작년과 달리 올해부터는 공통 과정이 아닌 선택 과정이에요. 우리친구들 스스로 선택한 과정이므로 아마추어 정신을 버리고 이젠 프로 정신으로 무장해야 해요. 근데, 아마추어를 전문 영어로 뭐라 하고, 학술 영어로 뭐라 하죠? 아마추어는 전문 영어로 'maybe cold', 학술 영어로는 'perhaps cold'예요. 그런데 우리 친구들이 독일어를 선택했는데 독일어가 뭔지 알아요? 독일어는 피아노 건반의 '도'를 길게 치면 '도 길어'야. 근데 일본어는 쉽고 독일어는 어렵다고 하는데 왜 그럴까? 일본어는 일본 사람이 하니까 쉽지. 일 안 본 사람이 하면 어려워요. 독일어는 독어도 하고 일어도 해서 독일어야. 그래서 어렵죠. 일어는 쌤 전공이 아니라서 자고 있는 애 깨우면서 "일어나라"로 끝내요. 자던 아이가 "쌤, 저 안 잤어요."하면 "안 잤다고?"-"네, 안 잤어요." "그럼 네가 앉았지 서있었냐?"-"쌤, 일어나라가 아니고 우리나라 아닌가요?" "그런가? 근데 우리나라를 외국인들이 왜 '코리아'라고 하는지 알아?"-"남북이 갈라져 골치 아파 '골이야'인가요?" "K-팝, K-푸드, K-컬처 등 한국은 언제든지 "콜~, 콜이야!"라고 해서 '코리아'야.

② 대성리 방갈로 촌에서 생긴 일

1983년 여름. 방학을 맞아 '하니'는 대학 동아리 MT에 참석하려고 동서울터미널로 갔다. 목적지는 대성리 방갈로 촌. 마을에 집도 뜨문뜨문 있는 강촌이자 깡촌. 시외버스 3시 출발. "얘들아, 안녕~!"-"안녕, 하니~!" 그런데 갑자기 비가 쏟아지기 시작했다. "비 온다는 예보 없었는데"-"우리나라 일기예보는 아직 멀었어."

회원은 총 15명, 회원 중 '민형'이는 하니의 절친이자 애인. 그런데 민형이가 안 보였다. 3시 5분전. "얘들아 출발하자."-"난 민형이 기다릴게." "그러지 말고 핸폰[11]해 봐라."-"핸폰이 뭐야?"-(핸드폰은 고사하고 삐삐도 없던 시절이었다) "응, 10년 뒤에 나온대."-"야, 그런 개그는 어디서?" "크크, 찌능 쌤 흉내 한번 내봤어. 너무 늦지 마. 민형이가 안 오는 걸지도 모르니까."-"꼭 올 거야. 모임에 빠질 애가 아니니까." 비가 점점 세차게 쏟아졌다. 1시간 간격으로 운행하는 버스는 9시가 막차. 민형인 끝내 안 나타났다. 하니는 무거운 발걸음으로 막차를 탔다.

밤 10시 20분, 대성리 방갈로. "얘들아, 나 왔다."-"어서와, 근데 민형인?" "일이 있나 봐."-"우~, 민형이 없어 어쩌누?" "야, 내가 동아리 MT왔지, 걔랑 데이트하러 왔냐?"-"어쭈, 골려줄랬는데 안 통하네?" "우리 동아린 만나기만 하면 즐겁잖아?"-"그래, 우리끼리 신나게 놀자." 밤 11시 45분, 하늘이 뚫어져라 쏟아지던 비가 그쳤다. "얘들아, 비 그쳤다. 캠파(캠프파이어)하러 나가자."-"야, 땅이 진데 어디에 엉덩이 붙일래?" "에이, MT의 꽃은 캠판데."-"하늘이 안 도와주니 어쩌겠냐?" "그럼, 아쉬운 대로 방안에서 캠파 흉내나 내볼까?"-"그래, 다들 가방을 방 가운데에 모닥불처럼 쌓아 놓고~"

[♪ 강~강 수월래/강~강 수월래 ∥ 남생아 놀아라/졸래졸래가 잘 논다 ∥ 청 청 청어 엮자/위도 군산~ ♬] 손에 손 잡고 노래하며 폴짝폴짝 뛰고 빙글빙글 돌고, 방이 꽤 넓어 신나게 뛰었다. 그런데 갑자기 하니가, "얘들아 잠깐!"-"왜?" "소리가 들려."-"무슨 소리?" "밖에서 날 불러."-"뭐?"

---

11   폴더폰은 폴더를 닫을 때의 충격이 지속적으로 누적되면 액정이나 핸드폰 기능에 지장이 생길 수 있다. 아래폴더에 새끼손가락을 살짝 걸치고 닫으면 위폴더와 아래폴더 사이에 손가락만큼의 틈이 생겨 충격이 아주 작아진다.

→하니야~, 하~니야.← 나지막이 들려왔다. "야, 민형이야, 민형이~" 하니가 문 열고 나가려 하자 동아리 회장이 하얗게 질린 얼굴로 하니를 붙잡아 앉혔다. "하, 하니야, MT 분위기 망칠까 봐 아무에게도 말 안했는데, 아까 너 오기 전, 10시 라디오뉴스에"-"라디오뉴스?" "여기 대성리 오던 총알택시[12]가 빗길에 굴러 기사와 승객이 다 죽었는데 승객이 민형이였어."-"뭐? 민형이가?" "기사는 택시 안에서 즉사한 채로 발견됐고, 민형이는 차문 밖으로 팅겨나가 진창에 나뒹군 채로 발견됐대."-"그럴 리가, 지금 밖에서 날 부르고 있잖아." "믿기 싫겠지만 사실이야. 저 소리는 사, 사람소리가 아냐."-"… …" 회장은 얼굴빛이 하얘졌지만 하니는 머릿속이 하얘졌다.

애들이 웅성대기 시작했다. "민형이가 죽었대." "죽은 민형이가 밖에?" "싸늘한 진흙투성이 몸으로?" "하, 하니를 데리러?" "이런 땐 대체 어떻게 해야?" "회장, 그럼 우린 어떻게 되는 거야?" 저마다 한 마디씩 했다. 그때, →하니야~, 하~니야.← 소리가 또 들려왔다. 하니가 벌떡 일어났다. "도저히 안 되겠다."-"안돼, 하니야." "사람인지 아닌지 내 눈으로 확인해 볼래."-"하니야, 제발, 그러다 큰일 나."

"미, 미, 민형이?"-"응, 나 민형이." 확인해 본다고 뛰쳐나왔지만 막상 마주하니 입술이 덜덜덜 마구 떨렸다. "그, 근데, 너 온몸에 웬 흙투성?"-"오다가 빗길에 몇 번 굴렀어." "그, 근데, 너 여기 택시 안타고 걸어온 겨?"-"택시 탔지. 그런데 촌 입구 초소에 폭우로 도로가 끊겨 거기서부터 걸어왔어. 천지사방 어두워 분간이 안 가 거의 기다시피 했지. 지금이 11시 50분이니까 한 10분 걸렸네." "초, 총알택시 타고?"-"야, 서울서 예까지 요금이 얼만데, 내가 따따블 낼 돈이 어딨냐?"

"그, 근데, 왜 이리 늦었어?"-"야, 너답지 않게 왜 자꾸 '근데, 근데' 하냐?" "너, 너무 반가워서"-"반가우면 그렇게 꼬치꼬치 캐묻지 말고 손잡고 껴안아야지." 민형이가 덜덜 떨고 있는 하니의 손을 덥석 잡았다. 순간 하니가 소스라치게 놀라며 손을 빼고 물러섰다. "소, 손이 왜 그렇게 차?"-"바보야, 아까까지 비 맞고 왔으니 차지. 우산을

---

12 시간에 늦은 손님이 "얼마라도 좋으니 최대한 빨리 갑시다."하며 타는 불법 택시로 한때 '나라시'택시라 불렸다. 시속 150킬로는 보통인 목숨 건 질주로 정상 요금의 4배 이상을 물기 때문에 '따따블' 택시라고도 한다. 늦은 밤 서울 시외로 빠져나가는 길목에 기승을 부렸다고 한다.

썼었어도 손이 찰 수밖에." "그, 근데, 너"-"또, 뭐? 아직도 '근데'가 남았냐?" 하니가 결정적인 질문을 날렸다. "왜, 왜 여기서 날 불렀어? 바, 방에 안 들어오고!"-"… 그, 그게 …."

민형이가 좀 망설이다 말했다. "그게, 뭐냐, 하도 께름칙해서"-"께, 께름칙?" "여기서 보니까 문에 방안의 사람 그림자-(옛날엔 창호지 바른 문에 방안의 그림자가 비쳤다)-가 비쳤는데"-"그, 그랬겠지?" "실루엣이 분명 너 같긴 한데, 네가"-"내, 내가 뭘?" "두 손에 빗자루 들고 방방 뛰며 방안을 빙글빙글 도는 거야"-"비, 빗자루 들고?" "응, 강강술래 부르는 거 같던데."-"맞아, 강강술래, 애들이랑 같이 손잡고."

"… 그림자는 너 혼자였어."-"뭐, 나 혼자라고?" 방문을 열어젖히니 빗자루만 2개 덩그러니 놓여 있었다. 때는 바로 밤 11시 55분. 민형이가 5분만 늦었어도 밤 12시가 되는 긴박한 순간이었다. 둘은 손을 꽉 잡고 방갈로 촌 입구의 초소로 숨을 헐떡이며 뛰어갔다. 초소 연락으로 경찰차가 삐뽀삐뽀 출동했다.

다음날. 대성리행 버스가 빗길에 굴러 대학생 13명이 죽었다는 뉴스에, 경찰 조사 결과 대성리 방갈로 방안의 빗자루 2개는 그 대학생들의 동아리 방에 있던 것으로 밝혀져 대학 측에서 대학생 합동 장례식 때 같이 불태우기로 했다는 보도가 더해졌다.

⚠️ 붙임 필자가 초등학교 교생실습 갔을 때, 빗자루 들고 복도 청소하다 비 내리는 창밖을 보는 여학생에게 삐질삐질 비질하던 남학생이 건넨 말을 들었다. "야, 청소하다 말고 모하니?"-"아, 니 거랑 똑같은 곰 인형을 살까 말까 고민 중이야." "나, 아빠가 장난감 로봇 사 주신대. 곰 인형은 너 줄게."-"정말? 야, 신난다." "내가 더 신나쥐." 둘은 빗자루를 높이 치켜들고 폴짝폴짝 뛰며 노래 불렀다. [~♪ 산골짝에 다람쥐/아기 다람쥐 ‖ 도토리 점심 가지고/소풍을 간다~ ♬] 앞 이야기는 이 장면, 대화, 노래 가사에서 모티브를 따서 지은 것이다.-(산골짝은 대성리 깡촌으로, 소풍은 대학생 MT로 각색) '하니'의 성씨는 '모'씨, '민형'이의 동생은 '민중'이고 성씨는 '고'씨였다.

③ 숨겨진 빨간 구두의 비밀

1970년대 초 강원도 원주. 초등학교 교사에게 전화가 왔다. "여보, 내가 옷을 개는데 우리 애가 옷에 적힌 글자를 한글은 물론이고 영어까지 다 읽어요. 가르쳐 준 적이 없는데." 이 말을 들은 남편은 집으로 달려갔다. 아이의 나이는 고작 다섯 살. "우리 애가 천재인가 봐요."-"어디 보자. 그럼, 오늘부로 교사 때려치고 우리 애 공부만 시켜야겠소." 그날부터 아빠는 딸애를 교자상 앞에 앉혀놓고 하루 종일 공부만 시켰다. 영특하고 착한 딸애는 시키는 대로만 했다.

그 당시는 고등학교뿐만 아니라 중학교, 초등학교[13]도 입학시험이 있던 시절이었다. 초등학교 입학 통지서가 날아왔다. <○○ 초등학교 수석입학 통지서> 아빠가 딸에게 통지서를 보여 주었다. "얘야, 수석이 뭔지 아니?"-"1등이잖아요, 1등." "그래, 수석입학 기념으로 아빠가 선물하나 사 주마. 뭘 갖고 싶니?"-"아빠, 유리 상자에 포장된 빨~간 구두 하나 사 주세요. 수석 입학 기념이라고 적어서." 당시에 빨간 구두는 엄청 비싸 최상류층만 신는 것이었지만 아빠는 흔쾌히 신발가게로 가서 유리 상자에 기념 문구를 적어 포장해서 사왔다.

구두를 품에 안고 집에 들어서는데 갑자기 비가 쏟아졌다. '갑자기 웬 빈고?' 비를 피해 급히 방안으로 들어갔다. "얘야, 구두다."-"고마워요, 아빠." 딸애는 상자를 받아 들고 교자상 위에 포장을 풀었다. 비에 김이 서린 유리 상자를 '호오'하며 옷소매로 닦고 검지로 한 자 한 자 짚어 가며 읽었다. "○○ 초등학교 수석 입학 기념." 하고는 구두를 꺼내 머리에 이고 폴짝폴짝 뛰며 외쳤다. "야, 구두다, 구두, 빠~알간 구두."-(아빠 눈엔 구두를 머리에 이고 폴짝폴짝 뛰는 딸애의 모습이 너무 귀여웠다) 그러고 나선 혼잣말로 '이제 시작인가?'라고 중얼거리곤 바로 구두를 상자에 집어넣어 선반위에 올려놓았다. "아빠, 공부해야죠?"-"그러려무나. 이쁜 우리 딸."

성적이 워낙 출중하여 초등학교 1년을 마치자 3학년으로, 3학년을 마치자 5학년

---

13   당시엔 '국민학교'라고 불렸다. 여러 번 등장하는데 무슨 학교인지 인식이 잘 안 될 것 같아 편의상 '초등학교'로 적었다.

으로 월반하였다.[14] 6학년을 마치고 치른 중학교 입학시험. 집으로 날아온 <◇◇ 중학교 수석입학 통지서> "얘야, 수석 입학 축하한다. 갖고 싶은 것 있으면 말해 봐라."- "아빠, 빨~간 구두 하나 사 주세요. 전에처럼 유리 상자에 글자 적어서." 구두를 품에 안고 집에 들어서는데 갑자기 비가 쏟아졌다. "얘야, 구두다."-"고마워요, 아빠." 딸애는 예전의 유리 상자를 교자상에 올려놓고 다소곳이 앉아 있었다. 새 상자를 예전의 상자 옆에 놓았다.

김이 서린 첫 번째 유리 상자를 '호오'하며 옷소매로 닦고 한 자 한 자 검지로 짚어 가며 읽었다. "○○ 초등학교 수석 입학 기념." 하고는 구두를 꺼내 머리에 이고 귀엽게 폴짝폴짝 뛰며 외쳤다. "야, 구두다, 구두, 빠~알간 구두." 구두를 유리 상자에 넣고 나서 두 번째. 김이 서린 두 번째 유리 상자를 '호오'하며 옷소매로 닦고 한 자 한 자 검지로 짚어 가며 읽었다. "◇◇ 중학교 수석 입학 기념." 구두를 머리에 이고 팔짝팔짝 뛰며 "야, 구두다, 구두, 빠~알간 구두." 구두를 상자에 집어넣어 선반에 놓으며 '이제 두 개째'라고 중얼거리고 나서 "아빠, 공부해야죠?"-"그, 그럴까?" 구두를 머리에 이고 뛰는 게 전처럼 귀엽게 보이지 않았다.

역시 중학교도 월반하여 2년 만에 졸업하고 고등학교 입학시험을 치렀다. <△△ 고등학교 수석입학 통지서> "얘야, 축하한다. 갖고 싶은 것 있으면 말해 봐라."-"아빠, 빨간 구두 하나 사 주세요. 전에처럼 유리 상자에 글자 적어서." 구두를 품에 안고 집에 들어서는데 갑자기 비가 쏟아졌다. "얘야, 구두다."-"고마워요, 아빠." 딸애는 전의 유리 상자 2개를 교자상에 올려놓고 다소곳이 앉아 있었다. 새 상자를 옆에 나란히 놓았다.

김이 서린 첫 번째 유리 상자를 '호오'하며 옷소매로 닦고 한 자 한 자 검지로 짚어 가며 읽었다. "○○ 초등학교 수석 입학 기념." 하고는 구두를 꺼내 머리에 이고 귀엽게 폴짝폴짝 뛰며 외쳤다. "야, 구두다, 구두, 빠~알간 구두." 구두를 유리 상자에 넣고 나서 두 번째. 김이 서린 첫 번째 유리 상자를 '호오'하며 옷소매로 닦고 한 자 한 자 검

---

14   당시엔 초중고에 유급제도와 월반제도가 있었다. 실제로 유급되는 학생은 없었지만 월반하는 학생은 간혹 있었다.

지로 짚어 가며 읽었다. "◇◇ 중학교 수석 입학 기념." 구두를 머리에 이고 팔짝팔짝 뛰며 "야, 구두다, 구두, 빠~알간 구두." 이 구두도 상자에 넣고 세 번째.

"△△ 고등학교 수석 입학 기념." 하고는 구두를 꺼내 머리에 이고 퍼얼쩍퍼얼쩍 뛰며 나지막이 외쳤다. "이~야, 구두다, 구두, 빠~알간 구두." 구두를 상자에 집어넣어 선반에 올려놓으며 '이제 세 개째'라고 중얼거리고 나서 "아빠, 공부해야죠?"-"그, 그런데 얘야." "예, 뭔데요?"-"아, 아니다." 딸애의 반복적인 일련의 행동이 일종의 무슨 의식을 치르는 것 같이 느껴졌다.

역시 고등학교도 월반하여 2년 만에 졸업했다. <서울법대 수석입학> "아빠, 아시죠?"-"또 구두니?" 마음이 무거워졌다. 구두를 품에 안고 집에 들어서는데 갑자기 비가 쏟아졌다. 딸애는 전의 유리 상자 3개를 교자상에 올려놓고 다소곳이 앉아 있었다. 새 상자를 옆에 나란히 놓았다. 첫째부터 셋째까지 차례차례 의식(?)을 치르고 나서 넷째 구두를 머리에 이고 푸울쩍푸울쩍 뛰며 스산하게 외쳤다.

"이~~야, 구~두다, 구~두, 빠~~알간 구~~두." 구두를 상자에 집어넣어 선반에 올려놓으며 '이제 네 개째'라고 중얼거리고 나서 "아빠, 공부해야죠?"-"그보다, 서울 갈 준비나 하려무나." "준비는 벌써다 해놨어요."-"얘야, 서울은 아빠가 따라가지 않으마. 서울 가거든 네 맘껏 지내거라. 애들하고 놀기도 하고." "네에? 정말? 정말 그래도 돼요?"-"그래, 정말이란다."

딸애는 아빠 말에 어찌해야 할 지 마음이 잡히지 않았지만 딴에는 애들과 신나게 어울릴 깜냥으로 이리저리 궁리해 보며 서울로 향했다. 그런데… 딸애가 서울대에 들어간 나이가 4번을 월반하여 16살. 동급생들은 20살. 동급생들은 딸애를 아이 대하듯 했고, 살아온 과정이 생략된 딸애는 동급생들과 이야기가 안 통했다. 아니, 줄곧 아빠 앞에서 공부만 해 왔던 딸애는 아예 동급생들과 할 얘깃거리가 없었다. 대학생들끼리 술집에 같이 가도 딸애는 마실 수 없었다. 술 이외에도 미성년자 금지가 참 많았다. 결국 외톨이가 된 딸애. '그래, 내겐 공부밖에 없어. 아빠가 원하는 건 그거야. 대

학교 수석 졸업.[15] 그리고 빨~간 구두 하나 추가해야지.'

"아빠, 저 수석 졸업했어요. 여기 <서울법대 수석 졸업장>. 기념으로 아시죠?" 집에 온 딸에게 선물하기 위해 신발가게로 터벅터벅.

"아니, 또 구두요? 이제 구두는 흔해져서 기념할 선물이 못 되는데, 따님이 구두만 신나요?"-"아니, 머리에 한 번 이고는 상자에 도로…" "예? 구두는 발에 신는 건데 머리에 이다니, 혹시 구두를 꺼내기 전에 상자에 대고 뭐라고 하진 않나요?"-"상자를 옷소매로 닦고 '○○ 수석 입학 기념'을 검지로 짚으며 읽어요." "헉, 그래서 유리 상자 포장을 요구했구나. 손님, 그건 옷소매로 닦은 게 아니라 문지른 거예요. 주문을 외기 위해."-"주문이라뇨?"

"혹시 구두를 머리에 이고 무당이 굿하는 것처럼 폴짝폴짝 뛰지 않나요?"-"네, 처음 것부터 차례차례로." "네? 처음 것부터 차례차례로요? 이번이 몇 개째죠?"-"다섯 개째네요." "헉, 벌써 다섯 개 모은 거예요?"-"왜요, 여섯 개면 무슨 일이라도?" "아, 아니에요. 어쨌든 다시는 오지 마세요. 느낌이 너무 안 좋아요."-"딸애가 대학까지 마쳤으니 다시는 올 일이 없을 거요." "아, 그나마 천만다행이네요."-"그런가요?"

집으로 오는 길에 신발가게 주인이 가게를 나서는 자신에게 한 말이 머릿속을 맴돌았다. "따님이 어린 맘에 선물 받고 좋아한다는 행동 표현이 저절로 주술을 익히게 되고 횟수를 거듭할수록 주술에 빠져 든 것 같네요. 정상적인 행동이나 감정 표현이 아니라고 말렸어야 하는데 손님은 아예 그런 건 신경도 안 쓰신 거고요. 아빠가 오로지 수석, 수석, 수석에만 기뻐하니 따님이 뭘 알고 뭘 어떻게 하겠어요?" 말소리가 맴도는 머리에 빗방울이 투둑투둑.

집에 오자 이미 네 개의 상자를 펼쳐둔 딸. 차례차례 의식(?)을 치른 다음 마지막 구두를 머리에 이고 음산한 목소리로 "이~~~야, 구~두다, 구~~두, 빠~~~알간 구~~~~~두." 구두를 모두 상자에 집어넣어 선반에 올려놓으며 '이제 하나 남았네.'라고 중얼거렸다. 그러고 나서 아빠를 향해 돌아서서 말했다. "아빠, 저 절에 가요."-"아니, 절은

---

15 혹시, 대학을 수석으로 입학하고 수석으로 졸업하고 싶으신가? 전국의 명산에 가서 도를 닦으면 된다. 도를[돌을] 닦아서, 수석 수집가에게 팔아 입학금과 학자금을 마련하면 수석으로 입학하고, 수석으로 졸업하게 된다.

왜?" "법대 나왔으니 공부해서 사법고시 수석 합격하려고요."-('흐억') 아빠는 숨이 막혀 아무 말도 못했다.

> → 여성계엔 불모지였던 사법고시에 우리나라 1호 여성 합격자가 나와 관계자들이 놀라움을 감추지 못하고 있습니다. 더욱 놀라운 것은 이 여성은 쟁쟁한 경쟁자들을 물리치고 당당히 수석을 차지한데다 최연소 합격 기록마저 갈아 치웠다는 것입니다. 사시 합격생이 보통 7수 이상인데 이 여성은 첫 응시인데도 단번에 합격하여 관계자들은 도저히 사람이 한일이라곤 믿을 수 없다고 입을 모았습니다.←

원주의 집에서 소주를 마시며 TV 뉴스를 보던 아빠. "크크, 그럼, 내가 우리 딸을 보통 사람으로 키운 줄 알아? 크크." 전화가 왔다. "아빠, 내일 구두 받으러 갈게요." 신발가게. "아니, 다시는 오지 말랬는데 왜 또 오셨어요?"-"딸의 유일한 소원인데 어떡합니까?" "전 몰라요. 나중에 절 원망하지 마세요."-"고맙소." 그날 저녁부터 비가 쏟아졌다. 다음날에도 비가 계속 억수로 쏟아졌다. 방안에서 술잔을 기울이며 뉴스를 보던 아빠.

> → 속보[16]입니다. 계속되는 폭우로 곳곳에서 교통사고가 속출하고 있습니다. 기자는 지금 ○○번 국도에 나와 있습니다. 서울에서 원주로 가는 시외버스가 빗길에 미끄러져 계곡으로 굴러 떨어지는 대형 사고가 발생했습니다. 버스는 형체를 알아볼 없이 찌그러졌고 많은 사상자가 발생했습니다. 악천후 속 계곡이라 구조에 난항을 겪고 있습니다. 구조자는 인근의 ○○병원으로 후송됐는데 모두 생명이 위태롭다고 합니다. 탑승자들은 서울에서 원주로 선물을 사들고 고향의 가족을 만나러 가는 길이라 보는 이들을 안타깝게 하고 있습니다. 특히, ○○병원엔 우리나라 여성 최초이자 사법고시 최연소 수석 합격자가 실려가 안타까움을 더하고 있습니다.←

"우리 애 어딨어요?"-"○○호실인데요, 마음의 준비하세요." "얘야." 피투성이로 누

---

16 속보는 속일 수가 없다고 한다. 왜 그럴까?-(답은 글 뒤에)

워있는 딸을 보자 눈물이 주르르 흘렀다. "아빠?"-"얘야, 정신이 드니?" "예, 아빠, 구, 구두는요?"-"걱정마라." "고, 고마워요, 아빠. 저, 어, 얼마 안 남았어요."-"그런 소리마라." 딸이 힘겹게 한 손을 내밀자 아빠가 두 손으로 감싸 자기 뺨에 댔다. "저, 죽기 전에"-"그래, 말해 봐라. 아빠가 다 들어주마." "구, 구두 좀 갖다 줘요."-"얘야, 이 와중에 뭔 구두냐?" "머, 먼 구두라뇨? 그, 구두는"-"그래, 그 구두가 대체 뭐냐?" "여, 여섯 개 다 모이면"-"여섯 개 다 모이면?" "제, 제가 여섯 갤"-"여섯 개를?" "여섯 갤"-"그래, 여섯 개를?" "여~서~엇, 허억." 하고는 손을 털썩.[17]-"얘야, 얘~야, 얘~~야~~~~!"

(!) **붙임** 이 글은 제목에 복선이 깔려 있다. 제목이 「빨간 구두의 숨은 비밀」이라면 비밀이 밝혀지는 얘기로 전개되지만, 제목이 「숨겨진 빨간 구두의 비밀」이라서 비밀이 밝혀지지 않고 숨겨진 것이다. 베일에 싸인 채로 영원히. 참고로 아빠의 이름은 '석만'에 성은 '수'씨이고, 수석만 따라고 딸애 이름은 '따래'였다 한다.

(☺) **각주16 답** 속보는 '속 보이기' 때문!

---

17 머리 식히는 페이지인데 이야기가 너무 무거워졌다. 임종과 관련된 분위기 전환용 이야기. ① 병리학의 선구자인 러시아의 메치니코프가 임종을 앞두고 제자 'Hani'에게, "내가 무병장수의 꿈을 이루지 못하고 가는구나. 한이 맺히니 꼭 풀어다오. 한·이·맺·히·니·꼭·푸…" 하고는 손을 털썩.-(하니, 매치니꼬프) ② 한 농부가 경운기를 고치다 깔려 병원에 실려갔다. 소식을 듣고 병원에 달려간 아내에게 의사가 말했다. "부인, 늦으셨습니다. 남편께선 방금 전 운명하셨습니다." 아내가 남편위로 엎어지며 울부짖었다. "여보, 날 두고 먼저 가면 어떡해요."-"콜록콜록, 여보 숨 막혀. 나 아직 안 죽었어." "당신이 뭘 안다고 그래요? 의사 쌤이 죽었다면 죽은 거지."-"그, 그런가? 그럼, 꼴까닥~!"

PART 3

경제/정치 영역

"경제는 세상 돌아가는 이치요, 정치는 세상 추스르는 조치다"

**Critical Creative
Thinking Innovation**

【 1 】 화폐 단위에 대하여

해방 이후로 우리나라 화폐[1] 단위로 쓰던 '환'을 박정희 정권이 들어서면서 '원'으로 바꾸고 보조단위로 '전'을 사용했다. —('1원=100전'으로 '12원34전=1,234전') 1원, 5원, 10원, 50원, 100원, 500원 권의 총 6종류가 유통되다가 1960년대 경제 개발 5개년 계획의 성과로 경제 규모가 10배 이상 커지자 1970년대에 1,000원, 5,000원, 10,000원 권 지폐를 새로 발행하고 보조단위를 없앴다.

국가 예산도 1963년 768억 원에서 1972년 6,472억 원으로 커졌다. 2008년에 국가 예산이 250조 원을 넘어가자 숫자가 너무 커져—(250조 원을 숫자로 쓰면 '250 0000 0000 0000원'으로 '0'이 13개나 됨) 단위 축소를 위한 화폐 개혁(Redenomination)이 제기됐으나 2009년에 새로운 상위 단위로 5만 원 권 발행으로 매듭지었다. 임시방편에 불과하다.

현 화폐 단위 체제에 대해 정부가 개혁을 주저하는 이유는 엄청난 전환 비용과 경제적 혼란 및 급격한 물가상승에 대한 우려에 있다. 이 중에서 셋째의 급격한 물가 상승 우려는 과거 '환'을 '원'으로 바꾼 것과 유럽의 '유로화' 도입에서 기우였음이 입증됐다.

남은 문제는 비용과 혼란인데 이는 제시되는 방안이 '원' 단위를 폐기하고 '100원'을 '1환'으로 하는 것과 '1,000원'을 '1환'으로 하는 것에서 맴돌기 때문이다. '원'을 폐기하고 '환'을 도입하면 전환 비용이 크게 들고 '1환'을 '100원'이나 '1,000원'으로 하면 '0'을 4묶음씩 단위를 구분하는 우리 셈법에도 어긋나 혼란이 크고 단위 축소 효과도 적다. '1,234억5천만 원'은 전자에선 '12억3,450만 환', 후자에선 '1억2,345만 환'이 된다. 전환의 셈법이 혼란스럽고 '0'이 겨우 2개 또는 3개밖에 안 줄어 단위 축소의 효과도 적다.

---

1   돈 시리즈: ① 운동선수가 좋아하는 돈은? ② 달걀장수/소매치기의 돈은? ③ 독일/오스트레일리아의 돈은? ④ 아저씨/할아버지에 어울리는 돈은? ⑤ 정체/거래를 묻는 돈은? ⑥ 스페인의 최고 대부업체 양대 사장은? -(답은 글 뒤에)

'화폐 개혁'이라는 당위성에서 개혁에 얽매여 '단위를 바꾸려고만' 하는 꽉 막힌 사고방식이 문제다. 상위의 새 단위를 도입하되 '원'을 폐기하지 말고 보조단위로 유지하면 된다. '1만 원'을 '1냥'[2]으로 하면 '1,234만5천 원'은 '1,234냥5천 원'(N1234 ₩5000)이 되고, '1,234조 원'(₩1234조)은 '1,234억 냥'(N1234억)이 된다. 우리 셈법에 맞아 혼란이 없게 되고 '0'을 4개나 줄인 것이라 단위 축소의 효과도 크다. '원'을 보조단위로 유지하는 방안은 문서상 화폐 단위의 정정 작업이 필요 없어 전환 비용도 안 든다. 참고로 미국은 '달러'에 '센트'를, 영국은 '파운드'에 '페니'를 보조단위로 쓰고 있다. '12,340센트'는 '123달러40센트', '12,340페니'는 '123파운드40페니'이다. 규모가 큰 경제에선 상당히 유용한 방식이다.

화폐 단위에 대해 한 가지 덧붙이자. 분명 필요해서 발행한 화폐인데 수요가 많은 것과 덜한 것이 있다면 되짚어 보고 다시금 교통정리를 해야 한다. 5천 원 권은 주변에서 사용하는 것을 구경하기 어렵다. 무슨 연유일까? 카드와 달리 현금의 사용은 대금 결제와 휴대 측면에서 효율성과 간편성이 중요하다. 5천 원은 1천 원 권 5장이 필요하고 5만 원은 1만 원 권 5장이 필요하기 때문에 1천 원 권과 1만 원 권의 수요가 크다. 그런데 1만 원은 5천 원 권 2장이면 되기에 5천 원 권을 귀찮아한다. 5원, 50원, 500원 권도 마찬가지다. 사람들이 별로 찾지 않는 화폐의 발행은 낭비적이다. 만약 1만 원 권이 없고 2만 원(=2냥) 권이 발행됐다면 2만원은 5천원 권 4장이 필요하므로 5천원 권의 수요가 컸을 것이다.

우리나라는 화폐의 액면 단위가 〈1-5-10-50-100-500-1,000-5,000-10,000-50,000〉원 권으로 돼있다. 총 10종인데, 액면 단위 간 화폐의 필요 수효는 각각 '(5)-(2)-(5)-(2)-(5)-(2)-(5)-(2)-(5)'로 들쭉날쭉하다. 이를 〈1-5-20-100-500-2,000-10,000-50,000〉원 권으로 하면 액면 단위 간 화폐의 필요 수효는 각각 '(5)-(4)-(5)-(5)-(4)-(5)-(5)'로 비슷해져 합리적이다. 이리하면 수요가 적은 화폐가 없게 되고 총 10종에서 총 8종으로 줄어 효율적이 된다.

이 때, 1,000원 권과 5,000원 권이 없어지고 2,000원 권이 생기는데 여기에 퇴계 이황

---

2 '냥'은 '원'의 초성과 종성을 맞바꾸고 모음을 옛날 엽전 단위 '냥'과 비슷하게 인식이 되도록 'ㅑ'로 했다.-(기호는 N) '냥'(=10돈)으로 하면 귀금속 단위와 겹쳐서 피했다.

(1천원 권)과 율곡 이이(5천원 권)를 나란히 그려 넣으면 새 지폐에 대한 혼란도 줄이고 도안에 들어갈 그림에 대한 논란도 막을 수 있다. 화폐 단위 개혁을 단행할 경우 액면 단위의 간격 조정도 곁들일 필요가 있다 하겠다.

☺ 각주1답 ① 세리머니 ② 애그머니/슬그머니 ③ 저머니/호주머니 ④ 아주머니/할머니 ⑤ 이게 머니?/얼마나 머니? ⑥ Don Quixote(돈키호테)-[돈 키웠대]/Don Giovanni(돈 조반니)-[돈 줘봤니?]

인기 높은 공연과 스포츠경기엔 암표가 극성을 부린다. 이에 대해 관계자들은 대책 마련에 부심하고 정부에겐 암표 단속을 강화해야 한다고 목소리를 높인다. 암표로 인해 적정가격에 누려야 할 관객이 부당하게 배제되고, 배제된 관객의 외면과 안 팔린 암표의 취소 환불로 결국 행사기관까지 피해 본다는 논리이다. 하지만 암표가 극성이라서 관객이 외면하는 사태도, 행사기관이 피해 보는 일도 미미하다.[3] 도리어 수요의 열의가 더 높아지고 이에 따라 공연 및 경기 관계기관의 수익은 더 커진다고 봐야 한다. —(월드컵 결승전, 미 프로 야구 월드시리즈 등의 인기는 결코 암표로 시들지 않는다)

그런데 암표는 왜 생길까? 필자는 소비시장을 자유 소비시장과 한정 소비시장으로 구분한다. 정가를 지불하면 누구든 소비할 수 있는 자유 소비시장과 달리 한정 소비시장은 선택된 수요자만이 소비할 수 있기에 정가를 책정하기 어렵고 정가가 책정됐다 하여도 다른 가격에 거래되는 암시장이 형성된다. 이 암시장을 양성화한 것이 경매이다.

농수축산물 공판장을 비롯한 경매시장에 책정된 입찰가격은 정가가 아닌 임시가격으로 구매하고자 하는 수요자가 많으면 입찰가격보다 낙찰가격은 점점 올라간다. 반대로 입찰가격에 구매하려는 수요자가 없으면 유찰되거나 입찰가를 낮춰 다시 제시한다. 경매에 책정된 입찰가는 거래 초기의 혼란을 막기 위한 가이드라인일 뿐이다. 한정 소비시장의 경매는 정가를 벗어난 불공정거래가 아닌 적정 가격을 정하는 흥정거래이다. 이런 면에서 외환시장과 주식·채권시장도 액면가와 무관하게 거래되는 경매시장에 속한다.

소비시장에서 상품은 구매욕구(필요성)가 큰 수요자 순으로, 즉, 절실성의 순으로 소유권

---

3   암표가 아니라도 취소 표는 얼마든지 발생할 수 있다. 취소티켓을 행사 하루 전 오전까지만 환불하고 행사 하루 전 오후부터는 환불 불가로 법제화하면 암표든 아니든 취소 표로 인한 행사기관의 손해를 막을 수 있을 것이다.

이 정해져야 효율이 극대화되고 자유시장의 경제순환에도 바람직하다. 자유 소비시장은 정가를 지불하면 누구든 점유할 수 있기에 자원의 효율적 배분에 문제가 없다. 인기 높은 공연이나 경기는 한정 소비시장이다. 이런 한정 소비시장은 선택된 수요자만이 점유할 수 있기 때문에 정가로 판매하면 무작위 선착순이 되어 소유권이 절실성 순으로 정해지지 않는 사태가 발생할 수밖에 없다. 효율 극대화라는 경제 원리에 어긋난다. 이제 필자의 주장을 알아채셨는가?

경매시장에 입찰가는 혼란을 막기 위한 임시가격이듯이 공연과 경기의 입장료도 일종의 가이드라인으로 볼 필요가 있다. 암표 거래는 한정 소비시장의 선착순에서 낙오된 절실한 수요자의 구매 욕구를 채워주는 소중한 거래 행위로서 성공적인 흥행을 돕는다. 가이드라인으로 매겨진 티켓값이 낮게 책정되면 절실성이 낮은 수요자도 손쉽게 구매하여 절실성이 커 지불용의가 높은 수요자가 상당수 배제되는 사태가 발생하는데, 이 때 절망에 빠진 이들을 암표가 구원하여 흥행이 이어지게 하는 것이다. 따라서 '암표상'을 '흥행상'으로 양성화하고 '암푯값'을 '흥행가'로 명칭을 바꿔야 한다.

인기 없는 공연이나 경기엔 결코 암표가 없다는 것을 직시하자. '흥행가'가 현실과 맞지 않아 팔리지 않는 암표도 있는데, 이때 주석[2]에서 언급한 환불 불가제를 도입하면 안 팔린 손해를 암표상이 고스란히 다 떠안는다. 따라서 희소가치가 높은 공연 및 경기 티켓을 액면가보다 더 높은 가격에 판다고 부당 이득이라고 하지 말자.[4] 음성화된 암표상을 흥행상으로 신청·등록하도록 양성화하고 그 전제 조건으로 흥행상 수익의 10%를 공연 및 경기 관계기관에 헌납하는 것을 제도화하면 서로에게 윈윈이 될 것이다.

한편, 인기가 높은 행사는 애초에 절실성이 낮은 수요자는 편익이 적도록 티켓값을 수준에 맞춰 한껏 높일 필요가 있다. 그 계통에 적정가격은 얼마에서 얼마라는 식으로 암묵적으로 통용되고 있는데, 암묵적 상도의를 이제 과감히 벗어던져야 한다. 강연계에선 2010년대에 90분 강연료로 30만 원이 암묵적인 적정가격으로 통했다. 그러나 잘나가는

---

4 1998년 외환위기 때 전 국민적인 5백 원짜리 동전(5백동) 모으기 운동으로 모인 5백동이 넘쳐나 연간 평균 8백만 개 발행하던 5백동을 기념(?)으로 8천 개만 발행했다. 1998년 발행 5백동이 여타 연도 발행 5백동에 비해 천 배의 희소성으로 동전 수집가에게 백만 원 넘게 판매되는데 액면가가 500원인 동전을 2천 배 넘는 값으로 판다고 사기범으로 몰지 않는다.

강사들은 수백만 원을 받았다. 1천만 원 넘게 받는 강사도 있었다. 필자가 근무하는 한영고에서 2010년대 축제 때 비보이를 비롯한 외부 출연진을 30만 원에 초빙했었다. 하지만 대학 행사에 초청받는 출연진은 인기도에 따라 출연료가 천차만별이었다. 물론 지금도 그렇다.

이들의 강·출연료를 청중이나 관객 수로 나누어 방청료와 관람료를 추산해 보자. 30만 원 강연료를 받는 90분 강연에 60명이 들었다면 1인당 방청료는 5천 원이 된다. 이때 강연료가 300만 원이면 1인당 방청료는 5만 원이 되는 것이다. 5백 명이 모인 대학 행사에 초대 가수가 1백만 원 받고 노래하면 1인당 관람료는 2천 원이지만, 1천 명이 운집한 대학 행사에 초대 가수가 5천만 원 받고 노래하면 1인당 관람료는 5만 원이 된다. 이런 엄청난 가격 차이를 상도의에 어긋난다고 비난하진 않는다.

인기 높은 공연과 경기도 입장료를 대폭 올려 절실한 수요자가 배제되지 않도록 할 필요가 있다. 이 때 전 입장료를 대폭 올리면 대중적 소비가 말살되고 귀족적 소비로 전락될 우려가 크다. 그래서 절충안으로 관람석의 가치를 티켓에 미리 반영하는 방안이 있다. 2024년 1월 모 인기 트롯 가수의 공연 사례를 보면 〈16.5만(VIP석)-15.4만(SR석)-14.3만(R석)-12.1만(S석)〉원이었다. 자리의 명칭은 〈Very Important Person-Super Royal-Royal-Standard〉의 머리글자를 딴 것인데 그 의미가 좀 그렇고 가격차가 수요의 절실성에 한참 못 미친다.

티켓명을 〈1착권(5%)-2착권(10%)-3착권(15%)-4착권(20%)-5착권(40%)〉이라 하면-(괄호 안은 관람석의 비율) 자리 명칭의 위화감도 줄고, 티켓값을 착권 순으로 〈30-25-20-15-10〉만 원으로 책정하면 수요의 절실성도 대중성도 동시에 반영할 수 있을 것이다. 1착권 5착권의 가격차가 너무 큰 게 아니냐고 의문을 제기할 수도 있지만 수요자의 절실성 스펙트럼이 다양하고 크다는 것을 감안하면 그리 큰 편이 아니라고 본다. 이렇게 책정해도 실제 흥행가(암풋값)는 더 높게 거래될 것이다.

경매에서 봤듯이 입찰가와 다르게 낙찰가도 나오고 유찰가도 나오는 게 한정 소비시장이다. 공연과 스포츠 경기도 입찰가와 다르게 낙찰가와 유찰가가 나온다는 것을 이해하면, 인기 없는 공연이 초대권을 발행하고 인기 없는 경기가 무료 관람으로 진행되는 것도 이해할 수 있다.

우리는 보통 자유 소비시장에서 생활하고 있는 것으로 생각하지만 한정 소비시장도 의외로 많다. 애호가나 수집가를 대상으로 하는 컬렉션 시장은 물론 대학, 병원, 아파트 등도 한정 소비시장으로 볼 수 있다. 인기 높은 대학엔 고득점자(낙찰가)가 몰리고 인기 없는 대학은 미달 사태(유찰)까지 벌어진다. 인기 높은 병원엔 환자가 예약하려면 몇 달(낙찰가)을 기다려야 하고 인기 없는 병원은 폐업 사태(유찰)까지 발생한다. 인기 높은 아파트엔 청약 신청자가 구름처럼 몰리고─(속칭 '떴다방'까지 가세한다) 인기 없는 아파트는 미분양 사태(유찰)가 속출한다. 암표를 계기로 한정 소비시장에 대한 인식을 갖자.

<ruby>경<rt>경</rt></ruby><ruby>제<rt>제</rt></ruby>【 3 】원가를 공개하라?

잊을만하면 툭 하고 튀어나와 기사화되는 것에 '원가 공개'가 있다. 어느 유명 음식점의 요리에 대해 재료비, 부대비용, 이문(margin)을 합한 원가는 얼마인데 손님에게 몇 배 부풀려 폭리를 취한다는 식으로 보도한다. 무슨 재료를 어떻게 조합하는지는 음식점의 영업 비밀인데 손님을 가장해서 염탐하고 이른 새벽에 식재료를 사러가는 사장을 미행하는 작태도 서슴지 않는다.

음식점의 영업 비밀을 몰래 캐내는 것─(영업 비밀 침해죄에 해당됨)─을 차치하더라도 이들이 산정한 '이문'이 너무 자의적이라는 데에 큰 문제가 있다. 합리적 근거 없이 산정한 원가를 주인 허락없이 공개하고 폭리라고 몰아가는 것은 모함죄에 해당한다. 그런데도 도리어 이런 유(類)의 보도에 '의로운 보도상' 같은 것이 수여되기도 한다.

보통 '적당한 이문'을 노동 시간에 따른 대가(수고비)로 착각한다. 노동에 드는 에너지, 즉 소모 열량(칼로리)의 대가로 이문을 계산하곤 한다. 노동에 소모된 육체적 열량은 특수 작업이 아닌 한 거의 같으므로 작업 시간으로 수고비를 계산해도 그리 큰 무리가 없는 것처럼 생각하기 쉽다. 하지만 이런 유(類)는 초보든 아니든 별 차이가 없는 단순 육체노동에나 적용할 수 있는 아주 제한적인 계산법이다.

예를 들어, 포도를 수확할 경우 포도송이를 누가 따도 그 육체의 소모 열량은 비슷하므로 개개인에 차등을 두지 않고 각자의 작업 시간을 따져 '일당 얼마'하는 식의 노임(품삯)을 지불한다. 같은 포도밭에서 필자가 딴 포도나 농구 황제 마이클 조던이─(전성기의 현역선수라 해도) 딴 포도나 같은 값에 팔리는 이유이기도 하다.

그러나 기술적 노동이나 정신적 노동은 양상이 달라진다. 노동의 시장 가치는 노동에 들인 시간보다 수요 · 공급에 따른 희소가치가 우선한다. 1시간을 뛰었다 하더라도 필자가 농구 경기하는 노동 가치를 조던이 농구 경기하는 노동 가치에 비교조차 할 수 없는 까닭이 여기에 있다. 따라서 원가를 '〈재료비+부대비용+작업시간〉'으로 계산하여 이를 공개하라는 주문은 희소가치를 무시하는 퇴행적 발상이다.

이런 식으로 계산하면 같은 장소에서 같은 재료로 같은 시간을 들여 그렸다고 할 경우, 피카소의 〈아비뇽의 처녀들〉 그림이나 필자의 〈아비뇽의 처녀들〉 그림이나 가격에 큰 차이가 있을 수 없다. ─(필자도 고1 때까지 미술 쌤의 총애를 받던 미술 부원이었다) 그러나 시장 가격은 '〈재료비+부대비용+작업시간〉'이 아닌 '시장의 희소가치'로 매기기 때문에 피카소의 그림은 엄청 비싼 값에 팔리고 필자가 그린 그림은 어느 누구도 거들떠보질 않는다. 역으로, 가난한 고흐가 값싼 캔버스에 값싼 물감으로 3시간 만에 〈해바라기〉[5]를 그렸다면, 필자가 비싼 캔버스에 비싼 물감으로 3달 걸려 〈해바라기〉를 그렸을 경우, 고흐의 〈해바라기〉보다 필자의 〈해바라기〉가 훨씬 높은 가격에 팔려나갈 거라는 소가 웃을 일이 벌어진다.

원가를 공개하라는 주장은 노동의 숨은 가치를 무시하고 생산에 직접 투입된 것만 계산하자는 것인데, 과연 조던이 경기에서 흘린 땀을 소모된 칼로리로 측정해서 뭐 하겠는가? 수백억을 호가하는 피카소와 고흐의 그림에 들어간 물감 값과 캔버스값을 공개해서 뭐 하겠는가? 천정부지로 솟는 아파트분양가에 '거품'이 많이 끼었다면서 원가를 공개하라는 주장은 호응이 큰 편이다. 그러나 아파트분양가는 수요공급에 따른 것으로 '거품'이 아닌 '희소가치'인 것이다. 그렇기 때문에 인기 있는 아파트는 비싼 가격에도 분양이 매진되는 것이다. 싸게 내놓아도 미분양 사태가 속출하는 시골의 아파트는 희소가치가 없다는 것을 단적으로 보여 준다.

간혹 손님에게 '바가지요금'을 씌워 폭리를 취했다는 기사가 눈에 띈다. 특히 여름철 해수욕장에서 아이스크림, 수박, 음료수 등에 대해 '바가지요금'을 강력히 단속해야 한다고

---

5   고흐의 <해바라기>는 배경까지 온통 노랑으로 그려진 것으로 유명하다. 고흐의 후기 작품엔 유독 노랑이 많이 칠해져 있는데 이는 독주 압생트 중독으로 인한 정신착란으로 보고 있다. 압생트에 함유된 산토닌 부작용으로 세상이 노랗게 보이는 황시증(黃視症)을 앓아 그림을 대부분 노랗게 그렸다는 것이다. 고흐는 "궁극의 노란색에 도달하기 위해서는 나 스스로도 속일 필요가 있다"라는 유명한 말을 남겼지만 그의 그림에 노랑만이 쓰인 것은 드물다. 도리어 주황, 초록, 파랑을 대비시킨 그림이 많다. 색감의 대비 효과를 살려 강렬한 자기만의 표현을 극대화했다고 봐야 한다. 세상이 노랗게 보여 노랑 그림을 그렸다는 것은 논리에도 맞지 않다. 황시증이라면 모든 물감을 노란 물감인 줄 알고 모두 썼어야 하기 때문이다.

목소리를 높이기도 한다. 하지만 정상 가격보다 높은 값을 부르는 상인(商人)을 탓해서는 안 된다. 때와 장소에 따라 차별화한 가격 전략이지 악덕 상술이 아니다. 여름철의 해수욕장은 다른 때, 다른 곳에 비해 아이스크림, 수박, 음료수 등의 희소가치가 엄청 커진다. 정 비싸다 싶으면 안 사먹거나 자신이 직접 공수해 가면 된다.

가격을 미리 알리지 않은 채 소비하게 한 뒤에 바가지 씌워 손님을 속이는 후불 방식은 옳지 않다. 이런 유(類)는 극히 일부 주점에서 술 취한 손님에게 써먹는 악질적 수법으로서 단호히 처벌해야 한다. 하지만 가격을 정상적으로 미리 알린 경우는 바가지요금이 아니라 차별화 가격이므로 결코 단속할 일이 아니다.

필자가 외고에 근무할 때 양복을 사러 동대문 시장에 갔다가 매장에 납품하러 온 양복 업체 사장님을 만난 적이 있었다. 필자가 매장에서 옷값에 대해 흥정을 하고 있을 때 납품 업체 사장이 필자에게 슬쩍 다가와 하는 말. "저희가 여기에 납품하는 이 양복들은 브랜드만 다를 뿐 실제로 유명 백화점에 납품하는 것과 똑같아요. 이건 절대로 짝퉁이 아니에요. 다만, 제품에 하자가 있는 것은 백화점이 아닌 여기로 가져옵니다. 물론, 제품 중에 눈에 띄는 하자가 있는 것은 폐기 처분하죠. 그러나 전문가나 겨우 알아볼 하자품은 폐기하지 않고 다시 손질하여 가져오는 겁니다. 손님은 여기에 아주 잘 오신 겁니다. 이 옷을 백화점에서 사려면 120만 원은 주셔야 하지만 여기선 30만 원이면 되니까요. 값을 너무 깎으려 하지 마세요. 저희 제품은 상표에 적힌 값을 받을 만한 자격이 충분합니다."

독자들도 백화점 물품과 시장 물품의 가격 차이에 대해서 이런 유(類)의 이야기를 한번쯤은 들어 봤을 것이다. 그런데도 백화점 물품에 대해서 원가를 공개하라고 요구하지 않는다. 백화점에선 매년 정기적으로 세일 행사를 벌인다. 원가를 따지기 좋아하는 사람이라면 이에 대해 강력히 이의 제기를 해야 하지 않는가? 행사 기간의 세일 가격에 비해 비싼 평상시의 가격은 손님을 우롱하는 바가지요금이라고, 일 년 내내 세일 가격으로 판매하라고! 하지만 백화점의 세일 행사는 영화관의 조조할인과 같은 가격 차별화 전략이라는 것을 이해해야 한다. 결코 악덕 상술이 아니다. 원가 공개, 더 이상 요구하지 말자. 맨 앞에서 이야기한 잘나가는 음식점의 요리는 비싼 값에도 잘나가는 만큼 희소가치를 지닌 것이다.

^{경제}【 4 】최저임금제의 방향에 대하여

최저임금제는 임금의 하한선을 정해 그 이하의 임금을 막는 가격 규제 정책이다. 저임금 근로자의 최소한의 삶을 보장하기 위한 정책인데 의도와는 달리 경제학적 관점에서 보면 딜레마를 벗어날 수 없다. 경제학적 설명이 현실에 그대로 적용되기에 안타깝기 그지없다. 최저임금제가 왜 딜레마에 빠지는지, 그리고 부작용을 최소화하는 방책은 무엇인지 살펴보자.ㅡ(그래프 울렁증은 찬찬히만 볼 줄 알면 쉽게 사라진다)

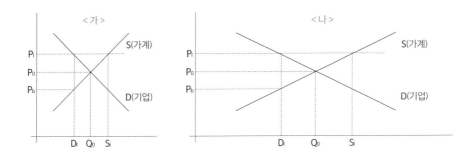

노동시장에서 공급자는 가계이고 수요자는 기업이며, 그래프의 P_0는 균형가격^(정상 임금), Q_0는 균형거래량^(정상 고용)이다. 저임금 근로자를 보호하기 위해 균형가보다 높은 최저임금^(Pl)이 시행되면 일하려는 사람이 늘어나 공급은 Q_0에서 S_l로 늘지만, 인건비 부담 증가로 기업의 수요는 Q_0에서 D_l로 준다. 따라서 최저임금제를 시행하면 Q_0S_l 만큼의 신규실업자와 Q_0D_l 만큼의 해고자가 발생한다.

저임금 근로자를 보호하려는 최저임금제가 저임금 근로자를 해고로 몬다는 딜레마에 빠진다. 게다가 수요량이 준 것에 맞춰 해고된 노동자가 먹고살기 위해 몸값을 낮춰 취업하려는 암시장(Black-Market)이 형성되는데 수요량에 맞춘 암시장 임금은 P_b로 균형가보다 낮아져 더 서글픈 현실이 닥친다. 최저임금제는 2중의 부작용을 불러일으킨다.

그런데 왜 그래프를 두 개 그렸을까? 〈가〉와 〈나〉의 곡선 기울기가 확 다른데 기울기는 탄력성—(P의 변화에 따른 D·S변동의 민감도)—을 나타낸다. 〈가〉는 기울기 급한 저(低)탄력적인 노동시장, 〈나〉는 기울기 완만한 고(高)탄력적인 노동시장이다. 〈가〉에선 신규실업자도 해고자도 적게 발생하지만 〈나〉에선 신규실업자도 해고자도 많이 발생한다. 〈가〉보다 〈나〉에서 부작용이 심각하다. 곡선의 기울기에 따라 부작용의 양상이 달라지므로 노동시장의 탄력성을 고려하여 최저임금을 차등 적용해야 함을 알 수 있다.

이를 감안하지 않고 최저임금을 일괄 적용하여 우리나라 노동시장이 몸살을 앓고 있다. 외국인 노동자나 가사도우미를 수용하는 데에도 일괄적인 최저임금이 걸림돌이 되고 있다. 우리보다 못사는 나라에선 그 나라보다 높은 임금을 받고 일할 기회를 잃고, 우리나라는 싸게 일할 사람을 놓쳐 서로에게 손해이다. 업종별로 차등 적용하면 서로에게 윈-윈이 될 것이다.

일반적으로 노동시장에서 고급 인력은 적기 때문에 수요공급이 저탄력적이고, 저급인력은 많기 때문에 고탄력적이다. 따라서 곡선의 기울기가 급한 〈가〉는 고급 인력시장, 완만한 〈나〉는 저급인력시장에 해당되는데, 고급 인력은 임금수준이 최저임금보다 훨씬 높기 때문에 〈가〉는 실재하지 않아 문제되지 않는다.

〈나〉가 문제인데, 최저임금제가 불가피하다는 전제하에 〈나〉에서 발생하는 해고자를 적게 하는 방책은 P_b와 P_l의 간격을 좁히는 것이다. 즉, 최저임금을 천천히 올리면 부작용이 작고 급격히 올리면 부작용이 크다. 이때 최저임금 인상률이 물가상승률보다 낮으면 실효성이 없다. 최저임금 인상률을 가급적 낮추되 물가상승률보단 높게 책정해야 한다.

2017년에 시급 6,470원 하던 최저임금을 2018년엔 7,530원으로 16% 넘게, 2019년엔 8,350원으로 13% 넘게 2년 연속 급격히 올렸는데, 이에 대해 속도 조절이 필요하다는 지적은 바로 여기에 근거한 것이다.[6] 그러나 정부는 최저임금의 과감한 인상으로 직장인들

---

6   참고로 최저임금을 정할 때 전년도 물가상승보다 0.5% 정도 높게 고려함이 합리적이라 생각한다. 우리나라 물가상승률은 2017년엔 1.9%, 2018년엔 1.5%였다. 따라서 최저임금은 2018년엔 2.4%, 2018년엔 2% 인상함이 적절하다고 하겠다.

의 평균소득이 유의미하게 향상됐다는 통계를 내밀며 그 후로도 계속 밀어붙였다. 최저임금이 올랐으니 전체 직장인의 평균소득은 오르는 게 당연하다.

하지만 해고자는 전혀 고려치 않은 통계이다. 10명 모두 시급 6,470원 받는 사례와 7명은 시급 8,350원 받고 3명은 해고된 사례 중 어느 것이 아름다운가? 최저임금에 민감한 업계는 영세한 자영업·소상공업계이다. 이들은 급격한 최저임금 인상을 감당할 수 없어 직원을 하나둘 줄여갔다. 전국적으로 엄청난 해고자가 발생했다. 해고자는 아랑곳하지 않고 해고되지 않은 직장인 소득통계만을 내밀면 안 된다.

저작권과 표절 시비에 대하여

저작권은 저작자의 권익 보호를 위해 표절을 차단하는 제도적 장치이다. 하지만 저작권 적용이 과도한 측면이 없지 않다. '하늘 아래 새것 없다'를 원용(援用)하면 어떤 저작물이든 어딘가엔 원작으로 볼 수 있는 것이 존재한다. 이런 식이면 원작이라고 주장하는 것과 비슷한 창작은 모두 가로막힌다.

과일과 꽃을 배치하여 정물화를 그리면 어딘가에 비슷한 정물화가 이미 있을 수 있다. 정물화는 모두 다른 듯 비슷할 수밖에 없다. '바다의 일출'을 다른 그림 표절하지 않고 그려도 바다와 태양이 표현되므로 예외없이 다른 듯 비슷한 그림이 될 수밖에 없다. 배를 그려 넣어도 배가 그려진 기존의 작품이 있을 것이므로 배가 1척이든 2척이든 표절로 몰면 표절이 되는 것이다. 베꼈냐 안 베꼈냐는 저작자의 양심에 맡겨야 한다.

문제는 표절시비가 세간의 이목을 못 끄는 것에는 발생하지 않고 유명한 것에만 발생한다는 것이다. 원작이 유명한 경우 유사한 저작물은 표절시비로 몰지 않고 모작으로 아류라 폄하하는 것으로 그치는 경우가 대부분이다. 원작은 별로인데 유사작이 유명해지면 표절시비가 대두된다. 유사작에 대한 반응이 다르다는 것에서 후자의 경우는 시기질투에 의한 것으로 볼 수 있다. 유명하냐 아니냐에 따라 이목과 수익이 달라지는데 전자의 경우엔 모작으로 폄하된 저작물은 이목과 수익이 낮아 신경쓰지 않고, 후자의 경우엔 유사작이 이목을 끌고 수익이 높아 배 아파하는 것이다.

원작의 세간 반응은 별로인데 유사작이 히트하여 수익이 크게 난 경우 원작자가 유사작을 표절작으로 몰아붙이면서 원작의 수익을 가로채 피해 봤다고 소송을 거는데, 원작의 수익은 원래부터 별로였기 때문에 유사작이 가로챈 건 없다고 봐야 한다. 유사작이 수익을 새로 창출한 것, 그 이상도 그 이하도 아니다. 도리어 인기 없는 원작을 관심 끌게 해

주었으니 유사작에게 고마워해야 한다. 다만, 원작이 없었다면 유사작도 없다는 것을 인정하여 원작자에게 유사작의 수익 10%를 헌납하도록 제도화할 필요가 있다.

저작권법은 저작자의 권익 보호를 위한 것이라곤 하나, 이는 저작자가 수익을 노리고 저작을 했다는 것을 전제로 하기에 저속한 법으로 전락한다. 저작자는 저작을 통해 인류 발전에 기여하고 자신의 명예를 드높이는 것을 사명으로 한다는 것을 전제로 한다면 저작물을 통한 수익에 연연하지 않아야 한다. 저작자는 자신의 저작물과 유사한 저작물이 판칠 경우 표절했다고 분개하지 말고 자신의 저작물에 관심을 갖고 활용해 준 것에 감사한 마음을 가져야 한다고 생각한다.

저작권법은 저작자 보호 차원에서 시장의 독점권을 인정한다는 것이지만, 어느 경우든 독점권은 시장 발전을 저해하고 자유 시장에서 누릴 공급자와 수요자의 권익이 침해된다는 것에서 악법이라 할 수 있다. 저작권법을 폐지하되 유사작의 수익 10%를 영감을 준 원작자에 보은 차원에서 헌납하도록 법제화할 필요가 있다. 특허법도 마찬가지이다.

유희열의 〈아주 사적인 밤〉(2023)이 히라타 쇼헤이의 〈마이 리틀 러브〉(2019)와 유사하다는 표절의혹을 받자 유희열은 "두 곡의 유사성에 저의 부족함을 겸허히 인정한다. 이후 곡의 창작 과정을 되돌아보고, 음악 작업에 더욱 신중을 기하겠다."라 사과했다. 이에 대해 히라타는 "유희열의 노래가 내 노래와 비슷한 부분이 있지만, 표절이라고 생각하지 않는다. 유희열이 내 노래를 좋아하고, 내 노래에서 영감을 받았다는 점에 감사한다."고 밝혔다. 원작자가 이렇게 밝혔는데도 유희열은 〈아주 사적인 밤〉을 포기해야만 했으니 표절시비는 저작 풍토를 짓누를 뿐이라는 걸 알 수 있다. 표절이라 부정적으로 몰지 말고 '모방은 창조의 어머니'란 개방적·발전적 인식으로 포용하여 모든 분야에서의 저작 풍토를 풍성하게 하자.

2015년부터 시행된 저작권법에 따라 50㎡ 이상의 커피전문점, 생맥주전문점, 체력단련장 등이 음악 저작료 납부대상에 포함됐다. 음악 저작권법이 시행되자 성탄절이 다가오면 거리마다 울려 퍼지던 크리스마스 캐럴송이 싹 사라졌다. 저작권법 시행 전에는 다양한 캐럴 송들이 많은 사람의 사랑을 받아 거리마다 울려 퍼졌었는데, 저작권법 시행 이후론 모든 사람에게 외면받게 된 것이다. 어느 것이 저작자를 위한 것인지는 불 보듯 뻔하다. 저작자가 저작료를 노리고 캐럴송을 만들었을지 몰라도 사람들이 외면하는 경우 저작료 수익이 결코 늘지 않는다. 저작권의 과용은 크리스마스 분위기만 죽인 것이다.

항간에 중국과 동남아에서 K-컬쳐 및 K-푸드 등의 짝퉁이 판치는 걸 문제시 하는데, 이제는 짝퉁으로 K-시장이 침해된다는 피해 의식에서 벗어나야 한다. 판치는 짝퉁은 K-시장의 침해가 아니라 확장으로 인식해야 한다. 도리어 짝퉁이 받쳐주지 않으면 K-시장은 오래 가기도 어렵고 저변 확대도 쉽지 않게 된다. 싸구려 짝퉁 시장을 불법으로 금지시키면 K-시장이 적정 가격에 펼쳐져도 비싸게만 여겨져 외면될 가능성이 커진다.

짝퉁 시장은 진품 시장에게 상승효과를 가져오는 보완 시장이라고 인식을 바꿀 필요가 있다. 짝퉁 시장을 보완 시장으로 양성화하고 짝퉁 수익의 10%를 K-시장에 지불하도록 하면 서로에게 윈윈이 될 것이다. 이젠 짝퉁은 그 나라 발전에도 기여한다고 인식을 바꿔야 한다. 우리나라가 1980~90년대에 짝퉁으로 기술력을 키워[7] 2000년대에 자체 브랜드 시장을 개척한 것을 상기하면, 중국과 동남아도 짝퉁으로 기술력을 키워 차제에 자체 브랜드 시장을 개척할 수 있을 것이다.

요컨대, 피카소가 말한 "무능한 작가는 빌리고, 유능한 작가는 베끼지만 위대한 작가는 훔친다."에 전적으로 동의하진 않지만, 저작권법을 완전 폐지하고 '유사작의 수익 10% 헌납제'를 도입하여, 인류의 저작활동의 활성화를 위해 '표절'이란 족쇄를 '활용'이라는 디딤돌로 대체하는 풍토가 조성되길 바란다.

필자는 『'찌뇽'쌤의 새법 독일어』를 부교재 책자로 만들어 수업에 활용한다. '새법 독일어'는 여타 문법책과 접근법이 색다른 독창적인 문법책이다. 하지만 기존의 여러 독일어 문법책을 참조하여 학습자가 활용하도록 만든 것이기에, 새법 독일어는 필자의 저작물인 동시에 학습자 모두의 것이라 생각한다. 그래서 '새법 독일어' 겉표지에 "이 책의 내용을 무단으로 전재·복제하는 것은 법으로 금지되어 있지만, 학습에 활용하기 위해선 얼마든지 전재·복제해도 무방하다는 것을 밝힙니다."라고 적어뒀다.

---

7   태평양 전쟁 패망 후 일본은 세계 시장을 주도하는 미국의 'made in U.S.A.'에서 점을 뺀 짝퉁 'made in USA'로 기술력을 키워 1980년대부터 자체 브랜드 시장을 개척하였고 이를 발판으로 아시아의 세계 시장 진입이 활성화됐다. 'U.S.A.'(미연방공화국)에서 점을 뺀 'USA'의 발음은 '유사'로서 당시에 "유사품에 주의하세요!"라는 말이 유행하는 계기가 되기도 했다.

^경_제【 6 】 경제성장률, 집착을 버려라!

　30년 넘게 걸릴 거라는 1997년 외환위기(IMF사태)를 전 국민적 금모으기, 500원짜리 동전 모으기 운동 및 전 방위적인 구조조정과 개혁·혁신으로 3년 만에 극복하고 성장을 거듭하던 우리나라 경제가 2008년 글로벌 금융위기 이후로 저성장 기조가 이어지자 불황이 장기화될 것을 우려하는 목소리가 커지고 있다. 정부에서 갖은 애를 쓰지만 별 효과가 없어 보인다. 이에 더 적극적인 정책을 펴야 한다는 주장도 나오고 있다. 그러나 문제는 저성장이 아니라 이에 대한 해석이다. 경제성장률이 2% 밑돌면 경기가 암울해졌다고 위기감을 조장하지만, 경제성장률에 대한 통상적인 해석엔 커다란 함정이 도사리고 있다.

　연소득이 3천만 원인 갑과 3억 원인 을이 있다고 하자. 올해에 둘이 3백만 원씩을 더 벌면 소득증가율이 갑은 10%에 달해 의미가 크지만, 을은 1%에 그쳐 별 의미가 없다. 을은 올해 소득증가율이 0%라 하더라도 1억 원을 펑펑 쓰고도 2억 원을 저축할 수 있다. 심지어 소득이 2억 원으로 줄어도 1억을 쓰고 1억을 저축할 수 있으므로 고소득자에게 소득 증가율은 별 의미가 없다. 기업도 마찬가지이다. 매출규모가 적은 중소기업은 매출 증가율이 의미가 크지만 대기업은 별 의미가 없다. 1년의 매출액이 3조 원, 부대비용이 2조 원인 기업은 순수입이 1조 원 남는다. 매년 매출액이 같아도 투자를 늘리지 않는 한 순수입은 1조 원씩 계속 쌓여간다.

　가계, 기업처럼 국가의 경제성장률도 마찬가지이다. 경제성장률이란 GDP 증가율이며, GDP는 국내총생산, 즉, 부가 가치 총합을 뜻한다. GDP 규모가 작은 중·후진국엔 GDP 증가율이 의미가 크지만 이미 인구 대비 경제 규모가 거대해진 나라에는 별 의미가 없다. 작년에 GDP가 2조 달러인 나라가 올해도 2조 달러면 경제성장률은 0%가 된다. ─(엄밀히는 인구수 변동을 감안해야 하지만 이는 무시해도 될 정도로 미미하다) 이럴 경우 경제학자들은 호들갑을 떨고 정부와 국민은 고개를 떨군다.

그러나 이는 올해도 작년만큼의 부가 가치를 생산했다는 것으로 해석해야 한다. 작년만큼의 부를 올해도 누리고 있는 것이다. 따라서 경제성장률이 2% 밑돌더라도 암울하다는 위기감을 조장해선 안 된다. 우리나라의 인구 대비 경제 규모는 이미 초 고수준이다. 필자가 태어난 1964년에 겨우 30억 달러였던 GDP가 2003년엔 7,600억 달러, 2017년에 1조 5,000억 달러를 넘어섰다.

경제가 저성장일 땐 저금리, 고성장일 땐 고금리가 통상적인 금융 정책이다. 국민들은 고금리면 먹을 것, 입을 것을 아껴 저축을 늘리고, 반대로 저금리면 저축보다 소비를 늘린다는 것이다. 저금리 정책이 소비 진작으로 이어져 저성장을 극복할 수 있다는 정통 경제이론이다. 하지만 이는 중·후진국에 적용할 수 있는 이론이다. 선진국 국민은 고금리일 때 먹을 것, 입을 것 아껴가며 저축을 늘리지 않는다. 또한 금리가 낮다고 더 먹고 더 입는 게 아니다. 이미 풍요롭게 먹고 입고 있기 때문이다. ─(우리나라는 2019년에 30-50클럽[8]에 진입한 신 선진국이다)

도리어 저금리는 연금의 이자소득 감소로 이어져 연금 생활자는 씀씀이를 줄인다. 연금 생활자가 많은 고령화 사회인 선진국에선 저금리 정책은 정통 경제이론과 달리 소비의 위축으로 이어질 가능성이 커진다. 우리나라는 저금리가 이어지면 집 없는 사람은 은행 대출을 받아 집을 사려하고, 여유자금이 있는 사람은 저축보다 부동산투자로 돌아선다. 전월세 전환율을 2.5%로 제한해도 1%대의 은행 이자보다 높기 때문에 집주인은 너도나도 전세를 월세로 전환하게 된다. 집값상승과 전세난이 심해지는 이유이다. 금리는 금융시장의 수요와 공급에 따르도록 해야지 정부가 저성장이니 고성장이니 하는 것에 맞춰 강제하면 부작용이 커진다.

학계에선 갈수록 부익부 빈익빈, 소득양극화, 빈부격차 등이 심화된다는 부정적인 면을

---

8   국민소득 3만 달러 이상에 인구수 5천만 명 넘는 나라로, 우리나라는 일본, 미국, 영국, 독일, 프랑스, 이탈리아에 이어 7번째 나라가 됐다. 30-50클럽은 선진국 지표의 하나로, 중국·인도·브라질·인도네시아·남아프리카공화국 등은 경제규모가 크지만 국민소득이 낮아서, 몰타·아이슬란드·브루나이·카타르·룩셈부르크 등은 국민소득 3만 달러가 넘지만 인구가 적어 경제규모가 작아서 선진국으로 분류하지 않는다.

부각하는 경향이 강하다. 먼저, 부익부 빈익빈을 보자. 이 말이 성립하려면 빈부가 1대(代)에 그치지 않고 대물림이 확고해야 한다. 공개된 소득의 대물림 통계가 없어—(국세청에 있을 수 있지만 민감한 정보라서 공개하지 않는 것일 수도 있다) 이른바 '금수저'론의 학벌로 살펴보자.

서열화하자는 것은 아니지만 외고, 일반고, 실업고를 상중하로 가르는 것은 엄연한 현실이다. 한국교육개발원의 조사(2023)에 따르면, 서울에 있는 모든 고등학교의 학부모 계층을 〈상:중:하〉로 분류했을 때 그 비율(%)이 외고 〈60.2:30.8:9.0〉, 일반고 〈30.6:52.4:17.0〉, 실업고 〈10.2:34.8:55.0〉이다.[9] 외고에 상층의 자녀가, 실업고에 하층의 자녀가 몰려 있어 대물림 경향을 보인다.

그러나 상층의 자녀 약 40%가 중·하층으로 추락(?)했다는 것에서 부익부가, 외고에 약 40%가 중하층 자녀인 것에서 빈익빈이 상당히 어긋났음을 알 수 있다. 또한 외고 학생들이 모두 일류대학에 가는 것도 아니며, 일반고 학생들이 일류대에 꽤 가므로 부익부 빈익빈은 한층 더 희미해진다. 게다가 대학생들이 금수저일 거라는 인식도 오해이다. 대학생들이 금수저라면 왜 반값 등록금을 외치고, 1,000원짜리 아침밥의 학생 식당에 몰려드는가?

부익부 빈익빈이 일반적인 현상이라면 모든 기업이 더 큰 기업이 되어야 하는데, 1980년대 우리나라 500대 기업이 과연 현재에도 모두 다 더 큰 기업으로 성장했을까? 더 큰 기업으로 크기는커녕 살아남는 것조차 힘들다. 1980년대 우리나라 500대 기업 중 16%만 살아남고 84%는 경쟁에서 밀려 낙오됐다. 1986년 미국의 500대 기업—(Fortune기준: 미국 격간 종합 경제지) 중 2000년대 이후로도 살아남고 32%가 68%가 도태됐다. 그래서 기업체가 정상에 오르는 것보다 지키는 것이 더 어렵다고 말하는데 이를 부자가 되는 것보다 부를 지키는 것이 더 어렵다는 것에도 적용할 수 있다.

빈익빈에 대해선 앞에서 금수저론이 허상이라는 것을 밝혔기 때문에 이와 맞물린 흙수저론도 허상임을 알 수 있다. 개인적인 차원뿐만 아니라 국가 단위에서도 빈익빈은 허상에 불과하다. 세계 곳곳에 식민지배 받았던 가난한 나라들이 해방된 이후에 더 가난해진 것으로 알고 있는데 이는 선진국에 대한 상대적인 관점이다.

9 　빈부의 개념을 소득으로만 국한하면 외고 [48.5:47.1:4.4], 일반고 [19.9:60.8:19.3], 실업고 [8.6:49.9:41.5]이다. 외고에 상층의 자녀가 48.5%에, 실업고에도 하층의 자녀가 41.5%에 그친다. 대물림 비율, 즉 빈익빈부익부의 일치율이 절반에도 못 미친다.

해방된 나라들의 객관적인 GDP는 꾸준히 증가했다. GDP가 감소한 나라는 거의 없다. 또한 후진국에서 중진국으로 도약한 아시아, 아랍, 중남미 국가들의 상대적 빈곤층은 꾸준히 높아졌다. ─(이에 대해서 뒤에 덧붙인다) 후진국에서 중진국으로 도약하는 동안 중하층이 더 가난해진 것이 아니다. 부익부 빈익빈은 시간이 흐를수록 심화되는 일반적인 현상이 아니라 그리 흔치 않은 현상이다.

소득양극화는 어떻게 이해해야 할까? 소득의 불평등 정도는 보통 소득 5분위 배율로 파악하는데, 이는 상위 20%의 소득 총합을 하위 20%의 소득 총합으로 나눈 것으로 이 값이 커질수록 불평등 양극화가 심화된 것으로 해석한다. 이에 대해 후진국에서 중진국으로 도약한 것을 가정하여 소득 5분위 배율에 맞춰 살펴보자. 아래 표는 월 소득 평균을 기준으로 10개 그룹으로 구분한 것이다.[10]

그룹	1	2	3	4	5	6	7	8	9	10	계 (단위: 만원)
Y₁년	10	20	30	40	50	60	70	80	90	100	550
Y₂년	25	50	100	200	300	400	550	700	850	1000	4175

표에서 Y1년도의 소득 5분위 배율은 6.3(190/30), Y2년도엔 24.7(1850/75)인 바,[11] 소득 5분위 배율이 4배 가까이 커졌다. 이를 불평등 및 양극화의 심화로 해석한다. 하지만 저 부가 가치 분야보다 고 부가 가치 분야의 수익 증가가 크기 때문에 하층보다 중층의, 중층보다 상층의 소득이 더 많이, 더 빨리 늘어 소득 5분위 배율은 커질 수밖에 없다. 소득 5분위 배율이 커지는 것을 부정적으로만 볼 게 아니다. 못 사는 사회일수록 소득 5분위 배율 수치가 낮은데 이를 살기 좋은 평등 사회인 양 떠들면 안 된다.

---

10 전 국민의 월 소득은 각양각색 천차만별이기 때문에 실제적인 통계자료로는 해석도 설명도 너무 어렵다.─(통계분석에 논란이 되는 상상을 초월하는 고소득도 있고, 통계에 잡히지 않는 소득도 꽤 있음) 따라서 전반적으로 설명 및 이해하기 쉽도록 전 국민의 월 소득 분포 표를 '찌농방식'으로 간단명료하게 표준화했다. 소득의 분포는 상하로 이어지기 때문에 '몇 원~몇 원' 식의 구간으로 갈라야 하지만 이리하면 계산이 너무 복잡하기 때문에 계산의 편의상 '구간'이 아닌 평균소득의 '그룹'으로 갈랐다.

11 실제 소득5분위배율은 소득 순으로 전체 국민을 나열했을 때 상위자 20%, 하위자 20%로 구분한다. 따라서 Y2년 상위자 20%의 총소득은 평균 소득으로 작성한 표보다 훨씬 적다. 평균소득 그룹별 상중하의 '계층'으로 통쳐서 계산하면 개별소득 구간별 상중하의 '순위자'로 디테일하게 계산한 값보다 많이 부풀려지게 된다. 각주[9]에서도 밝혔듯이 표는 편의를 위해 작성한 설명용으로 실제와 다르다. 참고로 우리나라 실제 소득5분위배율은 1980년대 6.4, 1990년대 7.3, 2000년대 7.8, 2010년대 8.1이었던 것이 가장 전형적인 기록을 보였고 두 자릿수를 넘어선 적이 없다.─(1980년대 이전엔 통계청자료가 아예 없다)

표를 전체 소득에서 상(8~10그룹)·중(4~7그룹)·하(1~3그룹)로 3분한 소득 비중을 살펴보면, Y1년에서 Y2년으로 상층은 49.1%에서 61.1%로 늘고, 하층은 10.9%에서 4.2%로 줄었다. 이를 상하 극단화가 한층 짙어지고 중층이 사뭇 약화된 것으로 해석하여 양극화 심화라고 떠든다. 하지만 양극화라 하려면 중층이 약화 정도가 아니라 몰락 수준이어야 한다.

총소득에서 중층이 차지하는 비중은 Y1년도엔 40%이고, Y2년도엔 34.7%이다. 비중이 줄어 약화된 건 맞지만 몰락 수준은 아니다. 또한 이는 소득의 상위 편중이 커진 것이지 중위 소득이 준 것도 아니다. 중층의 총소득은 220만 원에서 1,450만 원으로 엄청 늘었다. 후진국에서 중진국으로 접어들면서 중층이 무너진 게 아니라 도리어 부쩍 성장한 것이다.

빈부 격차 심화는 어떤가? 아래 표를 보자. 전체 중에 한가운데에 위치한 중위 소득 개념이 필요해서, 앞의 소득 10분위 표─(10분위에선 중위소득을 알 수 없음)─를 11그룹으로 조정했다.

그룹	1	2	3	4	5	6	7	8	9	10	11	계 (단위: 만원)
T1년	0	10	20	30	40	50	60	70	80	90	100	550
T2년	0	25	50	100	200	300	400	550	700	850	1000	4175

T1년에 비해 T2년의 국민소득은 550만 원에서 4175만원로 늘었다. 그러나 T1년에 1~2그룹의 소득총액은 10만 원이고, 10~11그룹의 소득총액은 190만 원이므로 격차가 180만 원이지만, T2년도엔 25만 원 대 1850만 원으로 격차가 10배 이상($180→$1,825) 커졌다. 국민소득이 아무리 높아져도 한 푼도 못 버는 사람이 있기 때문에 국민소득이 오를수록 빈부 격차는 심해질 수밖에 없다.

하지만 후진국은 '절대적 빈곤층'(최저생계비 미만)이 많지만 선진국은 '상대적 빈곤층'(중위소득의 절반)이 많다는 것을 간파해야 한다. 표에서 상대적 빈곤선은 25(=50/2)만 원에서 150(=300/2)만 원으로 높아졌다. GDP가 커질수록 상대적 빈곤선이 상향되므로 빈부 격차 심화를 부정적으로만 보아서는 안 되는 것이다.

이런 해석은 원론적인 측면에서 짚어 보아도 쉽게 알 수 있다. 못사는 사람의 소득은 조금씩 늘어나고 잘사는 사람의 소득은 많이씩 늘어나 누적된 격차는 커지기 마련이다. 월 100만 원의 봉급자와 월 500만 원의 봉급자 간에 400만 원의 격차가 다달이 누적되므로 갈수록 빈부 격차는 커질 수밖에 없는 것이다.

우리나라 1980년대 월 평균 임금 소득이 고졸 218,502원, 대졸 491,546원으로 격차가 273,044원이었다가 2020년대엔 고졸 2,946,667원, 대졸 3,768,333원으로 격차가 821,666원이 됐다. 이를 두고 소득 격차가 548,622원이나 더 벌어져 빈부 격차가 3배 이상 심화됐다고 떠벌린다. 하지만 소득 격차가 아닌 소득 격차율로 볼 줄 알아야 한다. '고졸 대비 소득 격차율'(임금격차/고졸임금)은 124%에서 27.9%로 확 좁혀졌다. 달리 말해서 '대졸 대비 고졸 소득률'(고졸임금/대졸임금)을 보면 44.5%에서 78.2%로 한껏 높아졌다. 고졸 소득이 대졸의 절반에도 못 미치다가 80% 가까이 육박하게 된 것이다.

요는 1980년대에 다 같이 못살다가 2020년대 모두 다 잘살게 됐다는 것을 간파해야 한다. 오래 전의 과거를 소득 격차가 적었던 시절로 생각하며 '옛날이 좋았지' 하면서 그리워하면 심각한 확증편향이다. 소득양극화니 빈부 격차 심화니 하는 개념은 경제성장률과 마찬가지로 선진 경제엔 적용해선 안 되는 지표이다. 로렌츠곡선에 의한 지니계수도 다를 바 없다. 이런 관점을 견지해야만 빈부 격차를 인위적으로 줄이려는 과도한 최저임금 인상, 소득 주도 성장과 같은 억지 정책의 유혹에서 벗어나 저소득층에 대한 선별적 복지 확충에 힘을 기울일 수 있게 된다.

아울러 사람들이 오해하고 있는 것이 있어 덧붙인다. 2014년에 정부는, 국민소득과 물가가 똑같이 5%씩 올라도 화폐가치가 떨어지기 때문에 실질 구매력이 줄어들어 소비가 위축되고 경제가 침체된다며, 물가 상승으로 인한 국민 고통을 줄인다는 명분으로 기존의 소득 연동 연금법을 물가 연동 연금법으로 전환하는 법 개정을 단행했다. 관계자는 노인 인구가 14%를 넘는 고령사회를 앞두고 있는 시점에서 연금 생활자의 경제적 파급력은 증가추세이므로, 새 연금법의 긍정적 경제효과는 매우 클 것이라고 설명했다. 당시 어느 누구도 반대 목소리를 내지 않아 별 저항 없이 새 연금법이 바로 통과됐다.

보통 소득이 r%올라도 물가가 r%오르면 실질소득은 제자리라고 생각한다. 경제학에서도 이렇게 설명하고 있다. 그러나 소득은 소비와 저축으로 구성된다. 소득에서 소비하고 남은 것이 저축이다. 한 달에 소득이 100만 원, 소비가 80만 원이면 저축은 20만 원이 된다. 이게 매달 되풀이 되므로 저축은 다달이 쌓여간다. 저축이 계속 늘면 당연히 소득도 계속 늘게 된다. 소득 증가를 봉급 인상으로만 인식하는 것은 편견이다.

이 상황에서 소득과 물가가 똑같이 100%씩 올랐다 치자. 그러면 월 소득은 200만 원, 월 소비는 160만 원이 된다. 이럴 경우 저축은 40만원이 된다. 이때, 물가도 2배 올랐기 때문에 저축의 소비여력은 늘지 않은 것으로 착각하기 쉬운데, 저축은 매달 누적이 되므로 소비 여력도 꾸준히 증가하게 된다. 또한 가계의 소비는 전 상품을 대상으로 하는 것이 아닌 선택적이기 때문에 실질 소비 여력은 더 커진다.

우리나라의 물가가 매년 올랐음에도 불구하고 국민소득이 꾸준히 증가하여 국민들이 과거에 비해 엄청나게 잘 살 게 된 이유가 여기에 있다. 참고로 1985년보다 2015년의 물가는 5배 올랐지만 국민 소득은 9배 늘었다. 물가 연동 연금법보다 소득 연동 연금법이 국민을 위한 정책인 것이다.

<ruby>정치<rt>정치</rt></ruby>【1】교육감을 선거로?

2022년 지방선거에서 교육감을 선거로 뽑는 것에 대한 논쟁이 격렬하게 들끓었다가 선거가 끝나자 흐지부지됐다. 교육감 직선제 논란은 선거 때마다 불거지는데, 이는 교육의 정치적 중립을 이유로 후보자들이 비정당 소속으로 출마하다 보니 유권자들의 무관심 속에 깜깜이 선거가 되어 엄청난 선거 비용만 축낸다는 것으로 요약된다. 하지만 이는 근본적인 접근이 아닌 지엽적인 접근이라서 선거 때만 되면 불거졌다가 선거가 끝나면 사그라들기를 반복한다. 그럼 근본적인 접근은 무엇인가?

우선, 교육의 정치적 중립을 위해 비정당 소속으로 후보자를 내세우는 것을 보자. 이는 '선거'의 '선'자도 모르는 소리다. 선거란 민의의 반영이자 이해관계의 표출인바, 그 자체로 정치 논리가 작동하게 된다. 참정권이란 정치에 참여할 권리라는 것을 모르는 사람은 없을 것이다. 참정권엔 선거권, 피선거권, 국민투표권, 공무담임권 등이 있는데, 이 중 가장 중요한 것이 선거권이다. 선거가 가장 정치적인 것임을 뜻한다. 정치적 중립을 지키려면 선거를 치러서는 안 된다. 현 교육감 선거의 문제점을 보완하기 위해 시·도지사 후보의 러닝 메이트제를 도입하자는 제안도 어쨌거나 선거이기 때문에 틀린 답이다.

이보다 더 근본적인 접근은 국가기관 구성원리에 있다. 민주정치는 삼권분립을 기반으로 한다. 국가권력이 독재로 흐르는 것을 막기 위한 것으로, 국가기관을 입법부(국회), 집행부(정부), 사법부(법원)로 분립시킨다. 국회는 민의를 반영하기 위해 국민의 대표를 국회의원 선거로 뽑는다. 따라서 국회는 여야가 혼재하게 되며 여야의원이 의정활동을 통해 민의를 결집시키는 역할을 한다.

반면 정부는 국회에서 정한 법과 정책을 집행하는 기관이다. 행정의 전문성과 통일성이 무엇보다 중요하다. 정부 부처에 여야의 정치성이 혼재하면 행정은 삐걱거리게 된다. —(교육계가 유달리 시끄러운 원인으로 작동한다) 따라서 각 부처는 전문 자격을 갖춘 공무원으로 구성하고 부처의 수장은 대통령이 임명한다. 정부의 산하기관인 각 행정청도 마찬가지다. 따라서 검찰총장, 경찰청장, 질병청장, 산림청장, 환경청장 등 모든 행정청의 수장을 임명제로 구성하는데, 유독 교육청의 수장인 교육감만 선거로 뽑는 것은 국가기관 구성원리에 어긋난다.

지방선거는 어떤가? 문명국가에선 지방자치제를 국민주권, 대의제, 법치주의, 삼권분립과 함께 민주정치의 5대 원리로 삼고 지방선거를 치른다. 거의 모든 문명국이 근대국가가 성립되기 이전까지 군웅할거의 시대를 거쳤고 기나긴 중세 시대의 장원제도 하의 지방분권을 지켜왔다. 근대 이후 하나의 나라로 묶였어도 지방마다 주마다 독자적인 역사와 전통을 유지하고 있다. 물론 재정도 자립적이다. 따라서 지자제는 지역의 특성을 살리는 민주주의, 즉, '풀뿌리' 민주주의로서 필수적이다. 지방정부를 민주적으로 꾸리기 위해 지방선거를 치르는 것은 매우 중요한 정치적 원리가 된다.

그러나 우리나라는 민족 국가 개념이 희박한 고대의 삼국시대를 제외하고는 군웅할거의 역사가 없다. 통일 신라 시대 이후 줄곧 중앙집권의 역사가 이어져 왔다. 군웅할거의 후삼국시대가 잠깐 있었긴 하지만 한반도 역사 전반에 대한 영향력의 측면에서 무시해도 될 정도에 그쳤다. 우리나라엔 지방분권이 뿌리내릴 틈이 없었고 지방 정치의 필요성도 없었다. 우리나라엔 독자적인 역사와 전통을 지닌 지역이 따로 존재하지 않는다.

이런 상황에 의해 지역 주민들도 지방 정치엔 별로 관심이 없다. 대선과 총선에 비해 지방선거 투표율이 현저히 낮은 것에서도 드러난다. 투표율이 낮다는 것은 대표성 부여가 약하다는 것을 의미한다. 따라서 우리나라는 지방선거를 치를 근거가 약하다. '풀뿌리' 민주주의가 아니라 도리어 국가적인 낭비요, 분란과 혼선만 빚는 뿔뿔이 민주주의로 전락하기 십상이다.

지자체의 독립성은 재정의 자립도에 가장 큰 영향을 받는다. 대부분의 문명국은 지방정부가 역사적 뿌리가 깊어 재정의 자립도가 매우 높다. 재정이 뒷받침되고 있기에 지방자치가 효율적으로 시행될 수 있는 것이다. 하지만 우리나라의 지자체 재정 자립도는 대부분 50%에 못 미친다. 지자체 재정의 중앙정부 의존도가 높다는 것에서 지자제는 본래의 의미를 살릴 수 없고, 지방선거는 엄청난 국가적 세금 낭비로 흐르게 된다는 것을 알 수 있다.

더 본질적인 문제가 있다. 앞에서 언급한 국가기관 구성원리이다. 시·도지사는 말 그대로 시·도의 행정기관장이다. 전문성과 통일성이 중요한 행정기관에 여야의 정치성이 혼재하면 안 되므로 행정기관의 수장은 선거로 뽑을 일이 아니다. 적어도 우리나라에선 시·도지사를 장관이나 청장처럼 시청·도청의 고위급 인사 중에서 적임자를 대통령이 임명하면 된다. 다만 이는 대통령에게 권력이 과도하게 집중될 우려가 있다. 따라서 시·도지사는 연공서열에 따른 순차 승급제로 하거나 각 시·도 인사위원회에서 선임하는 방법이 합리적·효율적으로 보인다.

정치【 2 】 허상의 직접민주정치

　보통 직접민주정치(직민정)가 바람직하지만 현대에는 현실적인 제약으로 간접민주정치(간민정)가 실시되고 있다고 생각한다. 정치 수업에서 직민정을 실현했던 고대 아테네는 폴리스의 인구수가 5만 명 정도였기에 가능했다고 설명하며, 현대엔 영토와 인구수가 커져 한자리에 모이기 어렵고 과거의 동질적이었던 집단 구성원이 현대엔 무척 다양해져서 의견을 직접 모으는 것은 시간과 비용상 불가하여 간민정이 도입됐다고 소개한다. 간민정에 국민 투표·소환·발안의 직민정 요소가 가미돼 현대의 정치를 혼합 민주정치라고도 하지만 이들의 활용도는 미미하므로 아직은 역부족이라는 설명도 곁들인다. 누구나 고개를 끄덕이게 하는 설명으로 비친다.

　여기에 고대 아테네의 직민정은 시민권을 가진 자유민만이 참여한 것으로 여성, 노예, 외국인이 제외된 제한적 직민정의 한계를 지녔다고 덧붙인다. 여기서 노예와 외국인이라 하여 폴리스의 대다수 구성원이 자유민이었을 것이라고 착각하게 한다. 또한, 폴리스의 인구수가 대략 5만 명이라고 추산하여 5만 명의 시민이 직민정에 참여했다는 오해도 한다. 노예란 하층민을 피지배층이라고 칭한 데서, 외국인이란 시민권을 갖지 못한 평민을 경계 밖의 주변인이라고 칭한 데서 생긴 번역상의 오류이다.

　시민이란 '생업에서 자유로웠다는 것'에서 자유민이라고 칭하였기에 소수의 귀족층이었음을 알 수 있다. 세심한 자료에선 시민 총회 격인 민회의 의석수가 5천석 정도였다는 것을 근거로 폴리스의 자유민이 5천 명 정도라고 올바로 소개한다. 5만의 폴리스 인구 중에 자유민이 5천이므로 귀족이 10% 차지한다. 따라서 실제 구성원은 귀족−평민−하층민이 '상〈중〈하'를 이루는 전형적인 피라미드 구조였다.

　그런데 여기서 의아한 점은 인구수가 적어 직민정이 가능했다고 해 놓고 제한적이라는 한계가 있었다고 덧붙인 부분! 한계가 없는 상황을 상정해 보자. 그러면 신분적 제한 없이 모두가 참여하는 직민정이 되는데 이럴 경우 참여 인구수가 5천에서 5만으로 늘어나게 된다. 직민정의 가능 이유로 참여자의 소규모를, 간민정으로의 전환 이유로 인구수 증가를 들었는데, 이에 따르면 참여 자격에 남성 엘리트라는 신분의 제한을 두지 않으면 직민정은 성립할 수 없다. 제한했다 함은 직민정의 '한계'가 아니라 제한했기에 가능했던 필수적 '전제'인 것이다.

이제, 직민정이 좋은데 어쩔 수 없이 간민정을 하게 됐다는 점을 톺아 보자. 직민정의 전성기는 페리클레스(페클) 시대가 꼽힌다. 고대 아테네는 참주의 출현을 막기 위해 매년 1회 시민투표를 통해 위험인물을 선정, 10년간 국외로 추방하는 도편추방제를 방패로 직민정을 펼친 것이 페클 시대이다. 가장 좋은 직민정이 실시됐으니 가장 좋은 정치가 펼쳐졌어야 하지만 유감스럽게도 그렇질 못했다. 심지어 페클조차 도편추방제에 의해 삭탈관직의 수난을 겪기도 했다.

페클 시대는 아테네의 전성기가 아니라 직민정의 전성기다. 직민정으로 아테네는 전성기를 누린 것이 결코 아니다. 만약 직민정으로 아테네가 전성기를 누렸다면 부강한 나라로 대제국이 됐을 텐데, 부강한 나라도 대제국도 되지 못했다. 직민정이 펼쳐졌던 페클과 그 후대의 아테네는 펠로폰네소스 전쟁에서 패하여 주도권을 스파르타에게 뺏겼고 얼마 뒤 마케도니아의 알렉산더에게 바로 멸망했다. 직민정은 아테네의 전성기가 아닌 패망의 길로 이끌었던 것이다.

아테네의 패망엔 여러 요인이 복합적으로 얽혀 있지만 가장 결정적인 것은, 전쟁 중임에도 불구하고 '시민 재판'을 열어 전쟁을 지휘한 8명의 장군 중 6명을—(페클의 아들 페클 2세 장군도 포함됨)— 처형하는 조치를 취하여 그 이후 전쟁에 책임을 질 소신 있는 지휘관이 등장할 수 없게 된 것에 있다.

직민정은 모든 시민이 직접 참여하기 때문에 포퓰리즘과 군중선동에 휩쓸리기 쉽고, 비전문가들에 의해 우둔한 결정이 채택되기 쉽다는 심각한 단점이 크다.—(이를 중우정치라고 함) 속된 말로 5천 명의 어중이떠중이가 다 모인 자리에서는 제대로 될 일이 하나도 없다. 이에 반해 간민정은 시민을 대표하는 전문가에게 맡겨 직민정의 폐해를 제거한 방식이다. 결코 현실적 한계로 마지못해 간민정을 실시하는 것이 아니다.

고등학교와 폴리스를 비교해 보자. 폴리스는 시민이 5천 명 정도, 학교는 학생이 1천 명 정도이므로 직민정의 여건이 학교가 5배나 낫다. 학교는 학생들이 매일 모여 생활하므로 직장별로 따로 생활하는 폴리스의 시민보다 훨씬 더 동질적이고 한자리에 모이기도 더 용이하다. 학교는 마이크가 있으므로 생목소리로 했던 폴리스보다 토의하기에도 훨씬 효과적이다. 이 3가지를 종합하면 학교는 폴리스보다 직민정을 펼치기에 백배는 낫다.

그런데도 왜 학생회를 꾸려 모든 것을 일임하고 1년 12달 전체회의는 한 번도 안할까? 천여 명의 학생 전체가 한자리에 모두 모여 토의하면 죽도 밥도 안 되는, 바보짓이 될 것이라는 것을 뻔히 알기 때문이다. 한 사람이 한 마디씩만 해도 며칠은 걸리기 때문에 토의는 아예 불가능하고, 마이크 잡은 학생들의 연설을 일방적으로 듣다 말 것이다.

간민정은 결코 직민정의 차선책이 아니다. 직민정의 폐해를 극복한 상위의 방식이다.[12] 그런데 왜 직민정이 최선인 것인 양 호도될까? 역사 이래로 서양은 동양에 줄곧 뒤쳐졌었다는 콤플렉스에 젖어 있다. 아편전쟁(1840) 이후로 동양을 앞지르기 시작한 서양은 '서세동점(西勢東漸)'의 명분으로 자신들이 옛날부터 우수했었노라고 우기고 싶어 한다.

메이지유신 이후로 조선을 앞지르기 시작한 일본이 자신들은 옛날부터 우수했었노라고 우기는 것과 같은 논리이다. 직민정은 동양에 전혀 없었던 정치 체제이기에 직민정을 최고의 정치 체제라고 날조하고 직민정의 고대 아테네가 전성기를 맞은 것처럼 호도하는 것이다. 정치적인 면에서 서양이 동양보다 아주 먼 옛날부터 앞섰었다고 왜곡하는 술책이다.

---

12   물론 간민정도 완벽하진 않다. 간민정의 대표 격인 단순다수대표제는 승자독식으로 민의가 많든 적든 사표(死票)로 묵살된다.-(이의 보완책에 대해선 「§Ⅱ-[4] 선거에 1할 석패율제를」 참조) 일각에선 인종차별주의자인 히틀러, 트럼프도 선거로 선출됐다며 추첨제를 강력히 주장하는데, 이는 비정상적인 사례를 일반화한 오류로, 신분제 농경사회에서 능력제 산업사회로 전환되면서 민주주의가 꽃폈다는 것을 망각한 것이다. 능력제사회의 가장 큰 덕목은 '자유의지와 자아실현'이다. 의지에 따라 실력을 길러 자신의 능력을 발휘하는 것인데, 추첨제는 개인의 의지와 능력을 도외시하기에 민주적인 방식이라 할 수 없다.

정치【3】독일 통일의 교훈?

제2차 세계대전 이후 동서로 갈라진 독일이 1990년 10월 3일에 통일됐다. 아직도 남북으로 분단된 우리에게 희망을 북돋는 사건이기도 하지만 한편으론 민족적 자괴감에 빠지게 만든 사건이기도 했다. 조속한 한반도의 통일을 위해 독일 통일의 교훈을 본받자고 입을 모았었는데, 이는 자칫 독일은 슬기롭고 우리는 그렇지 못하다는 식의 오해를 불러일으킬 소지가 다분하다.

지구촌에 인종, 종교, 문화 등의 이유로 갈라선 나라는 많지만, 이념으로 갈라선 나라는 구독일과 우리나라뿐이다. 그런 까닭에 분단과 통일에 대해서 두 나라를 같은 시각으로 접근하려는 경향이 강하다. 하지만 독일과 우리나라는 분단 원인 및 상황 전개가 판이하다. 어떻게 분단됐고 이후 어떻게 전개됐는지를 알아야 한다. 서로를 단순 비교하여 "잘났네, 못났네."하는 식으로 판별하면 안 된다.

첫째, 가장 큰 차이는 양자가 치른 전쟁이다. 우리는 남과 북이 서로를 해치는 참혹한 6·25 한국전쟁을 3년 넘게 치렀다. 남측은 민간인이 사망 37만, 실종 38만, 부상 22만여 명이며, 군인은 사망 13만, 실종 2만, 부상 45만여 명으로 전체 약 160만여 명이 피해를 입었다. 북측은 민간인이 사망 40만, 실종 68만, 부상 160만여 명이며, 군인은 사망 52만, 실종 9만, 부상 22만여 명으로 합계 350만여 명에 달했다. 남북 합계 5백만 명이 넘게 사상자가 발생했다. ─(UN군은 사망 3만, 실종 6천, 부상 11만, 여명이며, 중공군은 사망 11만, 부상 22만, 실종 3만여 명임) 한국전쟁으로 남측에 전쟁고아가 10만 명, 이산가족이 20만 명 넘게 생겼다.

하지만 이는 인적 피해만을 언급한 것이다. 남북 간의 치열한 폭격으로 국토의 30%가 훼손되고, 주택, 공장, 학교, 병원 등 남한에 있던 건물들의 70% 이상이 파괴됐다. 삶의 터전이 파괴된 물적 피해를 입은 이재민은 남측만 하더라도 천만 명이 넘었다. 남북은 철천지원수가 된 것이다. 그러나 독일은 동독과 서독이 서로를 해치는 참혹한 전쟁을 벌이지 않았다. 도리어 이들은 동서가 똘똘 뭉쳐 외부와 전쟁을 벌였다. 독일의 수도 베를린 함락으로 전쟁이 종식됐다는 것에서 삶의 터전을 잃은 이재민이 발생하거나 민간인이 피해를 본 것도 별로 없었다는 것도 알 수 있다.

둘째, 전쟁 후의 관계 설정이다. 우리는 남북 간엔 '평화협정'이 아닌 '휴전협정'이 놓여졌다. 휴전이란 언제든지 전쟁이 일어날 수 있다는 것을 의미하기에 한반도 허리의 동서 250km에 달하는 휴전선에 엄청난 규모의 전투병이 상시 주둔하는 군사적 대치가 이어지고 있다. 철조망을 사이에 두고 양측 간에 국지전이 빈발하자 군사분계선의 남과 북으로 각각 2km의 비무장지대(DMZ)를 두고 DMZ 바깥으로 5~20km의 민간인 통제선을 지정했다. 민간인의 남북 왕래가 완전히 차단됐고 북한과 남한이 서로 마을도 눈으로 볼 수 없이 아주 멀리 떨어졌다.

독일은 동서 간 적대시할 이유가 없는데 연합국이 강제로 갈라놓았다. 따라서 동서독 간에 '휴전협정'이 체결되지 않았다. 그런데도 동서독의 경계는 철의 장막이라 불렸다. 그래서 가장 공고한 분단 상태로 인식한다. 하지만 독일은 철책선에 전투병이 아닌 경비대가 배치됐고 철조망을 두고 벌인 국지전도 없었다.

'DMZ'도 우리의 2km보다 훨씬 좁은 50~200m의 폭으로 구축했으며 이마저도 'Grünes Band'(녹색지대) 개념으로 운용됐다. 민통선이 없어 동서독 마을 사람들이 서로 마주볼 수 있었고 동서독 주민들은 제한적이나마 검문소를 통해 서로의 왕래가 이어졌다. 심지어 서독 사람이 차를 몰고 동독으로 달리기도 했는데, 이를 빌미(?)로 동독 도로의 유지·관리·보수비를 서독 정부에 물리기도 했다. 분단선의 실재 개념이 철의 장막과 달라도 한참 달랐던 것이다.

우리도 남북한의 마을을 눈으로 바라볼 수 있어 서로의 생활상을 사실대로 비교할 수 있다면 북한 주민은 어떤 반응을 보일까? 제한적이나마 검문소를 통해 남과 북의 주민들이 서로 왕래하고, 남한 사람들이 다양한 차를 몰고 북한 도로를 달린다면 북한이 과연 얼마나 버틸 수 있을까?

셋째, 분단 이후의 전개 양상이다. 북한은 적화통일의 야욕을 불태우며 김신조 일당 무장공비 침투(1968), 문세광 광복절 저격 사건(1974), 8.18 판문점 도끼 만행(1776), 아웅산 묘소 폭탄 테러(1983), 김현희 KAL기 폭파 사건(1987) 등 남한에 대한 도발을 감행했다. 심지어 휴전선 밑으로 남침용 땅굴을 팠는데, 1974년부터 1990년까지 무려 4개나 발견됐다.

조작이니 자작극이니 하는 논란이 있을 수 있지만 이런 일들이 벌어진 것 자체가 남북 간에 적대감이 극심하다는 것을 보여 준다. 북한은 지금도 핵탄두 발사, 남북연락사무소 폭파, 험악한 대남 비방 발언 등을 통해 남한에 대한 적대감을 노골적으로 키우고 있다. 하지만 동독은 서독 측에 대해 군사적 공작이나 도발도 없었으며 적대감도 조장하지 않았다.

보통, '베를린 장벽'(Berliner-Mauer)을 독일 장벽으로 오해하는데, 실제 장벽은 동독과 서독 간에 세워진 것이 아니라 베를린에만 세워진 것이다. 동독 안에 있는 수도 베를린을 둘로 나누어 서쪽은 서독 정부가 다스리고 서독 사람이 거주했으며 서독의 비행기가 들락거린 것이다.─(자유진영의 서 베를린이 공산진영 내에 있어서 '육지의 섬'이라고도 불렸다) 심지어 면적도 서베를린이 480.2km로 403.3km의 동베를린보다 더 컸으며 서베를린은 유럽 중심부를 향하는 노른자 땅이고 동베를린은 유럽 외곽을 향하는 변방 성격의 땅이다.

또한 거주민도 전자엔 213만 명, 후자엔 129만 명으로 이래저래 베를린의 무게 중심이 서독 쪽으로 많이 기울어져 있었다. 이러한 상황인데도 독일의 분단이 50년 넘게 지속됐다는 것을 직시해야 한다. 만약 북한의 수도 평양을 남북의 둘로 나누어 남평양을 남한 정부가 다스리고 남평양에 남한 사람이 호화스럽게 생활하며 남한의 비행기가 들락거리면 북한 사회는 어떻게 될까? 남평양의 면적과 거주민이 북평양보다 더 크고 훨씬 많다면 어떻게 될까?

넷째, 주변국 정세다. 우리나라는 미국, 일본, 중국, 러시아라는 초강대국이 둘러싸고 있다. 미국·일본은 자유진영, 중국·러시아는 공산 진영이다. 한반도에 미치는 두 진영의 영향력은 대등하며, 남북의 영토 규모 또한 거의 비슷한 상태이다. 영토 규모도 주변

세력도 대등한 상태로 양분돼있기 때문에 어느 한쪽으로의 흡수 통일은 요원하다. 게다가 한국이 통일되면 국제 역학상 이들의 영향력은 약화되기에 이들은 결코 한반도의 통일을 바라지 않는다. 통일을 위해선 주변국의 도움이 절실한데 우리의 주변국들은 방해만 하는 셈이다.

독일의 주변국 상황은 완전 딴판이다. 종전 후 미국, 영국, 프랑스, 소련(러시아)이 독일을 점령했는데 미국·영국·프랑스는 자유 진영이고 소련만 공산 진영이다. 두 진영 간의 영향력은 '3대1'로 기울었다. 또한 미국·영국·프랑스 점령 지역엔 서독 정부가, 소련의 점령 지역엔 동독 정부가 들어섰다. 독일을 4분했기에 서독과 동독의 영토도 '3대1'−(행정구역의 주 단위로 통합·분할하여 실제론 '2.5:1'이 됐음)−로 벌어졌다.

게다가 1985년에 집권한 소련의 고르바초프가 '페레스트로이카'(재편)를 기치로 동독에서 발을 뺐다. 독일의 주변 정세는 자유진영 하나가 됐다. 소련에 대한 유럽 방어선을 독일로 삼고 있는 자유 진영의 입장에선 방어선의 동진(東進)을 위한 절호의 기회, 즉, 서독으로의 흡수 통일의 길이 활짝 펼쳐진 것이다.

다섯째, 동독과 북한의 정치 체제에 따른 민간 교류의 차이다. 동독은 국가평의회의장(국가원수)을 피크, 울브리히트, 슈토프, 호네커, 크렌츠, 게를라흐, 홀 등이 역임했다. 의장 선거에 후보는 1인만 오르고 당원들에게만 투표권이 주어져 요식행위에 불과했다지만 어쨌든 선거이기 때문에 종신제나 세습제와 큰 차이를 보였다.

국가원수가 선거로 뽑힌다는 것은 당시 동독 주민의 90%를 차지했던 당원들의 의사를 묵살할 수 없다는 것을 뜻한다. 그래서 동독 정부는 서독의 신문, 잡지, 논문, 서적 등의 반입을 막지 않았고, 서독 방송(TV·라디오)의 시청도 막지 않았다. 게다가 동서독 간에 편지도 주고받았으며, 서독 화폐와 동독 화폐를 1대1 교환하는 것도 공식화하였다.−(실제 암시장에선 3대1로 교환됐다고 함) 편지의 왕래와 화폐의 교환은 동서독 간에 인적·물적 교류가 이루어졌다는 것을 뜻한다.

이런저런 이유로 국제 정치 전문가들은 동독이 전 세계 공산국가 중에서 가장 자유진영에 가까운 상황이었다고 입을 모았다. 그러나 북한은 전 세계에서 자유 진영과 가장 먼

상황을 연출한다. 북한은 선거를 치르지 않는 1인 종신 독재 체제이며 김일성, 김정일, 김정은으로 이어지는 혈통적 세습 체제이다. 철저한 내부 통제와 완벽한 외부 차단이 지속되고 있는바, 체제에 반하는 사상은 싹조차 보일 수 없고, 남한의 어떤 것도 북한에 스며들 수 없다. 우리가 달리 손쓸 수 없는 불행한 상황이 지속되고 있는 것이다.

마지막으로, 역사적 배경이다. 우리나라는 줄곧 한강을 위시한 중앙집권적 역사가 이어졌다. 삼국시대에 한강의 쟁탈전이 치열했던 이유이며, 한강에서 멀수록 소외, 무시, 홀대가 심했다. 한강의 남쪽인 3남 지방은 그나마 곡창지대로 어느 정도 인정을 받았지만, 평안도, 함경도는 오랑캐의 이웃인 양 멸시되고 홀대돼왔다. 묘청의 난, 홍경래의 난 등 크고 작은 반란들이 북부 지역에서 빈번했던 이유이다. 지금의 북한 주민들은 남북이 통일되면 또다시 남한 사람들의 멸시를 받을까 무척 꺼린다. ─(중국의 조선족들이 한국동포보다 중국인임을 강조하는 것도 이런 이유에서라고 한다) 비록 배는 곯아도 무시당하는 것보다는 낫다는 인식이 팽배하다.

우리나라의 통일에 가장 큰 걸림돌이 바로 이 점이다. 이 점을 불식시키지 않으면 통일이 이루어진다 해도 남북 간 반목은 끊이질 않을 것이다. 그러나 독일은 긴 역사를 지방 분권으로 지내왔다. 3백여 개의 봉건국가마다 독자적인 생활을 영위해 왔기에 지역 간에 멸시니 홀대가 있을 수 없다. 독일엔 통일의 가장 큰 걸림돌이 애초부터 없었던 것이다.

이제까지 독일과 다른 분단 상황에 대해 6가지를 들었는데, 그럼 어떻게 해야 통일을 앞당길 수 있을까? 첫째부터 셋째 사항에 대해선, 전쟁 후 시간이 많이 흘러 아물었다고 서로가 덮어두자고 화해한다면 해결할 수 있다. 넷째 사항은, 주변국에 대해서 그들의 이해관계가 달라지길 기대하기 어려우므로 우리 스스로가 국력을 막강하게 길러서 해결해야 할 것이다. 문제는 다섯째와 여섯째 사항은 우리만의 노력으로 해결할 수 없다는 것에 있다. 이는 북한이 변하지 않으면 해결할 수 없어 보인다. 안타깝게도 무력 통일이 아닌 평화통일을 위해선 북한이 하루 속히 변하기를 손 모아 빌 수밖에 없다. "하늘이시여! 부디, 굽어 살펴 주시옵소서!"라고.

【 4 】 선거에 '1할 석패율제'를

우리나라는 소선거구제로 선거를 치른다. 이는 1등만 당선되는 다수대표제로 승자독식의 문제점이 크다. 사표가 많이 생기고 민의가 왜곡[13]되는 승자독식을 막고 군소당[14]을 살리기 위해 제안된 것이 중선거구제이다. 그러나 중선거구제는 2등도 당선되는 소수대표제라서 자격 미달 후보가 동반 당선될 수 있고 대표를 뽑는다는 선거의 의미도 퇴색된다.

또한 유력 후보가 많은 제1당과 제2당에 당선자가 몰려 양당 체제가 더욱 강화된다. 군소당이 도리어 위축된다. 그래서 소선거구제에 정당별 득표율에 따라 의석수를 배분하는 비례대표제를 도입하게 됐다.[15] 군소당의 득표율을 비례대표 의석수에 배정하여 민의를 반영한다는 취지이다.

이론상 국민들의 정치적 성향은 〈보수―중도―진보〉의 셋으로 나뉘고 보수와 진보보다 중도층이 더 두텁다. 비례대표제는 중도의 정치적 성향을 표심으로 상정하여 도입됐다. 그러나 정작, 표는 중도가 적고 보수와 진보로 몰린다. 정치적 성향과 정치적 표출이 다르기 때문이다. 대개의 정치적 상황에서 어떤 제도나 정책에 대해 보수냐 진보냐에 따라 찬반이 있지 찬성도 반대도 아닌 중간은 없다.

굳이 중간이라면 기권인데 이는 의사 표출 포기이다. 중도가 찬반을 표명한다 해도 사안에 따라 '이랬다 저랬다'하는 일관되지 못한 행태가 된다. 따라서 중도는 정당으로 설 자리가 약하고 있어 봤자 정치색이 불투명한 '흐리멍덩'―('흐리멍텅'은 비표준어라네요) 당이 되어

---

13 22대 총선(2024)에서 더불어민주당과 국민의힘의 총득표율은 50.45%:45.05%로 5.4%포인트 차이인데 지역구 의석수는 175(58%):90(36%)의 22%포인트 차로 크게 벌어졌다. 근소한 차로 2등 표가 무더기로 사표가 된 것인바, 사표가 많을수록 민의 왜곡이 심해진다.

14 의석수가 많은 다수당의 상대개념은 소수당이다. 보통 소수당을 군소당이고도 하는데 이는 개념적 오류이다. 의석의 절반에 1석 모자라도-(300석 중 149석) 소수당인데 이런 거대 당을 군소당이라 할 수 없다. 여기에선 군소당을 지역구 의석률의 10%에 못 미치는 당으로 이름했다.

15 이때 후보와 정당에 투표가 병행되는데, 이를 1인 2표제라고 하여 한사람이 두 명의 후보를 찍는 두 표를 행사하는 것으로 오해하기도 한다. 후보도 선택하고 정당도 선택한다는 의미로 1인 2택제라고 하면 오해가 없을 듯하다.

인기가 없다. 정치색이 선명한 보수와 진보로 표가 몰리는 이유이다. 비례대표제는 다양한 민의를 반영하자는 취지지만 정치적 성향과 정치적 표출의 현실적 차이를 간파하지 못하고 도입한 뼈아픈 제도이다. 표를 보자.

19대	지역구	정당 득표율	비례 대표	총 의석수	의석 점유율
새누리당	127	42.80	25	152	50.66
민주통합당	106	36.45	21	127	42.33
통합진보당	7	10.30	6	13	4.33
자유선진당	3	03.23	2	5	1.66
무소속	3	-	-	3	1
계	246	93.78	54	300	100

20대	지역구	정당 득표율	비례 대표	총 의석수	의석 점유율
새누리당	105	33.50	17	122	40.66
민주통합당	110	25.24	13	123	40.99
통합진보당	25	26.74	13	38	12.66
자유선진당	2	7.23	4	6	1.99
무소속	11	-	-	11	3.66
계	253	92.71	47	300	100

20대 선거를 보면 새누리당 33.50%, 더불어민주당 25.24%의 정당 득표율로 전자가 후자보다 높은데 지역구 의석수는 전자 105석보다 후자 110석으로 민의 왜곡이 심하다는 것을 알 수 있다. 다수대표제의 폐단이다. 여기에 비례대표를 합산한 총의석수에선 왜곡이 어느 정도 보완된다. 비례대표제의 순기능이다. 그러나 문제는 보수와 진보에게 지지율이 양분되어 몰리기 때문에 정당 득표율로 비례대표까지 더하게 되면 양당 체제가 도리어 강화된다는 것에 있다. 비례대표제가 옥상옥이 된다.

표를 보면 정당 득표율보다 의석 점유율이 비례대표로 인해 양대 정당이 더 비대해진 것을 알 수 있다. 19대에 통합진보당과 자유선진당의 총 정당 득표율은 13.53%이지만 의석 점유율은 5.99%로, 20대에 국민의당과 정의당의 총 정당 득표율은 33.97%이지만 의석 점유율은 14.65%로 확 쪼그라들었다. 당연히 군소당은 정당 득표율보다 적은 의석 점유율로 힘을 잃는다. 이런 식이면 비례대표를 안 하느니만 못하다.

옥상옥 현상을 막기 위한 제도가 총의석수가 정당 득표율을 넘지 않게 하는 독일식 연동형 비례대표제다. 이에 따르면 19대의 경우, 새누리당은 득표율이 42.8%이므로 총의석수는 128명이 돼 지역구 127명에 비례대표는 1명만, 민주통합당은 득표율이 36.45%이므로 총의석수는 109명이 돼 지역구 106명에 비례대표는 3명만 배정한다.

20대의 경우, 새누리당은 득표율이 33.5%이므로 총의석수는 101명, 더불어민주당은 득표율이 25.24%이므로 총의석수는 76명이 되는데 두 당 모두 지역구 의석수가 이를 넘었으므로 비례대표를 한 명도 배정하지 않는다. 이리하면 비례대표는 군소당 몫으로 많이 확보된다. 이런 연동형 비례대표제를 21대 선거에서 도입하였다. 그런데 양대 정당이 예전처럼 비례대표를 장악하려고 위성정당[16]의 꼼수를 부려 비례대표를 쓸어갔다. 연동형 비례대표제도 해결책이 못 된다.

그럼 어떻게 해야 승자독식도 막고 군소당도 보호할 수 있을까? 이에 '1할 석패율제와 비석패 비례대표 군소당 배정안'을 고려할 수 있다. 지금의 선거구제에선 단 1표만 적어도 떨어지기 때문에 1표차로 절반에 가까운 지역구의 민의가 사표가 된다는 것에 문제가 크다. 아까운 표차로 떨어진 것을 석패라 하고 이때의 득표율을 석패율이라 할 때, 석패율 순으로 비례대표를 석패자 소속당[17]에 배정하면 승자독식을 막을 수 있다.

이때, 석패율 비례대표 배정 수를 지역구 의석수의 '1할', 즉, 10%(25명)로 제한할 필요가 있다. 석패율 순으로 비례대표 전체를 채우면 석패자가 대체로 양대 정당의 유력 후보이므로 표에서처럼 양당에 석패율 비례대표가 대거 몰린다. 석패율 비례대표를 25명으로 제한하면 비석패 비례대표는 19대 29명, 20대 22명이 된다. 이 비석패 비례대표를 의석률이 10%에 못 미치는 군소당 몫으로 배정하는 것이다. 이때 군소당의 지지율 미반영 정도에 따라 비례대표 수를 배분해야 합리적이다.

19대의 경우 통합진보당은 정당 득표율이 10.30%인데 246개 지역구에서 7명 당선되어 2.85%밖에 반영되지 못했다. 미반영률은 7.45%이다. 자유선진당은 득표율 3.23%인데 지역구 3명으로 반영률이 1.22%이다. 미반영률은 2.01%이다. 이 둘을 합쳐 100으로 하면 둘 간의 미반영률은 78.75% : 21.25%이다. 이에 맞춰 비대 29명을 배분하면 23 : 6이 된다. 이리하면 통합진보당은 지역구 7에 비례대표 23으로 총의석수는 30, 점유율이 표의 4.33%에서 10.0%로 높아진다. 자유선진당은 지역구 3에 비례대표 6으로 총의석수는 9,

---

16 연동형 비례대표제에선 양대 정당에 비례대표 배정이 적어지므로 양당에서 아예 비례대표 후보를 내지 않고 비슷한 이름의 위성정당(비례대표만을 위한 당)을 만들어 후보자를 내세우고 선거 후 비례대표 당선자를 본당(本黨)에 들이는 꼼수이다. 21대 선거에서 미래통합당(새누리당)과 더불어민주당은 비례대표 후보를 1명노 안 내고 미래한국당과 더불어시민당이란 위성정당을 만들어 미래통합당 84석(+미래한국당 19석), 더불어민주당 163석(+더불어시민당 17석)이 돼 국회 총300석 중 지역구와 비례대표를 합해 양당이 283(지역구247+비대36)석이나 차지했다. 21대 선거가 가장 최근 것이지만 기형적인 결과라서 이 글의 표 분석 자료에서 제외했다.

17 석패자를 석패율 비례대표로 당선시키는 것이 아니라 석패자 소속당에 비례대표 의석을 석패자 수만큼 배정하는 것이다. 석패자를 석패율 비례대표로 하면 한 지역구에서 2명이 당선되는 셈이라 다른 지역구와의 형평성에 어긋나며, 동반 당선하려고 유력 후보 2명이 지지율을 엇비슷하게 조율하는 짬짜미가 발생할 우려도 있다.

점유율이 표의 1.66%에서 3.0%로 높아진다.

20대의 경우 국민의당은 정당 득표율이 26.74%인데 253개 지역구에서 25명 당선되어 반영률이 9.88%로 미반영률은 16.86%이고, 정의당은 득표율 7.23%인데 지역구 2명 당선되어 반영률이 0.79%로 미반영률은 6.44%이다. 이 둘을 합쳐 100으로 하면 둘 간의 미반영률은 72.36% : 27.64%이다. 이에 맞춰 비례대표 22명을 배분하면 16 : 6이 된다.

이리하면 국민의당은 지역구 25에 비례대표 16으로 총의석수는 41, 점유율이 표의 12.66%에서 13.67%로 높아진다. 정의당은 지역구 2에 비례대표 6으로 총의석수는 8, 점유율이 표의 1.99%에서 2.67%로 높아진다. 다만 결과를 비교해 보면 19대보다 20대의 민의 반영 효과가 많이 줄었다. 그 이유는 비례대표 의석수가 19대 54명에서 20대 47명으로 줄었기 때문이다. 민의의 반영도를 높이기 위해서 다시 되돌릴 필요가 있다. —(20대 선거법 개정에서 지역구를 늘리고 비례대표를 줄였다)

필자의 제안에 따르면 군소당이 만회되지만 그래도 득표율과 일치하지 않는다고 이의를 제기할 수도 있다. 그러나 득표율과 점유율을 일치시킬 수도 없고 일치시키는 것이 꼭 바람직하지만은 않다. 득표율과 점유율을 일치시키려면 20대의 더불어민주당은 득표율이 25.24%이므로 총 300석 중 76석으로 한정해야 한다. 그러면 더불어민주당의 지역구 당선자 110명 중에서 34명이나 탈락시켜야 한다는 말도 안 되는 상황이 벌어진다. —(이때 더불어민주당이 과다대표됐다는 비판을 제기할 수는 있다) 필자의 요지는 일치 여부보다 만회 여부에 있다. '1할 석패율제' 자체가 아깝게 날아간 민의를 반영하려는 것에 초점을 맞춘 것이라는 것을 인식하자.

민의 반영의 측면에서 정부 형태도 살펴보자. 선거를 통해 정부를 구성하는데 이에는 대통령제와 의원내각제가 대표적이다. 우리나라는 대통령제이기 때문에 정부 구성을 위한 선거를 2번 치른다. 대통령선거(대선)와 국회의원선거(총선)인데 대선 비용이 나라 경제가 휘청거릴 정도이다. 대부분의 선진국은 의원내각제이기 때문에 대선이 없다. 의회에서 총리를 선출하여 국가적 낭비가 없다.

정치권에서도 이를 잘 알고 있지만 의원내각제에선 의회와 행정부가 한 통속이라 다수당의 횡포를 견제할 수 없다면서 도외시한다. 하지만 다수당이란 국민의 뜻을 반영한 것이기 때문에 국민의 뜻에 따르는 것을 다수당의 횡포라고 하는 것은 언어도단이다. 유럽과 일본의 의원내각제 정치 역사에서 다수당의 횡포는 한 번도 일어나지 않았다.

　다수당의 횡포는 대통령제에서 일어난다. 총선과 대선이 절차상 시차를 두고 치러지는데, 총선에선 A당이 다수당이 되고 그 후의 대선에선 B당 대통령이 나오면 민의가 바뀌었지만 여소야대 정국이 형성된다. 이 정국에선 야당인 다수당이 대통령의 행보에 사사건건 딴지를 걸게 된다. 이는 바뀐 민의에 반하는 행태이므로 이럴 때 다수당의 횡포가 되는 것이다. 또한 A당이 다수당이므로 수시로 단독 입법을 밀어붙이고 이에 대해 대통령은 거부권을 남발하게 돼 정치 혼란이 커진다.

　대통령제의 단점은 대선 이후의 후유증이 크다는 것도 있다. 총선은 보수와 진보의 많은 후보들이 당선되기 때문에 전체적으로 어느 한쪽이 독식하지 못한다. 그러나 대선은 보수와 진보 중 한쪽만이 당선되는 1인 독식 체제이다. 낙선 후보 쪽의 민의가 완전히 묵살되는 것이다. 대선을 치르고 나면 국론이 두 쪽 나는 이유이다. 대선 불복도 심심찮게 발생한다. 이 또한 정치 혼란으로 이어진다.

　정치이론에서 의원내각제는 다수당이 있으면 단독 정부를 구성하지만 다수당의 횡포가, 다수당이 없으면 연립 정부를 구성해야 하므로 정국이 불안하다는 단점을 바이블처럼 설명하고 있다. 하지만 앞서 봤듯이 의원내각제에선 다수당의 횡포가 있을 수 없고, 연립 정부의 정국 불안은 대통령제의 딴지 정치보다 파행의 정도가 훨씬 덜하다. 정치 혼란의 극단적 표출이 쿠데타이다. 대통령제의 개도국과 후진국에선 심심찮게 발생한다. 우리나라도 대통령제 상황에서 2번의 쿠데타를 겪었다. 의원내각제 국가에선 한 번도 일어난 적이 없다.

　대통령제는 효율도 떨어지고 정치 혼란의 요소가 큰데도 불구하고 우리 정치권에선 대통령제를 선호한다. 대통령이 제왕적 최고 통치자로 군림하기 때문이다. 대통령은 국가 원수로 의원내각제의 총리와 권력의 차원이 다르다. 대통령 소속 당은 여당이 되어 거침없이 행세한다. 정당은 권력을 쥐고 싶어 안달한다. 물론 정당의 존립은 권력을 행사하는 정권 창출에 있다. 그렇지만 제왕적 권력이 아닌 민주적 권력이어야 한다는 것을 명심해야 한다. 제왕적 대통령에 대한 야욕을 버리고 민주적 총리를 받들어야 한다. 이젠 여야가 허심탄회하게 뜻을 모아야 한다. 하루속히 의원내각제를 도입하길 바란다.

^{정치}【 5 】과도한 PC주의와 죽창가에 대하여

2020년 5월 25일 미국의 플로이드 사망 사건 이후로 "Black Lives Matter!"(흑인의 목숨도 소중하다)라고 외치며 인종차별 철폐 운동이 세계적으로 가열차게 전개됐다. 일종의 PC주의[18]운동으로 이보다 더 강력하고 광범위하게 펼쳐진 것은 전에 없던 일이었다. 그런데 이 운동이 엉뚱하게 흘러간 경우가 많아 안타깝다.

영국 브리스틀에서 시위대가 지역유지이자 자선사업가인 에드워드 콜스턴을 노예상인 출신이라며 그의 동상을 강에 던져 버렸고, 벨기에에선 레오폴드 2세 국왕이 아프리카 콩고에서 잔혹한 식민정책을 펼쳤다며 그의 동상을 곳곳에서 훼손했다. 미국과 네덜란드 등 여러 지역에서 콜럼버스 동상의 머리가 잘려나갔고, 프랑스에선 샤를 드골 대통령 동상과 콜베르 재상 동상도 훼손됐다. 미국독립선언의 제퍼슨, 루스벨트 미국 대통령, 미국 남부전쟁의 남부군 총사령관 로버트 리 등의 동상이 철거됐고, 2차 세계대전의 영웅 윈스턴 처칠의 동상도 식민지 시대 인종주의자였다는 낙서로 얼룩졌다.

그런데 조지 워싱턴은 노예 소유자였고 아인슈타인 또한 인종차별적인 의식을[19] 가지고 있었으며, 알렉산더 대왕은 정복전쟁 도중 노예를 대거 사로잡았는데 왜 이에 대해 비판하지 않는가? 간디의 동상이 아프리카 가나대학에선 '인종차별주의자'란 이유로 철거됐는데 정작 인도에선 '카스트주의자'란 이유로 왜 철거하지 않았는가?

노예를 기반으로 하는 미국의 남부 10개 주를 의식하여 노예 문제에 소극적이었던 링컨

---

18   Political-Correctness(정치적 올바름): 인종·민족·언어·종교·출신·직업·장애·성별 등 온갖 부당한 차별을 없애자는 운동
19   인종차별을 '백인의 질병'이라고 공개 비판해 인도주의자로 알려졌던 아인슈타인이 정작 자신의 1922~23년 일기엔 동양인을 비하했다고 영국 일간 가디언이 12일 보도했다. 일기엔 "중국인은 근면하지만 더럽고 우둔하다" "중국인은 남자와 여자의 차이를 거의 모르겠다. 중국 여자에게 무슨 매력이 있어서 아이를 많이 낳았는지 모르겠다"라고 적었고 일본인에 대해 "이 나라의 지적 욕구는 예술적 욕구에 비해 약한 것같다. 타고난 기질인가?"라고 적었다. 아인슈타인 일기 출판 작업을 맡은 지브 로렌크란츠 미 캘리포니아공대 교수는 "아인슈타인의 일기 중 상당한 내용이 불쾌했다. 인도주의자로 비쳤던 그의 이미지와 상반된다"고 비판했다. 가디언도 사설에서 "아인슈타인은 공감력이 현저히 떨어지는 과학자였다"고 비판했다.-(2018.6.15. 동아일보)

이 미국 남북 전쟁(1861~1865)이 터지자, 남부군의 경제적·군사적 기반을 와해시키기 위해 '남부 10개 주'에만 노예해방 선언(1863)한 것을 두고 왜 모리배·협잡꾼의 작태라고 몰아 붙이지 않는가?—(남북전쟁이 끝난 뒤 미국 전역에 노예제를 폐지하는 수정헌법이 제정됐다) 일련의 사태에서 보듯이 작금의 PC주의 운동은 과도하고 자의적이라는 심각한 문제를 드러냈다. 시대적 상황과 배경 및 의식의 차이를 무시하고 과거를 현대의 잣대에 꿰맞추면 인류의 모든 역사는 망가진다.

워너브라더스의 HBO맥스는 흑인에 대한 고정관념을 고착화하고 백인 노예주를 영웅적으로 묘사해 인종차별적이라는 비판에, 세기적 명작으로 꼽히는 영화 〈바람과 함께 사라지다〉를 삭제했다. 만약 이 비판이 옳다면, 악의적으로 만든 암적인 영화라면, 영화를 삭제하기 전에 영화의 시나리오 작가, 감독, 배우, 스태프, 제작사, 배급사 등 영화 관련자들에게 돌을 던지고, 이 영화에 각종 상을 수여한 여러 영화 협회와 그동안 이 영화를 관람하고 감동을 받은 관객들에게 반성문을 쓰라고 해야 하지 않는가?

한술 더 떠 디즈니 영화에서는 백인 위주의 인종차별을 불식시킨다는 명분 하에 〈인어공주〉와 〈백설공주〉의 주인공을 흑인으로 캐스팅했다. 주인공은 흑인인데 가족은 백인으로 그려 인종적 정체성에 혼란만 불러일으킨다. 심지어 '백설'공주는 눈처럼 흰 피부로 태어난 공주를 내세워 동심을 불러일으킨 것인데, 제목은 〈백설공주〉로 하면서 검은 피부로 태어난 공주를 주인공으로 하니 관객 우롱이 된다. 기존의 동화와 영화에 대해 배경과 시대상을 고려하지 않고 인종차별을 조장하기 위해 악의적으로 만들어진 것인 양 몰아가면 안 된다.

2019년 7월, 미국 캘리포니아 버클리시 의회에서 성별을 연상케 하는 용어를 성차별적이라며 중립적인 표현으로 바꾸는 조례를 통과시켰다. 'man'이 합성된 〈manhole, man power〉와 〈salesman, policeman〉을 〈maintenance hole, workforce〉와 〈salesperson, police officer〉로 바꿨다. 이도 과도한 PC주의로 불편하고 혼란스러울 뿐 성평등 의식엔 별 보탬이 안 된다. "우범 지역을 '여경' 혼자 순찰하면 위험하다."라고 말하면 성차별이고, 이때 'policewoman'이라는 단어를 쓰면 안 된단 말인가? "K-뷰티 업계에선 남성

고객 확장을 위해 '남자판매원' 고용을 대폭 늘리고 있다."라고 말하면 성차별이고, 이때 'salesman'이라는 단어를 쓰면 안 된단 말인가? 이들은 심지어 'brother'와 'sister'를 구별없이 'sibling'(형제자매)으로 하라는데, 그렇다면 엄마아빠 구별 없이 'parents'로, 아들딸 구별없이 'child'로 부르란 말인가? 단어란 필요가 있어서 생긴 것이다. 억지로 통합 용어를 강요하면 안 된다.

화장실과 수영복에 남녀 구분을 없애면 성평등 의식이 고취되는 것이 아니라 생활에 불편함과 성 정체성에 혼란만 부추기게 된다. 필요해서 만든 건 잘 살려야 한다. 이들은 정작 가장 성차별적인 단어는 짚어내지 못하고 있다. 'woman'은 'man'에 'wo-'를 붙여 만든 말로 여자를 남자에 딸린 존재로 차별한 단어이다.―('woman'의 복수형이 'women'인 것도 'man'의 복수형 'men'에 따른 것임) 여자가 결혼하면 남편의 성씨를 따라 변경하는 것―(『§Ⅳ-[4] 날조·과장된 가부장제』의 주석2 참조)―엔 칼을 대지 않으면서 이런 일들을 벌이는 것은 표현의 불편과 사고의 혼란만 가중시키는 과도한 PC주의의 편협한 작태로 전락할 수밖에 없다.

〈곰 세 마리〉라는 동요는 몇몇 버전으로 많은 나라에서 애창되는데 이 노래 가사가 가부장적이라며 여성 운동계에서 퇴출시켰다. 우리나라에도 '엄마 곰은 날씬해'라는 가사가 여성의 외모에 대한 강박을 부추긴다고 퇴출 명단에 올렸다. 하지만 동요는 동요로 해석해야 한다. 작가가 악의적인 의도를 품고 동요를 짓지 않는다. 가사를 시비하려면 곰은 결코 암수가 집 짓고 함께 살지 않는 것부터 따져야 하지 않겠는가? 암컷과 수컷이 따로 떠돌다 어쩌다 서로 만나면 으르렁대는 사실대로의 가사로 부르게 하면 아이들에겐 정서적으로 좋겠는가? 아이들이 쉽고 재밌게 부르는 동심을 키우는 동요를 편협한 PC주의로 재단하지 말아야 한다.

인류의 가장 위대한 성군인 세종대왕[20]도 PC의 잣대를 들이대면 폭군으로 전락한다. 전제 군주로서 나라를 통치했으니 1인 독재 정치요, 죽을 때까지 왕 노릇했으니 종신형 장기 집권이요, 왕위를 아들 문종에게 물려주었으니 비민주적인 세습 정권이 된다. 궁궐 안에서 시종과 궁녀의 수발을 받고 생활했으니 신분 차별주의요, 무수리의 궁궐 밖 출입

---

20   세종대왕 시리즈 아재 개그: ① 세종대왕이 만든 우유는? ② 세종대왕이 백성들에게 장갑을 선사한 이유는? ③ 세종대왕이 한글을 창제하자 중국, 캐나다, 미국, 영국, 일본이 축하 사절단을 보내와 각기 자기네 나라 이름을 지어달라고 하자 어떻게 했을까? -(답은 글 뒤에)

제한을 철폐하지 않았으니 신체의 자유를 박탈한 인권 탄압자요, 후궁들을 돌아가며 잠자리했으니 젊은 처녀를 농락한 여성 인격 유린자가 된다.─(10명의 후궁에게서 10남 2녀를 낳았다)

99칸 구중궁궐에 비단옷 입고, 가죽신 신고, 수라상 밥 먹으며 매화틀에 일 본 뒤 명주 수건으로 밑 닦은 호사를, 단칸 초가집에 베옷 입고, 짚신 신고, 보리밥 먹으며 뒷간에 일 본 뒤 짚으로 밑 닦는 백성들의 고혈로 누렸으니 가렴주구(苛斂誅求)의 세금 수탈자가 된다. 한글의 창제 · 반포는 한자 중심의 전통적 문자 질서를 훼손시킨 교란 행위[21]이고, 〈용비어천가〉[22]를 간행한 것은 조선 창건의 역사가 뿌리 깊다고 날조한 거짓의 유포 행위이며, 4군 6진을 개척한 것은 여진족을 몰아내고 땅을 빼앗은 침략 · 침탈 행위가 된다. 어떤가? 이와 같은 PC의 재단에 동의할 수 있겠는가?

무릇 역사적 족적을 남긴 엘리트는 사회의 주도층으로서 지위와 역할을 부여받는다. 지위에 따른 역할 수행을 PC의 잣대로 재단해선 안 된다. 명재상 황희와 맹사성을 비민주적 전제 군주에 영합한 기회주의자로 몰면 안 되고, 성웅 이순신 장군을 어쩔 수 없이 전장에 끌려나온 죄없는 일본 해군을 수없이 몰살시킨 집단학살자로 몰면 안 된다. 하얼빈에서 이토 히로부미를 저격한 안중근 의사를 중국에서 일본인을 살해한 한국인이라면서 국제 테러리스트로 몰면 안 되고, 박정희 전 대통령을 일본육군사관학교를 수석 졸업하고 해방될 때까지 일제 관동군 포병장교로 복무했다고 친일 부역자로 몰면 안 된다. 「§Ⅰ─[10] 성현의 말씀에 따르면?」에서 언급했듯이 과거의 잣대로 현대를 재단하면 안 되듯이 현대의 잣대로 과거를 재단해서도 안 된다.

일본이 물러간 해방 직후 대한민국(남한) 군대를 어떻게 꾸렸을까? 해방 직후 우리나라 군대는 육군 10만 명, 해군 3천 명, 공군 1천 명 정도였는데 이는 일제 말기의 일본군 소속 조선인 병력을 제거하고 새로 뽑은 것이 아니다. 10만 명이 넘는 군인을 일거에 싹 다 새

---

21   명나라의 이여송은 "한글은 오랑캐의 글", 주세붕은 "한글 반포는 배은망덕한 망나니짓"이라고 적개심을 표했다. 명나라 조정의 일각에선 한글 창제·반포 이후로 세종대왕을 "오랑캐의 왕"이라 하면서 적대시했던 바, PC주의에 의하면, 한글 창제·반포는 온건한 대중 관계를 위협할 수 있는, 당시 국제질서의 종주국인 명나라의 심기를 건드리는 위험천만한 도발이 된다.

22   '용(임금)이 날아올라 하늘을 다스리다'라는 뜻으로 "해동 6용이 날으셔 일마다 천복이시니"로 시작된다. 6용은 목조-익조-도조-환조-태조-태종인 바, 조선 창건의 정당성을 부여하기 위해 태조 이성계의 4대 조상까지 임금으로 추존했고, "불휘 기픈 남ᄀᆞᆫ ᄇᆞᄅᆞ매 아니 뮐ᄊᆡ"라 하여 조선 창건의 역사가 뿌리 깊다고 묘사했다.

로 징집한다는 것은 불가능하다. 일제 말기 때 일본군에 복역하던 식민지조선인(식조인) 장교와 장병을 대한민국 국군으로 재편[23]한 것인데 이들을 두고 일제 잔재라면서 청산 대상으로 몰 수 있을까? 과거는 과거의 시대상황에 비추어 해석해야 한다.

만약 해방과 동시에 기존 병력을 청산하고 모두 새로 뽑았다면 장교도 장병도 총 한 번 잡아 보지도 못한 신참으로 채우게 되며, 다 같은 새내기의 입장에선 군 특유의 위계질서도 세울 수 없고 체계적인 교육도 훈련도 할 수 없는 오합지졸이 된다. 총기·탄약을 비롯한 엄청난 양의 무기[24]도 관리가 안 돼 난리가 난다. 이런저런 이유로 기존의 병력을 재기용할 수밖에 없었다.

경찰을 비롯한 모든 관공서도 마찬가지이다. 일제 말기 때의 기존 인력·인사를 해산·청산하지 않고 해방 정부(미군정)에서 재편·기용한 것이다. 싹 다 물갈이하고 실무 경험이 전혀 없는 새내기—(해방 직후 식민지 조선의 경력자란 일제 때 부역한 기존 인력·인사일 수밖에 없다)—를 뽑아 채우면 행정은 마비된다. 이런 걸 간과하고 미군정 때문에 일제 청산이 안 됐다고 탓하면 안 된다.—(일각에선 미군정이 꼭두각시 친일 내각을 세운 행정편의주의라고 비난하기도 한다) 미군정이 물러난 이후에도 이러한 상황·사정은 별반 달라질 수가 없었다.

그런데도 과도한 PC주의가 우리나라에선 일제 청산의 기치아래 '죽창가를 울려라'라는 행태로 벌어지고 있다. 2009년 '친일반민족행위진상규명위원회'가 홍난파를 친일파로 규정했다. 홍난파는 1937년에 '수양 동우회'사건으로 투옥돼 72일간 옥고를 치렀다. 고문을 견디다 못해 전향서를 쓰고 풀려난 이후의 행적에 친일파로 몰렸다.

당시 일제는 1931년 만주사변을 기점으로 군국주의 기치를 노골화하고 식민지 조선(식

---

23   이엔 만주군 대위 신현준, 중위 백선엽, 관동군 중위 박정희 전 대통령이 익히 알려져 있다.-(만주군도 관동군도 일본 부대임) 일제 말기의 일본군 소속 조선인 병력을 모두 쓸어 내고 해방 정부(미군정)에서 조선 광복군으로 10만 군대를 꾸릴 수 있었을까? 해방 직전 광복군은 514명-(대한민국임시정부 의정원문서기록: 중국인 65명 포함)-에 불과했다. 이들로 10만 대군을 꾸리기엔 턱없이 부족하다. 게다가 광복군은 일종의 소규모 게릴라부대로 대규모 정부군과 조직의 차원이 질적으로 달랐다. 예나 지금이나 게릴라 요원은 정규군에 중용할 전문 인력이 못 된다. 따라서 해방 후 4백 명 정도의 광복군이 귀국했는데 미군정은 정부군의 위계질서를 위해 이들을 무장 해제시키고 군인이 아닌 일반인 신분으로 입국 조치했다.

24   일본이 물러간 해방 직후 남한에 남아 있던 기존의 무기는 대략 소총 5만 정, 권총 1만 정, 기관단총 1만 정, 기관총 2천 정, 박격포 5백 정, 야포 1백 문 정도였다. 여기에 미군정이 지원한 무기는 대략 소총 3만 정, 권총 5천 정, 기관단총 3천 정, 기관총 1천 정, 박격포 3백 정, 야포 5십 문 정도였다. 따라서 해방 직후 남한에 있던 무기는 소총 8만 정, 권총 1.5만 정, 기관단총 1.3만 정, 기관총 3천 정, 박격포 8백 정, 야포 150 문 정도로 엄청나다. 다만 이 많은 무기도 6·25 한국 전쟁을 치르기엔 북한군에 역부족이며,-(북한군은 20만 명으로 남한군의 2배였다) 이마저도 기존의 무기는 노후화된 구식이었고 실전에 투입된 탄약도 태부족하여 전쟁 초기 북한군에 고전을 면치 못했다고 한다.

조]엔 민족말살정책으로 치달았는데, 죽창가를 외치는 이들에겐 당시의 극악한 공포 상황이 가볍게 보이는가? 독립투사들도 필사적으로 피하려 했던 일제 치하의 잔인한 고문과 혹독한 형무소 생활은 당시 가슴막염을 앓고 있던 홍난파에겐 인간의 한계를 넘나드는 극한 상황이었다.[25] 「§Ⅰ-[12] 비창적 사고의 함양을 위해」 편의 말미에 언급했듯이 극한 상황에 대해선 이성의 잣대를 들이대선 안 된다.

홍난파는 〈봉선화〉, 〈사랑〉, 〈그리움〉, 〈옛 동산에 올라〉, 〈성불사의 밤〉, 〈장안사〉, 〈봄의 노래〉, 〈봄여름가을겨울〉, 〈봄 처녀〉 등의 가곡과 〈까막잡기〉, 〈고향의 봄〉, 〈여름〉, 〈개구리〉, 〈햇볕은 쨍쨍〉 등 111개의 동요, 〈바이올린과 피아노를 위한 소나타〉, 〈피아노 트리오〉, 〈바이올린과 피아노를 위한 2개의 야상곡〉, 〈조선 환상곡〉, 〈3개의 한국민요〉, 〈한국 환상곡〉 등 실내악과 관현악을 작곡한 자랑스러운 세계적 천재 작가이다. 한국 음악 발전에 지대한 공로는 내팽개치고 일제에 부역한 사실만 부각시켜, 식민지 민족의 애환을 달래준 〈봉선화〉를, 동심을 키우고 향수를 달래 주는 〈고향의 봄〉을 부르기 께름칙하게 만들면 안 된다.

2019년에 10여 개의 학교가 친일파가 지은 것이라며 교가(校歌)를 변경하였는데, 단지 작가가 친일파였다는 이유로, 그것도 해방된 지 한참이나 지난 후에 일부러 작가의 과거 행적을 들추어 친일파로 몰아 교가를 바꾼 것은 과도한 PC주의다. 어디서든 어떤 것에든 〈과잉 금지의 원칙〉은 지켜져야 한다. 만약 일본 추종 교가였으면 1945년 해방과 동시에 바로 변경했어야 명분이 선다. 그동안 재학생과 졸업생의 소속감과 유대감을 길러주던 교가가 2019년부터 갑자기 일본 찬양의 노래로 변질됐단 말인가?

작품의 가치는 작품 자체로 새겨야 한다. 작가나 작품의 배경은 참고 사항에 그쳐야 한다. 작가가 여자네 남자네, 흑인이네 백인이네, 가난하네 부자네, 유명하네 무명이네, 어리네 늙었네, 외국인이네 내국인이네 등이 평가의 기준이 될 순 없다. 정신병원에서 그린 고흐의 작품을 미친놈의 그림이라고 짓밟지 않듯이 친일파가 아니라 일본인이 만든 것이라도 작품은 있는 그대로 평가해야 한다.

---

25   당시의 상황에 대해 홍난파의 딸 홍정임 여사가 한 언론과의 인터뷰에서 "감옥에 계신 아버지께 흰옷을 가져다 드리는 어머니가 번번이 피투성이 옷을 받아들곤 일본 경찰에게 '이 분은 몸이 약하신데 제가 대신 감옥에 가면 안 되겠냐?'고 애원하자 '당신도 콩밥이 먹고 싶은 거여?'라는 조롱만 돌아왔다."고 했다.

2017년 윤동주 탄생 100주년을 맞아 생가를 방문한 한 일본인 관광객이 안내판에 윤동주가 일본식 이름인 '히라야마 도주'로 창씨개명한 사실이 빠져 있음을 지적하자, 생가 관리위원회는 안내판에 이 사실을 추가했고, 교육평가원은 교과서에 윤동주의 창씨개명 사실을 명기하기로 결정했다. 너무 어이없다. 숭고한 민족의 저항 시인에게 친일의 꼬투리를 씌우겠다는 말인가?

'성을 갈고 이름을 고친다'는 창씨개명은 명칭부터 잘못됐다. 창씨개명이란 일제 총독부의 입장에서 붙인 일본식 명칭이지 결코 우리식 용어가 아니다. 창씨개명이라 하니 식조인이 우리 이름을 팽개치고 일본 이름을 떠받든 것으로 오해하고 친일 행위로 몰아가고 있다. 일제 치하의 창씨개명은 일본 이름의 문서등록이지 식조인이 일상에서 우리 이름을 버린 게 아니다.

따라서 창씨개명은 '일본이름 강제등록'(일명 강제)으로 용어를 바꿔야 한다. 일본 이름이 없으면 문서나 서류에 인적 사항을 기재할 수 없었기에 학교도 직장도 다닐 수 없고 병원에 입원할 수도 없었으며 혼인 및 출생 신고는 물론 각종 대회와 행사에도 참가가 불가했다.―(마라톤 영웅 손기정도 일본 이름을 쓰지 않으면 올림픽에 출전할 수 없었다) 따라서 일제 치하의 공식 문서가 필요 없는 비밀·암약의 독립투사와 시골·산골·어촌의 소외계층을 제외한 전 식조인의 79.3%가 일본이름을 호적에 등재한 것이다. 식조인의 79.3%가 친일파일 순 없다.

식조 땅에 있는 회사와 공장은 80%가 일본인 소유였다.―(「§ Ⅰ-[9] 마부작침을 새기라고?」 주석 참조) 따라서 식조인이 일본산 물품을 80%나 소비하며 생활을 영위해 간 셈이다. 대부분의 식조인이 일본산 불매운동을 벌이지 않고 돈 주고 사 썼으니 이들을 친일파로 몰 것인가? 일제 치하에선 식조인이 일제 총독부 인쇄국에서 발행한 화폐로 생활을 영위해갔다. 식조 땅에서 일제 발행(일행) 화폐를 안 쓴 사람은 없다. 일본 이름 미등록의 독립투사도 시골·산골·어촌의 소외계층도 일행 화폐를 썼다. 이에 대해 화폐는 국가 주권의 대표적인 상징으로 국민의 주권 의식을 반영한다는 식의 PC주의 잣대를 들이대면 식조인의 일행 화폐 사용은 모두 주권 의식이 없는 친일 행위가 된다.

단재 신채호 선생은 일제가 지배하는 땅에 머리를 숙일 수 없다며 고개 들고 세수하여 바지저고리가 물에 흥건히 젖은 것으로 유명하다. 이를 액면 그대로 해석하여 고개 숙여 세수한 식조인을 친일파라 할 수 있겠는가? 고개 숙여 세수한 식조인을 친일파로 몰면 안 되듯이, 일본 이름과 일행 화폐를 사용한 식조인을 친일파로 몰면 안 된다. 1945년 8월 15일 해방이 선언되자 너도나도 태극기를 들고 뛰쳐나와 만세를 외쳤다. 일제의 서슬 퍼런 폭압 속에서도 식조의 2천6백만 동포는 한순간도 태극기를 잊지 않고 가슴속에 간직해 온 것이다.

죽창가를 외치는 이들은, 고구려와 발해가 중국의 역사라는 '동북공정'을 펼치고 6·25 한국전쟁을 미 제국주의에 맞서 승리한 '항미 원조'라고 억지 부리는 중국과, 80억 원 들여 지은 남북연락사무소를 폭파하고 대남 비방과 핵 도발에 주력하는 북한에 대해선 저자세로 일관한다. 이에 대해 "이기는 전쟁보다 더러운 평화가 낫다."라고 궤변을 늘어놓는데, 그럼, 이완용을 위시한 을사5적의 매국질도 더러운 평화를 추구했으므로 잘했다고 박수치고, 6·25한국 전쟁 때 북한군에 맞서 싸운 국군장병을 더러운 평화를 추구하지 않았다고 질타하잔 말인가? 앞뒤가 맞지 않는 말도 안 되는 죽창가는 더 이상 외쳐선 안 된다.

죽창가를 멈춰야 한다는, 너무나도 가슴 아린 사례로 마무리하자. 수만 관중이 지켜보는 가운데 전 세계에 생중계된 올림픽 폐회식 바로 직전 마지막 경기의 시상식 게양대에 일장기(일본국기)가 가장 높이 휘날리게 하고 기미가요(일본국가)를 세계만방에 울려 퍼지게 한 식조인이 있다면, 죽창가를 외치는 입장에선, 조선의 식민 지배를 정당화하려는 일제의 위상을 한껏 드높였다고, 친일을 넘어 반민족 매국 행위라고 핏대를 세워야 한다. 그러나 어느 누구도 감히 핏대를 세우지 못한다. 1936년 베를린 올림픽 마라톤이라면 누구 얘긴지 짐작이 갈 것이다.

손기정은 세상이 깜짝 놀랄 대회 신기록으로 금메달을 목에 걸어 세계적인 마라톤 영웅으로 부상했다. 하지만 시상대 맨 위에 일장기 유니폼을 입고 올라선 손기정은 어두운 표정으로 고개를 들지 못하고 환호하는 관중들에게 손도 흔들지 못했다. 시상식 내내 금메달리스트에게 주어진 올리브 화분으로 가슴의 일장기를 가리려 애썼다. 일본 이름에 일장기 유니폼을 입고 뛰어야 한다는 것은 알았지만, 시상식 게양대에 일장기가 맨 위로 올라가고 기미가요가 스타디움에 울려 퍼질 줄은 상상도 못했다. 메달의 기쁨을 누리려 출전했다가 일본의 위세만 드높였다는 침통함에 '더 이상 달리지 않겠다'고 다짐했다.

폐막식 후에 마라톤 은퇴를 선언했지만, 동아일보가 이 시상식 사진에서 손기정 가슴의 일장기를 지우고 신문을 배포한 '일장기 말소 사건'으로 인하여 손기정은 귀국 이후 해방될 때까지 일본 경찰의 밀착감시를 받는 고통의 나날을 보냈다. 베를린 올림픽 때 마라톤 동메달을 목에 걸고 손기정과 함께 시상대에 올라섰던 남승룡의 말이 가슴을 저미게 한다. "솔직히 당시 시상대에서 손기정이 부러웠던 건 사실이다. 그러나 내가 부러워했던 건 손기정의 목에 걸린 금메달이 아니라 가슴의 커다란 일장기를 조금이라도 가릴 수 있었던 손에 든 올리브 화분이었다."

😊 각주20 답

① 아야어여 오요우유 ② 글을 사랑해서 글러브를 선사했다. ③ 중국사신이 나라이름을 지어달라고 하자 "한글은 소리글자로 뜻글자인 중국의 한자와 근본이 다르니 차이나로 하라."고 하자 "오, 차이나!" 캐나다사신이 요청하자 "한글 창제 기념으로 시험삼아 가나다로 하라."고 하자 "오, 카나다!" 미국사신이 요청하자 "아직 있지도 않은 나라니 아무렇게나 지어라."고 하자 "오, 아무리카!" 영국사신이 요청하자 "아, 귀찮아 책이나 읽을란다."고 하자 "오, 잉글란다!" 마지막으로 일본사신이 요청하자 "니 뽕이다 따샤."고 하자 "오, 니뽄, 울트라 니뽄!"

·*💦 머리를 식혀요 💦*·

【 깨진 것, 깨친 것 】

옛날에… 전라도에 한 지체 높고 나이 지긋한 황 대감이 살았습니다. 어느 날 황 대감은 몰이꾼들을 데리고 지리산으로 사냥을 갔습니다. 그런데 사냥에 너무 정신이 팔린 나머지 몰이꾼들과 떨어진 채 혼자 산속을 헤매게 되었습니다. 일행을 찾다 지친 황 대감은 날이 어두워지자 무서워졌습니다. 계속 산속을 헤매던 중 그만 커다란 곰 한 마리와 마주하게 되었습니다. 황 대감은 도망치려 하였으나 늙은 몸으로 험한 산속에서 곰의 추격을 뿌리칠 기력이 없었습니다.

모든 것을 체념할 수밖에 없었던 그 순간 다행히도 몰이꾼 중의 한 명인 젊은 청년 돌쇠가 나타났습니다. 돌쇠는 용감히 곰과 싸워 황 대감의 목숨을 구해 주었습니다. 하지만 곰을 물리치는 와중에 돌쇠는 한쪽 다리를 잃었습니다. 천신만고 끝에 집으로 돌아온 황 대감은 자신을 구해 주느라 불구가 된, 오갈 데 없는 돌쇠를 하인으로 거둬 먹여 주고 재워 주기로 했습니다.

전라도에서 가장 세도가 높은 황 대감은 별채에 차려놓은 품격 높은 도서화와 도자기를 지방의 유지들에게 자랑하길 좋아했습니다. 그중에서 특히 조상 대대로 물려받은 가보로 귀하고도 귀중한 쌍둥이 고려청자 한 쌍을 무척 자랑스러워했습니다. 평생 목발 신세가 된 돌쇠가 안쓰러워 황 대감은 돌쇠에게 그 별채를 돌보는 일만 시켰고, 돌쇠는 열성으로 별채를 보살폈습니다.

돌쇠는 처음에 그저 황 대감이 편히 먹여 주고 재워 줘서 고맙게만 생각하고 별채를 청소했었습니다. 그러나 하루 이틀 별채를 쓸고 닦으면서 작품들을 직접 손으로 만져 보고 종일토록 바라보고 있자니, 점점 자기도 모르게 그림과 도자기를 뚫어지게 쳐다보며 감상하게 되었던바, 드디어는 주인인 황 대감보다도 작품들에 대해 더 뛰어난 안목과 함께 애착을 갖게 되었습니다. 특히나 쌍둥이 청자를 닦을 때면 청자에 깃든 고려시대 최고 장인의 혼이 느껴져 전율하곤 했습니다. 황 대감은 이를 기특하게 여겨 돌쇠를 더욱 신임했고 돌쇠 이외에는 그 어느 누구도 별채에는 얼씬도 못하게 했습니다.

어느덧 세월은 흘러 황대감이 죽고 대감 부인도 죽었습니다. 황대감의 뒤를 이어 그의 아들이 별채의 새 주인이 되었습니다. 바뀐 주인 또한 가보를 아주 소중히 여겼고 별채의 관리를 계속 돌쇠에게 맡겼습니다. 돌쇠는 더욱 성심을 다하여 별채를 돌봤습니다. 대감 부부가 죽은 뒤부턴, 돌쇠는 별채 문을 여닫기 전에 꼭 두 손을 합장하고-(방 안에 마치 높으신 분이 계신 듯) 고개 숙여 예의를 갖추었습니다. 쌍둥이 청자를 다룰 때에는 마치 돌아가신 대감 부부를 대하듯 정성을 더했습니다. 대감 아들이 별채에 들른 어느 날…:

"내 눈에는 이 청자 한 쌍이 똑같이 보이는데, 넌 구별이 가는가 보구나."
 -"얼핏 보기엔 똑같아 보이오나 찬찬히 들여다보면, 왼쪽 것은 전체적인 색감이 그윽하
   고 오른쪽 것은 은은함을 알 수 있사옵니다."
"허어, 난 아무리 들여다봐도 모르겠구나."
 -"저도 오늘같이 맑은 날에나 겨우 구별이 가능합니다."
"네 눈이 참 밝구나."
 -"그윽한 것은 왼쪽에, 은은한 것은 오른쪽에, 자리가 바뀌지 않게 늘 주의하고 있습니다."
"고놈, 꼭 돌아가신 아버님, 어머님 대하듯 놓인 자리까지 신경 쓰는구나."
 -"부족할 따름입니다."
"그럼, 돌쇠야, 아버님 어머님 계속 잘 모시거라."
 -"예, 나으리."

황 대감 아들은 자신을 대신하여 조상을 극진히 받드는 것 마냥 정성을 다하는 돌쇠의 마음 자세를 늘 흐뭇하게 여겼습니다. 그런데… 그러던 어느 날 돌쇠가 별채를 평소처럼 청소하던 중, 청자를 수건으로 닦다가 그만… 목발을 헛디뎌 몸이 휘청…. 아아, 이럴 수

가… 청자 한 점을 방바닥에 떨어뜨리고 말았습니다. 황 대감이 목숨보다 더 아끼던 청자를… 떨어진 청자는 산·산·조·각 박살이 났습니다!!! 이에 황 대감 아들은 화가 머리끝까지 솟았습니다. 황 대감집 사람들이 마당에 모두 모여 질질 끌려온 돌쇠를 걱정스럽게 바라보며 웅성댔습니다.

"네 이놈 돌쇠야! 오갈 데도 없는 너를, 아버님을 구해 주었다는 이유 하나만으로 편히 먹여 주고 재워 주었거늘, 그 은혜를 갚기는커녕, 그래 너는 아버님이 목숨보다 더 소중히 여기셨던 청자를 깨뜨렸단 말이냐! 여봐라! 저놈을 당장 물고를 내고 우리 집에서 내쳐라!"

단 한 번의 실수로 흠씬 매 맞고 황 대감 집에서 쫓겨나게 된 가엾은 돌쇠, 황 대감 아들께 마지막 하직 인사를 드리는데…, "쇤네, 죽을죄를 짓고도 나리의 넓으신 아량으로 목숨을 부지하게 되어 백골난망이옵니다. 외람된 말씀이오나 나리의 은혜를 입은 몸으로 마지막 청이 있나니, 쇤네가 그동안 날마다 쓸고 닦으며 지켜온 별채를 마지막으로 딱 한 번만 더 보고 떠날 수 있도록 한 번 더 아량을 베풀어 주옵소서."

"뭐, 뭐라, 저놈이 아직 혼이 덜 난 모양이로구나, 여봐라…." - "여보 영감…." 이 광경을 안쓰럽게 지켜보던 부인이 어렵게 입을 뗐습니다. "돌쇠가 청자를 일부러 깬 것도 아니고, 매일같이 봐왔던 자의 마지막 소원인데, 그간의 정을 생각해서라도 노여워만 마시고 못이기는 척, 들어줍시다. 딴엔 돌아가신 아버님께 마지막 하직 인사드리고자 하는 것 같은데…."

"으… 음… 그럼…가?" 마음이 좀 가라앉은 황 대감 아들은, "이놈 돌쇠야, 마님의 부탁이니 네 마지막 청을 들어주마. 앞장 서거라!" "아버님…." 별채로 향하는 중에 딸도 한마디 거들었습니다. "저 돌쇠는 할아버님을 구하다 다리를 잃었는데, 오늘 또 저토록 매 맞고 쫓겨나면 저 만신창이 몸으로 앞으로 어떻게 살겠어요? 어디 가서 치료나 할 수 있을는지…. 너무 안됐어요. 착하고 성실한데, 그만 용서하시고, 제발…, 내치지는….”

“으… 음…. 내… 생·각… 에도 그·렇…구나.”

별채에 들어 선 돌쇠와 대감 가족들, 그리고 별채 주변에 웅성대는 여러 하인들…. 돌쇠가 목발을 절며 찬찬히 별채 안을 둘러보자 주위는 찬물을 끼얹은 듯 조용해졌습니다. 이윽고 깨진 청자 앞. 돌쇠는 무릎을 꿇고 바닥에 흩어진 사금파리를 쓸어 두 손에 꼭 쥐었습니다. 날카로운 사금파리에 베어 꽉 움켜쥔 두 손에선 피가 흘러 바닥으로 뚝뚝 떨어졌습니다.

부서진 청자 조각을 부여잡으며 하염없이 흐느끼는 돌쇠. 시간이 멈춘 듯 흐르는 적막 속에 돌쇠의 흐느낌 소리. 흑·흑·흑…. 돌쇠는 천천히 그 자리에서 일어났습니다. 청아한 자태를 드리운 하나 남은 청자를 풀린 눈동자로 물끄러미 바라보았습니다.

헌데 순간…, “대-감-마-님-!”하는 울부짖음과 함께 ‘쨍그랑’소리가 울려 퍼졌습니다. 아아, 그것은, 나머지 청자가 박살난 소리였습니다. 아니, 그건 분명 돌쇠가 울부짖으며 일부러 집어던져 깨버린 것이었습니다.

“아니, 이런! 네 이놈 돌쇠야! 내가 딸의 말을 듣고서 지난 일은 용서하고 다시 너를 우리 집에 들이려고 했거늘, 어찌하여 넌 하나 남은 청자를 일부러 깨뜨리는가? 네 정녕 죽고 싶어 환장한 게로구나!”

- “나으리, 쇤네는 매일 저 청자를 닦았습니다. 무지렁이인데도 하루하루 닦다보니 감상하는 눈도 트였습니다. 정말 청아하고 아름답기 그지없더이다. 돌아가신 대감마님 생각도 절로 났고요. 지금 막 대감님께 마지막 하직 인사를 마치려는 순간 불현듯, 이제사 깨달았습니다. 저 청자는 감상하고 회상하는 가치는 있어도 실생활에는 전혀 보탬이 안 된다는 것을…!”

"뭐… 뭐… 뭣이라…?"

- "저 청자가 있는 한, 분명 누군가에게 관리가 맡겨질 것이고, 언젠가는 결국 깨지거나 도둑맞을 것입니다. 쇤네는 돌아가신 대감마님의 생명의 은인으로서 목숨만은 부지할 수 있었지만 그 누군가는 분명 죽음을 면치 못할 것입니다. 그런 불행한 일이 그 누군가에게 일어나느니 차라리 쇤네가 그 장본인이 되는 것이 불행을 조금이라도 줄이는 것이라 생각됩니다."

"이… 이… 이놈이…."

- "또한 저 청자는, 오로지 소장하고 계시는 나리에게나 기껏 감상하고 자랑할 가치만 있지, 저 청자가 있는지조차 모르는 뭇사람들에게는 아무런 가치도 없습니다. 도리어 일손과 장소만 축내는 애물단지에 불과합니다. 쇤네의 미천한 생각엔 값싼 옹기그릇만큼도 쓸모가 없는 저 청자로 인해 더 이상의 불행한 일이 생기지 않기를 바랄 따름입니다."

"…, …, …, …."

- "외람된 말씀이오나, 감히 쇤네가 깨뜨린 것은 보물단지가 아니라 애물단지입니다. 하여, 나리께 맞아 죽을 각오까지 하고 일을 저질렀나이다. 부디, 헤아려 주시옵소서, 나으리."

"… 으음, 네놈이… 청자보다도 더 단단한 고정관념을 깼구나…!"

다음 날….

황대감 아들은 별채의 도서화와 도자기들을 모두 처분하고 그 처분한 돈으로 어려운 이

옷을 도왔으며,-(품삯도 후하게 쳐줬다고 함) 별채는 마을 사람들과 정담을 나누는 사랑방으로 꾸몄습니다. 그리고 목발 신세의 돌쇠에겐 가벼운 집안일을 도우며 대감집에 더부살도록 했답니다.

생각 더하기

글을 읽고 감동이 느껴졌다면 당신에겐 따뜻한 마음이 충만하다는 것을 확신할 수 있습니다. 그러나 이 글은 필자가 이야기의 완성도를 높이기 위해 전체 얼개를 극적으로 짜맞춰 지은 것임을 밝힙니다. 결코 멀쩡한 청자를 깨버리는, 보물단지를 애물단지로 여기는 '극단적' 실용주의를 설파하려는 것이 아닙니다. 다층적 시너지 효과를 위해 기승전결의 구성으로 글을 짓다보니 주인공이 돌쇠로 됐지만, 글의 본 취지는, 돌쇠의 돌발적 행동을 통해 황 대감 아들이 새롭게 깨치고 그 깨친 바를 실행에 옮겼다는 것에 있습니다.

필자는 "옷이 몸만 가리면 됐지 모양이나 디자인이 뭔 상관이야."라고 생각하지 않습니다. 옷이 얼룩지면-('옳다 그르다'를 떠나)- 깨끗이 빨아 입는 것이 좋다고 생각합니다. 무늬와 장식으로 맵시 나게 꾸민 옷을 두고 멋지다고 칭송하지, 쓸데없는 낭비요 사치라고 힐난하지 않습니다. 지금 입고 있는 옷으로 충분하다면서 선물 받은 새 옷을 일부러 찢어 버리진 않습니다.-(멀쩡한 청자를 일부러 깨버린 돌쇠의 행동에 충격을 받았을지도 모르는 독자들에게 드리는 변명입니다)

사람이 밥만 먹고 살 수도 있을 겁니다. 하지만 필자는 밥만 먹고 사는 삶을 결코 인간다운 삶으로 보지 않습니다. 결말 부분을 황 대감 아들이 별채의 도서화와 도자기를 불태우거나 깨버리지 않고 처분한 것, 처분한 돈으로 어려운 이웃에게 품삯을 후하게 쳐주는 것, 그리고 별채를 사랑방으로 꾸민 것, 돌쇠를 용서하고 같이 살게 한 것, 목발 신세의 돌쇠에게 새 역할을 부여한 것 등으로 마무리함으로써, 희미하게나마 실용주의와 휴머니즘의 조화를 시도해 봤습니다. 긴장감을 높이기 위해 글의 아귀를 짜맞추다보니 전반적으로 황 대감 아들을 별로 부각시키지 못해 못내 아쉽습니다. 이는 글재주에 미욱하고 용렬(庸劣)한 짧은 머리의 한계라 생각합니다. 긴장감이 뚝 떨어지는 결말의 전개는 어쩔 수 없는 최소한의 몸부림이었다고 위안삼고 싶습니다.

PART 4

교육/사회·문화 영역

"교육이 살아야 사회가 바로서고 문화가 피어난다"

Critical Creative
Thinking Innovation

_{교육}【 1 】언제까지 3월 학기제를

개화기 이후 근대적 학교의 보편화로 본격 도입된 우리나라의 학기제는 일제강점기 때 4월 1일 시작, 이듬해 3월 31일 종료로 시행됐다. 1945년 광복 후 미군정 때 1학기를 9월 1일에 시작하다가, 1948년 미군정 종료 후 매년 한 달씩 앞당겨 1953년 이후 4월 학기제가 됐다. 1961년 박정희 정권이 출범하면서 한 달 더 당겨 3월 학기제가 됐고 이것이 지금까지 이어지고 있다. 가을 학기제를 실시하는 세계 주요국[1]에 발맞추기 위해 1997, 2007, 2014, 2020년에 9월 학기제가 공식 제기됐지만 구 학령(學齡)과 신 학령 간의 간극(갭), 학사 회계연도 개시 및 수능 일정, 약 10조 원에 달하는 비용 등의 이유로 불발됐다.

그러나 9월 학기제 반대의 근거가 너무 약하다. 단번에 3월 학기제를 9월 학기제로 바꾸면 당연히 학령 간의 갭의 문제가 불거진다. 하지만 미군정 종료 후 시행했던 것처럼 매년 한 달씩 앞당기는 방법을 사용하면 3월 학기제를 9월 학기제로 무리 없이 전환할 수 있다. 그러면 학사 회계연도 개시와 수능 일정도 매년 한 달씩 앞당겨 시행하면 자연스레 해결된다. 10조 원의 비용은 9월 학기제로 국가 전체가 얻는 것에 비하면 그리 큰 것이 못된다.

9월 학기제를 시행하는 주요국과 동떨어진 3월학기제로 보는 피해를 해외로 유학 가는 몇몇 학생들에 국한하기 때문에 대수롭지 않게 여긴다. 하지만 해외에서 우리나라로 유학 오는 학생들도 마찬가지이기 때문에 2중으로 계산해야 한다. 또한, 대학의 각종 해외 교류에도 학기가 어긋나 피해가 크다. 가장 큰 문제는 3월 학기제로 인해 시행되는 봄방학 전의 2월 학기 수업이 부실하게 돼 낭비적인데, 매년 반복되는 부실한 전국의 초중고 2월

---

1   2014년 교육부에서 세계주요국에 발맞춰 9월학기제를 제안하자 국회에서 야당이 세계주요국이 모두 9월학기제를 실시하는 것이 아니라며 반대하여 무산됐다. 그때 제시된 나라들이 1월학기제의 남아프리카공화국과 2월학기제의 호주, 브라질, 아르헨티나 등이다. 하지만 이들은 남반구에 위치한 나라들이기 때문에 이것이 가을학기제인 것이다.

수업으로 낭비되는 사회적 비용은 10조가 아니라 10경도 넘는다.

우리나라가 가난하던 시절엔 혹독한 겨울[2]을 나기가 힘들어 겨울 방학을 길게 하는 것은 효과적이었다. 그러나 이제는 겨울 난방을 걱정할 땐 지나간 지 오래다. 여름 나기는 잘살고 못사는 것과 무관하다. 선풍기와 에어컨이 있어도 여름나기는 여전히 힘들다.[3] 오히려 지구온난화로 인하여 여름이 더 길어지고 더 더워졌다. ―(지구온난화에 대해선 「§V-[3] 북극의 빙하가 다 녹으면?」 참조) 그런데도 우리나라는 아직도 여름 방학은 짧고 겨울 방학이 길다. 거꾸로 된 것을 이젠 바로 잡아야 한다.

지금의 3월 학기제하에선 수업 일수 확보를 위한 학사 일정상 여름방학을 길게 하기 어렵다. 상반기는 3~7월의 5달인데 하반기는 9~12월로 4달밖에 안 된다. 전자는 1학기, 후자는 2학기인바, 1학기와 균형을 맞추기 위해 2학기는 8월 중순에 개학해야 하고 2월에 1~2주 정도 수업 일수를 또 확보해야 하는 문제가 있다. 9월 학기제로 전환하면 이런 것들이 해결된다.

전국적으로 시민들의 휴가가 7, 8월 여름에 집중되므로 여름 방학을 7, 8월 2달을 기본으로 잡으면 국민 경제 활동에도 부합한다. 다만, 9월 학기제에선 졸업 일정 업무와 진급 및 대입 행정 업무를 위해 6월 말과 9월 초를 여름 방학 기간으로 추가해서 운영할 필요가 있을 것이다. 6월 말과 9월 초의 추가적인 수업 결손을 보충하기 위해, 즉, 수업 일수 확보를 위해 겨울엔 긴 방학이 아닌 2주(2월초)의 휴식기(Winter-Break)를 두는 것이 합리적이다. 이 휴식기를 1,2 학기 구분점으로 하면 여름 방학을 길게 하면서도 1, 2학기 수업일수를 균형 맞출 수 있게 된다.

---

2   겨울에 옷의 정전기로 고통받는 분들이 꽤 많은 것으로 알고 있다. 필자도 그런 편인데 인터넷엔 옷에 클립을 꽂을 것을 소개하고 있다. 그런데 옷 갈아입을 때마다 클립을 꽂는다는 것이 그리 용이치 않다. 그래서 필자는 핸드폰 고리에 클립과 옷핀을 달고 다닌다. 클립과 옷핀은 정전기 예방에도 좋고 비상시에 요긴하게 쓸 수도 있다.

3   여름철엔 에어컨에 의지하는 날이 많은데 에어컨을 오래 틀면 전기료도 만만치 않고 건강에도 좋지 않다. 에어컨을 최소화하기 위한 방법은 물수건을 어깨에 두르는 것이다. 흥건하게 적신 수건을 물이 흘러내리지 않을 정도로 짜서 어깨에 걸치면 시원하게 보낼 수 있다. 잘 때도 까실한 홑이불을 물 적셔 흘러내리지 않을 정도로 짜서 덮고 선풍기를 틀어 회전시키면 시원하게 잘 수 있다. 이 때 선풍기를 고정시키면 바람 안 오는 쪽은 오래 축축해서 불쾌감이 크다. 넥타이를 매면 2℃ 정도 더 더워진다는 것이 알려지면서 여름에 넥타이를 안 매는 사람들이 늘어났다. 그런데 메리야스는 습관적으로 입는 사람들이 많다. 메리야스 착용 여부는 3℃ 정도의 차이를 보인다. 생활복 안에 반팔 면티를 받쳐입는 학생들이 많은데 면티 착용 여부는 4℃ 정도로 차이가 더 크다.

【 2 】 9시 등교에 대하여

2015년부터 경기도는 일부의 반발에도 불구하고 학생들의 아침 식사 시간 확보라는 명분으로 중·고교의 등교 시간을 8시에서 9시로 늦췄다. 경기도에 이어 서울시도 9시 등교를 시행하려고 하였으나 반대 여론에 막혀 취소됐다.

당시의 여론에선 첫째, 등교가 늦춰지면 하교 시간이 늦어질 것이라며 귀가 시간이 늦어지는 것이 더 싫다는 것, 둘째, 등교 시간을 늦추면 학생들이 아침을 챙겨먹는 게 아니라 더 늦게 자고 더 늦게 일어날 것, 셋째, 9시 등교가 시행되면 부모가 출근한 한참 뒤에 아이들이 등교하게 되므로 부모 입장에선 아이들을 뒤로 한 채 발걸음을 떼기 쉽지 않다는 것 등의 이유로 반대가 컸었다. 그런데 이러한 반대의 논리가 합당한 근거에 기반한 것인지 하나하나 뜯어 보자.

첫 번째 논리는 주관적인 판단에 따른 것으로 반대 이유로 합당하지 않다. 만약 이 논리가 객관성에 근거한 것이라면 이들은 8시 등교를 7시로 앞당기면 귀가 시간이 빨라져 좋아해야 한다. 등교시간을 6시로, 5시로 당길수록 하교 시간이 점점 빨라져 기뻐 날뛰어야 하지만 결코 그렇지 않을 게 뻔하다. 첫 번째 논리는 변화를 싫어하는 관성적 습관에 기인한 것으로 다분히 주관적 판단인 것이다.

두 번째 논리는 한 면으론 일리가 있다. 늦게 자고 늦게 일어나는 것은 당연한 생체물리학적 현상이다. 그러나 문제는 이 현상을 등교를 늦춰서 일어나는 일로 상정하는 것에 있다. 동물원의 유인원을 보면 해가 떨어지기가 무섭게 바로 잠들고 해가 뜨면 일어난다. 주행성이라서 그런 건데 밤이 긴 겨울엔 14시간, 밤이 짧은 여름엔 9시간 정도 잠을 잔다. 해 없는 시간을 수면 시간으로 확보하지 못하면 생체리듬이 어그러진다.

인간도 주행성이므로 해가 떨어지면 잠자고 해가 뜨면 일어나는 것이 생리학적으로 맞다. 그러나 인간은 해가 떨어진 후로도 불을 밝혀 활동하기 때문에 잠드는 시간이 상당히 많이 늦어졌다. 따라서 충분한 수면 시간 확보를 위해 일어나는 시간을 지금보다 1~2시간 늦춰야 생체물리학적으로 합당하다. 등교 시간 정책과 무관하게 기상 시간을 1~2시간 늦춰야 하는 것이다.

세 번째 논리는 상당히 설득력이 있다. 하지만 이는 부모의 출근은 그대로 두고 학생들의 등교만 늦춰서 빚어지는 빗나간 탁상행정에 기인한다. 학생 등교에 맞춰 부모의 출근도 1시간 늦추면 된다. 앞에서 언급했듯이 사람의 기상 시간을 애·어른 할 것 없이 지금보다 1~2시간 늦추면 저절로 해결된다. 우리나라는 국제표준시보다 30분 빠른 시계를 쓰고 있기 때문에 정상적인 시각보다 30분이나 일찍 일어나게 돼있다. 아침엔 알람이 울린 뒤 1분이라도 더 자고 싶은 것이 인지상정인데 30분이나 아침잠 시간을 빼앗기고 있는 것이다. 그런데 우리나라 시각은 국제표준시보다 왜 30분이나 빠를까?

우리나라는 기계식 시계가 도입되던 개화기 때에 세계표준시각에 맞출 필요가 생겼다. 당시의 국제표준시는 런던의 그리니치 천문대를 기점으로 지구의 경도 15° 간격, 즉 1시간 간격으로 잡았다.(360°÷24시=15°) 서울은 동경(東經) 127.5°로 120°와 135°의 중간에 위치한다. 서울 기준으로 120°는 30분 늦고 135°는 30분 빠르다. 당시에 30분 단위는 허용되지 않아서 둘 중 하나를 택해야 했는데, 전자는 중국의 베이징 시(時)이고 후자는 일본의 도쿄 시(時)인바, 개화기의 대한제국은 결정권에 힘을 잃고 흐지부지되다가 1912년 일제강점기 때에 일본이 식민지 조선에 도쿄 시를 강제하여 지금까지 이어지고 있다.

따라서 실제론 우리나라가 영국보다 8시간 30분 빠른데, 실생활엔 9시간 빠른 시계를 쓰고 있는 것이다. 1912년부터 현재까지 우리나라 사람은 정상보다 무려 30분이나 일찍 일어나는 것이다. 억울하지 않은가? 지금은 스피디한 국제화 시대에 발맞춰 국제표준시를 30분 단위까지 허용하고 있다. 따라서 우리나라 시각을 30분 늦춰 정상으로 되돌릴 수 있다. 하지만 아직 시행하지 못하고 있다. 표준시각을 변경하는 데에 드는 사회적 비용을 고려한 것인데, 이는 잘못된 표준시로 전 국민이 매일매일 짊어지는, 게다가 대대로 이어지는 평생의 피해에 견줄 바가 못 된다는 것을 직시해야 한다.[4]

---

4   1987년과 1988년에 여름의 표준시를 1시간 앞당기는 서머타임제를 시행했었는데 생각보다 비용이 그리 크지 않았다. 참고로 북한은 2015.8.15.에 일제청산의 주체사상에 입각하여 30분을 늦춘 평양시간을 시행했다. 그러다가 2018.4.29. 남북정상회담 때 남북의 표준시 괴리로 인한 상호간의 불편함을 없애기 위해 남한의 표준시에 맞춰 다시 되돌렸다.

교육 【 3 】 문·이과 통합을 어떻게

세간에 떠드는 말로 시대는 바야흐로 창의성 인재를 넘어 융합형 인재를 필요로 한다고 한다. 여기에 발맞추려 학교 교육도 문·이과 통합의 기치 아래 문과반, 이과반의 구별을 없앴다. '문·이과 통합'은 멋있어 보이는 구호이지만, 이는 교육의 '교'자도 모르는 무식한 행정이다. 문과 이과 어느 한 과에 편중하지 말자는 취지는 이해되지만, 그렇다고 문과와 이과를 통합할 수는 없다. 음악, 미술, 체육을 예체능 교과로 통칭하지만 이들조차도 통합하지 않는다. 축구하면서 노래하고 그림 그리는 수업은 있을 수 없다. 독어, 불어, 일본어, 중국어 등의 교과를 제 2외국어 교과로 통칭한다. 이들이 모두 제2외국어에 속하지만 한 교실 안에서 독어, 불어, 일본어, 중국어를 동시에 가르치고 배운다면 소가 웃는다.

한 영역으로 묶어 통칭하는 교과들조차 통합을 하지 않는데, 영역이 현격히 다른 문과와 이과를 통합한다? 교육을 망치는 지름길이다. 고등학교 1학년 '통합사회' 교과를 보자. 정치, 경제, 역사, 지리, 윤리, 사회문화로 나누어진 기존의 사회 교과 영역을 하나로 통합하여 가르친다는 취지로 만들어진 교과서인데 내용을 들여다보면 총 9개 단원으로 구성돼있다. 단원을 왜 9개로 나누었는가? 영역이 다른 교과를 하나로 통합한다면서 정작 단원은 통합하지 못한 것이다. 무릇 '단원'은 '교과'의 하부 단위이다. 상부 단위보다 하부 단위가 통합이 더 쉬운 것인데, 단원을 나누었다는 것에서 통합사회가 성립할 수 없다는 것을 여실히 드러낸 것이다. 통합과학도 마찬가지이다. 통합사회, 통합과학조차 견강부회(牽强附會)인데 이보다 더 상위의 영역인 문과와 이과를 어찌 통합할 수 있겠는가? 정 문·이과 통합을 관철시키려면 외고와 과학고부터 하나로 통합하라.

문과나 이과의 어느 한 영역에만 치우치는 편향된 교육에서 벗어나 종합적 사고력을 갖춘 인재교육이 필요하다는 것에는 동감한다. 하지만 문·이과 통합은 방향이 잘못됐다.

문·이과 통합의 시행으로 말미암아 학급 편성에 문·이과 구분이 없어져 학생들의 정체성과 학급의 소속감이 희석됐다. 문과와 이과의 지망이 서로 다른 학생들이 한 반에 섞여 있다 보니, 서로의 유대감도 약해지고 중요한 정보의 교류 및 공유도 힘들어졌다. 하루에 3~4개의 선택과목에 따라 이동 수업을 받다보니 안정감과 집중력이 심각하게 떨어졌다. 감정이 예민한 성장기의 학생들은 자기 교실, 자기 자리에 앉아 공부해야 정서에도 도움이 된다. 문·이과 통합으로 발생한 폐해는 이루 말할 수가 없다. 문·이과 통합은 당장 폐기해야 한다.

그럼 편중된 교육에서 탈피하려면 어떻게 해야 하는가? 통합사회, 통합과학은 공통사회, 공통과학으로 명칭을 변경하고, 1학년엔 공통사회Ⅰ과 공통과학Ⅰ을, 2학년엔 공통사회Ⅱ와 공통과학Ⅱ를 이수하게 하면 된다. 그리하면 2학년에 문과반·이과반을 구분하여 편성해도 전혀 무리가 없게 된다. 다만, 2학년 교과Ⅱ의 커리큘럼을 필요 이상으로 어렵게 해서는 안 된다. 고등학교에 맞는 '젠트리'(gentry) 수준을 넘어서면 안 된다. '젠트리' 수준은 '교양'의 수준을 의미한다. '젠트리' 수준을 뛰어넘는 고도의 전문 교육은 대학생들에게 적용해야 한다.

우리나라 고교 교육내용은 과도하게 어려운 경향이 있다. 수능이 해마다 새로운 고난도 문제를 양산하다 보니 여기에 맞춰 고등학교 수업도 거의 대학원 수준으로 진행되고 있는 실정이다. 학생들의 지적 능력은 초·중·고의 순서를 거쳐 단계적으로 높아진다. 시대가 아무리 변해도 고3은 고3이다. 정상적인 교육 단계상 고3의 지적 능력은 대학생보다 높을 수 없다. 고3의 지적 능력을 넘어서는 수능 문제들로 인하여, 이에 맞춘 고등학교 수업으로 인하여, 고교에서 학업 및 수능 포기자가 늘어나고 있다는 것을 직시해야 한다.

태권도는 단계에 따라 띠 색깔을 달리한다. 초등 저학년은 흰 띠, 초등 고학년은 노란 띠, 중학교는 초록 띠, 고등학교는 파란 띠, 대학교는 빨간 띠, 대학원은 검은 띠라고 하자. 태권도장에 갓 들어온 어린 초보자에게 흰 띠가 아닌 파란 띠를 두르게 하면 안 된다. 초등학교 저학년에게 송판을 격파하는 파란 띠의 실력을 강요하면 고사리 손은 기형이 된다. 고등학생들에게 파란 띠의 실력을 갖추도록 교육이 이루어져야 합당하다. 하지만 지금의 수능은 고등학생에게 검은 띠의 실력을 요구하고 있다. 다시 한 번 이야기하지만 고3은 고3이다. 작년의 고3과 올해의 고3에게 가르쳐지는 내용은 같기에 교과에 따른 고3의 지적인 학습 능력은 해가 가도 같다는 것을 인식해야 한다.

이제 융합형 인재에 대해 살펴보자. 고도의 통찰적 사고가 필요한 융합형 인재는 어설픈 방식으로 길러지진 않는다. 젠트리 수준의 교양 교육으로는 어림없다는 것은 인정한다. 그렇다고 대한민국 학생 모두가 그런 고도의 융합적 인재가 될 필요는 없다고 본다. 사회에는 융합형 인재가 필요한 분야가 있고 그렇지 않은 분야도 있다. 오히려 융합형 인재가 필요한 '용광로 적' 분야는 아주 드물다. 고도의 통찰적 사고를 요하는 융합형 인재는 특목고에서 전담하여 '엘리트 교육'으로 육성하면 된다. 융합형 인재 양성이라는 기치로 평범한 학생들이 다니는 일반고까지 '용광로 학원'으로 몰지 말아야 한다.

^{교육}【 4 】 사교육을 때려잡자?

　우리나라의 교육열은 세계 최고 수준이다. 교육을 비좁은 신분 상승의 사다리로 여기기에 아주 치열하다. 그런데 금수저·흙수저의 헬조선이라고 한탄하면서도 사교육에 열을 올린다. 흙수저는 어쩔 수 없다면서 사교육에 열 올리는 건 이중 잣대이다. 사교육은 금수저·흙수저를 가리지 않는다. 혹자는 금수저의 사교육은 흙수저의 사교육과 차원이 다르다고도 하는데 상위 1%의 금수저를 서민에 포함시키는 일반화는 지양해야 한다. 상위 1%는 어느 나라든 그들만의 세계가 있는 법이다. 상위 1%를 끌어내리는 것도, 모든 국민을 상위 1%로 끌어올리려는 것도 좋지 않다. '다름'을 인정해야지 '틀렸다'라고 하면 안 된다.

　우리나라의 일반 가정이 지출하는 평균 사교육비는 만만치 않다. 저출산의 한 요인으로도 자리하는 사교육비가 서민들에게 커다란 짐이 된다. 이에 정부는 온갖 방안을 강구하고, 우리나라 교육이 사교육에 몰려 공교육이 무너진다는 우려에 사교육 시장 잡기에 심혈을 기울이고 있다. 하지만 해방 후 교육이 전 국민적으로 확대 시행된 이후 사교육이 잡힌 적이 없다. 도리어 사교육 열풍은 점점 더 거세지고 있다.

　문제는 사교육에 대한 근본적 인식이 잘못됐다는 것이다. 사교육을 공교육의 보완 시장으로 볼 필요가 있다. 사교육은 공교육의 침해가 아니라 확장이다. 사교육을 때려잡을 수도 없거니와, 사교육이 사라지면 공교육도 메마르게 된다는 것을 직시해야 한다. 사교육이 일천했던 과거 1960~80년대의 공교육을 보라. 지금에 비해 얼마나 열악했는가? 과거에서 현재에 이르기까지 사교육이 커져서 공교육이 무너지는 것이 아니라 서로 상생관계에 있다는 것을 보여 준다. 필자가 살펴본 교육의 노정에서 공교육은 과거에서부터 현재에 이르기까지 꾸준히 발전해 왔다.

　또한 공교육만으로 부족한 신분 사다리를 사교육이 보완해 준다는 인식의 전환도 필요하다. 교과 수업 위주로 편성된 학교의 교육 과정에선 대학별 논술, 수시, 면접, 예체능 실기, 입학 사정관제, 학생부 종합전형 등을 소화해낼 수 없다. 이들을 대처하기 위해 방과 후 학교를 운영하기도 하지만 '방과 후'라는 용어에서 정상적인 학교 교육 과정이 아니라는 것을 단적으로 드러낸다.

교사는 교과의 전공자이지 교과 이외의 앞의 영역들에 전문가가 아니다. 이들 영역은 여건이 갖춰진 사교육에서 전문적으로 준비해야 효과적이다. 끊어진 사다리를 사교육이 이어 주는 것이다. 정규 수업이 끝나고 실시되는 방과 후 학교는 정상적인 근무 시간 후에 추가하는 것이므로 교사가 혹사당한다. 학교처럼 정규 시간에 구애받지 않는 여유롭고 자유로운 학원에서 '방과 후'를 담당하도록 하는 것이 역할 분담 측면에서 효율적이라 생각한다. 정규 시간은 학교에서, 방과 후 시간은 사교육에서 맡자는 것이다.

학생들이 학원에 몰려 학교를 등한시한다는 것도 잘못된 인식이다. 학생들이 학원에 다닌다고 결코 등교를 멀리하거나 학교 수업을 소홀히 하지도 않는다. 과거 1960~1980년대의 학교 수업에선 교사의 몽둥이가 무서워 듣는 척한 학생들이 대다수였고 교사에게 수업 내용에 대해 질문하는 학생도 찾아볼 수 없었다. 도리어 교사의 몽둥이가 사라진 지금의 학생들이 학교 수업에 더 열심이고 질문도 곧잘 한다.

2011년부터 사교육을 뿌리 뽑고 부교재 채택비리를 근절하겠다는 명분 아래 수능에 EBS 연계 문제를 70% 반영하겠다고 발표하자 부교재 출판업계가 줄줄이 도산했다. 넘쳐나던 부교재가 바짝 쪼그라들어 학생들의 선택권이 줄고 수업의 풍성함이 졸아붙었다. 학교 교실에서 학생들에게 EBS 방송만 시청하도록 틀어주어야 하는가라는 현장의 자조도 많이 쏟아졌다. 사교육이 공교육을 지탱하는 상생의 관계라는 것을 깨달아야 이런 억지 정책이 나오지 않게 된다. 수요가 있으면 공급이 따르게 돼 있다. 공교육도 사교육도 수요에 따른 공급이다. 수요를 막아선 안 되듯이 공급도 틀어막으면 안 된다.

혼자 스스로 공부하는 자가 학습은 아주 중요하다. 그런데 주요 교과는 경쟁이 치열해 스스로 공부하는 것만으론 부족할 수 있다. 수업은 같은 교과 교사들끼리도 스타일과 노하우가 다 다르다. 완벽한 수업은 있을 수 없기에 여러 교사의 수업을 돌아가며 들어 보강·보완하면 좋은데 단위 학교 내에선 특정 교과에 대해 정규 수업으로 여러 교사를 돌아가며 수업을 들을 수 없다. 따라서 특정 교과의 학원 강사의 수업을 듣는다는 것은 다른 스타일과 노하우를 접하는 절호의 기회가 된다.

필자는 2001년 한영 외고에서 한영고로 옮겨 사회 교과를 맡게 됐다. 이화여대에서 부전공 연수를, 고려대에서 심화 연수를 받았지만, 그것만으로는 충실히 수업하기에 부족하다고 생각하여 EBS를 수강했다. 경제, 사회문화, 법과 정치에 교과별로 당시 3~4명의 강사가 배치됐는데 하나도 빼놓지 않고 이들의 강의를 모두 들었다. 각각이 스타일과 노하우가 달라 들으면서 더할 건 더하고 뺄 건 빼서 교안을 준비했다. 이화여대 교수, 고려대 교수, EBS 강사진들의 스타일과 노하우는 각기 달라 필자의 교재 연구에 큰 보탬이 되었다. 필자는 학원 강사도 이런 식의 역할을 한다고 본다. 교사의 학교 수업을 강사의 학원 수업이 보강하는 것이라 생각하는 것이다.

사교육이 상류층에 편중돼 대중화되지 못했던 1870년대까지 우리나라의 인재 풀은 아주 열악했었다. 그러나 1980년대 이후로 점차 사교육이 대중화됐다. 학교 수업과 자가 학습이 학원 수업의 매개로 보강됐기에 우리나라가 세계적인 인재 강국으로 우뚝 서게 됐다고 자부한다.

^{교육}【 5 】내신을 석차율 평점제로

1979년까지 우리나라 대입 전형에 예비고사와 본고사가 반영됐었다. 이에 맞추느라 고교에서의 교과 수업이 소홀해지고 학원과 과외가 성행한다며, 1980년에 집권한 신군부는 교육 정상화를 위해 고교 내신제를 도입했다. 교과 과정을 벗어난 과열을 부추긴다는 이유로 81년엔 본고사, 82년엔 예비고사를 폐지하고 82년에 교과 과정 평가에 맞춘 학력고사로 대입제도를 변경했다. 일련의 조치는 교실 수업의 정상화에 상당히 크게 기여했다. 다만 내신 성적 산출에 등급제를 적용하여 공정성과 형평성에 문제가 생겼는데 아직도 시정되지 않아 안타깝다.

내신은 1980~2004년에 15등급제를 적용하다 2005년부터 9등급제로 꿨다. 현행 내신 등급에 따르면 500명 기준에 1등과 20등은 같은 등급이고 20등과 21등은 다른 등급이 된다. 5등급과 6등급을 보면, 201등과 300등은 99등이나 차이 나는데도 등급이 같고, 300등과 301등은 단 한 등수만 차이 나는데도 등급이 달라진다. 등급 컷의 앞쪽에 있는 학생들은 몇 등 차이로 등급이 떨어져 억울하고 자기보다 한참 뒤쳐진 학생들과 똑같은 등급을 받아 또 억울하다. 등급 컷의 뒤쪽 학생들은 무임승차하듯 묻어간다는 불합리한 제도이다.

100개의 문제를 푸는 시험이 있다고 하자. 1개에서 4개 틀린 학생을 묶어 1개 틀린 것으로, 5개에서 11개 틀린 학생을 묶어 5개 틀린 것으로 채점하면 그런 엉터리가 어딨냐고 난리친다. 등급제는 이렇듯 공정성에 어긋난 제도이다. 또한 등급 컷의 기준에 어떤 합리적인 근거가 없다는 데에도 문제가 있다. 왜 4%요, 7%인가, 그 근거가 무엇인가고 물으면 뭐라 할 것인가?

정책 입안자가 4%요, 7%요 하는 것은 정상분포의 산포도 개념을 들어 '이렇다 저렇다'

설명할 순 있다. 하지만 정상분포는 위에서 아래로 연속적이기 때문에 급간의 경계선이 있을 수 없다. 또한 예전과 달리 교과별로 포기자들이 많아져 '도 아니면 모' 식의 성적 양극화가 심해져 정상분포를 일반화하기 어렵게 됐다. 결정적으로 15등급을 적용하다가 9등급으로 바꾼 것에서 등급 컷이 자의적이라는 것이 드러났다.

1등급의 범위가 4%이다 보니 100명 중에 만점자가 7명일 경우 중간 등수가 4등[=(1+7)/2]이 돼 7명 모두 1등급이 되지만 8명일 경우 중간 등수가 4.5등[=(1+8)/2]이 되어 8명 모두 2등급이 된다. 만점자가 2등급이라는 엉터리가 어딨는가? 이렇듯 등급제는 문제가 한두 가지가 아니므로 지체 없이 없애야 한다. 다만 내신 성적을 단순 등위로 산출하면 안 된다. 1등이라고 다 같은 1등이 아니며, 16등이라고 모두 똑같은 16등이 아니다. 전체 인원수에서 차지하는 비율인 석차율에 차이가 난다. 16등이라고 하더라도 석차율은 전체 인원 수 크기에 따라, ① 20명일 땐 80%로 하위권, ② 40명일 땐 40%로 중위권, ③ 100명일 땐 16%로 상위권, ④ 500명일 땐 3.2%로 최상위권이 된다. 등위를 석차율로 매겨야 합리적이다.

또한, 교과 성적도 액면 그대로 반영하면 안 된다. 100명 중에 30명이 90점 이상 맞았다면 시험이 쉬웠다는 것이다. 이른바, 입학 전형을 교과 점수만으로 반영하는 대학들을 노린 성적 부풀리기인데, 이를 막기 위해 교육부에서 표준점수와 변환표준점수를 제시했지만 이의 산출 프로그램 비용이 만만치 않고, 표준편차가 크면 평균이 낮기 때문에 표준점수도 변환 표준점수도 딱히 형평적이라고 보기 어렵다.─(실제로 표준점수나 변환표준점수를 적용하는 대학은 없다고 함) 각 교과 성적에 〈석차율에 따른 보정 평점〉(석평점)을 적용하면 비용도 적게 들고 형평도 맞출 수 있다.

앞의 ①~④에서 16등의 교과성적을 〈100−석차율〉로 계산하면 ① 20점, ② 60점, ③ 84점, ④ 96.8점이 된다. 그런데 이런 방식으로 하면 1등의 석차율은 ① 5%, ② 2.5%, ③ 1%, ④ 0.2%이므로 교과성적은 ① 95점(100-5%), ② 97.5점(100-2.5%), ③ 99점(100-1%), ④ 99.8(100-0.2%)점이 돼 100점이 나올 수가 없다.

1등의 성적은 100점 만점으로 하는 것이 아름다우므로 1등 석차율을 '다시' 더해 보정할 필요가 있다. '1등 석차율'을 보정하여 산출하면 석평점이 된다. 이를 일반화하면 '석평점 =[(100−석차율)+1등석차율]'이 된다. 이에 따라 앞의 ①~④에서 16등의 석평점을 산출하면 ① 20점→25점, ② 60점→62.5점, ③ 84점→85점, ④ 96.8점→97점이 되어 공평하게 보정된다.

100명 중에 90점 이상이 30명일 경우, 90점 맞은 학생 학생은 석차율이 30%이므로 석평점은 71점이 되고, 95점 위에 15명이 있으면 95점 맞은 학생은 석차율 16%로 석평점은 85점이 되어 성적 부풀리기가 차단된다. 반대로 시험이 어려워 70점이 최고점일 경우 70점 맞은 학생은 1%로 100점이 되고, 60점 위로 9명이면 60점 맞은 학생은 10%로 91점이 되어 점수가 형평에 맞게 된다. 이처럼 석평제는 시험이 어렵든 쉽든 모든 교과의 성적에 형평을 맞출 수 있다.

100명 중 90점 이상이 30명인 경우 '우수자'가 몰려서 그런 거라면 액면 점수가 더 적합하지 않냐고 반문할 수 있다. 그러나 이런 식이라면 과학고와 서울대엔 우수자가 몰린 것이므로 모두 A학점을 줘도 된다는 논리가 성립된다. 올림픽 100m 달리기엔 일반인과 비교할 수 없는 초일류 선수들이 출전한다. 그렇다고 이들에게 모두 금메달을 줄 순 없다. 시합이기에 0.1초 차이라도 따져 1등서 꼴찌까지 순위를 가린다. 시합처럼 평가도 우수자가 몰렸더라도 등위를 가려야 하는 것이다.

선구적 교육학자는 도리어 등급이 없는 절대평가를 전면 도입해야 한다고 주장한다. 이른바 성취 수준 절대 평가제인데, 한창 뛰어놀 나이의 학생들에게 내신의 중압감을 덜어 주자는 취지엔 공감이 간다. 하지만 성취도 평가는 변별력이 떨어지고 경쟁력도 떨어뜨린다. 어차피 무한 경쟁의 대학과 사회가 기다리고 있다. 미래의 경쟁력을 떨어뜨리면 안 된다.

또한 성취 수준이라는 것이 자의적이라는 문제가 있다. 국어 교과에 "우리말을 무난하게 하여 글읽기와 대화할 줄 알면 됐지 뭘 더 바라냐?"라고, 수학 교과에 "생활하는데 지장 없게 계산할 줄 알면 되지 뭘 더 바라냐?"라고 물으면서 이를 성취 수준으로 삼아야 한다면 뭐라 할 것인가?

중학교도 고등학교도 내신을 반영한다. 그러나 내신의 중압감은 중학생보다 고교생이 훨씬 크다. 인생에서 어느 중·고교를 다녔냐보다 어느 대학 다녔냐가 훨씬 더 중요하기 때문이다. 고교의 전 학년 성적을 모두 대입 내신에 반영하기 때문에 한창 뛰어놀 나이에 찌들리는 것이다. 고교 1학년은 공통 과정이다. 이를 제외하고 선택 과정만 대입의 내신으로 반영하면 어떨까?

대학에서 필요로 하는 성적은 선택 과정에 초점이 맞춰져 있다. 공통 과정은 평가는 하되 대입 내신 반영에서 빼면 고1까지 중압감에서 많이 벗어날 수 있을 것이다. 대체로 고1은 17살로 이때까지는 한창 뛰어놀 나이로 볼 수 있다. 그리고 고2의 내신은 40%로, 고3의 내신은 60%로 반영하면 고2의 중압감도 상당히 낮출 수 있다.

고2와 고3의 내신 반영 비율을 달리하는 것도 중요한 평가 요소이다. 차등을 두지 않는 제도에선 〈1학년 1등급-2학년 3등급-3학년 5등급〉인 학생과 〈1학년 5등급-2학년 3등급-3학년 1등급〉인 학생이 같다. 전자는 성적이 쭉쭉 떨어지는 것이고 후자는 성적이 쑥쑥 올라가는 것인데 어찌 같을 수 있는가? 교육적으로 후자를 바람직하다고 보므로 내신의 반영 비율의 차등화도 적극 도입해야 한다. 군이 전 학년 성적을 내신 낸다면 1학년 20%, 2학년 30%, 3학년 50%로 반영하는 것이 합리적이다 하겠다.

【 6 】 '삼밭의 쑥대'를 보며

환경의 중요성에 근묵자흑(近墨者黑)과 마중지봉(麻中之蓬)이란 말을 쓴다. 전자는 '검게 물든다'는 부정적인 상황으로, 후자는 '함께 성장한다'라는 긍정적인 상황으로 쓰인다. 쑥은 원래 땅바닥에 낮게 기어 자라는데 키 큰 삼밭 속에선 위로 곧게 자라 훤칠한 '쑥대'가 된다. 필자가 외고에 있었을 때 많이 느꼈던 이야기다. 실력이 안 되는데도 어쩌다 운(?) 좋게 외고에 들어온 학생 중에 대어급 성적을 낸 경우를 상당히 봐왔다.

심지어, 한때 한영외고에 찬바람 불어 최상위권 학생들이 외면해 우수생을 확보 못하고 일반고보다 못한 학생들까지 대거 입학한 해가 있었다. 이들은 기존의 외고생에 비해 훨씬 처진다는 주변의 시선에 아랑곳하지 않고 외고라는 치열한 환경에 잘 적응하여 결국 선후배와 어깨를 나란히 하는 대입 성적을 거두었다. 그들은 1994년도 입학생으로 입학 기수는 '5기'였다. 그래서 필자는 그들을 '오기'로 똘똘 뭉친 학생들이라고 찬탄했었다. 그때의 놀라움은 결코 잊혀지지 않는다.

마중지봉과 비슷한 코이의 법칙(Koi's Law)이 있다. 비단잉어는 보통 작은 어항 속에서는 8cm 정도밖에 자라지 않지만 수족관에선 15cm, 연못에선 30cm, 강에선 120cm까지 자란다. 큰물에서 키우자는 식으로 인용한다. 삼밭의 쑥대와 코어의 법칙은 긍정적인 환경 조성의 중요성을 강조하는 한 가지로 인식한다. 다른 것을 생각할 계제가 없다고 여겨 안타깝다. 그러나 필자는 여기에서 다음과 같은 비창적인 생각거리가 있다고 본다.

삼밭의 쑥대는 한계를 극복한 능력의 계발인가, 아니면 과당경쟁으로 본질이 뒤틀린 기형인가? 형태가 어떻든 상관없이 그저 쑥은 쑥일 뿐인가? 쑥은 쑥일 뿐이라면 어항 속이든 연못 속이든 잉어는 잉어일 뿐이란 말인가? 그렇다면 콩 심은 데 콩 나고 팥 심은 데 팥 난다고 봐야 하는가? 그리 본다면 환경의 영향은 과장된 것인가? 과장이 아닌 현재 진행형이라면 과연 우리의 교육 현장은 '삼밭'일까 '어항'일까? 이에 대한 정해진 답은 없다. 독자들에게 비창적인 생각거리로 제시한다.

환경에 대한 이야기로 벼룩도 잘 인용된다. 20cm 높이 뛰는 벼룩을 10cm 높이의 컵에 넣고 뚜껑을 닫고 10분 정도 있으면 뚜껑을 치워도 10cm 이상 뛰어오르지 않는다. 이와 같은 현상을 활용한 필자의 뛰는 이야기를 소개한다.

학생들이 사생대회나 백일장을 야외로 갔었던 시절에 필자가 살아 있는 잠자리를 가슴에 두면 잠자리는 제자리에서 맴돌 뿐 날아가지 않는다. 학생들이 모여들어 신기하게 쳐다봤다. 길들인 잠자리라고? 맞다. 그럼 어떻게 길들였을까? 살아 있는 잠자리 양쪽 날개를 한 손으로 포개 잡고 한 1분 정도 있으면 잠자리는 나는 법을 잊어버린다. 그래서 필자의 가슴에 놓으면 날아가지 못하고 제자리를 천천히 맴돌게 된다. 이 광경을 바라보는 학생들에게 "참 신기하지요? 하지만 한편 불쌍하기도 하죠?"하면 다들 "예~!"한다. 그러면 잠자리 날개를 살포시 잡아 옷에서 떼어 낸 다음 공중으로 휙 던진다. 공중에 던져진 잠자리는 언제 그랬냐는 듯 힘차게 날아간다. 다들 "와~!"한다.

그런데 학교에서 야외로 갈 때 필자가 잠자리채를 들고 간 것도 아닌데 잠자리를 어떻게 생포했을까? 사람들은 잠자리를 잡아 보려고 뒤쪽에서 살금살금 다가가는 경우가 대부분이다. 하지만 잠자리는 겹눈이 머리를 빙 둘러 있어 뒤쪽에서 오는 것도 알아채기 때문에 잡기가 여간 쉽지 않다. 가지 뻗친 키 큰 풀이나 나무 덤불을 꺾어들고 잠자리가 앉아 있는 곳을 휙 하고 덮치면 아주 쉽게 걸려든다.

지금은 기억조차 가물가물해져 가고 있다. 꽃잎 위에 앉아 있는 꿀벌을 맨손으로 잡다가 숱하게 벌침 쏘였다는 이야기. 그런데 벌에 쏘이지 않고 맨손으로 잡을 수는 없을까? 아주 간단하다. 꽃잎 위에 앉아 있는 꿀벌을 그냥 손바닥으로 내려치면 된다. 그러면 꿀벌은 기절하여 바닥에 떨어진다. 기절한 꿀벌의 배를 아래쪽으로 누르면 꼬리 쪽에 침이 쏙 삐져나온다. 벌침을 쏘이지 않고 쉽게 뽑아버릴 수 있다. 이 꿀벌을 양손으로 좁게 포개 감싸고 있으면 손안에서 날갯짓을 못하고 꼼지락거린다. 한 1분 정도 있다 손을 벌리면 날지 못하고 손바닥에서 기어다니기만 한다. 동무들과 귀여운 꿀벌을 손으로 어루만지며 다정한 이야기를 나누었었다. 물론 이 꿀벌도 공중에 휙 던지면 제 갈 길로 날아간다.

필자는 어릴 적에 파리하고도 친구하며 놀았다. 우선 파리를 생포하는 방법을 아시는가? 파리가 앉아 있는 곳에 조용히 다가가 파리가 날아갈 허공에 양손을 약간 볼록하게 오므린 상태로 손뼉 치면 파리가 날아가다 손안의 공기 충격에 기절하여 떨어진다. —(양손을 짝 편 채로 박수치면 파리가 손안에서 터져 죽는다) 미리 거북이 그림을 아주 작게 그려 오려 둔 종이를 파리의 양 날개에 풀로 붙인다. 그러면 파리는 날지 못하고 기기만 한다. 탁자를 탁탁 치면 제법 잽싸게 기어간다. 기어가는 거북이 그림을 보면서 "난 널 느림보로만 알았는데 빨리 기어갈 줄도 아는구나?"라며 이야기를 나누었다.

혹시 앞의 이야기들을 동물학대로 보시진 않을 것이다. 교실에 벌, 파리, 잠자리가 날아들면 빗자루로 때려잡는데 이 때 동물학대라며 말리지 않는다는 것을 상기하자. 벼룩, 잠자리, 벌, 파리는 곤충이다. 곤충의 몸은 〈머리〉–〈가슴〉–〈배〉의 셋으로 나뉜다는 것을 모르는 사람은 없을 것이다. 초등학교 시험에 "곤충의 몸을 3부분으로 나누면 〈 〉–〈 〉–〈 〉이다.(단, 각 빈칸은 2자 이내로 쓸 것)"이라고 출제됐는데 빵 터지게 하는 답들이 나왔다는 에피가 소드한 이야기를 아시는가? 곤충의 몸을 3부분으로 나누면? 〈혼〉–〈난〉–〈다〉, 〈죽〉–〈는〉–〈다〉, 〈세〉–〈도막〉–〈난다〉, 〈두번〉–〈죽게〉–〈된다〉, 〈너무〉–〈잔인〉–〈하다〉, 〈아주〉–〈끔찍〉–〈하다〉, 〈각기〉–〈따로〉–〈논다〉–('논다'는 '나뒹군다'는 뜻) 등등, 아이들의 천진난만함에 웃음이 가시지 않는다.

이에 뒤질세라 발동한 찌놈 쌤의 개그 본능. —(답은 각주[5]에)

---

① 밤하늘의 별이 갑자기 격분하면 뭐고, 하늘의 신은 뭐가 될까? ② 필자가 "사람은 파리 없고 모기 없으면 못산다."라고 말하면 다들 고개를 갸웃한다. 원래 무슨 말을 한 걸까? ③ 교실에 벌이 들어왔을 때 무서워하는 애들에게 필자가 뭐라 했을까? ④ 이건 남자들만 보시라. 남자 팬티를 5자로 하면?

---

5   1)벼룩(별-욱), 신발끈(신-발끈) 2)"사람은 팔이 없고 목이 없으면 못산다."로 말한 것이다. 3)"왜 벌보고 벌벌 떠냐? 벌을 내리치면 처벌, 벌을 죽이면 살벌, 벌을 죽이면 벌받나? 벌받을 때 침바르면 벌침, 벌이라고 글씨 쓰면 벌써? 벌이 먹는 떡은 벌떡, 벌이 떡을 급히 먹으면 헐레벌떡인가?" 4)고추잠자리.-(잠자리는 [잠짜리]로도 읽는다)

기왕 더 가 보자. 곤충 중에 늘 초췌한 곤충은 뭘까? 글에 답이 있어 시시한가? 그렇다면 본격적인 동물 시리즈. −(답은 각주[6]에)

---

① 학력이 높은 동물은? ② 가장 지혜로운 동물은? ③ 직업이 교사인 동물은? ④ 타이어 공장에 다니는 동물은? ⑤ 앞뒤가 똑같은 동물은? ⑥ 어떤 위협에도 굴하지 않는 동물은? ⑦ 악마 클럽에 소속된 동물은? ⑧ 몸집이 작아도 크다고 하는 동물은? ⑨ 머리가 작아도 크다고 하는 동물은? ⑩ 한 달에 한 번 팽이놀이 하는 동물은? ⑪ 바다에 사는 오리와 파리는? ⑫ 항아리를 수리해 주는 동물은? ⑬ 숫자 '40'과 관련 깊은 동물은? ⑭ 물구나무서면 문이 되는 동물과 TV가 되는 동물은? ⑮ 항상 즐거운 동물은? ⑯ 가장 어리석은 동물은? ⑰ 저절로 가는 동물은? ⑱ 코가 잘린 코끼리 두 마리는? ⑲ 문어, 낙지, 오징어가 은행 못 가는 이유는? ⑳ 싸웠다 하면 이기는 동물과 지는 동물은?

😊 (각주 붙임) 젖소A가 "에이, 졌소!", 젖소B는 "삐졌소?"한다.

6   초췌한 동물은 '파리' ① 고등어 ② 다슬기 ③ 갈치 ④ 바퀴벌레 ⑤ 기러기 ⑥ 베짱이 ⑦ 까마귀, 사마귀 ⑧ 미꾸라지 ⑨ 거머리 ⑩ 달팽이 ⑪ 가오리, 해파리 ⑫ 독수리 ⑬ 지렁이 ⑭ 곰과 소-(글자를 뒤집어 보시라) ⑮헤벌레 ⑯무지렁이 ⑰스님 ⑱끼리끼리 ⑲연체동물이라서 ⑳강아지[강하지]↔지네, 망아지[망하지], 젖소[졌소] …→ 젖소A와 젖소B가 싸우면 누가 이길까? -(답은 글 뒤의 <각주 붙임>에)

^{교육}【 7 】교실, 멋대로 흔들지 마라

~# 1. 교육을 바라보는 사회학적 관점

교육과 관련한 현상을 사회학적으로 해석하는 관점은 크게 기능론과 갈등론이 있다. 기능론은 교육이 사회적 가치를 체질화시키고, 나아가 자아를 실현하는 사회구성원으로 성장하도록 도와주어, 사회질서를 조화롭게 유지하는 데에 기여한다고 보기 때문에 제도교육에 따른 제 현상을 두루 인정한다. 하지만, 갈등론은 기득권 체제 강화를 위해 제도교육을 통해 지배 이데올로기를 주입하여 불평등한 사회계층 구조를 강제로 확대 재생산한다고 비판한다.

이에 대해 학생·학부모 계층에 대한 통계자료를 통해 살펴보자. 2023년 한국교육개발원의 조사에 따르면, 서울에 있는 모든 고등학교의 학부모 계층을 〈상 : 중 : 하〉로 분류했을 때 그 비율(%)이 외고 〈60.2 : 30.8 : 9.0〉, 일반고 〈30.6 : 52.4 : 17.0〉, 실업고 〈10.2 : 34.8 : 55.0〉이다.[7] 외고엔 하층 학부모가 9.0%에 그치고 실업고엔 상층 학부모가 10.2%에 불과하다. 이를 기능론에선 교육이 부모와 자식의 능력에 따른 공정한 기회 부여의 기능을 수행한 결과로 부모와 자식 간의 계층이 일정 정도 일치하게 된 것이라고 해석한다. 하지만 갈등론에선 계층에 따른 편중도가 심하다는 것을 지적하면서 교육이 부모·자식 간의 계층을 대물림시키는 고착화 현상으로 작동한 것이라고 비판한다.

그러나, 갈등론의 주장처럼 교육이 불평등의 확대 재생산 체제라면, 자료에서 49.8%의 중·하층 자녀가 어떻게 외고에 갈 수 있고, 45.0%의 중·상층 자녀가 왜 실업고에 가는가? 또한 부모 계층이 어떻게 분포해야 갈등론의 입맛에 맞는 것일까? 외고, 일반고, 실

---

7   계층의 개념을 소득으로만 국한하면 외고 <48.5 : 47.1 : 4.4>, 일반고 <19.9 : 60.8 : 19.3>, 실업고 <8.6 : 49.9 : 41.5>이다. 외고에 상층의 자녀가 48.5%, 실업고에도 하층의 자녀가 41.5%이다. 대물림 비율, 즉 계층의 일치율이 절반에도 못 미친다.

업고 모두 공히 〈상:중:하〉가 〈1:1:1〉로 똑같이 분포해야 하는가? 아니면 상층의 자녀는 외고엔 한 명도 없이 일반고와 실업고에 반반씩 가고, 중층의 자녀는 일반고엔 한 명도 없이 외고와 실업고에 반반씩, 하층의 자녀는 실업고엔 한 명도 없이 외고와 일반고에 반반씩 가야 하는가?

전자는 이상적인 것 같아도 모든 계층이 1/3은 여전히 대물림된 현상이라 갈등론의 입맛에 안 맞을 것이다. 그럼 후자는 어떤가? 모든 계층이 완전히 물갈이한 것인데 부모·자식 간의 계층에 대한 믿음과 전망이 전혀 없는 극도로 혼란한 사회가 바람직한가? 계층이 어떻게 분포하여도 마땅치 않기에 갈등론의 주장은 허황될 수밖에 없다.

더군다나, 제도교육이 계층의 확대 재생산 방편이라면 왜 제도권에서 고교평준화, 내신 성적 제도, 농어촌 특별전형을 시행하고 대학별 본고사와 기여 입학제를 금지하는가? 이러한 일련의 정책조차도 계층 심화 술수라고 억지 부릴 수 없기에 갈등론에선 이에 대한 언급은 전혀 안한다. 그러면서 결과적으로 어쩔 수 없이 드러난 불평등 현상들만 들춰 제도교육을 비난하기에 급급하다. '이래도 흥, 저래도 흥'하는 갈등론은 교육의 사회학적 고찰에 별로 유용하지 않다.

~# 2. 교육에 과연 사회학적 접근이 유용한가?

교육의 사조는 크게 4가지, 즉, 인성교육, 지식교육, 재능교육, 시민교육이 엎치락뒤치락한다. —(이들을 각각 '된 사람, 든 사람, 난 사람, 바른 사람'에 초점을 맞춘 교육이라고도 한다) 4가지 중에서 교육의 '사회적 가치의 체질화' 측면에 가장 충실한 것은 단연 시민교육이다. 그러나 아이러니하게도 교육 사조에서 가장 크게 된서리 맞아 구석으로 내쫓긴 것이 시민교육이다.

시민교육은 교육의 본 영역이 아닐뿐더러, 정부에 순응하는 노예적 인간을 양성하고 전체주의 사상을 주입하는 비교육적 기제라는 비판을 받은 것이다. 따라서 교육의 사회학적 고찰은 '사회적 가치의 체질화'에서 벗어나 〈자아를 실현하는 사회구성원으로 성장시키는 것〉으로 초점을 맞춰야 한다.

그렇다면 시민교육 이외의 나머지 3가지 중 어느 것이 〈자아를 실현하는 사회구성원으로 성장시키는 것〉에 가장 부합할까? 대체로 교육계가 인정하는 것은 현실적으로 요구

되는 맞춤형 재능교육이다. 이른바 '프래그머티즘'이라는 실용주의의 연장선이다. 따라서 교육의 사회학적 고찰은 각자의 다양한 재능 계발로 결론지어질 수 있으며, 교육 결과물의 직접적인 수요자인 대학이 수시와 입학 사정관제를 통해 실제 중고교교육을 이런 방향으로 유도하고 있다.

그러나 지금의 교육 방향은 많은 혼란 속에 파묻혀 있기 때문에 간단하게 결론지을 수 없다. 단적으로 개개인의 특기·적성을 살리는 맞춤형 재능 교육이 결론이라면 당장 내신 고사와 수능을 없애야 한다. 내신 고사나 수능은 결코 개개인의 특기·적성을 살린 재능의 판단 척도가 될 수 없기 때문이다.

설령 학교에서 각 학생들의 재능을 기르는 교육을 한다 하더라도 과연 이 재능이 사회에서 요구하는, 실제 사회 현장에서 유효하게 발휘할 수 있는 재능인가는 별개의 문제이다. 오늘날 우리나라의 직종은 어림잡아 5만 가지가 넘는데 과연 어떤 재능이 어떤 직종에 필요한 것인지 어떻게 알아낼 것이며 어떻게 거기에 맞추어 교육을 할 수 있겠는가?

각자의 다양한 재능의 계발이 교육의 방향이라면 현재 학교교육에서 진행되고 있는 수업은 모두 폐기돼야 한다. 국영수를 비롯한 대다수의 교과는 PD, 의사, 교사, 법관, 화가, 작곡가, 요리사, 파일럿, 회계사, 사업가, 공무원, 회사원, 건축가, 프리 랜서, 동시통역사, 호텔경영인, 컴퓨터 프로그래머 등 무수한 각자의 재능과 희망을 살리는 것과 전혀 관련 없는 내용으로 채워져 있으며, 이에 맞춰 중·고등학교에서 수업을 진행할 수도 없다.

노골적으로 아나운서가 희망인 학생에게 과연 어느 교과가 유용하겠는가? 곤충학자를 희망하는 학생에겐 생명과학이 유용하다고 생각하기 쉽지만 실상은 그 시간에 곤충채집은 고사하고 그에게 필요한 내용이 '1'도 없다. 졸업 후 영미인과 긴밀한 관계를 가지며 영어로 대화할 학생은 극소수다. 필자는 12년간 외고에 근무할 때조차도 영미 원어민과 영어로 대화한 적이 없었다. '말하기–듣기' 영어 수업은 절대다수 학생을 들러리 세우는 것이다.

대학마다 수시, 입학 사정관제, 학생부 종합전형을 통해 다양한 학생들의 재능과 가능성을 보고 뽑는다는데 과연 어느 잣대로 측정하는가? 항공대에선 고교 시절에 비행기 모형을 한 번이라도 제작해 본 학생을, 호텔경영학과에선 호텔을 견학해 본 학생을, 법대에선 법원을 견학하거나 모의재판을 해 본 학생을 뽑아야 하지 않는가? 다양한 대학의 각 과에 필요한 재능은 고교의 교과수업에서 전혀 채워줄 수 없다. 그렇기에 학생들이 스펙을 쌓으려고 과외활동에 우르르 몰린다. 이는 정상적인 학교 수업과 거리가 멀다.

~# 3. 교육은 본질이 무엇인가가 중요하다

요컨대 교육에 대한 사회적 가치의 요구는 상당히 무리가 따른다. 교육에 가장 중요한 핵심 활동인 교과수업과 내신평가는 사회적 요구가 거세질수록 나락으로 떨어진다. 시민교육은 전체주의적 위험한 교육시스템이고, 재능교육은 학교 교육의 부실화를 부추기는 시스템이다.

그럼, 교육의 본질은 무엇인가? 이제 인성 교육과 지식교육, 두 가지가 남아 있다. 교육의 본질이 무엇인가에 대한 고찰에서 우리에게 가장 매력적으로 다가오는 것은 단연 인성교육이다. '스승의 노래'에서도 강조가 되고 있는 '참되거라, 바르거라' 가르쳐 주는 것에 짙은 동경의 시선을 보낸다. 하지만 이도 커다란 착각이다.

초등학교에서부터 고등학교까지 12년 동안 '참되고 바르려고' 영어와 수학을 가르친다는 말인가? 사회 시간에서조차 학생들이 사회성을 갖추도록, 인성을 함양하도록 수업하지 않는다. 고등학교 수업은 유치원에서처럼 공동체 놀이에 중점을 둘 수 없다. 그리고 '참되거라, 바르거라'는 교과수업을 통해서 가르쳐질 내용이 아니다. 학교는 도 닦는 수도원이 아니다.

교과수업 측면에서도 그러하거니와 내신평가의 측면에서 보면 인성 교육은 절대로 교육의 본질이 될 수 없다. 과연 그 누가 인성을 시험 쳐서 평가해야 한다는 해괴한 논리를 받아들이겠는가? 그럼 결론은 지식교육 하나만 남는다. 전통적인 교육의 본령으로 이어지다가 1980년대 중반부터 극렬하게 비판 받아온 지식교육이 도리어 교육의 본질인 것이다. 그렇기 때문에 줄기차게 영어, 수학을 비롯하여 여러 교과를 가르치고 각 교과별로 시험을 치러 평가하는 것이다. 학교의 가장 중요한 요소가 내신고사인 것에서 지식교육이 교육의 본질임이 드러난다.

인성 교육과 재능교육은 시험을 치를 수도 없고 치러서도 안 된다는 것은 부연 설명하지 않겠다. 단지, 우리가 지식교육에 일말의 거부감을 갖게 된 원인은 단순 암기식 주입교육을 지식교육의 전부인 것인 양 오해한 것에 있다. 교육의 본질은 평가원에서 밝힌 수능의 출제 원칙, 즉, '개념과 원리를 바탕으로 종합적 사고력과 창의적 문제 해결 능력'의 배양에 있다. 산업사회에서도 지식은 중요했으며 정보사회에서는 그 중요성이 더 커지고 있다. 학교는 교과 수업을 통해 지식을 체계적으로 가르치고 이를 토대로 학생들은 넓고 깊은 사고력을 기르는 것이다.

교육에 대한 주 수행기관을 구분해 보면, '바른 사람'의 시민교육은 정부와 사회단체, '된 사람'의 인성 교육은 가정과 또래 집단, '난 사람'의 재능교육은 특성화학교와 사설학원의 몫이다. 일반 학교에 이들을 요구하면 안 된다. 교육에 대한 이러한 관점을 견지하지 못하면 모두가 힘들어진다. 학교는 지식을 가르치는 수행기관인데, 지식이 아닌 다른 것을 요구하면 교사는 가르칠 게 없고, 학생은 배울 게 없어진다. 태권도 도장에서 피아노를 가르쳐 달라면 되겠는가? 학교는 학교 교육에 충실하도록 교육에 대한 사회학적 접근은 도리어 멈춰야 한다.

^{사문}【1】차별과 분별은 다르다

　분별은 합리성에 바탕을 둔 것으로 부당하게 차별하는 것과 다르다. —(분별은 합리적 차별이라고도 함) 그런데 분별을 차별과 혼동하는 경우가 많다. 역차별이라고 억울해하는 경우도 꽤 있다. 남학생이 무거운 물건을 나르고 여학생들이 가벼운 물건을 나르게 된 경우 남학생들 중에 "쌤, 이건 역차별 아닌가요?"라고 투덜대는 애가 더러 있다. 이럴 때 필자는 "그럼 남자가 가벼운 물건을 나르고 여자가 무거운 물건을 나르면 왜 분별없는 짓이라고 할까?"라고 되묻는다.

　차별 없는 세상은 아름답다. 그러나 분별없는 세상은 아름답지 못하다. 차별은 특혜와 맞물려 부당하게 되고, 분별은 배려와 맞물려 합당하게 된다. 따라서 역차별이란 말을 하려면 특혜시비를 따져야 하고, 분별없는지 아닌지는 배려를 했는지를 따져 보면 된다. 배려를 역차별이라고 하면 안 되는 것이다. 상속세, 고교 내신 평가제, 농어촌 특별 전형, 남녀 고용 평등법, 장애인 의무 고용제 등을 두고 역차별이라고 투덜대는 사람들이 있다. 이런 제도들이 배려로 안보이고 특혜로 보이면 투덜대시라. 필자에겐 이런 사람들이 분별없어 보인다.

　역차별 논란에서 자유롭지 못한 대표적인 것에 군가산제가 있다. 군복무를 안 한 남자와 여성계에서 군가산제는 군복무를 호봉에도 경력으로 인정하는 현실에선 역차별에 역차별을 더한다고 비판한다. 그런데 한창 젊은 시절을 군에 바친 것은 무엇으로 보상할까? 당연한 의무수행이기에 원칙적으로 보상은 없다. 그러나 군대를 가지 않은 남자와 여자는 이들이 군에 갔기 때문으로 군 면제의 '혜택'을 받은 것으로 이해할 필요가 있다.

　비 군복무자는 군복무 기간을 취업 준비로 그만큼 더할 수 있다. 비 군복무자가 혜택을 받은 만큼 군 복무자를 배려할 수 있어야 하지 않겠는가? 배려를 특혜로 몰지 말자. 군복무 기간을 호봉 경력에 반영하지 않으면 군복무 안하고 먼저 입사한 사람보다 평생 뒤쳐지고 퇴직 때까지조차 낮은 호봉으로 퇴직한다. 군 복무가 뭔 죄인가?

지자체별로 커져가는 다문화 정책에 대해 어려운 우리나라 사람도 많은데 역차별 아니냐는 이의제기도 있다. 굶주리는 아프리카 주민에 대한 식량 원조에 대해서, 남한에도 어려운 사람이 많다며 별로 달갑지 않게 여기는 것과 같은 이치로 볼 수 있다. 물론 다문화 정책이 대한민국의 극빈층보다 우선할 수는 없다. 그러나 한국인과 다문화가정을 평균적인 동일 선상에서 비교할 때 다문화가정이 사회적 약자라는 사실은 분명하다. 다문화가정은 교육이나 취업 및 제반 사회생활에서 한국인에 비해 상상 이상으로 불리한 입장에 처해 있다. 다문화 정책은 역차별이 아닌 배려로 인식할 필요가 있다.

그런데 배려는 자칫 적정선을 넘으면 특혜가 된다. 그래서 과잉이 되지 않도록 사회적 합의가 필요하다. 군가산점을 비롯하여 앞서 언급한 상속세, 고교 내신 평가제, 농어촌 특별 전형, 남녀 고용 평등법, 장애인 의무 고용제 등에 적정선을 사회적 합의로 정해야 한다. 과도하면 역차별로 흐른다. 역차별은 물적·인적 자원의 효율적 배분을 뒤틀어 사회적 낭비로 이어진다. 버스나 지하철에 카드를 대려면 오른손을 써야 한다. 사회적 소수자를 위한 왼손 가위가 있듯이 왼쪽 단말기를 설치해달라고 하면 설치비용이 어마어마하며 한산한 왼쪽 단말기는 낭비 그 자체이다. 이런 정도는 소수자가 감수해 줘야 한다. 모든 것을 배려할 수 없다.

버스에 노약자 보호석이 있는데, 지하철엔 노약자 지정석으로 돼 있다. 버스는 손님이 노약자 보호석에 앉아 있다가 노약자가 타면 자리를 양보한다. 적정하고 아름다운 배려이다. 하지만 지하철은 지정석이다 보니 승객이 미어터지는데도 노약자석이 빈 상태인 경우도 있다. 지정은 배려가 아닌 과잉이라서 생긴 역차별이다. 전국의 모든 학교에 장애학생의 편의를 위해 승강기와 화장실을 설치했다. 실로 엄청난 비용이 들었는데, 장애인 전용이라 일반학생들은 금지돼 있다는 것이 문제다. 어쩌다 한두 번의 이용을 위해 설치된 것인바, 1년 내내 이용 한번 안 한 경우도 흔하다. 낭비 중의 낭비이다.

장애인 화장실은 일반인 화장실 2칸을 합쳐 만들었는데 이로 인하여 상용자가 없는 장애인을 위해 상용자 많은 일반인이 2칸이나 잃은 것이다. 1칸을 잃어도 불편이 커지는데,

2칸을 잃었으니 2중 3중의 역차별이다. 필자가 사는 아파트에는 장애인 전용 주차 구역이 각 동(棟)마다 2자리씩 정해져 있다. 필자가 살아온 세월 중에 우리 동에 장애인이 거주한 적이 한 번도 없었다. 장애인이 입주하면 그때 장애인 전용 주차 구역을 지정하면 될 것을 아예 못을 박아 버리니 내내 과잉에 따른 낭비가 되는 것이다.

세금을 고소득자가 많이, 저소득자가 적게 내는 것은 합리적 차별이다. 그런데 소득에 누진세를 적용한다. 과도한 징벌적 느낌이 든다. 유독 고소득자의 탈세가 빈번하다는 것을 고려해야 할 것이다. 필자는 모든 소득에 같은 세율을 일괄 적용하는 비례세가 합리적이라고 본다. 5천만 원에도 5억 원에도 10%를 일괄 적용하면 5백만 원과 5천만 원의 세금이 매겨진다. 계산도 간단하고 고소득자가 세금을 더 많이 내는 구조도 유지된다. 그런데 5억일 때 세금을 1억7천만 원 넘게 내라 하니 기를 쓰고 탈세한다. 연금으로 소득의 10% 추가 징수하여 20%로 세금을 적용하면 노후도 보장하고 10% 더 걷은 세금으로 국가 재정의 확충을 위해 기금으로 운용하면 될 듯하다.

누진세는 부동산에도 적용된다. TV, 냉장고, 세탁기 등 물품들은 살 때 세금을 내지만 이를 보유하고 있다는 이유로 매년 세금을 매기지 않는다. 집도 살 때 취득세를 낸다. 그것으로 끝이어야 합당하다. 그러나 집에 대해선 보유세라는 명목으로 매년 누진세를 걷는다. 약탈에 가까운 과잉이다. 더 큰 문제는 집이 1채든 2채든 상관없이 매년 낸다는 것이다. 세금은 수익이 생기는 것에 매겨야 정상이다. 집세를 받는 다주택 보유자인 경우는 매년 보유세를 매길 필요가 있다.

하지만 거주하기 위해 보유한 1채의 집은 수입이 생기지 않는다. 세금을 매길 명분이 없다. 소득과 부동산에 굳이 누진세에 대한 애착을 버릴 수 없다면 당사자에게 기부세라는 이름으로 동의를 구하는 것이 어떨까? 보유세나 재산세는 부자세라는 부정적인 인상을 주기에 징벌적 세금이라는 느낌이 든다. 기부세라고 하면 내는 사람도 마음이 흡족할 것이다.

한 가지 차별인지 아닌지 애매한 경우가 있어 소개한다. 한 여학생이 사회문화 수업시간에 "쌤, 제가 보기엔 모든 TV프로에서 진행자들이 남자는 여자 오른쪽에 위치하던데 이

건 편견에 따른 차별 아닌가요?"라고 물은 적이 있었다. "오홀, 어느 누구도 눈여겨 보지 않은 걸 질문하다니, 아주 예리한데."라며 다음과 같이 말했다.

"쌤 생각엔 보통 사람들이 여자보다 남자가 신체적으로 더 건장하다고 인식할 거야. 남녀가 함께 거리를 걷다가 물건이 날아오면 남자가 여자를 팔로 감싸는데 보통은 오른손잡이잖아? 남자가 여자 왼쪽에 있으면 잽싸게 하기 어려울 것 같구나. 예전엔 방송 진행할 때 물건이 떨어지거나 날아오는 사고가 왕왕 있었다고 해. 남자가 여자 오른쪽에 위치하는 것은 일정정도 약자보호심리에 있는 것 같은데, 쌤에겐 이보다 더 중요한 문화적 근거가 있어 보인다.

쌤의 윗옷의 단추[8]는 오른쪽에 왼쪽으로 꿰게 돼있고 너의 윗옷 단추는 왼쪽에서 오른쪽으로 꿰게 돼있지? 남녀의 윗옷은 보통 반대로 단추를 꿰게 돼있기 때문에 남자가 왼쪽, 여자가 오른쪽에 위치하면 서로의 옷 속이 보일 것이야. 남녀가 TV프로를 진행하다 서로의 옷 속이 보이면 민망하겠지? 그리고 또, 남자가 여자의 오른쪽에 위치하면 남자는 오른손이, 여자는 왼손이 자유롭겠지? 방송진행 리플릿을 손에 쥐고 다른 손으로 제스처를 취할 때 남자보다 여자가 왼손을 자연스럽게 잘 쓴다는 것도 이유가 될 것 같구나."

---

8   아침 출근 시 남방 단추 꿰는 것과 넥타이 매는 것이 다급할 때가 있다. 퇴근해서 옷을 갈아입을 때 넥타이는 반만 풀고 남방 단추는 목 단추만 풀고 훌러덩 벗어두면 아침에 옷입고 넥타이 매는 데에 시간이 들지 않는다.

삼문【2】날조·과장된 가부장적 남존여비

흔히 말하기를, 전 세계 그 어느 나라에 비해 우리나라에 가족의 호칭이 아주 잘 발달된, 아니 너무도 유별나게 세분화된 원인을 오랜 농경 생활과 그에 따른 가부장적 대가족 제도의 유지에 있다고들 한다. 북극 알래스카의 이누이트족에게 눈에 관한 어휘가 아주 잘 발달된 것처럼, 농경 생활의 전통이 아주 강한 우리나라에는 쌀에 대한 단어와 공동체적 대가족 유지에 따른 가족 호칭이 잘 발달된 것으로 설명하는 것은 사회언어학적 관점에서 보면 상당히 설득력이 있어 보인다.

그러나 이는 피상적이고 단편적인 판단으로 심각하게 왜곡된 견해일 위험성이 크다. 왜냐하면 우리나라와 마찬가지로 다른 아시아 및 유럽의 수많은 여러 나라들도 근대의 산업 사회에 접어들기 이전에는 수천 년간 농경생활과 공동체적 대가족 제도를 유지해 왔는데도 불구하고 그 많은 나라에서 쓰이는 가족의 호칭이 그리 복잡한 양상을 띠지 않기 때문이다. 따라서 우리나라에서만 유독 가족의 호칭이 유별나게 세분화된 배경과 과정을 살펴보려면 다른 측면에서 접근해야 한다.

그렇다면, 과연 왜 우리나라에만 유독 가족 호칭이 과도하게 세분화됐을까? 언어의 생성과 정착은 단기간이 아닌 오랜 기간에 걸쳐 이루어진 것으로 본다면, 우리나라 가족의 호칭도 문명사회가 정착된 과거 삼국시대까지 거슬러 올라가 살펴볼 필요가 있다. 안타깝게도 삼국시대의 가족 호칭에 대한 자세한 기록이 잘 알려지지 않아 명확하게 단정 지을 수는 없지만, 신라왕의 성씨를 보면 다른 나라와는 다른 점이 있었다.

신라의 왕족엔 석 씨가 잠깐 있었지만 대세가 못 되고, 줄곧 박 씨와 김 씨가 결혼하여 성골(聖骨)을 이루었는데, 부모 중 어느 누가 박 씨든 김 씨든 왕[9]으로 등극한 사람은 박혁

---

9   왕 시리즈: ① 가장 큰 책은? ② 콘서트의 제왕은? ③ 최고의 인기인은? ④ 가장 큰 항아리는? ⑤ 일본씨름의 챔피언은? ⑥ 가장 줏대가 없는 왕은? ⑦ 봉급이 가장 적은 왕은? ⑧ 한용운 선생이 왕이 되면? ⑨ 3명의 노비와 대결하는 왕은? -(답은 글 뒤에)

거세와 그 후대 몇몇을 제외하곤 모두 김 씨 성을 취했다. 즉, 어머니가 김 씨고 아버지가 박 씨여도 김 씨 성을 취하여 왕으로 추대된 것으로, 이는 상당한 남녀평등의 사회였음을 보여 준다.

세계의 거의 모든 문명국가에서 여자가 결혼하면 부모로부터 받은 자신의 성씨를 못 쓰고 남편의 성씨로 바꾼다.[10] 여자는 결혼함과 동시에 남편에게 종속되는 것이다. 그러나 우리나라에선 여자가 결혼을 하더라도 부모로부터 받은 자신의 성씨를 남편의 성씨로 바꾸지 않는다. 여자가 결혼해도 대등하게 대접받은 것인데, 우리나라에선 한술 더 떠, 고려시대까지 자식의 성씨를 아버지 성씨로 강제하지 않고 어머니 성씨로도 상당히 많이 이어받았던 것이다. 여성의 권위가 매우 높게 인정받은 사회의 풍습을 반영한 것이다.

또한, 고려시대에서 조선 중기까지엔 남녀가 결혼하면 남자가 1년에서 3년까지 여자 쪽 집에서 일을 도와주며 거주하였고, ―[처거제(妻居制) 또는 남귀여가혼(男歸女家婚)라 함] 자녀가 여자 쪽 집에서 어느 정도 성장한 연후에 남편의 본가로 보내는 풍습이 일반적으로 이어졌으며, ―(처거 기간 후의 거주지가 반드시 남편 쪽으로 바뀌는 것은 아니다)

재산이나 유산의 분배에도 남녀의 차별이 거의 없는 것으로 역사에 기록되어 있다. ―(글 뒤의 <붙임> 참조) 우리나라는 대대로 시어머니가 며느리에게 곳간 열쇠를 넘겨주었다. ―(곳간 열쇠는 재산의 관할권) 어느 나라에도 없는 일이다. 세종대왕은 심지어 여자 관노에게 관행으로 주어지던 10일간의 출산 휴가를 무려 세달 더 늘려 총 100일의 휴가를 제도적으로 보장해 주기도 하였다.

사대부 집안 여자인 신사임당이 아들 율곡을 강릉에 있는 자기 친정에서 키웠으며, 남편 이원수가 빈둥거리자 수차례 훈계하고 정신 차릴 때까지 자기를 찾지 말라는 말을 남기고 친정으로 떠난 것에서 알 수 있듯이 조선 중기까지의 한국 여성은 출가외인으로서 홀대 받은 것이 아니라, 당당한 여성으로서 다른 나라에 비해 상당히 평등하게 권리를 인정받았다.

뿐만 아니라 우리나라는 여성이 최고의 권력자로 행세한 적도 꽤 있었다. 다른 나라 역

---

10   세계적 명사 '재클린 케네디 오나시스' 여사는 '잭 부비어'의 딸로 '재클린 부비어'였지만 케네디와 결혼하면서 '재클린 케네디'가 됐고, 케네디 대통령이 암살된 뒤 선박왕 오나시스와 재혼하면서 '재클린 케네디 오나시스'가 됐다. 여자의 소유권(?)은 남자에게 있고 재혼하면 남자의 소유권이 변경되는 등기부기록(?)이 이름에 남는 것이다. 여성의 심각한 사생활 노출이다.

사엔 거의 없는 일로, 신라시대엔 선덕, 진덕, 진성 등의 여왕이 셋이나 있었고, 고구려의 태조왕, 신라의 진흥왕, 혜공왕, 고려의 목종, 현종, 충목왕, 충정왕, 우왕, 그리고 조선의 예종, 성종, 명종, 선조, 순조, 헌종, 철종, 고종 등 꽤 많은 임금들이 수렴청정을 겪었다. 수렴청정은 왕의 어머니나 할머니가 어린 왕을 대신하여 정치를 펼친 것인바, 그만큼 여성의 권위가 상당했음을 방증하는 사례이다.

고려와 조선 시대에 왕이 붕어하거나 양위하여 새 임금을 옹립할 때 왕대비가 옥새와 교지를 하달하였다. 다른 나라에선 찾아볼 수 없는 절차로 왕대비가 임금을 추대했으니 문명국 중에서 우리나라가 여성의 권위가 얼마나 높았는지 알 수 있다. 이처럼 오랜 세월 동안 우리나라에선 결혼한 남녀 집안의 평등성이 그 어느 나라보다도 잘 지켜졌기에 양가의 가족에 대한 세세한 호칭이 사회적 필요에 의해 생겨났으며, 이에 더하여 다른 나라에서는 전혀 찾아볼 수 없는 촌수개념까지 생겨났던 것이다.

조선 중기까지 이어진 이런 여성 존중의 아름다운 전통이 조선 후기 세도를 부린 사림파 사대부에 의해 심하게 왜곡된다. 요조숙녀, 남녀칠세부동석 등 조선 후기의 사대부들은 여자를 옥죄기에 혈안이었다. 여자가 남편을 따라 죽으면 열녀문을 세우고 그렇지 않으면 미망인이라 멸칭하면서, 사대부들은 본처가 살아 있는데도 첩을 들였다. 부부유별, 거안제미, 출가외인, 부화부순, 여필종부, 삼종지도, 칠거지악이니 하는 그 숱한 가부장적 남존여비의 풍습은 우리의 뿌리 깊은 전통이 전혀 아니다.

남성 중심의 기득권 지배 세력이 그들의 이해 독점을 위해 의도적으로 여성 차별을 강화한바, 이를 우리의 오랜 전통인 양 교묘히 날조·과장했으며 일제 강점기에 일본식 여성관이 이를 더욱 심화시켰다. '남자와 여자'처럼 조선 중기까지 남녀 차별 없이 쓰인 '사내와 계집', '남편과 여편', '아저씨와 아주머니'가 여성 쪽 어휘만 '계집애, 여편네, 아줌마'로 비하적인 표현으로 둔갑하게 된 것에서도 가부장적 남존여비 풍조는 조선 후기 이후에 왜곡된 것을 알 수 있다.

참고로, 여자는 술·담배를 금기시하고 남자 앞에선 무릎을 꿇고 앉아 두 손을 다소곳이 모아 무릎 위에 얹어야 한다는 요조숙녀의 모습에 대해 이것이 사대부의 위선에 찬 강압이었다는 것을 보여 주는 그림을 소개한다. 조선 후기 신윤복(1758~?)의 〈쌍검대무〉(국보 135호)의 일부인데 기녀로 보이는 두 여자가 무릎 꿇지 않고 편하게 앉아 있고, 한 여자는 기다란 장죽(담뱃대)을 대감 앞으로 쭉 내밀고 있다. 신윤복의 그림은 사대부들의 민낯을 가감 없이 그린 것으로 평가된다. 「날조·과장된 가부장적 남존여비」가 필자의 독단에 치우친 글이 아니라는 것을 아래 그림을 보고 음미하시기 바란다.

 붙임

> 병인 5월 20일에 형제자매가 부모의 재산을 나누는 일을 의논함. 부모 양쪽의 토지와 노비를 분급하고 장유의 차례대로 경국대전에 의해 시행할 것. 제사는 윤행하지 말고 종자 집에서 행하되 매년 자손들이 각기 쌀을 내서 제사를 도울 것.-〈栗谷先生男妹分財記〉서문, 보물 제477호)

이에 따르면 아버지 이원수와 어머니 신사임당이 재산을 따로 소유·관리했음을 알 수 있다. 제사는 가문의 종주권인데 남매가 돌아가며 지내지 말라고 한 것으로 보아 당시 윤행이 일상적이었다고 보인다. 남녀노소 차별없이 재산을 상호 합의하에 합리적으로 나눴다는 점에서 조선 사회의 공

정과 화합의 재산 상속 문화를 잘 보여 주는 귀중한 유물이다.-[출처] 2022 특별전 <공정과 화합

으로 이루어 낸 재산분배, 율곡 이이 선생가 분재기>|작성자 건국대학교 박물관

😊 (각주9답) ① 부킹(Book-King) ② 쇼킹(Show-King) ③ 스타킹(Star-King) ④ 도킹(독-King) ⑤ 스모

킹(스모-King) ⑥ 우왕좌왕 ⑦ 최저 임금 ⑧ 마네킹(만해-King) ⑨ 세종대왕(3종 : 왕)

1987년 태아 성감별 의료행위가 법률로 금지되고 1994년에 처벌이 강화된 이후 1996년에 태아 성감별해 준 의사가 처음으로 구속됐다. 검찰 관계자는 성감별을 통한 임신중절 수술이 만연돼 남녀의 성비가 심각하게 왜곡됐다는 판단에 따라 수사하게 됐다고 밝혔다. 이에 발맞춰 각 언론은 아래의 통계청 자료를 소개하면서 성비 불균형을 가져온 뿌리 깊은 남아선호 사상과 그 대책에 대해 앞다투어 보도하기 시작했다.－(성비: 여아 100당 남아 수)

연도	1980	1985	1990	1995	2000	2005
전체	105.3	109.4	116.5	113.2	110.2	108.2
첫째	106.0	106.0	108.5	105.8	106.2	105.2
둘째	106.5	107.8	117.0	111.7	107.4	106.2
셋째	106.9	129.2	188.8	177.2	141.7	132.0
넷째	110.2	146.8	209.2	203.9	167.5	138.4

　기사는 한때 대학 논술문제로도 거론됐던 핫한 이슈였다. 요즘은 많이 수그러들었지만 문제는 이와 같이 분석하면 안 된다는 것이다. 언제든지 왜곡된 시각을 또다시 부추길 수 있다. 위세하고 싶은 세력들은 날조하려 혈안이 돼있기 때문에 올바른 시각을 잃지 말아야 한다. '뿌리 깊은 남아 선호 사상'이란 겉보기엔 척결해야 하는 낡은 사상이라는 표현으로 비치지만 '뿌리 깊은'이라는 수식은 그러한 현상은 오래된 근원적이고 일반적인 것인 양 호도하는 위험한 표현이다. －(앞의 「[4] 날조·과장된 가부장적 남존여비」 참조) 결코 근원적인 것도, 기사의 표현처럼 '만연된' 것도 아니라는 것을 간파해야 한다.

　자연적인 남녀성비는 대체로 여자 100명 기준으로 남자 105~107명으로 본다. 표를 보면 대체로 남아 전체가 107을 넘는다. 얼핏 뿌리 깊은 남아선호사상으로 보인다. 하지만 뿌리 깊으려면 가장 앞선 연도인 1980년이 가장 심해야 한다. 그런데 도리어 1980년이 남아 성비가 가장 낮았다. 결코 뿌리 깊은 게 아니다. 남아 전체 성비는 1980년부터 1990년까지 증가하다 1995년부터는 누그러들었다. 1990년부터 2000년까지는 110을 넘어 심각해 보인다.

하지만 이도 왜 그런지를 톺아봐야 한다. 우리나라는 1980년대 중반까지는 대가족 정서 속에 아이를 여러 명 낳았다. 그렇기 때문에 1980년의 통계엔 첫째도 둘째도 셋째도 남녀 성비가 정상이었다. 즉, 인위적으로 여아 출산을 억제하지 않았다는 것이다. 그런데 넷째부터는 남아 수가 많이 뛴다. 이는 부부가 네 명 이상 기르는 것에 부담되어 넷째로 출산을 끝내려는 것으로 풀이해야 한다. 가문의 대는 남자로 국한됐기 때문에 여자만 낳았을 경우 넷째는 낙태 수술로 여아 출산을 억제한 것이다. 그 후 대가족 정서가 약해져 1985년엔 셋째부터, 1990년엔 둘째부터 남아를 강제했다는 것을 표에서 보여 준다.

1980년대 중반 이후로 아이의 양육과 교육에 부담을 느껴 적게 낳는 핵가족 정서로 접어들었다. 그때만 하더라도 가문의 대를 잇는다는 관념이 위세하였기 때문에 1명을 낳을 경우 남아를 선호했으리라 추정할 수 있다.─(가족관계법이 바뀌어 이젠 여자도 가문의 대를 이을 수 있다) 하지만 이 추정도 수정해야 한다. 표에서 첫째가 107을 넘긴 경우는 1990년의 딱 한해이다. 첫째는 거의 자연 성비에 어긋나지 않았다. 즉, 첫째는 여아 출산을 억제하지 않고 그냥 자연에 맡겼던 것이다.

첫째부터 심한 성비 불균형을 보였어야만 남아 선호 풍조라 할 수 있다. 전체 통계 수치에 남아 성비가 높은 것은 둘째 이후부터 출생한 남아 성비를 합산했기 때문이다. 이마저도 1990부터 2000년까지에 국한된 일시적 현상이었다. 더군다나 소수의 몇몇 가족이 여아 출산을 억제하여 전체 출생아 중에 남아 출산이 몇 포인트 높았다는 것을 가지고 낙태가 사회 전반에 만연된 풍조인 양 호도하면 안 된다. 통계를 일면만을 보고 단편적으로 분석하면 해석의 오류에 빠지기 쉽다. 다각도의 총체적 분석이 필요하다. 중국처럼 전 연령층에 남아 성비가 현저히 높아야─(15세 이상 성인 성비 152.92-중국국가통계국 제멘.2019) 사회 풍조라고 할 수 있다.

통계에 언급된 건 아니지만 필자가 학창시절을 보냈던 1980년대까지 학교에 아들 하나

얻으려고 딸을 일곱, 여덟 내리 낳아 7공주, 8공주 집안 학생이 '더러' 있었다. 이를 두고 남아선호 풍조에 따른 '진풍경'이라며 다들 그러려니 했다. 그러나 '더러'나 '진풍경'은 극소수라는 뜻이다. 극소수는 풍조가 될 수 없다. 이런 현상은 가부장적 문중의 대를 남자로 고집하는 집에서 벌어진 것이지 결코 남아선호·여아기피 풍조가 아니다.

과거 중국, 인도, 아랍에서 여자아이가 태어나면 죽이거나─(여아 살해 풍습) 내다버리는─(여아 유기 풍습) 마을이 있었는데 이럴 경우에나 남아선호·여아기피라고 할 수 있다. 이런 곳엔 7공주니 8공주니 하는 집안이 있을 수 없다. 7공주니 8공주니 하는 현상은 도리어 남아 선호 사상이 없다는 것을 역설하는 것이다. 단순히 대를 잇기 위해 끝내 남아를 고집하고 집착한 결과일 뿐이다.

 붙임

분야는 다르지만 비창력 향상을 위해 통계 해석에 커다란 오류를 범한 몇 가지 사례를 소개한다.

> 최근 80년간의 공신력 있는 각종 육상 대회의 기록을 모두 종합해 본 결과, 여자 육상 선수의 100m 달리기 기록은 초기의 13초대에서 현재 10초대로 당겨져 3초 정도 단축된 반면, 남자 선수의 기록은 초기의 10초대에서 현재 9초대로 당겨져 1초 정도밖에 단축되지 않았다. 이 통계를 발표한 관련 전문가는 아직은 여자가 남자보다 1초 정도 뒤지지만, 이런 추세는 더욱 가속되어 여자 선수의 100m 달리기 기록은 머지않아 남자 선수의 기록을 추월할 것이라는 예상을 내놓아 성차 극복에 관심이 모아지고 있다.

1990년대 중후반에 약간의 센세이션을 불러일으켰던 기사이다. 인터넷에 이와 비슷한 박사 논문 관련 기사가 여럿 올라와 있다. 그런데 공신력 있는 대회에 여자가 처음 출전한 것은 언제일까? 최근 80년간의 기록이라 했으므로 1900년대 초반일 텐데 육상 대회가 남자의 전유물이었던 당시의 환경에서 여자가 남자처럼 전문적인 선수로 훈련·육성됐을 리 만무하다. 당시 여자 스프린터가 레이스(lace) 달린 옷을 입고 레이스(race)를 펼쳤는데 이런 경기의 기록을 남자 기록과 비교한다는 것 자체가 어불성설이다. 공신력 있는 대회라고 하여 무조건 비교자료로 삼으면 안 된다.

여자가 본격적으로 선수로 발굴·육성된 것은 1980년대 이후로 본다면 그 이전의 여자 육상 기록은 타당성이 떨어진다. 1980년대 이후의 유의미한 기록을 보면 여자 선수의 기록 단축 추세는 남자에 비해 상당히 미미하다. 기사가 나온 1990년대 중후반에서 40년 넘게 세월이 흐른 지금도 여전히 여자 선수의 기록은 별 진전이 없다. 남녀 공히 1980년대 이후로 과학적·체계적인 훈련으로 기록을 꾸준히 끌어올려왔기 때문에 이젠 인간의 한계점에 거의 다다랐을 것이다. 여자든 남자든 100m 달리기에서 신기록의 작성은 점점 기대하기 어려운 시점에 온 것으로 보인다.

지난 10년간의 통계를 실은 교통백서의 발표를 앞두고 뜻밖의 통계 결과에 건설교통부 관계자는 당혹감을 감추지 못하고 긴급회의를 열었다. 음주운전의 高위험성을 홍보하고 범죄로 단속을 강화해 온 건교부의 예상과는 달리 지난 10년간 발생한 12만여 명의 운전사고 사망자 중 음주운전 사고사망자 수는 1천 명에도 채 못 미쳤던 것이다. 전체 교통사고 사망자에서 차지하는 음주운전 사고사망률이 非음주운전 사고사망률의 1/10보다도 낮게 나오자 이 사실을 빼고 발표할 것인지를 신중히 논의, 검토 중에 있다고 관계자는 밝혔다.

이 글도 1990년대 중후반에 1단 기사로 실린 것이다. 건교부 관계자는 음주운전 사망자수가 비음주운전 사망자수의 1/10보다 낮게 나왔다고 공개하면 음주운전이 비음주운전보다 더 안전하다고 홍보하는 격이 된다고 해석한 것이다. 한심하다. 음주운전 사망자가 적은 이유는 음주운전 건수가 비음주운전 건수에 비해 비교할 수 없을 정도로 적기 때문이다. 전국의 자동차 운행 중 하루 평균 음주운전이 5백 건이라 할 때 비음주 운전은 500백만 건은 족히 될 것이다. 이럴 경우 10일 동안 음주운전은 5천 건, 비음주 운전은 5천만 건이 된다.

10일을 10년으로 간주해서 앞 통계에 맞춰 계산해 보자. 5천 건의 음주운전으로 1천 명 사고사한 것이고, 5천만 건의 비음주 운전으로 12만 명 사고사한 것이다. 전자의 사고사율은 25%이고 후자는 0.24%이다. 사고사망율은 전자가 후자보다 100배를 넘는다. 음주운전의 위험이 그만큼 크다는 것인데, 건교부 관계자는 음주운전 사고사망자 수와 비음주운전 사고사망자 수를 단순 비교하여 엉뚱한 해석을 내린 것이다.

참고로 안전한 여행을 홍보하는 철도 여행과 항공 여행에 대해서도 이와 같은 접근이 필요하다. 운행 사고 건수는 자동차, 선박, 철도, 항공의 순으로 현저히 적어진다. 그런 사실을 부각시켜 철도와 항공이 안전하다고 홍보하는 것인데, 사례의 순으로 운행 건수가 현격히 적어진다는 것을 간파해야 한다. 철도, 항공의 운행 건수는 자동차 운행 건수의 만분의 1도 못 미친다. 자동차 사고가 많은 까닭은 이들보다 운행 건수가 비교할 수 없을 만큼 많아서이다.

여성가족부는 2000년 이후 매년 평균 30만 쌍이 결혼하고 12만 쌍이 이혼한 것으로 집계된 통계자료를 발표하면서 40%의 이혼율은 OECD국가 중 최고 기록으로서 이는 2000년 이후로 두드러진 가족 해체 현상이 그 어느 나라보다도 심각한 수준에 이르렀음을 보여 주는 것이라고 밝히고 범정부 차원의 다각적인 종합 대책을 수립해야 한다고 강력히 제기하였다.

기사에서 매년 <30만 쌍이 결혼하고 12만 쌍이 이혼하면> 이혼율은 '(12/30)×100 = 40%'인 것으로 해석한 것인데, 얼핏 보기에 그럴듯하다. 하지만 < >안의 전자는 신혼가정, 후자는 이혼가정인바, 한 나라의 이혼율은 신혼가정과 비교하는 것이 아니라 전체 결혼가정과 비교해야 한다. 개념이 이해하기 어렵다면 1999년에 결혼가정이 하나도 없다고 극단적으로 가정하여 앞글에 따른 평균으로 계산해 보자. 2000년에 30만 쌍이 결혼하고 12만 쌍이 이혼하면 18만 쌍은 결혼가정을 유지하게 된다. 2001년에 새로이 30만 쌍이 결혼하고 12만 쌍이 이혼하면 18만 쌍은 결혼가정을 유지하게 된다.

그런데 2000년 이후로 이혼하지 않고 결혼을 유지하고 있는 가정이 18만 쌍이 있으므로 2001년에 결혼을 유지하고 있는 가정은 총 36(=18+18)만 쌍이 된다. 2002년에 새로이 30만 쌍이 결혼하고 12만 쌍이 이혼하면 18만 쌍은 결혼가정을 유지하게 된다. 그런데 2000년 이후로 결혼을 유지하고 있는 가정이 36만 쌍이 있으므로 2002년에 결혼을 유지하고 있는 가정은 총 54(=18×3)만 쌍이 된다. 이런 식으로 2003년엔 72(=18×4)만 쌍 … 2022년엔 414(=18×23)만 쌍이 결혼을 유지하게 된다. 1999년에 결혼한 가정이 하나도 없다고 가정한 것인데도 해가 갈수록 이혼율이 낮아지는 것을 알 수 있다.–(이혼율은 한없이 낮아지지 않고 일정 시점 이후엔 사망으로 인한 결손이 생겨 결혼가정 수가 고정적이 된다) 현재 우리나라는 매년 약 600만 쌍이 가정을 유지하고 있고 이 중에서 12만 쌍 정도가 이혼한다.

【4】조선의 사대주의?

사대주의란 자신을 얕잡아 부정하고 남을 맹목적으로 추종하는 것인바, 조선의 사대주의는 공공연한 사실로 자랑스럽지 못한 과거라도 인정할 건 인정해야 한다는 인식이 지배적이다. 조선이 임금의 책봉을 중국 황제에게 윤허[11] 받고 중국에 사신을 파견하여 조공[12]을 바친 것, 한자로 쓰인 중국 문헌으로 무장한 사대부를 중심으로 유교를 통치 이념[13]으로 삼은 것 등을 그 근거로 한다. 그러나 전자는 조선이 국가의 안위를 위해 큰 나라는 받들어 우호관계를 유지하는 겸허주의 선린외교이지 사대주의 추종외교가 아니다. 후자 또한 선진문물을 선별적으로 수용한 것이지 중국문물을 맹목적으로 추종한 게 아니다.

전자든 후자든 결코, 조선이 자신을 얕잡아 부정하고 중국을 맹목적으로 추종한 것이 아니다. 중세 유럽 국가들과 로마 교황청과의 관계는 조선과 중국과의 관계보다 더 심했다. 그런데도 중세 유럽 국가들을 사대주의라고 폄하하지 않는다. 중국이라는 초강대국에 인접한 나라치고 수천 년 넘게 살아남은 나라는 우리나라가 유일하다. 이를 배 아프게 여긴 일본이 "조선은 중국을 받드는 사대주의로 빌붙어 굴종적으로 살아남았다."고 왜곡시켰다. 이른 바 주변적 타율성론의 식민사관인데, 우리 학계에선 이를 중국의 중화사상, 조선의 소중화사상이라는 식으로 승화(?)시켜 왔다. 썩어빠진 식민사관이 아직도 우리사회에 버젓이 통하고 있다니 한심하다.

---

11   중세 유럽의 국가들은 왕의 책봉뿐만 아니라, 결혼·이혼까지도 로마교황에게 윤허 받아야 했다.

12   중세 유럽의 국가들은 교황청에 대사를 보내 공물을 바쳤다. 그런데 공물은 조공과 성격이 달랐다. 공물은 대가가 전혀 없는 일방적인 '상납'인 반면, 조공은 그 대가로 답례품을 받는 쌍방적인 '거래'였다. 중국에 인삼, 은, 모시, 종이, 칠기, 화문석 등을 바치고 비단, 도자기, 서적, 차, 향료, 약재 등을 받았는데 그 수량이 엄청났다. 근대 이전에 모든 나라가 국경 봉쇄의 폐쇄 경제였지만, 조선과 중국은 절대우위론에 기반한 거래로 자국 경제를 활성화시킨 것이다. 조공은 폐쇄 경제 시대에 실리를 취한 선진적 거래로 칭송할 일이지 결코 사대주의로 폄하할 일이 아니다. '조공무역'이라는 용어를 당당하게 써야 한다.

13   중세 유럽의 국가들은 라틴어로 쓰인 로마 성경으로 무장한 성직자를 중심으로 가톨릭을 통치 이념으로 삼았다.

옛날에 임금의 묘호(廟號)는 황제국은 〈조(祖)/종(宗)/제(帝)〉를, 제후국이나 신하국은 '왕(王)'을 썼다. 고려는 〈태-혜-정-광-경-성-목…〉에 '조/종'의 묘호를 붙이다가 원나라의 간섭을 받던 말엽에 〈충렬왕/충선왕, 공민왕/공양왕〉으로 묘호가 '왕'으로 격하된다. 하지만 조선은 초대부터 마지막 대까지 〈태-정-태-세-문-단-세 … 정-순-헌-철-고-순〉에 모두 '조/종'의 묘호를 당당히 붙였다. 조선이 소 중화사상의 사대주의였다면 감히 붙일 수 없는 묘호이다.

원나라의 간섭을 받던 고려 말기에 고려의 생활 속에 중국풍이 어느 정도 유행했었다. 중국 흉내가 경쟁적인 것은 아니었기에 중국을 추종하는 부류에 국한하여 사대주의 바람이 잠깐 분 것이다. 그러나 조선은 이런 식의 중국풍이 분 적이 아예 없다. 의식주 어느 것 하나 중국식을 따르느라 우리 것을 버린 것이 없다. 은근슬쩍 스며든 것조차 찾아보기 어렵다.

사대주의였다면 '상투'를 〈변발〉로, '저고리'를 〈치파오〉로 바꾸고, '김치/된장국'보다 〈짜사이/마라탕〉을 먹으며, '안녕?/잘 가!' 대신 〈니하오?/짜이쩬!〉이라고 말했을 것이다. 사대주의였다면 '지붕 낮고 처마 넓은' 기와집과 초가집의 '온돌 생활'을 버리고 〈지붕 높고 처마 짧은〉 사합원과 토루의 〈벽난로 생활〉을 했을 것이다.

'파마머리'에 '청바지' 입고, '햄버거 · 콜라'를 먹으며, "헬로/빠이빠이!"를 외치며 '아파트'에 사는 요즘 세태조차 미국을 좇는 사대주의라 하지 않는데, 중국식을 거의 찾아 볼 수 없는 우리 조상들의 삶을 어찌 사대주의로 매도할 수 있는가? 조선이 사대주의 사회였다면 세종대왕이 중국글자와 다른 한글을 만들려는 시도조차 안했을 것이고 그랬다면 이 책마저도 나올 일이 없었을 것이다.

우리말엔 한자어가 60%라고 한다. 한자 파생 · 합성어까지 더하면 우리말의 70%가 한자어라고 학계에선 보고 있다. 이를 두고 중국의 사대주의가 한자어의 높은 비중으로 나타난 것이라고도 한다. 하지만 이는 심하게 부풀려진 것이다. 표준국어대사전에 실린 것들 중엔 실생활에 별로 쓰이지 않는 〈사전을 위한 한자어〉들이 무척 많다. '사장'은 31개, '조사'는 33개의 한자어가 실려 있다. 이 중에 '사장'은 〈모래사장(沙場)/출판사 사장(社長)님/

사장(死藏)된 발명품〉의 3개, 조사'는 〈체언과 조사(助詞)/조사(調査)하면 다 나와!〉의 2개 정도만이 실생활에 사용되고 나머지는 거의 쓰이지 않는 단어들이다. 우리말 사전에 실릴 근거가 약한 한자어이다.

사사(30), 고사(28), 사기(27), 정사(27), 수사(26), 기수(23), 정수(23), 사수(22), 주사(22), 고조(21), 기사(21), 사상(21), 사고(20), 사주(20), 장기(20)를 찾아보면 괄호의 숫자만큼 한자어가 실려 있다. 이 외에도 20개 가까운 표제어가 실린 한자어들이 상당히 많다. 이들 중에는 각기 한두 단어만 실생활에 쓰인다. 사전에는 실제 쓰이지 않는 한자어가 수두룩하다. 한자어가 너무도 과도하게 부풀려져 있는 것이다. 또한, 앞서 「§Ⅱ.-[4]한자 및 한자어에 대한 오해」에서 언급했듯이 우리가 일상적으로 쓰는 한자어의 상당수가 중국의 한자어와 사뭇 다르다. 결코 중국 추종이 아니다.

우리나라는 안타깝게도 35년간 일제 치하에 놓였었고 일제는 조선어 탄압·말살 정책을 강제했다. 이 암울한 시절을 겪었음에도 불구하고 우리 생활에 침투한 일본어는 0.01%도 안 된다. 하물며 중국에게 지배당한 시절이 없었고 조선어 탄압·말살 정책이 시행된 적도 없었는데 중국의 한자어가 6·70%가 된다는 것은 어불성설이다. 과거에 정치적·학문적 이유로 들여온 한자어는 5%의 지배층에 국한돼 사용됐다고 봐야 한다.

대부분이 까막눈인 일반 백성들은 우리말을 주고받으며 생활해 왔다. 다만, 인간의 상류층 지향 속성에 따라 언어를 비롯한 5%의 지배층 문화가 15% 정도까지 확산된 것으로 볼 수 있다. 이런 경향 속에 순우리말조차 한자에 꿰맞추려는 부정회귀(不正回歸)의 그릇된 습성이 더해졌을 것이다. 어쨌든 세계를 호령하는 중국에 인접하여 수천 년을 지내오면서도 동화되지 않고 우리말을 85% 지켜왔다는 건—(「§Ⅱ.-[4]한자 및 한자어에 대한 오해」 참조) 세계에서 유례를 찾아볼 수 없는 실로 위대한 일로서 고려와 조선의 굳건한 주체적인 의식이 반영된 결과로 봐야 한다.

〈혼일강리역대국도지도〉(혼강도)는 동양에서 가장 오래된 세계지도로 교과서에도 실린 자랑스러운 우리 문화유산이다. 그런데 학계에선 '지도의 절반을 차지하는 중국이 가운데에 놓여 있는 것에서 중화사상이 반영됐다고 볼 수 있다'라고 설명한다.—(뒤의 사진 설명은 교과서 내용임) 여기에 우리나라가 상대적으로 크게 그려져 있어 조선의 소 중화사상을 엿볼 수 있다는 보충 설명도 곁들인다. ─(필자가 ○○ 대학교 부전공 심화연수 때 지리과 교수님도 이렇게 설명했다) 중화니 소 중화니 하는 것은 중국에의 사대주의를 바탕으로 하는 표현이다.

그러나 〈혼강도〉 상단에 적힌 권근의 발문엔 중화니 소 중화니 하는 표현이 전혀 없다. 앞에 기술한 학계의 설명은 '볼 수 있다'라고 추측한 것이다. 그런데 추측이 근거없고 폄하적이라는 데에 문제가 있다. ─(이런 걸 억측이라 한다) 지도의 절반이 중국이 차지한다는 것과 조선이 상대적으로 크게 그려진 것은 '아는 것'과 '필요한 것'을 그려 적은 당시의 상황을 파악하지 못한 무지의 소치이다. 당시에 잘 아는 세계는 자세히 그리고 잘 알지 못하는 세계는 자세히 그릴 수 없다. 자세히 그리다 보면 그렇지 않은 것보다 크게 묘사될 수밖에 없다. 중화사상과 소중화 사상을 반영하려고 크게 그린 것이 아니다.

〈혼강도〉는 세계 지도지만 오세아니아와 아메리카 대륙은 빠져 있다. 오세아니아와 아메리카 대륙은 아예 몰랐다. 유럽과 아프리카가 그려져 있지만 실제 크기보다 훨씬 작게 그려져 있다. 잘 알지 못했기 때문에 자세히 그릴 수 없었기 때문이다. 아프리카 대륙의 크기는 중국의 3배가 넘는다. 잘 알지 못하는 아프리카를 중국의 3배 크기로 그리면 지명이 없는 커다란 공백의 대륙이 제한된 종이의 많은 부분을 잡아먹게 된다.

지도는 필요한 지리 정보를 한눈에 알아볼 수 있도록 제한된 크기의 종이에 담아내는 것이 1차적 기능이다. 지리 정보 없는 대륙을 크게 그리면 종이만 낭비된다. 지도에서 나라나 대륙의 실제 크기는 부차적이기 때문에 필요에 따라 축적을 달리하기도 한다. 따라서 〈혼강도〉는 조선과 중국을 1차적 기능에 맞춰, 나머지 나라와 대륙은 2차적 기능에 맞춰 그린 것으로 이해해야 한다.

중국이 가운데에 놓여 있는 것을 중화사상의 반영이라 한 것도 억측이다. 영국, 독일, 프랑스의 전국 지도를 보면 런던은 남쪽에, 베를린과 파리는 북쪽에 치우쳐있고 각국의 지도 가운데엔 리즈, 에르푸르트, 부르주가 놓여 있다. 그렇지만 전자를 각국의 중심이라 인식하지 후자를 각국의 중심으로 인식하진 않는다. 유럽 전도를 보면 무슨 도법으로 그리냐에 따라, 러시아를 얼마큼 그리냐에 따라 지도 한가운데에 독일, 체코, 폴란드가 교차한다. 이런 지도들을 각기 독일 중심, 체코 중심, 폴란드 중심 사상이 반영됐다고 하지 않는다. 가운데에 중심을 두고 지도를 그리는 것이 아니라 필요에 따라 그리다 보면 그 어느 나라가 중앙에 그려질 뿐이다.

150년경에 제작되고 1400년경에 복원된 〈프톨레마이오스의 세계지도〉를 보면 유럽, 아프리카, 아시아가 그려져 있는데 톨레미의 그리스가 속한 유럽은 왼쪽에 치우치고 중앙엔 카스피해와 페르시아만이 놓여져 있다. 이를 두고 페르시아 중심 사상이 반영됐다고 하지 않는다. 그리스를 중앙에 그리면 텅 빈 대서양이 왼쪽 대부분을 차지하고 오른쪽엔 아시아를 절반밖에 못 그리게 된다. —(사진 참조)

〈혼강도〉 제작 당시 아메리카 대륙을 몰랐기에 조선과 일본의 오른쪽은 바다만이 있었다. 조선을 가운데에 놓으면 오른쪽은 지명이 없는 텅 빈 바다만 그려야 한다. 이는 종이 낭비로 당시뿐만 아니라 지금도 지도 제작에 있을 수 없는 일이다. 결코 사대주의에 따른 중화사상의 반영으로 중국을 중앙에 두고 그린 것이 아니다. 더 이상 자랑스러운 문화유산을 식민사관의 억측으로 폄하하면 안 된다.

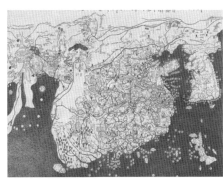
<혼일강리역대국도지도>

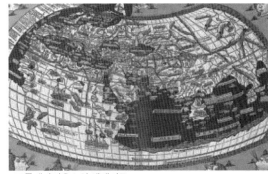
<프톨레마이우스의 세계지도>

<혼일강리역대국도지도>의 교과서 설명 :
현존하는 동양에서 가장 오래된 세계 지도로, 당시 여러 지도를 참고하여 편집, 제작하였다. 이 지도를 보면 아프리카와 유럽까지 나타나 있으며, 우리나라가 상대적으로 크게 표현되어 있다. 그리고 지도의 절반을 차지하는 중국이 가운데에 놓여 있는 것으로 보아 중화사상이 반영되어 있다고 볼 수 있다.

^사_례【 5 】살색이 연주황색에서 살구색으로?

> 한 시민이 크레파스나 물감 등에 사용하는 '살색'이라는 표현이 인종 차별을 조장한다며 국가 인권위에 글을 보냈다. 이에 인권위는 한국기술표준원에 개명을 권고했고 2002년 표준관용색명을 '살색'에서 '연주황색'으로 바꿨다. 그러나 2004년 초·중생 6명이 '연주황'이란 어려운 한자어는 크레파스나 물감을 많이 사용하는 어린이에 대한 또 다른 차별이자 인권 침해라며 알기 쉬운 이름으로 바꿔달라는 글을 인권위에 보냈다. 이를 인권위가 표준원에 통고하자 수많은 논란과 진통의 논의 끝에 2005년 '살구색'으로 결정했다.

글은 고등학교 국어교과서에도 실린 기사이다. 명칭을 바꾸면 관련 작업에 엄청난 비용이 들어간다. 큰돈이 아깝지 않을 만큼 절실하고 합리적이어야 한다. 과연 살색이란 표현이 인종차별을 조장할까? 흑인에겐 살색이 검다는 것을 염두에 두고 한 말인 것 같은데 그렇다면 '흑인'이란 단어가 더 노골적인 인종차별적 표현 아닌가? 무늬만 휴머니즘인 어설픈 인권 의식이다. 우리나라 사람들이 살색이라는 말을 하면서 결코 인종차별의식을 조장한 적이 없다. 정작 흑인들도 "Black Lives Matter!"(흑인의 목숨도 소중하다)라고 외친다.

살색은 우리에게 편하고 적합한 표현이다. 연주황색은 불편하고 살구색은 적합지 못하다. 필자는 살구를 글로만 접해 봤지 실제로 어떻게 생겼는지 모른다. 하물며 애들이 살구를 얼마나 알까? 아마도 어린이 미술 수업에서 선생님이 "살구색이 뭔지 알아요? '살구색'에서 '구'자를 빼면 돼요."라고 설명해야 할 것 같다. 살색을 되살리자.

준비 과정만 6천억 원 넘게 들어간 명칭 변경에 도로명 주소가 있다.[14] 지번 주소를 쓰던 것을 1995년 시범 사업, 2009년 전국 확대를 거쳐 2014년 토지대장을 제외한 모든 곳에 도로명 주소만 쓰도록 전면 시행됐다. 적잖은 반대 여론에도 불구하고 도로명 주소를 도입한 것인데, 이는 국민 생활 편의, 물류비 절감 및 국가 경쟁력 강화를 위해 세계화 시대에 발맞춘 것이라면서 강행한 것이다. ─(그런데 왜 토지대장은 지번 주소로 하는가?)

하지만 세계화에 발맞출 게 있고 그래선 안 되는 게 있다. 언어와 의식주 등을 포함한 문화적 요소까지 세계화에 발맞추다간 주체성과 정체성만 잃을 뿐 몸에 맞지 않은 옷을 입은 것처럼 불편한 생활을 하게 된다. 우리 몸에 맞는 것은 몸에 맞도록 계속 유지 발전시켜야 한다. 전면 시행을 앞두고 전문가들까지 격렬히 반대했었는데 그들의 논리는 변죽만 울려 정부의 강행을 막지 못했다. 몸에 맞는지 아니지를 파악해야지, 기껏 주소 찾기는 내비게이션 기능으로 충분하다는 식의 논리로 반대해 봤자 별 소용이 없다.

유럽이나 남북 아메리카는 도로명 주소가 그들 몸에 맞는 행정 체제이다. 그들은 역사적으로 도로를 따라 마을이 들어섰다. 로마시대에 유명한 것이 도로와 수로이다. 그들은 유럽 전역으로 정복의 발길을 뻗칠 때 도로부터 놓았다. 엉성한 상황에 놓여 있던 미개한 유럽 전역에 도로 따라 마을이 들어서면서 체계적인 행정체제를 갖추게 됐다. 미국과 캐나다도 동부 해안에 도착한 유럽의 정복자들이 미개척 북미 전 지역에 도로를 놓으면서 서부 개척 시대를 열어 갔다. 중남미와 호주도 유럽의 정복자들이 도로를 놓으면서 마을을 행정적으로 관리했다.

그러나 우리나라는 도로 따라 마을이 들어선 게 아니다. 배산임수로 마을이 먼저 들어서고 마을이 도시로 커 감에 따라, 그리고 마을과 마을을 따라 도로가 놓였다. 우리나라가 개도국 시절에 앞선 학문을 서양에서 배워온 도시 전문가들은 배산임수를 풍수지리로 여겨 도외시했다. 물론 우리나라의 토종 학계에서도 배산임수를 풍수로 설명한다. 잘못돼

---

14   전면 시행을 1달 앞둔 대국민 브리핑 때 한 기자가 "반대 여론이 만만치 않으니 취소하거나 시일을 두고 충분히 더 검토해야 하지 않느냐?"고 질문하자, 정부관계자가 "준비 과정에만도 6000억 원이나 들어간 사업이라 취소하거나 더 미룰 수 없다."고 답했다. 참 한심하다. 합리적 의사결정 시 매몰비용은 고려대상에서 제외해야 한다는 가장 기본적인 것도 모르는 답변이다. 6000억 원은 매몰비용이다. 매몰비용이 아깝다는 이유로 불합리한 정책을 강행하는 것은 몰상식의 극치이다. '매몰비용의 오류'의 대표적인 사례로 콩고드 여객기가 있다. 1962년부터 영국과 프랑스가 공동으로 야심차게 추진한 개발한 초음속 여객기 콩코드는 "음속을 넘어가면 소음이 심하다"는 경고를 무시하고 이미 들어간 1조 6천억 원의 비용을 날릴 수 없다며 1976년 운행을 강행했다. 소음을 싫어하는 승객들의 외면으로 적자 운행을 지속하다 결국 2003년에 운행을 중단했다.

도 한참 잘못됐다. 배산임수는 풍수와 거리가 먼데 과거에 어려운 한자를 들먹이며 유식한 척 위세하려는 자들이 갖다 붙인 것이다.

보통 배산임수의 배경으로 산에 대해선 목재, 땔감 등의 자원 확보, 하천에 대해선 생활용수, 하수처리, 경작지의 관개용수 등으로 설명한다. 하지만 이는 농경사회엔 필수적이기 때문에 대다수의 다른 나라와 차이가 없다. 이런 상투적인 설명으론 우리나라만의 특성을 이해할 수 없다. 지리·지형적 이해가 필요하다. 우리나라는 아시아 대륙 중위도에 붙어 있는 유일한 반도로 독특한 지리·지형적 기후를 보인다.

전 세계에서 우리나라만 봄엔 동북풍, 여름엔 남동풍, 가을엔 서남풍, 겨울엔 북서풍이 분다.[15] 특히 겨울바람은 혹독하다.[16] 북서풍을 막는 지형이 최우선이다. 그래서 자락이 넓고 큰 산 앞에 마을이 들어선다. 또한 밋밋하게 비탈진 산자락은 평지보다 남쪽으로 쳐져 해가 낮은 겨울에 일조량을 많이 받는다는 장점도 생긴다.

여름은 무덥다. 무더운 여름을 조금이라도 덜 덥게 보내려면 밤낮으로 바람 부는 지형이 좋다. 마을 앞뒤로 강과 산이 있으면 기온 차로 낮엔 강바람, 밤엔 산바람이 분다. 겨울의 찬바람과 여름의 무더위를 동시에 해결하는 지혜가 배산임수인 것이다. 여기서 산을 북으로 강을 남으로 한 것이 핵심인바, '배산임수'보다 '북산남천'(北山南川)이 더 적합하다 하겠다. '북산남천'은 상투적인 생업·생태적 여건뿐만 아니라 지형·기후 여건까지 종합적으로 고려된 것이다.

다른 나라는 북산남천이 아니라서 마을은 대체로 방사형으로 커진다. 방사형 도로망이 많은 이유다. 그러나 우리나라 마을은 북쪽엔 산, 남쪽엔 하천이 있어 동서로 먼저 커나간다. 방사형 도로망이 드문 이유다. 마을이 남쪽으론 하천을 건너 확장되기도 하지만

---

15 참고로 동풍은 샛바람(봄), 서풍은 하늬바람(가을), 남풍은 마파람(여름), 북풍은 높바람(겨울)이라 부른다. 늦봄에 부는 높새바람(Föhn)은 동북풍으로 높바람과 샛바람을 합친 단어이다. 좌청룡, 우백호, 남주작, 후현무도 이와 결부된다. 동서남북의 전후좌우는 임금이 북을 등지고 남쪽을 바라보는 것으로 지칭했다. 따라서 동은 푸른 용, 서는 흰 범, 남은 붉은 봉황, 북은 검은 거북이 된다. 동서남북 4방에 중앙의 노랑을 더하면 우리나라 전통의 5방(方)색이 된다. 보통 임금 옷을 노란색으로 한 것은 중앙에 임금이 위치한 것을 나타낸다.

16 겨울은 날씨가 건조해 피부와 기관지 보호를 위해 가습기를 틀고 생활하는 것이 좋다. 그런데 어쩌다 가습기가 고장나면 수리하기 전까지 가습기를 대신할 것으로 펄펄 끓는 물을 큰 그릇에 가득 담아 식탁 위에 두라고 한다. 그러나 물이 조금만 식어도 더 이상의 증발이 없어 물이 줄지 않는다. 물이 식기 전의 몇 분간만 효과가 있을 뿐이다. 여러 장 겹쳐 접혀 있는 신문지 두 부를 펼쳐서 식탁 위에 나란히 놓고 물을 흥건히 적셔두면 바짝 마르는 데에 몇 시간 이상 걸려 집안 습도 유지에 좋다. 신문지가 없으면 두루마리 화장지로 하면 된다.

북쪽으론 산을 넘어 확장될 순 없다.

서울, 대구, 대전을 보면 동서울, 동대구, 동대전으로 확장되고, 서서울, 서대구, 서대전으로 확장된 뒤 남서울, 남대구, 남대전으로 도시가 확장됐다. 그러나 북쪽은 산으로 막혀 있어 도시가 북쪽으로 확장되지 못했다. 북서울, 북대구, 북대전이란 동네가 없는 이유다. —(북서울/북대구/북대전을 지칭할 순 하지만 이는 방향·위치일 뿐 마을의 개념이 아니다)

우리나라와 다른 나라의 이러한 차이점을 도시·도로 전문가들이 파악하지 못한 것이다. 이런 것을 이해해야 지번 주소가 우리 몸에 맞다는 것을 알 수 있다. 지번 주소는 결코 일제의 잔재가 아니다. 일제가 우리나라의 쌀·토지수탈에[17] 이런 상황을 잘 이용해 먹은 것이다. 도로명 주소로는 쌀·토지수탈이 용이치 않다는 것을 그들은 이미 알았던 것이다.

우리 몸에 맞지 않는 지번 주소를 일제가 강제한 행정인 양 몰아가면 안 된다. 일제 청산의 일환으로 명칭 변경에 혁혁한⑦ 공을 세운 것으로 김영삼 정부 시절에 가열 차게 진행됐던 '역사 바로 세우기'가 유명하다. 다음은 이와 관련된 기사와 이를 반박하는 기고이다.

<기사>: '역사 바로 세우기' 작업의 힘찬 손길이 바야흐로 성문의 이름에도 닿고 있다. 최근 보도에 따르면 당국은 '남대문과 동대문은 고유 명칭이 아니라 단순히 방향을 나타내며 일제에 의해 처음으로 사용된 것'이라는 이유로 국보 1호와 보물 1호인 남대문과 동대문의 표기를 '숭례문'과 '흥인지문'으로 바꾸기로 했다고 한다. 그래서 '일제에 의해 저질러진 우리 문화재의 창씨개명을 청산했다'는 찬사가 쏟아지고 있다.

<반박>: '남대문'과 '동대문'은 옛날부터 즐겨 쓰이던 호칭이었다. '남대문 구멍 같다'는 매우 큰 구멍을 일렀고 이름도 모르고 집을 찾으면 '남대문입납'이라 했다. '남대문 봉도/동대문 봉도'라는 임금의 행차에 관계된 항목도 있다. 인조 실록에 '임금이 남대문 루에 올라가'로, '대동야승'에 '조정에선 적병이 온 것을 알고 동궁과 더불어 남대문으로 달려가니/적병이 동대문 밖에 나와 진을 쳤는데'라로 기술돼 있다. '숭례문/흥인지문'보다 '남대문/동대문'이라는 호칭이 더 쉽게 그 실체를 드러냈기 때문일 것이다. 왕가나 궁궐도

---

17   조선 말엽에 비해 일제 강점기 때 아사자가 줄고 총 인구수와 GDP가 많이 늘어났다. 따라서 지지기반이 약한 정부의 관변 세력이 국민들의 냉담한 시선을 대외적으로 돌리려고 의도적으로 조장한 '반일 감정의 선동'이라는 국뽕 논란이 있다.

<세자궁, 덕수궁, 창덕궁, 경희궁>보다 <동궁, 서궁, 동궐, 서궐>이라는 호칭이 더 흔하게 쓰였다. 그런 전통에 현재 우리 애국가가 '목멱산 위에 저 소나무'가 아니라 '남산 위에 저 소나무'로 된 것이 아닌가.

다만, 글에선 남산을 남쪽의 산으로 봤는데 이엔 경복궁 바로 앞에 있는 산, 즉, 앞산이라는 뜻으로 불렀다는 설도 있다. 그러나 전국의 모든 산이 땔감으로 나무를 다 베어 민둥산이 됐지만 임금이 바라보는 산은 벌목을 금지하여 나무가 보이는 유일한 산이라서 〈남산…남산〉이라 한 것이 더 타당해 보인다. 남산을 예전에 '목멱산'(木覓山:나무가 보이는 산)이라고 불렀다는 것에서도 알 수 있다.

기사와 달리 실제로는 남대문만 숭례문으로 바뀌고 동대문은 그대로 쓰고 있다. 남대문을 숭례문으로 바꾸어서 민족정기가 바로 선다면 동대문과 서대문도 흥인지문과 돈의문으로 바꿔야 하지 않는가?[18] 어설프게 명칭을 변경하여 이에 따른 비용만 일관성 없이 낭비한 것이다. 동대문 시장과 서대문 시장 근처엔 동대문과 서대문이 있는데, 남대문 시장 근처엔 남대문이 없다. 일상생활의 불편만 가중됐다.

참고로 이때 '국민학교'도 '초등학교'로 바꿨다. 국민학교는 일제 강점기 때 '황국신민'[황국(일본)의 신하 백성]에서 유래한 것이라 하여 민족정기 바로세우기 차원에서 바꾼 것이다. 하지만 이는 오버였다.[19] 1996년까지 명칭변경 전의 국민학교를 다닌 대한민국 사람 어느 누구도 일본 숭배로 물들지 않았다. 명칭 변경에 약 3,000억 원 들었는데, 그만한 가치가 따로 있다. 우리나라 학제는 〈국민학교-중학교-고등학교〉로 돼있어 불합리하고 불편했었다. 이를 〈초등학교[20]-중학교-고등학교〉로 체계화한 것이므로 3,000억 원을 들일 가치

---

18 서울은 조선이 창건될 때 '인의예지신'의 유교 교리를 축원한다는 의미로 4대문과 종각에 이를 이름에 넣었다. 동서남북엔 흥인지문(興仁之門), 돈의문(敦義門), 숭례문(崇禮門), 소지문(昭智門), 중앙엔 보신각(普信閣). 흥인지문에 '之'가 덧붙은 건 약한 지세를 보강하기 위한 것이라고 하며, 소지문은 백성이 똑똑해지면 다스리기 어렵다는 주장에 숙청문, 숙정문으로 하다가 숙종 때 홍지문(弘智門)으로 명했다고 한다.

19 일제 강점기 때 제정 공표된 국민학교령 제1조에 "국민학교는 황국의 길에 따라 초등보통교육을 실시하며 국민의 기초적 연성을 행함을 목적으로 한다."로 돼있다는 것을 과잉 해석한 것이다. 국민학교는 국민보통학교를 일컫는 말이었다.

20 중학교와 고등학교는 각각 3년인데 초등학교는 6년으로 불합리하다. 1~3학년은 기초학교로, 4~6학년은 초등학교로 분리하면 기초학교와 초중고가 모두 3년씩으로 합리적이 될 것이다. 현재의 초등학교는 6년제라 1학년과 6학년의 격차가 너무 크다.

가 있는 것이다.

이름은 체계적이지 못하면 불합리하고 불편하다. 그런 면에서 〈대법원-고등법원-지방법원〉도 손볼 필요가 있다. 서양에서 들여온 3심제의 법원을 곧이곧대로 번역한 것이 문제이다. 서양에서 원래 재판을 1번만 하던 것을 1번의 기회를 더 주기 위해 상위 법원을 만들면서 1심 법원은 'Local Court', 2심 법원은 'High Court'로 부르고, 재차 더 기회를 주기 위해 최상위 법원을 만들어 'Supreme Court'라 하였다.

그들에게야 생성의 역사가 묻어 있지만 이를 들여오는 우리는 역사가 묻어 있을 필요가 없다. 고등법원이라 하니 고등학교처럼 등급이 높은 법원으로, 지방법원이라 하니 시골에 있는 법원으로 오해한다. 지방법원의 원어 'Local Court'의 'Local'이 잘못 번역됐다. 'Local'은 지방의 의미로 쓰이지만 'District'의 의미로도 쓰이며 법원엔 후자의 의미로 붙인 것이다. —(미국에선 'District Court'라 부름) 따라서 지역법원이라고 해야 우리말에 맞게 된다.

올바른 번역보다 더 중요한 것은 합리성이다. 굳이 원어를 번역하려 하지 말고 체계적이고 인식이 쉽게 아예 〈대법원-중법원-소법원〉으로 이름하여 불합리와 불편을 불식시킬 필요가 있다. 참고로 〈지방선거/지방정부(지방자치단체)〉도 〈Local Election/Local Government〉의 오역으로 〈지역선거/지역정부(지역자치단체)〉로 바꿔야 합리적이다. 그래야 서울지역에서도 선거를 치러 지자체를 꾸린다는 것이 명확해진다.

【6】음란물은 폭력성을 부추긴다?

EBS '다큐프라임-아이의 사생활' 제작진은 전남대 심리학과 Y 교수-(기사 원문엔 실명으로 실렸지만 이 글에선 명예를 위해 익명으로 처리했다) 연구팀과 '포르노-공격성 연관성 실험'을 진행한 결과, 포르노가 다른 영상에 비해 공격성향을 뚜렷이 높이는 것으로 나타났다고 밝혔다. 남자 대학생 120명을 3그룹으로 나눠 각각 자연 다큐멘터리, 일반 포르노, 폭력 포르노를 15분 동안 보게 한 뒤, 전통적 공격성 측정 방법인 다트 던지기 실험을 통해 영상 시청과 공격성 간의 연관성을 조사했다. 공격성 판단은 다트 던지기에서 사람과 사물 표적 중에서 사람 표적에 다트를 던지는 빈도를 따져 분석한다. 실험 결과 자연 다큐를 본 그룹은 사람 표적에 다트를 평균 0.3회 던진 반면, 일반 포르노를 본 그룹은 1.4회, 폭력적 포르노를 본 그룹은 2.4회를 던진 것으로 나타났다. 제작진은 "자연 다큐를 본 사람에 비해 폭력적인 포르노를 본 그룹이 8배 높은 공격성을 보였다."며 "특히 표적 중에서 여성 표적에 대한 공격성이 더 높게 나타나 음란 영상이 성폭력으로 이어지는 이유를 설명할 수 있는 중요한 시사점을 마련했다."고 말했다. 실험 결과는 13일 9시50분 방송된다.-[한겨레(2009.7.3.)]

글은 사람들에게 아주 쉽게 어필했던 기사였다. 그러나 진행에 문제가 아주 많은 실험이라는 것을 알아야 한다. 다트던지기 실험을 전통적 공격성 측정방법이라고 단정한 것부터 문제이다. 영상 시청과 다트던지기는 애초에 아무 상관이 없는 별개의 사건이다. 이것이 공격성의 표출이라는 것은 근거가 없다. 사람 얼굴 표적에 다트 던진 대학생들이 그 이후에 누구에게 폭력을 행사했는가?

게다가 연구진이 학생들에게 다트던지기를 "영상 시청 후에 따른 집중력 테스트"라고 했기 때문에 영상 종류와 아무런 상관이 없는 '별개의 행동'을 보인 것뿐이다. 또한 단 한

번의 실험 결과를 가지고 일반화하는 것은 '성급한 일반화의 오류'에 매몰된 독단이요, 억지이다.

실험을 연구진의 의도에 꿰맞추려고 조작한 부분도 눈에 띈다. 자연 다큐를 본 학생들에게 집중력 실험이라고 하고 '맨얼굴'로 서서 처음엔 다트 표적에 던지게 하고 나서 다트 표적에 여자 얼굴 그림을 붙였다. 표적지를 여자 얼굴로 바꾼 것은 참가자에게 윤리적 부담을 느끼게 하려는 의도적 조작이다. 학생들이 당황해 하며 못 던지겠다고 하자 "집중력 테스트니까 던져 보세요."라고 재차 권했지만 "사람 얼굴에, 그것도 여자 얼굴에 어떻게…"라고 하자 바로 상황을 종료했다.

반면, 포르노(야동)를 본 학생들에겐 '마스크에 모자'를 눌러 쓰게 하고─[익면(匿面)성 보장]─ 집중력 테스트라면서 '처음부터' 사람 표적에─[윤리적 인식 사전 차단]─ 다트를 던지게 했다. 그래도 망설이는 학생들에게 "앞사람 다 하고 간 실험이라 전혀 문제가 되지 않는 집중력 테스트다."라고 재삼재사 권했다. ─[던지지 않으면 안 될 것 같은 강요에 가까움] 자연 다큐 본 학생들과 실험 진행을 달리하여 조작 상황을 연출한 것이다.

결국 몇 명이 던졌는데 이들도 마지못해 던지는 모습이 역력했다. 표적을 보자마자 말리는데도 불구하고 '증오의 눈빛'으로 노려보며 다트던지기에 덤벼들었다면 공격적이라고 볼 수 있다. 하지만 참가자 모두 시켜서 마지못해 던졌다. 공격적이 아니라 순응적이다. 순응적인 태도를 공격적인 태도라 하는 것은 언어도단이다.

또한 기사 말미에 "특히 표적 중에서 여성 표적에 대한 공격성이 더 높게 나타나 야동이 성폭력으로 이어지는 이유를 설명할 수 있는 '중요한 시사점'을 마련했다."고 말한 것에선 너무 어이가 없다. 다트던지기를 '공격성' 테스트라 해 놓고 느닷없이 왜 '성폭력'으로 둔갑시키는가? 공격성을 손찌검이라고 해 보자. 이때, 남자에게 손찌검하면 '폭행'이고 여자에게 손찌검하면 '성폭력'이라는 해괴한 논리이다.

이런 해괴한 논리를 관철시키기 위해 연구진이 표면적으론 '공격성'을 내세웠지만 실제로는 '성폭력'을 주 포인트로 설정해 놓고 실험했다는 것이 '특히'와 '중요한 시사점'이란 표현에서 실토된 것이다. 이제 왜 120명의 실험 참가자에 여대생이 없는지 감이 오는가? '공격성'이었다면 남녀를 반반으로 했겠지만 '성폭력'이었기에 남자대학생으로 한정한 것이다.

게다가 의도에 맞는 결론을 유도하기 위해 실험 진행도 심하게 조작했다. 자연 다큐 본 학생들에겐 다트 던지게 한 뒤 표적지에 여자 얼굴을 붙이는 2단계 방법을 썼지만 야동 본 학생들에겐 다트 던지게 한 뒤 표적지에 남자 얼굴을 거쳐 여자 얼굴을 붙이는 3단계 방법을 썼다.

처음엔 망설이더라도 한 번 시작하면 그 다음은 별 생각 없이 지시에 따른다는 인간 심리를 이용하여 남자 표적 이후로 여자 표적을 배치한 것이다. "표적을 왜 여자로 바꾸냐?" 라고 묻는 학생도 있었는데 이에 대해선 '집중력의 지속성 테스트'라고 속여 계속 던지게 했다. 의도에 꿰맞추려고 갖은 술수를 쓴 것이다.

이 테스트는 선후가 중요하다. 여자 표적이 먼저였다면 처음엔 망설이다가 나중의 남자 표적엔 주저 없이 던지는 반대의 결과가 나왔을 것이다. 남자 표적과 여자 표적을 동시에 배치하고 어디를 선택해서 집중적으로 던지는지를 테스트하고 나서, 남자 표적보다 여자 표적에 집중적으로 던진 실험결과가 나왔을 때에나 "~일 수도 있지 않을까 생각된다."라는 식으로 조심스럽게 '중요한 시사점'이라고 발표할 수 있다. 이런 테스트를 하지도 않고 서슴없이 결론을 내린 것은 조작을 넘어 날조이다.

이 실험은 야동은 성폭력으로 이어지므로 봐서는 안 된다는 논조로 기획됐다. 그런데 논조와는 배치되는 일을 연구진이 벌였다. 실험의 야동 제공자는 다름 아닌 연구진이다. 실험에 야동을 제공하려면 먼저 구입해야 한다. 구입하고 나서 야동인지 아닌지를, 폭력적인 아닌지를 분류하기 위해 연구진이 사전에 야동을 틀어놓고 봤다는 얘기가 된다. 하지만 연구진은 야동 시청 후 다트를 던지지도 성폭력을 휘두르지 않았을 것이다. 야동은 공격성 및 성폭력과 무관하다는 것을 스스로 입증한 것이다.

또한 실험 후에 야동을 폐기처분했다는 언급도 없다. 자기들은 봐도 되고 남들은 봐서는 안 된다는 내로남불의 전형이다. 연구 목적이라고 정당화할 수 있다고 치자. 그러나 그러려면 연구목적이라는 미명하에 야동 제작도 정당화돼야 한다. 제작된 야동이 없다면 구입할 수 없지 않은가? 우리나라에선 야동의 제작·판매·유포를 법으로 금지하고 있다. 연구진이 불법 음란물을 소지 또는 구입했다는 모순에 빠진다. 이런 모순에서 벗어나려면 연구진은 야동의 제작·판매의 합법화를 주장해야 하고 합법화에 따라 야동은 봐서는 안 되는 것이 아니라는 새로운 시각을 제시하는 논조로 전환해야 한다.

야동은 애, 어른 할 것 없이 몰래 훔쳐보고 싶어하는 은밀한 관심사이기 때문에 이와 관련된 글이 무척 많다. 다음은 2020년 5월 7일자 「국민일보」에 실린 기사를 발췌한 것이다.

행안부는 '청소년 성인물 이용 실태 조사' 결과를 발표했다. 결론은 '음란물은 생활에 지장이 없을 정도로 적당히 봐도 된다.'는 게 아니라 '음란물을 아예 차단하라.'는 것이다. 음란물이 주는 유익은 '1도 없다'고 본 것이다. 성욕이나 성충동 해소에 도움이 되지 않고 도리어 이를 더 강화한다. 일례로 성폭행범의 컴퓨터와 휴대폰엔 늘 다수의 음란물이 쏟아져 나온다. 음란물을 보는 것이 성욕 해소에 도움이 된다면 그렇게 많이 보고도 범죄를 저지르겠는가.

오히려 너무 많이 봐서 실제로 모방해 보고 싶은 충동에 빠지는 것이라고 유타대학 심리학과 V.C. 명예교수-(여기서도 기사 원문엔 실명이 실렸지만 이 글에선 명예교수의 명예를 위해 익명으로 처리했다)-는 말한다. 이 교수에 따르면, 1단계는 호기심으로 음란물을 접하여 자극 받고, 2단계는 그것을 지속적으로 보다 무감각해져 더 자극적인 음란물을 찾게 되며, 3단계는 그 음란물 내용을 보편적인 성으로 인식하게 되고, 4단계는 본 것을 행동으로 옮김으로써 성폭력 범죄자가 되며 스스로도 고통받는 삶을 살게 된다는 것이다.

기사에서 음란물의 유익이 '1'도 없다고 극단적으로 단정 짓는 과단성이 놀랍다. OECD 국가의 대부분이 음란물이 유통되고 있고 우리나라도 무척 많이 유통되고 있다.—(음란물 시장이 세계 유통업계의 10대 시장이라는 통계도 있다) 전 세계적으로 음란물을 이용하는 사람이 무지하게 많다는 얘기인데 성욕 해소에 도움이 되지 않으면 이들이 뭐 하러 이용하겠는가?

더군다나 행안부의 발표는 '청소년 성인물 이용 실태'이기 때문에 '야동 시청'이 아닌 '성기구 사용'으로 봐야 한다. 그렇다면 앞의 기사는 성기구가 성욕 해소에 도움이 안 된다는 해괴한 논리이다. 기사에선 음란물을 '본다'는 표현을 썼기에 음란물을 야동으로 단정했다. 따라서 성범죄에 대한 V.C. 교수의 단계설을 끌어들였다. 하지만 음란물을 야동으로 국한한다 해도 대개는 야동을 보고 성욕을 해소하고 만족감을 느낀다. 유익이 '1'도 없다고 할 순 없다.

야동이 성충동을 강화한다는 것은 어떤가? 야동을 보면 성욕이 한껏 치솟는 것은 사실이다. 야동을 보면 강한 자극 받아 사정(射精)욕구를 참기 힘들어진다. 하지만 그렇기에 야동을 보면서 사정하면 성적 쾌감이 높아진다. 그 많은 사람들이 야동을 보는 이유이기도 하다. 그러나 사정으로 성욕이 해소되면 대개는 바로 돌아선다. 사정 후에 성욕이 강화되는 경우는 '0'에 가깝다. 그런데 기사는 야동을 보고 치솟은 성충동을 해소하기 위해 성범죄를 저지른다고 몰아간다.

또한, 야동을 많이 봐서 모방 충동에 성범죄가 생긴다고 것도 비약이다. 야동이 없던 옛날과 야동을 접하기 어려운 가난한 후진국에서도 성범죄가 적잖은데 그들은 대체 뭘 보고 모방했다는 말인가? 성범죄는 모방심리에 의한 것이 아니라 성 충동의 자제력 상실에 의한 것이다. 한편, OECD국가 사람 중에 야동을 안 본 사람이 얼마나 될까?

야동은 은밀한 관심사라 도 닦는 사람조차도 호기심에 보고 싶어 하는 것이 인지상정일 것이다. 하지만 야동을 본 그 수많은 사람들이 성범죄를 저지르지 않고 정상적인 생활을 해 나가고 있다. 더군다나, 성범죄자가 야동을 많이 소지하고 있다는 것을 근거로 야동이 성폭력을 부추긴다는 주장은, 조폭들이 하나같이 건장한 체구를 갖췄다는 것을 근거로 건장한 체구가 조폭을 키운다는 것과 같은 소가 웃을 논리이다.

'적당히 봐도 된다'를 일축하기 위해 V.C. 교수의 단계설을 끌어들였다. 그러나 이 교수의 2단계 이상은 '과도하게' 본 경우이므로 '적당히'에 끌어들이면 안 된다. 이 교수의 단계설―('설'이란 아직 '이론'으로 인정되지 않은 '주장'을 의미한다)―은 심리학계에서 상당히 인정받고 있는 그럴싸한 주장이다. 그러나 이 주장은 조금만 생각해 봐도 엉터리로 점철돼 있음을 알 수 있다.

그런데도 학계에선 반론 하나 제기하지 못하고 있다. 사람들이 표면적으론 성에 대해 건전·경건주의로 무장돼 있어서 이런 주장이 잘 먹혀든다. 우선, 2단계에서 지속적으로 보다 무감각해져 더 자극적인 것을 찾는다는 것부터 너무 자의적이다. '지속적'이라는 표현을 통해 '습관적'이라는 암시를 주면서 '무감각' 상태와 '더 자극적' 현상에 고개를 끄덕이게 유도하고 있다.

인간이 자극에 반응하는 〈느낌〉엔 '감정'과 '감각'의 두 가지가 있다. 감정은 마음에 담아

두지만, 감각은 그럴 수 없다. 인간의 두뇌는 '감정'에 대해선 장기 기억하지만, '감각'에 대해선 장기 기억할 수 없다. 감정은 자극이 없어져도 지속되지만─(생존본능의 방어기제에 의해, 좋은 감정보다 안 좋은 감정이 더 오래간다) 감각은 자극이 없어지면 바로 사라진다. 밥을 맛있게 먹었어도 숟가락을 놓는 순간 맛좋다는 느낌, 즉 맛의 쾌감은 바로 사라져 망각된다. 쾌감에 들뜬 느낌은 얼마가지 못한다.

감각은 바로 망각되기 때문에 동일한 자극일지라도 가할 때마다 새롭게 반응한다. 따라서 특별한 경우가 아닌 한 노화 이외에 감각이 무뎌지는 일은 생기지 않는다. 이로 인해 매일 밥을 먹지만 밥을 먹을 때마다 맛있게 먹을 수 있게 되는 절묘한 시스템이 되는 것이다.

감정과 감각이 혼재하는 부부생활을 보자. 부부가 10년을 살아도 20년을 살아도 성관계를 평생 함께하는 이유도 성이 감정의 영역보다 감각의 영역이 우선하기 때문이라 할 수 있다. 보통은 부부가 사랑하는 감정으로 평생을 살아가는 것으로 생각하기 쉽다. 그러나 부부간에 성관계가 원활치 못하면 부부관계가 멀어지기 때문에 성의 감각 매커니즘은 무척 중요하다.

부부간에 성관계가 끝나면 얼마안가 성적 쾌감이 다 지워지기 때문에 때가 되어 다시 부부간에 성관계를 가지면 새롭게 느껴져 항상 즐거운 부부생활을 영위하는 것이다. 평생에 숱하게 부부간에 성관계를 하지만 결코 무감각해지지 않는다. 물론 더 자극적인 것을 찾지도 않는다.

차, 술, 담배, 커피, 게임, 오락, 운동, 음료수 등에 대해서 우리의 두뇌가 감정과 별도로 감각에 반응하도록 작동한다. 이들은 다시 하게 되면 두뇌는 이미 망각된 회로 상태이기 때문에 이들에 새롭게 자극되어 쾌감으로 반응한다. 이들 중 그 어느 것이 지속적으로 하면 무감각해져 더 자극적인 것을 찾게 되는가? 야동은 보통 성욕이 일어날 때 보게 되는데, 이는 감정과 무관한 감각의 영역이라서 볼 때마다 새롭게 성적 쾌감이 자극되지, 무감각해져 더 자극적인 것을 찾는 일은 없다고 봐야 한다.

앞에 열거한 감각 영역의 사례들은 할 때마다 새롭게 자극이 되기 때문에 계속하는데, 야동만 유독 무감각해져 더 자극적인 것을 찾는다는 주장은 '감정'과 '감각'의 매커니즘의 차이도 모르면서 훈계하려드는 꼰대 논리에 불과하다. 야동을 여러 개 소지하고 있는 사람들도 꽤 있는데 이들은 한 개만으론 무감각해져서 그런 것 아니냐고 반문할 수도 있으리라.

그러나 이는 무감각해져서 아니라 성적 쾌감을 높이기 위해 여러 개를 돌려가며 보는 것이라고 풀이해야 한다. 밥을 더 맛있게 먹기 위해 여러 메뉴를 돌려가며 먹는 것과 같은 이치이다. 다음을 보면 2단계는 논리상으로도 성립하기 어렵다는 것을 알 수 있다.

2단계에 성범죄자의 컴퓨터와 핸드폰에 늘 다수의 야동이 쏟아진다는 것을 대비시켜보자. 이 범죄자가 100개의 야동을 가지고 있다고 할 때, 맨 처음 본 야동은 무감각해져 더 자극적인 2번째 야동을, 2번째 야동도 무감각해져서 3번째 야동을 찾은 것이라야 논리가 성립한다.

이런 식으로 하면 99번째 야동도 무감각해져 더 자극적인 100번째 야동을 찾은 것이 되는데, 앞의 99개의 야동은 무감각해졌기 때문에 '이건 야동도 아냐'라며 지웠어야 한다. 지우지 않고 100개의 야동을 다 소지하고 있다는 것에서 결코 무감각해진 것도 아니고 더 자극적인 것을 찾은 것도 아니라는 것을 알 수 있다.

2단계는 제작사 입장에서도 성립할 수 없는 논리이다. 자극적인 야동만을 만들어 유포하는 제작사가 있다고 하자. 이 회사가 만든 야동의 자극적인 수준을 A, B, C급으로 분류할 수 있을 것이다. 가장 낮은 C급의 야동을 본 사람들은 무감각해져 더 자극적인 B급을 찾고, B급을 본 뒤에는 가장 자극적인 A급을 찾아야 한다. 그런데 이런 논리라면 A급을 본 뒤에는 A급보다 더 자극적인 야동을 찾게 되는데 이에 부응하려면 A급보다 더 자극적인 야동을 제작해야 한다. 그런데 그게 가능하겠는가?

인간이 신이 아닌 한 '가장보다 더한 것'을 만들 수 없다. 설령 만들었다손 치더라도 '가장보다 더한 것'에 무감각해진 사람들에게 유포하기 위해 또다시 '가장보다 더한 것보다 더한 것'을 만들어야 한다. 가장은 최고라 그 위가 있을 수 없는데 계속 그 위를 제작해야 한다는 논리는 성립할 수 없다. 이는 신도 할 수는 없다. 가장 높은 신이 자신보다 더 높은 신을 만들 수는 없잖은가?

사람들이 더 자극적인 것을 찾기 때문에 계속 '새로운' 야동이 제작 유포되는 것이 아니냐고 반문할 독자도 있을 것이다. 그러나 이는, 사람들은 새 것에 대한 선호도가 높고 못

본 것을 보고 싶어 하는 호기심이 끊이지 않아서 이런 심리에 발맞춰 계속 새로운 야동을 제작 유포하는 것으로 해석해야 할 것이다.

3단계에선 야동 내용을 '보편적인 성'으로 인식한다고 했는데, 만약 이런 인식이라면 성범죄자가 죄의식이 없이 저지른다는 것이 된다. '기회를 노리고 남몰래' 저지르지 않아야 하고 저지른 짓을 들키지 않으려고 감추지도 말아야 한다. 그러나 범행 기회를 노리지 않고 시도 때도 없이 실행에 옮기고 이런 사실을 보란 듯이 스스로 드러낸 성범죄는 '1'도 없다. 이렇게 인식하지 않기 때문에 어떤 경우든 성범죄자들이 구속되면 "그게 왜 범죄냐?"라고 대드는 경우가 없다. 성범죄자들도 자신이 저지른 행동이 보편적인 성이 아니라 범죄적인 성으로 분명하게 인식하고 있는 것이다.

4단계는 본 것을 행동으로 옮긴다고 했는데, 이는 앞에서 야동을 많이 봐서 생긴 모방 심리라고 교수의 말을 인용했었다. 그러나 그 많은 성범죄 중에 야동 '내용'을 모방한 경우는 '0'에 가깝다. 대부분 성범죄는 성충동에 순간적으로 저지르지 야동 '내용'을 흉내 내려 연출한 흔적은 없다는 것이다. 성충동도 없는데 모방해 보고 싶어 성범죄를 저지른다? 이런 경우는 아예 없다고 봐야 한다.

'너무 많이 봐서' 모방하려 성범죄를 저지른다고 한 것도 그럴듯한 함정이다. 일반 야동과 폭력 야동 중 어느 것이 많을까? 물론 일반 야동이 폭력 야동보다 훨씬 많다. 그렇다면 일반 야동과 폭력 야동 중 뭘 더 많이 보는가는 불문가지다. 많이 본 야동이 일반 야동이라면 범죄적 내용이 아니므로 문제될 게 없다. '너무 많이 봐서' 모방한다고 해 놓고 '많이' 본 것은 모방 않고 '적게' 본 것을 모방해서 문제라는 앞뒤가 안 맞는 말이다. 폭력 야동만을 많이 본 경우라야만 모방했을 때 성폭력 범죄가 된다. 그런데 이제까지 성범죄자들이 폭력 야동만 소지하고 있다는 소리는 한 번도 들어 보지 못했다.

4단계에서 끝맺은 말은 한마디로 '소설을 쓰시네.'이다. "성폭력 범죄자가 되며 스스로도 고통받는 삶을 살게 된다."란 무슨 말인가? 구속되어 감옥 생활―(이는 마지막 단계 이후이므로 단계설에 언급할 내용도 아니다)―한다는 것을 말한 것이라면 사족이다. 게다가 "범죄자가 되어"라고 하지 않고 "범죄자가 되며"라고 했으므로 결코 이런 뜻으로 말한 것은 아니다. 따라서 교수는 "스스로도 고통스럽게 '자책하며' 살아간다."는 의도로 말한 것으로 보인다.

성폭력은 피해자만 고통받는 것이 아니라 '가해자도 고통 받게 된다.'라는 경고인데, 이는 잠재적 성폭력자들의 마음까지 돌이키는 호소력 짙은 휴머니즘 소설같은 메시지로 듣는 이들에게 진중한 울림을 준다. 그러나 진중한 울림은 요설에 현혹됐기 때문이라는 것을 간파해야 한다. 앞에선 보편적인 성으로 인식해 성범죄자가 된다고 해 놓고선 이들이 스스로도 고통스러운 삶을 살게 된다? 죄의식 없이 저지른 자가 죄책감에 빠져 산다니 소설도 이런 소설은 없다.

이중적으로 대하는 것에 성보다 더한 것이 없을 것이다. '사랑'이라는 이름 하의 '성행위'는 아름답게 여기지만 '사랑'이 결여된 '성행위'는 불온하게 여기는 경향이 강하다. 이에 따라 성기구를 쓰거나 야동을 보며 자위하는 학생을 불온시 하는데, 이젠 성욕 해소에 대한 건전·경건주의의 족쇄를 거둬야 한다. 방광에 오줌이 가득차면 배설해야 한다. 배설 행위를 아름답다 할 수 없지만 그렇다고 불온시해선 안 된다.

2차 성징에 따라 차오르는 성욕의 해소도 배변처럼 본능에 가까운 생리현상이다. 특히 혈기 왕성한 학생들에겐 자위를 해서라도 성욕을 해소해야 신체적·정신적 건강에 좋다. 만족감 높은 성욕 해소를 위해 음란물에 관심이 높을 수밖에 없다. 음란물을 아예 근절하면 성욕 해소의 불만감이 쌓여 왕성한 혈기가 '엉뚱한' 폭력으로 분출될 가능성이 높아질 것이다. 음란물 근절보다는 '적당한' 수준을 넘지 않도록 교육하는 것과 그러한 풍토를 조성하는 것이 더 바람직하다 하겠다.

·*🎅 머리를 식혀요 🎅*·

【 내기하지 마세요! 】

~# 1

"야, 선우야! 편지 왔다"

나는 받는 사람이 '신선우'라고 적혀 있는 편지를 학과 사무실 편지함에서 발견하고 선우를 불렀다. 내 이름은 신정우, 내가 부른 친구는 진선우. 근데 편지봉투엔 '신선우'라….

"널 부르긴 했는데 성은 '신'씨야."-"엥, 그럼 니 꺼 아냐?"

"글쎄?"-"뜯어 보면 알겠지."

"누가?"-"우리 둘이."

"여자 편지 같은데 둘이서 뜯기엔 좀."-"잘못 쓴 게 잘못이지."

"그런가? 참, 누구 편진지 내기나 해 볼까?"-"무슨 내기?"

"편지임자가 한턱 쏘기, 오케이?"-"큭큭큭. 것도 좋지…!"

우리는 장난 반 호기심 반으로 편지를 읽어 나갔다. 과 사무실에 같이 있던 다른 친구들도 기웃기웃.

<… 잿빛 캠퍼스 건물위에 비둘기 한 마리가 비 맞으며 앉아 있습니다. 초췌한 모습으로 고독을 삼키면서도 살아가야만 하는 인생, 인생이란 과연 무엇인가요? …>

"뭐야, 이거 완존 신파네?"-"읽어 봐도 누구 건지 모르겠군. 내긴 무승분가?"

우리는 임자 없는⁽⁷⁾ 편지를 휴지통에 '구겨' 버렸다.

~#2

"야, 선우야! 편지 왔다"-"이번엔 '진선우'라고 썼네?"

"야 그럼 전에 그 편지도 니 껀가?" 잠시 후. -"야, 이거 나한테만 보낸 게 아냐."

"뭐?"-"내용을 보니까 우리 둘한테 보낸 거야. 봐봐."

> <당신네들, 여자가 삶의 고민을 담아 보낸 편지를 여러 사람들이 있는 곳에서 둘이서 공개
> 적으로 읽어 보고, 낄낄거릴 수 있습니까? 게다가 편지를 휴지통에 '꾸겨' 버리다니! 제가 성
> 과 이름을 섞은 실수를 저질렀다손 치더라도 여자의 자존심을 그렇게 무참히 짓밟을 수 있
> 는 겁니까? 두 분 다 사과하세요. 우선 이 편지를 받으시는 진선우씨, ××월 ××일 2시, 대
> 학로 ○○커피숍에서 봅시다. - 진성희>

"결국 선우 널 만나자는 거네? 축하한다. 데이트 신청이잖아."

- "야, 이게 무슨 데이트 신청이냐, 협박이지! 처음부터 지가 잘못해 놓고 당돌하게 사과
받겠다고 시간과 장소를 일방적으로 통고해? 게다가 생면부지의 남자에게 대놓고 '당
신네들'이라니…. 난 이런 황당 껀수는 노 쌩큐야. 여자가 돼서 한다는 짓거리가…, 유
치원 수준이야!"

"역시, 매너짱답군. 그래도 한번 나가 봐라. 대학로에 바람도 쐴 겸. 혹시 아냐? 퀸카일
지."

- "퀸카 좋아하네. 이런 앤 안 봐도 뻔해. 이런 앨 만나러 그 먼 데까지? 아쉬우면 니가 가
봐라."

"자슥, 내가 니 땜빵이냐? 그나저나 그럼 우리 내기는 어케 되는 거지? 편지임자로는
판가름이 안 되니까, 걔랑 애프터가 성사되는 사람이 한턱 쏘는 거 어때?"

- "맘대로 하셔!"

~# 3

"야, 선우야! 어찌됐냐? 걘 만나 봤냐?"-"따샤, 왜 그리 호들갑이야."

"재밌잖아."-"재밌긴, 여자의 자존심이 뭐니 하니 안 나갈 수 있냐?"

"너도 어쩔 수 없는 수놈이구나."-"맘대로. 하지만 걘 역시 밥맛이었어."

"대체 누구래?"-"으응, 저 올해 우리 과 신입생 민희 있지?"

"아, 그 얌전하고 이쁘장한 애?"-"응, 진성희란 여자, 민희 고딩 단짝 친구래."

"근데 걔가 우릴 어떻게?"-"민희가 걜 만날 때마다 우리 얘길 했다나 봐."

"엥? 민희가 우리를 노리고 있나?"-"그건 모르겠고, 자꾸 우리 얘길 하니까."

"그래서 우리가 궁금해서?"-"은근 질투도 나서 민희 몰래 우릴 만나 보려고 한 거래."

"헉, 그럼 우리가 두 여자의 표적? 이런 기쁨 2배가!"-"자슥은 여자라면 그저, 쯧쯧~!"

"편지 껀은 민희가 걔한테 까발린 거겠네?"-"민희는 배꼽잡고 걘 쥐구멍을 찾느라…."

"몰래 하려다 들통난 것?"-"자존심이 '구겨'질 대로 구겨졌다나봐"

"그래 애프터는?"-"애프터 좋아하네! 난 쫑이야."

"안 예뻤냐?"-"예쁘긴 한데 내 스타일이 아니거든! 이젠 걔 너한테 대쉬할 거야."

"나한테? 오호, 기대되는데?"

~# 4

"야, 정우야! 엽서다. 발신자 진성희~!"

- "정말…? 허어, 정말 대찬 여자네. 것도 엽서로…. 이젠 숨길 것도 없다는 건가?"

"어쨌거나 잘 해 봐라! 잘 되면 내긴 니가 이긴 거니까 이 형님이 한턱 쏘마, 크크크!"

~# 5

1시 50분. 대학로 커피숍. 커피[21] 한 잔 시켰다.

　　　　- '어떤 여잘까? 뜻하지 않게 얽혀 만나게 된 여잔데…'

얼굴도 모르는 여자를 만난다니 마음이 무척 설렜다.

[21]　　보통 믹스커피를 타 마실 때 믹스커피를 컵에 쏟은 다음 그 위에 뜨거운 물을 붓는데 이러면 커피가 컵 바닥에 엉겨붙기 십상이다. 컵에 뜨거운 물을 먼저 붓고 그 다음에 믹스커피를 쏟으면 엉겨붙지 않는다.

- '어떻게 생겼을까? 민희의 단짝이라면 민희 정도는 되겠지?'

커피 한잔 마시는 데에도 온갖 상상이 들었다.

- '민희도 꽤 괜찮은데, 민희보다 못하면 걍 민희랑…?'

2시 정각. 커피 한잔을 다 마셨다.

- '머리와 손목에 노란 리본을 매고 온댔는데…'

2시 10분. 노란 리본은 감감 무소식.

- '10분 늦는 건 여자의 권리?'

2시 20분. 아직도 안 보였다.

- '서로 못 알아 본 건가?'

2시 30분. 커피숍 공중전화로 갔다.

- "여보세요, 거기 ○○커피숍이죠? 죄송하지만 손님 중에 진성희 씨 좀 부탁합니다."

　　>>진성희 님! 카운터에 전화와 있습니다. 진성희 님! 카운터에 전화 받으세요. 진성희 님

　　~!<<

--- 뚜우 --- 뚜우 --- 뚜우 ---

　　>>저, 여보세요? 진성희 님 안 계십니다.<<

~# 6

"선배님, 안녕하세요?"-"아, 민희야, 니 친구 성희 있지?"

"네."-"걔한테 전해라. 사람 실없게 골탕먹이지 말라고!"

"네?"-"지가 만나자고 해 놓고 바람이나 맞히고 말야. 장난질을 쳐도 유분수지!"

"네에~?"

~# 7

"야, 정우야! 편지 왔다. 진성희네? 너 애프터 성사됐구나!"-"그런 게 아냐!"

"아니긴. 그럼 내가 한턱을? 이젠 내가 같이 보면 안 되겠지?"-"그, 그런가?"

<신정우 선배님, 민희한테 들었습니다. 그날 선배님이 저한테 바람맞았다고요? 전 제가 퇴짜 맞은 줄 알았는데. 알고 보니 그 건물 1·2층이 원래 한 커피숍이었는데 2층만 주인이 바뀌고 이름은 그대로 쓰고 있다네요. 것도 모르고 전 2층에서 선배님을 기다리고, 선배님은 1층에서 절 찾으시고.... 어쨌거나 죄송하게 됐습니다. 이번엔 제가 사과드릴 기회를 주시지 않겠습니까? ××일 2시에, 장소는 바로 그 ○○커피숍, 2층 - 진성희>

- (아, 커피숍 주인이 서로 달라서 1층의 카운터 방송이 2층에 전해지지 않았던 거구나!)

"정우야, 소포도 왔다. 엥? 김민희? 자식, 여기저기 엮어놨군."

- "뭐? 민희가…?"(직접 주면 될 것을 왜 소포로? 그리고 소포는 왜?)

~#8

"안·녕·하·세·요? 저어··신··정··우···선배님···?"-"안·녕·하·세·요? 진··성희··씨?"

"네, 처음 뵙겠습니다. 저, 화 많이 나셨죠?"-"아니, 화났다기보는 좀 황당했죠."

"말쑥하시네요? 민희 얘기론 털털하시댔는데."-"첫 만남이라 신경 좀 썼습니다."

"여기 오면서 1층엔 안 들르셨어요?"-"네, 오늘은 막바로 2층으로 왔습니다."

"그럼, 민희가 내기에 진 거군요."-"네? 내기요?"

"민희한가 뭔 얘기 안 했나요?"-"별 얘긴, 소포로 성경책을 받긴 했습니다만."

"예에? 민희가 성경책을요?"-"예, 성경책요."

→ 잠시 침묵… ←

"그 책 속에 만나자는 쪽지는 없었나요?"

- "그 책을 아직 안 봤는데…. 제가 교인이 아니라서…."

"선배님도 참 무던하시네요. 아니 무심하다고 해야 하나? 성경책을 여적 들춰보지도 않으셨다니, 교인이 아니시더라도 그렇지, 그래도 여자가 선물한 건데…."

- (아아, 이런 바보 같으니!)

"그 성경책 속에 아마 오늘 이 커피숍 1층에서 만나자는 쪽지가 있을 거예요. 동시에 약속을 잡으면 선배님이 누굴 택할 것인지 내기했거든요. 민희는 1층, 저는 2층."

- (허걱. 일이 완존히 꼬였네!!)

"민희는 쑥맥이에요. 그런 내길 하면 당연히 선배님은 궁금해서라도 저한테 올 거라는 것도 모르고 내길…. 그나저나 그럼 선배님은 민희가 1층에서 기다리는 걸 모르시겠네요?"

- (에구, 이러다 둘 다 놓치겠넹!!!)

"사람 갖고 내기를 하니 영 맘이 편치 않네요. 언짢으시죠? 죄송해요. 저희가 좀 심했던 것 같습니다."

— (나도 선우랑 그쪽 갖고 내기했는데…)

"그건 그렇고…. 혹시나 했더니 역시나였네요. 후후. 앙큼한 기집애."

- "네? 무슨 말씀이신지…?"

"민희가 절 만나기만 하면 선배님 얘기를 꺼내길래 걔가 선배님을 보통 이상으로 맘에 두고 있다고 짐작은 했습니다만, 그 내성적인 애가 선배님께 성경책을 선물할 줄은 예상치 못했어요. 여자는 아무에게나 성경책을 선물하지 않아요. 이제 민희 마음이 확실히 확인됐으니 전 이쯤에서 물러나겠습니다. 민희에게 잘해 주세요. 걔 무척 착해요."

- (결국 일이 이렇게 되는감?)

"그리고, 전 다시는 사람 갖고 내기하지 않을래요. 저기…. 선배님도 사람 갖고 내기하지 않으시길 바래요. 과정이 어쨌든 내기 당하는 당사자는 알든 모르든 썩 기분 좋은 일이 아닌 것 같네요."

- (내가 선우랑 내기한 걸 알고 있었구나!)

"아, 시간이 너무 갔네. 얼른 1층에 내려 가 보세요. 늦기 전에. 그럼 전 이만…."
나는 부리나케 1층으로 내달렸다. 그러나 1층에…, 민희는… 민희는 없었다.

~#9
난 자취방으로 돌아오자마자 성경책을 뒤적였다. 그 책 속에 쪽지가 끼워져 있었다.

[신정우 선배님, 제 친구 성희 건은 죄송하게 됐습니다. 제가 괜히 성희를 부추겨 선배님을 골탕 먹인 것같이 됐군요. 하지만 성희를 미워하진 마세요. 제 친구 성희는 운명적인 만남을 엄청 신봉하는 앱니다. 어찌하다 제 입장이 난처해지긴 했지만, 묘하게 얽힌 이번 건을 갠 일생일대의 운명이라고 여기고 무척 흥분하고 있답니다.

이름 섞인 편지 건으로 두 분 선배님이 함께 엮인 것도 묘하고, 한 커피숍 1·2층이 서로 다른 주인이었다는 것도 묘하고, 선우 선배님과는 아무 탈 없이 만난 그 커피숍에서 정우 선배님과는 어긋난 것도 묘하고.... 그래서 성희는 선배님을 예사롭지 않은 운명이라고 여기고 있답니다. 얼마 전에 과 전체 MT 때 찍은 사진들을 성희한테 보여 줬는데 그 중에서 선배님이 찍힌 사진 한 장을 슬쩍하더라고요.

전 선배님과 성희가 잘 어울릴 거라고 생각합니다. 그래서 전 둘만의 자리를 마련해 주고자 합니다. 아름다운 결실이 맺어지길 기도해 드릴게요. 그리고 저에 대해선.... <믿음과 소망과 사랑>의 책을 보시면서 저에 대한 화는 푸시고 예전처럼 이쁜 후배로 대해 주셨으면 합니다.- 김민희 드림.]

p.s : 제가 성희랑 내기를 했는데 그건 어디까지나 선배님과 성희와의 만남을 운명적인 것으로 성사시키기 위해 제가 꾸민 것입니다. ××일 2시에, ○○커피숍 2층으로 바로 가세요. 전 성희랑 같이 가긴 하지만 딴 데 숨어 있을게요. 혹, 성희가 내기 얘길 꺼내더라도 거기엔 신경 쓰지 마시기 바랍니다.

PART 5

역발상의 전문 영역

"비창력으로 무장하면 전문가도 넘어선다"

Critical Creative
Thinking Innovation

【 1 】 서해는 침수해안, 동해는 이수해안?

우리나라의 해안선은 서해는 복잡하고 동해는 단순하다. 그 이유에 대해 학계에서 서해는 침수해안, 동해는 이수해안이라고 설명한다. 인터넷에도 이렇게 설명돼있다. 서해는 복잡하니까 바닷물이 밀려든 것이고, 동해는 단순하니까 바닷물이 빠져나갔을 것이라는 발상은 누구나 고개를 끄덕이게 한다. 그러나 해수면의 상승과 하강은 동해와 서해가 동시에 일어나므로, 해수가 밀려들려면 지반이 침강해야 하고, 해수가 빠져나가려면 지반이 융기해야 한다. 그리하여 서해는 침강으로 인한 침수해안, 동해는 융기로 인한 이수해안이라는 논리가 탄생됐다.

하지만 마지막 빙하기 이후에 우리나라 서해안이 침강하고, 동해안이 융기됐다는 지질학적 근거는 없다. 동고서저(東高西低)의 우리나라 지형·지세는 신생대 이전에 완결됐다. 중생대까지 동쪽이 융기하고 서쪽이 침강하는 지각 변동이 이어졌지만 6천5백만 년 전의 신생대 이후로는 더 이상의 지각 변동이 없었다. 약 1만 2천 년 마지막 빙하기가 끝나고 해수면이 120m 높아져 동·서해안이 동시에 잠겼다. 침수와 이수의 상반된 현상이 없었다. 그런데도 동해안을 이수해안이라고 한다면 마지막 빙하기 이후의 짧은 기간에 동해안이 120m 넘게 융기했다고 거짓말하는 것과 다를 바 없다.

더 중요한 사실은, 해안선이 침수해안은 복잡하고 이수해안은 단순하다는 논리는 자체가 엉터리라는 점이다. 〈옐로우의 세계〉(yellow.kr/sealevel.jsp)의 '해수면 상승 시뮬레이션'을 보면 해수면이 50m 높아진 것을 상정하여 그린 대한민국 지도에 여전히 서해안은 복잡하고 동해안은 단순하다. 앞의 논리에 따르면 양쪽 다 침수됐으므로 모두 복잡한 해안선이 돼야 하지만 동해는 여전히 단순한 해안선을 보인다.

심지어 해수면 상승을 200m로 설정해도 동해안은 단순하게 그려진다. 〈해양환경공단〉의 '해수면 상승 시뮬레이터'에서도 비슷한 그림을 보여 준다. 해안선의 복잡도는 물의 차고 빠짐에 따라 결정되는 것이 아니라, 지형지세의 경사도에 따라 결정되는 것이다. 즉, 침수돼도 이수돼도 완만한 지형은 복잡하게 되고, 경사 급한 지형은 단순하게 된다.

경사가 급한 지형은 물이 많이 불어나도 잠기는 부위가 적지만, 경사가 완만한 지형은 물이 적게 불어나도 잠기는 부위가 엄청나다. 또한 경사 급한 지형은 땅의 높낮이 굴곡이 심하지 않아 물에 잠기는 부위가 거의 일률적이지만, 완만한 지형은 들판, 둔치, 언덕, 야산 등의 이유로 땅의 높낮이 굴곡이 심해 물에 잠기는 부위가 천차만별이다. 물에 잠기는 부위와 잠기지 않는 부위의 경계가 해안선이므로, 굴곡진 완만한 지형에서는 무척 복잡한 형태가 형성되는 것이다.

우리나라 지세는 동고서저다. 동쪽은 높아 경사가 급하지만, 서쪽은 낮아 경사가 완만하다. 이런 지세의 차이로 인하여, 마지막 빙하기 이후로 동ㆍ서해안에 똑같이 120m가량 해수가 들어찼어도 동해안은 잠긴 부위가 적어 해안선이 별로 변하지 않고 형태도 단순하다. 하지만 서해안은 잠긴 부위가 엄청나 해안선이 무척 심하게 변하고 형태도 복잡하게 된 것이다.

사족이지만 복잡한 해안은 리아스식 해안이라고 별칭(別稱)한다. 그런데 단순한 해안은 무슨 식 해안이라고 부를까? 리아스식 해안에 대응하는 별칭도 있어야 합리적일 텐데, 없는 것으로 알고 있다. 만약 없다면 대한민국 동해안의 영문 표기인 'Korea-East-Coast'를 조합하여 '코리스트'(Koreast)식 해안이라고 지으면 '리아스'(Rias)식 해안에 짝이 잘 맞지 않을까 생각한다.

【 2 】 대나무는 풀일까, 나무일까

대나무가 풀인지 나무인지 논란이 있지만 풀로 보는 것이 대세이다. 지상의 식물은 풀과 나무로 대별하는데 학계에선 나무의 기준을 나이테를 형성하는 부름켜(형성층)로 삼았기 때문에 부피생장을 하지 않는 대나무를 풀로 취급한다는 것이다.[1] 그러나 이는 은연중에 나무를 풀의 상위 개념으로 두고 대나무를 나무로서의 자격 미달로 밀쳐낸 것으로 보인다. 식물의 길이생장을 1차 생장, 부피생장을 2차 생장이라고 정의한 것에서 풀은 1차 생장에 머물지만─('머문다'라는 표현이 '미달'이라는 느낌을 준다) 나무는 2차 생장까지 한다는 식으로 차등화한다.

학술적 분류는 나름대로 의미가 있지만 학술도 인간을 위한 것이므로 인간의 생활 속 관념과 너무 동떨어져선 곤란하다고 본다. 사회적 통념과 너무 동떨어지면 일상에 보탬이 되지 않고 학문의 효용적 가치가 퇴색된다.[2] 우리 조상들이 우매해서 '대풀'을 '대나무'라 칭했을까? 학술적 분류체계를 처음 세울 당시의 생물학 수준은 상당히 열악했다. 이를 고도로 발달한 현대에도 그대로 적용하는 것은 문제가 있다.

식물을 1차 생장과 2차 생장으로 구분할 수도 있지만 1차 세포벽과 2차 세포벽으로 구분할 수도 있다. '리그닌'은 고분자유기물(organic polymer)로 2차 세포벽을 형성시켜 단단한 목질로 자라게 하는데 이 리그닌이 나무엔 있고 풀엔 없다. 리그닌이 없는 풀은 초식동물이 죄다 뜯어먹지만 리그닌이 있는 나무줄기와 굳은 가지는 먹지 못한다. 리그닌의 유무로 풀과 나무를 분류하는 것이 현대적 개념에 걸맞아 보인다.

---

1   부름켜 없는 풀은 외떡잎식물, 부름켜 있는 나무는 쌍떡잎식물이라는 특징도 있다. 학술적으로 대나무는 외떡잎식물로서 벼, 밀, 보리, 귀리, 옥수수처럼 줄기에 마디가 있어서 볏과로 분류된다. 그러나 이들과 달리 대나무는 마디속이 텅 비어 있다.

2   통념과 동떨어진 공상(空想)은 학문으로 자리하기 어렵다, 일례로 조선 중기를 주름잡던 성리학은 현실과 동떨어져 실학이 대두됐고 현대에 와서는 학문으로 자리하지 못하고 있다.

사전에 나무는 〈줄기나 가지가 목질로 된 여러해살이식물로 여러 용도의 목재로 쓰임〉으로, 풀은 〈줄기가 연하고, 1년 지내다 죽거나 2·3년에 줄기갈이를 하는 식물〉로 설명돼 있다. 일상적 통념에 상당히 부합되는 정의다. 단단하냐 연하냐가 가장 중요한 관점인 바, 대나무는 건축, 식기, 가구, 악기, 부채, 우산, 뗏목, 장신구 등에 단단한 목재로 폭넓게 쓰이고 있다.

또한 대나무는 수십 년 울창하게 우거져 숲을 이룬다. 따라서 울창한 대나무 숲을 거닐며 삼림욕을 즐기고 수십 미터 높이의 대숲 속에서 마음의 휴양을 얻는다. 풀은 목재로 쓰일 수 없고, 삼림욕과 휴양을 취할 수 있는 수십 미터 높이의 풀숲은 존재하지 않으므로 대나무를 풀이라 하기엔 통념과 너무 동떨어진다. 대풀이라고 하지 않고 대나무라고 이름 지은 것은 합리적인 것이다. ―(수목원에선 생태적 특성을 고려하여 대나무를 나무로 취급한다고 한다) 이런 데도 불구하고 대나무를 풀이라고 고집하여 득이 될 게 무엇인가?

대나무처럼 명칭에 의해 논란이 이는 것에 코뿔소와 하마가 있다. 코뿔소는 코에 뿔난 '소', 하마(河馬)는 물에 사는 '말'이란 뜻으로 붙은 이름이다. 그러나 학술적 분류에 따르면 코뿔소는 '말'목, 하마는 '소'목에 속한다. 중대형 초식동물을 발가락 개수에 따라 홀수는 기제류, 짝수는 우제류로 나눈 것에 기인한다. 발가락 개수가 코뿔소는 말과 같이 홀수이고 하마는 소와 같이 짝수라는 것이다.

하지만 동물을 인식할 때 누가 발가락 개수를 눈여겨보는가? 발가락보다 머리부터 보게 된다. 학술적 분류도 머리의 생김새를 제1기준으로 삼아야 합당하다고 본다.[3] 이럴 경우 중대형 초식 동물의 분류는 뿔의 유무가 1차적이 된다. '머리에 뿔난 말'과 '머리에 뿔 없는 소'는 통념에 어긋난다. 코뿔소는 머리에 뿔이 있어 소로, 하마는 머리에 뿔이 없어 말로 이름 지은 것이 결코 잘못된 게 아니다.

해부학적으로 뿔은 뼈 조직이 피부 밖으로 돌출된 것으로 보고 있다. 이를 근거로 코뿔소의 뿔에 대해 손톱이나 발톱처럼 피부가 각질화한 것이 뿔의 모양으로 생겼을 뿐 뼈가

---

3 「§Ⅴ-[1이] 털없는 원숭이로의 진화?」 편에선 겉모습에 따라 유인원이 인간과 비슷하다고 하지 않고, 신체적 특징에 따라 개나 소에 더 가깝다고 기술했다. 인간이 별종 중에 별종임을 강조하기 위한 것임을 이해해 주시기 바란다.

돋아난 진짜 뿔이 아니라고 전문가는 지적한다. 하지만 무엇으로 이루어졌든 뿔의 정의가 〈중대형 초식 동물의 머리에 난 단단한 신체 조직으로 방어와 공격에 쓰이는 것〉이므로 코뿔소의 뿔은 진짜 뿔이라 해야 한다. 코뿔소의 뿔을 손톱이나 발톱과 같은 계통의 '코톱' 으로 볼 수는 없다.

생각 더하기

　명칭과 관련된 건 아니지만 학계에서 하도 강조하여 바람직하지 못하게 인식하고 있는 것에 고래가 있다. 척추동물은 새끼를 낳는 태생(胎生)류와 알은 낳는 난생(卵生)류로 분류한다. 태생류엔 대체로 들짐승인 포유류가, 난생류엔 조류, 어류, 파충류, 양서류 등이 속한다. 이를 근거로 고래는 바다에 살지만 포유류이기 때문에 난생류인 상어 보다는 사자, 호랑이에 더 가까운 친척이라고 가르쳐지고 있는 것이다. 이게 유식하게 비칠지 몰라도 필자에겐 고답적으로 보인다. 이런 식이라면 상어는 고래보다 제비에 더 가깝다고 하는 소가 웃을 일이 벌어진다.

　동물은 물에 사느냐 뭍에 사느냐가 구분의 제1기준이어야 통념에 부합할 것이다. 그러기에 고래와 상어를 같은 부류의 대형 어류로, 사자와 호랑이를 같은 부류의 대형 포식자로 인식한다. 고래와 상어는 어부가, 사자와 호랑이는 포수가 상대한다. 결코 포수가 고래잡이에 나서지 않는다. 뭍에 사는 동물은 네발 달린 짐승이냐 날개 달린 짐승이냐로 가르는 것이 제1기준이 돼야 합당할 것이다. 악어, 거북이, 도마뱀을 난생류라 하여 태생류인 개보다 난생류인 소리개(솔개)에 더 가깝다고 하면 뭔 개소리냐 할 것이다. 악어, 거북이, 도마뱀은 네발 달린 들짐승이지 날개 달린 날짐승이 아니다. 태생이냐 난생이냐는 그저 참고 사항에 그쳐야 한다.

【3】북극의 빙하가 다 녹으면?

지구온난화로 북극의 빙하가 빠른 속도로 녹고 있다는 보도가 눈에 자주 띈다. 2007년 코펜하겐 기후 협약 유엔 총회에선 거대한 지구 모형에 북극의 남아 있는 얼음[4]을 표시하여 북극 빙하가 급속히 줄고 있다는 경고를 전시하기도 했다. ─(글 뒤의 사진 참고) 북극의 빙하가 다 녹으면 해수면이 상승하여 서울도 잠길 것이라는 예측 보도도 있는데, 과연 북극의 빙하가 온실가스로 인한 지구온난화 때문에 녹는 것일까?

지구온난화를 사기극이라고 주장하는 사람들도 꽤 있는데 이들의 주장은 지구온난화를 부정하는 것이 아니라 이산화탄소가 주범이라는 데에 반박하는 것이 대다수이다. 하지만 이들이 반박으로 내놓는 자료나 논거는 과학적 데이터가 미흡하다. 핵심을 못 찾고 변죽만 울리고 있다.

지구의 자전축은 태양을 중심으로 보았을 때 똑바로 도는 것이 아니라 기울어져 돈다는 것을 모르는 사람은 없을 것이다. 필자가 어렸을 때 지구의 자전축은 23.5°로 기울어져 있다고 배웠다. 그런데 지구의 자전축의 기울기는 고정된 것이 아니라 약 41,000년을 주기로 21.5°~24.5° 사이로 흔들림을 반복한다고 한다. ─(칭동현상) 지구 자전축이 21.5°일 땐 극지방의 태양 빛 입사각이 커서 내린 눈이 녹지 않고 쌓여 빙하가 커지는 반면, 자전축이 24.5°로 갈수록 극지방의 태양 빛 입사각이 작아져 태양열에 빙하가 녹아내린다.

지금의 지구 자전축은 23.5°이지만 마지막 빙하기가 약 2만 년 전에 시작해서 1만 년 전에 끝나 현재 간빙기가 진행되고 있으므로 점점 24.5° 쪽으로 기울어져가고 있다고 추정

---

4   여름엔 물 얼린 병을 들고 다니는 사람을 많이 본다. 그런데 얼음이 바로 녹지 않아 차가운 물을 벌컥벌컥 마시기가 쉽지 않다. 얼음이 녹기까지 기다릴 수 없어 병을 바닥에 내리치기도 하는데 별 소용이 없다. 얼음을 얼릴 때 병에 물을 반만 받아서 냉동실에 뉘어 얼려 꺼내서 찬물을 채우면 시원한 물을 쉽게 마실 수 있다. 이때 병을 똑바로 뉘어 얼리면 병 입구가 반이 막혀 물을 채워 붓기 어려워진다. 병머리 쪽에 뭔가를 받쳐 비스듬하게 뉘어서 얼려야 물 채워 붓는 병 입구를 확보할 수 있다.

할 수 있다. 지구가 예전보다 더 더워진 것은 당연한 자연현상이며, 지구 자전축이 24.5°가 될 때까지 앞으로 약 8천 년간은 계속 더 더워질 것이다. 다만, 더워진다는 것은 극지방을 중심으로 한 이야기이다. 지구의 자전축이 기울어질수록 적도는 태양 빛의 입사각이 커져 점점 더 서늘해지므로 지구 전체의 온도는 변함이 없게 된다. 따라서 지구온난화란 말은 중·고위도 온난화로 고쳐야 한다.

세간에 떠드는 대로 지구 전체의 기온이 몇 도 올랐다 치자. 하지만 이것이 얼마 동안 일어난 기상 현상인지를 알아야 한다. 세계기상기구(WMO)는 1950년에 창설됐다. 발족 당시는 42개국이었기에 전 지구적이라 할 수 없으며 현재는 193개국이 회원국이지만 중·후진국의 자료는 신뢰성이 떨어지기 때문에 전 지구적 기상측량은 아직 정확하게 판단할 수 없다. 그럼에도 불구하고 전 지구적 기상 측정 역사가 45년 정도 됐다고 치자. 하지만 45억년의 지구 나이에 45년의 시간은 0.0000001%에 불과하다. 찰나보다 짧은 순간의 기온 현상을 '지구 ○○화'라고 일반화하는 것은 언어도단이다.

바닷물엔 온갖 광물질이 녹아들어 있다. 금(金)도 녹아 있는데 지구 전체 바닷물에 함유된 금의 양은 약 50억 톤에 달한다. 전 세계 매장량의 1/3에 해당하는데 이는 바닷물 1리터당 금이 0.00000037g 들어 있다는 것을 13억5천만km³(13.5경 톤)의 지구 전체 바닷물 양에 대입하여 산출한 값이다. 하지만 바닷물에 함유된 금의 비율은 0.000037%에 불과해 태평양에 금의 존재는 무시된다. 바닷물 한 바가지 푸고선 금을 퍼 올렸다고 떠들면 소가 웃는다. 찰나의 기온 현상을 갖고 일반화하여 떠드는 것은 바닷물 한 바가지 푸고서는 금을 퍼 올렸다고 떠드는 것과 다름없다.

북극의 빙하가 녹아 투발루가 물에 잠기고 있다고 경고하는데, 여기서 필자가 지적하고자 하는 것은 북극엔 더 이상 녹을 빙하가 없다는 것이다. 뒤의 코펜하겐 사진엔 북극해 전체를 완전히 뒤덮었던 얼음이 지구온난화로 많이 녹아 반도 안 남은 것을 보여 준다. 하지만 북극해에 떠 있는 얼음덩이는 '빙하'가 아니라 빙산이다. 너무 거대하기에 빙산으로 쉽게 인식되지 않을 뿐이다.

뭍으로 이루어진 남극 대륙과 달리 북극해는 바다로 둘러싸여 있다. 육지에 쌓인 빙하가 녹아 바다로 흘러 들어가면 해수면이 상승한다. 하지만 바다에 떠 있는 빙산이 녹으면 해수면의 높이는 변치 않는다.[5] 도리어 얼음은 물보다 부피가 더 크므로 빙산이 녹으면 북극해의 평균 높이는 낮아진다. 알래스카와 그린란드 그리고 알프스, 로키, 안데스 산맥에 쌓였던 거대하고 광활한 빙하는 이미 거의 다 녹아 현재 남은 건 얼마 안 된다. 오직 남극에만 빙하가 거대하게 남아 있는데 오롯이 이 남극 빙하가 녹아야 해수면이 상승한다.

빙하기 때 육지였던 것이 간빙기 때 물에 잠기는 곳이 대륙붕이다. 해수면의 200m 아래까지가 대륙붕이다. 지금은 간빙기에 녹을 빙하가 거의 다 녹아 이미 해수면이 200m의 최대치로 높아진 것이다. 지나간 수많은 간빙기에 서울의 남산이 잠긴 적이 없다. 남산에 바다 조개 화석이 발견되지 않는 이유이다.

그럼에도 불구하고 북극의 빙하가 줄어든다는 거짓을 동원하면서까지 지구온난화를 강조하는 것은 무엇 때문일까? 물론 이산화탄소의 과도한 배출을 억제하자는 취지는 바람직하다. 탄소발자국을 추적하여 이산화탄소 소비를 줄이고, 이산화탄소를 과다하게 배출하는 굴뚝 산업을 청정화하려는 노력은 백번 옳다. 그러나 아무리 취지가 옳더라도 거짓을 동원하면 선동으로 흐르기 십상이다.

탄소배출권 거래는 그런 면에서 우려되는 사항이다. 굴뚝 산업에서 벗어난 선진국이 굴뚝 산업에 의존하는 중 · 후진국을 상대로 탄소배출권 장사를 할 가능성이 크기 때문이다. 탄소발자국에 따른 온실가스 배출량은 선진국이 중 · 후진국보다 높지만 개인의 탄소발자국은 추적할 수 없어 탄소배출권은 기업과 국가에 매기게 된다.

탄소배출 할당량을 초과하게 되면 탄소배출권을 구입해야 한다. 탄소배출권이 세계적으로 공식화되면 굴뚝 산업 국가는 선진국에 탄소배출권을 비싸게 사야 하는 상황에 빠지는 것이다. 필자는, 혹시 이점을 노리고 지구온난화를 떠드는 게 아닐까 우려하는 것이다. —(지구온난화는 "텔레토비 '나나'가 지구에 오면?"이라는 아재 개그의 '지구 온 나나'에 그쳐야 한다. 개그 하나 더, 텔레토비 '뽀'가 지구를 떠나면?)[6]

---

5   커다란 비커에 얼음을 반만 채우고 물을 1리터 눈금까지 붓고 상온에 두면 시간이 지나 얼음이 다 녹아도 물의 눈금 높이는 1리터를 가리킨다. 이 물을 다시 반만 얼려 수면 위를 뒤덮은 얼음을 조각낸 뒤 수위를 측정하면 물의 눈금 높이는 1리터를 가리킨다. 비커의 수위처럼 바닷물로 채워진 북극해는 얼음이 얼든 녹든 해수면의 높이에 변함이 없게 된다.

6   뽀빠이

'지구 온난화' 사라지는 북극빙하

2000년 이전의 북극해 얼음

오른쪽 사진 아래에 적힌 설명: 제15회 기후변화협약 당사국총회가 7일 코펜하겐에서 개막했다. 한 모녀가 녹고 있는 북극 빙하를 표현한 지구본을 바라보고 있다.

【 4 】천동설은 틀리고, 지동설이 맞다고?

옛날엔 지구는 가만히 있고 하늘이 움직이는 것으로 알고 있었다. 지구가 움직인다는 것은 상상조차 못했다. 하지만 지금은 코페르니쿠스의 태양 중심설, 즉 지동설을 받아들이고 천동설은 틀렸다고 믿는다. 그러나 지동설은 천동설에 비해 천체의 움직임을 설명하기에 용이하다는 것이지 천동설이 틀린 것은 아니다. 지동설도 맞고 천동설도 맞다. 태양계도 우리은하를 중심으로 돌고 있기 때문에 천동설도 맞다고 디테일하게 이야기하려는 것이 아니다. 우주엔 중심이 없으며, 그렇기 때문에 모두가 중심일 수 있다는 것을 말하고자 함이다.

보통 달이 지구를 돈다고 생각하지 지구가 달을 돈다고 생각지 않는다. 하지만 달과 지구는 서로 돌고 있다. 지구가 달보다 월등히 무거워 달이 지구를 도는 것으로 보일뿐이다. 끈 달린 철퇴를 빙빙 돌리는 것을 생각해 보라. 작은 철퇴를 돌리면 사람은 제자리에서 미동도 하지 않는다. 하지만 무거운 철퇴를 돌리면 사람이 휘청거리며 딸려 간다.

달의 무게가 지구보다 크면 지구가 달 주위를 도는 것으로 관측된다는 것이다. 달이 지구보다 무거워질 일은 없으므로, 달과 지구가 서로를 향해 돌고 있다는 것은 말도 안 되는 가정에서 끌어온 공상이 아니냐고 공박할 수도 있다. 하지만 이는 가정에서 끌어온 공상이 아니라 실제 현상에 따른 결론이다. 그것은 2가지 현상으로 증명할 수 있다.

지구의 바다는 밀물과 썰물의 교차가 일어난다. 다음은 밀물과 썰물의 원인과 현상에 대한 설명이다. 밀썰물에 태양의 영향도 약간 있지만 여기선 논의 전개상 무시한다.

지구는 자전하면서 동시에 태양 주위를 공전합니다. 달은 지구 주위를 공전하면서 인력과 원심력이 균형을 이룹니다. 원심력은 원운동하는 물체가 바깥쪽으로 팅겨나가려는 힘인데 지구는 자전에 의해 원심력이 발생합니다. 그런데 지구 바깥쪽으로 쏠리는 원심력은 모든 방향에서 같지만, 달의 인력은 달을 향하는 방향이 있게 됩니다. 그래서 지구에서는 달을 마주보는 편에서의 인력과 반대편에서의 인력의 차이가 발생하게 되고, 그 인력에 이끌려 달을 마주보는 쪽으로 지구의 바닷물이 모입니다. 그리고 지구와 달이 마주 보는 부분의 반대쪽 부분도 원심력에 의해 바닷물이 부풀어 오릅니다. 그 결과, 달이 당기는 부분과 그 반대편이 밀물이 되고 그 외의 부분은 물이 빠져나가 수심이 얕아지는 썰물이 됩니다. 지구는 하루에 한 바퀴 자전하기 때문에 '달의 인력'과 '지구의 원심력'에 의해 하루에 두 번의 밀물이 나타나게 됩니다. - https://if-blog.tistory.com/5473 [교육부 공식 블로그]

글에서 '달의 인력'과 '지구 자전의 원심력'으로 밀썰물이 발생하고 지구의 자전으로 하루에 2번 밀물과 썰물이 교차한다고 설명돼있다. 달의 인력과 지구 자전의 원심력에 의해 밀썰물이 발생한다는 논리는 지구의 자전 속도가 점점 느려진다는 기조력으로 확장된다. 달에 끌린 밀물은 지구 자전의 반대쪽으로 마찰을 일으켜 1년에 0.002초씩 느려진다는 논리이다. 밀물이 지구 자전에 마찰력으로 작용하는 것은 맞다. 그러나 이는 마찰력을 억제력으로만 인식하는 상식의 오류이다. 마찰력은 억제력뿐만 아니라 추진력으로도 작용한다.

벨트로 연결한 두 기어를 보자. 기어와 벨트 간에 마찰력이 없으면 추동 기어를 회전시켜도 벨트는 미끄러져 제2 기어는 헛돌게 된다. 마찰력이 있어야 벨트가 돌고 벨트로 연결된 제2 기어를 돌리는 추진력으로 작용한다. 달이 지구의 6시 방향에 있다고 할 때, 달에 끌리는 밀물의 마찰력은 6시에서 3시 방향으로는 지구 자전의 억제력으로, 9시에서 6시 방향으론 지구 자전의 추진력으로 작용하는 것이다. 억제력과 추진력이 상쇄돼 지구 자전의 속도엔 변함이 없다. 일정 기간 약간 빨라짐과 느려짐이 있을 순 있지만 지속적인 속도 변함은 생기지 않는다.[7]

---

7   「사이언스타임즈」에 따르면 "지구의 자전 시간에 대한 정보를 제공하는 국제단체인 타임앤데이트(timeanddate.com)는 지난해 무려

지구 자전 속도는 극점은 '0'이지만 적도는 얼마일까? 1초에 30만km를 달리는 빛이 1초에 지구의 7바퀴 반을 돌므로 지구 둘레는 약 4만km이다. 이 4만km가 24시간 만에 1바퀴 돌므로 1초에 약 462.96m(실제론 465m) 달린다는 계산이 나온다. 총알(780m/s)의 속도보단 느리지만 음속(340m/s)보단 빠르다. 엄청 빠른 속도인데도 적도 상의 물체가 지구 밖으로 튕겨나가지 않는 것은 지구의 중력이 원체 크기 때문이다. 지구의 무게가 약 597×10^{22}kg이기 때문에 물체가 지구를 벗어나는 탈출 속도는 11.2km/s라고 한다.

지금의 자전 속도보다 24배 더 빨리 돌면 지구 극지대의 바닷물이 모두 적도로 쏠리고 적도로 쏠린 물은 지구 밖으로 튕겨나간다. 지금의 자전 속도로는 지구 중력을 벗어날 수 없기에 극지대의 바닷물이 적도로 쏠리지 않고 제자리에 유지되는 것이다. 돌멩이를 공중에 던지면 자체 동력이 없어 얼마 못 가 다시 지구로 떨어지고 그 후엔 미동도 하지 않는다. 바닷물도 마찬가지이다.[8]

이러함에도 불구하고 지구 자전의 원심력이 밀썰물의 원인이라면, 지구 자전에 따른 원심력은 적도가 가장 크고 남북 극점은 '0'이므로, 적도는 늘 밀물, 극지방은 늘 썰물이어야 한다. 하지만 밀썰물은 적도와 극지방으로 갈리는 게 아니라 달 방향이냐 아니냐로 갈리므로 앞의 설정은 맞지 않는다. 또한, 달의 인력은 지구를 중심으로 달 쪽에만 작용하므로 적도로 몰린 밀물이 달 쪽으로 쏠려야 한다.

이리하면 달 쪽은 큰 밀물, 달 반대쪽은 작은 밀물이 생겨야 하며, 지구가 하루에 한 번 자전하므로 큰 밀물과 작은 밀물은 하루에 한 번만 일어나야 한다. 밀썰물이 하루에 2번 발생하는 것의 설명이 될 수 없다. 따라서 밀썰물은 지구 자전의 원심력과는 무관하다. 또한 위도 66.5° 위쪽은 앞의 설명과 달리 밀썰물이 하루에 1번만 일어나는 해역도 생긴다. ─

(그 경계선은 66.5º 위쪽에서 오르내림. 경계선 변동은 뒤에 설명) 이런 뜻밖의 일이 벌어지는 까닭은 무엇

28번에 걸쳐 하루 시간이 평균 하루 시간 보다 짧았다고 6일 발표했다. 지난 수십 년 동안, 지구의 평균 자전 속도는 지속적으로 줄어들었기 때문에 대부분의 하루는 24시간보다 조금 더 길었다. 그러다가 지구는 최근 들어 다시 빠르게 돌기 시작했다. 2021년 1월 6일을 기준으로 지난 365일 동안 하루 평균 길이는 24시간-0.01 밀리초였다."

8   현재의 지구 자전 속도는 지구상의 고체나 액체에 대해선 영향이 거의 없지만 중력에 상당히 자유로운 기체는 자전 속도에 꽤 영향을 받아 적도 쏠림이 생긴다. 따라서 대기는 지구를 벗어나진 못하지만 적도가 극지방에 비해 약 3배 두껍게 층진다. 지구 탈출 속도에 대한 오해 하나. 현재의 기술력으로 우주로켓 발사체는 초속 8km를 넘기 힘든데 어떻게 지구 밖으로 쏘아올릴 수 있을까 의아해한다. 11.2km/s라는 지구 탈출 속도는 자체 동력이 없는 물체에 대한 개념이다. 지속적인 동력이 뒷받침되면 로켓이 아니라 경비행기도 지구 밖으로 날아갈 수 있다. 돌멩이처럼 자체 동력이 없는 물체는 지상에서 하늘로 11.2km/s 이상의 속도로 던지지 않으면 날아가다 다시 지구로 떨어지는 것이다.

일까? 답은 〈지구와 달이 서로를 향해 도는 원심력〉(달·지구 원심력)에 있다.

　지구와 달은 EMB(지구·달 무게중심)를 중심으로 서로 공전한다. 지구에 대한 달의 공전 속도가 약 1km/s이므로 달에 대한 지구 공전의 상대 속도도 약 1km/s이다. 이 속도는 지구의 탈출 속도에는 한참 못 미치지만 지구 자전 속도보다는 2.2배 빨라 유체(流體)인 바닷물의 쏠림을 극미하게 일으킨다. 공전은 지속적인 원운동으로 원심력과 구심력이 균형을 이룰 때 일어난다. ─(원심력이 크면 튕겨나가고 구심력이 크면 중심쪽으로 끌려들어감)

　달 쪽의 지구면은 달의 인력으로 밀물이, 달 반대쪽 지구면엔 공전의 원심력으로 밀물이 생긴다. 지구 측면은 구심력과 원심력이 상쇄되어 썰물이 생긴다. 이때, 구심력과 원심력은 남북 극점에서 적도로 갈수록 커지므로 조차(潮差)도 적도가 가장 커야 하며, 지구가 1번 자전하면 지구의 모든 지대에 밀썰물이 2번 교차해야 한다.

　하지만 지구가 23.5° 기울어져 돌기 때문에 그렇지 못하다. 지구가 23.5° 기울어져 돌기 때문에 달에 대한 수직각이 66.5°가 되는데 이로 인하여 조차가 가장 큰 지대가 적도일 경우는 일시적이다. 또한, 수직각이 66.5°인 까닭에 달이 지구 자전축 정면에 위치하면, 위도 66.5° 위쪽의 북반구는 하루 종일 달을 마주하고, 남반구는 하루 종일 달을 볼 수 없다.

　따라서 수직각을 중심으로 달 쪽의 북반구 바다는 구심력의 영향만, 반대쪽 남반구 바다는 원심력의 영향만 받는다. 지구가 자전을 하더라도 종일 내내 달만 마주하는 지대에선 구심력만 작용하므로 달에 가까운 곳은 밀물, 먼 곳은 썰물이 된다. 하루에 밀썰물이 1번밖에 일어나지 않게 되는 연유가 여기에 있다.

　또한, 구심력끼리만의 격차는 구심력과 원심력이 서로 반대 방향으로 작용하는 지대보다 훨씬 작아 조차가 미미하다. 물론 66.5° 위쪽 지대가 항상 밀썰물이 하루에 1번만 일어나는 것은 아니다. 달이 지구 자전축 정면에 위치하면 위도 66.5°까지 이 현상이 일어난다. 하지만 달이 지구 자전축 정면에서 벗어날수록 이 현상이 일어나는 위도는 점점 높아지며, 달이 지구 자전축과 직각을 이루는 시점엔 이 현상이 어느 곳도 일어나지 않는다. 즉, 후자 땐 전 지구에 밀썰물이 하루에 2번 일어난다.

　밀썰물의 차이가 미미하고 발생 지대도 위도 66.5°~90°를 오가기 때문에 사람들이 간과

하고 있지만 이는 엄연한 사실이다. 지구 자전의 원심력으론 결코 생길 수 없는 현상이다. 이제, 달이 지구를 중심으로 돌고 있지만, 지구도 달을 중심으로 돌고 있다는 것에 수긍이 가시는가? 지구가 태양을 중심으로 돌고 있지만, 태양도 지구를 중심으로 돌고 있다. 다만, 서로의 무게 차이가 너무 크기에 가벼운 쪽이 딸려가는 것으로 보이는 것이다. 다시 말하지만, 천동설도 맞고 지동설도 맞다.

【5】나비가 팔랑팔랑 나는 이유?

우리는 자연현상을 관찰하고 설명하려 애쓴다. 그래서 과학이 발달한다. 그러나 자연현상을 인간의 눈으로 자의적으로 해석해서는 안 된다. 자연은 다양성으로 존재하고 다양성은 그 자체로 의미가 있다. 자연현상을 목적의식적으로 해석하면 다양성의 가치가 훼손된다. 여기서 언급하는 것들은 자의적 해석의 대표적인 사례들이다. 인터넷 검색창에 '나비가 팔랑팔랑 나는 이유는?'을 치면 다음과 같은 글이 무지하게 많이 올라와 있다.

> 나비는 날개가 4장이지만 앞날개 2장만으로도 나는 데에 지장이 없다고 한다. 하지만 굳이 작달막한 뒷날개가 2개 더 있는 이유는 새에게 잡아먹히지 않을 만큼 현란하고 불규칙적인 팔랑거리는 비행패턴을 위해서라고 한다.

나비가 천적에게 잡히지 않기 위해 팔랑팔랑 난다는 설명은 어린아이들에게 과학적 호기심을 자극하기엔 딱이다. 하지만 중·고등학생들에게도 이렇게 설명하면 논리적·과학적 사고는 마비된다. 나비의 팔랑팔랑 비행 패턴이 천적 회피용이라면 팔랑팔랑 날지 않는 벌, 파리, 모기, 메뚜기, 잠자리, 풍뎅이 등 여타의 곤충은 나비보다 못한 바보가 되며, 모두 천적에게 잡아먹혀 멸종됐어야 한다.

심지어 나비가 아무리 팔랑팔랑 날아도 새가 곧잘 잡아챈다. 나비의 팔랑팔랑 비행 패턴은 결코 천적 회피용이 될 수 없다. 곤충의 날개는 형태가 각양각색이고 그에 따라 비행 패턴이 다양하다고 해석해야지 목적적으로 해석하면 이런 오류에 빠진다.

새의 비행 패턴은 날개의 크기와 폭에 의해 달라진다. 몸집에 비해 날개가 크고 넓으면 공기 저항이 커서 빨리 날아오를 수 없지만 공중에 떠 있는 양력이 좋아진다. 또한, 공중에서 지상의 목표지점에 공기를 가르며 활강하는 유연성도 좋아진다. 이때 날개폭(익현)이 날개길이(익장)보다 더 크면 날갯짓에 생긴 공기의 흐름에 몸이 휘둘리게 된다.

따라서 익장보다 익현이 큰 새는 없다. 몸집이 큰 새는 날개길이가 몸통길이의 1.5~2배이고, '익현:익장'이 '9:10'으로 넓다. 몸집이 작은 새는 날개길이가 몸통 길이의 0.8~1.0배이고, '익현:익장'은 '5:10'으로 좁다. 따라서 큰 새는 날개를 천천히 펄럭이고 작은 새는 빠르게 파닥거린다.

곤충도 마찬가지다. 몸집 대비 날개가 큰 잠자리는 날개를 천천히 휘젓지만 몸집 대비 날개가 작은 벌, 파리, 모기 등은 웽웽 소리가 날 정도로 빠르게 휘젓는다. 그런데 나비의 날개는 다른 곤충과 다르다. 앞날개와 뒷날개를 합한 날개폭이 날개길이보다 큰 곤충이다. 공기의 흐름을 가장 많이 타는 구조이다.

나비의 날갯짓에 의해 생기는 공기 흐름에 따라 몸이 휘둘리는 것이다. 결코 나비의 의지로 팔랑대는 것이 아니다. 나방도 자세히 보면 날 때 나비처럼 팔랑거린다. 하지만 나방의 날개폭은 나비보다 조금 작다. 그래서 나방의 팔랑거림은 나비보다 훨씬 덜 하다. 그래서 얼핏 보기엔 나방은 그리 팔랑거리며 나는 것처럼 보이지 않는다.

산업 혁명 이전엔 런던에 흰색 나방이 나무줄기, 가지, 나뭇가지에 있는 점박이 이끼 사이에 둥지를 틀고 위장하여 포식자를 피했다. 그러나 산업화로 짙은 그을음의 대기 오염이 발생하여 식물이 타거나 검게 변했다. 검어진 대기 속에 흰 후추 나방은 박쥐나 새의 눈에 잘 띄어 개체수가 급격히 줄고 자연 선택의 결과 검은 후추 나방이 번성하게 됐다.

과거 교과서에도 실리고 대학 논술 제시문에도 올랐던 글이다. 1980년 대 이후로 런던이 대기 오염을 획기적으로 줄여 다시 흰나방이 번성하게 됐다는 것도 덧붙인다. 조작됐다는 설도 있는데 필자가 지적하고자 하는 것은 다른 데에 있다.

나방은 밤에 활동하는데 박쥐는 눈이 거의 퇴화하여 색을 감지하지 못하고, 곤충을 잡아먹는 새는 밤에 활동하지 않는다. 검은 후추 나방이 자연 선택의 결과라고 하기엔 근거가 안 맞는다. 대기 오염으로 나방의 색이 검게 됐다는 자연 선택의 결과라면 당시 낮에 날아다니는 하양나비, 노랑나비는 어떻게 된 것인가? 잿빛 나비로 바뀌어야 하는 것 아닌가?

인간의 시각으로 진화니 자연선택이니 하면서 자연의 다양성의 가치를 훼손해서는 안 된다. 개는 더운 여름날 체온을 식히느라 혀를 내밀며 헐떡거린다. 지렁이는 비가 오면 땅 위로 기어 나왔다가 비가 그쳐도 다시 땅속으로 들어가지 못하고 말라죽는 게 수두룩하다. 오목눈이새는 자기알을 둥지에서 밀쳐낸 뻐꾸기알을 부화시키고 열심히 먹이를 먹여다 기른다.

이들은 자연선택을 못 받아 도태돼야 하지 않는가? 어느 한 지역 내에 풀, 꽃, 벌레들이 '선택'과 무관하게 무척 다양하다. 자연선택에 따른 진화론은 자칫 획일화로 치달아 생물의 다양성과 배치되는 방향으로 흐를 수 있는 위험한 사고방식이다. 남녀와 인종에 대해서도 진화가 덜 됐다는 인식의 차별주의로 흐를 수 있으므로 신중한 주의가 필요하다.

매미는 성충으로 한 달 정도 살다 죽지만 유충은 땅속에서 오래 산다. 그런데 유충은 5년, 6년, 7년으로 사는 기간을 달리 한다. 이는 유충이 한꺼번에 우화할 경우 개체수가 과잉될 것을 피하기 위한 전략이다. 성충이 되는 주기가 5, 6, 7년인 무리를 각각 A, B, C 집단이라고 했을 때, A와 B집단만일 경우 30년마다, A와 C집단만일 경우 35년마다, B와 C집단만일 경우 42년마다 한꺼번에 우화하는 시기가 겹친다.

그러나 A, B, C의 3집단으로 이루어지면 이들이 모두 한꺼번에 우화하는 시기는 210년마다 한번 맞게 된다. 3집단이 6, 7, 8년이면 168년마다 한 번꼴로 겹친다. 5, 6, 7의 조합보다 짧다. 6, 7, 8에는 '6과 8'에 공약수가 있지만 5, 6, 7에는 공약수가 하나도 없다. 공약수가 있는 조합보다 공약수가 없는 '서로 소(素)'의 조합이 더 길다는 수학적 원리가 숨어 있는 것이다. 짧은 생존기간에 가장 길게 가려고 하는 자연의 지혜가 놀랍다.

인터넷 검색창에 '매미의 유충 생활'을 치면 유사한 글이 많이 뜬다. 매미의 유충 생활 연도에 '서로 소'로 이루어진 조합을 갖다 붙여 자연현상에 수학적 원리를 적용하고 있다. 그럴듯하지만 이 역시 견강부회이다.

유충이 한꺼번에 우화할 경우 개체수가 과잉될 것이라는 전제부터 잘못됐다. 개체수가 과잉되면 안 된다는 근거는 무엇인가? 개체수가 과잉되면 멸종이라도 되는가? 그렇다면 매년 한꺼번에 우화하는 벌, 나비, 파리, 모기, 잠자리는 개체수가 과잉되어 벌써 멸종됐어야 한다. 하지만 그런 일은 벌어지지 않는다.

개체수가 과잉되면 멸종된다고 치자. 5, 6, 7년의 유충 생활 햇수의 조합을 '서로 소'로 이루어진 것을 수학적으로 풀이하면서 한꺼번에 우화하는 것을 피하기 위한 자연의 지혜라 해석했지만, 안타깝게도 210년에 한번은 A, B, C집단이 한꺼번에 우화하여 개체수가 과잉되는 것은 피할 수 없다. 개체수 과잉 연도를 늦췄을 뿐이지 없앤 것이 아니다. 글의 주장대로 하면 210년마다 한 번씩 풍뎅이 멸종의 해를 맞게 된다.

> 아프리카 초원에서 수백 마리 무리 생활하는 '스프링벅'은 시속 94km의 빠른 발을 자랑한다. 어느 날 스프링벅이 떼죽음을 당하는 사건이 발생했다. 이 현상의 원인은 무엇이었을까? 선천적으로 왕성한 식욕을 타고난 스프링벅은 무리지어 풀을 먹는다. 그러다 무리의 뒤쪽에서 풀을 먹던 녀석이 앞쪽 녀석보다 많은 풀을 먹기 위해 앞쪽으로 달려 나갔고, 앞에 있던 녀석은 먹이풀을 뺏기지 않기 위해 그보다 더 앞으로 달려 나가게 됐다. 그렇게 수 백 마리가 어느새 목적을 상실한 채 사력을 다해 달리다 강이나 절벽으로 뛰어 들어가 떼죽음을 당했던 것이다. 이렇게 맹목적으로 경쟁에 급급한 모습을 '스프링벅 현상'이라고 한다.

'스프링벅 현상'은 학교 현장에서 벌어지는 지옥 같은 입시경쟁 등 다방면에 걸친 현대사회의 과당경쟁의 비유로 꽤 자주 거론된다. 그러나 글에서 마구 내달리다 떼죽음한 것을 왕성한 식욕에 기인한 것으로 본 것부터 자의적이다. 토끼, 염소, 고라니 등 하루 종일 풀을 뜯는 초식동물들이 무척 많은데 유독 스프링벅만이 '어떤 다른 이유'가 아닌 식욕 때문에 내달렸다는 것을 무엇으로 입증할 수 있는가?

왕성한 식욕으로 인하여 마구 내달렸다고 치자. 그렇다면 식욕을 채우기 위한 분명한 목적이 있기 때문에 맹목적인 경쟁이라는 매도도 틀린 말이 된다. 또한 '현상'이라는 표현을 쓰려면 스프링벅 무리에서 이런 일이 일상적으로 일어나야 어울린다. 글에 소개된 것은 어느 한 스프링벅 무리의 일회적 돌발사건이다. 돌발사건을 일반화하는 것은 견강부회의 전형이다. 만약 대부분의 스프링벅이 맹목적으로 내달리다 떼죽음한다면 풀을 뜯는 스프링벅 무리는 더 이상 있을 수 없다. 하지만 지금도 아프리카엔 수많은 스프링벅 무리가 유유자적하면서 평화롭게 풀을 뜯고 있다.

벌집의 육각형 구조는 최소한의 재료로 최대한의 공간을 확보하는 가장 경제적인 구조며 가장 균형 있게 힘을 배분하는 안정적인 구조다. 정육각형 모양의 구조물은 평면에 서로 붙여놓았을 때 변이 맞닿아 있어 빈틈이 없기 때문이다. 물론 정삼각형, 정사각형도 틈이 생기지 않기는 마찬가지다. 하지만 정삼각형의 경우 벽면을 이루는 재료가 많이 필요하고 공간도 좁다. 또 정사각형은 외부의 힘이나 충격이 분산되지 않아 쉽게 비틀리거나 찌그러지기 쉽다. 그러나 정육각형은 외부의 힘이 쉽게 분산되는 구조여서 견고하다.

수학적으로 둘레의 길이가 일정할 때 넓이가 최대가 되는 도형은 원이지만 원을 여러 개 이어붙이면 사이사이에 못 쓰는 빈 공간이 생기기 때문에 효율적이지 못하다. 육각형의 벌집은 벌집 무게의 무려 30배나 되는 양의 꿀을 저장할 수 있을 정도로 공간 활용도가 높다.-[네이버 지식백과] F1에서 육각형 벌집구조를 찾아봐.(KISTI의 과학향기 칼럼)

여기에 토를 달면 도리어 이상할 정도로 유명한 이야기이다. 하지만, 꿀벌에겐 이와 같은 목적의식을 갖고 벌집을 만들 두뇌가 없다. 벌은 집을 지을 때 분비샘에서 짜낸 밀랍을 제자리를 빙빙 돌면서 벽을 만들기 때문에 벌집의 각 칸은 원통 형태로 켜켜이 겹치게 된다. 따라서 '하나의 원통'을 중심으로 보면 최적화의 원리에 의해 딱 6개가 둘러싸게 된다. -('한 점'을 중심으로 원통 3개가 맞닿는다)

끈적한 액상의 밀랍이 빨리 마르면 원통 형태가 유지되지만-(사진 참조) 천천히 마르면 졸아붙어 굳기 때문에 6각통에 가까워지는 것이다.[9] 벌집의 형태를 자세히 보면 6각형만 있는 것이 아니라 원통형도 꽤 있다. 원통형 벌집인데도 한 원통을 6개의 원통이 둘러싼 형태라 6각형으로 보이는 착시현상에 모든 벌집을 6각형으로 인식하는 것이다. 결코 벌이 집을 지을 때 평면상의 벽을 6개 만들어 밀랍을 각 지게 바르지 않는다. 신체 구조적 운동

---

9   밀랍의 성분과 밀도, 벌들의 날갯짓에 따라 마르는 속도가 다르다. 한 점을 중심으로 접한 3개의 원통 틈새가 졸아붙으면 각 원통의 곡면이 120°가 되어 3개의 총 각도는 360°를 이루며 6개의 통으로 둘러싸인 하나의 통은 총 720°의 육각형이 된다.

신경상 벌에겐 밀랍을 각이 지게 바를 수 있는 능력이 없다.

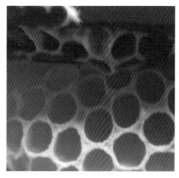

비눗방울은 구형이지만 같은 크기의 비눗방울이 겹치면 접한 부분의 곡면이 평면이 되고 6개가 둘러싸이면 중심의 비눗방울은 6각형이 되는 것과 비슷한 이치이다. 다만 비눗방울은 겹치는 부위를 곡면 상태로 유지할 수 없다는 차이가 있다. 비눗방울이 나온 김에 알쏭달쏭한 문제를 풀어 보자. 같은 크기의 비눗방울이 겹치면 접한 부분의 면적은 몇 퍼센트이고 하나의 비눗방울에 접하는 다른 비눗방울은 최대 몇 개가 될까?

우선 최적화의 원리에 따라 하나의 비눗방울의 둘레에 일렬로 6개가 접하는 것은 쉽게 이해할 수 있을 것이다. 탁구공에 비유하면 중앙의 탁구공에 둘러싼 탁구공 6개를 2개씩 중앙의 탁구공과 짝을 이루면 3각대가 되고 3군데의 3각대에 탁구공을 하나씩 올려놓을 수 있다. 따라서 중앙의 탁구공 위쪽으로 표면과 접하게 3개를 더 얹을 수 있다. 비눗방울은 위쪽뿐만 아래쪽도 가능하므로 하나의 비눗방울에는 둘레에 6개가 위아래로 3개씩 최대 12개가 접할 수 있다. 얼핏 보기보다 의외로 많다.

하나의 비눗방울 둘레에 일렬로 6개의 비눗방울이 둘러싸므로 중앙의 비눗방울은 구중심을 향해 전체적으로 정6각형을 이룬다. 따라서 각각의 비눗방울이 접하는 면은 중심에서 60°를 이룬다. 지구본의 북위 60°를 가로 자르면 잘린 원의 지름은 지구본 중심에서 표면까지의 길이, 즉 지구본의 반지름과 같으므로 잘린 면의 원의 넓이는 $\pi r^2/4$이고, 잘려나간 표면적은 전체 표면적의 1/16이므로 $(2/3)\pi r^2$이다.

잘린 원 부분의 면적을 포함한 남은 지구본의 전체 표면적은 $4\pi r^2 - (2/3)\pi r^2 + \pi r^2/2 = (23/6)\pi r^2$이다. 따라서 잘린 면의 원 넓이는 전체 표면적 대비 약 13%[$\pi r^2/2 \div (23/6)\pi r^2$] 된다. 두 개의 비눗방울이 겹친 것은 북위 60°을 가로 자른 두 개의 지구본을 겹친 것과 같은 형태이다. 두 개의 비눗방울이 겹칠 때 겹치는 부분은 전체 비눗방울의 약 1/16이다. 다만 눈으로 볼 땐 평면적으로 인식하므로 평면적으론 육각형이므로 1/6이 겹친 것으로 보인다.

거의 모든 꽃잎이 3, 5, 8, 13장…으로 피보나치수열에 따른다. 백합·붓꽃은 3장, 채송화·패랭이는 5장, 모란·코스모스는 8장, 금불초·금잔화는 13장이다. 과꽃·치커리는 21장, 질경이와 데이지는 34장, 쑥부쟁이는 55장과 89장이다. 해바라기나 데이지의 씨앗 배치도 피보나치수열을 따른다. 피보나치수열은 황금비를 만든다. 피보나치수열에서 앞뒤 숫자의 비율을 2/1, 3/2, 5/3, 8/5, 13/8, 21/13, 34/21, 55/34, 89/55…식으로 무한대로 가면 1.618…이란 황금비에 수렴한다.
황금비는 피라미드, 파르테논 신전이나 다빈치, 미켈란젤로의 작품에서 시작해 오늘날에는 신용카드와 담뱃갑, 종이의 가로 세로 비율에까지 광범위하게 쓰인다. 황금비는 소라의 나선구조, 태풍과 은하수의 형태, 초식동물의 뿔, 파도에도 있다. 배꼽을 기준으로 상체와 하체, 목을 기준으로 머리와 상체의 비율도 황금비이다. 이런 사례들에서 우주가 피보나치수열의 장난으로 만들어졌는지도 모른다는 생각까지 든다.-신동호의 「발견의 즐거움」 '왜 자연은 피보나치수열과 황금비를 택했을까'에서 발췌

꽃잎이 5장인 것이 꽤 많긴 하지만, 거의 모든 꽃잎이 피보나치수열을 따른다고 하기엔 무리가 있다. 이 논리가 성립하려면 꽃잎이 1, 2, 3, 5, 8, 13장인 것이 4, 6, 7, 9장인 것보다 훨씬 많아야 한다. [10] 꽃잎이 1장인 것은 배롱나무, 2장인 것은 달개비, 꽃기린, 벌노랭이, 마리아베고니아, 3장인 것은 벚풀, 올미, 연령초, 자라풀, 사마귀풀, 족도리풀, 자주달개비가 전부일 정도로 극소수이다.

---

10   자료 글에서 꽃잎수를 통꽃과 갈래꽃으로 구별한 것인지 아닌지 알 수 없지만, 여기선 편의상 통꽃도 그 끝이 여러 갈래로 갈라져 있는 부분을 꽃잎수로 간주한다.

글에서 소개한 백합과 붓꽃은 꽃잎이 3장이 아니라 6장이라고 보는 것이 더 타당하다.[11] 8장과 13장이라고 소개된 모란과 금불초·금잔화의 꽃잎은 보통 그보다 많으며 꽃대마다 제각각이며 과꽃·치커리, 질경이·데이지, 쑥부쟁이 등도 소개된 것과 달리 개체마다 꽃잎수가 제각각이라 단정적으로 말할 순 없다.

꽃잎이 2, 3, 13장인 것보다 그렇지 않은 것이 훨씬 많다. 감꽃·개나리·라일락 등은 4장,―(꽃잎이 4장인 것을 십자화과라 하는데 이에는 2,500종이 넘는다고 한다) 목련·달래꽃·수선화 등은 6장, 별꽃·쇠별꽃·시계꽃은 10장, 꿩의 바람꽃은 12장이다. 꽃잎이 종자에 따라 난·인동 등은 2~6장, 설악초·오샤베 등은 4~5장, 바람꽃·부처꽃 등은 5~6장, 수레국화는 7~9장, 함박꽃은 8~10장의 꽃잎이 뒤섞여 핀다. 낙상홍은 4장과 6~7장, 으아리는 4~5장과 6~7장, 클레마티스는 5~6장과 7~8장, 노루귀는 7~9장과 10~11장인 개체가 혼재한다. 꽃잎수가 개체마다 제각각인 것도 상당히 많다.

피라미드, 파르테논 신전, 신용카드, 담뱃갑에 더하여 다보탑, 석가탑, 석굴암 본존불 등에도 황금비를 들이대는데, 이들이 모두 '1.618…'이라는 소수점까지 계산하여 설계됐을 리는 만무하다. 어림값을 정확한 설계 값인 양 추켜세우면 안 된다. 실제로 신용카드는 가로세로 비율이 '1.5858:1'이고, 담뱃갑은 제품 종목마다 비율이 제각각이다.

목을 기준으로 머리와 상체의 비율이 황금비라는데 과연 이 비율에 맞는 사람이 지구상에 몇이나 될까? 거의 없을 것이다. 배꼽을 기준으로 상체와 하체가 황금비라는 데에선 너무 어이가 없다. 배꼽의 위치는 사람마다 다르며 나이 들면 배꼽이 아래로 처지는데 황금비가 다양하고 변하기라도 한단 말인가?

---

11 꽃받침이 보통 녹색이나 갈색인데 이들의 꽃받침은 꽃잎과 같은 색이라 화피(花被)라고 한다. 백합의 꽃수술은 6개이고 붓꽃은 암술머리 3갈래에 꽃수술이 3개이므로 꽃부리와 꽃받침이 분화되지 않은 화피가 6장인 꽃으로 보인다.

자연현상을 피보나치수열과 황금비로 풀이한 글이 엄청나게 많다. 자연에 대한 신비감을 주고 지적 호기심을 자극하는 것으로 이해할 수 있지만, 비과학적이고 무비판적인 사고를 조장하는 견강부회는 말아야 한다. 한 가지 더. 동물들이 짝짓기 철이 되면 수컷들이 몸싸움을 벌인다. 목숨이 위태로울 정도로 심하게 싸우기도 하는데, 이를 두고 힘이 센 우수한 종자를 퍼뜨리기 위한 전략이이라고 설명한다. 그렇다면 동물들은 해를 거듭할수록 점점 더 한없이 힘이 센 우수한 종족으로 발전한다는 결론에 이르게 된다. 하지만 실상은 그렇지 않기 때문에 이는 궤변이 된다. 힘센 놈이 암컷을 많이 독차지하려고 약한 놈을 몰아내는 것이지 결코 우수한 종자 확장을 위해 수컷들이 합의하에 전략적으로 힘겨루기를 벌이는 것이 아니다. 더 이상 자연 현상을 인간의 목적론적 관점으로 보지 말자.

【6】담배 마녀사냥, 이제 그만하자

전문 기관이 발표한 연구에 따르면, 1) 니코틴 원액을 실험용 흰쥐에 단 5g을 주사한 결과 다리를 바르르 떨다 3분 만에 죽었으며, 2) 밀폐된 유리 상자 안에 쥐를 넣고 담배 연기를 계속 주입하였더니 쥐가 5분 뒤에는 움직임이 둔해지고, 10분 뒤에는 쓰러졌으며, 15분이 지나기 전에 죽었다. 3) 하루에 1갑의 담배를 30년간 피운 사람이 섭취한 니코틴의 양은 1.5리터짜리 패트병으로 무려 20통이 넘는다고 한다. 4) 문제는 단지 니코틴에만 있는 것이 아니다. 담배에는 두통, 기억장애, 소화장애, 혈관계장애 등 건강상의 상해를 유발하는 유해물질이 무려 4,000여 가지나 들어 있으며 이 중 40여 가지는 발암물질로 판명됐다.

한편, 5) 통계청은 2000년대 들어 우리나라 암 발생 중에서 줄곧 3위를 차지했던 폐암이 기존에 부동의 1위를 차지하던 위암을 밀어내고 1위로 올라섰다고 발표했다. 이에 한국 금연운동본부는 우리나라의 흡연율은 1980년대 중반을 정점으로 계속 감소 추세에 있지만, 금연운동의 확산에도 불구하고 폐암이 지속적으로 증가하고 있는 선진국의 사례에 비추어 폐암은 전형적인 선진국 형 질병이라고 설명하면서, 우리나라도 선진국형 질병인 폐암에 대한 경각심을 다각적으로 강력하게 부각시키고 정부차원의 흡연 제재 강도를 선진국 수준으로 끌어올려야 한다고 밝혔다.

글은 필자가 2000년대에 들어서면서 범국가적으로 담배와의 전쟁을 선포하고 3년간 줄기차게 금연 캠페인이 전개될 때 캡처한 캠페인 보도 자료이다. 이렇게 무시무시하고 백해무익한 담배를 그런데도 계속 피울 거냐고 을러댄 것인데, 그런데, 매일 담배를 피우는 그 수많은 흡연자들이 왜 아직 멀쩡히 살아 있고 정상적인 생활을 하는 것일까? 캠페인대로라면 벌써 백 번도 더 죽었어야 하는데 뭔가 이상하지 않은가?

1)을 보자. 니코틴 원액을 5g 주사하자 실험용 쥐가 3분 만에 죽었다는 실험. 얼핏 보기에 자그마한 주사기에 담긴 니코틴 5g은 아주 소량으로 비춰진다. 하지만 이는 인간의 착각을 이용한 사기극이다. 담배 1개비의 니코틴 함량은 독한 것이 0.5mg(=0.0005g)이다. —(니코틴 함량은 담배 곽에 표시돼있다) 따라서 니코틴 원액 5g은 독한 담배 1만 개비를 추출해야 모을 수 있는 양이다. 누가 한꺼번에 담배 1만 개비를 피우는가? 실험용 쥐에게 담배 1만 개비의 니코틴 양을 한 번에 주사한 것이니 3분 버틴 것도 무척 용한 것이다.

실험용 쥐의 몸무게는 300g 정도인데, 이 쥐에 5g을 주사했다. 300g의 쥐에 니코틴 5g을 주사했다는 것은 체중 60kg(300g×200)의 인간에겐 1,000g(5g×200)을 주사하는 것이 된다. 사람 몸에 니코틴을 1,000g(1리터)을 주사하면 죽는 것은 맞다. 그러나 니코틴이라서 죽는 게 아니다. 맹물이라도 인체에 1리터를 주사하면 급격한 혈당 저하로 쇼크사 한다. 링거액도 1리터를 한방에 주입하면 목숨을 보장할 수 없어 병원에서 환자에게 링거액을 천천히 방울방울 떨어뜨려 주입한다. 실험용 쥐가 죽은 것은 니코틴의 독성에 기인한 것이 아니라 한순간의 과도한 주사량에 비롯된 것이다.

2)에선 담배를 독가스로 인식하게 한다. 그러나 담배 연기는 마른풀을 태울 때 나는 연기이지 유독 가스가 아니다. 공기는 질소와 산소가 8:2의 비율로 존재한다. 질소는 인체에 무해하고, 산소는 호흡에 필수적이다. 무해한 질소지만 밀폐된 유리 상자에 질소만을 계속 주입하면 그 안의 쥐는 산소 부족으로 질식사한다.

또한 산소는 호흡에 필수적이지만 밀폐된 유리 상자에 산소만 가득 채우면 이 역시 산소 중독으로 죽는다. 고압산소치료센터에서 환자를 산소 탱크 안에 30분 이상 머물지 않게 조치하는 이유이다. 욕실 문을 잠그고 수증기를 계속 주입하면 욕실 안의 사람은 질식사한다. 수증기를 독가스로 볼 사람은 없다. 질소와 산소의 8:2 비율이 심하게 깨지면 쥐든 사람이든 죽는다. 담배 연기가 쥐를 죽인 것이 아니다.

3)에서 30년 간 섭취한 니코틴 양을 어떻게 계산해 냈는지 알 수는 없지만—(과잉 추산한 것으로 보인다)— 그게 사실이라 하더라도 1.5리터 페트병 20통의 니코틴을 30년간에 걸쳐 배설했기에 문제되지 않는다. 자료는 30년 동안 페트병 20통 분량의 니코틴이 인체에 축적

된 것으로 착각하게 하는 교묘한 술책이다. 니코틴이 아니라 밀가루라도 페트병 20통의 분량이 배설되지 않고 사람 몸에 축적되어 있으면 살아남지 못한다.

4)가 가장 일반적인 담배에 대한 인식일 것이다. 그러나 두통, 기억장애, 소화장애, 혈관계장애 증상이 일시적인 것인지, 점점 심해지는 것인지를 밝히지 않았다. 일시적인 것이라면 흡연이 아니라도 일어날 수 있으며, 점점 심해지는 것이라면 자각증상이기 때문에 누구라도 흡연을 중단하게 되므로 이는 유해성 여부로 언급할 내용이 못된다. 유해물질이 4천여 가지고 그 중 40여 가지가 발암물질이라고 공포감을 극도로 키운다. ―(2020년부터는 발암물질이 70가지라고 한다) 하지만 상추나 배추도 성분을 분석하면 이와 비슷하게 검출된다.

인체를 구성하는 영양상 중요한 무기질은 칼슘, 마그네슘, 인, 칼륨, 나트륨, 염소, 철, 그리고 소량의 원소로서 황, 아연, 구리, 규소, 망간, 주석, 요오드 등이다. 이외에도 미량의 크롬, 셀레늄, 불소, 코발트, 바나듐, 몰리브덴, 세륨 등이 필수불가결하다. 이들은 따로따로 분리해 놓고 보면 모두다 인체에 유해한 중금속 및 광물질이다.

그러나 이들 중 어느 것 하나 없으면 인체는 망가진다. 뼈를 이루는 칼슘을 제외한 나머지 성분들의 총량이 약 1,200g인데 이들 중 한 가지만으로 1,200g(=120,000mg) 채워지면 사람은 중금속 중독으로 죽는다.[12] 즉, 인체에 5mg 필요한 크롬이 120,000mg 존재하면 크롬 중독으로 죽게 되는 것이다. 인체에 유해물질이 20여 종으로 '희석'돼 있기에 무해하며 유용하게 작동하는 것이다.

마찬가지로 담배에 어느 한 가지 유해성분으로만 채워져 있다면 극히 위험하다. 유해성분 총량이 약 50mg으로 추정되는데 담배 1개비에 나프틸아민만 50mg 함유돼 있으면 치명적이다. 하지만 50mg에 유해물질 4천여 종과 발암물질 40여 종이 함께 함유돼있기에 4천 배와 40배로 '희석'돼 있는 것이다. 담배에 유해물질과 발암물질의 종류가 엄청나게 많다는 것은 공포스러운 것이 아니라 도리어 종류가 많으면 많을수록 그만큼 희석돼 안전하다는 것을 역설한다.

---

12 체중 60kg인 인체에 무기질의 양은 약 Ca 1200g, Mg 200g, P 200g, K 200g, Na100g, Cl 100g, Fe 50g, S 20g, Zn 20g, Cu 5g, Si 3g, Mn 30mg, Sn 30mg, I 10mg, Cr 5mg, Se 3mg, F 2mg, Co 0.5mg, V 0.3mg, Mo 0.3mg, Ce 0.2mg으로 추산한다.

사람은 채소, 과일, 곡식, 양념, 버섯, 약초, 곤충, 날짐승, 길짐승 등의 육상생물과 가재, 수초, 민물고기 등의 수산물, 그리고 조개, 해초, 바닷물고기 등의 해산물에 이런 저런 영양제 및 보충제를 먹기 때문에 지구상에 존재하는 모든 물질을 섭취한다고 해도 과언이 아니다. 사람이 먹는 것을 종합하면 유해물질이 4만 종도 넘을 것이다. 가리는 것이 없이 골고루 섭취할수록, 즉, 섭취하는 물질의 종류가 많을수록 도리어 건강에 좋은 것이다.

게다가 흡연 시 이 물질들이 허파에 모두 흡입되는 것이 아니다. 담배의 대부분은 재로 남고 연기만 흡입하는데 이 때 유해성분은 담배필터로 상당량 걸러진다. 또한 필터를 통과한 담배연기는 '충분한' 공기와 함께 들이마셨다가 내뱉기 때문에 허파에 흡착되는 유해물질은 무시할 정도라고 봐야 한다. 집이 불났을 때 집안에 갇힌 사람은 가스 중독으로 죽지만 밖에서 불 끄는 사람은 멀쩡한 까닭과 마찬가지다. 밖에서 불 끄는 사람도 불난 집의 유독가스 냄새에 코를 찡그리지만 '충분한' 공기를 함께 들이마시기에 가스가 정화되어 멀쩡한 것이다.

금연 홍보 영상이나 사진에 폐암 환자의 시커멓게 변색된 허파를 보여 주면서 담배 연기가 몇 년간 누적되어 침착된 결과라고 소개한다. 그러나 인체의 장기는 3)에서 얘기했듯이 배설 기능이 있어 뭐든 장기간 축적되지 않는다. 배설 기능이 손상된 경우에나 노폐물 처리에 장애가 생겨 장기가 망가지고 변색된다. 폐암 환자의 검은 허파는 허파의 노폐물 처리기능에 문제가 있어 생긴 것이다. 노폐물 처리기능이 정상이었다면 뭐든 폐에 침착될 수 없다.

먼지가 장시간 과도하게 흡입되면 허파꽈리에 쌓여 진폐증이 발생한다. 하지만 먼지보다 작은 가스는 폐에 흡착되지 않는다. 산소를 거둬들이고 이산화탄소를 배출하는 허파꽈리는 기체 교환능력이 뛰어나 가스가 흡착될 일은 없다. 담배연기도 먼지가 아닌 가스이다. 이산화탄소와 함께 담배연기도 배출한다. 그러기에 수십 년을 담배 피운 사람이 멀쩡히 생활하는 것이다. 독가스를 마시면 인체에 침투돼 구토, 발진 등을, 허파에 침범하여 호흡 장애, 질식을 일으킨다. 독가스가 허파에 흡착돼서 생기는 일이 아니다. 담배 연기는 흡입해도 구토, 발진, 호흡 장애, 질식을 일으키지 않는다.

담배 연기의 독성도 과장된 것이다. 나무나 풀을 태우면 영락없이 연기가 난다. 나무와 풀의 종류에 따라 독성이 차이가 나는데, 여러 풀잎 중에서 담뱃잎이 연기의 독성이 가장 약한 것으로 판단된다. 콩잎, 호박잎과 솔잎, 오동잎 등을 말려서 담배처럼 말아 피워 보시라. 그 연기는 담뱃잎보다 훨씬 독하다. 담배는 아메리카 인디언이 피우는 것에서 유래됐는데, 인디언들은 수많은 풀잎 연기 중에서 가장 순한 것을 선택하여 담배로 피웠다고 봐야 한다.

요즘 담배 연기를 독가스인 양 코를 찡그리는 비흡연자들이 늘고 있다. 그러나 이는 환경 변화에 따른 인식의 변화로 봐야 한다. 1980년대까지만 해도 연기는 우리 주변에 흔했기에 별로 담배 냄새에 민감해하지 않았었다. 정월 첫 쥐날(子日)에 전국적으로 논두렁 밭두렁에 짚을 풀어놓고 해가 지면 일제히 태우는 쥐불놀이가 행해졌고, 정월 대보름 즈음해선 아이들이 마을 곳곳의 쓰레기를 철사끈 달린 깡통에 담아 불붙여 빙빙 돌리는 불 깡통놀이를 즐겼다.

봄이 되면 겨울을 나고 남은 마을의 볏단을 모두모아 논밭에 풀어놓고 재차 불태웠다.─(이를 통해 쥐나 해충을 죽이고 불탄 재는 거름이 됐다고 한다) 여름엔 모기를 쫓기 위해 마당에 모닥불을 피웠고, 가을끝자락엔 가로수 낙엽을 끌어 모아 거리에서 불태우고 거름으로 썼으며 겨울엔 방안의 불 지핀 화로에 둘러 앉아 언 몸을 녹였다. 교실 난로에 장작을 때서 추위를 막았는데 난로에 연통을 매달았어도 난로의 공기 주입구와 연통 연결부위에서 연기가 꽤 많이 새 나왔었다.

집집마다 아궁이에 불 지피느라 연기를 뒤집어쓰는 일이 예사였다. 굴뚝에 연기가 끊어지면 곡기가 끊어진 것으로 여겨 혀를 끌끌 찼다. '아니 땐 굴뚝에 연기 나랴'라는 속담도 즐겨 썼다. 야영 행사엔 철을 가리지 않고 모닥불(캠프파이어)을 피워놓고 노래하며 춤추고 도란도란 이야기꽃을 피웠다. 지금은 금기시됐지만 필자가 대학 다닐 때까지만 해도 아이들에게 구수한 옛날이야기를 할 때 '옛날 옛적 호랑이 담배 피던 시절에'로 시작하곤 했었다.

연기를 일상적으로 접하다 보니 방안에서 사무실 안에서 담배를 피워도, 버스 안에서 영화관 안에서 담배를 피워도 인상 쓰는 사람이 없었다. 하지만 이제는 환경이 바뀌어 하나둘씩 사라지고 흡연실만 남았다. 연기는 눈에 맵고 코에 역한 것으로 인식하게 된 것이다. 담배 냄새를 싫어하는 비흡연자가 늘어난 것은 어쩔 수 없지만, 가로수 낙엽 태우기와 캠프파이어도 연기 냄새 때문에 없앴는데 정겨운 낭만이 사라진 것 같아 안타깝다.

5)는 논리의 모순으로 채워져 있다. 1980년대 중반을 정점으로 흡연율이 계속 줄었는데도 폐암이 지속적으로 증가하고 있고 2000년대 들어 줄곧 3위였던 폐암이 부동의 1위였던 위암을 제치고 1위가 됐다? 흡연율이 줄면 폐암이 줄어야 하는데 도리어 늘었다는 것은 흡연이 폐암의 주범이라는 전제에 모순된다. 즉, 흡연이 폐암의 주범이 아니라는 것을 스스로 토로한 것이다.

폐암이 전형적인 선진국 형 질병이라면서 흡연 제재 강도를 선진국 수준으로 끌어올려야 한다는 주장은 황당하다. 선진국 형 질병을 하루빨리 앞당겨 달성하자는 것은 대체 무슨 논리인가? 동남아에선 어린 아이가 길바닥에 주저앉아 담배 피는 광경을 심심치 않게 볼 수 있다. 선진국에서 볼 수 없는 일이다. 동남아가 선진국보다 흡연율이 훨씬 높다는 것을 단적으로 보여 준다. 그런데 폐암환자는 동남아보다 선진국이 훨씬 많다. 폐암을 선진국 형 질병이라 함은 이를 두고 한 말이다. 흡연율이 높은 동남아는 폐암환자가 적고 흡연율이 낮은 선진국은 폐암환자가 많다는 것에서 흡연과 폐암은 별 상관이 없다는 것을 알 수 있다.

국립암센터가 지난 2001년부터 2014년 사이 폐암센터에서 폐암 수술을 받은 2천948명을 분석한 결과에 따르면, 여성 환자는 10명 중 3명꼴에 해당하는 831명으로 집계됐다. 특히 이 중 88%에 해당하는 730명은 평생 담배를 피우지 않은 것으로 나타나 놀라움을 자아냈다.

전문가들은 주요 원인 중 하나로 어릴 적 가족에 의한 간접흡연을 의심하고 있으며, 폐암센터 이진수 박사는 "50~60년대 부모나 남편, 조부모, 형제와 한방에 함께 살아오면서 오랜 시간 간접흡연에 노출된 게 노년기 들어 폐암으로 진단받는 주요 이유로 추정된다."고 전했다. 이어 그는 "어릴 적 남성보다 여성이 집안에 머무르는 시간이 많아 간접흡연에 노출되는 시간이 더 길었던 점도 원

통념과 달리 폐암 발병률이 흡연 여성보다 비 흡연 여성이 훨씬 높다는 2018년에 보도된 이 기사는 커다란 논란을 일으켰다. 수술 받지 않은 폐암환자수를 포함하여 부연하자면, 우리나라 여성 폐암 환자 수는 7천2백 명인데 이 중에 담배 피운 적이 있는 여성은 864명(12%)이고 6,336명(88%)이 평생 담배를 피운 적이 없다고 한다.

이에 대해 금연을 강조해 온 전문가들은 간접흡연과 미세먼지 등을 원인으로 제시했다. 그러나 간접흡연은 직접흡연보다 덜 해롭고 미세먼지는 흡연자도 비흡연자도 동일하게 마시므로 올바른 설명이 될 수 없다. 어릴 적 간접흡연에 남성보다 여성이 더 노출돼 폐암 환자가 많은 것이라는 진단은 일찍 담배를 끊어도 결국 폐암에 걸린다는 논리로 별로 설득력이 없다.

이 통계에 대해선 여성의 흡연자수 대 비흡연자수가 아니라 흡연율과 비흡연율을 대비해야 올바로 파악할 수 있다. 우리나라 여성 흡연율은 7.4%로 보고됐지만, 전문가들은 여성들이 설문 조사에 흡연 사실 공개를 꺼려 과소 집계된 것이라며 실제 여성 흡연율은 17.3%일 것이라고 추산한다. 필자는 7.4%는 과소 집계, 17.3%는 과대 추산된 것으로 보고 그 중간 정도인 12%로 추정한다.

흡연율 12%라면, 여성 25,827,133명 중 3,099,256명이 흡연자, 22,727,877명이 비흡연자이다. 앞의 통계를 여기에 대입하면, 흡연 여성 3,099,256명 중 폐암환자는 864명이므로 흡연 여성 폐암률은 0.02788%쯤 되고, 비흡연 여성 22,727,877명 중 폐암환자는 6,336명이므로 비흡연 여성 폐암률은 0.02788%쯤 된다. 양자 모두 여성 10만 명 당 27.9명꼴로 폐암에 걸린다. 양자의 폐암 발병률엔 차이가 없는바 이는 폐암이 흡연과는 무관하다는 것을 보여 준다.

그럼 왜 폐암은 선진국 형 질병일까? 필자는 폐암의 주요인은 자동차와 관련 있다고 본다. 호흡기 유해 물질이 과도한 곳에선 폐암에 걸릴 가능성이 높아진다. 자동차를 운행하면 3가지의 호흡기 유해물질이 과도하게 배출된다. 첫째, 자동차 매연이다. 휘발유 정제 기술이 좋아지고 엔진의 성능이 고도화돼도 매연은 피할 수 없다. 하루에 수천만 대가 운행하는 선진국의 공기는 매연 농도가 자동차 운행 대수가 적은 후진국보다 훨씬 높을 수밖에 없는 것이다.

둘째, 아스팔트이다. 아스팔트는 원유를 정제하고 남은 찌꺼기(pitch:역청)로, 비용을 들여 처리해야 하는 산업 폐기물이다. 이 폐기물이 전국의 도로에 쫙 깔려 있다. 도로에 깐 새까만 아스팔트는 두세 달 만에 다 달아져 도로는 허옇게 된다. 도로 위에서 미세하게 갈린 아스팔트 분진이 공중에 떠돌다 숨 쉬는 허파에 흡착된다. 후진국은 도로가 적고 그마저도 비포장도로가 많아 아스팔트 분진에 그리 많이 노출되지 않는다. 하지만 선진국엔 도로가 많고 전국의 대부분이 아스팔트도로이다. 아스팔트 분진에 선진국이 훨씬 많이 노출되는 것이다.

셋째, 타이어 분진이다. 천연고무는 물러서 무거운 차량을 떠받치고 달리는 바퀴로 쓸 수 없다. 그래서 카본블랙이라는 합성고무를 사용하는데 새카만 고무타이어는 코를 가까이 대면 아주 고약한 냄새가 나는 상상하기도 끔찍한 심각한 발암유발 덩어리다. 타이어 제조 공장을 죽음의 공장이라고 부른 것도 그 까닭이다.[13] 선진국에선 후진국에 비해 월등히 많은 자동차가 매일같이 도로를 달리며 카본블랙 타이어를 갈아댄다. 대기 중의 타이어 분진 농도가 높다. 타이어 분진에 많이 노출되어 있는 선진국이 폐암 발병률이 높을 수밖에 없다.

폐암 사망자 유족이 종종 담배회사를 상대로 소송[14]을 제기한다. 하지만 번지수를 잘못 찾은 것이다. 자동차회사와 도로공사를 상대로 해야 한다. 그런데 자동차는 고부가가치 산업으로 선진국 경제의 중추적 역할을 한다. 관련 업종도 많고 종사자도 무척 많다. 자동차 교통의 인적·물적 경제효과도 엄청나다. 이런 자동차를 상대로 소송이 이어지면 정부

13 타이어 공장에선 수많은 사람이 죽어나가며, 근무자 상당수가 심각한 질환에 시달리고 있다. 일례로 한국타이어 대전공장에서 2006년부터 이듬해 9월까지 1년 6개월 만에 15명이 잇따라 사망해 직무환경 관련하여 6명이 산재승인을 받았다. 한국타이어 산재 협회는 1996년~2017년까지 총 160명의 근로자가 직무관련 질환으로 사망했다고 밝혔다.

14 담배가 폐암의 주범이라 할지라도 흡연은 개인의 선택이지 담배회사가 강매한 것이 아니므로 억지다. 음주로 간암이 생겼다고 술 제조회사를 상대로, 사탕 먹어 이가 썩었다고 사탕 제조회사를 상대로 소송 걸지 않는다. 하이힐 신어 무지외반증에 걸렸다고 하이힐 제조업체를 상대로, 스키를 타다 무릎관절이 나갔다고 스키장과 스키제조업체를 상대로 소송 걸지 않는다. 모두 다 개인의 선택 사항이기 때문이다.

로서는 감당하기 어려운 부담이 된다.

반면에 담배는 부가가치가 낮은 사양 산업이다. 경제에 미치는 영향 면에서 자동차에 비할 바가 못 된다. 선진국에 폐암환자가 점점 늘면서 무언가에게 그 책임을 떠안겨야 하는데, 자동차와 도로에는 부담이 크고 담배엔 부담이 작다. 정부가 폐암의 주범을 밝히지 않고 담배 마녀 사냥이 이어지도록 방치, 또는 유도하는 까닭이 여기에 있다고 봐야 한다.

매연에 대한 경각심에 수소차와 전기차가 개발되고 있다. 하지만 타이어분진과 아스팔트분진에 대한 경각심은 별로 없다. 타이어와 아스팔트를 대체할 안전 소재 개발에 힘써야 한다. 대체 소재 개발이 되기 전까진 자동차 운행을 줄이는 방법밖에 없다. 자동차로 출퇴근하는 사람들은 대부분 혼자 차를 몬다. 이들이 55명 정원인 버스를 이용하면 공기오염 분진농도는 1/50 정도로 확 낮아진다. 정부는 폐암의 주범을 솔직하게 밝히고 자동차운행 자제와 대중교통 권장에 힘써야 하며, 대체 소재 개발에 적극 지원해야 한다.

그럼에도 불구하고 정부는 금연구역을 확대하고 담배 곽에 각종 혐오그림을 붙이는 것으로 사실을 호도한다. 주변의 흡연자 중에 혐오 그림의 증상에 시달리는 사람을 보지 못했다. 간접흡연으로 발병했다면 금연구역 확대가 옳지만 그런 사람도 못 봤다. 수많은 사람들이 방안에서 담배피우는 어린 시절을 보냈지만 모두 멀쩡하다. 담배는 기호품[15]이다. 근거 없는 혐오그림 부착과 금연구역의 과도한 확대는 기호품 향유라는 국민의 행복추구권을 침해하는 폭거이다. 정말 담배가 백해무익이라면 금연구역 확대나 혐오그림 부착이 아닌 생산·판매의 원천 금지가 옳다.

담배에 세금은 엄청나게 물리면서 국민 건강을 위한답시고 흡연자들을 범죄자 취급하며 궁지로 내모는 것은 범국가적 사기극인 것이다. 담배 소비를 줄여보려고 혐오그림을 부착했지만 혐오 그림 부착으로 담배 소비가 감소하지 않았다. 혐오 그림 부착의 근거가 없는 것이다. 담배 소비를 줄여 국민 건강을 증진시키겠다고 시행하는 것에 담뱃값 인상

---

15 담배가 기호품이라는 데 이의를 제기하는 사람들이 있다. 담배 냄새가 타인에게 피해를 주기 때문에 기호품이 아니라 공해품이라는 것인데, 개인적인 후각 성향을 일반화한 오류이다. 이런 논리라면 술 냄새도 커피 냄새도 역하다고 느끼는 사람이 있으므로 기호품이 아니라 공해품이 된다. 개인의 취향에 따른 것을 기호품이라 한다면 담배는 권할 건 아니지만 정책적으로 제재할 것도 아니라고 본다. 행복 추구는 개인의 선택에 맡겨야 가치가 산다.

도 빼놓을 수 없다. 다음은 담뱃값 인상과 관련한 기사이다.

2005년 1월 1일부로 일제히 모든 담뱃값이 500원씩 대폭 인상됐다. 국민의 건강과 쾌적한 환경 증진을 위하여 흡연을 억제하는 방안으로 실시된 조치이다. 정부관계자는 조사결과 2005년 1월의 총 담배 판매량이 이전보다 무려 30%나 감소하여 기대보다 더 큰 효과가 입증됐다고 밝히면서, 담뱃값을 추가 인상하는 방안을 추진하기 위해 관계 부처와 조속한 시일 내로 협의할 계획이라고 발표했다.

얼핏 그럴싸해 보인다. 그러나 이것도 국민 기만이다. 2005년 1월의 담배 판매량이 이전보다 30% 감소한 이유는 따로 있다. 담뱃값이 오른다고 발표되는 순간 사람들이 담배 사재기에 들어갔다. 사재기한 담배가 쌓여 있어 1월에 값이 오른 담배를 사지 않은 것이다. 또한 흡연자는 상당수가 새해 각오로 금연을 다짐한다. 성공률은 낮지만 그래도 일시적으로나마 금연각오로 1월초엔 담배 사지 않는 사람이 많아진다.

이 두 가지 요인이 복합되어 1월의 담배 판매량이 30% 준 것이다. 사재기한 담배가 다 떨어지고 새해 각오가 무너지는 2월부터는 담배 소비가 다시 증가한다. 그리하여 3월부터는 이전과 별 차이가 없게 된다. 2015년 1월 1일에는 담뱃값이 무려 2,000원씩 추가 인상됐다. 이때도 반짝 효과만 있었을 뿐 결국 흡연율은 제자리가 됐다. 국민 건강을 명분으로 매년 수조 원 이상의 세금만 갈취해 간 것이다.

【 7 】 대홍수와 노아의 방주

대홍수와 노아의 방주를 종교적 가르침으로 이해하지 않고 실제로 있었던 역사적 사실로 주장하는 사람들이 있고, 노아의 방주를 고증하려는 사람들도 있다. 미국 켄터키주 공원엔 모형 동물들을 실은 노아의 방주를 실물크기로 재현하여 입장료를 받고 관람객을 맞이하고 있다. '실물크기'와 '재현'이라는 표현에 논란이 있는데, 많은 사람들이 지구 전체를 잠기게 했다는 대홍수의 사실 여부에 대해 지질학적 근거를 대며 갑론을박하고, 방주의 실재에 대해 선박 기술 측면에서 논쟁을 벌인다.

인터넷에 가장 많이 올라온 논쟁 중의 하나인 것 같은데, 필자는 지질학적 접근 및 선박 기술 측면과 전혀 다른 비창적 시각에서 풀어 보고자 한다. 이글은 어디까지나 개인적 사견이므로, 독실한 기독교 신자인 경우는 글의 의도를 오해하지 않도록, 맨 뒤에 적혀 있는 맺는 글부터 읽어 보시기 바란다.

먼저, 방주에 지구상의 길짐승과 날짐승을 암수 1쌍씩 모두 실었다는 것을 보자. 호주의 코알라와 캥거루, 남극의 펭귄과 물범, 북극의 북극곰과 북극여우, 아프리카의 기린과 코뿔소, 아메리카의 버펄로와 재규어, 한국과 중국의 반달곰과 판다곰도 실은 것인데, 과연 그들이 어떻게 노아의 방주까지 왔을까? 호주에서 바다를 가로질러 어떻게 캥거루와 코알라가 노아의 방주까지 올 수 있을까? 열대우림의 나무늘보, 북극의 북극곰, 남극의 펭귄 등이 기후가 전혀 다른 아랍까지 제 발로 올 재주가 있을까?

또한, 노아의 방주에 오려면 자신의 서식지를 떠나야 하는데, 확 달라진 환경에서 살아남을 동물은 별로 없다. 세계 각지의 텃새가 과연 자신의 서식지를 벗어나 아랍에 와서 생존할 수 있을까? 철새는 어떤가? 철새가 옮겨 다니는 것은 맞지만 아무 곳으로 마구 옮겨다니는 것이 아니다. 도리어 철새는 계절 변화에 따라 적당한 환경이 조성된 곳으로 옮겨

다녀야 살아남는 새이다. 자신의 서식지와 환경이 전혀 다른 노아의 방주 안에 10달간 갇혀 있으면 죽음을 면치 못한다.

더 큰 문제는 이들이 먹이를 싸들고 온 것이 아니므로 노아의 가족이 대홍수로 잠긴 10달간을 버틸 동물들의 먹이를 방주 안에 다 마련해 놔야 한다는 것이다. 방주 안에 태운 동물들의 숫자에 맞춰 먹이를 마련해야 하는데 과연 몇 마리를 태웠을까? 지금 지구상엔 포유류가 4,000여 종, 조류가 9,000여 종이 넘게 존재한다.

성서의 연대기에 따르면 대홍수는 대략 5천 년 전에 일어났다고 한다. 자연 생태계는 5천 년의 세월 동안에 그리 큰 변화가 일어나지 않으므로 지금과 대홍수 시절의 생태계는 비슷하다고 볼 수 있다. 길짐승과 날짐승 암수 한 쌍씩이므로 못해도 포유류 8천여 마리, 조류 18,000여 마리를 방주에 실은 것이다.[16]

방주 안에 먹이를 미리 마련하려면 노아의 가족이 4,000종이 넘는 포유류와 9,000종이 넘는 조류의 먹이 습성을 일일이 다 알고 있어야 하는데 동물의 식습성 기록물이 전혀 없었던 당시로서는 노아의 가족이 세계 곳곳의 서식지에 직접 가서 알아내야 하고 각각의 먹이를 모두 분류해서 구해와야 한다. 먹이를 구하러 세계 곳곳을 누비는 것도 불가능하지만 그 많은 먹이를 구해서 방주까지 나르는 것은 더더욱 불가능하다.

코알라 암수 한 쌍 10달 치 먹이로 트럭 2대분의 유칼립투스 잎을 호주에서 바다 건너 아랍으로 나를 수 있을까? 판다 암수 한 쌍 10달 치 먹이로 트럭 4대분의 대나무 잎을, 무슨 수로 중국에서 아랍으로 산 넘고 강 건너, 타클라마칸 사막을 통과하여 날랐을까? 눈 딱 감고 그냥 기적의 힘으로 포유류 8,000여 마리, 조류 18,000여 마리의 10달 치 먹이를 모두 날랐다고 하자.

노아와 노아의 가족 8명이 120년[17]에 걸쳐 만들었다는 방주는 길이 135m, 폭 23m, 높

---

16   켄터키 주 공원에 재현된 방주에는 여러 공룡 모형도 실려 있는데, 이 글에선 논의를 단순하게 하기 위해 수많은 공룡과 익룡 무리는 아예 생략했다.

17   120년은 노아의 수명보다 더 긴 기간으로 생각하기 쉽지만, 아담(930)과 그 후손들은 셋(920)-에노스(905)-게난(910)-마할랄렐(895)-야렛(961)-에녹(365)-므두셀라(969)-라멕(777)-노아(950)에 이르기까지 괄호 안의 숫자 햇수만큼 산 것으로 기록돼있다.(평균 864.7살) 세월의 단위는 천문 현상의 반복 주기로서 해가 뜨고 지는 주기를 1일, 달이 차고 기우는 주기를 1달, 4계절이 도는 주기를 1년으로 정한다. 그런데 아랍은 눈과 얼음을 볼 수 없는 사막기후라 4계절 개념이 희박하다. 따라서 천문 지식이 일천했던 원시 아랍에선 달이 차고 기우는 주기를 1년으로 삼았을 것이다. 1년은 약 12.37달이므로 이를 근거로 환산하면 방주는 9.8(≒120÷12.37)

이 14m의 3층 구조이다. 현재의 선박 기술로 봐도 엄청난 규모이다. 하지만 '135m×23m×14m'의 공간은 포유류 8,000여 마리와 조류 18,000여 마리를 태우기엔 턱없이 비좁다. 게다가 이들의 먹이를 쌓아 둘 공간도 필요하다.

기린 1쌍, 코뿔소 1쌍이 10달 동안 먹는 나뭇잎과 풀잎의 양은 얼마나 될까? 사자 1쌍과 호랑이 1쌍이 10달 동안 먹는 고기의 양은 얼마나 될까? 코끼리에겐 하루 140kg의 먹이가 필요하다. 코끼리 암수 한 쌍 10달치 먹이만 해도 84톤에 달한다. 포유류 8,000여 마리의 10달치 먹이를 각 우리의 창고에 모두 보관하려면 방주의 크기는 못해도 기록의 구조보다 5배 이상은 더 커야 한다.

하지만 이는 포유류인 경우다. 조류의 먹이 확보를 위해서는 5배 확대론 턱없이 부족하다. 게, 조개, 지네, 지렁이, 미꾸라지 등을 살아 있는 상태로 잡아먹는 새들이 상당히 많은데 이들을 대량 공급하려면 방주 안에 넓은 늪과 개펄을 조성해야 한다. 또한 벌, 나비, 잠자리, 풍뎅이 및 애벌레 등의 살아 있는 곤충을 잡아먹고 사는 수많은 새들을 위해선 방주 안에 울창한 숲도 조성해야 한다. 배의 크기는 또 10배 이상 더 커져야 한다.

곤충은 새의 먹이로만이 아니라 대홍수 이후에도 지구상에 계속 번성해야 하는 존재이다. 곤충을 존속시켜야 하는 존재로 배에 실어야 하는데 곤충은 100만 종이 넘는다. 곤충의 크기가 아무리 작더라도 암수 한 쌍씩 200만 마리를 다 태우려면 배는 또 2배 이상 더 커져야 한다.

문제는 또 있다. 동물들이 마실 물이다. 매일 빗물을 받아 1만 3천여 개의 우리에 나르기엔 노아 가족 8명으론 턱없다. 빗물을 받아 우리에 나르는 일조차 불가능하다.─(그 이유는 뒤에 덧붙임) 따라서 이들이 10달 동안 마실 물도 각 우리마다 물탱크에 미리 떠다 놓아야 한다. 코끼리만 하더라도 하루 200리터의 물이 필요하다. 암수 한 쌍의 열 달 치 물로 120

년에 걸쳐 만든 것이고, 각각의 수명은 [아담(75.2)-셋(74.4)-에노스(73.2)-게난(73.6)-마할랄렐(72.4)-야렛(77.7)-에녹(29.5)-므두셀라(78.3)-라멕(62.8)-노아(76.8)]이 된다.(환산평균 69.9살) 에녹이 365살 살았다고 놀랄 일이 아니다. 30살도 못돼 요절한 것이다. 이를 구약성경 전기(前期)라고 하면 구약성경 후기(後期)의 수명은 달라진다. 데라(205), 아브라함(175), 사라(127), 이삭(180), 야곱(147), 요셉(110), 아론(123), 모세(120), 여호수아(110), 욥(140) 등 괄호 안의 숫자 햇수만큼 산 것으로 기록돼있다.(평균 143.8살) 수리 개념이 발달하면서 아랍엔 60진법이 도입됐는데 이를 계기로 6개월 단위를 1년으로 삼아 구약 후기를 기록한 것으로 보인다. 따라서 이들의 수명은 2.06(≒12.37÷6)으로 나눠 환산하면 [데라(99.5), 아브라함(85), 사라(61.7), 이삭(87.4), 야곱(71.4), 요셉(53.4), 아론(59.7), 모세(58.3), 여호수아(53.4), 욥(68)]이 된다.(환산평균 69.8살) 기록에 의한 평균수명은 전기의 864.7살에서 후기에 갑자기-(중간단계 없이) 143.8살로 확 줄지만 환산 평균수명은 전기나 후기나 비슷하다.

톤이 있어야 한다.

또한, 동물들이 움직일 최소한의 공간도 마련해야 한다. 우리의 공간이 좁으면 10달 동안에 꼼짝없이 갇힌 상태라 스트레스가 계속 쌓여 죽게 된다. 우리마다 물탱크와 활동공간의 확보를 위해선 배의 크기를 또 10배 이상 더 키워야 한다.

지금 언급한 것을 종합하면 방주의 크기는 원래 설계한 '135m×23m'보다 1,000배는 더 커야 한다. 1,000배는 약 '가로 31.6×세로 31.6'배이므로 방주는 '(135m×31.6)×(23m×31.6)≒4,266m×727m'의 크기가 된다. 너무 과장되게 설정한 것일까? 동물원을 보자. 서울대공원 동물원의 크기는 242만㎡이다. 이를 '135m×23m'의 방주 형태로 환산하면 약 '3,768m×641m'가 된다. 필자가 설정한 방주의 면적보다 조금 작다.

그런데 이 동물원에 수용된 동물은 포유류, 조류를 비롯하여 모두 2,571마리밖에 안 된다. 이런 상태에 대해서도 동물 보호론자들은 우리가 비좁아 동물들이 스트레스 받는다고 공박한다.[18] 서울대공원 동물원이 2,571마리의 동물을 '3,768m×641m'에 수용한 것에 비추면 포유류 8천, 조류 1만 8천, 곤충 2백만 마리를 수용하려면 이보다 면적을 16(=4×4)배 이상 더 늘려야 한다. 이리하면 방주의 크기는 '(3,768m×4)×(641m×4)=15,072m×2,564m'가 된다.

필자가 설정한 방주의 크기는 '4,266m×727m'이지만 3층 구조물로 하면 '15,072m×2,564m'와 엇비슷해진다. 가로세로 '4,266m×727m'를 3층 구조로 지어 배의 크기를 해결했다고 치자. 문제는 방주에 갇힌 상태로 수많은 동물들이 미리 실은 물과 먹이로만 10달을 버텨야 한다는 것이다. 고인 물은 썩기에 탱크에 담긴 물은 1달만 지나도 마실 수 없게 된다.

10달치 먹이를 우리 안 창고에 한꺼번에 쌓아두면 얼마 못 가 모두 마르거나 썩는다. 냉장 보관해도 1달만 지나면 먹을 수 없게 되는데 당시엔 냉장고도 없었다. 앞에서 배 안엔 동물들이 움직일 수 있는 최소한의 활동공간이 필요하다고 했는데, 최소한의 활동공간 안

---

18   참고로, 동물원 환경이 각 우리마다 100점 만점에 최소한 88점이 돼야 동물들이 제 수명을 다하는데 서울대공원 동물원은 전체 우리의 평균 평점이 53점밖에 안 된다고 한다.

에선 달릴 수도 날아다닐 수도 없다. 사자, 치타가 달리지 않고, 날개 큰 새가 날지 않고 10달 동안 어슬렁거리기만 어떻게 될까?

혹자는 동물들이 잠만 자면 되지 않느냐고 할 수도 있겠다. 그러나 10달 동안 아무것도 먹지 않고 잠만 잔다는 것은 불가능하다. 겨울잠 자는 동물은 흔치 않으며 이들도 3달 이상 잠자면 위험하다. 또한, 호흡이나 심장박동수를 평소의 1/10 이하로 줄이는 효소가 분비되어야 긴 겨울잠이 가능하다. 이런 효소 분비가 없는 대다수 동물은 기초대사량이 바닥나 한 달도 채 안 돼 모두 죽는다.

게다가, 겨울잠은 배설하지 않는 오줌의 요소(尿素:암모니아)를 자체 분해하여 몸 안에서 오줌을 걸러 물로 재활용하는 메커니즘이 작동해야만 가능하다. 이런 메커니즘이 없는 일반 동물들은 배설되지 않은 오줌의 요소 중독으로 죽거나 수분 부족으로 모든 세포에 노폐물이 쌓여 괴사한다. 10달을 잠만 자면 온몸이 마비되고 주요 근육이 다 빠지고 망가져 깨어나도 제 기능을 할 수 없다. 깨어나는 순간이 죽는 순간이 된다.

방주를 고펠 나무로 3층 구조로 지었다고 했다. 이렇게 큰 구조물을 나무로 지으면 포유류 8천, 조류 1만 8천, 곤충 2백만 마리를 대거 태우는 순간 엄청난 무게에 2층, 3층의 나무 바닥이 바로 부서질 수밖에 없다. 모종의 기술이 있어서 바닥을 튼튼하게 깔았다고 치자. 땅은 견고하여 땅 위에서 배가 흔들리지 않는다. 하지만 바닷물은 크든 작든 쉼 없이 출렁인다. 이렇게 큰 배는 흔들리는 바닷물 위에 띄우자마자 바로 박살 난다.

목선은 통상 길이 100m가 한계라 한다. ―「선박의 저항과 추진」,대한조선학회 선박유체역학 연구회 (2009.지성사) 설령 나무가 아닌 강철판을 이어서 만들었다 하더라도 길이 4km가 넘는 배는 흔들리는 바다 위에서 얼마 버티지 못하고 선체가 구부러지고 찢어지며 강판의 이음매가 다 떨어져 나간다. ―(현재 세계에서 가장 큰 배는 덴마크의 'Prelude FLNG'로 길이 488, 폭 74, 높이 122m다)

40일간의 쏟아진 비로 지구 전체가 잠겼다고 하자. 그러면 해발 8,848m의 에베레스트 산도 잠겼으므로 하루 평균 수심이 221m씩 이상 높아진 것이다. 하루 평균 221m 이상의 빗물이 불어난 것인데, 이는 시간당 9,200mm의 빗물이 쉼 없이 쏟아진 것이 된다. 시간당 30mm 이상 내리면 폭우라 한다. 폭우의 10배의 비, 즉 시간당 300mm의 비가 쏟아지면 콘크리트 건물도 박살 나는데, 시간당 9,200mm의 엄청난 물 폭탄을 40일간 맞고도 나무로 만든 방주가 멀쩡할 수 있을까?

앞서 길이 4km 넘는 배는 흔들리는 바닷물 위에서 온전하기 어렵다고 했는데, 폭우가 쏟아지면 바닷물이 흔들리는 정도가 아니라 격렬하게 요동친다. 시간당 9,200m의 물 폭탄에 요동치는 바닷물 위에선 방주가 산산조각 날 것이다. 노아의 가족이 동물들의 식수로 빗물 받아 우리에 나를 수 없는 것도 이 때문이다. 빗물을 갑판 위에서 받다간 바다로 휩쓸리고 배 안에서 창문을 열고 받다가는 시간당 9,200m의 빗물이 배 안으로 쏟아져 들어와 물에 잠긴다. 또한 격렬하게 요동치는 배 안에선 기둥을 잡고 버티기도 힘든데 어찌 물동이를 들고 우리 사이를 왔다 갔다 할 수 있겠는가?

눈을 또 감아 이것도 기적의 힘으로 넘겼다고 치자. 배가 부서지지 않고 무사히 10달을 버텼다고 가정하는 것인데 이럴 경우엔 더 큰 문제에 봉착한다. 바로 동물들의 배설물이다. 포유류 8천, 조류 1만 8천, 곤충 2백만 마리의 배설물을 8명의 노아 가족이 4,266m×727m×14m 넓이의 배안을 매일같이 돌며 치울 도리는 없다. 그냥 우리 안에 방치할 수밖에 없으므로 방주는 수많은 동물이 배설한 똥오줌 범벅이 나날이 쌓여 간다. 엄청나게 쌓인 질퍽한 배설물에 빠져 허우적대는 동물들이 과연 얼마나 버틸 수 있을까? 덩치 큰 포유류의 우리는 대변 더미가 1m, 2m 계속 쌓여 갈 것이다.

홍수를 대비해 지붕을 얹은 방주이기 때문에 환기는 각 층의 측면을 통해서만 이루어진다. 방주가 작으면 방주 안의 공기량 대비 측면의 환기 면적이 충분히 확보된다. 가로·세로·높이가 각각 2m인 방은 공간의 부피가 2m×2m×2m=8m³이고 방 둘레 넓이는 (2m×2m)×4=16m²이다. 방의 부피 대비 둘레의 면적은 16m²/8m³=2이다.

높이는 그대로인 상태에서 측면의 가로·세로를 20m로 늘리면 방의 공간은 2m×20m×20m=800m³이고 둘레 면적은 (2m×20m)×4=160m²가 된다. 방의 부피 대비 둘레의 면적은 160m²/800m³=0.2이다. 2에서 0.2로 확 준다. 방안의 공간 부피는 공기량, 둘레 면적은 환기구(창문)의 최대 크기이므로 높이가 그대로인 상태에서 가로·세로를 늘리면 환기가 절대적으로 부족해진다.

방주의 공간 부피는 (4,266m×727m)×14m=43,419,348m³이고, 둘레 면적은 (4,266m

× 14m)+(727m×14m)×2=139,804m²이다. 방주 안의 공기량에 대비하여 환기되는 둘레의 면적은 약 0.0032(=139,804/9,304,146)에 불과하다. 전체 크기 대비 0.32%밖에 안 되는 측면의 상태에선 초거대 환풍기를 수백 대 동원해도 환기가 불가능하다.

그마저도 비가 시간당 9,200mm씩 쉼 없이 쏟아지므로 40일간 한순간도 창문을 열 수가 없다. 수많은 동물의 날숨과 배설물의 메탄가스는 환기가 안 되고 농축된다. 이리되면 산소부족으로 모두 질식사한다. 노아의 가족도 얼마 버틸 수 없다. 또한, 고도로 농축된 메탄가스는 폭발하지 않으면 이상한 일이 된다.

자연 상태에서 식생의 한계 고도는 해발 7천m 정도이다. 해발 7천m 이상의 고지대에는 식생이 없다. 바닷물 속에 햇빛은 150m 이상 투과할 수 없다. 깊은 바다에 식물이 없는 이유이다. 대홍수로 전 지구가 8,848m 이상 물속에 잠겼다가 다시 8달 20일 정도 걸려 물이 다 빠져나갔으므로 하루에 34m 정도씩 해수면이 낮아진 셈이다.

대홍수가 멎은 뒤 54일이 지나야 해발 7천m 지대가 드러난다. 물 밖으로 드러나 햇빛을 받게 되는 식생이 54일이 지나서야 겨우 등장하는 것이다. 하지만 이조차도 식생의 한계고도에 한한 얘기이다. 삼림의 한계 고도는 해발 2천m로 식생의 한계 고도보다 한참 아래이다. 해발 2천~7천m까지는 이끼류만 자라고 초목은 해발 2천m 아래까지만 자란다.

201일이 지나야 해발 2천m 지대가 물 밖으로 드러난다. 모든 초목이 2백일 넘게 깊은 물속에 잠긴 상태로 햇빛을 못 받고 지낸 것이다. 초목은 근 7달을 햇빛 없이, 광합성 작용 없이 물속에 잠겨 있으면 모두 썩어 죽는다. 대홍수 이후로는 살아 있는 초목이 있을 수 없다.

물은 10m씩 깊어질수록 수압은 1기압씩 높아진다. 대홍수로 수심이 8,848m 이상 깊어졌으므로 해발 848m의 평지였던 곳의 초목엔 (8,848-848)/10의 기압, 즉 800기압 이상의 압력이 가해진다. 800기압에선 강철로 만든 잠수함도 휴지 조각처럼 완전히 찌그러든다. 1기압 안팎의 대기 중에서 살던 초목이 800기압 이상을 버틸 수 없다.

전 세계 육지의 평균 해발 고도가 857m이므로 대부분의 육지는 해발 1,714m 아래에 있다. 해발 1,800m가 대홍수로 잠기면 (8,800−1,800)/10=700이므로 웬만한 육지는 700기압 이상의 압력을 받게 된다. 이런 초고압력 속에서는 단 1분 1초도 호흡할 수 있는 식물은 하나도 없다. 따라서 대홍수가 실재했다면 이래저래 지구상의 초목은 모두 죽었어야 한다. 대홍수로 한 종도 없게 된 초목이 약 5천 년 만에 현재의 40만 종(학계의 추정치)으로 지구 곳곳에 분화 번성하게 될 가능성은 '0'이다.

혹자는 노아 가족이 대홍수 나기 이전에 씨앗을 미리 챙겼을 것이라고 주장한다. 그러려면 방주 안에 씨앗 저장고를 따로 마련해야 한다. 참고로 3층 구조의 스발바르 국제종자저장고에는 100만 개 남짓의 씨앗이 보관되어 있는데, 3층 구조를 평면상으로 펼치면 그 크기는 축구장만 하다. 앞서 언급한 4,266m×727m×14m의 방주도 불가능한 크기인데 씨앗 저장고까지 갖추려면 이보다 더 커져야 한다.

게다가 그 많은 씨앗을 어디에 뿌려야 하는지를 모두 목록을 만들어 분류해 놓아야 한다. 몬순, 사막, 사바나, 타이가, 툰드라, 열대우림 등 각각의 기후와 해안, 강가, 늪지, 벌판, 산지 등 각각의 지형에 어느 식물이 사는지를 알아 둬야 한다. 이를 다 외울 수 없으므로 점토판[19]에 기록해서 방주에 실어야 한다. 40만 종의 씨앗 및 식생 정보를 기록하는 방대한 양의 점토판 작업은 얼마나 걸릴까?

많은 점토판을 실으려면 방주의 크기는 더 커져야 한다. 그리고 배에서 내린 뒤 노아의 가족이 맹그로브씨를 뿌리러 열대지역에 가야 하고, 무궁화씨를 뿌리러 대한민국에 와야 한다. 유칼립투스씨를 뿌리러 호주로 건너가야 하고, 감자, 고추, 토마토씨를 뿌리러 아메리카 대륙에도 가야 한다. 이게 가능한 일인가?

이제 대홍수로 불어난 물의 양을 보자. 구의 부피는 $4/3 \times \pi r^3$로 구한다. 대홍수로 해발 8,848m의 에베레스트산도 물에 잠겼으므로 해수면이 8,848m 이상 높아진 것이 된다. 높아진 해수면 부피에서 원 지구의 부피를 **빼**면 새로 불어난 물의 양이 된다. 지구의 반지름이 6,400km이므로 새로 불어난 물의 양은 대략 4,560,528,769km³$^{(=4/3 \times \pi \times 6,408.848^3 -}$

19   원시 아랍엔 종이는 고사하고 죽간, 파피루스, 양피지도 없었다. 점토판이 아랍의 고대 기록 방식인데 만들기도 쉽지 않고 부피도 상당하다.

$4/3×\pi×6,400^3$)이다. 지금의 전체 바닷물의 양이 약 13억 5천만km³이므로 3.4배 정도 불어난 것이다.

바닷물이 3.4배 늘면 바닷물의 염도가 3.4배 낮아진다. 바닷물의 평균 염도가 약 3.5%이므로, 대홍수의 바다는 염도 1.04% 된다. 이러면 바닷물고기는 염도가 너무 낮아 죽는다. 염도가 낮더라도 어쨌거나 소금물이기 때문에 민물고기도 다 죽는다. 물고기가 전멸했으므로 물이 빠져도 새로이 번식할 수 있는 물고기는 없다.

대홍수로 전 지구가 바다가 되면 지표에 불어난 물이 빠져나갈 곳이 없다. 지구 내부에 커다란 구멍이 있어 거기로 물이 빠져들어 간 것이라는 주장도 있는데, 그렇다면 대홍수 이전에 이미 기존의 바닷물이 그 구멍으로 흘러 들어갔을 것이기에 성립하지 않는다. 대홍수 이후의 빗물만 지구 내부로 흘러 들어갔다고 치자. 그러려면 지금 바닷물의 3.4배 되는 빗물이 지구 내부로 흘러 들어가야 한다. 하지만 현대의 지질학에서 지구의 지각 내부에 전체 바닷물의 3.4배의 가량의 물이 들어 있다고 가르치지 않는다. 지구 전체 지하수의 양은 대략 5천6백만km³이므로 대홍수로 불어난 45억 6천만km³에 비할 바가 못 된다.

그렇다면 40일간 내린 빗물이 모두 기화돼 원래의 해수면으로 되돌아간 것으로 풀이해야 한다. 대홍수로 해발 8,848m의 에베레스트산도 잠겼으니 지구는 그전보다 8,848m의 바닷물이 불어난 것이다. 물이 수증기가 되면 부피는 1,700배 는다. 8,848km 깊이의 물이 기화되면 지구는 약 15,000km 두께의 어마어마한 수증기층에 감싸진다. 산술적으론 15,000km의 두께이지만 실상황에선 지구의 중력에 의해 수증기층이 지표면을 향하여 심하게 응축될 것이다. —(물이 수증기로 변하여도 가해지는 중력은 같다)

포화수증기(구름·안개) 속에서도 동물들은 습도가 높아 숨쉬기 어려운데 전 지표상이 심하게 응축된 과포화 수증기로 덮여 있으면 아예 숨 막혀 죽는다. 문 닫은 욕실 안에 수증기를 계속 주입하면 질식사하는 현상과 같다. 짙은 안개 속에서는 가시거리가 좁아 모든 동물이 활동이 둔해지고 생존이 어렵게 된다. 또한 과포화 수증기로 지구 곳곳에 쉼 없이 비가 내리고 햇볕이 드는 맑은 날이 아예 없어 식물은 광합성을 할 수 없다. 광합성을 못하면 당연히 식물은 살아갈 수 없다. 설령 응축현상이 일어나지 않는다 하더라도 15,000km 두께의 포화 수증기층을 뚫고 지상까지 도달할 햇빛은 없다. 햇빛이 전혀 도달하지 않는

지표상에선 살아남을 생물이 없다.

앞서 언급했듯이 시간당 9,200mm의 물 폭탄으로 모든 동식물이 죽어 지구상에 생명체가 하나도 없는 상황이 됐으므로 배에서 내린 동물들이 먹을거리가 하나도 없다. 배에서 내린 초식동물들이 새끼를 많이 낳고 그 새끼들이 어느 정도 자란 이후에나 육식동물들의 먹이사슬로 작동되는데 그러려면 몇 년을 쫄딱 굶고 기다려야 한다. 초식동물들은 더욱 난감하다. 노아의 가족이 뿌린 씨가 자랄 때까지 무얼 먹고 살아갈까? 판다 곰은 대나무가, 기린은 아카시아 나무가, 코알라는 유칼립투스 나무가 다시 다 자랄 때까지 몇 년을 굶어야 한다. 무성하게 다 자라기 전에 먹어 치우면 대나무도, 아카시아도, 유칼립투스 나무도 모두 멸종하여 또 먹을 것이 없게 된다.

대홍수 이후로 지구상엔 노아 부부와 세 아들 부부만 살아남았다. 한 인종만 살아남은 것이기에 이에 따르면 현재의 인간은 황인종, 백인종, 흑인종으로 다양하게 존재할 수가 없다. 인종이 다양해졌다고 하기엔 5천 년의 시간은 너무 짧다. 백인이 아프리카에 5천 년 산다고 하더라도 직상모·파상모의 머리카락이 보글보글한 와상모로 변할 리 없으며, 오뚝한 코, 얇은 입술, 흰 피부가 납작한 코, 두툼한 입술, 검은 피부로 탈바꿈할 리 없다.

실제로 아시아 황인종이 아메리카 대륙으로 건너가 1만 4천 년이 흘렀지만, 북쪽의 알래스카에서도 백인으로 변하지 않았으며, 적도의 브라질에서도 흑인으로 변하지 않았다. 물론 호주, 뉴질랜드를 비롯한 태평양의 여러 군도에 사는 황인종들도 백인이나 흑인으로 변하지 않았다. 필자는 인위적인 교배가 없다면 자연 상태에서의 인종 변이는 없다고 보고 이를 인종의 자연 불변성이라 부른다.

노아의 아들 세 부부를 각기 황인종, 백인종, 흑인종이었다고 가정해 보자. 아들들은 한 핏줄로 형질이 같으므로, 3며느리만 형질이 다르다고 해야 한다. 지구상에 오직 3형질 집단만 존재하게 된다. 이들을 제1대로서 A, B, C 집단이라 분류하면 제2대는 자기 집단이 아닌 타 집단과 결혼하여 AB, AC, BC의 형질을 지닌 3대를 낳게 된다. —(인위적 교배로써 자기 집단끼리 결혼하는 남매혼을 피한 설정임)

이들이 자라서 각기 서로 다른 집단과 결혼하여 자녀를 낳았다고 보면 AB, AC, BC의 세 집단밖에 없으므로 4대는 AB×AC, AB×BC, AC×BC의 결과로 A^2BC, AB^2C, ABC^2의 형질을 지닌 집단이 된다. 다른 집단은 생길 수가 없다. 이후 5대는 $A^3B^3C^2$, $A^3B^2C^3$, $A^2B^3C^3$, 6대는 $A^6B^5C^5$, $A^5B^6C^5$, $A^5B^5C^6$, 7대는 $A^{11}B^{11}C^{10}$, $A^{11}B^{10}C^{11}$, $A^{10}B^{11}C^{11}$, 8대는 $A^{22}B^{21}C^{21}$, $A^{21}B^{22}C^{21}$, $A^{21}B^{21}C^{22}$, 9대는 $A^{43}B^{43}C^{42}$, $A^{43}B^{42}C^{43}$, $A^{42}B^{43}C^{43}$, 10대는 $A^{86}B^{85}C^{85}$, $A^{85}B^{86}C^{85}$, $A^{85}B^{85}C^{86}$가 된다.

세대를 계속해서 거듭해도 근친혼을 벗어날 수 없고, 세월이 갈수록 3집단의 형질의 차이는 점점 사라진다. 즉, A집단을 검은색, B집단을 노란색, C집단을 하얀색 피부 집단이라 한다면 세월이 갈수록 3집단은 모두 황회색의 동질화된 피부 집단이 되는 것이다. 이는 인류가 아담과 이브의 단일 조상의 후손이라면 현재의 인종 다양성이 성립되지 않는다는 것에도 적용하는 필자의 논리이다.

인종의 자연 불변성과 교배 동질화를 근거로 필자는 인류의 아프리카 기원설을 믿지 않는다. 인류는 어느 한 곳의 한 종족에서 기원한 것이 아니라 여러 지역에서 여러 종족이 다중 다발적으로 생겨난 것으로 본다. 인간과 외형적으로 유사한 꼬리가 없는 유인원을 계통적으로 줄 세울 수 있을까? 오랑우탄, 침팬지, 고릴라, 보노보, 긴팔원숭이를 줄 세울 수 없는 것처럼 인류도 어디에서 기원했다는 식으로 줄 세울 수 없다고 본다. 참고로 이들의 서식지는 각기 다르며, 심지어 오랑우탄, 긴팔원숭이는 아프리카가 아닌 인도네시아에 서식하므로 이들의 연결고리는 있을 수 없다.

요컨대, 대홍수와 노아의 방주는 역사적 사실이 아닌 종교적 가르침으로 이해해야 한다. 굳이 성경책에 실린 모든 사건·상황을 실재한 것이라고 주장하면 이는 '숭고하고 성스러운 신앙의 가치'를 담은 성서(聖書)의 의미는 퇴색되고 한낱 '개인과 집단의 행적'을 기록한 사서(史書)로 전락하는 것이다.

【8】물질과 현상을 구별하자

필자는 물리학 전공자가 아니다. 그래서 물리현상에 대하여 논한다는 것은 주제넘은 일일 수도 있다. 그러나 도리어 물리학자는 물리학적 패러다임에 갇혀 있을 경우 새로운 시각을 제시하지 못한다는 한계가 있다는 것을 인정해야 한다. 반면에 필자는 물리학적 패러다임 바깥에 있기 때문에 기존의 물리학적 굴레에서 자유롭다는 점에서 이 글을 쓴다.

전통 물리학에선 현상계에 존재하는 것을 입자(粒子)와 파(波)로 양분하고 있다. 입자는 그 자체로 존재하는 물질이며 파는 입자가 주위에 미치는 현상이다. 즉, 공기는 입자 자체로 존재하지만 소리는 공기의 진동으로 인해 생기는 현상이다. 물과 물결도 마찬가지이다. 외부의 장애물이 없는 상태에서 에너지가 가해지면 입자는 한 방향으로 직진하고, 파는 사방으로 퍼지는 복사(輻射)의 성질을 갖는다.

현대 물리학에서 빛은 입자와 파의 두 속성을 갖는다고 한다. 빛이 복사되는 파가 분명하지만 빛을 파라고만 하면 전통 물리학 방식으론 빛의 직진성을 설명하기 어렵기 때문이다. 음원과 관찰자 사이를 쫙 펼친 신문지로 막아도 음파는 매질을 통해 회절(回折)되어 소리가 들린다. 그러나 빛은 광원과 관찰자 사이를 신문지로 가리면 보이지 않는다. 이 때문에 빛을 파라고만 할 수 없어 입자이자 파인 광자파라는 이름까지 붙게 됐다. 하지만 이는 파가 매질로 전달된다고 전제해서 생긴 오류이다. 파는 매질을 통해 퍼지는 것과 매질 없이 퍼지는 것이 있다. 소리와 물결은 전자, 열과 빛은 후자에 해당한다.

난로와 관찰자 사이에 신문지를 펼치면 난로의 열이 신문지로 가려진 부분만큼은 관찰자에게 전달되지 않는다. 빛도 마찬가지이다. 빛은 복사되어 직진하는 광선이라서 광원과 관찰자 사이에 신문지를 펼치면 신문지만큼 가려진 부분에 그림자가 진다. 빛과 열은 매질 없이 퍼지는 현상으로 본체와 관찰자 사이에 장애물이 놓이면 파가 차단되는 것이다. 매질을 통해 전달되는 파(매질파)는 회절각이 크지만 매질 없이 퍼지는 파(진공파)는 회절각이 작기 때문이다.

입자란 물질의 최소 단위로서 질량과 부피를 갖기 때문에 일정 공간을 차지하며 주변에 영향력을 미친다. 그 영향력이 파의 현상으로 나타나며 영향력의 범위가 장(場)을 이루고 영향력의 세기가 에너지양이 된다고 해야 한다. 전자석에 전기를 연결하면 자기장이 형성된다. 전자석은 질량과 부피를 갖는 물질(입자)이지만 자기장은 질량과 부피가 없는 현상, 즉 파일 뿐이다. 따라서 전자석에 전기를 끄면 전자석은 사라지지 않지만 자기장은 사라진다. 물질이면서 동시에 현상일수는 없다. 빛도 마찬가지이다. 광원이라는 물질에서 쏘아진 광선의 방출현상이다. 보통 빛이 세상에서 가장 빠른 '물질'이라고 설명하는데 빛은 물질일 수 없다. 세상에서 가장 빠른 방출현상인 것이다.

빛이 입자라면 빛에 쏘인 물체는 조금이라도 밀려가야 한다. 그러나 제아무리 강한 빛을 오래도록 쏘아도 물체는 0.1mm도 밀려가지 않는다. 또한 빛이 입자라면 바람에 날리어 그늘에도 비춰져야 하며, 빛을 쐰 사람이 그늘로 가면 그늘 속에서도 쐰 빛이 희미하게라도 발해야 한다. 빛이 입자라면 태양에서 빛이 한없이 방출되므로 태양은 지속적으로 가벼워져야 한다. 하지만 빛이 입자가 아니기 때문에 그럴 일은 없다. 랜턴에 스위치를 켜면 빛이 발산된다. 빛이 입자라면 방출되는 양만큼 랜턴의 건전지 무게가 가벼워져야 한다. 그러나 랜턴을 아무리 켜 놓아도 건전지의 무게는 변함이 없다.

천장과 바닥, 사방의 벽면에 거울을 덧대 외부와 차단된 방이 있다고 하자. 방안에 전구를 켜면 방 안이 환해진다. 만약 빛이 입자라면 방 안에는 먼저 쏘아진 입자로부터 방금 쏘아진 입자들이 서로 광속으로 달리고 있어야 한다. 물론 먼저 쏘아진 광자조차 거울에 반사되어 계속 방안을 달리고 있어야 한다. 빛이 입자라면 전구를 끄더라도 쏘아진 빛은 계속 달리고 있어야 한다.

그러나 전구를 끄면 그 순간 방 안은 컴컴해진다. 빛이 입자라면 전구를 켜는 순간 수많은 입자들이 달리다가 전구를 끄는 순간 모두 사라진다는 궤변이 생긴다. 전구 대신 '삐이~' 소리 나는 앰프를 설치하고 전원을 켜면 '삐이~' 소리 나다가 전원을 끄면 더 이상 '삐이~' 소리가 나지 않는 것과 같은 현상인 것이다. 컴컴한 방의 벽에 작은 틈이 생기면 방 안으로 빛이 희미하게 비친다. 빛이 입자라면 틈새로 들어간 빛으로 방안이 가득 차 환해 져야 하는데 결코 환해지지 않는다.

이 방안에서 담배에 불붙이면 담뱃불 주변에 열기가 전해지고 방 안은 담배 연기로 채 워진다. 이때 담뱃불을 끄면 연기는 입자라서 사라지지 않고 계속 방안을 떠돌지만 담배 주변에 열기는 열파라서 더 이상 전해지지 않는다. 담배를 한 모금 빨면 담배 끝에 붉은 빛이 둥그렇게 비치다 바로 사라진다. 불빛이 입자라면 빠는 방향으로 불빛이 휘어져야 하는데 파라서 빠는 방향과 무관하게 담배 끝에 구형의 빛을 내다 사라지는 것이다. 또한 자세히 보면 완전한 구형의 불빛이 아닌 중앙이 붉지 않은 도넛형태를 띤다. 빛이 입자라 면 밀도가 가장 높은 중앙이 가장 붉어야 한다.

빛이 입자라면 전구를 켜 두는 시간이 길어질수록 방의 무게는 점점 무거워져야 하는데 아무리 오래 켜 두어도 방의 무게는 전혀 변함이 없다. 물론 빛의 세기를 무한대로 키워도 방의 무게는 변하지 않는다. 불 켜진 전구에 검은 보자기를 씌우면 어찌되는가? 이 또한 컴컴해지지 않는가? 빛이 입자라면 현미경으로 보면 구멍이 숭숭한 보자기 천 그물을 헤 치고 계속 달려야 맞다.

하지만 입자가 아니라서 그러지 못한다. 보자기보다 훨씬 얼개가 조밀한 전구의 유리는 쉽게 통과하는 빛이 성긴 보자기 얼개를 통과하지 못한다는 것은 말이 안 된다. 만약 빛의 입자가 보자기에 흡수되는 것이라면 보자기의 무게가 점점 무거워져야 하지만 보자기의 무게는 전혀 변함이 없다. 이에 대해 빛을 무게가 없는 입자라고 둘러대는 것은 입자의 기 본 개념을 무시하는 궤변일 뿐이다.

앞뒤가 빨강, 파랑인 색종이를 알코올 묻힌 면봉으로 문지르면 면봉은 문지른 면에 따 라 빨강과 파랑으로 물든다. 반면에 문지른 자리의 색종이는 하얘진다. 물든다는 것은 염 료가 이전(移轉·옮겨감)된다는 것을 뜻한다. 백색 전구 아래에 파란 셀로판지로 칸막이를 하 면 칸막이 아래는 파란빛이 비춰진다. 빛이 입자라면 파란 셀로판지를 통과하는 순간 파 랗게 물든다는 것이 된다. 셀로판지의 파란 염료가 이전된 빛 입자가 칸막이 아래로 쏟아 진 것이므로 셀로판지는 점점 무색이 돼야 한다. 하지만 아무리 오래 둬도 셀로판지는 탈

색되지 않는다.

이런 상황을 두고 빛의 입자가 물드는 것이 아니라 빛의 파란색 입자만이 투과한 것이라고 우길 수도 있다. 그렇다면 칸막이를 빨간색 셀로판지로 하면 빨간색 입자만이 투과한 것이 된다. 파란색만 투과한 경우와 빨간색만 투과한 경우, 칸막이 위는 투과하지 않고 남겨진 빛의 입자가 서로 달라야 한다. 하지만 어느 색깔로 칸막이 하든 상관없이 칸막이 위는 똑같다. 빛이 입자라고 우길 수 없는 이유이다.

한 광원을 중심으로 직각방향으로 두 개의 거울을 일정 거리 떨어진 곳에 설치하여 쏜 빛이 다시 모이게 하는 간섭계에 검출된 빛의 형상은 고리모양으로 밝고 검은 부분이 줄지어 나타난다. 빛이 입자라면 검은 부분이 나타날 수 없으며 중심부가 밝고 중심부에서 멀어질수록 어두워져야 한다. 슬릿(slit:갈라진 틈)에 의한 빛의 간섭효과 또한 빛이 입자일 수 없음을 잘 보여 준다.

빛이 입자라면 슬릿을 직진하여 통과하므로 빛이 회절이나 간섭을 일으킬 수 없다. 슬릿의 폭을 좁게 하면 여러 겹의 간섭무늬 간격이 크고 폭을 넓게 하면 간섭무늬 간격이 작아지다가 일정 정도 이상 폭을 넓히면 아예 간섭무늬의 간격이 없어진다. 입자라면 생길 수 없는 현상이다.

빛의 굴절로 생기는 무지개는 어떤가? 빛이 입자라면 그 굴절로 생긴 무지개도 입자여야 하는데 어떻게 지탱할 것 하나 없는 공중에 미동(微動)도 하지 않고 떠 있을 수가 있는가? 무지개가 입자의 집합체로 구름처럼 공중에 떠 있는 것이라면 관측자가 반원의 중심에서 옆으로 갈수록 무지개의 모양은 길쭉하게(▭) 보여야 하며 높은 지대로 올라갈수록 납작하게(▭) 보여야 한다. 하지만 무지개는 늘 둥근 형태로만 관측된다. 또한 무지개의 빨주노초파남보는 색의 경계선이 전혀 없는 연속선상을 이룬다. 경계선이 없다는 것은 스펙트럼 상(像) 내부 자체가 무한대로 펼쳐져 있다는 것을 의미한다. 입자라면 무한대의 연속적인 상을 보일 수 없다.

광원을 김이 서린 유리판으로 보면 고리 모양의 무지개 형상이 보인다. 광원이 길쭉한 형광등일 경우, 길쭉한 무지개 고리가 맺히는데 형광등을 점점 멀리하면 동그랗게 변한다. 빛이 입자라면 거리에 따라 모양이 달라질 수 없다. 겨울에 반달이나 초승달을 김서린 안경으로 보면 동그란 무지개 고리의 상이 맺힌다. 결코 반달 모양이나 초승달 모양의 무지개 고리가 맺히지 않는다.

호수에 물체를 던지면 물결이 퍼져나가는데 던져진 물체의 모양과 상관없이 중심에서 멀어질수록 모두 동일한 동심원으로 퍼져 나간다. 김서린 유리판에 무지개가 둥근 고리로 비춰진다는 것도 이와 유사한 현상인바, 빛이 입자가 아니라는 것을 극명히 보여 준다.

이러저러한 이유로 빛이 파라는 것이 정설로 굳어져 갈 즈음, 아인슈타인이 광전효과를 설명하면서 빛을 입자라고 뒤집는다. 금속에 빛을 쏘이면 원자핵에 속박되어 있던 전자가 튀어나온다는 것이 광전효과인데, 금속의 원자핵에 붙잡혀 있던 전자가 튀어나오려면 빛이 입자로서 금속에 충격을 가해야만 한다는 논리이다.

그러나 광전효과는 일정 정도 이상의 진동수(파장)의 빛을 쏘아야만 발생한다. 일정 정도 미만의 진동수의 빛은 세게 쏘아도, 즉, 진폭을 아무리 높여도 광전효과가 일어나지 않는다. 광전효과에 진동수가 절대적이라는 것은 빛이 날아다니는 입자가 아니라 진동하는 파라는 것을 알려 준다.

진동수가 같은 두 소리굽쇠를 가까이 대고 한 쪽을 울리면 다른 쪽도 울리는 공명(共鳴) 현상처럼 광전효과도 이와 비슷한 현상이라고 봐야 한다. 즉, 전하파보다 진동수가 큰 광파를 금속에 쏘이면 공진(共振)현상이 일어나며 이것을 광전효과로 봐야 한다. 광전효과에 의해 전자가 방출된다고 치자. 전자의 질량은 $9.1093897 \times 10^{-31}$kg이라고 주장하므로 광전효과에 의해 전자를 받아 전류가 흐르는 금속판은 무수한 전자를 받아 점점 무거워져야 한다. 하지만 금속판의 무게는 변함이 없다. 광전효과 실험에서 전자가 튀어져 나온 것이 관찰된 것이 아니라 전류가 흐르는 것이 관찰된 것이다.

광전 효과에서 전자가 튀어나온다는 설명은 전자를 입자로 본 것이다. 그런데 닐스 보어의 원자 모델에 따르면 입자인 전자는 원자핵 주위를 전자껍질, 즉 원의 궤도를 돈다고 했는데 이 경우 풀리지 않는 미스터리가 생긴다. 원자마다 그 간격이 다르고 궤도의 간격은 일정하며 궤도와 궤도 사이엔 전자가 존재하지 않는데 그 이유를 설명할 수 없다.

또한 전자가 한 궤도에서 다른 궤도로 옮겨 갈 땐 궤도와 궤도 사이를 거치지 않고 궤도와 궤도 간에 널뛰어 간다는 것인데 그 이유를 설명하지 못한다. 전자를 입자로 설정했기에 생긴 미스터리로 알면 알수록 점점 미궁으로 빠져들어 골치를 앓던 차에 드브로이가 전자는 원자 내에서 파동의 성질을 갖고, 원자마다 궤도 간격의 다양성과 일정성, 그리고 전자 널뜀 현상을 드브로이의 방정식으로 풀어 내 노벨상 물리학상을 받았다. 그러나 드브로이는 전자가 파동의 성질을 갖는다고 했지 입자라는 입장을 버리진 않았다.

그런데 과연 전자가 입자일까? 전자가 음(-)전하의 입자라면 과연 무슨 힘으로 양(+)전하의 원자핵에 끌려들어 가지 않고 주변을 거의 초속 2,200km로 무한히 돌 수 있을까? 설령 원초적 에너지가 있다 하더라도 전자가 입자라면 시간이 흐를수록 에너지가 소진되고 점점 느려져 결국 원자핵에 끌려들어 가야만 한다. 이는 고전물리학적 관점인데 이에 대해 양자역학에선 입자인 전자가 위치와 속도를 동시에 알 수 없는 특정 에너지를 가진 정상파로 존재하여 에너지를 잃지 않고 영원히 돈다고 한다. 전자가 입자이면서 파라는 궤변을 늘어놓는다.

발전기는 코일에 자석을 움직여 전기를 일으킨다. 코일에 연결된 전선에 전류가 흐르는 것인데, 전자가 입자라면 코일에서 전자가 계속 흘러 나가기 때문에 코일은 점점 가벼워져야 하며 전기는 가벼워진 만큼만 생성돼야 한다. 하지만 아무리 발전기를 돌려도 코일은 가벼워지지 않고 전기는 무한정 생성된다. 전자가 입자가 아니기 때문이다.

원자핵 주위에 전자가 도는 것이 아니라 자석의 자기장처럼 원자핵의 영향력으로 전하장이 형성된 것으로 봐야 한다. 따라서 전하장은 원자핵이 존재하는 한 지속적으로 유지되며, 전선에 흐르는 전류는 전하장의 에너지 전달로 이해할 수 있다. 전자 입자론자들은 전자가 중앙에 있을 확률이 둘레에 있을 확률보다 더 크기 때문에 전자현미경에 가운데가 짙고 주변이 뿌연 전자구름으로 찍힌다고 한다.

확률론에 따르면 전자구름은 중앙에서 둘레로 점점 흐려져야 하며 결코 핵 둘레에 짙고 옅은 층이 고리형태로 겹쳐서는 안 된다. 하지만 강력한 전자선을 쏜 사진건판엔 전자는 고리형태로 회절상 무늬가 여러 겹 찍힌다. 위치란 점유하고 있는 정확한 공간이지 부정확한 확률이 될 수 없다. 여러 겹의 회절 띠란 전하장의 파동의 경계선, 즉 전하력 선인 것이다. 흔히 전자껍질로 설명하는 전자의 궤도는 이에 대한 오해로 보인다. 전자석의 자력이 크면 자기장의 범위가 커지고 자기력선이 촘촘해지듯이, 원자핵의 질량이 크면 전하장의 범위는 커지고 전하력 선은 촘촘해진다.

전자 현미경으로 찍은 전하의 모양(전자구름)은 원자의 종류에 따라 아주 다양하다. 이는 울림판 위에 밀가루를 올려놓고 소리로 진동시키면 주파수에 따라 각기 다른 다양한 클라드니 무늬가 나타나는 것과 같은 현상인바, 전자가 입자라면 전자끼리 서로 밀어내는 힘만 작용하므로 다양한 모양의 구름 사진으로 찍힐 수 없다.

전자를 이중슬릿을 통과하는 실험에선 앞에 언급한 빛의 실험처럼 여러 겹의 간섭무늬가 나타난다. 입자라면 있을 수 없는데 전자는 입자이면서 파동의 성질을 띠는 중첩성을 갖는다고 억지 부린다. 토마스 영은 이중슬릿 실험을 통해 중첩상태에 있는 전자가 관찰하는 순간 입자로 행동한다는 관찰자 효과를 발표하여 물리학계를 놀라게 했는데 이는 조작이란 반론도 만만치 않다. 필자가 검색한 결과 관찰자 효과는 컴퓨터그래픽으로 설명한 동영상만 있고, 실제로 관찰자 효과를 실험한 동영상은 관찰자 효과가 없다는 것을 증명하고 있다.

현재 물리학에서 전자는 입자로서 질량이 $9.1093897 \times 10^{-31}$kg이라고 가르친다. 그런데 전자의 무게는 어떻게 쟀을까? 전자의 전하량과 그 질량은 1906년 미국의 물리학자 밀리컨과 제자 플레처가 다음과 같은 실험을 통해 측정했다고 한다.

미세한 기름방울이 전자나 공기 중의 이온화된 기체분자와 충돌하여 전하를 띠게 된다. 전기장이 형성된 두 전극 판 사이에 있는 하전된 기름방울은 두 종류의 서로 반대방향의 힘을 받게 된다. 중력에 의한 힘은 기름방울을 낙하하도록 하고, 전기장에 의한 힘은 기름방울을 위로 올라가도록 한다. 전기장의 세기를 조절하여 중력과 전기력에 의한 힘이 균형을 이루도록 하여 기름방울이 공중에 정지하도록 한다. 그 후 전기장을 제거하고 공중에 정지해 있던 기름방울의 낙하속력을 측정하고 그 기름방울의 각각의 질량을 측정한다. 이 결과를 통해 기름방울의 전하량을 측정할 수 있었다.

밀리컨은 이렇게 측정된 전하량의 값이 언제나 기본전하 1.6×10^{-19}의 정수배임을 알아냈다고 실험 결과를 설명하였다. 이를 통해 전자의 기본 전하량이 밝혀졌고, 동시에 전자의 질량이 밝혀졌다고 한다. 그러나 기름방울을 공중에 붙든 전극 판의 전하량은 전자의 전기력이지 결코 질량이 아니다. 전자석을 이용하여 쇳조각을 공중에 띄웠다가 떨어뜨리고 그 낙하속도와 쇳조각의 질량을 재고서는 자기장의 질량을 쟀다고 하는 것과 같은 억지 논리이다.

전자의 무게는 위와 같다고 하면서 전자를 아무리 모아도 무거워지지 않기 때문에 초미시 세계는 일반적인 인식으로 접근하면 이해하기 어렵다는 궤변을 늘어놓는다. 하지만 미시 세계가 모여 거시 세계가 이루어진 것이지 어느 순간 갑자기 거시 세계로 탈바꿈하는 게 아니다. 물체를 아무리 잘게 쪼개도 무(無)가 되지 않는다. 1kg의 물체를 10^{32}번 같은 크기로 잘게 쪼개면 10^{-32}kg의 입자가 '10^{32}+1'개 생긴다. '10^{32}+1'개 각각의 입자 무게는 10^{-32}kg이지 결코 0kg이 아니다. 마찬가지로 10^{-32}kg의 입자를 '10^{32}+1'개를 모으면 1kg이 돼야 한다. 현상계에선 공(空)은 공이고 색(色)은 색이지 결코 색즉시공 공즉시색은 있을 수 없다.

초미시 세계의 난해성을 말할 때 광속 불변의 원리가 자주 거론된다. 달리는 물체에서 빛을 쏘아도 빛은 더 빨라지지 않고 일정하다는 이론인데, 빛을 입자로 가정하면 당연히 이해할 수 없는 미스터리이다. 시속 100m로 달리는 차에서 야구공을 달리는 방향으로 시속 100m로 던지면 차 밖에서는 시속 200m로 날아가는 것으로 관측되고 뒤로 던지면 그 자리에 떨어진다. 하지만 입자가 아닌 파는 무게가 없기 때문에 관성이나 가속도가 붙을 수 없다. 초속 100m로 달리는 차 안에서 경적을 울리면 음파는 차의 진행 방향이든 반대쪽이든 초속 340m로 일정하게 전파된다.

히터를 틀면 열선이 복사(輻射)된다. 히터를 서 있는 차·안에서 틀든, 달리는 차 안에서 틀든 열선의 복사 속도엔 변함이 없다. 호수에 돌을 던지면 동심원 물결이 퍼져 나간다. 흐르는 물에 돌을 던진다고 물결의 확산 속도가 빨라지진 않는다. 음파, 열선, 물결이 파이기 때문에 생기는 공통된 현상이다. 빛도 파이기 때문에 광속이 일정한 것이지 초미시 세계라서 미스터리한 현상이 일어나는 게 아니다.

이들은 도플러효과로 달리는 방향의 앞뒤로 파장만 달라질 뿐이다. 도플러효과는 관찰자에게 파원이 다가올 땐 파장이 짧아지고 멀어질 땐 길어진다고 설명하는데, 이는 관찰자와 무관하게 파원이 달리는 방향은 파장이 짧고 반대쪽은 길다고 해야 정확한 설명이 된다. 흐르는 물에 돌을 던지면 관찰자와 무관하게 흐르는 방향은 물결의 간격이 촘촘하고 반대쪽은 성긴 것과 같은 이치이다.

빛이 입자가 아니므로 빛조차도 빨려 들어가 빠져나올 수 없다는 블랙홀 이론도 엉터리다. 입자는 빨려 들어가도 파는 빨려 들어갈 수 없다. 블랙홀은 중력이 일정 정도의 이상이 되면 모든 물체를 끌어당긴다는데, 모든 물체는 서로 가까워질수록 척력(반발력)이 더 크게 작용한다는 것을 간과한 것이다. 물론 137억 년 전 '한 점'에서 폭발하여 우주가 탄생하였다는 빅뱅이론도 이점을 간과한다. 빅뱅이론은 현재 우주의 은하들이 서로 멀어져 가는 속도를 역으로 계산한 것에 불과하다. 그러기에 200억 년에 아무 일도 없었던 우주가 137억 년 전에 갑자기 폭발한 이유에 대해 설명하지 못한다.

블랙홀은 이론상으로도 성립할 수 없다. 크기가 100인 별이 100의 중력으로 블랙홀이 되어 모든 것을 끌어당긴다 치자. 커다란 중력으로 블랙홀 크기가 50이 되면 부피 대비 중력은 8배가 늘며, 25의 크기가 되면 64배가 늘어 갈수록 더 강력하게 끌어당기게 된다. 이런 현상은 점점 가속하여 별의 크기는 결국 무한히 작아져 공간을 차지하는 존재로서 의미가 없어져야 한다는 엉터리이다.

2019년에 지구로부터 5천5백만 광년 떨어진 곳에 있는 M87 은하 중심부에 자리한 초거대 블랙홀 사진이 공개됐다. 지름이 160억 km이고, 질량은 태양의 65억 배에 달하는 블랙홀에 가려진 블랙홀 그림자가 도넛 모양으로 빛에 에워싸인 사진이라고 한다. 그런데 만약 진짜 블랙홀이라면 블랙홀 뒤쪽 정면에서 쏘아진 빛은 블랙홀에 의해 빨려 들어갈 것이고 빨려 들어가지 않을 만큼만 떨어진 빛은 블랙홀 중심 쪽으로 엄청 휘어져 지구로 오게 된다.

둥근 블랙홀 주변의 모든 빛이 중심으로 휘어져 오기 때문에 지구에선 M87 은하 중심부도 밝게 관측될 것이다. 가운데가 검고 주변의 빛이 고리 모양을 한 것에서 블랙홀도 아니고 공간의 휘어짐도 없음을 보여 준 사진이다. 개기일식 때 달에 가려진 태양 빛이 코로나로 관측되는 것과 별반 다를 바 없는 것이다. 오히려 질량이 무려 태양의 65억 배에 달하더라도 빛은 중력에 의해 별로 휘어지지 않는다는 것을 증명한 사진이다.

중력장에 의해 공간이 휘어진다는 일반상대성이론의 증거로 개기일식 때 태양 뒤에 있는 별이 관측됐다는 것을 든다. 에딩턴은 태양 뒤에 있어 보이지 않아야 할 별이 태양의 중력에 의해 휘어진 공간을 따라 비춰져 지구에서 관측이 됐다고 개기일식 사진을 찍어 설명했다. 사실이라면 획기적인 사진인데, 왜 제대로 공개된 게 없을까? 전시하여 장황하게 자랑해야 할 텐데, 반대로 쉬쉬하는 것은 아닐까? 또한 개기일식 때마다 그런 사진을 찍으려는 경쟁이 세계적으로 일어야 할 텐데, 에딩턴 이후로 그런 사진을 찍었다는 얘기를 들어 보지 못했다. 에딩턴이 찍은 사진을 확인할 길이 없어 단정 지을 수는 없지만 허구가 아닐까 의심이 든다.

태양 뒤쪽의 별빛이 중력장으로 지구 쪽으로 휘어진다 치자. 태양은 지구에서 1억 5천만km나 떨어져 있고, 달은 겨우 38만km 떨어져 있다. 태양 안쪽으로 휘어진 별빛은 1억 5천만km를 달려 지구에 도달해야 하는데, 중력장에 의해 안쪽으로 휘어진 별빛은 지구 코앞에 놓인 태양 크기의 달—(태양과 달의 가시 크기는 같다)—에 가려 지구에서 관측될 수 없다. 그들의 논리로라면 일식이 아닌 날에 태양을 관측해야 한다.

이때 지구에서 태양 뒤의 별이 관측된다면 그 까닭은 그 별이 태양으로부터 뒤쪽으로 충분히 멀리 있어서일 뿐이다. 컴컴한 밤에 전봇대로 가려진 네온사인 간판 글씨가 전봇대로부터 멀어질수록 더 많이 보이는 것과 같은 이치다. 이때 관찰자 코앞에 전봇대가 하나 더 있다면 간판 글씨는 안 보이게 된다. 개기일식 때 태양과 지구 사이 놓인 달은 관찰자 코앞에 있는 전봇대와 같은 것이다.

태양의 위치에 태양 크기의 얇은 원형의 검은 장막을 쳐도 장막의 질량과 상관없이 그 별은 지구에서 관측될 것이다. 중력장에 의해 공간이 휘어져서 태양 뒤의 별이 관측됐다면 태양을 그 별 가까이로 옮겨도 보여야 하지만 그럴 가능성은 없다. 공간은 말 그대로 아무것도 없는 빈곳으로 한 영역을 지칭한다. 영역은 결코 물체가 아니기 때문에 휠 수도 없고 휘어질 수도 없다.

삼각 종이에 빛을 쐬면 스크린에 세모로 그림자 진다. 그러나 이 종이가 스크린에서 멀어질수록 그림자는 흐려지며 거의 원의 형태로 변한다. 이는 빛은 파로서 일정 정도 간섭과 회절이 발생하여 멀리 갈수록 직진하는 빛이 주변으로 조금씩 번진다는 것을 보여 준다. 거리에 따른 현상이지 중력과는 아무 상관이 없는 것이다. 개기일식 때 태양의 백광, 즉 코로나가 관측되는 것도 이 때문이다.

현대 물리학에선 우주를 구성하는 물질 중에서 우리가 볼 수 있는 것은 4.9%에 불과하고 나머지 95.1%는 우리가 볼 수 없는 반물질과 암흑물질로 '가득' 채워져 있다고 주장한다. 여기서 '가득'이 '빈틈없이 가득'라는 의미로 쓰였다면, 이 또한 입자와 파, 물질과 현상을 혼동한 오해일 것이다. 우주는 끝이 없는데 끝없는 우주가 뭔가 입자로 '빈틈없이' 채워져 있다고 가정한다는 것은 있을 수 없다.

우주가 밖으로 빠른 속도로 팽창한다는 것에서 우주 밖이 진공이라는 것과 우리 우주 내부의 빈 공간이 점점 넓어진다는 것을 알 수 있다. 물론 수많은 물체가 자유롭게 운동할 수 있다는 것 자체가 '절대 무(無)'의 빈 공간이 무수히 많다는 것을 말해 준다. 우주가 어떤 물질로 가득 차 빈틈이 전혀 없다면 어느 물체가 움직일 수 있겠는가?

'자연계는 진공을 싫어한다.'는 아리스토텔레스의 논리를 내세우는 사람들이 아직도 있다. 하지만 '토리첼리의 수은주'에 의해 진공이 존재함이 밝혀졌다. 수은을 가득 채운 한쪽이 막힌 1m의 유리관을 수은 용기에다 곧게 세우면 수은 기둥이 76cm까지 내려가고 그 위 24cm의 유리관은 '절대 무'의 상태로 남는다. 진공이 있을 수 없다면 유리관은 24cm만큼 찌그러들어야 한다.

진공 부정론자들은 눈에 보이지 않는 그 무엇(일명 에테르)이 유리관의 틈을 순식간에 헤집고 들어와 빈 공간을 가득 채운다고 주장한다. 이 말이 맞다 해도 유리관 안에 들어온 에테르의 양만큼 유리관 밖에는 에테르가 줄어든 것이므로 유리관 밖에 그만큼의 '진공의 공간'이 생길 수밖에 없다.

이런 상황에 대해서도 이들은 유리관 밖에 있어야 할 진공의 공간을 또 부정해야 하는 모순에 빠진다. 이들은 유리관을 비스듬히 뉘여 수은이 다시 가득 찰 때도 에테르가 유리관 밖으로 나간다고 주장한다. 하지만 유리관 밖에 진공의 공간이 없으면 유리관 밖으로 빠져나온 에테르가 위치할 자리가 없으므로, 에테르가 기울어진 유리관 밖으로 빠져나가는 것은 불가하다. 진공을 부정하면 이래저래 모순에 빠진다.

그럼에도 불구하고 에테르가 없다는 것이 증명된 것이 아니라서 진공을 인정할 수 없다고도 하는데 이런 논리는 귀신이 없음을 증명할 수 없다면 귀신이 존재한다는 궤변이나 다름없다. 철학적으로도 '무(無)'란 '없음'을 의미하므로 '없음'이 있을 수 없다는 논리로 '절대 무'의 존재를 부정하기도 한다. 하지만 이는 어휘적 해석에 따른 오해이다.

'소멸'이란 '사라져 없어짐'을 의미하므로 '사라져 없어진 것'이 있을 수 없다며 '소멸'을 부정하는 것과 마찬가지이다. 즉, '소멸'은 '사라져 없어짐'을 의미하지 '소멸' 자체가 없는 것이 아니듯, '무'는 '없음'을 의미하지 '무' 자체가 없는 것이 아니다. '무'에 관련한 어휘적 풀이의 오해를 다음의 이야기를 통해 한번 음미해 보시기 바란다.

어느 대형 잡화상 주인이 지나가는 사람에게 소리쳤다.

주인: 자, 저희 가게엔 없는 게 없습니다. 구경 한 번 해 보세요.

손님: 에이, 척 봐도 없는 게 있구먼 뭐 다 있다고 그래요?

주인: 손님, 없는 건 없는 거지 어찌 없는 게 있을 수 있소이까?

【9】환경운동에 부쳐

산업사회로 접어들면서 농경사회에선 없었던 환경 파괴의 문제가 커지고 있다. 그러기에 개발에만 몰두하던 인간 중심 사고에서 벗어나 미래 세대에게 물려줄 지구를 아름답고 깨끗하게 지키자는 환경운동은 의미가 크다. 우리나라가 1975년에 그린벨트를 지정하고 여전히 존치한 정책은 박수를 받을 일이다.

그런데 요즘 그린벨트가 개발 요구에 힘든 겨루기를 하고 있다. 그린벨트를 비롯한 환경은 한번 파괴하면 복원이 너무 어렵다. 필자에겐 개발로 인해 한강의 백사장이 사라진 것이 너무 안타깝다. 그래서 개발은 신중해야 하며 친환경적으로 추진해야 한다고 생각한다. 그러나 환경을 우선하자는 것은 아니다. 도리어 환경 보호를 내세워 개발을 무조건 막는 것을 반대한다. 환경운동을 과장되게 하는 것을 경계하자는 주의다.

굶주림에서 벗어나고자 1980년대까지 산업화에 주력해 온 우리나라가 어느 정도 살 만해지자 삶을 되돌아보게 되고 전 국토가 난개발로 뒤틀려지고 있다는 반성에서 1990년대 들어 우리나라에서도 환경운동이 불붙기 시작했다. 그러나 개인적 차원을 벗어난 집단적 차원으로 진행된 웬만한 환경운동은 과도한 공포 마케팅 수준으로 벌어지고 있어 우려스럽다. 새만금을 비롯한 크고 작은 국책 사업들이 환경 단체들에 의해 많이 중단 또는 지연되었는데 거의 다 과장·과잉으로 판명 났다.

비근한 예로 천성산에 KTX 터널 공사를 도롱뇽 서식지가 파괴된다며 강력하게 반대해서 공사가 상당히 오래 지연됐다. 지연된 만큼 엄청나게 큰 추가 비용이 들었는데, 환경 평가 조사 결과 터널 완공 이후 도롱뇽의 생태계는 멀쩡하다. 물론 인간의 개입으로 생태계가 파괴되면 곤란하다. 그런데 생태계를 보호하자는 환경 운동가들은 만리장성에 대해선 왜 아무 언급이 없을까? 산 양쪽의 생태계를 단절시킨 가장 큰 토목 공사는 만리장성 아닌가? 생태계 복원을 위해 만리장성을 허물어야 하는가? 피라미드는 어떤가? 사막 한 가운데 우뚝 솟은 피라미드들은 주변과 완전 딴판인 환경 훼손의 초대형 건축물인데 그 누구도 환경 복원을 위해 피라미드를 철거하자고 외치지 않는다.

생태계의 단절로 환경이 파괴된다는 것은 인간의 시각이다. 생태계는 자연적으로 단절과 교류가 교차하며 유지되는데 이것이 유독 인간의 개입으로 어그러진다고 보면 안 된다. 남미에선 번식력이 뛰어나 급격히 늘어난 비버가 쌓은 크고 작은 제방에 농경지가 침수되고 강의 유량이 줄어 유속이 느려지고[20] 홍수로 범람하는 피해가 늘자 칠레와 아르헨티나는 '비버 사냥꾼'을 투입해 개체수를 일부러 줄이기도 했다. —(2023.11.8. 조선일보)

아프리카코끼리는 어떤가? 상아가 탐나서 남획돼 멸종 위기까지 몰렸던 코끼리를 사냥 금지하자 개체수가 늘어난 코끼리가 초원의 식물들을 다 먹어 치워[21] 사막화를 부추기자 개체수 조절 위해 '트로피 헌터'(레저용 사냥)를 허용하기도 한다. 인간을 자연 환경의 파괴자로만 보는 것은 편향적 사고이다.

국책 사업에 대해 벌어졌던 환경을 내세운 집단행동이 대부분 과장·과잉으로 판명되자 일각에선 그 지역과 관련된 이권을 노린 것이 아닌가라는 의구심의 시각으로 보기도 한다. 이런 의심이 생기지 않도록 환경과 관련된 집단행동은 과학적 근거를 바탕에 두고 해야 한다. 또한 개발도 개발에 따른 편익과 부작용의 객관적 비교를 거쳐 투명하게 할 필요가 있다.

개발하는 측에선 편익을, 반대하는 측에선 부작용을 과장하면 안 된다. 그런데, 개발의 편익은 나름 시장성을 예측하여 객관적인 자료를 제시할 수 있지만 개발에 따른 부작용은 객관적 자료를 제시하기가 무척 어렵다. 이런 연유로 환경단체들은 시선을 끌기 위해 자극적인 구호와 행동을 동원하는데, 이권을 노린 것이 아니라면 차분하게 냉정을 찾아야 한다.

수력 발전, 용수 확보, 홍수 예방 등의 편익이 큰 댐 건설을 반대하는 쪽의 논리는 안개

---

20 유량이 줄면 용수 확보에 어려움이 생기고 물고기의 다양성 줄어들며, 유속이 느려지면 수질 정화 기능 약화로 녹조가 발생하고 여러 해충이 번창하게 된다.
21 임팔라를 비롯한 대다수의 초식동물들은 잎만 먹기 때문에 그 자리에 나무가 계속 자라 초원이 유지된다. 하지만 코끼리는 작은 나무도 뿌리 뽑아 먹어 치워 그 자리에 더 자랄 나무가 없게 된다. 코끼리는 하루 450kg을 먹기에 코끼리 떼가 몇 번 지나가면 남아나는 초지가 없다.

발생, 생태 파괴, 수질 악화 등의 부작용을 드는데 이런 논리라면 우포늪을 비롯한 전국의 호수를 모두 다 메워야 하지 않을까? 따라서 댐 건설 반대 운동은 댐 건설에 따른 국가 보상을 최대로 끌어올리기 위한 지역 주민의 이권으로, 이에 따른 떡고물을 빼먹으려는 외부 세력의 개입으로 비치기 쉽다.

지구 온난화 문제가 부각되자 석탄·석유의 화석 원·연료 반대 운동이 세계 곳곳에서 벌어지고 있다. 일상에 바쁜 시민들에게 큰 호응을 얻지 못하자 시선을 끌기 위해 알몸 시위, 도로 점거 등 미디어에 실릴 방법을 동원하곤 한다. 그런 유에 반감을 표하는 사람들이 많은데 그럴수록 '기후 위기의 심각성을 일깨우려면 평범한 방법으론 역부족'이라며 세계적인 명화에 토마토수프 뿌리기, 수만 관중이 지켜보는 경기장 난입, 로마 관광명소인 트레비 분수에 먹물 붓기, 독일 통일의 상징 브란덴부르크 문기둥에 붉은 페인트 뿌리기 등 더 자극적이고 과격한 방법을 동원한다. 정말 그렇게 절박한가?

2023년 4월 24일엔 독일 환경단체 '마지막 세대'(Letzte Generation) 소속 기후활동가들이 베를린 시내 30여 곳에서 주요 도로에 손바닥을 강력 접착제로 붙이고 화석연료 사용반대를 외쳤다. 이로 인해 베를린 주요 도시고속도로 통행이 일부 마비됐고, 구급차들이 현장에 출동하는 데 어려움을 겪었다.

'마지막 세대'는 "2030년까지 독일이 모든 화석연료 사용을 중단하고 고속도로 운행속도를 100㎞로 제한하는 요구사항이 받아들여질 때까지 독일의 수도 베를린을 마비시키겠다."며 "우리 생활의 기본 여건이 파괴되는 것을 방관하는 정부를 더는 좌시하지 않을 것."이라고 밝혔다. 2030년이라고 못 박을 정도로 그렇게도 절박하다는 것을 극단적으로 표출한 것인데, 이대로 가면 2030년에 생활의 기본 여건이 파괴된다? 대체 생활의 기본 여건이 뭘까? 숨도 못 쉰다는 걸까?

여기서 필자가 지적하고 싶은 것은 화석 원·연료를 반대하는 환경 운동가들의 일상생활은 과연 친환경적일까라는 점이다. '도로에 손 접착' 시위 사진을 보면 참가자 모두 화학섬유로 만든 옷을 두툼히 입었고 합성고무로 밑창을 댄 신발도 단단히 챙겨 신었다. 이들은 집에 옷이 몇 벌이고 신발은 몇 켤레일까? 사진을 보면 옷과 신발을 여럿 쓰는 사람의 차림새로 보인다. 그렇게 절박하다면 삼베옷에 짚신을 신고 다녀야 할 것 아닌가?

화석 원료 덕에 만들어진 생활용품 중에 버려지는 옷의 처리는 세계적인 문제가 된 지 오래다. 옷은 그나마 일정 부분 후진국에 중고나 재활용으로 쓰여지고 있지만 신발은 그렇게도 못한다. 버려지는 신발은 골치 아픈 쓰레기가 된다.─(슬리퍼 포함) 그런데도 신발을 거론하는 환경 운동가는 본 적이 없다. 향수와 화장품도 쓸 것이고 비누도 샴푸도 쓰고 있을 텐데 다들 친환경 제품만 쓴다고 강변할 수는 있다.[22] 그러나 아무리 친환경이어도 아예 안 쓰는 것보단 못하다.[23]

환경 운동가들도 핸드폰, 인터넷, 가전제품을 사용하고 있다. 이들은 화석 원료가 없으면 생산할 수도 없고 화석 연료가 없으면 이용할 수도 없다. 이동 수단으로 자동차보단 대중교통을, 대중교통보단 자전거[24]를 이용하자는 환경운동은 상당히 공감을 얻는다. 그러나 교통수단 선택을 환경 우선으로 매도해선 안 된다. 상황에 따라 편익과 부작용(비용)을 비교하여 선택적으로 하는 행위는 합리적인 것이다.─(편익과 부작용에 대해선 「§VI-[8] 케케묵은 두 논쟁」 참조)

게다가 자전거도 화석 원·연료 없이는 만들 수 없고 자전거 구를 때 타이어가 분진으로 갈려 환경을 오염시킨다.─(타이어에 대해선 「§V.-[6] 담배 마녀사냥, 이젠 그만하자」 참조) 가장 절박하고 심각한 환경파괴는 무엇일까? 필자는 전쟁이라고 생각한다. 인명 피해는 물론이고 포탄에 지상이 흉측하게 파괴되고 포탄 가스로 대기가 퀴퀴하게 오염된다. 지구촌의 수만 명의 환경 운동가들이 가장 다급하게 달려가 인간 띠로 막아야 할 것은 전쟁일 텐데 이런 움직임은 보이지 않는다.

2019년 16세의 어린 나이로 유엔 연설하고 그해 타임지에 올해의 인물로 선정돼 세계적

---

22 아무리 친환경이라도 많이 쓰면 환경에 해롭다. 세제는 고체보다 액체가 인체와 환경에 더 해롭다고 한다. 머리 감을 때 물적신 머리에 샴푸를 조금 짜 바르고 비누를 물 발라 비비면 거품이 아주 풍성하게 일어난다. 환경 훼손도 줄고 샴푸 비용도 줄어든다.

23 필자는 비누와 샴푸를 안 쓴 지 40년이 돼간다. 뜨끈한 물에 씻고 감으면 몸과 머리, 수염의 때는 다 가신다. 샤워나 목욕도 세제를 쓰지 않고 뜨끈한 물만 쓴다. 샤워·목욕 후 뜨끈한 물에 상당 시간 이완된 피부는 차가운 샤워 물로 3번 정도 헹궈주면 탱글탱글 유지된다.─(나이 들수록 피부의 복원력이 약해지므로 '샤워·목욕 후 찬물 마무리'를 권한다) 필자는 술·담배 하는 60대 할아버지 피부가 어찌 그리 아들·탱글하냐고 물으면 샤워·목욕 후 찬물로 마무리한다고 일러준다.

24 아재 개그: "우리, 자전거 탈 수 없어."를 영어로 하면? ─(답은 글 뒤에)

명사가 된 그레타 툰베리는 '플라이트 쉐임'을 주창하며 여러 번 비행기 반대 시위를 벌였다. 실제로 툰베리는 뉴욕에서 열리는 유엔 기후행동 정상회의 참석을 위해 비행기 대신 태양광 요트를 타고 영국 플리머스항에서 대서양을 15일 걸려 횡단했다.

이에 심한 고충도 마다하지 않는 실천적인 환경 운동가로 추앙(?)받기도 하는데, 툰베리가 탄 요트엔 2대의 비상용 디젤 엔진과 672L의 디젤 연료 탱크가 장착되어 있으며, 애초에 요트 자체가 섬유 강화 플라스틱 등으로 만든 석유화학 제품이라는 비판을 면치 못한다.

여기에 필자가 주목하는 것은 편익과 비용이다. 비행기로 10시간이면 되는 거리를 요트로 15일간 360시간 걸렸으니 무려 36배의 시간을 낭비했다. 또한 편한 비행기 대신 요트를 이용하는 것은 뱃멀미를 걱정할 정도로 불편하다. 불편의 강도가 못해도 10배는 될 것이다. 36배의 시간에 10배의 불편도를 추산하면 비행기 이용과 요트 이용엔 360배 차이가 나는데 이게 과연 권장할 일일까?

툰베리 혼자 요트타고 대서양을 횡단한다는 것은 바다의 미아가 되는 것이므로 요트를 전문 선원이 15일간 운전했다. 선원이 운전한 그 요트는 크기와 설비가 몇 분 몇 시간 운항하는 경주용 요트나 레저용 요트와는 비교가 안 된다. 15일간 선원과 툰베리의 숙식, 샤워, 냉장고, 배변 처리, 짐[25]가방 둘 곳, 민물 만드는 정수장치 등을 갖춘 호화 요트이다. 호화 요트인데도 선원을 포함하여 최대 5인밖에 탈 수 없다.

400명이 요트 타고 목적지로 떠난다면 무려 100척을 동원해야 한다. 물론 망망대해 대서양을 선원 없이 운항한다는 것은 상상할 수도 없다. 여행 목적이 없는 선원도 100명이나 동원돼야 한다. 100척의 요트와 100명의 선원을 동원할 엄청 낭비적인 일이 여객기는 400인승 한 대로 해결된다. 여객기도 요트도 반(反)환경적 소재로 만들 수밖에 없는데 여객기 1대만 만드는 것과 요트 100척 만드는 것은 어느 쪽이 더 반환경적인지는 눈 감고도 알 수 있다.

앞에서 호화 요트라고 했는데 이 요트를 15일간 타고 여행하려면 선원에게 운임료로 얼마를 줘야 할까? 15일간의 400명의 생활비에 100척의 운임료까지 더하면 비행기 삯보다

---

25   툰베리가 유럽으로 되돌아가는 기차에서 찍어 올린 사진-(본문의 두 컷)-에 짐이 보통이 아니고 바닥엔 일회용품이 보인다. 식탁엔 동물 보호론자임을 보여 주기 위해 비건 음식(채식)을 펼쳐 놓았지만 '환경운동가들이 반환경적이라 주장하는' 비닐, 플라스틱, 일회용품들이 널려 있다.

훨씬 많은 비용이 든다. 그래서 툰베리의 요트 여행[26]은 서민이 접근 불가한 것으로 그의 주장이 결코 친환경적 · 친서민적이 아님을 스스로 입증한 셈이다.

각주 [6]에서 환경 운동가들이 주장한다고 언급한 비닐, 플라스틱은 못이 박히도록 들어왔기에 토를 달기가 어려운 실정이다. 그러나 필자는 비닐과 플라스틱은 억울한 누명을 쓰고 있다고 본다. 비닐과 플라스틱이 공해 물질이라는데 '공해'란 〈사람이나 자연 생태계에 해를 끼치는 것〉을 일컫는다. 비닐과 플라스틱이 사람에겐 무슨 피해를, 생태계엔 무슨 피해를 끼치는가? 필자가 보기엔 딱히 없다. 제작과 폐기 과정에 공해가 발생한다는데 이는 어느 것도 피해 갈 수 없는 공통적인 사항이다.

비닐 · 플라스틱이 자연 분해로 썩는 데에 100년이 넘게 걸린다며, 썩지 않은 비닐은 토양과 해양을 오염시킨다고 한다. 이도 당연하게 들린다. 그러나 '오염'이란 〈더럽게 물듦〉을 일컫는다. 공장 폐수는 토양과 수질을 더럽게 물들이고, 자동차와 공장굴뚝의 매연은 공기를 탁하게 물들이므로 오염물질이 맞다. 그러나 비닐 · 플라스틱은 썩지 않고 가만히 있는데 어떻게 무엇을 물들인단 말인가? 썩지 않아 문제라고 하면 공룡화석도 썩지 않으므로 문제가 된다. 공룡화석은 부피가 크기 때문에 오염의 피해 범위가 훨씬 크다고 해야 하는데 어느 누구도 공룡화석을 오염물질이라고 문제시하지 않는다.

비닐봉지나 플라스틱 빨대 등에 야생동물과 바다 동물이 머리, 목, 코 등을 졸리거나 막혀 죽거나 기형이 된 사진·영상을 보여 주며 피해의 심각성을 고발하는 경우도 적지 않다. 그러나 이도 마녀사냥이다. 이런 피해를 당한 동물은 그 숫자를 하나둘 셀 수 있을 정도 극소수이며 비닐·플라스틱이 아닌 어떤 것에 의해서도 피해를 당할 수 있다. 외려 덫이나 올무, 철조망 등에 피해당한 야생동물과 부표나 그물, 낚싯줄 등에 피해를 당한 바다동물이 훨씬 많다. 가장 빗나간 대목은 비닐·플라스틱 자체가 동물들에게 피해를 주는 것인 양 몰아가는 것이다. 결코 비닐·플라스틱 자체가 동물에게 피해를 줄 순 없다. 정상적으로 쓰이는 비닐·플라스틱이 아니라 '함부로 버려진' 것에 의해 피해를 입은 것이다.

어느 것이든 함부로 버려진 것은 동물들에게 피해로 다가온다. 버려지는 것이 대량일 때는 몇몇 동물에게 피해가 가는 것에 그치지 않고, 심각한 환경 훼손으로 이어진다.[27] 비닐·플라스틱을 필요 이상으로 소비하지 말고, 되도록 오래 쓰고, 폐기 시에 아무 데나 함부로 버리지 말자는 운동을 벌여야 옳다. 필자는 컴퓨터방에 비치한 검정 비닐봉지를 7년 넘게, 비닐우산과 플라스틱 자판은 15년 넘게, 플라스틱 반찬통, 바가지, 분리 수거통은 30년 넘게 쓰고 있다. 낡아 해질 때까지 쓸 수 있는 것이 비닐이고, 플라스틱은 반영구적이다. 가볍고 튼튼하기로 이들 만한 게 없다. 이보다 친환경적인 것이 없다고 생각한다. 다음은 조선일보 만물상에 실린 「'친환경'의 역습」(2024.9.4.)이란 제목의 칼럼을 편집한 것이다.

> 2015년 여름 코스타리카 해안에 해양생물학 대학원생이 코에 플라스틱 빨대가 꽂힌 바다거북을 발견했다. 그는 빨대를 빼주자 콧구멍에서 피를 쏟으며 고통스러워하는 동영상을 유튜브에 올렸다. 전 세계 6천만 명이 보는 등 파장이 커지자, 시애틀시가 플라스틱 빨대 사용금지령을 내렸고 여러 기업들이 속속 동참했다. 우리나라도 한때 플라스틱 빨대 금지하자 종이 빨대가 등장했다. 하지만 환경부 용역보고서에 따르면 플라스틱 빨대보다 종이 빨대가 생산·폐기에 이산화탄소 4.6배, 토양 산성화 2배, 부영양화 물질 4만4천 배 더 많이 발생하는 것으로 드러났다. 종이 빨대의 코팅에 각종 화학물질이 들어간다. 가죽 가방 대신 에코백을 쓰는 것이 양식있는 소비의 상징으로 자리하는데, 에코백은 목화 재배·가공 과정에 많은 에너지가 들고 문양·사진을 인쇄하는 데에 유해

---

27 북서 태평양에 거대한 쓰레기 섬이 있는데 90% 이상이 비닐·플라스틱으로 이루어져 있다. 썩지 않기 때문이라고 지적하는데, 그럼 썩으면 괜찮다는 말인가? 10%엔 신문, 신발, 군복, 나무젓가락을 비롯한 다양한 쓰레기들이 발견되는데, 이들이 문제 되지 않는 이유는 양이 적어서이지 썩어서가 아니다. 이들은 과다 소비도 대량 투기도 없지만 비닐·플라스틱은 과다 소비에 대량 투기가 빈번하다. 「§X.[9] 케케묵은 두 논쟁」에서 밝혔듯이 뭐든지 대량 투기되면 쓰레기 문제가 되는 것이다.

화학물질이 많이 들어간다.

종이컵 대신 쓰자는 텀블러는 고무·유리·스테인리스 재료 가공에 종이컵보다 온실가스를 24배 더 배출한다. 영국 환경부는 천 기저귀는 세탁할 때 쓰는 물, 에너지, 세제로 종이 기저귀보다 더 많은 온실가스를 배출한다고 밝혔다. 자동차 휘발유 대신 쓰자는 옥수수 에탄올, 바이오 디젤은 옥수수와 야자열매를 재배하기 위해 밀림을 베어 내 경작지를 만들고, 에탄올과 디젤을 추출하는 과정에서 막대한 온실가스가 나온다. 플라스틱이 개발되기 전 인류는 바다거북 껍데기로 빗·안경·보석함을, 코끼리 상아로 당구공·피아노건반을 만들었는데 플라스틱이 대체하면서 연간 바다거북 6만 마리, 코끼리 16만 마리의 목숨을 구했다. 바다로 유출된 플라스틱은 전체의 0.003%인데 그 중 하나가 코스타리카 바다 거북의 코에 꽂힌 것이다. 환경을 염려하는 태도가 친환경 도그마에 빠지지 않도록 경계할 필요가 있다. - 김홍수 논설위원

환경운동에 동물 보호가 빠질 수 없다. 일반적인 동물 보호는 사람들의 호응을 얻고 있다. 그런데 모피코트, 개고기, 동물쇼, 동물원에까지 뻗치는 동물 보호의 구호는 사람들의 심기를 불편하게 한다. 모피—(모피의 풍미 향유는 행복추구권에 속한다. 인조 모피는 천연 모피에 비해 질감이 떨어지고 제조·폐기에 공해 유발이 훨씬 심하다)—는 밍크, 여우 등을 비좁은 우리에 가둬 기르고 멀쩡히 살아 있는 이들을 도살하여 통째로 살가죽을 벗겨 만드는 것으로 인간의 잔혹성이 잔뜩 묻어 있다고 한다.

모피코트를 입는 것은 인간의 잔인성을 입는 것이라는데, 그렇다면 소가죽과 개가죽을 댄 북과 장구를 치는 것은 인간의 잔인성을 두드리는 것인가? 소가죽, 악어가죽으로 만든 가방, 구두, 장갑, 지갑은 왜 언급이 없는가? 모피를 몸에 걸치는 것보다 닭, 소, 돼지들을 도살하여 살을 도려내 뼈를 바르고 굽거나 기름에 튀겨 아그작 아그작 씹어 먹는 것이 더 잔인하지 않은가? 좁은 우리에 가둬 기르고 멀쩡히 살아 있는 상태에서 도살하기는 가축도 밍크, 여우와 다르지 않다. 원시인들은 너나 할 것 없이 털가죽을 입고 생활했었는데 이들을 비난할 수 있을까?

반려견을 기르는 사람이 늘자 국회에서 '개식용 종식법'(2024.2.6.)을 제정했다. 한때 반대 목소리가 거셌지만 반려견의 인식이 보편화된 여론에 밀려 꼬리를 내렸다. "강아지의 댕댕한 눈을 보고도 개고기가 목에 넘어가느냐?"는 핀잔에 입을 다문 형국인데, 이런 핀잔에 필자는 이렇게 되묻고 싶다. "송아지의 그렁그렁한 눈을 보고도 소고기가 목에 넘어가느냐?" 육우(肉牛)와 반려우를 혼동하면 안 되듯이 육견(肉犬)과 반려견을 혼동하면 안 된다. 어린아이가 귀여워한 병아리가 다 자라 닭이 되어도 잡아먹지 않는다. 모든 반려동물은 식구처럼 정이 들었기에 잡아먹지 않는다.

우리가 먹는 육류는 식용으로 사육된 가축들이다. 우리에서 집단으로 기른 개, 소, 닭, 오리, 돼지, 염소, 토끼, 비둘기 등을 먹지, 방안에서 같이 생활한 반려동물을 잡아먹는 것이 아니다. 어항의 물고기, 새장의 새들도 결코 잡아먹지 않는데 유독 개를 잡아먹겠는가? 동물 보호 운동가들은 육견의 비참한 사육 환경과 잔인한 도살 현장을 고발하며, 개고기 금지를 주장했고 이것이 법으로 통과된 것인데, 사육 환경과 도살 방법이 개선되면 먹어도 된다는 말이므로 개식용 금지법은 논리가 성립되지 않는다.

사육 환경은 다른 가축들도 결코 쾌적하지 않다. 도리어 더 처참하기도 하다. 비근한 예로 양계장의 닭들은 수백수천 마리가 꼼짝도 못하는 비좁은 우리에서 먹이만 쪼아먹고, 달걀을 받아 내기 위해 매일 밤에도 불을 밝혀 닭들이 잠도 편히 못 잔다. 그렇다고 닭고기와 달걀 식용 금지법을 제정하지 않는다.

> 제주도 서귀포시 중문관광단지 퍼시픽랜드는 어망에 걸린 돌고래들을 어민들에게서 구입하여 돌고래쇼에 동원했다. 한편 서울대공원은 이 '불법' 포획된 돌고래를 1999, 2002, 2009년 각각 금등이·대포·제돌이를 구입 또는 교환 방식으로 들여왔다. 불법 포획 사실에 환경단체는 방사를 촉구했고 서울시는 제돌이를 방사하기로 결정했다. 한편 퍼시픽랜드측에 대한 형사재판에서 돌고래의 몰수 판결이 내려졌고, 이 판결은 1심, 2심에서도 유지되어 2013년 3월28일 대법원에서 확정되었다.

필자는 기사의 불법 포획이라는 표현이 납득이 안된다. 돌고래가 뜻하지 않게 어망에 걸린 것인데 왜 고의로 포획한 것이라고 몰아붙이는가? 어민은 바다를 생계 수단으로 하기에 물고기도 잡고 조개도 캔다. 우연히 돌고래가 잡혔다면 가난한 어민들에겐 축하할 일 아닌가? 퍼시픽랜드는 돌고래를 쇼에 동원했지 식용으로 제공한 게 아니다. 동물 보호론자들은 동물쇼는 훈련 과정 자체가 가혹 행위이며 쇼 진행은 동물의 휴식권을 침해하는 것이라고 한다.

과연 그럴까? 보통 반려동물은 보호자가 떨어져 있으면 불안해하고 보호자가 돌아오면 반긴다. 관심을 끌기 위해, 맛있는 먹거리를 얻기 위해 보호자에게 애교를 부린다. 돌고래나 물개는 재주를 부려 사육사의 관심을 끌고 맛있는 먹거리를 얻는 것이 아닐까? 쇼를 함으로써 휴식권이 날아가 동물이 쓰러졌다는 얘긴 들어 본 적 없다. 훈련도 맛있는 먹이를 주면서 시키고 애정으로 한다고 알고 있다.

각 동물마다 쇼의 패턴이 정형화돼 있는데 이는 각 동물이 소화해낼 수 있는 재주를 훈련으로 특화한 것으로 보인다. 동물 쇼는 그 동물의 잠재력을 계발하여 여러 사람들 앞에서 관심과 환호를 받으며 재주를 뽐내게 하는 것이라 생각한다. 필자는 동물 쇼에 동원된 동물들이 벌벌 떨거나 괴로워하는 모습을 본 적이 없다. 동물 훈련을 가혹 행위의 학대로 보는 것은 동물도 사람처럼 무리하게 시켜도 해낼 수 있다고 생각한 오류로 보인다. 동물은 사람과 달리 소화할 수 없는 것을 무리하게 시키면 결코 성공하지 못한다.

동물 보호법에 야생동물은 집에서 기르면 안 되고 어쩌다 집안에 들어온 경우엔 방사해야 한다고 들었다. 보통 야생동물은 뜻하지 않게 어미를 잃거나 부상을 입은 경우 인간의 눈에 띄는데, 이를 발견한 사람이 보호하다가 환경론자의 주장에 따라 보호자와 떨어지기 싫어하는 동물을 '야생성 회복'이라는 명분으로 의도적으로 방사한다. 그런데 야생성이 그 동물을 위한 것일까? 자연은 냉혹하다. 웬만한 동물은 먹이사슬의 천적에 노출되며, 최상위 포식자는 만만찮은 먹이 사냥에 헐떡인다. 결코 동물의 야생성이 유토피아적 고유성이 아니다.

홀로 생활하는 종은 방사된 동물이 먹이 확보 기술이 딸릴 가능성이 높고, ─(방생된 최상위 포식자 중 굶어 죽은 동물이 꽤 발견됐다는 보고가 있다) 무리 생활하는 종은 새 구성원을 배척하는 생리로 방사된 동물이 따돌려 외톨이가 될 가능성이 높다. 더 큰 문제는 인간에게 발견돼 보호받던 동물들은 대개가 자연 상태에서 도태된 능력 부족 존재였다는 점이다. 부상을 입어 발견된 동물은 방생되면 또다시 천적에게 쫓겨 부상당할 가능성이 높고, 어미를 잃었던 동물은 방사되면 야생에서 어른이 돼 자식을 잃거나 자신도 제 어미처럼 뜻하지 않게 죽어 제 새끼를 고아로 전락시킬 가능성이 높다.

자연에서 도태돼 인간에게 발견된 허약한 존재는 차라리 인간과 같이 사는 것이 그들을 더 위하는 것일 수도 있다. 불편한 진실이지만 버려진 반려동물은 어쨌거나 자연으로 돌려보내진 셈이다. 하지만 이들의 삶은 비참하다. 결코 야생성을 동물들의 아름다운 고유 습성으로만 볼 수 없다. 정상적인 건강한 돌고래는 어망에 걸릴 일이 없다. 앞 기사의 어쩌다 어망에 걸린 돌고래는 자연 상태에서 도태된 허약한 존재일 가능성이 크다고 본다.

동물원의 동물은 우리에 갇혀 야생성을 상실하고 스트레스 속에 놓이므로 동물원을 없애야 한다는 주장도 심심찮게 들린다. 그렇다면 일반 가정에서 새를 새장에, 물고기를 어항에 기르는 것도 거론해야 일관성이 유지된다. 새장에 갇힌 새는 훨훨 날지 못해 스트레스를 받는다면서 새를 풀어주라고 해야 한다.

비단잉어는 어항 속에서는 8cm 정도밖에 자라지 않지만 수족관에선 15cm, 연못에선 30cm, 강에선 120cm까지 자란다. 앞의 주장대로라면 비단잉어는 어항 속에서 스트레스 받아 제대로 자라지 못한다는 것이 된다. 또한 소, 말, 닭, 양, 토끼, 거위, 돼지 등의 가축도 우리에 가둬 기르면 안 된다. 소의 코뚜레, 말의 재갈과 발굽, 개의 목줄과 입마개 등은 동물학대가 된다. 우마차를 부려도 안 되고, 제주도의 조랑말 타기 관광 사업도 폐지해야 한다.

반려동물은 어떤가. 원래부터 사람과 함께 산 동물은 없다. 야생의 동물을 신석기 시대부터 가축으로 길들였고 이 중 일부가 현대에 와서 애완동물을 거쳐 반려동물로 자리한 것이다. 동물원 반대론을 펼치려면 반려동물도 방생해야 한다는 논리를 펴야 한다. 하지만 반려동물, 어항의 물고기, 새장의 새를 야생으로 돌려보내면 넉넉한 먹이와 정서적 안정 공간 확보가 어렵고 천적에 대한 긴장의 연속으로 스트레스가 심할 것이다. 괜히 유기 동물들이 인간에 대한 심한 경계심을 드러내는 것이 아니다. 동물원의 동물들도 불쌍하게 갇혀 지내는 것이 아니라, 넉넉한 먹이와 정서적 안정 공간을 제공받고 끊임없는 천적에 대한 긴장의 스트레스에서 해방된 것이라고 본다.

송전탑이 떠들썩하다. 송전탑 소음이 그렇단 얘기가 아니라 송전탑 건설에 반대하는 환경단체의 시위로 떠들썩하다는 것이다. 송전탑이 건설되면 강력한 전자파로 심각한 피해가 발생한다고 반대한다. 그런데 전자파 피해는 동식물에 더 잘 나타날까 아니면 사람에게서 더 잘 나타날까? 환경적 영향은 인간보다 동식물이 더 민감하게 나타난다고 필자는 보고 있다.[28] 필자가 사는 아파트에서 야산이 보인다. 야산에 커다란 송전탑이 서너 개 있는데 그 아래에 초목이 무성하고 그 주변에 애벌레, 곤충, 새, 야생동물들이 아무 이상 없이 살아가고 있다.

이런 송전탑의 전자파가 인간에게 암을 일으키는 피해를 준다? 과도한 공포 마케팅이라고 본다. 필자의 논리에 따르면 원전도 전혀 문제되지 않는다. 원전 주변에 초목이 잘 자라고 애벌레, 곤충, 새, 야생동물들이 아무 이상 없이 살아가고 있다. 심지어 원전 시설 안에서 근무하는 종사자도 무탈하게 지내고 있다. 그런데도 원전과 멀리 떨어져 생활하는 주민들이 원전 반대를 외치며 난리치면 결코 순수하게만 볼 수 없게 된다.

예전에 TV가 보급될 당시 TV 전자파 피해를 입지 않으려면 3m 이상 떨어져서 시청하라고 했다. 그래야 눈이 보호된다고 했는데 이때 사람들은 전자파는 관심 밖이었다. 그러다 전기난로가 보급되자 어느 정도 전자파를 위협적으로 인식하기 시작했다. 전기난로 전자파에 대한 경각심이 퍼지긴 했지만 그래도 따뜻하게 쬐려고 전기난로에 바짝 붙는 사람이 태반이었다.

그런데 전기담요가 개발되자 환경 운동가의 경고는 가히 공포스러워졌다. 전기담요는 전자파가 인체에 직접 접촉이 돼 각종 피부 종양을 유발할 것이라는 경고가 미디어에 쉴새 없이 흘러나왔다. 하지만 이 경고에 아랑곳하지 않고 전기담요는 잘만 팔려 나갔다. 전

---

28 필자는 생물이 노지의 자연 상태에서 외부 자극에 영향을 받는 민감도의 순서를 '이끼>풀>나무>애벌레>곤충>새>초식동물>육식동물>인간'으로 보고 있다. 이끼는 습도만 조금 달라져도 자라고 못 자라는 것이 결정돼 서식지가 매우 제한적이라는 것에서 가장 민감하다고 보고, 인간은 서식지의 제한이 거의 없다는 것에서 환경 적응에 가장 강인하다고 본다. 풀이 잎이 병충해에 쉽게 시드는 것에서 그 다음이라고 본다. 급격한 추위와 더위에 새와 야생 동물이 떼죽음 당할 때에도 인간은 그리 많이 죽지 않는다는 것에서 인간을 가장 강인한 것으로 유추한 것이다.

자파에 대한 인식 부족(??)으로 이 세 가지 중에서 환경 운동가의 경고를 지키지 않은 사람들이 많았는데 그 어느 누구도 전자파로 인해 피해를 입은 사례는 보고된 게 한 건도 없다.

그저 그렇게 지나가는 듯하던 전자파 논란이 핸드폰이 개발되자 다시 급부상하기 시작했다. 귀에 접촉하는 핸드폰 사용은 다량의 전자파가 귓속에 직통되기 때문에 뇌종양을 비롯한 심각한 질병을 유발한다고 환경 운동가들은 엄청 격앙된 목소리로 경고했었다. 특히 성장기의 아이들에겐 절대 금물이라고 목청을 돋구었다.

하지만 핸드폰은 급속도로 퍼졌고 환경 운동가들도 핸드폰을 잘만 쓰고 있다. 자, 귀에 직접 대는 핸드폰도 무해한데 멀리 떨어진 야산에 설치될 송전탑의 전자파가 무섭다고 송전탑 건설을 반대한다는 것이 설득력이 있을까? 송전탑의 전자파가 무섭다면 당장 지금 손에 쥐고 있는 핸드폰부터 멀리 내던지시라.

필자가 사는 하남시에 열병합 발전소 건립 계획이 세워지자 환경 운동가를 중심으로 반대 운동이 줄기차게 벌어졌었다. 그러나 하남시 황산 입구에 열병합 발전소가 건립된 후로 상가와 아파트가 빼곡히 들어섰고, 발전소 가동으로 피해를 호소하는 인근 주민은 한 명도 없다.

요컨대, 개발을 하되 친환경적인 방안을 도모하고, 환경 보호를 외치되 과도하게 부풀려 무조건 개발을 막는 일은 없어야 한다. 뭐든 필요 이상으로 소비하지 말고, 되도록 오래 쓰고, 폐기 시에 아무 데다 함부로 버리지 말자. 동물과 관련해서는 인간의 시각에서 일면만을 보지 말고, '진정한' 동물의 입장도 고려하는 다각적인 총체적 시각을 가질 필요가 있다.

😊 (각주24 답) '펜스, 모타 사이클'-(못 타)

😊 (각주26 답) 앞 다'투어'

【 10 】 털 없는 원숭이로의 진화?

많은 사람들이 털북숭이 유인원에서 갈라져 나온 인류가 불을 사용하고 가죽옷을 입음으로 해서 온몸을 뒤덮은 털이 사라진 것으로 알고 있다. 그런데 과연 그럴까? 그렇다면, 지구상에서 인간과 외형적으로 가장 비슷한 꼬리가 없는 유인원인 오랑우탄, 침팬지, 고릴라, 보노보, 긴팔원숭이[29] 등은 왜 아직도 불을 사용하지 않을까라는 의문이 들지 않는가? 이들은 불이 무서워서 피하기만 한다.

그럼, 인간은 어찌하여 불을 무서워하지 않고 일상생활에 애용하게 됐을까? 필자는 여기에 의문을 품고 불이 무서워 피하는 동물들과 불을 별로 무서워하지 않는 동물들을 가려봤다. 온몸이 털로 뒤덮여 있는 동물은 불을 무서워하여 무조건 피하지만, 몸에 털이 별로 없는 동물들은 불을 그리 무서워하지 않는 것으로 판단된다.[30]

유인원은 온몸이 털로 뒤덮여 있기 때문에 본능적으로 불을 무서워하는 것이라 생각한다. 유인원은 털북숭이로 태어났기 때문에 여전히 아니, 영원히 불이 무서워 피할 것이다. 오스트랄로피테쿠스도 털북숭이로 태어났다면 이들과 다를 바 없다. 그러나 오스트랄로피테쿠스가 본래부터 털 없는 종자였다면 불을 그리 무서워하지 않았을 것이다.

게다가 불을 사용하고 가죽옷을 입음으로 해서 인간에게 털의 필요성이 사라졌다는 것엔 어폐가 있다. 아프리카 사람들은 불도 옷도 거의 없이 사는데도 피부가 털 없이 매끈하다. 하지만 북유럽 사람들은 불을 많이 쓰고 두툼한 옷을 입는데도 팔, 다리, 가슴에 굵은 털이 많다. 털 없는 종자로 점차 진화된 게 아니라, 원래부터 털 없는 별종으로 태어났다

---

29   영장류는 꼬리 있는 원숭이와 꼬리 없는 유인원으로 갈린다. 긴팔원숭이는 꼬리가 없으므로 원숭이가 아니라 유인원이다. 긴팔원숭이는 잘못 붙여진 이름이다.

30   이에 대한 구체적인 통계 자료는 없다. 영화나 드라마에서 털 많은 호랑이, 사자, 늑대, 곰 등은 횃불로 위협하는 장면을 꽤 보았지만, 털 없는 코끼리, 악어, 코뿔소, 하마 등은 횃불로 위협하는 장면을 본 적이 없었다는 것에서 추정한 것이다.

고 본다면, 거꾸로 북유럽 사람들은 추운 지방에 적응한 결과로 팔, 다리, 가슴에 털이 생겨난 것으로 봐야 한다. 이런 연유에서 필자는 오스트랄로피테쿠스와 호모에렉투스를 털북숭이로 그린 진화 모형도는 잘못된 것으로 본다.

일반적으로 인간과 유인원을 공통 조상에서 갈라져 나온 것으로 보고 있다. 하지만 유인원은 겉모습만이 인간과 비슷할 뿐 그 외에는 인간과 닮은 구석이 별로 없다. 이들은 신체적 특징상 인간보다 개나 소에 더 가깝다. 이들이나 개 · 소는 공히 온몸이 털로 뒤덮여 있지만 겨드랑이와 사타구니엔 털이 드물다. 하지만 사람은 온몸에 털이 없다가 겨드랑이와 사타구니엔 긴 털이 수북하다. 완전 반대이다.

겨드랑이와 사타구니의 털은 어릴 적에 없다가 사춘기 때 자라나는데 이것도 인간만의 특징이다. 또한 인간은 남녀에 따라 수염의 유무가 갈리는데 2차 성징으로 수염이 나는 동물은 인간밖에 없다. 턱수염은 염소에게도 나는데 콧수염은 수컷 인간에만 난다. 사춘기에 겨드랑이와 사타구니에 털이 난다는 것과 남자만이 수염이 난다는 것에서 털의 유무는 진화와 무관하다는 것도 알 수 있다.

보통의 털북숭이 포유류는 물속에 들어가는 것을 무척 꺼린다.[31] 털이 물에 젖어 몸이 무거워 둔해지는 것을 본능적으로 피하는 것이다. 그러나 인간은 원래 털 없는 종자로 태어났기에 어렸을 때부터 본능적으로 물을 꺼리지 않고 하마처럼 물장난하기를 좋아한다. 인간이 물을 갓난쟁이 때부터 좋아한다는 것에서 털이 있다가 사라진 진화의 결과가 아니라는 것을 알 수 있다. 인간이 원래 털북숭이였다면 땀으로 체온 조절하는 것도 있을 수 없다. 온몸을 뒤덮은 털이 땀으로 흠뻑 젖는다는 것은 상상도 못할 일이다.

땀으로 체온을 조절하는 것도 인간만이 가진 특징인 것이다. 해부학적으로 거의 모든 포유류의 몸에 땀샘이 있다. 하지만 인간처럼 땀을 흘리면서 체온을 조절하는 기능으로까지 발달한 동물은 없다. 본능적으로 물을 꺼리지 않기 때문에 과일을 비롯한 온갖 먹거리를 물에 씻는 일을 손쉽게 했고 물을 길어 요리에 활용하게 됐다. 인간의 위생과 영양상태

---

31 물속에 기꺼이 들어가는 털북숭이 포유류는 물고기를 잡는 곰과, 수달과, 물갯과가 전부라고 해도 과언이 아니다. 온천욕을 즐기는 일본원숭이가 있는데 이들 무리는 특정한 구역에 한정돼있다. 대부분의 일본원숭이는 물속에 들어갈 꺼린다.

가 비약적으로 좋아진 이유이다. 물과 불을 이용한 요리의 파급력에 대해서는 글의 뒤쪽에 덧붙였다. 사람은 별종 중의 별종으로 유인원과 다른 독특함이 너무 많다.

그런데 인류학계에선 오스트랄로피테쿠스를 왜 인류의 조상으로 삼았을까? 그 까닭은 그들이 직립 보행한 최초의 유인원이기 때문이다. 직립보행의 의의는 실로 어마어마하다. 포유류는 네발로 엎드려 선 자세의 어깨 앞쪽으로 머리가 매달린 가로형 신체 구조라서 어깨쪽의 목 부위가 굵고 머리쪽 목 부위가 잘록한 테이퍼 형태이다. 앞쪽의 머리에서 뒤쪽의 몸통 쪽으로 보내는 호흡과 섭식에 힘을 싣기 위해 어깨쪽 목 근육이 발달됐다.─ (네 발로 엎드린 자세로 숨을 쉬고 음식을 먹어 보시라. 힘이 많이 든다)

하지만 직립인 사람은 머리가 어깨 위에 얹혀진 세로형 신체 구조라서 머리쪽에서 어깨쪽에 이르기까지 목 전체가 잘록한 원통형이다. 위쪽 머리에서 아래쪽 몸통으로 보내는 호흡과 섭식이 수월해져 어깨쪽 목 부위에 투입된 근육량이 줄어든 것이다. 잘록한 목으로 신체 근육의 효율이 높아지고 목의 유연성이 커졌다.

서서 다님으로써 입 아래로 턱이 드리워졌고 이로 인해 인간만이 유독 얼굴을 정면으로 한 상태로 엎드려 잘 수 없다. 모든 동물이 기어다니기에 두상이 위아래보다 앞뒤가 긴데, 인간은 서서 다님으로써 얼굴 앞으로 튀어나왔던 입이 턱이 드리워진 만큼 뒤쪽으로 당겨져, 앞뒤보다 위아래가 긴 두상이 됐다.[32] 돌출구조에서 평면구조로 바뀐 것이다.[33]

돌출구조의 얼굴엔 잔근육이 발달할 수 없어 다양한 표정을 지을 수 없지만, 평면구조의 얼굴은 눈, 코, 입 주변에 잔근육이 발달하여 다양한 표정을 지을 수 있다. 지구상에 소리내서 울고 웃는 유일한 종자가 탄생된 것이다. 위아래로 길어진 두상은 앞머리와 눈 사이의 이마가 넓어져 가지런하고 소복한 겉눈썹이 생겨났다. 인간만이 겉눈썹을 움직여 놀람, 짜증 등의 표정을 짓는다.

아래로 처진 턱 덕분에 입안의 공간이 넓어졌고 이로 인해 혀의 움직임이 자유로워졌

---

32   두상이 위아래로 길면 기어 다니기 불편하며 두상이 앞뒤로 길어야 달릴 때 바람 가르기가 유리해진다.─(물속에서 빠르게 헤엄치는 물고기들이 한결같이 뒤가 긴 유선형 구조로 돼있음을 상기하시라)

33   입이 앞으로 튀어나온 두상은 직립인 경우 돌출된 만큼 머리 무게가 앞으로 쏠려 목에 가해지는 힘이 평면구조보다 크다. 입이 뒤쪽으로 당겨진 평면구조로 목의 부담이 줄어 두뇌가 몸집에 비해 커져도 지탱할 수 있게 됐다.

다: 서서 다님으로써 구강과 기도가 'ㄱ'자 모양의 직각을 이룬다. 그 교차점에 목젖이 생기고 목 앞쪽에 울대뼈가 돌출됐다. 목젖과 울대뼈 사이에 가래가 고이면 가래침을 뱉는데 이도 인간만이 한다. 수컷은 2차 성징으로 울대뼈가 한층 도드라져 목소리가 굵어진다. 공기의 흐름·진동·반사는 구강·기도의 직각 구조와 넓은 콧속 공간을 통과하면서 굴절되고 이를 혀로 조절함으로써 성대에서 발성된 단순한 소리가 엄청 다양해진다. 이로 인해 음절적 언어가 고도로 발달한다.

또한 구강·기도의 직각 구조는 음의 고저장단 조절이 가능하여 노래를 부를 수 있게 한다. 노래를 부르며 감정을 표출하는 동물은 인간밖에 없다. 유인원은 'ㄱ'자 구조가 아닌 'ㅡ'자 모양의 통구조라서 '꽥꽥, 크레, 카악, 그르릉' 등의 단순한 소리만 낼 뿐 다양한 음절적 언어를 구사하지 못하고 음의 고정 장단을 조절할 수 없어 노래를 부를 수 없다.

악어, 하마, 사자, 호랑이, 코끼리는 인간보다 입이 훨씬 큰데도 불구하고 다양한 음절을 구사하지 못하고 노래를 부를 수 없는 까닭이 구강·기도의 통구조에 있다. 언어의 사용은 의사소통을 통한 지식, 사고 및 문명의 발달을 가져왔고 감정을 표출은 문화의 다양성을 키웠다. 발등차기, 옆차기, 돌려차기 등 전후좌우의 발길질도 인간만이 하는데 이도 직립보행이 가져온 것이다.

네발로 기거나 달릴 때 발바닥 가운데가 아치형으로 옴폭한 구조면 불편하다. 발바닥 가운데가 아치형으로 옴폭한 동물은 없다. 하지만 인간은 서서 다님으로 해서 발바닥 가운데가 아치형으로 옴폭해졌다. 이에 따라 인간만이 족저근막염에 걸린다. 기어다니는 동물들은 머리털이 길게 계속 자라면 야생 생태계에서 도태된다. 하지만 인간은 서서 다니기 때문에 머리털이 계속 자라도 생존에 별 지장이 없다. 머리털이 1m 넘게 자라는 동물은 인간밖에 없다.

기어다니는 동물에겐 젖가슴이 부풀어 있으면 운신에 제약이 크다. 포유류의 암컷은 임신과 포유 때만 젖가슴이 부푼 상태로 불편을 감수한다. 평상시엔 결코 부푼 가슴을 유지하지 않기에 암컷과 수컷의 차이가 없다. 하지만 인간은 서서 다니기에 젖가슴이 부푼 상태여도 운신에 제약이 크지 않다. 임신과 포유와 무관하게 항상 부푼 젖가슴을 유지하는 암컷은 인간뿐이며 이로 인해 인간만이 남녀의 서로 다른 가슴에 대한 성적 매력을 느낀다.

수컷 들짐승의 길쭉한 생식기는 덜렁거리면 기어달릴 때 지장이 커진다. 따라서 덜렁거리지 않게 생식기 전체가 포피에 감싸이고 이 포피의 2/3 이상이 뱃가죽에 이어져 붙어있다. 포피의 2/3 이상이 뱃가죽에 붙어 있어서 생식기에 외부 자극이 가해질 일이 없다. 수컷 들짐승은 발정기 때에만 발기한다. 그러나 인간은 서서 다니기에 수컷 생식기의 포피가 뱃가죽에 이어져 붙어 있으면 길쭉한 생식기가 위로 향하게 된다. 이러면 중력의 반대 방향이 되어 발육에 지장이 온다. 포피가 뱃가죽과 완전히 분리돼야 길쭉한 생식기가아래쪽으로 늘어져 아래쪽 중력 방향으로 발육이 잘 된다.

수컷의 생식기가 인간만 아래로 늘어져 덜렁거리는데, 생식기의 덜렁거림은 서서 다니기에 기어다닐 때보다 운신에 불편함이 적다. 하지만 이로 인해 생식기가 외부 자극에 쉽게 노출된다. 자극이 가해지면 발기가 돼 암컷을 찾게 된다. 인간만이 발정기가 따로 없고수시로 짝짓기를 하게 된 것도 직립보행의 산물이다.

서서 다님으로써 인간만이 콧등이 도드라졌고 코끝 양쪽이 부푼 콧볼이 생겼다. 넓어진콧속 공간에 콧물이 고여 코를 풀고 코 고름이 고이는 부비동염(코 축농증)에 걸린다. 넓어진만큼 표피가 얇아져 모세혈관이 맨눈으로도 볼 수 있게 드러났다. 모세혈관이 표피로 드러났기에 상처가 생기지 않아도 코점막이 헐거나 터져 코피를 흘린다.[34] 서서 다님으로써기관지 점액이 과하게 농축될 수 있다. 이럴 때 가래를 뱉게 된다. 가래 뱉는 동물은 인간밖에 없다.

서서 다님으로써 코뼈가 드러났지만 정작 후각 기능은 땅에 코를 가까이하고 기어다니는 들짐승에 비해 현저히 퇴화됐다. 후각의 퇴화는 먹는 것에 대한 예민성을 떨어뜨린다.들짐승들은 후각이 예민해 즐겨먹는 먹이가 매우 제한적이지만 인간은 후각의 퇴화로 가리는 음식이 적어져 먹거리가 엄청 다양해졌다.[35] 서서 다님으로써 체적 당 받는 한낮의

---

34 피부는 상처 나지 않으면 피를 흘리지 않는다. 하지만 인간의 콧속 피부는 아주 얇아 상처 없어도 피를 흘리는 경우가 왕왕 생긴다.
    상처 없이 코피 흘린 다른 동물의 사례는 보고된 바가 없어 사람만이 코피를 흘린다고 보았다.

35 필자는 맛에 대한 코와 눈과 혀의 비중을 7대2대1로 보고 있다. 입맛을 돋구어 군침 흘리게 하는 중요한 요인은 냄새(후각)와 레시피
    (시각)인 바, 코감기 걸리면 음식 맛을 거의 못 느끼는 것에서 후각이 절대적임을 알 수 있다. 후각이 예민한 사람은 냄새에 민감하여
    비위가 약하고 조금이라도 몸에 해가 될 것 같은 냄새가 나는 것은 먹지 않는다. 들짐승의 후각 기능은 못해도 인간의 100 배 이상 더
    예민하다. 참고로, 누워 있는 환자에게 음식을 떠먹이면 받아먹는 환자는 입으로 들어오는 음식을 눈으로 볼 수 없어 맛을 제대로 느
    끼지 못한다는 것에서 맛의 시각 효과를 최소 20%로 본 것이다.

태양열이 네발짐승의 1/2로 줄어 태양이 작렬하는 한낮에도 활발히 활동하는 동물이 되었다. 반면에 활발한 직립보행으로 인하여 인간만이 목디스크, 위처짐증, 허리디스크, 고관절질환, 하지정맥류에 걸린다.

인간은 걸어다닐 때 유인원처럼 앞발로 땅을 짚을—(너클보행)— 필요가 없어서 앞발의 엄지손가락이 길어지고 무지 대향성—(엄지가 다른 4개의 손가락에 맞닿는 것)—을 갖게 됐다. 무지 대향성으로 인해 인간은 온갖 도구를 만들고 섬세한 작업을 하게 됐다. 도구의 사용은 엄청난 두뇌의 발달을 가져왔다. 동물을 훈련시키면 시키는 대로 곧 잘 따라한다.

그러나 아무리 훈련시켜도 동물이 할 수 없는 게 있다. 칼질, 가위질, 뜨개질, 바느질, 칫솔질, 글씨쓰기, 젓가락질, 종이접기, 악기연주하기, 병뚜껑 돌려 따기, 신발 끈 꿰고 매기, 사전 한장 한장 넘기기, 화투장 추리고 패 돌리기, 칼로 종이 자르기 및 과일·연필 깎기 등은 절대 따라할 수 없다. 이는 바로 무지 대향성이 없어서이다.

잠깐 엉뚱한 질문을 해 보자. 동물들은 오른발잡이가 많을까 왼발잡이가 많을까? 필자가 확인한 바로는 둘 사이에 별반 차이가 없다. 하지만 인간은 오른손잡이가 95% 넘는다. 보통 오른손잡이가 압도적인 것은 교육과 모방의 결과로 정착된 문화적 현상으로 보고 있다. 하지만 문화적 현상이라면 왼손잡이가 주류인 종족도 있어야 하지 않는가? 그런데 지구상의 어느 종족도 왼손잡이가 주류인 집단은 하나도 없다. 필자는 이를 결코 문화적 현상으로 보지 않는다.

인간의 두뇌는 좌뇌와 우뇌로 구분되고 좌뇌는 오른쪽 신체 부위와, 우뇌는 왼쪽 부위와 연결되어 있다는 것은 잘 알려진 사실이다. 언어와 도구의 사용은 대체로 좌뇌가 관장한다. 언어와 도구를 사용함으로써 자연스럽게 좌뇌가 발달하고 좌뇌의 발달은 오른쪽 신체 부위의 쓰임을 보다 수월하게 한다. 그렇기 때문에 지구상의 모든 종족이 오른손잡이가 주를 이루게 된 것으로 보인다. 언어와 도구의 사용은 두뇌의 발달을 가져왔을 뿐만 아니라 인간세상을 오른손잡이로의 편중성을 키운 것이다.

인간만이 걷고 달릴 때 두 다리와 균형을 맞추기 위해[36] 팔을 앞뒤로 흔들기에 두 팔이 360도 회전하게 됐고[37] 이로 인해 인간만이 어깨탈골이 발생한다. 엄지의 대향성에 팔의 회전성이 더해져 노젓기, 줄넘기, 활쏘기, 팔짱끼기, 어깨동무하기, 돌·창던지기, 도끼·괭이질하기, 칼·막대 휘두르기 등에다 인간만의 대표적인 활동인 체조, 구기(球技) 및 춤추기가 가능해졌다. 다양한 기술적·문화적 활동의 향유인바, 다른 동물들은 엄지의 대향성과 팔의 회전성이 없어서 흉내 낼 수 없다.

엄지의 대향성과 팔의 회전성은 주먹질을 가능케 한다. 여기에 직립보행으로 가능해진 발길질에 더해지면? 다른 포유류들은 동족 간에 폭행을 벌이는 일이 드물다. 짝짓기 '철'에만 수컷끼리 싸운다. 수컷이 암컷에게 폭력을 행사하는 일은 아예 없다. 하지만 인간은 '철'을 가리지 않고 폭력을 행사하고 남자가 여자에게도 폭력을 행사한다.─(이런 면에서 남자는 '철'없는 동물이다) 주먹질과 발길질이 쉬워 생긴 비극이다.

서서 다님으로써 시야가 기어다니는 것보다 2.5배 넓어져 수풀 너머까지 바라볼 수 있게 되고 고개 들어 하늘을 손쉽게 볼 수 있게 됐다. 이에 따라 자연 현상에 대한 호기심과 하늘에 대한 관심이 커졌다. 여기에 불의 사용이 더해져 인간은 밤에도 활동하는 유일한 주행성 종자가 됐으며 낮에는 볼 수 없었던 밤하늘을 바라보게 됐다. 별이 빛나는 우주를 탐구하게 된 것이다. 탐구심은 당연히 두뇌의 발달을 가져온다. 낮의 해와 밤의 달을 비교하고 밤하늘의 별자리들을 빗대며 숱한 이야기를 지어내게 됐다. 인간에게 상상력이 피어난 것도 바로 직립보행과 불의 사용에서 비롯된 것이라 생각한다.

밤에 피어오르는 불은 신비롭게 보여 사람을 경건하게 한다. 밤하늘의 별빛과 동굴 속의 불꽃은 신비로움과 경건함이 한층 더해져 동굴 벽면에 그림을 새기고 경외감을 표출하는 종교의식이 싹텄다.[38] 밤에 불 밝혀 활동함으로써 달이 차고 기우는 규칙성을 알아내고

---

36 진화론에선 길짐승이 앞다리와 뒷다리의 왼쪽과 오른쪽이 교차하며 내딛는 사족보행의 습관이 남아서 사람도 걸을 때 두 팔을 두 다리의 왼쪽과 오른 쪽이 교차하도록 앞뒤로 흔든다고 한다. 그렇다면 호주머니에 두 손 넣고 걷는 것과 팔짱끼거나 뒷짐지고 걷는 것은 뭐라 할 것인가? 또한 길짐승은 달릴 때 두 앞발을 동시에 앞으로만 내딛는데 이 습관이 남아 있다면 사람도 달릴 때 두 팔을 모아 동시에 앞쪽으로만 휘저어야 하지 않겠는가?

37 학계에선 인류의 조상이 원숭이처럼 정글의 나무 타는 생활을 하다 땅위로 내려왔기 때문에 팔이 360도 회전하는 것을 유지한 것이라고 설명한다. 그렇다면 지금의 원숭이는 계속 나무 생활하므로 인간보다 팔을 더 잘 회전할 수 있어야 한다. 하지만 원숭이는 팔을 결코 360도 회전할 수 없다.

38 학계에선 종교의식은 천둥·번개 등이 두려워 생겨났다고 한다. 그러나 어느 동물도 천둥·번개 친다고 두려워하지 않는다. 유인원도 두려워하지 않는 천둥·번개를 유독 인류만이 두려워했을 리는 만무하다. 종교는 불의 사용으로 싹튼 것으로 봐야 한다.

그 변화 주기에 빗대어 인간의 생로병사를 생각하게 됐다. 그믐달이 지고 초승달로 환원 복귀하는 것에 빗대어 죽은 뒤에 다시 태어날 것이라는 내세관에 시체를 매장하기 시작했다. 달의 주기성을 발견함으로써 인간은 '규칙' 및 '주기'뿐만 아니라 기준, 단위, 기간, 나이, 죽음, 진행, 변화, 환원, 재생 등의 엄청난 고등 사고를 하게 됐다.

그런데 오스트랄로피테쿠스가 직립 보행했을 거라는 추정은 무엇에 근거하는가? 그건 바로 인간만이 지닌 둥글넓적한 골반이 갖춰져 있기 때문이다. 인간의 직립보행 자체도 진화의 산물이 아니라 둥글넓적한 골반에 의한 태생적 별종이다. 유독 인간만이 골반이 둥글넓적하여 기어다니면 도태되고 서서 다녀야 살아남을 수 있는 것이다.

골반은 인간의 장기를 떠받치는 역할도 겸한다. 장기를 떠받치는 둥글넓적한 골반이 자궁과 생식기 사이를 가로지르기 때문에 사람만이 새끼를 자궁에서 골반을 통과하여 낳는다. 이때 새끼가 골반에 걸리면 아이도 어미도 위험하다. 새끼를 낳다가 죽는 사고가 인간에게만 일어나는 이유이다. 골반을 통과해서 새끼를 낳는 동물은 인간밖에 없다.

새끼를 통과시키기 위해 여자의 골반 구멍은 하트(♡)형으로 넓고, 그럴 필요가 없는 남자의 골반 구멍은 와이(Y)자 형으로 좁다. 다른 동물들은 유골로 암수를 구별하기 힘든데, 인간은 유골의 골반 형태로 남녀를 쉽게 구별하는 것이다. 아담과 이브 이야기 때문에 유골의 갈비뼈 개수로 남녀를 구별하는 것으로 알고 있는 사람들이 많은데 유감스럽게도 갈비뼈는 좌우 12쌍으로 남녀가 똑같다.

포유류와 달리 유독 인간만이 갖는 신체적·행동적 특징이 얼마나 많은지 추려보자.

---

1) 직립 보행한다. 2) 어깨쪽 목 부위가 잘록하다. 3) 도드라진 겉눈썹이 있다. 4) 입 아래로 턱이 드리워져 있다. 5) 얼굴을 정면으로 한 상태로 엎드려 잘 수 없다. 6) 두상이 앞뒤보다 위아래가 길다. 7) 입이 얼굴에 돌출되지 않은 평면구조이다. 8) 얼굴 표정이 아주 다양하다. 9) 소리내서 울고 웃는다. 10) 혀의 움직임이 자유롭다. 11) 구강과 기도가 직각 구조이다. 12) 목젖이 있다. 13) 울대뼈가 돌출돼있다. 14) 수컷은 2차 성징으로 울대뼈가 한층 더 도드라진다. 15) 성대의 단순한 발

성을 다양한 음절 언어로 발화한다. 16) 음의 고저장단 조절로 노래를 부른다. 17) 전후좌우로 발길질을 한다. 18) 발바닥 가운데가 아치형으로 옴폭하다. 19) 족저근막염에 걸린다. 20) 머리털이 1m 넘게 자란다. 21) 암컷은 항상 부푼 젖가슴을 유지한다. 22) 수컷 생식기 포피가 뱃가죽과 완전 분리돼있다. 23) 발정기가 따로 없다. 24) 콧볼이 있고 콧등이 도드라져 있다. 25) 코를 풀고 코피를 흘린다. 26) 부비동염(코 축농증)에 노출된다. 27) 가래를 뱉는다. 28)후각 기능이 들짐승의 1/100이상 떨어진다. 29) 먹거리가 엄청 다양하다. 30) 체적 당 받는 태양열이 들짐승의 1/2이다. 31) 목디스크, 위처짐증, 허리디스크, 고관절질환, 하지정맥류에 걸린다. 32) 엄지가 다른 4개 손가락에 닿는 무지 대향성을 갖는다. 33) 섬세한 도구를 만들고 다룬다. 34) 오른손잡이 편중도가 현저하다. 35) 팔을 앞뒤로 흔들며 걷고 달린다. 36) 팔이 360도 회전한다. 37) 어깨탈골이 발생한다. 38) 구기, 체조, 춤추기 한다. 39) 철을 가리지 않고 주먹질을 한다. 40) 수컷이 암컷에게도 폭력을 행사한다. 41) 다른 포유류보다 시야가 2.5배 넓다. 42) 물불을 가리지 않는다. 43) 야채·과일을 물에 씻어 먹는다. 44) 먹거리를 불로 요리해 먹는다. 45) 밤에도 활동하는 주행성 동물이다. 46) 둥글넓적한 골반이 있다. 47) 골반을 통과하여 새끼를 낳는다. 48) 출산 시 사망 사고가 발생한다. 49) 암수의 골반 형태가 확연히 다르다. 50) 유골로도 암수를 구별할 수 있다. 51) 온몸엔 털이 없고 겨드랑이와 사타구니엔 털이 수북하다. 52) 사춘기에 겨드랑이와 사타구니의 털이 난다. 53) 암수에 따라 콧수염 유무가 갈린다. 54) 수컷의 2차 성징으로 수염이 난다. 55) 흥건한 땀으로 체온 조절한다. 56) 이동 시 에너지를 네발짐승의 1/4을 소모한다.

어떤가, 인간이 별종 중의 별종이라는 것이 실감나는가?

자연 상태에서 최상위 포식자의 적정 개체수는 50만 마리 이하로 추정된다. 최상위 포식자가 50만 마리가 넘으면 위험해진다. 유인원은 짐승을 잡아먹는 포식자는 아니지만, 쥐나 토끼보다 훨씬 몸집이 큰 최상위 서식자이므로 먹거리와 서식지가 제한적인 상태에서 50만 마리가 넘으면 천적이 없어 공멸의 위험성이 커진다. 인간도 최상위 서식자이다. 그러나 구석기인은 5,000만 명 정도로 추정하는데 어떻게 냉혹한 자연 상태에서 50만 마리의 100배나 되는 개체수가 생존할 수 있었을까? 학계에선 미스터리로 보고 있다. 하지만 아니다.

직립보행은 기어 다닐 때보다 몸의 무게중심이 3배 정도 높아진다. 무게중심이 높다는 것은 활동에 필요한 에너지 소모가 적어진다는 것을 뜻한다. 미국국립과학회보(PNAS.2007)에 발표된 애리조나 주립대 데이비드 라이클렌 교수팀에 의하면, 1km를 이동할 때 네발로 너클보행하는 침팬지는 약 240Wh의 에너지가 소모되는 반면에 사람은 약 60Wh가 소모된다.[39] 4족보행보다 직립보행이 1/4이나 적다. ─(실험삼아 10m를 기어가 보라. 걸어갈 때보다 엄청 힘들다는 것을 느낄 것이다)

즉, 직립보행 덕에 생존 활동에 필요한 에너지양이 줄어든바, 같은 양의 먹이로 못해도 3배 더 많은 개체수가 생존할 수 있게 된다. 이는 같은 양을 먹고도 기어 다닐 때보다 활동 반경을 3배로 늘릴 수 있다는 것으로 먹이 확보의 영역을 3배 늘릴 수 있다는 것을 의미한다.

직립보행으로 후각의 퇴화는 먹거리에 대한 예민성을 떨어뜨렸다. 가리는 음식이 적어진 것이다. 못해도 먹거리가 3배 이상 늘어난 셈이다. 이를 모두 계산하면 직립보행 자체가 생존 가능 개체수를 적어도 3×3×3=27배 이상 늘게 한 것이다. 직립보행으로 시야도 엄청나게 넓어져 안전한 먹이 확보를 위한 서식지의 확장이 전 지구적으로 이루어진다.

여기에 불의 사용이 더해져 생존 가능 개체수는 엄청 늘게 된다. 불의 사용으로 일단 인간의 서식지가 추운 곳까지 확대된다. 지구상에 추운 곳은 의외로 광범위하게 분포한다. 열대 이외의 지역은 영락없이 추운 계절이 찾아온다. 열대지역도 고산지대는 춥고 사막지대도 밤엔 추우므로 유인원은 살 수 없다. 유인원의 서식지는 정글로 한정돼있다.

하지만 인간은 불의 사용으로 이를 뛰어넘게 됐다. 서식지의 확대는 당연히 식량 확보의 증대를 가져왔다. 음식물을 생식하면 소화흡수율이 25%에 불과하지만 불 요리하면 75% 가량 된다. 불 요리로 생식에 비해 3배 정도의 소화 흡수 증가를 가져와 먹이의 효율을 3배 정도 늘렸다. 즉, 같은 양의 먹이로 3배 많은 개체수를 생존케 한 것이다.

또한 불 요리로 유인원이 손도 대지 않는 밀, 벼, 콩, 팥, 감자, 보리, 호박, 수수, 옥수수 등 각종 곡물과 들짐승, 날짐승의 살코기를 먹을 수 있게 됐다. 심지어 불의 사용으로 생

---

39 곰이나 유인원이 가끔 이족보행도 하는데, 결코 일상적인 보행이 아닌 일시적인 돌출 행동이다. 곰이나 유인원이 이족보행을 일상적으로 하면 발바닥이 터지고 목뼈와 척추, 고관절이 망가진다.

선, 조개 및 각종 해산물까지 인간의 음식에 편입되어 먹거리가 폭발적으로 확대된다. 지구상의 거의 모든 생물들이 인간의 식량으로 편입된 셈이다.

이들을 종합하면 구석기인이 최상위 서식자의 적정 개체수의 100배 넘게 서식했다는 것은 어려운 일이 아니다. 가축의 사육과 농경 재배로 안정적 식량이 확보된 신석기시대에 이미 지구상의 인구가 1억을 넘기게 된 것도 미스터리가 아닌 것이다. 하지만 불행하게도 인간의 과도한 개체수는 자연 상태의 생태계에 인위적 변화를 가져왔다. 지구가 심각한 몸살을 앓게 됐다.

인간의 몸에서 두뇌가 차지하는 비중은 5%다. 하지만 두뇌가 소모하는 에너지는 25%나 된다. 에너지를 비중의 5배 소모하는 두뇌에 한정된 섭취량으론 공급할 수 없다. 다른 동물들의 두뇌 활동이 열악한 이유이다. 그러나 사람은 요리할 때 음식에 물과 불을 사용해서 음식물의 소화·흡수력을 3배 이상 증가시켰고 불의 사용으로 인간의 음식에 편입된 영양소의 양과 질이 3배 이상 늘었을 것이다. 이기적인 두뇌를 5배의 에너지를 들여가며 가동시킬 수 있는 것도 물불을 가리지 않은 덕이다. 물과 불의 사용이 없었다면 인간의 두뇌는 유인원만큼만 활용했을 것이다. 물과 불의 사용이 인간의 두뇌가 커지고 개발되는 데에 큰 기여를 한 것이다. 신장이 커지고 신체가 건장해진 것에도 결정적인 영향을 끼쳤다.

또한 물, 불의 사용으로 영양상태가 좋아져 인간만이 늙어서도 계속 살아가게 됐다. 모든 동물에게 늙음은 곧 죽음이다. 하지만 인간은 머리털이 하얘지고 이빨이 빠지고 노안이 되어서도 수십 년을 더 살아간다. 오래 산다는 것은 그만큼 경험과 지식이 축적되고 전수된다는 것을 의미한다. 물불을 가리지 않은 것이 인간이 문명사회를 향유할 수 있는 것에 큰 기여를 한 셈이다. 농경시대 인간의 평균수명은 35살로 유인원의 40살보다 적은데 무슨 뚱딴지같은 소리냐고 반문할 수도 있다.

그러나 평균수명과 자연수명은 다르다. 산업화 이전의 인간은 위생불량과 영양부족으로 영·유아 사망률이 매우 높았고, 역병, 재해, 전쟁에 많이 노출돼서 평균수명이 낮았다. 하지만 이런 것들을 피해 간 통상적인 인간들의 자연수명은 60세가 넘었다.[40]―(조선시

---

[40] '차이나는 클라스'(JTBC 230525)「사냥 시작 후, 인간의 키가 30cm 이상 UP」이란 동영상을 보면 의료지원이 전혀 없는 원시생활을 하는 현대 수렵채집 부족 4집단의 평균수명은 35세이지만 32.5%가 60세를 넘게 산다는 인류학 연구결과가 있다.

대에도 환갑잔치를 벌인 사람이 많았다는 것을 상기하라) 심지어 80살도 넘게 산 사람도 꽤 있었다.

참고로, 2천 년대 초반까지 우리나라 법정 최고 형량이 15년이었다. 형법을 제정할 초기 시절인 독일 바이마르 공화국 시대에 인간의 평균수명을 35살로 보고 20살 성인이 감옥에 갇혀 15년을 지내면 35살이 되어 자연사할 것이라고 정한 것을 우리나라에 그대로 도입한 것이었다. 평균수명과 자연수명의 차이를 분별하지 못한 것에서 생긴 오류였다.

그런데 왜 유인원은 자연수명과 평균수명이 같은데 인간은 다를까? 일단 서식지의 차이에 비롯된 것이 있다. 유인원은 정글이라는 서식지를 태곳적부터 벗어나지 않기 때문에 그곳에 면역체계를 유지하고 다른 종의 동물 집단과의 접촉이 거의 없어 새로운 질병에 노출되지 않는다. 감기도 안 걸린다. 하지만 사람은 정글을 벗어나 세계 곳곳에 살아간다.

정글을 벗어난 지역은 온갖 곤충 및 짐승과 접촉이 빈번해진다. 온갖 질병이 파리, 모기, 빈대, 벼룩, 개미, 나방, 진드기, 메뚜기, 바퀴벌레 등의 곤충들로부터 감염되고, 쥐, 개, 소, 말, 양, 돼지, 토끼, 사슴, 고양이, 원숭이 등의 네발짐승으로부터도 감염돼 수많은 사람들이 병들어 죽었다. 닭, 오리, 거위, 제비, 참새, 비둘기, 갈매기 등의 날개 짐승에게서도 감염된 질병도 많다. 박쥐에게서 옮긴 질병은 지역마다 아주 다양하다.

어패류를 비롯한 해산물의 섭취로 디스토마, 비브리오, 노로바이러스, 파라타이푸스, 아니사키증, A형·E형 간염바이러스 등에 노출된다. 심지어 식수도 정글을 벗어나면 이질, 대장균, 콜레라, 장티푸스, 살모넬라 등에 노출된다. 이러한 질병은 영유아에게 더 치명적이라 영유아 사망률이 무척 높았다.

둘째, 재난·재해다. 유인원이 사는 정글은 화산, 홍수, 지진, 태풍, 가뭄 등이 발생하지 않는다. 하지만 정글을 벗어난 인간이 사는 지역에선 자연재해가 빈번하다.[41] 여기에 민가의 화재도 더해져 많은 사람이 죽었다. 셋째, 전쟁이다. 유인원은 집단 간 충돌이 거의 없고 충돌이 생겨도 영역 다툼에 그친다. 집단 학살을 저지르지 않는다.

그러나 인간은 집단 간 충돌이 잦고 이때 무기를 사용하여 대량 학살을 저지른다. 이런

---

41   통계적으로 인명 피해는 '화산<화재<홍수<지진<태풍<가뭄'의 순으로 커진다. 특히 가뭄이 이어지면 기근으로 많은 사람이 굶어죽는다. 지금도 매년 전 세계 38개국 4,400만 명이 심각한 기근에 시달리고 있고,-[유엔세계식량기구(WFP)] 이 중 270만 명이 굶어죽는 것으로 보고 있다.-[옥스팜(2022)] 참고로 재산 피해는 '화산<화재<가뭄<태풍<지진<홍수'의 순으로 화산을 제외하면 묘하게 인명피해와 완전 반대순이 된다.

것들이 중첩되어 유인원과 인간의 평균수명 양상이 달라진 것이다. 그런데 정글의 유인원은 개체수가 거의 일정하게 유지되는데 근대 이전까지 인간은 평균수명이 무척 짧았는데도 개체수가 왜 꾸준히 늘었을까?

유인원은 암수가 거의 동수로 무리 생활을 하지만 짝짓기는 우두머리 수컷만이 한다. 나머지 수컷은 평생 짝짓기 기회를 갖지 못한다. 또한 우두머리 수컷이 모든 암컷과 돌아가며 짝짓기를 하는 것이 아니다. 짝짓기하는 암컷도 서열에 따라 소수로 제한된다. 게다가 우두머리 수컷의 발정기 때 여러 암컷과 동시에 짝짓기를 하는 게 아니다. 한 번의 발정기 때 선택된 한 마리의 암컷만이 짝짓기 상대가 된다. 그리하여 선택된 암컷이 평생 품는 새끼는 한두 마리에 그친다. 이런 체제라서 평균수명과 자연수명이 같고 무려 40년을 사는데도 개체수가 일정하게 유지된다.

하지만 인간은 우두머리와는 상관없이 각각의 암수가 짝을 이루고 살며, 발정기도 따로 없어 수시로 짝짓기를 할 수 있다. 한 암컷이 새끼 대여섯을 품는 것은 대수로운 일 아니다. 인간의 평균수명이 유인원보다 짧았지만 낳는 새끼가 원체 많아서 개체수가 꾸준히 늘어난 것이다.

필자가 인간의 개체수에 주목하는 까닭은 국가 성립과 문명 발달이 개체수에 근거한다고 보기 때문이다. 국가기원설엔 재산설, 정복설, 착취설, 족부권설 등 여러 가지 있지만 대체로 신의설과 사회계약설로 좁혀지고 있다. 그러나 그 어느 것도 현대 이전의 아프리카, 시베리아, 중앙아시아, 오세아니아, 북아메리카, 안데스산맥 동쪽의 남미 등지에 국가가 없었다는 것을 설명하지 못한다.

국가의 구성요소로 국민, 영토, 주권을 드는데 이들 지역은 이를 다 갖추었는데도 왜 국가가 없었을까? 유목민족이나 씨족·부족 집단에서는 족장·추장[42]을 중심으로 모든 것이 해결되므로 정부 기구가 따로 필요 없다. 정부 기구가 없으면 국가는 성립하지 않는다. 따라서 국가의 구성요소는 국민, 영토, 주권에 정부 기구가 더해져야 한다. 그럼 정부 기

---

42   추장보다 더 높으면? 고추장. 고추장보다 더 높으면? 초고추장. 초고추장보다 더 높으면? 태양초고추장. 키 큰 사람이 추장되면?-(답은 글 뒤에)

구는 언제 무슨 이유로 생겨났을까?

소규모 공동체의 신석기시대를 지나 청동기시대에 접어들면 파종법과 목축의 발달로 정착 인구수가 급증한다. 늘어난 인적·물적 자원의 인위적인 관리를 위해 기록 문명이 탄생하게 된다. 수렵·채집 등에 의존하던 자연적 서식지가 소화할 수 있는 적정 개체수를 넘어서는 정주민의 과밀화는 생태적 질서가 파괴되므로 인위적인 질서 체제가 필요하게 된다. 인위적 질서 체제를 담당하는 정부 기구가 생겨난 것이다. 정주민이 적어 문자가 필요 없는 곳엔 통치 기구, 즉 정부를 필요로 하지 않는다.

따라서 국가의 유무는 정주민 밀도에 의해 결정되는 것이며, 국가기원설은 정주민 과밀설로 결론지어야 한다. 현대 이전의 아프리카, 시베리아, 중앙아시아, 오세아니아, 북아메리카, 안데스산맥 동쪽의 남미 등지에 국가가 없었던 까닭은 전반적으로 수렵·채집·유목에 의존도가 높아 정주민 밀도가 미미해서이다.

정주민의 과밀화는 인간이 인간답게 살 수 있는 기록의 문명사회로 이끌었다는 점에서도 의의가 크다. 즉, 지구상에 인간이 다른 최상위 서식자처럼 자연 생태계의 적정 개체수를 유지했다면 국가도 문명도 생기지 않았을 것이다. 필자가 물, 불의 사용과 직립보행에 주목하고 또 주목하는 이유이다.

(◡◡) (각주42 답) '거추장'스럽다.

【 11 】의술의 발달로 멍청해졌다?

2020년은 코로나19로 점철됐다. 이 한해에 전 세계의 코로나 확진자가 83,424,435명에 사망자가 1,818,114명에 달했다. 미국에서만 약 34만 명이 코로나로 사망했다는 것에 충격이 컸다. 그런데 미국의 한 해 평균 사망자 수는 얼마일까? 총인구수에 새로 충원되는 신생아가 없다고 가정하면 평균수명이 100세인 국가는 100년 후에 생존자가 '0'이 된다. 한 해 평균 전 국민의 1%가 사망한다.

평균수명이 50세인 나라는 50년 후에 생존자가 '0'이므로 한 해 평균 전 국민의 2%가 사망한다. 전체 인구에서 차지하는 그해의 신생아 수는 미미하므로 무시해도 무리는 없다.—(우리나라 국민이 5천1백만 명인데 한해 신생아는 약 30만 명이다) 2019년 발표된 유엔 자료에 따르면 미국의 평균수명은 78.63세이므로 한 해 평균 1.27%(100/78.63)의 미국인이 사망한다.

2020년 한 해에 약 3억3천 명의 미국인구 중 약 420만 명 사망했다. 그중 약 34만 명이 코로나로 사망했다. 34만 명의 사망자에 대해선 사인을 보도하고 386만 명의 사망자에 대해선 사인을 보도하지 않은 것이다. 말하기 불편하지만 34만 명의 사망자는 뭐에 걸려도 죽을 고령의 기저질환자가 대부분이었다. 코로나로 사람이 엄청나게 죽은 것이 아니다.

예전엔 고령의 기저질환자가 콜록거리다 죽으면 그런가 보다 했는데, 요즘은 콜록거리다 죽으면 코로나인지 검진하고 코로나로 판명되면 호들갑떤다. 의술의 발달로 생긴 역설이다. 고령의 기저질환자도 아닌데도 죽은 386만 명의 사인이 훨씬 중요한데도 이에 대해선 언급 없이 코로나에만 관심을 돌리고 있는 것은 현명한 처사가 아니다.

2020년의 전 세계 인구는 78억이 넘는다. 세계 평균수명을 70세 정도로 보고 있으므로 1년에 전체 인구의 약 1.43%로 1억1154만 명 정도 죽는다. 2020년에 코로나로 180만 명 정도 사망했는데 코로나가 아닌 다른 이유로 죽은 1억974만 명의 사인은 보도하지 않았다. 180만 명의 사인이 중한가, 아니면 1억 974만 명의 사인이 중한가?

2020년에 우리나라에서 61,769명이 코로나에 걸리고 그중 917명이 사망했다. 2019년에 교통사고로 341,712명이 다치고 3,349명이 사망했다. 코로나 사망자와 교통사고 사망자의 숫자차이도 크지만 코로나 확진자와 교통사고 부상자의 숫자 차이는 더 크다. 코로나는 걸렸다 나으면 그만이지만 교통사고는 장애인이 되거나, 후유증에 시달리는 경우도 많다.

교통사고가 코로나보다 훨씬 더 심각한 문제이다. 그런데도 2019년에 교통사고를 이유로 운행 통제한 적이 없었다. 심지어 사고 다발 지역도 '고위험군'이라는 경각 표지판만 내걸었을 뿐 통제하지 않았다. 그런데 코로나를 이유로 전국을 통제하고 '고위험군'이라는 이유로 수많은 다중 이용시설을 폐쇄하였다. 상식에 어긋난 과도한 조치이다.

코로나19는 2019년부터 계속 누적하여 발표했다. 코로나 사망자를 2019년부터 누적 통계 낸다면 이에 대비시켜 일반 사망자도 2019년부터 누적 통계 내야 합당하다. 전 세계 코로나 사망자가 2020년엔 180만 명이었지만, 2021년 7월에 420만 명을 넘어섰으므로 공포스럽게 여길 수 있다. 하지만 이런 방식으로 통계내면 코로나 이외의 일반 사망자는 2020년의 1억974만 명에서 2021년 7월말 1억 7천 240만 명(=1억 7,660만 명-420만 명)으로 늘어난 것이 된다. 이에 비하면 코로나 사망자는 새 발의 피다. 2021년 8월 5일까지 코로나19의 누적 총 감염자는 200,195,373명, 사망자는 4,256,254명으로 치사율은 2.13%에 못 미친다. 일반 독감보다 치사율이 낮은 것이다.

코로나가 대유행(Pandemic)하자 전 세계가 시설소독, 마스크착용, 거리두기를 강제했다. 강력한 방역조치로 국민들의 고통이 무척 심해졌다. 그런데 문제는 '방역 강화가 과학적인가?'이다. 입자의 크기는 곰팡이포자 약 10㎛, 박테리아 10~1㎛, 연기입자 1~0.1㎛, 바이러스 0.1~0.01㎛이다. 눈에 보이지 않는 이들은 공기 중에 무수히 떠다닌다. 지역적·시기적으로 농도의 편차가 있을 뿐 항상 떠다닌다. 우리나라의 마스크 품질은 필터 지수로 구분한다.(KF:Korea-Filter) 'KF80' 마스크는 평균 0.6㎛ 크기의 미세입자를 80% 이상, 'KF94' 마스크, 'KF99' 마스크는 평균 0.4㎛ 크기의 입자를 각각 94%, 99% 이상 걸러낸다.

진균은 필터로 걸러지므로 곰팡이 포자로 인한 호흡기 질환은 마스크로 막을 수 있다. 세균은 진균보다 작지만 역시 필터로 걸러지므로 항균 마스크로 막을 수 있다. 하지만 필터 지수의 입자 기준이 0.6~0.4㎛이므로 이보다 작은 연기 입자는 마스크로 걸러지지 않는다. 흡연실에 마스크 쓰고 들어가도 간접 흡연하게 되고 몸에 담배 냄새가 밴다. 간접흡연이라도 막으려면 숨 쉬는 부위에 활성탄을 채운 방독면을 써야 한다. 바이러스는 연기보다도 더 작다. 방독면으로도 못 막는다. 코로나19는 바이러스다. 그러기에 우주복 같은 옷을 온몸에 두른 의료진이 코로나에 많이 걸렸다.

그런데도 불구하고 방역수칙으로 전 국민에게 마스크착용을 강제했다. 마스크는 코로나에 걸리기 싫은 사람만 쓰면 된다. 비 맞기 싫은 사람이 우산 쓰면 된다. 비 맞아도 괜찮다는 사람에게 우산을 강제하면 안 된다. 마스크가 정답이라면서 마스크 쓴 사람이 노 마스크를 비난하는 것은 마스크를 '믿지만 못 믿겠다.'는 모순적 사고이다. 코로나로 생긴 예절이 주먹인사이다. 하지만 바이러스는 결코 '악수하면 혼내키고 주먹 인사하면 봐주고' 하지 않는다. 흡연자와 악수하면 담배연기가 옮고 주먹인사하면 옮지 않는다는 소가 웃을 일이 벌어진 것이다.

밀가루반죽은 곰팡이가 잘 핀다. 불에 구운 반죽도 상온에 두면 공기 중의 포자로 인해 곰팡이가 핀다. 밀봉해야 한다. 세균은 살균 처리하면 막을 수 있다. 하지만 바이러스는 생명체가 아니라서 방부 및 살균 처리할 수 없다. 소독 처리해야 한다. 방역당국이 시설물에 소독제를 뿌리는 이유이다. 그러나 문제는 시설물에 묻어 있는 것보다 공기 중에 떠다니는 것이 훨씬 많다는 것이다. 트인 공간은 소독제로 공중을 소독할 재간이 없으며 밀폐된 공간은 소독제를 공중에 잔뜩 뿌리면 사람이 질식한다. 시설소독은 별 소용이 없는데도 방역당국은 엄청난 비용을 들여 열심히 소독제를 뿌려댔다. 국민의 혈세만 낭비한 셈이다.

흡연실에서 2m 거리를 두어 봤자 간접흡연하게 되는 것처럼 바이러스는 거리두기로 막을 수 없다. 거리두기 차원에서 '3밀 피하기'가 강조됐다. 밀폐, 밀집, 밀접을 피하라는 것인데, 트인 공간에서도 몇 명 이상 모이지 말고 2m 이상 거리두기 하라며 온갖 모임,

활동, 영업을 제한했다. 코로나19의 외부 유입을 막기 위해 외부인 접촉, 타지 방문 등을 제한하고 공항을 폐쇄하기도 했다. 지역 봉쇄령까지 발동한 나라도 상당수 있었다. 하지만 방역 단계를 높여가도 시기별·지역별 편차가 있었을 뿐 감염자가 전체적으로 계속 늘었다는 것에서 '거리두기'와 '3밀·외지인 피하기'는 틀렸다는 것을 증거한다.

버스와 지하철은 3밀이 아주 잘⁽?⁾ 지켜진다. 버스·지하철엔 많은 사람이 타고[밀집] 승객들이 서로 부대끼며[밀집] 차문을 닫고[밀폐] 달린다. 3밀에 더하여 외지인[낯선 사람]이 아주 많이 모인다. 질병청 논리라면 버스·지하철을 통한 코로나 전염이 아주 심각해야 한다. 그러나 버스·지하철을 통해 코로나가 전염된 건수는 드물다. 도리어 마스크 의무화 (2020.10.13.) 이전엔 버스·지하철 n-차 감염 건수는 '0'이었다. 코로나 예방 차원에서 되도록 외부인·외지인과 접촉을 피하라며 졸업식, 입학식, 각종공연, 프로경기, 지역 및 학교의 축제 등을 제한하고 스승의 날에 제자 방문, 추석 때 고향 방문, 새해맞이 해돋이 관광을 막았던 조치는 모두 사기였던 것이다.

당시에 비말 방지라는 코로나 방역 수칙을 강제했다. 그런데 비말은 침방울이므로 구강질환과 연루된다. 코로나19는 구강질환이 아니다. 침방울은 호흡기질환과 무관하다. 코로나19는 호흡기질환이라 공중에 떠도는 바이러스에 노출되어 걸린다. 코로나19는 비말 전염 병원체가 아니라 공기 전염 병원체라 비말 차단 마스크와는 아무 상관이 없다. 미세한 비말이 정말 우려된다면 가장 심한 장소부터 가려내야 한다. 하지만 가장 심각한 곳은 지적하지 못했다. 미세한 비말은 언제 가장 많이 발생하는가?

학교 화장실은 밀폐된 공간으로 여럿이 동시에 사용한다. 양치할 때 비말이 가장 많이 발생한다. 화장실에 여럿이 들어가 노 마스크로 양치하는데 이에 대한 지침은 전혀 없다. 양치 후 '오로로~폐' 하며 입을 가실 때 공중에 비말 퍼짐은 극대화된다. 비말 전염이 우려된다면 학교 화장실에서 양치를 못하게 해야 하며, 학생과 교사 모두 개인 세면대를 가지고 다니도록 해야 한다. 이런 조치를 취하지 않았으므로 학교 화장실을 통한 코로나 전염이 가장 심해야 한다. 하지만 화장실 발 n차 감염 사례는 한 건도 없었다. 비말 전염이란 것은 거짓임을 알 수 있다.

'코스크'라는 말이 있다. 코[43]를 내밀고 쓴 마스크인데, 비말을 막기 위해선 마스크를 코까지 가려야 한다고 강제한다. 하지만 비말은 말하는 입을 통해 튀어나가지 숨쉬는 코를 통해 나가지 않는다. 마스크를 입만 가려도 비말은 입 밖으로 튀어나가지 않으므로, 이러면 공중에 떠도는 비말이 없으므로 마스크를 코까지 가릴 필요가 없게 된다. 마스크를 코까지 가려 쓰라는 지침은 숨 편히 못 쉬게 하는 폭압이다. 설령 비말 전염이 맞다 손치더라도 멀쩡한 사람의 비말엔 코로나균이 없기 때문에 마스크나 거리두기가 아무 의미가 없다. 감염자의 비말에나 코로나 균이 있으므로 확진자만 마스크를 쓰고 거리두기를 하면 된다.

코로나 방역은 예방 차원이라는 것을 전가의 보도로 휘둘렀다. 눈병 걸린 사람이 안대를 하는 것이지 걸리지 않은 사람이 안대를 하면 바보라고 한다. 하지만 예방차원이라면 이야기가 달라진다. 눈병 환자가 눈을 껌뻑일 때 튀어나와 공중에 떠도는 미세한 눈물방울에 눈병이 감염될 수도 있으므로 예방 차원에서 멀쩡한 사람도 안대를 해야 한다는 논리는 성립한다.

하지만 그런 사례는 극히 이례적이므로 사람들이 신경 쓰지 않는다. 코로나 확진자 입에서 튀어 나온 미세한 비말에 코로나 감염될 수 있으므로 예방 차원에서 멀쩡한 사람도 마스크를 써야 한다는 논리도 마찬가지다. 하지만 그런 사례는 극히 이례적이다.

방역 수칙으로 발열체크도 강제했다. 호흡기 질환에 발열체크라? 눈병에 걸렸는지 안 걸렸는지를 알아보려면 눈을 체크하는 것이 1차적이다. 식중독은 배를 체크하는 것이 1차적인 것처럼 어떤 질병이든지 간에 질환 부위 체크가 1차적이다. 눈병이든 식중독이든 몸에 열이 있는지를 체크하는 것은 2차적인 참고사항이다. 눈병인지 아닌지, 식중독인지 아닌지 발열체크부터 하자고 하면 바보라고 한다. 하물며, 눈이 가렵지 않은 사람에게, 배가

---

43   코를 세게 풀면 귓속이 멍해지기 십상이다. 휴지를 코에 대고 손가락으로 한쪽 코를 막고 다른 손으로 반대쪽의 귀톱을 눌러막고 코를 풀면 멍해지지 않는다. 콧속 깊이 코딱지가 끼었을 때 손가락으로 후비는 사람이 많은데 위생에도 안 좋고 쉽사리 빠지지도 않는다. 두 손 검지로 양 쪽 콧볼을 동시에 눌러 위쪽으로 슬슬 몇 번 비비고 코를 풀면 해결된다. 감기가 끝날 무렵엔 누렇고 짙은 콧물이 굳어 콧속이 꽉 막히기도 한다. 이땐 아무리 세게 풀어도 안돼 무척 갑갑해진다. 목을 뒤로 'ㄱ'자로 완전히 꺾은 채로 한쪽 코를 막고 킁·킁·킁 하면 신기하게도 짙게 굳은 콧물이 슬슬 빠져나온다. 보기엔 엄청 지저분하니까 혼자 화장실에서 미리 화장지를 준비하고 푸는 게 좋다.

아프지 않은 사람에게 눈병 및 식중독 검진을 위해 발열체크 하면 소가 웃는다.

코로나는 호흡기질환이므로 호흡기 증상 여부를 체크하는 것이 1차적이다. 그런데 선제적 방역이랍시고 다중이용시설 입장 시에 발열 체크부터 했다. 참고사항이 1차적인 체크 사항이 된 것인데, 배가 아프지도 않은 사람에게 식중독인지 아닌지 발열체크부터 하자는 것처럼, 호흡기 통증도 없고 기침·재채기도 안 하는데 코로나인지 아닌지 발열체크부터 한다는 것은 바보짓이다.

과연 발열 체크를 통해 코로나19로 건진 건수가 몇이나 될까? 혹여 있다하더라도 발열 체크로 식중독을 건진 건수와 다를 바 없다. 참고로 필자가 근무하는 한영고에서 등교시간, 점심시간에 그 수많은 학생들을 2020년 5월부터 2021년이 다 지나도록 내내 발열 체크했지만 한 건도 못 건졌다. 한 울타리를 쓰고 있는 한영중, 한영외고, 한영유치원에서도 건진 건수가 '0'이다. 호흡기 관련 증상이 있든 없든 아무나 발열 체크하여 불편만 컸다.

전국에 초등학교 6087개, 중학교가 3214개, 고등학교 2356개에 학생들이 등교할 때 호흡기 증상 유무와 상관없이 모두에게 발열 체크를 강제했다. 이런 바보짓에 열화상 카메라까지 동원됐다. 열화상 카메라를 학교 당 1대씩만 하더라도 적어도 11,657대가 설치된 것인데 카메라 1대 값을 700만원으로 잡아도 815억 9,900만 원의 엄청난 예산이 들어간 것이다. 밑 빠진 독에 물을 부으라는 것도 한심한데 밑 빠진 독을 비싼 돈 들여 잔뜩 구입한 격이니 기가 찬다.

어린애가 도로에 공을 주우러 갈 때 차에 치일 위험을 감수하더라도 아이를 구하러 가는 것을 인간의 도리이다. 구하러 간 사람을 교통안전수칙을 어겼다고 처벌하면 안 된다. 방역이랍시고 부모님의 마지막 임종조차 대면하지 못하게 막았는데 이는 인간의 가장 근본적인 윤리마저 짓밟은 폭압이다. 코로나에 걸릴지언정 인간의 기본적인 도리는 다해야 한다고 계도하는 것이 정부가 할 일이다. 인간의 활동은 여럿이 모여 같이해야 하는 경우가 많다. 이러저런 상황 구분 없이 몇 명 이상 모였다고 집합금지 명령 위반으로 처벌하는 것은 '인간은 사회적 동물'이라는 근본을 짓밟는 인간성 말살 정책이다.

인간은 사회적 동물이다. 인간성은 사회성에서 길러진다. 사회성은 대면 접촉과 대화소통을 통해 형성된다. 대면이란 얼굴을 맞댄다는 뜻으로 표정이 1차적이며 대화란 말을 주고받는다는 뜻으로 정확한 의사전달이 1차적이다. 마스크 착용으로 얼굴 표정이 지워지고 말소리가 부정확해졌다. 성장기의 학생들에겐 그 폐해가 극심하다. 친구 간의 다양한 감정의 교류는커녕 기본적인 의사소통도 어눌해졌다. 아예 불필요한 대화는 자제하라고 입을 틀어막았다.

애들이 나누는 이야기는 어른들이 보기엔 사소한 수다 떨기로 보일지 몰라도 또래집단 내에서는 결코 불필요한 대화가 아니다. 수다 떨지 말라는 것은 친구를 사귀지 말라는 것과 다름없다. 학생들은 교실과 복도에서 장난을 치거나 운동장에서 맘껏 뛰놀아야 신체적으로 정신적으로 건강해진다. 그러나 이조차도 거리두기로 제지됐다. 언제 어디서나 마스크 쓰고 거리두기를 강제하여 아이들의 감수성, 사회성 및 인성은 자랄 틈이 없어졌다. 방역 지침에 따른 것인데, 거짓투성이를 위하느라 엄청 크고 중요한 것이 희생당한 것이다.

질병청 관계자는 매일 여러 취재진 앞에서 마스크를 벗고 브리핑했다. 수어 통역사는 관계자 옆에서—(거리가 1m도 안 된다)— 노 마스크로 수어 통역을 한다. 국민들에겐 언제 어디서든 마스크 착용과 거리두기 하라면서 정작 본인들은 안 지킨다. 인터넷에 수어는 표정이 50%이기 때문에 수어 통역사가 마스크를 벗어야 한다는 글들이 많이 올라와있다. 수어에서 주로 단어는 손동작으로 나타내지만 억양, 강세, 장단, 종결 등의 초분절음을 비수지 신호로 나타내기 때문에 얼굴 표정을 가리면 의미가 절반밖에 전달되지 않는다는 것이다.

수어는 표정이 50%라 치자. 그럼 아이들에게 표정은 몇 % 작동할까? 아이들은 서로간의 표정을 통해 감수성, 사회성이 길러지고 인성이 갖춰진다. 아이들에게 표정의 필요성은 80%가 넘는다. 34만 명의 수화 장애인은 50%의 필요성으로 살펴 살려주고 600만의 초중고 학생들은 80%의 필요성을 눌러 죽인 셈이다.

교실 수업에서 가장 중요한 덕목은 교사와 학생 간의 교감(交感)이다. 교감은 표정을 통해 전달된다. 교사의 표정에 학생들이 반응하고 학생들의 반응은 표정으로 드러난다. 교실 수업에서의 표정의 필요성은 80%가 넘는다. 표정 없는 수업은 죽은 수업이다. 거리두기로 짝꿍도 없이 마스크 쓴 학생들에게 교사가 표정없는 마스크 수업하는 것은 공동묘지에서 해골이 강의하는 것과 다를 바 없다.

교실에선 학생이 선글라스 쓰고 있거나 핸드폰 사용하면 교감에 방해가 되기 때문에 제지한다. 마스크도 교감에 방해되기 때문에 코로나에 걸린 환자가 아닌 이상 교실에서의 착용은 금지해야 바람직하다. 또한 교실 수업에선 강의 내용의 명확한 전달과 학생들의 자발적 사고를 유도하기 위한 질의응답이 중요하다. 마스크 착용으로 강의 전달이 불명확해지고 교사·학생간의 질의응답은 실종됐다. 교사가 한 학생에게 질문하러 다가가는 것은 그 학생을 위협하는 반(反)방역 행위로 치부된다. 게다가 마스크 착용으로 교실에서 학생들의 웃음소리는 완전히 사라졌다. 심각하게 인식해야 할 문제이다.

1년에 국민의 10%가 감기 걸리고 그 중 약 3%는 독감 환자라고 한다. 5천1백만 국민 중 약 5백만 명이 감기에 걸리고, 그 중 약 3%, 즉, 15만 명 정도는 독감 환자인 것이다. 우리나라에서 매년 독감으로 3천 명 넘게 사망한다. 그런데 이를 이유로 방역 조치를 시행한 적이 없었다. 2020년 한해에 우리나라 61,769명이 코로나에 걸리고 그중 917명이 사망했다. 일반 독감에 비해 확진자와 사망자가 1/3에도 못 미친다. 독감보다 훨씬 못한데도 코로나 방역이랍시고 각종 통제를 가한 것이다. 가랑비 올 땐 우산을 안 쓰다가 안개 끼니까 우산 쓰는 격이다.

매년 한 반에 두세 명은 감기에 걸리는데 감기에 걸렸어도 예전엔 정상적으로 등교했고 증세가 심하면 독감인양 여겨 집에서 약 먹고 쉬었다. 감기인지 독감인지 애써 가려내지 않았다. 모두들 별스럽지 않게 여기고 지냈다. 그런데 2020년엔 코로나를 이유로 개학 연기, 등교 정지, 1/3등교 등 각종 통제를 가했다.

아닌 말로 총탄이 빗발치던 6·25 한국 전쟁 당시에도 학교문은 열었다. 전쟁이 4년 넘게 이어졌고 전투가 벌어지는 전선 이외에도 남한의 인민군 게릴라가 곳곳에서 출몰했는데도 학교 문을 연 것이다. 코로나 시국엔 '건강이 우선'이라는 미명하에 학교 문을 통제했지만, 전쟁 시국에도 '생명이 우선'이라는 명목 하에 학교 문을 통제한 적이 없었다. '건강'과 '생명' 중 뭐가 우선하겠는가?

'건강이 우선'이라는 명제로 '예방 차원'이라는 칼을 마구 휘두르면 안 된다. 예방 차원이라는 미명하에 헌법의 기본 정신인 '과잉 금지의 원칙'을 훼손해선 안 된다. 사스, 신종 플루, 메르스 사태 때엔 과잉금지원칙이 잘 지켜졌다. 그러나 코로나 사태에선 과잉금지원칙이 처절하게 짓밟혔다. 전자 땐 방역을 핑계로 공포정치하지 말라는 전문가들의 조언이 받아들여졌고, 후자 땐 예방차원에서 절대 방심하면 안 된다는 전문가들의 경고가 받아들여진 것인데, 누가 제대로 된 전문가인가?

해마다 화재사고, 교통사고가 많이 발생하지만 화재 예방 차원에서 가스·전열기 사용을 규제한 적이 없고, 교통사고 예방 차원에서 차량 운행을 통제한 적이 없다. 화재사고, 교통사고에 대해 '불조심하세요, 조심 운전하세요'라고 권고하듯이 코로나에 대해서도 '감기 조심하세요'라고 권고하는 것으로 그쳐야 한다.

코로나는 바이러스에 의한 감기의 별칭이라는 것을 인식해야 한다. 앞에서 밝혔듯이 바이러스는 인위적으로 막을 수 있는 것이 아니다. 감기엔 약이 없다는 것도 상식이다. 바이러스는 끊임없이 변이를 일으킨다. 인간이 이런 바이러스에 적응하며 살아남으려면 매년 약 10%가 걸려야 한다. 만약 아무도 걸리지 않고 몇 년이 지나면 변이에 변이를 일으킨 바이러스는 인간이 감당할 수 없는 괴물로 다가오게 된다.

인간보다 바이러스가 지구상에 먼저 등장했고 인간은 바이러스와 공존할 수밖에 없다는 것을 인정해야 하며, 바이러스를 꽁꽁 틀어막으면 적응력이 뚝 떨어진 인간 세계에 어느 한순간 봇물 터지듯 커다란 재앙으로 덮쳐온다는 것을 인식해야 한다. 따라서 코로나 사태에 대해서 다음과 같은 구절로 결론지을 수 있다. '코로나19는 감기의 일종, 감기는 막을 수도 없고 막아서도 안 된다.'

바이러스에 대해 한 가지 덧붙인다. 조류독감에 대해서도 오해가 크다. 조류독감이 인간에게 전염됐다는 사례는 보도된 바 없다. 의심 사례가 몇 건 있었지만 신경 쓸 만한 것이 못 된다. 또한 조류독감에 걸린 닭·오리는 3일 이내에 죽고 죽은 닭·오리는 유통 금지이기 때문에 인간에게 전염될 수 없다. 게다가 조류독감은 75도에서 5분 익히면 사멸되므로 불요리하면 조류독감에 걸릴 일이 없다. 그런데도 조류독감이 발생하면 닭·오리 소비가 급감한다. 심지어 달걀까지 소비가 주는데, 조류독감에 걸린 닭·오리는 알 못 낳고 죽기 때문에 달걀을 기피할 이유가 없다. 과잉반응이다.

방역당국은 조류독감에 걸린 농장이 발생하면 지역 전체를 통제하고 그 농장을 중심으로 3km 이내 농장의 모든 닭ㆍ오리를 살처분한다. 수십만, 수백만 마리의 닭ㆍ오리를 한꺼번에 살처분한다. 감염되지 않은 멀쩡한 닭ㆍ오리까지 모조리 살처분한다. 과잉조치이다. 조류독감이 발생하면 방역당국의 과잉조치와 국민들의 과잉반응으로 축산농가는 시름이 커진다.

2020년에는 코로나에 묻혀 조류독감에 대한 관심은 줄었지만 당국의 방역조치는 변함이 없다. 조류독감은 해마다 겨울철이면 어김없이 발생하는데 조류독감에도 과잉금지 원칙을 적용해야 한다. 조류독감보다 빈도가 낮지만 구제역, 광우병, 돼지열병 등 기타 다른 가축 질환에 대해서도 국민들의 과잉반응과 방역당국의 과잉조치가 이어져 축산 농가가 커다란 타격을 입는데 이에도 마찬가지로 과잉금지가 적용될 필요가 있다고 하겠다.

의술이 발달하지 않았던 2000년 이전까지는 가축이 병에 걸리면 그런가 보다 하고 지나쳤다. 가축 질병에 대해 정부의 살처분 조치도 국민들의 과잉반응도 없었다. 물론 그로 인하여 국민 건강에 별문제가 발생하지 않았다. 그런데 의술의 발달로 2000년 이후로는 가축의 질환이 구체적으로 밝혀지면서 대량 살처분하는 방역조치가 취해졌다. 이에 대해 언론이 앞 다투어 보도하면서 국민들이 과잉반응을 일으키기 시작했다.

가축에 대한 대대적인 방역조치로 국민 건강이 2000년 이전보다 나아졌다고 할 수는 없다. 경제적 효과가 좋아진 것도 없다. 괜한 피해만 커진 것이다. 의술의 발달은 인류에게 없어서는 안 되는 중요한 덕목이다. 하지만 의술의 발달로 모두가 헛똑똑이가 되면 문제가 커진다. 아는 게 병은 아니다. 잘못 아는 게 병이다. 하나를 알더라도 제대로 아는 것이 절실하다.

마지막으로 백신에 대해 이야기 해 보자. 백신의 종류는 다양하지만 병원체를 이용한 것에는 사(死)백신과 생(生)백신이 있다. 사백신은 병균을 죽여 이용하는 것이고, 생백신은 병균을 약화시켜 이용하는 것이다. 전자는 소아마비, 콜레라, 인플루엔자 등에, 후자는 볼거리, 홍역, 장티푸스 등에 적용된다. 백신 접종 이전에 질병이 저절로 나으면 좋겠지만 이를 장담할 수 없기에 백신을 접종하여 예방한다.

코로나19의 경우 OECD 국가 중 가장 적게 감염되고 사망한 나라는 어디일까? 2020년 한해 통계를 보면 우리나라가 OECD 국가의 인구 대비 평균에 1/10도 안 된다. 물론 이를 두고 정부는 성공적 K-방역이라고 선전했다. 하지만 강력한 K-방역이 시행되기 이전에 발생한 사스, 신종 플루, 메르스 사태 때에도 우리나라의 감염자 및 사망자는 무척 적었었다. 이러한 사태 때마다 한국인의 음식이 조명을 받곤 했다. 이른바 김치 · 된장 등의 한류 음식 바람인데, 특히 마늘과 발효음식이 면역력을 키운다는 논문까지 여럿이 발표됐었다.

마늘과 발효음식이 건강에 좋다는 것을 부인하는 게 아니다. 하지만 한식을 먹어 면역력이 커졌다는 것은 비약이다. 사스, 신종 플루, 메르스에 덧붙여 에이즈까지, 세계를 공포에 떨게 했던 이들이 유독 우리나라에서만 힘을 못 쓴 것은 사실이다. 그러나 암, 당뇨, 뇌 · 심장 · 혈관계 질환 등엔 한국인이 취약하다는 것을 직시해야 한다. 한식이 면역력을 높인다면 이들의 질환에도 강해야 한다.

강하고 약함의 차이가 있다는 것에서 전자와 후자의 차별적 특성을 구별할 필요가 있다. 전자는 병균 감염 질환이고 후자는 신체 기능 질환이다. 즉, 우리나라 사람이 '병원성' 질환에 강하고 '대사성' 질환에 약한 것이다. 한국인이 대사성 질환에 약한 것은 우리나라가 스트레스 지수가 높은 나라라서 이어진 현상으로 볼 수 있다. 그럼 스트레스 지수가 높은데도 유독 병원성 질환에 강한 까닭은 과연 무엇일까?

OECD 국가 중에 한 찌개를 여럿이 함께 숟가락으로 퍼먹는 나라는 우리나라밖에 없다. 우리나라 사람들은 여럿이 떠먹는 찌개 문화를 정겹게 여긴다. 하지만 다른 나라 사람들은 어떻게 생각할까? 찌개를 각자의 앞접시에 따로 덜어다 먹는 것이 아니라 각자의 입에 들어갔던 숟가락을 다 같이 한 찌개 냄비에 푹 꽂는다? 서로의 타액을 마구 섞어 퍼먹는 극히 비위생적인 식문화라고 기겁할 일이다.

하지만 필자가 백신에 대해 언급한 까닭이 여기에 있다. 침에는 개개인 각자의 병원균이 들어 있는데 이것이 숟가락을 통해 뜨거운 찌개에 들어간다는 것이다. 앞에서 조류독감은 75도 정도에 죽는다고 밝혔듯이 병균은 열에 특히 약하다. 뜨거운 찌개에 들어간 병균은 대부분 죽거나 약화된다.

앞서 사백신과 생백신을 얘기했다. 우리나라 사람들은 찌개를 함께 먹으면서 온갖 병균의 사백신과 생백신을 집단 접종하여 면역력이 커진 것이다. 이를 식습(食習) 면역이라 하자. 앞에서 호흡기 질환은 침방울과 무관하다고 했으므로 호흡기질환은 찌개 문화로 식생 접종될 수 없다고 생각할 수도 있다. 하지만 뜨거운 찌개 국물을 떠먹으면 코의 점막이 자극되어 콧물이 입안으로 흘러 들어가 저절로 침에 섞이게 된다. 뜨거운 국물에 약한 사람은 아예 코를 훌쩍거리며 먹는 것을 봤을 것이다. 한 찌개를 여럿이 함께 떠먹는 식문화의 식습 접종으로 우리나라 사람들이 병균에 강해진 것이다.

우리나라 식문화도 예전엔 다른 나라와 다를 바 없었다. 식사할 때 양반·상놈의 구별이 엄연했고, 남녀노소의 구별까지 지켰었다. 국을 따로 떠먹었다. 식습 접종이 차단된 식문화였었다. 조선시대까지만 하더라도 전염성 병균이 창궐하면 이 마을, 저 마을이 쑥대밭 되곤 했다. 전쟁이 나면 오랑캐의 창칼에 죽는 사람보다 시체 더미에서 번진 전염성 병균 질환에 죽어 나가는 사람들이 훨씬 더 많았다.

1918년에 창궐했던 스페인 독감의 예만 보더라도, 우리나라 사람 중 740만여 명이 감염되었으며 14만여 명이나 사망했다. 우리나라에선 1918년이 무오년이라서 무오년 독감이라고 칭했지만 그 실체는 전 세계를 공포에 떨게 했던 스페인 독감이었다. 이러한 상황은 해방 직후까지 이어졌다.

하지만 6·25 전쟁을 겪으면서 우리의 식문화가 달라졌다. 남북한 합해서 300만 명 이상 사망·실종된 전쟁은 제3차 세계 대전이라 할 정도로 처절했고, 전쟁으로 대한민국이 유엔에 세계 최빈국으로 등재되는 처참한 결과가 초래됐다. 당시 생활이 너무 궁핍하여 밥[44]상을 차릴 때, 이것저것 되는 대로 '양동이 냄비'에 넣고 끓여 국물을 불려 먹기 급급했다. 주린 배를 채우는 데에 한가롭게 남녀노소, 양반·상놈을 구별할 처지가 못 됐다. 다

---

44 밥을 먹을 때 1술 뜨고 10번 이상 꼭꼭 씹어 삼키는 것이 좋다는 것은 상식 중의 상식이다. 그런데 입에 착 달라붙는 쌀밥은 5번 정도 씹으면 그냥 목구멍으로 넘어간다. 의식적으로 10번 이상 씹으려해도 어느새 삼키고 만다. 반면 보리밥은 거칠어 5번 정도 씹어도 목구멍에 넘어가질 않는다. 저절로 10번 이상 씹게 된다. 10번 정도 씹으면 침 속의 아밀라아제가 녹말을 분해하여 달달한 맛을 즐길 수 있다. 쌀보다 보리에 섬유질이 풍부하고 탄수화물은 적어 건강과 다이어트에도 좋다. 지구온난화로 겨울보다 여름나기가 더 힘겨워지고 있다. 보리는 찬 음식이라 여름나기에도 좋은 음식이다. 필자는 2022년부터 꽁보리밥을 먹어왔는데 여름에 무척 강해졌다. 2024년부터는 보리에 귀리를 3:1로 섞어 먹고 있다. 귀리의 효능은 굳이 얘기하지 않겠다.

같이 한 찌개를 너나 가릴 것 없이 함께 떠먹는 식문화가 자리하게 된 것이다.

참혹한 전쟁은 4년 넘게 지속됐고 전쟁 후에도 의식주 상황이 별로 나아지지 않았다. 동사무소에서 나눠주는 구호 식량으로 배를 채우는 시절이 지속되면서 전쟁 중의 '양동이 냄비'가 전쟁 후에 '찌개 냄비'로 바뀌었을 뿐, 찌개를 함께 퍼먹는 식습관은 서로가 서로의 생존을 확인하는 정겨운 식문화로 일상화됐다. 6·25전쟁으로 인해 우리나라에 식습 면역의 시대가 활짝⑦ 열린 것이다.

코로나사태를 계기로 우리의 식문화를 위생적으로 바꾸자는 주장이 상당히 나왔었다. 위생을 위해서는 옳은 주장이지만 그것이 다 건강에 좋다고 하면 안 된다. 급식을 '주문 도시락'으로 하는 학교와 '학교 식당 밥'으로 하는 학교 중, 전자는 도시락의 개인 숟가락을 사용하지만, 후자는 식당의 공동 숟가락을 사용한다. 공동 숟가락이란 내가 집은 숟가락이 누구의 입에 들어갔다 나온 것인지 알 수 없다는 것을 뜻한다. 숟가락을 너나 가리지 않고 공동으로 사용하므로 비위생적이라고 볼 수 있다.

하지만 집단 식중독을 비롯한 급식 사고는 도시락 급식 학교에서만 발생했다는 것을 상기해야 한다. 식당 밥 급식 학교에선 공동 숟가락을 통해 식중독을 비롯한 각종 병원균에 대한 식생 접종이 이루어졌기에 급식 사고가 발생하지 않은 것이다. 개인 숟가락을 가지고 다니자는 주장이나 찌개를 앞접시에 따로 덜어먹자는 주장은 위생에는 보탬이 되지만 건강엔 별 도움이 안 되는 결벽증에 해당한다.

그런데, 코로나 사태로 각종 모임이 제한되면서 우리의 찌개식 회식 문화가 꽤 달라졌다. 코로나 공포에 여럿이 함께 찌개 떠먹는 것을 꺼리고 앞접시에 따로 덜어서 먹는 식습관이 일반화됐다. 아름다운 식습 면역이 사라진 것이다. 코로나가 장기화되면서 식습 면역의 기회가 점점 줄은 바, 2020년 코로나 초기에 4백 명이네 8백 명이네 하던 하루 감염자 수가 2021년엔 4천 명이네 8천 명이네 하게 되고, 2022년엔 4만 명이네 8만 명이네 하게 됐다.

방역 수칙을 강화하면 감염자 수가 줄어야 하는데 반대로 폭증했다는 사실에서 그간의 방역 수칙이 비과학적인 것임을 알 수 있듯이, 같이 떠먹는 찌개가 줄었는데도 감염자 수가 폭증했다는 것에서 결벽증적 식습관이 정답이 아니라는 것을 알 수 있다. 인큐베이터의 무균실 속 아이가 흙먼지 뒤집어 쓴 아이보다 모든 면에서 더 건강하다고 할 수는 없다. 1급수엔 살 수 있는 물고기가 거의 없고, 증류수로 채워진 어항 속에선 살 수 있는 물고기는 아예 없다는 '현실적' 실상을 인지하고, 무조건 깨끗할수록 건강에 좋을 것이라는 왜곡된 '결벽증적' 위생관에서 벗어나야 한다.

🌨️ 머리를 식혀요 ⛄

【 '다들이'와 '다들 소' 이야기 】

필자가 1980년부터 1982년까지 다녔던 서대전 고등학교. 지금은 대전 서구 월평동에 있는 번듯한 학교지만 당시엔 용두산 공동묘지 터를 밀어 3층으로 지은 허름한 학교였다. 건물 배치가 운동장 주위에 'ㄱ' 자 구조로 돼있는데, 산을 등진 남향 건물은 목조로 먼저 지은 구관이고 그 아래로 이어진 서향 건물은 콘크리트로 나중에 지은 신관이었다.

산 중턱인데다 터가 터인지라 귀신 이야기가 끊이질 않았다. 귀신 이야기들을 다 지어낸 것이라고 치부했었는데, 필자가 고3때 서대전 상고에서 새로 부임해 오신 '수학' 쌤이 한 학기도 채 다 못 채우고 학교를 그만 두는 믿지 못할 사건이 벌어졌다.

성은 고씨, 나이는 40대 후반. 고쌤이 부임하고 첫 숙직을 서던 3월 중순 밤 11시. 경비실 안쪽의 숙직실에서 새우깡에 소주를 마시며 신문[45]과 TV를 보고 있는 고쌤에게 경비 아저씨가 말했다. "순찰 돌 시간입니다."-"아, 그런가요? 아저씨 열쇠[46] 주세요. 저 혼자 돌고 올게요." 술기운이 알딸딸하게 오른 고쌤이 호기롭게 말했다. "혼자 도시다 무슨 일이라도?"-"아저씬 경비 근무 몇 년 안 되지만, 전 학교 근무 20년 넘어요. 걱정 마세요." "그래도…."-"나이도 있으신데 그냥 편히 쉬세요."

순찰은 경비실을 나와 신관을 남에서 북으로 1층, 북에서 남으로 2층, 남에서 북으로 3층을 거친 다음 구관 3층을 동에서 서로, 2층을 서에서 동으로, 1층을 동에서 서로 간 다음 그 끝에서 운동장을 빙 돌아 경비실로 오는 한붓그리기 코스였다. 구관 3층은 동에서 서로 3학년 교실이 1반, 2반, 3반, 4반 순으로 배치돼있다. 그런데 처음 도는 순찰이라 잘못 알고

---

[45] 예전엔 신문이 아침의 조간(朝刊)과 저녁의 석간(夕刊)이 있었다. 지금은 석간이 사라졌지만 당시엔 석간이 대세였었다.

[46] 지금은 숙직도 사라졌지만 당시엔 운동장 끄트머리와 건물 각 층마다 순찰함이 있었다. 순찰함 구멍에 열쇠를 꽂고 돌리면 '끼리릭' 소리와 함께 날짜와 시각이 찍히는 시스템이다.

방향을 거꾸로 돌았다. 운동장을 빙 돌아 구관 1층을 서에서 동으로, 2층을 동에서 서로, 3층을 서에서 동으로 돌게 됐다. 거꾸로 왔기 때문에 구관 3층은 4반, 3반, 2반, 1반의 순으로 순찰하게 됐다. 3층에 오자 갑자기 비가 쏟아지기 시작했다.

3학년 4반 교실을 지나는데 교실 안의 복도 반대쪽 창문 커튼이 흔들리는 것이 보였다. 비가 들이치지 않도록 창문을 닫으러 교실 문을 열었다. 그런데 플래시를 비추니 칠판에 '흰' 분필로 수학 문제가 8등분돼 적혀 있었다. '칠판을 지우지 않다니. 마지막 수업이 수학이었나? 어디보자 풀이가 8개 다 틀렸네? 얼라 근데 답은 8개 다 맞네? 풀이는 다 틀리고 답은 다 맞고, 어디서 본 듯한데, 기억이…' 고쌤은 칠판을 지우고 창문을 닫았다.

그리고 뒷문으로 나와 3반 교실을 지나려는데 이 교실 창문 커튼도 흔들리고 있었다. 교실 문을 열고 들어가니 칠판에 '노란' 분필로 수학 8문제가 적혀 있었다. '이 반도 마지막이 수학 수업이었나? 이것도 풀이는 다 틀리고 답은 다 맞네?' 창문을 닫고 2반 교실. 또 커튼이? 문을 열고 들어가니 칠판에 '파란' 분필로 또. 덜컥 겁이 났다. '4반, 3반, 2반 마지막 수업이 모두 수학? 근데 글씨가 모두 똑같네? 칠판 글씨가 4반은 하양, 3반은 노랑, 여긴 파랑, 그렇다면 1반은 빨~강?

생각만 해도 너무 무서워 1반은 모른 척 지나가려했다. 그런데 1반은 교실 안에 애들이 가득 앉아 있었다. '아니, 불 꺼진 교실에 웬 애들?' 검은 그림자가 가득한 교실이 텅 빈 교실보다 더 무서웠다. 그러나 애들이 있으니 그냥 지나갈 수 없었다. 바들바들 떨면서 문을 열고 플래시를 비췄다. 그런데 애들은 없었다.

'휴, 내가 술 취해 헛것이 보였나?'했지만 플래시는 어느새 칠판으로. '흐악, 정말 빨간 색이네?' 칠판 글씨는 너무도 똑같았다. 떨리는 손으로 칠판을 지웠다. 다 지운 그 순간, 갑자기 플래시가 퍽하고 나갔다. 툭·툭·툭 쳐봤지만 소용없었다. 비오는 날, 컴컴한 교실. 한 발자국도 나아갈 수 없었다. 이가 덜덜 떨리고 오줌을 지릴 것 같았다.

그때 교실 뒤쪽에 푸른빛이 피어오르더니 그림자가 드리웠다. 한 여학생이 책상에 앉아 책을 보고 있었다. 이제까지의 무서움은 사라지고 고쌤이 태연히 다가갔다. "학생 뭐 하나?"-"공부해요, 공부, 수학공부." "시간이 너무 늦었다."-"더 해야 하는데." "어허, 그만 하고 가거라."-"흑, 가라면 가야죠."

경비실로 돌아온 고쌤은 순찰일지에 <학생 귀가 지도>라고 적었다. 이를 본 경비 아저씨. "무슨 일 있었어요?"-"아, 한 여학생이 공부하고 있길래 돌려보냈어요." "네? 경비실 앞으로 개미새끼하나 안 지나갔는데요?"-"예에?" "그리고 우리학교는 남고-(당시엔 남녀 공학인 학교가 없었다)-예요, 남자고등학교."-"헉, 그러네요?"

다음날 고쌤은 주변에 비슷한 일을 겪은 쌤이 있는지 물어 봤다. 다들 그런 적이 없었다고 하는데, 한 나이 지긋한 국어쌤이, "일전에 그만 둔 경비가 한 말인데, 그 아저씨가 순찰 돌 시간에 숙직 쌤이 자고 있어서 혼자 돌게 됐는데, 별 생각없이 도는데 알고 보니 거꾸로였대. 구관 3층에 들어서자 갑자기 비가 쏟아지고 순찰 방향이 반대로라서 컴컴한 복도가 낯이 설어 소름이 돋고 걸음이 느려졌다나? 낡은 나무판 복도를 걷는 삐걱삐걱 소리도 너무 무서워 혼났대. 4, 3, 2, 1반 순으로 칠판에 하양, 노랑, 파랑, 빨강 글씨가 복사한 것처럼 너무도 똑같이 적혀 있어서 오줌까지 지렸다는군. 귀신을 본 건 아니지만 더는 있을 수 없다고 그날 경비를 그만 둔거래. 고쌤, 혹시 순찰 거꾸로 돈 거 아녀?"-"네, 거꾸로 돌았어요."

"내 생각엔 그 경비 아저씬 칠판을 지우진 않았을 거야. 근데 고쌤은 천생 선생이라 습관적으로 아무 생각없이 칠판을 다 지운 거고."-"그, 그런가요?"

두 달 뒤 5월 중순, 숙직이 다시 돌아왔다. 고쌤은 예전 일이 생각나 무섭긴 했지만 도저히 궁금해서 확인하기 위해 경비 아저씨를 밀치고 혼자 순찰을 돌았다. 그 때처럼 거꾸로. 혹시나 했는데 역시나 똑같은 일이 벌어졌다. 순찰 일지에 <학생 귀가 지도> "아니 쌤, 왜 또 그러세요?"라고 힐난하자 경비 아저씨에게 다 털어놨다.

"에이, 쌤도 실없이, 그런 말에 제가 넘어갈 것 같아요?" 졸지에 고쌤은 실없는 선생이 되고 말았다. 다시 또 두 달 뒤 7월 중순 숙직. 이번엔 경비 아저씨에게 그 일을 확인시키기 위해 함께 순찰을 돌았다. "아저씨, 운동장 쪽부터 돕시다."-"아니, 왜요?" "전에 제가 한 말 확인해 보자고요. 절 실없는 사람 만들지 말고."-"쌤도 참 어지간하시네요."

순찰을 거꾸로 도니 매일같이 도는 복도인데도 경비 아저씨에게 무척 낯설게 느껴졌다. 구관 3층에 들어서니 비가 쏴아. "갑자기 웬 비람?" 소름이 돋았다. 경비 아저씨의 발걸음도 느려지기 시작했다. 나무판 복도를 걷는데 삐그덕삐그덕, 머리털이 쭈뼛 섰다. 4반엔 하양 글씨, 3반엔 노랑 글씨, 2반엔 파란 글씨. 칠판을 지운 고쌤이 덜덜 떨며 중얼거렸다.

"하양, 노랑, 파랑, 그다음은 빨~강." 경비 아저씨도 무서움이 밀려왔다. 1반 교실 문 앞. "어라 이반은 애들이 가득하네?" 경비 아저씨가 떨리는 손으로 문을 열었다. 아무도 없었다. '휴, 내가 피곤해서 헛것을 본 건가?'

경비 아저씨가 칠판을 보았다. 빨강 글씨. "하양, 노랑, 파랑, 그다음은 빨~강." 고쌤이 또 중얼거렸다. "쌤, 이 칠판은 지우지 말고 갑시다." 경비 아저씨가 칠판 앞을 조심조심 지나가는데 고쌤은 뭐에 홀렸는지 어느새 칠판을 지우고 있었다. 칠판을 다 지우자 플래시 2개가 퍽하고 나갔다. 투닥투닥 두들겼지만 별무소용.

비오는 날 컴컴한 교실. 둘은 발이 얼어붙었다. 순간 교실 뒤쪽에 푸른빛이 피어오르더니 그림자가 드리웠다. 한 여학생이 책상에 앉아 책을 보고 있었다. 그런데 이제까지 덜덜 떨던 고쌤이 태연히 다가갔다. "학생 뭐 하나?"-"공부해요, 공부, 수학 공부." "시간이 너무 늦었다."-"더 해야 하는데." "어허, 그만 하고 가거라."-"흑, 가라면 가야죠."

경비실로 돌아오자 경비 아저씨가 "이거 보통일이 아녜요. 무슨 일로 번질지 모르니 학교 차원에서 대책을 강구해야 합니다."-"네, 내일 직원회 때 제가 정식으로…."

직원 조회 때 고쌤이 이 사실을 말하자, "바쁜 직원회에 뭔 실없는 소리여?"라는 반응이 쏟아졌다. 그런데 처음부터 끝까지 교무수첩에 적어 가며 들은 교감쌤이 "고쌤이 경비 아저씨하고 함께 봤다니 제가 이 분들과 함께 한번 확인해 보겠습니다. 짚이는 데가 있으니 혹시 같이 확인하실 분은 오늘 남아 주세요." 교감쌤이 남는다고 해서 그런지 고쌤 외에 9명이 남았다. 교감쌤은 경비 아저씨에게 플레시를 12개 준비하라고 했다. 건전지도 충분히 각자에게 나눠줬다.

밤 11시가 돼 출발. 맨 앞쪽에 교감쌤 양옆으로 고쌤과 경비 아저씨가, 나머지는 그 뒤를 따랐다. 12개의 플래시는 사이키 조명 못지않게 현란했다. 운동장 쪽으로 걸어 나갔다. "아니, 왜 운동장 쪽으로?" "바람부터 쐬자는 건가?" "그냥 따라가면 돼지, 뭐?" "여럿이 학교에 남아 다 같이 순찰 도니 나름 재밌네?" 저마다 한 마디씩 했다.

구관 3층에 들어서자 비가 쏟아지기 시작했다. "아니, 갑자기 웬 비?" "순찰 방향이 반대가 됐네?" "그럼, 1반이 맨 끝인가?" "어째 처음 온 길 같이 낯서네?" 드디어 3-4반 교실. 하양 글씨. "고쌤이 이 교실에서 마지막 수업한 거 아녀?" "문제를 제대로 풀기는 한 거여?" "잔말 말고 칠판이나 지웁시다." 고쌤은 말이 없었고 누군가가 칠판을 지웠다. 3반 교실. 노랑 글씨. "얼라 색이 달라졌네?" "색분필이 더 비싼데." "요즘 애들은 물건 귀한 줄 몰라요." 누군가 또 칠판을 지웠다.

2반 교실. 파랑 글씨. "여긴 파란 글씨네?" "근데 모두 수학문제네?" "누가 이반 저반 돌아다니며 낙서한 건가?" "사람이 쓴 거라기엔 복사한 것처럼 너무 똑같아요." "글씨가 하양, 노랑, 파랑, 그 다음은 빨~강?" 쌤들이 술렁대기 시작했다. 교감쌤이 한 마디 했다. "쉿, 느낌이 좋지 않습니다. 12명이나 함께 와서 별일 없으리라 생각하고 경찰에 연락하는 걸 깜빡했습니다. 확인하는 건 다음에 경찰과 함께 하겠습니다. 오늘은 확인보다 무사히 여길 빠져 나가는 게 우선입니다. 1반 칠판은 절대 지우지 마시기 바랍니다."

2반 교실을 나와 1반 교실 앞에 서자 순간 교감쌤 것만 제외하고 모든 플래시가 동시에 퍽하고 나갔다. 투다닥투다닥 두들기는 소리가 요란했다. 별무소용, 불은 하나도 안 들어왔다. 일제히 발걸음이 멈췄고 플래시 조도가 1/12로 줄어 희미해진 상태에서 쌤들 눈엔 1반 교실 안이 학생들로 가득 찬 그림자가 보였다. 모두 덜덜 떨었다. 교감쌤이 플래시를 비추고 문을 열자 그림자는 사라졌다. 칠판엔 빨강 글씨. 조심조심 칠판 앞을 지나갔다.

그런데 문득, '가만있자, 12명 모두 무사한 건가? 혹시 누구라도?'라는 생각이 교감쌤 머리를 스쳐갔다. "잠깐, 쌤들 인원 확인하도록 하겠습니다. 조용히 번호 불러주세요. 저부터 하겠습니다. 하나." "둘."-"셋."-"넷."… …"열하나."-"열둘." "아, 다행히 다들 무사하셨군요." 라고 말하자 그때, <"여~얼 세~엣."> "앗, 누구요?"하고 교감쌤이 플래시를 비췄다. 그런데 플래시가 깜빡대기 시작했다. 계속 깜빡거려 플래시 불로는 형체를 분간할 수 없었다.

희미한 그림자처럼 비치는 <"여~얼 세~엣.">은 "하양, 노랑, 파랑, 그 다음은 빨~강."이라고 중얼거리며 칠판으로 갔다. "하양, 노랑, 파랑, 그 다음은 빨~강."이라고 계속 중얼거리며 칠판을 지워나갔다. 모두 몸이 굳어 쳐다보기만 했다. 칠판을 다 지우자 <"여~얼 세~엣.">은 피식하고 사라졌다. 그와 동시에 퍽하고 깜빡거리던 마지막 남은 교감쌤 플래시마저 나가버렸다. 교실 안이 칠흑이 됐다. 모두 발이 얼어붙어 교실 안에서 한 발짝도 나아갈 수 없었다.

그때 교실 뒤쪽에 푸른빛이 피어오르더니 그림자가 드리웠다. 한 여학생이 책상에 앉아 책을 보고 있었다. 교감쌤은 '저 학생만 보내면 끝인가? 이젠 고쌤이 다가가 처리하겠지?'라고 생각했다. 근데 고쌤이 덜덜 떨뿐 나설 기미를 보이지 않았다. '이런 낭패가. 시간이 지체되면 안 되는데, 별 수 없나? 고쌤 대신 내가.'

교감쌤도 무서웠지만 현장의 책임감에 여학생에게 다가갔다. "학생 뭐 하나?"-"……." "시간이 너무 늦었다."-"……." "어허, 그만 하고 가거라."-"……." 학생은 말없이 한곳만 응시하고 있었다. 교감쌤은 재차, "학생 뭐 하나?"-"……." "시간이 너무 늦었다."-"……." "어허, 그만 하고 가거라."-"……." 재촉이 2번 이어지자 여학생은 고개를 떨구고 조용히 일어나 자리를 떴다.

경비실로 돌아오자 교감쌤이 고쌤에게 물었다. "아까 그 여학생이 쌤만 뚫어져라 보던데."-"그래서 너무 무서워 떨기만 했습니다." "아는 애 아닌가요?"-"그게, 기억이…." "여학생이라, 혹시 쌤이 우리학교가 서대전 여중이었던 시절에 근무한 적이?"-"1973년부터 75년까지 있었습니다." "3학년 담임은?"-"1975년에 했어요." "그럼 1975년 3-1반 학적부를 뒤져봅시다."

먼지가 소복한 학적부를 펼치니 흑백 사진의 여학생들이 고쌤 머릿속에 주마등처럼 스쳐지나갔다. 중간쯤 펼치자, "아니, 이게 뭐야, 웬 컬러 사진? 이름이 소·다·들?"-"아, 소다들! 이제 다 생각이 나네요." 고쌤은 풀썩 주저앉았다. 그러고선 그간의 이야기를 풀었다.

→ 충남 서산에서 소 키우는 작은 목장을 하며 그럭저럭 사는 다들이 부모님은 '시골에서 썩히기 너무 아깝다'는 학교의 권유로 고심 끝에 다들이를 초등학교 5학년 마치자 대전에 있는 삼촌 집으로 보냈다. 다들이는 초등학교에선 물론, 중학교에 들어가서도 전교 1등을 놓치지 않았다. 2, 3등과도 실력 차가 많이 났다. 중학교 3학년 되어 고쌤이 담임을 맡게 됐다. 수학쌤이 담임이 됐다고 기뻐하는 애들과 걱정하는 애들로 갈렸다. 다들이겐 담임쌤이 무슨 교과 담당인지는 아무 상관이 없었다. 어느 교과든 시험 성적이 월등했다. 필기고사에선 다들이에게 대적할 학생이 없었다.

3월말, 고쌤이 종례하러 갔다. 애들이 체육 수업 마치고 돌아와 옷을 갈아입은 상태였다. "다음달부터 9시까지 야자(야간자율학습)합니다. 우리학교는 연합고사-(교육청 주관의 고입 일제고사)-에 사활은 건 학교라서 실업고, 인문고 가리지 않아요. 누구도 집에 일찍 갈 생각 하지 않도록. 도시락은 두 개씩 싸오세요."

종례를 마치자 한 학생이 "쌤, 제 시계가 없어졌어요."-"아니 차고 다니는 시계가 왜 없어져?" "체육 활동 때 불편할까 봐 책상서랍에 벗어두고 나갔거든요."-"무슨 시곈데?" "롤렉스-(당시엔 손목시계가 부의 상징이었고 롤렉스가 명품 시계의 대명사로 통했다)-요."-"그래? 얘들아, 다들 복도로 나가 앉아 있거라." 고쌤은 애들이 교실 안을 보지 못하게 하고 학생들의 가방을 뒤졌다. 그러고 나서 애들을 다시 교실로 불러들였다. "시계가 교탁 안에 있었다. 자, 가져가라. 오늘 소동은 물건 간수 제대로 안한 네 잘못도 있다. 앞으로 귀중품은 아무데나 두고 다니지 마. 알았지?"-"네, 쌤."

다음 날. 고쌤이 다들이를 불렀다. "다들아, 이름이 예쁘구나."-"부모님이 다 들어올리라고 다들이라 지으셨대요." "그래서 전 과목 올 백이구나?"-"체육은 아니에요." "체육은 연합고사에 없으니 다행이다. 우리 반에서 연합고사 수석 응시생이 나올 것 같다."-"너무 단정적으로 기대하진 마세요." "그건 그렇고, 내가 널 부른 건 다름이 아니라, … 어제 시계가 네 가방에 있었단다."-"네? 절 의심하시는 거예요? 이건 모함이에요." "아까 전에 걜 불렀지만 걔가 널 모함할 이유도 증거도 없고."-"절 시기하는 애가 몰래 저지른…."

"쌤도 그렇게 생각해 봤는데 그 또한 증거가 없단다."-"쌤, 억울해요." "시계는 돌려 줬으니 더 이상 문제 삼진 않겠다. 쌤은 널 믿지만 무슨 일이 생길지 모르니 매사에 조심하자는 뜻에서 널 몰래 불렀다."-"…네…." 다들이는 쌤의 말이 가정형편이 넉넉지 못한 자신이 값비싼 시계를 탐했다는 의혹을 못내 숨기고 하는 상투적인 말로 들렸다. 정황상 그렇게 들릴 수밖에 없었다.

담임쌤이 다들이를 몰래 불렀지만 소문은 점점 퍼져나갔다. 애들이 수군댔다. 말수 적고 소심한 다들이는 얼굴을 들고 다닐 수 없었고, 수학 시간엔 고쌤과 눈을 마주칠 수가 없었다. 수업이 머릿속에 들어오질 않았다. 수학 성적이 뚝뚝 떨어져 1학기 마지막 월말고사[47]에선 바닥까지 추락했다. 연합고사 수석을 바라보던 전교 1등이 수학 때문에 인문고조차 어려워졌다. 모두들 걱정스러워 하면서도 어느 누구도 다들이에게 말을 걸지 않았다. 아니 말을 걸지 못했다.

여름방학이 되자 다들이는 시골로 돌아왔다. 부모님은 다들이의 성적이 걱정돼 넉넉잖은 살림에도 불구하고 수학 과외를 붙여줬다. 다들이는 온종일 수학 공부만 했다. 부모 몰래 매일 각성제 먹어 가며 밤 새워 공부했다. 그렇게 방학을 보내자 점점 수학에 눈이 뜨였다. 방학 끝 무렵엔 어떤 문제든 답이 척척. 자신감을 되찾았다. 그런데, 각성제 기운이 떨어지면 손이 떨리고 머리가 멍해졌다. 약물에 중독된 것이었다.

개학 후 9월 월말고사. 3교시 수학 시험이 끝나자 애들이 비명을 질렀다. 다들이가 슬며시 "시험 어려웠니?"-"야, 말도 마라, 애!" "그 정도는 풀어야 인문고 가는 거 아녀?"-"넌 다 풀었냐?" "그런 건 어떤 문제든 답이 척척, 하나라도 틀리면 잠 못자지."-"오호, 축하 축하!" "다들인 다 맞혔대." "그 어려운 걸?" "원체 말이 없던 애가 말도 척척하네."

그날 고쌤은 고사계에서 수학 시험지를 받아와[48] 다들이 것부터 찾아 펼쳤다. 앞뒤 4문제씩, 총 8문제. 시험지에 글씨가 빼곡히 적혀 있었다. 심호흡 한 번 하고 채점 시작. 그런데 8문제 모두 답은 척척 맞혔는데 풀이과정이 영 엉뚱했다. 수학 시험의 성격상 답이 맞아도 풀이가 틀리면 점수를 줄 수가 없었다. 결과적으로 전체 빵점. 고쌤 머릿속이 하얘졌다. 다음 날 야자시간에 다들이를 교무실로 불렀다.

"…이, 이거 니 시험지 맞니?" 고쌤이 시험지를 내밀었다. 동글맹이 하나 없이 작대기만 쫙쫙 그어진 시험지. 다들이 얼굴이 하얘졌다. "답은 다 맞았지만 풀이과정이 틀려서 점수를 줄 수 없게 됐다. 수학은 암기과목이 아니라서 답만 외운 건 아예 취급을 안 해." 다들이는 아무 말없이 창백한 얼굴로 시험지만 멍하니 쳐다보았다. 고쌤은 뭐라 더 이상 말을 잇지 못했다. 그렇게 정적만 흘렀다.

한동안 쳐다만 보던 다들이가 갑자기, "아냐, 아냐, 이건 아냐!"라고 소리를 빽 지르고 벌

---

47   연합고사로 고입성적을 매기던 당시엔 내신 제도가 없었다. 학생들의 위치를 확인하기 위해 매달 말쯤에 시험을 치렀다. 내신의 부담이 없었기 때문에 국영수사과 전 과목을 하루에 다 보았다.

48   당시엔 OMR시트가 없었고 수학은 시험지에 직접 답을 작성하여 제출하는 시스템이었다. 객관식 하나 없는 올 주관식.

떡 일어나 교무실 밖으로 뛰쳐나갔다. 고쌤이 급히 쫓아갔지만 다들이는 벌써 어둠속에 사라져 안 보였다. 야자를 하는 반 애들과 함께 어둠 속을 헤쳤지만 결국 못 찾았다. 다음 날. 학교 뒷산 숲속에서 여중생이 숨진 채 발견됐다. 사인은 약물 과다 복용과 과도한 격정에 의한 급성 심근경색. 장례를 치른 후 고쌤은 그 학교에 더 있을 수 없어 같은 재단의 서대전 상고로 자리를 옮겼다. 5년 뒤 목조인 구관 건물 아래로 콘크리트 신관이 증축됐고, 학교는 서대전 여중에서 서대전 고등학교로 바뀌었다.←

이야기를 마치자 교감쌤이, "그랬었군요. 그런데 학적부의 컬러 사진은 옛날 사진이 아니라 건데…"-"제가 이 학교에 새로 돌아와서 다들이도 새로 돌아왔다는 건가요?" "어, 근데 이건 뭐죠? 학적부엔 뭘 붙이면 안 되는데…"-"아, 그건 다들이 수학 시험지입니다. 걔가 남긴 최후의 유품이라서 너무 안타까워 걔 학적부 뒷면에…"

"쌤, 이건 보관할 유품이 아니라 걔에겐 가장 수치스러운 빵점짜리 시험지예요. 이게 남아 있으니 한이 맺혀 풀러왔을 거고요. 올바른 풀이과정을 모르니 이 교실 저 교실 떠돌며 이 칠판엔 이 색깔로, 저 칠판엔 저 색깔로, 풀고 또 풀고. 그걸 다 지워버리니 다시 또 오고."-"아아, 제가 미처 거기까진 생각을…"

"이 시험지를 걔 묘소에서 태워 보내세요. 묘소는 어딨는지 아세요?"-"다들이 부모님께 알아보겠습니다." "부모님이 어디 계신지 아시나요?"-"다들이 장례 때 가봐서 압니다." "그럼 이것으로 끝인 것 같네요."-"교감쌤" "네, 말씀하세요."-"저 이제 학교 그만 두겠습니다." "아니, 왜요?"-"자꾸 이 일이 생각나서 안 될 것 같네요." "시간이 지나면 잊혀지지 않겠어요?"-"아니, 한 번은 잊혀져도 두 번은 잊혀지지 않을 거예요." "정 그러시다면, 서대전 상고로 다시 가시면 돼잖아요?"-"어딜 가도 교실에 들어가 수업할 마음이 안 생길 거 같아요." "으음, 그럼 사람을 구해야 하니 내일 수업은…"-"네, 마지막으로 내일 수업은 하고 떠나겠습니다."

다음 날, 고쌤은 마지막 일과를 끝낸 뒤, 짐을 정리하여 차[49]에 싣고 서산의 다들이 부모님을 찾아갔다. 밤 9시 목장 도착. 인가가 드문 시골이라 사방이 깜깜했다. 빵빵 경적을 울리고 차문을 열자, "어서 오세요, 쌤."-"절 기억하세요?" "다들이 장례 때 한시도 자리 뜨지 않으셨는데 잊을 수 있나요."-"면목 없습니다. 그때 제가 다들이 누명을…" "무슨 말씀을, 경찰이 수사해도 밝힐 수 없는 일, 지가 떳떳하면 그만인데 애가 너무 소심해서, 다 지 탓이고 지 복이죠. 그리고 다 지나간 일, 더 말해서 뭐합니까?"-"목장일은 한가한 줄 알았는데 밤늦게까지 일하시나 봐요?"

"처음 4마리였을 땐 좀 그랬는데 지금은 20마리로 늘어 일이 끝이 없어요."-"소들이 아주 튼실해 보이네요?" "다 제 자식들이죠. 얘는 채롱이, 이놈은 덩글이, 쟤는 능굴이, 저놈은 촐랑이…"-"다 구별가시나 봐요? 이름도 지어 주시고." "얘들은 정을 듬뿍 줘야 잘 자라요. 저어기 있는 검정 소는 다들이 기일에 태어나 다들이라고 지었고요."-('다들 소라, 헉, 그럼 소·다·들?') "그래선지 쟨 '다들아~!' 하고 부르면 멀리 있다가도 슬렁슬렁 다가와 몸을 부비부비 아주 살갑게 굴어요. 한번 불러 볼까요? 얘, 다들아~!"

그러자 짙은 어둠속 멀찍이 있던 '다들 소'가 몸을 돌려 어슬렁어슬렁. 그런데 소 등짝에 어둠을 가르는 푸르스름한 빛이 사르르 피어올랐다. 그건 다름 아닌 어젯밤에 보았던 다들이었다. 순간 다들 소는 "움~메~!" 한번 소리 지르고 고쌤을 향해 맹렬히 질주하기 시작했다. '아, 아직 끝난 게 아니었나?' 고쌤은 망연자실 멍하니 서있었다. "쌤, 위험해요. 어서 피하세요." 다급히 들려오는 외침소리에 정신이 퍼뜩 들어 고쌤은 황급히 차 안으로 몸을 피했다. 어느새 다다른 다들 소. 맹렬한 질주를 멈출 수 없어 고쌤 차 위로 훌쩍, 다행히 다들 소가 넘어갔다.

---

49   차 시리즈: ① 제시가 모는 차는? ② 차를 모는지 묻는 말? ③ 차가 놀라는 기름은? ④ 가장 조화로운 차는? ⑤ '주차하다'를 영어로 하면? ⑥ 깨달았다고 외치는 차는?

붙임

글의 마지막 말, '다행히 다들 소가 넘어갔다.'가 뭔 얘긴지 아시는가? 이는 '다행히 다들 속아 넘어 갔다.'라고 한 말이다. 여기에 맞추기 위해 여학생 이름을 '다들'이라 지었다. 참고로 고쌤의 이름은 '진말'이다.

각주49답 ① 제시카 ② 모니 카? ③ 카놀라유 ④ 하모니카 ⑤ 카세트 ⑥ 유레카

PART 6

일상/기타 영역

"사람은 보는 만큼 알게 되고, 세상은 아는 만큼 보인다"

**Critical Creative
Thinking Innovation**

【 1 】 평생 싱겁게 드실래요?

짜게 먹으면 몸에 안 좋다고 의식적으로 싱겁게 먹는 사람들이 있다. 그런데 '짜다'라는 맛의 판단은 나이, 성별, 체형 및 그때그때의 몸 상태에 따라 다르기 때문에 다분히 상대적이다. 따라서 싱겁게 먹겠다는 신념은 객관성을 확보하기 어렵다. 객관성이 없는데 평생을 맛없게 먹고사느니 한 끼라도 맛있게 먹는 게 낫지 않을까? 필자는 마약류처럼 중독되는 것이 아니라면 몸이 요구하는 대로 따라야 한다고 생각한다. 땀이 나면 몸의 열을 식혀줘야 하고 으실으실 오한이 들면 따듯하게 해 줘야 한다.

머리가 어지러워 현기증이 날 때 비틀거리다 쓰러지는 것도 심장의 펌프질로 피를 위쪽으로 보내는 메커니즘에 긴급 문제가 발생하면 머리 위치를 심장 위치로 낮춰 피가 원활히 공급되도록 하려는 자동 조치라고 한다. 현기증이 나는 대도 억지로 서있다가 쓰러지면 크게 다칠 위험이 있으니 곧장 자세를 낮춰줘야 하는 것이다. 갈증이 난다는 것은 몸에 물이 부족하다는 신호이듯이, 음식 맛이 싱겁게 느껴진다면 몸에 나트륨이 부족하다는 신호로 봐야 한다. 평소 입맛에 맞게 먹던 동일한 물김치라도 어떤 땐 짜게 느껴지고 어떤 땐 싱겁게 느껴지는데 이는 몸속에 나트륨의 균형 상태가 깨진 신호이므로 거기에 맞춰 조절해 줘야 한다.

우리나라 음식은 짠 편이라는 통념이 있다. 이는 뜨거운 국물이 식었을 때 짜다는 것을 경험한 것에서 비롯된 것으로 보인다. 그러나 국물이 식었다는 것은 그만큼 음식[1]을 섭취한 이후라는 것을 알아야 한다. 즉, 식기 전까지 먹은 국물로 나트륨이 충분히 충당됐다는

1 　필자는 이빨 사이에 음식물이 잘 끼는 편이다. 그래서 집에 치실, 치간솔을 항상 비치해 둔다. 그런데 어떨 땐 이들보다 이쑤시개가 더 잘 듣는 경우가 있다. 특히 이빨 안쪽으로 음식물이 끼었을 때 이쑤시개를 사용하는데, 시중에 나와있는 이쑤시개는 길이가 입 바깥쪽에서만 쑤실 수밖에 없게 돼있다. 이쑤시개를 반으로 자르면 입 안쪽에서도 쑤실 수 있다. 가끔 이용할 도구가 없는 경우도 생기는데 이때 손가락으로 빼내려면 음식물이 미끌거려 잘 안 빠진다. 이럴 땐 손에 화장지를 쥐고 빼면 화장지에 음식물 물기가 흡수되어 음식물이 미끄러지지 않고 잘 빠진다.

뜻으로 더 이상 섭취하지 말라는 신호를 보내는 것이다. 짜게 느껴지면 더 이상 먹지 말거나 굳이 더 먹고 싶으면 뜨거운 물을 부어 먹어야 한다.

EBS에서 방영된 프로그램에서 한국의 음식은 고춧가루가 들어가서[2] 소금양이 상대적으로 적게 들어간다고 일본의 연구팀이 발표한 적이 있다. 고춧가루가 짠 맛을 돋운다는 것인바, 한국의 음식은 우리의 통념과 달리 저염식(低鹽食)이라는 것이다. 외국에 가서 음식을 먹어 보면 우리 음식이 저염식이라는 것을 바로 느낄 수 있다. 이와 관련된 일화로 임진왜란 · 정유재란 당시 염전시장이 붕괴돼 수많은 사람들이 소금부족으로 죽어나갔는데,─(보통 큰 전쟁이 나면 총칼보다 영양실조로 죽는 사람이 훨씬 더 많다고 한다) 때마침 고추[3] 재배가 전국적으로 보급되면서 해결됐다는 기록이 조선왕조실록에 실려 있다고 한다.

---

2 고춧가루가 들어간 음식을 먹을 때 재채기 나는 경우가 있다. 밥 먹을 때 재채기하면 밥알이 코로 들어가 무척 고통스럽게 된다. 엄지와 검지로 두 콧구멍을 눌러 막고 재채기하면 이런 일이 안 생긴다. 이때 손에 사각 휴지를 쥐고 코를 막아야 입안의 음식물이 사방으로 튀어나가는 것을 막을 수 있다.

3 ① 필자는 고추를 좋아하는데 아주 매운 것은 못 먹는다. 가끔 아주 매운 고추가 걸리면 무척 괴롭다. 이때 찬물이나 우유를 마시라고 하는데 별 효과가 없다. 사과나 감, 배를 먹으면 매운 고통이 꽤 사라진다. ② 고추, 감, 딸기, 토마토는 꼭지를 떼어 내서 씻은 뒤 키친타월로 싸서 보관하는 게 좋다. 특히, 고추는 뾰족한 쪽이 아래로 가도록 거꾸로 세워서 보관하면 신선하게 더 오래 간다.

일상【 2 】 점을 보시렵니까

세계의 어디를 가도 어느 시대를 살아도 많은 인간이 자신의 미래에 대해 불안하고 궁금하여 점을 본다고 한다. 아무리 과학이 첨단을 걷고 있다곤 하나 지금도 점을 무시만 할 수 없다고도 한다. 미신이라고 이성적으론 일갈하는 사람들조차 '그래도'라는 단서를 많이 다는데, 아니 오히려 요즘엔 점을 과학의 이름으로 포장하여 버젓이 행세케 한다.

점집을 철학관이라 칭하는 것은 옛말이 되고 이제는 점쟁이를 관상학자, 점성학자, 역술학자라고까지 거리낌없이 일컫는다. 세계 곳곳에서 개인의 운명은 물론 가족, 국가, 세계의 운명까지 점에 대해 힘을 주어 역설하는 현상이 만연하고 있다. 누구누구는 무엇을 예언하여 적중시켰다는 말로 자신의 점을 믿게끔 현혹하는 선전도 많이 등장한다. 미래는 고도의 인공지능도 미리 알 수 없기에 이토록 점이 끈질긴 생명력을 갖는 것 같다.

권위⑺있는 점쟁이는, 흘려버리기 쉬운 사사로운 사건보다 세간에 많이 알려진 큰 사건들을 예로 들어 뭇사람들을 현혹하는 것을 즐겨 한다. 그런데 의외로 이러한 관점에서 보면 점의 맹점을 쉽게 알아차릴 수 있다. 실제로 돌발 변수가 많은 개인의 행동이나 미래는 예측이 어렵지만 규모가 큰 집단의 미래는 어느 정도 예측이 가능하다. 이것은 사회과학으로도 해석하고 있는 부분이다.

그런데 어느 누구 하나 삼풍백화점 붕괴나 괌 칼기 추락 및 LA의 쌍둥이 건물 붕괴 등을 예견한 점쟁이가 있었던가? 누가 아프간에 대한 미국의 침공과 그로 인한 아프간정권의 붕괴를 예고한 점을 쳤던가? 세계가 깜짝 놀랄 일도 거대한 사건도 점치지 못하면서 어찌 한 개인의 미래를 점칠 수 있겠는가? 무엇이든 척척 다 맞춘다고 영험하다고 소문난 점쟁이도 복권번호를 알려달라거나 범죄수사를 부탁하면 모두 꼬리를 내린다.

물론 이러한 사건들을 예견했다 하면서 뛰어난 신통력을 과시하는 자들도 간혹 나타난다. 하지만 이 또한 역설적으로 점은 믿을 게 못 된다는 것을 알려 줄 따름이다. 쉽게 말해서 이러한 사건들을 몇몇 점쟁이가 예고했다고 치자. 하지만 이럴 경우 예고하지 못한 수많은 점쟁이는 그럼 뭐가 되는가? 신통력 없는 점쟁이라는 반증이 되지 않는가? 점이 무시할 수 없다는 설득력을 가지려면, 못해도 점쟁이들의 8할 이상이 적중을 시켜야 할 것이다. 한 점쟁이를 놓고 본다 해도 그 점쟁이의 점이 5할도 못 맞춘다면 이는 더 이상 점쟁이가 아니다.

세간에 간간이 퍼져 나오는 예지몽(豫知夢)이란 것도 있다. 삼풍백화점 붕괴, 괌 칼기 추락, 뉴욕 쌍둥이 빌딩 폭파 테러 등, 사망자가 많이 발생한 사건의 뒷얘기로서 꼭, 꿈에서 미리 메시지를 받아서 살아났다는 몇몇 생존자들의 증언을 빼놓지 않고 보도한다. 이것은 뭇사람들로 하여금 암암리에 예지몽을 비롯한 점을 무시하지 못하도록 하기에 충분한 영향력이 큰 보도이다.

그런데 이 또한 조금만 생각해 보면 너무 엉터리임을 알 수 있다. 일단 꿈의 해석이 너무 제 각각인데다 그 꿈의 해석을 일이 터진 뒤에 갖다 붙이는 식이다. 꿈보다 해몽이다. 꿈의 내용을 분류하여 10,000가지라 하고, 지구상에 78억 인구의 1/3이 꿈을 꾼다고 치면 같은 내용의 꿈을 꿀 수 있는 인간이 26만 명이나 된다. 그 26만 명 중에서 어떠한 사건에 갖다 붙일 수 있는 사람이 한명도 안 나온다면 도리어 이상한 일이 된다.

그래도 누구는 예지몽으로 살았다고 하자. 설령 그렇다 하더라도 이는 도리어 예지몽이 허구라는 것을 드러내준다. 즉, 앞의 사건들로 무참히 죽어간 많은 사람들은 정말로 쓰레기 같은 꿈만 꾸다가 멍청하게 개죽음했다고 해야 한다. 예지몽으로 살아났다고 주장하는 사람들은 대체로 돌아가신 부모나 조상님이 꿈에 나타나 예시(豫示)해 주었다고 한다. 그래서 살아났다고 치자. 그렇다면 이는 예지몽으로 살아난 사람들의 부모나 조상님은 자기를 사랑해서 꿈에 나타나 살린 것인데, 사고를 면치 못한 그 많은 사람들은 자신들을 사랑하는 부모나 조상님이 없어 꿈에 나타나지 않았고 버림받은 처지로 사지(死地)에 우르르 몰려간 것이 된다.

인간은 확실하게 규명되지 않은 부분에 대해선 딱 부러진 자세를 견지할 수 없는 나약한 존재이다. 꿈을 비롯하여 아직 확실하게 규명하지 못한 것들이 많은 까닭에 그 틈새를 비집고 점이 만연하고 있다. 점을 재미로 본다는 사람들도 있는데 이는 결코 재미로 볼 것이 못 된다. 많은 사람들이 재미로 보다보니 과학시대에 점이 시대의 화두로, 아니 생활과 학문으로 침투하여 우리의 삶을 갉아먹고 있지 않는가? 신문마다 '오늘의 운세' 등의 형태로 하루도 빠짐없이 실어 그 아까운 지면을 낭비하고 있다. 심지어 인터넷에서까지 애, 어른 할 것 없이 점, 점, 점……. 필자는 과학과 상식이라 일컬어지는 것조차도 의심을 하며 뜯어 보는 비창적 자세가 필요하다고 본다. 하물며 점이라니? 점, 이젠 그만 보자.

_{일상}【 3 】 2지망 인생이었던 내가

의외로 자신의 인생이 원치 않은 길을 걷고 있다며 의기소침해하는 사람들이 많다. 너무 안타까워 혹시 보탬이 될까 해서 숨기고 싶지만 감히 필자의 과거를 얘기한다. 대전에서 8남매의 막내로 태어난 필자는 넉넉지 못한 형편에 집안의 보살핌이 충분치 못했다. 이런 성장 과정이 마음에 상처가 되면서 말수가 적은 소심한 아이로 자랐다.

그럭저럭 초 · 중교를 다녔고 중3 말엽에 돈을 빨리 벌고 싶어 당시 잘나가던 동아 공고를 지원했었다. 3년 장학생에 생활비까지 준다는 조건이 맘에 끌렸다. 그리기와 만들기를 좋아해서 적성에도 맞았다. 그러나 바로 위의 형[4]이 "너 평생 공돌이[5]로 살 거냐?"라 하면서 인문고로 바꿔버렸다. 원치 않았던 인문고였지만 미술 부원으로 나름 행복한 날들을 보냈다. 고1 여름방학 때 학교로 미술부 모임에 가려하자 형이 "그림에 매달리면 결국 환쟁이밖에 뭐가 더 되겠냐? 공부나 열심히 해라."라고 해서 붓을 꺾었다.

대입 점수가 꽤 괜찮게 나와 대전의 ○○법대를 4년 장학생으로 생활비 받아가며 다니겠다고 하자 형이 "말은 제주로 보내고 사람은 서울로 보내는 겨. 제아무리 잘나도 촌놈은 촌놈이야!"라고 해서 서울로 바꿨다. 덧붙여 "네가 선생할 생각 없는 거 알지만 집에서 네 뒷바라지할 형편이 못되니 점수가 된다고 딴 대학[6] 쓸 생각말고 사범대 써라. 국립대는 등록금이 사립대의 절반이고 사범대는 거기에 또 절반이니까."

---

4   형제 시리즈: ① 지렁이의 동생은? ② 구렁이의 형님은? ③ 파파 스머프의 형님과 동생은? ④ 미꾸라지의 동생과 형님은? ⑤ 두꺼비의 동생과 형님은? ⑥ 사각형의 동생은? ⑦ 'beautiful'의 동생은 'beauful'과 'batiful'이다. 무슨 뜻일까? ⑧ 형과 동생이 싸웠다하면 형만 나무라는 집안은? ⑨ 형제가 매를 맞는데 형은 5대, 동생은 2대 맞으면? ⑩ 동생은 2대만 맞았는데 죽었다. 왜일까? -(답은 글 뒤에)

5   이 글엔 '공돌이'와 같은 노골적인 표현들이 나온다. 당시 상황의 실제성을 살리기 위한 것임을 양해해 주시기 바란다.

6   대학 시리즈: ① 우리나라에서 가장 셌던 대학, ② 비전이 좋은 대학, ③ 자기 자신을 탐구하는 대학, ④ 남녀노소 아무나 갈 수 있는 대학, ⑤ 마구 날뛰는/덤벼드는 대학, ⑥ 고려대와 동급인 대학, ⑦ 목숨을 바쳐야 하는 대학, ⑧ 대학원생과 유치원생이 다니는 대학, ⑨ 다니기 엄청 힘든 대학, ⑩ 학생 수가 가장 많은 대학, ⑪ 일본에서 가장 센 대학, ⑫ 서울에 산이 없다고 주장하다 사라진 대학, ⑬ 어린아이에게 더럽다고 하는 대학, ⑭ 아기에겐 자연스러운데 아기가 아니면 은밀해지는 대학, ⑮ 개교한 지 1년도 안된 대학의 4회 졸업생은? -(답은 글 뒤에)

사범대는 하향 지원이었기에 무조건 합격할 것이라 했는데, 제1지망 합격자 발표 공고판에 필자 이름이 안 보였다. —(당시엔 3지망제도라서 1-2-3 지망에 역사-독어-국어교육을 썼다) 합격자 공고판을 보러 같이 갔던 형이 "야, 찌놓아, 너 2지망이 뭐지?"라고 묻길래, "독어교육인데 생각 없이 쓴 거니까, 그냥 후기 대학을 알아볼 거야."하자, "야, 독어교육과에 네 이름 있다. 후기대는 후기대야. 뒷문 명패 달아봤자 별 볼일 없어. 1, 2지망 따지지 말고 걍 앞문 명패나 달아라."

대학을 다니면서 적성에 맞지 않아 재수도 생각해 봤지만 형편상 용기가 나지 않았다. 원하던 쪽을 번번이 제지받고 강요되다시피 다니게 된 대학. 2지망 콤플렉스[7]에 무기력한 나날을 보냈다. 학과의 앞날도 밝아 보이지 않았다. 그런데 지금의 아내를 애인으로 만나 데이트하던 중 대변혁이 생겼다. 결혼 얘기가 나오자 덜컥 겁이 나서 앞의 일들을 다 털어 놓았다.

"미, 미안해, 진작에 얘기 안 해서. 솔직히 난, 2지망 인생이야. 그, 그런데도 내가 좋아?"

- "과거가 어떻든 난 지금의 자기가 좋아서 만나는 거야. 나한테는 바로 자기가 1지망이야."

"비, 비전이 별로인데도?"

- "뭐든 의미가 있어서 존재하지 않을까? 의미를 찾으면 비전도 있겠지. '별로'란 '아예'가 아니니까."

"저, 적성이 아니라서 영…."

- "적성을 갖고 태어난 아이가 있을까? 자라는 과정에서 적성이 길러진 거라면, 적성은 붙이기 나름일 거야.

'좋아하는 걸 하는 것'도 좋지만 '하는 일을 좋아하는 것'이 더 값지지 않을까? 자라온 과정을 뛰어넘는 거니까. 지금 자기가 나랑 데이트하는 걸 좋아하는 것처럼 하는 걸 좋아하면 되는 거 아니겠어?"

사람은 모두에게 선망의 대상이 될 수는 없다. 아니 그럴 필요도 없다. 지구상의 80억

---

7   콤플렉스 아재 개그: 콤플렉스 중에 가장 큰 콤플렉스는? -(답은 글 뒤에)

인구 중 단 한 사람에게라도 내가 1지망으로 선택됐다는 자체로 행복하다. 나를 1지망으로 선택한 소중한 사람을 실망시키지 않기 위해 하루하루 열심히 살고 있다. 그런 내 자신이 사랑스럽고 자랑스럽다. 필자는 지금 하는 일을 무척 좋아한다. 뭔가를 누군가 해야 한다면 '왜 내가'라 하지 않고 '나니까 해내는 거야'라고 하면서. 그렇다고 힘들고 지칠 때가 없다는 건 아니다. 그럴 땐 헤드폰 대고 노래를 듣는다.

~♪ 모든 게 마음먹기 달렸어/ 어떤 게 행복한 삶인가요?‖ 사는 게 힘이 들다 하지만/ 쉽게만 살아가면 재미없어(빙고)‖ 피할 수 없다면 즐겨 봐요/ 힘들다 불평하지만 말고 ♫~

😊 (각주4답) ① 지렁삼 ② 구렁일? 팔렁이 ③ 형님은 솔솔 스머프, 동생은 미미 스머프 ④ 동생은 레꾸라지, 형님은 파꾸라지? 동생은 미꾸스몰, 형님은 미꾸엑스라지 ⑤ 동생은 세꺼비, 형님은 두꺼A ⑥ 삼각형? 사각동생 ⑦ 'beauful'은 '티'(ti)없이 아름다운, 'batiful'은 '이유'(e/u)없이 아름다운 ⑧ 형편없는 집안 ⑨ 세대 차이 ⑩ '단2대'(단두대)라서

😊 (각주6답) ① 청와대, ② 전망대, ③ 분수대, ④ 해운대, ⑤ 설쳐대/들이대, ⑥ 씽크대-('고려'는 'Think'), ⑦ 단두대, ⑧ 원생대, ⑨ 고생대, ⑩ 무한대, ⑪ 와세다 대학, ⑫ 서울 산업대('산' 없대), ⑬ 지지대, ⑭ 전문대-(아기가 엄마 젖을 손으로 문대고 입으로 문대요), ⑮ 신생대 4기

😊 (각주7답) 스포츠 콤플렉스-(Sports Complex: 종합운동장)

일상【 4 】웬 만 나이?

우리나라에선 사람의 나이가 3가지 쓰이고 있다. 만(滿) 나이와 연(年) 나이, 그리고 세는 나이라 불리는 우리나이. 특히 우리나이란 우리나라만이 쓰는 독특한 개념으로, 엄마 뱃속에 있던 10달의 태아 상태를 생명으로 존중하여 태어나자마자 한 살이 된다고 설명하는 것이 인터넷에 여럿 소개돼있다. 하지만 이는 우리나라만 태아를 생명으로 존중한다는 독선적인 설명이요 근거도 희박하다.

다른 나라는 나이를 셀 때 태어난 지 몇 년 지났나를 따진다. 중국에서 나이를 말할 때, 〈你幾歲啊? - 我十歲了〉라 하고, 일본에선 〈あなたは何歳ですか？ - 私は10歳です〉라고 한다. '歲'는 '해(年)'를 뜻한다. 나이라는 말은 '年齡(연령)이라 한다. 영어에선 〈How old are you? − I am 10 years old.〉, 독어에선 〈Wie alt bist du? − Ich bin 10 Jahre alt.〉, 불어에선 〈Quel âge as-tu? − J'ai dix ans.〉라고 하는데 'years/Jahre/ans'는 공히 연수(年數)를 뜻한다. 문명국 모두 나이를 말할 때 태어난 이후 지내온 연수를 밝히는 것이다. 그래서 태어난 지 1년이 안 된 아기는 연수로 말할 수 없는 것이다. 그리고 살아온 연수는 생일 경과 여부가 기준이 된다. 모든 문명국이 만 나이를 쓰는 이유이다.

우리도 이런 식으로 말하는 법이 있다. '두 돌 된 아기'처럼 '돌'이 만 나이 개념으로 쓰인다. '돌'은 '해가 돌다/돌아오다'에서, '나이'는 '나다/낳다'에서, '살'은 '살다'에서 온 것으로 추정된다. 나이는 아이가 태어나는 순간부터 시작되며, '열 살'이라 함은 '열 해째 살다'를 뜻한다. 따라서 죽은 사람은 '더 이상 살지 않아서' 나이가 늘지 않으며 생명체가 아닌 것에는 쓰지 않는다. 그러나 '돌'은 '살'과 달리 〈주시경 선생 탄생 150돌/마이클 잭슨 사망 10돌〉처럼 죽은 사람에게도 쓰며, 〈광복 50돌/창립 500돌〉처럼 생명체가 아닌 경우에도 쓰는 것이다. "왜 우리나라만 태어나자마자 한 살 먹어?"라는 식으로 힐난하거나 이에 대해 얼토당토않은 궁색한 변명을 늘어놓으면 안 된다.

흔히 우리나이는 생일을 따지지 않기 때문에 불합리하다고 공박한다. 2000년 1월 1일생과 2000년 12월 31일생은 거의 1년의 격차가 나는데도 같은 나이요, 2000년 12월 31일생과 2001년 1월 1일생은 하루 차이인데 나이가 한살이나 벌어진다는 것이다. 따라서 생일을 기준으로 하는 만 나이가 더 합리적이라고 말한다. 틀린 말은 아니다.

그러나 이는 걸음마를 배우고 말을 트기 시작하는 영유아에게나 필요한 개념이다. 초등학교 입학한 이후론 모든 것을 함께 하는 동급생이 된다. 만약 학생들에게 만 나이를 적용하면 불합리한 일들만 줄줄이 생긴다. 생일 경과 여부에 따라 내신 고사, 학교 행사, 진급 여부 등을 달리하지 않는다. 만 나이가 아닌 연 나이를 적용하는 것이다. 연 나이는 생일의 경과 여부와 상관없이 쓰이는바, 우리나이에서 한살을 빼면 된다. 즉, 2000년생은 2023년에 '24살 23세(歲)'가 된다. —('살'은 고유어, '세'는 한자어이므로 '스물네' 살 '이십삼' 세로 읽는다)

언론이나 공문서에 만 나이가 쓰이며, 선거, 운전면허, 촉법 소년법, 청소년 관람 영화 등에 만 나이가 적용되고 있다. 공식적인 나이에 만 나이를 적용하다 보니, 일상적으로 사용하는 나이와 혼란이 심하다. 교사의 정년을 보면, 생일이 3월 1일에서 8월 31일 사이인 사람은 8월에 퇴직하지만 9월 1일에서 이듬해 2월 28일 사이인 사람은 다음해 2월에 퇴직하게 된다. 만 나이를 적용한 것인데, 3월 1일생과 8월 31일생은 날짜가 엄청 차이 나는데도 정년이 같고, 8월 31일생은 9월 1일생과 딱 하루 차이인데도 정년이 6개월이나 벌어진다. 한날한시에 같이 시작한 동갑내기가 교사 경력이 똑같은데도 불구하고 퇴직 날짜가 엄청 달라지니 너무 불합리하다.

만 18세를 선거연령으로 정한 까닭에 고3학생 중에서 생일이 지난 학생은 투표권이 있고 생일이 지나지 않은 학생은 투표권이 없다. 같이 수업 받고 같이 생활해 왔는데 생일이 지난 학생은 정치적 식견이 있고 생일이 지나지 않은 학생은 정치적 식견이 없다는 말인가? 중학교 2학년 동급생들이 함께 범행을 저질렀는데도 만 14세를 기준으로 하는 촉법소년법에 따라 생일이 지난 학생은 형사 처벌하고 생일이 지나지 않은 학생은 처벌하지 못하는 불합리가 생겼다. 이런 만 나이를 정부차원에서 사회 전 영역으로 확대 적용한다니 갑갑하다.

우리나라는 나이에 유달리 민감하다. 정서상 생일의 경과 여부보다 몇 년생인가가 중요하다. 그래서 '띠'를 따진다. 만 나이를 적용하면 같은 해에 태어난 같은 띠여도 나이가 달라 우리 정서에 어긋난다. —(필자는 용띠라서 용가리 모임으로 동료들과 친목을 다진다) 동갑이냐 아니냐를 따지는 나라는 우리나라밖에 없다. —('동갑'은 한자어지만 중국에도 일본에도 없다)

또래 집단의 속성상 동갑이라는 이유로 동질감, 유대감, 소속감이 형성되는데 만 나이를 적용하면 또래 집단 및 동급생 사이에 금이 간다. 성장기 청소년에겐 심각한 문제가 될 수 있다. 설날에 가족과 친척이 떡국 먹고 나이 듦을 기려 덕담을 나눈다. 새해가 되면 1살을 더 먹기 때문에 각오를 새롭게 다진다. 만 나이를 적용하면 새해가 돼도 나이가 그대로라 덕담과 각오가 퇴색된다.

1990년대까지 음주, 흡연, 숙박업소 등에 만 19세 미만은 허용되지 않았었다. 그런데 같이 고교를 졸업하고 대학생이 되었는데도 생일이 지나지 않은 대학생에게 술도 담배도 못하게 하는 모순에 비판이 거세지자 연 나이로 바꿨다. 앞서 언급한 모든 것들도 연 나이로 바꿔야 한다. 초등학교 이후에는 만 나이를 없애고 '세'의 연 나이와 '살'의 우리나이를 적용해야 모순과 혼란을 막을 수 있게 된다.

일상【5】거품 없게 맥주 따르는 법

맥주를 즐기는 사람들이 무척 많다. 맥주는 거품 맛이라며, 거품을 향과 멋으로 음미하면서 마시기도 한다. 기품 있고 낭만적이다. 거품 없는 맥주를 김빠진 맥주로 여기기도 한다. 그러나 맥주를 마실 때 거품이 입술에 묻는 것을 지저분히 여겨 싫어하는 사람들도 꽤 많다. 또한 맥주 거품 때문에 뱃속에 가스가 차고 트림과 방귀[8]가 잦아지는 사람들도 거품을 싫어한다. 필자도 거품 없는 맥주를 즐기는데 거품 없게 맥주를 따르는 방법을 아는 사람이 별로 없는 것 같다. 책의 취지와는 무관한 생뚱맞은 이야기지만 생활의 팁으로 간략하게 소개한다.

인터넷에 컵을 기울이고 천천히 따르면 된다고 노 거품 맥주 따르는 방법이 소개돼 있다. 실제로 주변에서 이렇게 따르는 걸 어렵지 않게 볼 수 있다. 그러나 생맥주엔 잘 통하는데 병맥주나 캔맥주는 이렇게 해도 거품이 나는 경우가 꽤 생긴다. 그럼, 어느 맥주든 거품 없게 따르려면 어떻게 해야 할까? 맥주를 따르기 전에 컵에 찬물[9]을 가득 붓고 한 번 헹구면 된다. 그리고 나서 막 바로 컵을 기울여 맥주를 천천히 컵 벽면에 흘려 따르면 거품 없는 맥주를 즐길 수 있다. 한 번 헹군 컵에 남은 물기가 기포 발생을 억제시키는 것으로 추정된다.

컵을 다 비우기 전에 맥주를 첨잔하면 계속 거품 없이 즐길 수 있다. 단, 종이컵[10]엔 이 방법이 통하지 않는다. 종이컵에 코팅된 비닐성분이 기포발생을 활성화시키는 것으로 추

---

8   ① 여러 사람 앞에서 소리내서 방귀뀌는 것은 민망하다. 방귀가 나오려 할 때 두 손으로 엉덩이 살을 양쪽으로 잡아당기면 항문에 틈이 생겨 소리없이 방귀가 새어나온다. ② "방귀뀌지 마!"를 영어로 하면?-(답은 글 뒤에)

9   차가운 온수는 없지만 따뜻한 찬물은 있을 수 있다. 뭘까?-(답은 글 뒤에)

10   보통 종이컵을 1번만 쓰고 버리는데 일회용이라고 굳이 1번 쓰고 버릴 의무는 없다. 또한 종이컵에 뜨거운 차나 커피를 마실 땐 조심스러워지고 1번 쓴 컵은 일그러지기 쉽다. 1번 쓴 컵을 버리지 말고 여기에 새 컵을 안에 겹쳐서 사용하면 뜨거운 차나 커피를 마실 때 한결 편하고 잘 일그러지지도 않아 꽤 여러 번 쓸 수 있다.

정된다. 필자가 아는 선에서 어떤 방법을 써도 종이컵에 맥주를 따르면 맥주의 반 이상이 거품으로 넘쳐흐른다. 환경보호를 위해서도 종이컵은 자제하자.

(!) 붙임 기왕에 생활의 팁으로 사람들이 잘 모를 것 같은 몇 가지를 소개한다.

1) 2겹 두루마리 화장지인 경우 절취선이 계속 어긋나 은근 짜증날 때가 있다. 화장지 한 겹을 한 꺼풀 돌려 벗겨내면 절취선이 계속 딱 맞게 된다.

2) 방문의 실린더 도어록 손잡이를 잠글 때 '딸깍'소리가 거슬릴 땐 실린더를 살짝 돌린 상태로 도어록 단추를 눌러보시라. 아무 소리도 안 나게 잠긴다. 잠긴 도어록을 돌려 열 땐 도어록 단추에 엄지 손가락을 대고 있으면 '팅'하는 소리를 막을 수 있다.

3) 필자는 늦봄부터 초가을까지 바지에 멜빵을 하고 다닌다. 멜빵을 하는 사람들이 흔치 않아서인지 멜빵 고를 때 뭘 고려해야 하는지 잘 알려져 있지 않다. 멜빵끈이 넓은 것과 등쪽의 아래끈이 두 갈래인 것을 권한다. 멜빵끈이 좁은 것보다 넓은 것이 바지의 무게가 어깨부위에 가해지는 힘이 분산돼서 편하다. 등쪽 아래끈이 외갈래인 것은 의자에 앉을 때마다 끈 끝의 걸쇠클립에 척추가 눌릴 수 있고 의자 등받이가 손상될 수 있다. 또한, 외갈래인 것보다 두 갈래인 것이 바지를 더 단단히 지탱한다.

4) 어긋난 이를 바로잡기 위해 치과용 교정기를 찬 사람들이 꽤 있다. 비용도 만만치 않고 생활에 불편함도 크다. 성인은 어쩔 수 없지만 간니가 나기 전의 어린이라면 손쉽게 바로잡을 수 있다. 젖니가 빠지고 간니가 나오는 시기에 어긋난다 싶으면 엄지와 검지를 마주한 상태로 잇몸을 치열 방향으로 꾹꾹 눌러주면 치아가 가지런하게 자리 잡는다. 필자의 두 아이도 초등학교 2학년쯤에 간니가 심하게 뒤틀려 나오자 틈나는 대로-(수업시간에도) 잇몸을 주물러주라고 했다. 그 결과 애들 치열이 필자보다 가지런해졌다.

5) 보통 약이나 음료가 든 팩의 위쪽 모서리 한군데만 가위로 잘라 컵에 따르는데 이리하면 내용물이 깔끔하게 비워지지 않고 가끔 쿨럭쿨럭 쏟아져 컵 밖으로 튀긴다. 또한 오려낸 쪼가리를 -(오려낸 팩의 구멍으로 들어가지 않아)- 팩에 담지 않고 쓰레기통에 그냥 버리는데 이리하면 쓰레기통을 비울 때 작은 쪼가리가 어질러지기 쉽다. 위쪽 모서리 자른 팩을 컵 위에 거꾸로 세워 따를 때 팩의 아래쪽에 중간 정도까지 가위질해서 크게 흠집내면 갈라

진 틈으로 공기가 유입되어 내용물이 깔끔하게 비워지고 쿨럭거림이 없게 된다. 또한 오려낸 작은 쪼가리는 크게 낸 흠집에 집어넣어 쓰레기통에 버리면 쓰레기통을 비울 때도 어질러질 일이 안 생긴다.

6) 오늘날은 컴퓨터를 하루라도 거를 수 없는 시대가 됐다. 따라서 컴퓨터 작업은 매일매일 누적되므로 사소해 보이는 것일지라도 무시하면 안 된다. 사람들이 별 신경쓰지 않는 사소한 것을 3가지 소개한다.

① 보통 컴퓨터 자판을 보호하는 비닐 덮개 위를 두들겨 한글 작업하는데 이럴 경우 비닐 덮개가 자판 두들기는 힘을 많이 흡수하게 된다. 덮개를 벗기고 작업하면 자판을 훨씬 가볍게 두들기게 된다. 자판을 매일같이 힘주어 두들기면 손가락 마디에 가해지는 압력이 누적돼 손가락마디가 굵어지고 염증을 일으킬 수 있다. 예전과 달리 요즘 자판은 먼지가 들어가도 멀쩡하므로 자판 보호용 비닐덮개는 필요성이 떨어진다. 자판 두들기는 손가락만 힘들게 한다.

② 사람들이 오른손잡이가 95%이다 보니 컴퓨터 마우스를 오른쪽에 두고 작업하는 경우가 대부분이다. 컴퓨터의 기능키와 화살표 키, 숫자판이 죄다 오른쪽에 몰려 있는데 마우스까지 오른쪽에 두면 손가락 활동이 한쪽으로 너무 편중돼 두 손의 균형적 건강에 해롭고 작업의 효율이 떨어진다. 환경 설정 들어가서 왼손 마우스로 설정하자. 마우스를 왼쪽에 두고 쓰면 두 손의 균형을 어느 정도 맞추고 효율도 높일 수 있다. 오른손잡이가 왼손 마우스를 쓰는 것은 속도도 느리고 불편할 수 있다. 하지만 몇 번 사용하다 보면 금방 익숙해지고 나중에는 손가락 움직임 속도도 오른손과 별 차이 없게 된다.

③ 필자는 매일같이 한글문서 작업한다. 출시되는 컴퓨터 한글문서의 바탕색은 하얗다. 사람들은 아무생각 없이 이 상태로 작업한다. 컴퓨터 화면이 액정이라서 눈부심이 미미하지만 흰 바탕은 계속 들여다볼수록 눈부심이 쌓이고 나중에 눈이 침침해진다. 하루종일 들여다봐도 눈부심이 없는 온화한 바탕색으로 문서 작업하는 사람을 보지 못해 안타깝다. 문서 상단의 툴바에서 <쪽-쪽 테두리/배경-배경-채우기-색-면색-다른 색-팔레트>를 누르고 RGB를 <빨강200, 초록255, 파랑223>으로, HSL을 <색상97, 채도240, 명도213>으로 설정하면 하루 종일 들여다봐도 눈이 편안한 색상이 문서의 바

탕에 펼쳐진다. 한번 설정해 놓으면 문서를 켜고 끌 때마다 저절로 바탕색이 이대로 펼쳐진다. 이렇게 설정한 문서를 바탕화면에 작업용으로 깔아두고 새 이름으로 작업하면 된다. 다만 한 가지, 문서를 인쇄할 때 그냥 하면 컬러프린트가 아니면 바탕이 거무스름하게 된다. 인쇄할 때 툴바에서 <쪽-쪽 테두리/배경-배경-채우기-색 채우기 없음>을 누르면 흰 바탕으로 출력된다.–(처음엔 좀 귀찮지만 곧 능숙해진다) 출력을 하고나서 문서를 닫을 때 '저장'을 누르면 흰 바탕으로 저장되므로 '저장하지 않음'으로 해야한다.

 (각주8 답) "Don't Gas!"–(돈 가스!)

 (각주9 답) 따뜻한 찻물[찬물]

일상【6】알파고와 바둑 이야기

항간에 알파고의 바둑이 신의 경지에 이른 것처럼 회자되고 있다. 서양의 체스는 3세대 인공지능(AI) 딥블루가 세계챔피언을 눌렀다.(1997년) 체스가 완전 정복돼 더 이상 의미 없어 딥블루는 해체됐다. —(딥블루의 알고리즘을 유용한 다른 용도로 쓰기 위해) 많은 사람들이 알파고도 바둑을 완전 정복해서 해체된 것으로 알고 있다. 하지만 바둑은 정복된 게 아니다. 알파고를 해체한 이유는 더 이상 인간이 대적할 수 없기 때문이다.

2016년에 맹활약한 알파고는 4세대 AI로 알파고-리(알리), 알파고-마스터(알마), 알파고-제로(알제)의 3단계 버전으로 선보였는데, 알제는 알리에겐 100전 100승, 알마에겐 89승 11패를 기록했다. 최고 버전인 알제가 한 단계 아래인 알마에게 무려 11판이나 졌다는 것에서 바둑이 정복되지 않았음을 알 수 있다.

바둑에선 선번인 흑이 유리하기 때문에 게임의 공정성을 위해 후번인 백에게 덤을 준다. 한국과 일본은 6집 반, 중국과 대만은 7집 반을 덤으로 하고 있다. 덤을 얼마로 해야 적확한지 알지 못해 서로 다른 것인데 알파고가 바둑을 정복했다면 적확한 덤이 얼마인지 알아냈을 것이다. 알파고가 아직 바둑을 정복하지 못했다는 것은 초반 포석 단계에서도 극명하게 드러난다. 알파고는 바둑의 첫수를 '보통' 화점(4·4)에 뒀는데, '가끔' 다른 곳에도 뒀다. 최선의 수를 알지 못하기 때문에 첫수가 100% 고정되지 않았던 것이다.

또한 알파고는 보통 첫수를 화점에 두고 그 다음은 주로 3·3침입을 두고 가끔 날 일자 걸침을 뒀다. 가끔 날 일자 걸침을 두었다는 것에서 알파고 스스로가 3·3침입이 최선의 수인지 알지 못하다는 것을 보여 준다. 특히, 초장의 3·3침입은 그간 예의에 어긋난 금기시된 착점이며 소탐대실의 대악수로 여겨졌었다. 그러나 알파고가 초장에 3·3침입의 수를 빈번하게 두니까 인간 최고수들도 앞다퉈 따라하고 있다.

그런데 만약 3·3침입이 최선의 수라면 왜 첫수를 3·3침입을 당하는 화점에 두는가? 3·3침입이 최선이라면 첫수를 3·3에 두어야 한다. 알파고가 최선의 수, 즉 답을 모르니 이런 모순된 착수를 하는 것이다. 게다가 3·3침입 이후의 알파고가 둔 변화도도 여러 가지이다. 알파고가 최선의 수를 알고 있다면 변화도가 여러 가지가 아닌 '하나'여야 한다.

알파고가 인간 최고수들을 연파하자 AI가 인간의 사고력을 뛰어넘었다며 여기저기서 공포와 우려를 표했다. 전 세계에 중계된 대국에서 이세돌은 알파고에 4대 1로 패한 후 "인간이 진 게 아니라 이세돌이 진 것."이라고 인류에게 마지막⑺ 희망과 위로의 메시지를 전했지만, 필자는 '이세돌이 진 것'에 동의하지 않는다. 승부의 세계에서 대결이 성사되려면 게임룰이 공정해야 한다. 하지만 알파고와 인간의 대국에선 불공정한 게임룰이 적용됐다.

알리는 인간고수 기보 40만 개를 입력하고 이를 바탕으로 자가 학습(Deep-Learning)을 무수히 진행했다.─(알제는 72시간 만에 490만 판을, 40일 만에 2900만 판을 자가 대국을 두었다) 알리는 이세돌과의 시합에서 인간고수 기보 40만 개와 자가 학습한 기보를 대국 중에 치팅(cheating)한 것이다. 이세돌이 대국 중에 인간 고수의 기보를 들쳐보면 부정행위라고 몰수패가 선언된다.─(심지어 자신의 기보를 봐도 몰수패 된다) 또한 알리는 그 많은 기보를 입력한 대로 모두 기억해둔다. 인간은 평생 바둑을 두어도 10만 판을 소화하기 어려우며 그 기보들을 다 기억할 수 없다. 불공정한 조건인 것이다.

더 결정적인 것은 착수 전의 수읽기이다. 알파고는 연산기능을 가동하여 알고리즘 내에 가능한 모든 수를 빛의 속도로 두어 보고 나서 착수한다. 알파고는 인간처럼 머릿속으로 생각(사고)하여 수읽기를 한 게 아니라 수많은 수를 '놓아 보기' 한 것이다. 하지만 이세돌이 바둑돌을 이리저리 놓아 보기하면 반칙패가 선언된다. 너무나도 불공정하다.

설령 이세돌에게 놓아 보기가 허용되더라도 한정된 시간 안에 수천 수억 만 가지를 둬 볼 수도 없으며 수많은 수들 중 놓아 보기 한 건지 아닌지 분간할 수도 없다. 자전거 탄 사람과 맨발인 사람 간의 달리기 시합은 성립되지 않는 것처럼 알파고와 인간 간의 대국은 원천적으로 불공평한 조건이므로 대국 자체가 어불성설이다.

이러한 정황을 간파하지 못하고 알파고 대국이 전 세계에 생중계되자 여기저기서 바둑은 인간 사고의 전유물로 더 이상 존재할 수 없는 양 비통해했다. 실제로 알파고와 이세돌의 제 3국이 끝나자마자 필자의 동기인 연합뉴스 국장이 필자에게 전화로 "야, 찌놈아. 이세돌이 또 졌다. 어떡하냐? 이젠 기계가 모든 걸 지배하고 인간의 일자리도 앗아가는 거 아냐?"라며 매우 당혹스러워했다. 전화기 너머로 술렁대는 소리가 소란스럽게 들려왔다.

필자가 답했다. "글쎄, 전자계산기가 나왔을 때 모두가 인간은 계산할 필요 없고 은행원은 모두 일자리를 잃을 것이라 했지만, 전자계산기를 통해 인간의 계산과 은행원의 업무가 더 빠르고 정확해져 보탬이 됐지, 피해 입힌 게 아니잖아? 자전거와 자동차가 개발됐다고 인간이 달리지 않을 거라고, 달리기 시합이 사라질 거라고 생각하는 것과 마찬가지라고 봐."

참고로, 안경사는 자격증을 필요로 하는 전문직이다. 안경을 맞출 때 수 작업하는 시력 보정검사를 대신하는 '자동굴절검사기'가 나오자 안경사는 사라질 것이라는 전망이 대세였다. 하지만 안경사는 자동굴절검사기 활용으로 안경 맞춤에 더 큰 신뢰를 얻게 되었다. 도리어 안경사의 전문성과 안정성을 한층 높인 것이다.

2016년 알파고와 이세돌의 대국이 끝나자 이를 바탕으로 다보스 포럼은 AI 시대가 도래했음을 알리고, 이로 인해 교사, 의사, 기자, 변호사 등의 전문직을 필두로 한국에서만도 500만 개의 일자리가 사라질 것이라는 전망을 내놨다. 이글을 쓰는 시점은 2025년이다. 이런 전망이 나온 지 9년이 지났어도 이들의 일자리는 굳건하다.

우리나라 전국의 대학교에서 독·불어과가 줄줄이 폐과되고 있는데, 이에 대해 대학 관계자는 AI 번역기의 오류율이 5% 아래로 낮아져 대학에서 독·불어과 수업의 필요성이 급감했다고 폐과 이유를 밝혔다. 이에 사람들은 드디어 AI의 침공이 실체화되기 시작됐다고 공포스러워 했다. 폐과에 대한 반론이 거세기도 하지만 냉혹한 현실을 받아들여야 한다는 목소리가 대세였다.

문제는 반론이 정곡을 찌르지 못하고 변죽을 울린 것에 있다. 독·불어의 AI 번역 오류율이 5% 이하로 낮아진 것을 부정하지 않는다. 다만 독·불어과 수업의 필요성이 AI 번역의 오류율에 있다면 영어과부터 없애라고 외쳤어야 한다. AI의 영어 번역 정확성은

99.9% 이상, 즉, 오류율은 0.1% 이하이다.

바둑 얘기가 나온 김에 몇 가지 덧붙인다. 2016년 알리와 이세돌의 대결이 세계에 중계됐는데, 해설자들이 대형 바둑판을 걸어놓고 해설하는 바둑돌을 놓는 착점 표시, 즉 바둑판 좌표가 너무 불편했다. 바둑판은 가로세로 19줄로 우리나라에선 이 좌표를 가로줄엔 '1'~'19'의 아라비아 숫자를, 세로줄엔 '一'~'十九'의 한자를 써서 표시한다.[11] 착점 위치를 좌표로 말하면 어딘지 감이 오지 않으며, 한 자리 숫자와 두 자리 숫자가 섞여 있어 불편하고 혼란스럽다.

또한 대표적인 바둑 표현인 '3·3침입/1선의 묘수' 등도 바둑판 좌표에 부합되지 않는다. '3·3침입'의 3·3의 좌표는 좌상에선 〈3,三〉, 우상에선 〈17,三〉, 좌하에선 〈3,十七〉, 우하에선 〈17,十七〉이 되고, '1선의 묘수'의 1선은 좌변에선 1선, 우변에선 19선, 상변에선 一선, 하변에선 十九선이 된다. 일관성이 없이 들쭉날쭉하다. 인류의 가장 지능적인 게임이라는 바둑이 좌표는 아주 저능하다.

좌표가 수준 이하인 것은 바둑판은 전체 19줄이라는 것과 판을 걸어두고 설명할 때 위에서 아래로, 좌에서 우로 순서를 매긴다는 고정관념에서 벗어나지 못해서 비롯됐다. 비창적 사고로 이 틀을 깨면 아주 쉽고 합리적인 좌표체계를 세울 수 있다. 바둑판 한가운데를 천원(天元)이라한다. 현 좌표체계에선 가장 찾기 쉬운 천원의 좌표가 〈10,十〉으로 표기돼 인식이 어렵다. −[서양은 좌표에 알파벳'I'가 빠지기 때문에 천원의 좌표가 (10,J)가 아닌 (10,K)이다]

발상을 뒤집어 천 원을 원점 '0'으로 삼고 네 개의 사분면 그래프방식[12]으로 가로축(x축)과 세로축(y축)에 숫자를 매기면 한 자리 숫자만으로 통일된 아주 편리한 '찌농'좌표가 된다. 이에 따르면 앞의 3·3은 좌상에선 〈−7,7〉, 우상에선 〈7,7〉, 좌하에선 〈−7,−7〉, 우하에선 〈7,−7〉이 되고, 1선은 좌변에선 −9선, 우변에선 9선, 상변에선 9선, 하변에선 −9선으

---

11 서양에서 한자가 없어 대신 알파벳을 쓰기에 알파벳이 몇 번째인지를 알아야 한다. 또한 알파벳'I'는 숫자'1'과 혼동이 돼 빼고 붙인 좌표이기에 불편이 더하다.

12 원점을 중심으로 가로축은 오른쪽으로 1,2,3,4,5,6,7,8,9까지, 왼쪽으로 -1,-2,-3,-4,-5,-6,-7,-8,-9까지가 되고, 세로축은 위쪽으로 1,2,3,4,5,6,7,8,9까지, 아래쪽으로 -1,-2,-3,-4,-5,-6,-7,-8,-9까지 매긴다. 어느 쪽이든 두 자릿수를 넘지 않아 간단명료해진다.

로 모두 일관적이다. 이때 '마이너스(-)'를 '땡(·)'으로 하면 표기도 발음도 편해지며 좌표를 표시하는 괄호와 괄호안의 쉼표를 없애도 지장이 없게 된다. 이에 따르면 앞의 좌표는 순서대로 77(칠땡칠), 77(칠칠), 77(칠땡땡), 77(칠칠땡)이 돼 간단해 지고 인식도 쉬워진다. 구 좌표의 '1선의 묘수'는 찌눙좌표에선 '9선의 묘수' 또는 '끝선의 묘수'가 된다.

여러 종류의 바둑 중에서 19줄바둑이 정착된 것은 1년 365일과 가장 가까운 제곱수(19×19=361)를 택한 것으로 보인다. 따라서 19줄바둑은 바둑돌을 361개(흑181·백180) 갖추고 있다. 바둑은 최고의 지능 게임으로 칭송받는다. 그러나 19줄바둑은 착지점(19×19=361)이 너무 많아 소요시간이 길고 바둑돌을 소지·휴대하기가 용이치 않다. 이에 보급용으로 9줄바둑이 제공됐지만 이는 판이 너무 좁아 수가 적고 바둑의 맛을 느끼기엔 시간이 너무 짧아 별로 사랑받지 못하고 있다.

17줄바둑이 제공되면 대중적으로 사랑받지 않을까 싶다. 교차점이 289(17×17)개인 17줄바둑에선 필요 바둑돌 개수가 289개(흑145·백144)로 19줄바둑보다 흑백 각각 36개씩 총 72개나 준다. 소지·휴대가 훨씬 편해진다. 가로 세로 2줄씩 줄었지만 경우의 수는 여전히 무궁무진해 바둑 맛을 제대로 느낄 수 있으며 소요시간도 적당해질 것이다.

<ruby>일<rt>일</rt></ruby><ruby>상<rt>상</rt></ruby>【 7 】 이젠 만세력을

우리나라는 대대로 태음력을 써오다 1895년 김홍집 내각이 갑오개혁 차원에서 태양력을 추진하였다. 고종은 김홍집의 의견을 받아들여 음력 1895년 11월 15일에 공식적으로 개력을 반포하였다. 이로써 음력 1895년 11월 17일을 양력 1896년 1월 1일로 정하여 양력을 사용하고 이를 기념하여 연호를 건양(建陽)으로 변경하였다.

갑작스런 양력의 사용은 백성들뿐만 아니라 행사가 많았던 궁궐에서조차 매우 혼란스러웠다. 음력으로 농사를 짓던 농촌의 촌로들은 크게 반발하며 책력을 내던지기도 했다고 한다. 여기서 오해하지 말아야 할 것이 양력의 도입은 익숙지 않아 반발이 컸던 것이지 우리나라엔 음력이 적합했다는 것은 아니다. 지금도 설과 추석 등의 몇몇 명절을 음력으로 쇠는데 여기에서 양력은 우리의 전통과 풍토를 무시하고 서양식이 강제된 것인 양 분개하는 사람들도 있다.[13]

일단 '양력'이란 단어가 서양식이라는 어감을 풍기긴 한다. 그렇다고 '음력'이 우리 풍토에 걸맞은 것이라는 생각은 부정회귀이다. 음력은 어느 풍토에도 걸맞지 않은 불합리한 책력이다. 태양의 주기─(정확히는 지구의 태양 공전 주기)─를 1년으로 한 양력과 달리 음력은 달의 지구 공전 주기를 태양 주기에 꿰맞춘 것이다. 달의 공전 주기[14]는 29.5이므로 작은달

---

13   24절기를 음력에 따른 것으로 알고 농사일에는 음력이 더 과학적인 양 착각하는 사람도 있다. 24절기는 음력과 무관하다. 춘분, 하지, 추분, 동지를 중심으로 각 간격을 약 15.2일로 배치하여 1년을 24등분한 것이므로 양력에 따른 것이다.

14   달의 공전 중심은 지구의 공전을 따라서 계속 이동한다. 따라서 달은 원래 공전 주기와 실제 공전 주기가 다르다고 한다. 지구가 움직이지 않는 상태로 계산한 달의 공전 주기는 27.3일인데 달이 지구 둘레를 공전하는 동안에 지구가 태양의 둘레를 2.2일 정도 돌았기 때문에 달 공전 중심에서 그만큼 멀어져 2.2일이 더 걸린 29.5일이 된다고 한다. 그런데 의문스러운 부분이 있다. 달의 평균 공전 궤도 길이는 약 2,413,402km인데 달이 달리는 평균 속도는 약 시속 3,379km/h라고도 하고 약 3,683km/h라고도 한다. 궤도를 따라 1바퀴 도는 데에 전자는 약 29.5일, 후자로는 약 27.3일이 걸린다. 필자는 달이 정해진 궤도로 도는 것이 아니라 지구의 이동에 맞춰 사이클로이드 식의 궤적을 달린다고 생각한다. 그러면 달의 궤적은 지구가 이동한 만큼을 더 달리는 것이 아니라 이동한 쪽으로 궤적이 당겨지는 것으로 총 궤적의 길이엔 변함이 없게 된다. 이 때 항성에 가까우면 빠르고 멀면 느리다는 행성의 속도를─(케플러 공식) 원용해 보면 달의 공전 주기는 원래와 실제가 다르지 않다고 본다.

29일, 큰달 30일이 6번 교차하는 12달을 1년으로 하는데 이는 354일로 11일이 모자란다. 이런 상태로 그 다음 해를 맞으면 22일이 모자라 3번째 해엔 29일의 윤달을 삽입한다. 이리하면 3년마다 5일이 남아돌므로 18년 뒤에는 윤달 없는 평년으로 잡아야 한다.

음력은 1년 12달이 365일에 일치하는 해가 없다. 추분, 하지, 춘분, 동지의 날짜가 계속 바뀌고 복날도 널뛴다. 무지무지 불편하다. 결코 우리나라에 적합한 것이 아니다. 그래서 양력이 도입된 것인데 문제는 양력이 큰달과 작은달의 배치가 전체 균형에 안 맞고, 달의 크기가 28일부터 31까지 제멋대로라는 것이다. ─(매년 요일이 달라지는 것도 문제인데 이에 대한 해결은 바로 뒤에 언급한다) 이는 달력 제정과정에 있은 온당치 못한 왜곡이 고쳐지지 않고 현재에까지 이어지고 있다는 것에 기인한다.

그런데 지금의 달력은 왜 2월은 28일밖에 없고 큰달 작은달이 전체적인 균형이 맞지 않는 뒤죽박죽 배열이 됐을까? 이집트에서 기원한 태양력은 윤년이 없이 1년을 12달 365일로 하였다. 이것이 로마 시대에 쓰였는데 세월이 흘러 4년마다 윤년이 필요함을 깨닫고 율리우스(Julius) 카이사르 시절에 달력을 새로 정했다. 처음 정할 때 12달을 365일에 맞춰 31일의 큰달 5개, 30일의 작은달 7개로 했다. 작은달이 2개 더 많은데 1월을 작은달부터 시작하면 전체적인 균형이 맞지 않아 큰달부터 시작하고 작은달을 1년의 가운데에 셋으로 모아─(6,7,8월) 전체적인 균형을 얼추 맞췄다. ─[March(1)-31, April(2)-30, May(3)-31, Jun(4)-30, Quintillis(5)-31, Sixtillis(6)-30, Septmeber(7)-30, October(8)-30, November(9)-31, December(10)-30, January(11)-[31], February(12)-30][15]

이때 새 달력 제정을 기념하여 'Julius' 황제 이름을 여름철 한가운데에─(로마는 지중해성 기후로 태양이 작렬하는 여름을 좋아했다고 한다) 'July'로 새로 넣게 됐다. 따라서 7월부터 11월이 순차적으로 밀려가고 12월이 1월로 옮겨졌으며 달수가 하나 넘치자 Quintillis를 없앴다. 그래서 <Feb(1)-31, Mar(2)-30, Apr(3)-31, May(4)-30, Jun(5)-31, Six(6)-30, July(7)-30, Sep(8)-30, Oct(9)-31, Nov(10)-30, Dec(11)-31, Jan(12)-30>로 큰달 작은달을 교차하여 새로이 균형을 맞췄다.

---

15 1~4월, 11~12월은 로마 신의 이름에서, 5~10월은 숫자 명에서 따왔다. 7의 'Sept'는 Septet(7중주)에, 8의 'Oct'는 Octave(옥타브), Octopus(문어: 다리가 8개)에, 10의 'Dec'는 decimal(10진법의)/Deciliter(데시리터)에 흔적이 남아 있다.

그런데 황제의 달이 '작은달'이 되는 황망(?)한 일이 생기자 부랴부랴 'July'를 큰달로 키우고선 1년을 365일에 맞추기 위해 2월에서 하루를 뺏다. 그리하여 <Feb(1)-31, Mar(2)-29, Apr(3)-31, May(4)-30, Jun(5)-31, Six(6)-30, July(7)-31, Sep(8)-30, Oct(9)-31, Nov(10)-30, Dec(11)-31, Jan(12)-30>로 숫자명도 안 맞고, 큰달이 여섯, 작은달이 다섯인 엉터리 달력이 탄생됐다. 큰달과 작은달이 교차하는 균형만 맞춘 것이다.

카이사르의 아들 아우구스투스 황제도 자신을 기념하기 위해 'July'의 다음달에 'August'라는 이름으로 넣었다. 그러다 보니 8~12월로 밀려갔던 7~11월이 다시 9~12월로 밀려가고 12월이었던 January가 1월로 옮겨졌다. 이때도 전체 달수가 하나 넘치게 되자 Sixtillis도 지웠다. 그래서 <Jan(1)-31, Feb(2)-29, Mar(3)-31, Apr(4)-30, May(5)-31, Jun(6)-30, Jul(7)-31, August(8)-30, Sep(9)-31, Oct(10)-30, Nov(11)-31, Dec(12)-30>로 배치했다.

이때도 'August'라는 황제의 달이 작은달이 되는 일이 생기자, 이달을 큰달로 만들려 2월에서 하루를 또 빼 <Jan(1)-31, Feb(2)-28, Mar(3)-31, Apr(4)-30, May(5)-31, Jun(6)-30, Jul(7)-31, Aug(8)-31, Sep(9)-31, Oct(10)-30, Nov(11)-31, Dec(12)-30>로 정했다. 큰달이 7개, 작은달이 5개인 기형적인 달력이 탄생됐다. 그런데 이러고 나니 7, 8, 9월 석 달이 연속으로 큰달로 배치되자 다시금 9월을 작은달, 10월을 큰달, 11월을 작은달, 12월을 큰달로 바꾸었다.[16] 이리하여 7월과 8월, 12월과 1월이 큰달로 겹치는 아주 볼썽사나운 달력이 완성됐다. 애들 장난질 같은 농간들에 의해 심각하게 뒤틀려진 달력인데, 이를 아직도 쓰고 있다니 한심하지 않은가?

지금 쓰이고 있는 왜곡된 달력을 바로잡으려고 제안된 것이 아켈리스 여사의 'World-Calender'이다. 이 만세력[17] 방식에선 1년 12달의 각 요일을 아주 편리하게 할 수 있고 매달 근무일수를 22일로 전부 통일할 수 있다. 해가 바뀌어도 매년 달과 요일이 변치 않아 각종 행사 및 개인 일정 잡기에 편리하고 각 달과 4분기가 규칙적이라서 통계처리 및 비

---

16   Jan(1)-31, Feb(2)-28, Mar(3)-31, Apr(4)-30, May(5)-31, Jun(6)-30, Jul(7)-31, Aug(8)-31, Sep(9)-30, Oct(10)-31, Nov(11)-30, Dec(12)-31

17   우리나라에선 통상 'World Calender'를 번역하여 세계력(世界曆)이라고 부르는데, 이 책에선 세월이 흐르고 흘러도 변함없이 영원하다는 의미로 만세력(萬歲曆)으로 칭한다.

교분석이 효율적이 된다.

만세력은 1년을 3달씩 짝지어 〈1,2,3〉월, 〈4,5,6〉월, 〈7,8,9〉월, 〈10,11,12〉월의 4계(季)로 나누고, 각 계의 첫째 달 〈1,4,7,10〉월을 31일이 있는 큰달로, 둘째 달 〈2,5,8,11월〉월과 셋째 달 〈3,6,9,12〉월은 을 30일까지 있는 작은달로 했다. 이리하여 〈1,4,7,10〉월은 일요일로 시작하는 달로, 〈2,5,8,11〉월은 수요일로 시작하는 달로, 〈3,6,9,12〉월은 금요일로 시작하는 달로 모두 통일했다. 다음을 보시라.

1월 / 4월 / 7월 / 10월

일	월	화	수	목	금	토
1	2	3	4	5	6	7
8	9	10	11	12	13	14
15	16	17	18	19	20	21
22	23	24	25	26	27	28
29	30	31				

2월 / 5월 / 8월 / 11월

일	월	화	수	목	금	토
			1	2	3	4
5	6	7	8	9	10	11
12	13	14	15	16	17	18
19	20	21	22	23	24	25
26	27	28	29	30		

3월 / 6월 / 9월 / 12월

일	월	화	수	목	금	토
					1	2
3	4	5	6	7	8	9
10	11	12	13	14	15	16
17	18	19	20	21	22	23
24	25	26	27	28	29	30

※ 12월 말미: World's Day (요일 없음) 31

만세력은 기본 틀이 각계마다 91일이다 보니 계를 모두 모으면 364일이 된다. 365일로 맞추기 위해 원래는 작은달이어야 하는 12월에 31일을 추가했는데 이 날이 요일로 자리하면 다음해는 요일이 다 달라진다. 그래서 이날을 요일 없는 〈World's Day〉로 정했다. 또한 윤년인 경우는 윤일(閏日)을 원래 작은달인 6월에 31일을 넣고 이도 무(無)요일로 정했다.

그런데 이게 문제가 됐다. 무요일의 존재는 안식일을 거룩히 여기는 유대교와 기독교 측의 반발을 초래했다. 7일마다 돌아오는 '안식일을 거룩히 여기라'는 십계명을 지키는데, 무요일로 일주일이 8일이 되면 이게 어그러진다는 것이다. 또한 서양에서 불길하게 여기는 13의 금요일이 1년에 4번(1,4,7,10월)씩이나 나온다는 것도 반감을 샀다.

만세력은 합리적이란 평가로 유엔에 2번 상정 됐다는데 반대가 많아 부결됐다고 한다. 관례적·종교적 이유 등으로 반대가 많았다고는 하나 이는 표면적인 이유이고, 실제론 익숙한 달력의 교체에 대한 거부감과 새 달력에 따른 전 세계적 혼란 우려, 그리고 'Slow'의 시대였던 당시에 새 달력의 절실성 부족으로 부결됐다고 한다.

하지만 유엔에 상정됐던 때가 1950년대이다. 세월이 많이 흘러 이제는 스피드 시대이다. 세계력의 필요성이 커졌다. 다만, 아켈리스 만세력은 예전 방식을 일정 정도 유지하여 약간의 불합리한 앙금이 남았다. 이를 좀 더 보완하여 찌농식 만세력을 만들어 보았다.

아켈리스 만세력은 각 계의 첫 달을 큰달로, 주의 시작을 일요일로 잡아 약간 불편하다. ―(이 방식이라 13일의 금요일이 매년 4번씩 나온다) 필자는 각 계의 셋째 달을 큰달로 잡았고, 토요일과 일요일을 주말(Weekend)이라고 부르기에 달력의 주초[18]를 월요일로 잡았다. ―(이 방식에선 13의 금요일이 생길 수 없다) 아켈리스 력은 모든 달이 일·수·금으로 시작한다. 지금의 달력처럼 달의 시작이 휴일과 평일이 섞여 있다는 결함을 처리하지 못했다. 하지만 찌농력에선 모든 달이 월·수·금으로 시작하여 달의 시작이 평일로 완전히 통일된다.

단, 이리하면 1월부터 12월까지 총 364일이 되어 딱 하루가 모자란다. 그래서 12월과 1월 사이에 '영월 영일'(Extra-Month/Day)을 두고 '무(無)요일'(Extra-Week)인 만세절(萬歲節)로 정했다. 또한 윤달이 들어가는 4년마다 무요일을 하루(영월 영여일) 늘려 잡고 이 날을 만만세절(Extra-World-Day)로 삼아 '만만세'를 외치는 이틀간의 큰 축제를 열면 좋을 것이다. 그리하면 윤년이든 아니든 어느 연도에도 달과 요일이 일치하여 일상생활에 아주 편리하게 될 것이다. 다음이 바로 찌농력이다.

	일	월	화	수	목	금	토		일	월	화	수	목	금	토		일	월	화	수	목	금	토		일	월	화	수	목	금	토
1월	1	2	3	4	5	6	7	4월	1	2	3	4	5	6	7	7월	1	2	3	4	5	6	7	10월	1	2	3	4	5	6	7
	8	9	10	11	12	13	14		8	9	10	11	12	13	14		8	9	10	11	12	13	14		8	9	10	11	12	13	14
	15	16	17	18	19	20	21		15	16	17	18	19	20	21		15	16	17	18	19	20	21		15	16	17	18	19	20	21
	22	23	24	25	26	27	28		22	23	24	25	26	27	28		22	23	24	25	26	27	28		22	23	24	25	26	27	28
	29	30	31						29	30	31						29	30	31						29	30	31				
2월				1	2	3	4	5월				1	2	3	4	8월				1	2	3	4	11월				1	2	3	4
	5	6	7	8	9	10	11		5	6	7	8	9	10	11		5	6	7	8	9	10	11		5	6	7	8	9	10	11
	12	13	14	15	16	17	18		12	13	14	15	16	17	18		12	13	14	15	16	17	18		12	13	14	15	16	17	18
	19	20	21	22	23	24	25		19	20	21	22	23	24	25		19	20	21	22	23	24	25		19	20	21	22	23	24	25
	26	27	28	29	30				26	27	28	29	30				26	27	28	29	30				26	27	28	29	30		
3월						1	2	6월						1	2	9월						1	2	12월						1	2
	3	4	5	6	7	8	9		3	4	5	6	7	8	9		3	4	5	6	7	8	9		3	4	5	6	7	8	9
	10	11	12	13	14	15	16		10	11	12	13	14	15	16		10	11	12	13	14	15	16		10	11	12	13	14	15	16
	17	18	19	20	21	22	23		17	18	19	20	21	22	23		17	18	19	20	21	22	23		17	18	19	20	21	22	23
	24	25	26	27	28	29	30		24	25	26	27	28	29	30		24	25	26	27	28	29	30		24	25	26	27	28	29	30

*만세절: ∅월∅일 무요일, 만만세절: ∅월∞일 무요일

18　일상적으로 말할 때 "월화수목금토일"이라 일컫는데 지금의 달력은 "일월화수목금토"로 돼있어 실생활에도 불편하다.

여담이지만, 1년의 365란 숫자는 멋없어 보이지만 실제론 묘한 숫자이다. $365=(2+3) \times (1+2^3 3^2)$으로서 자연수 중에서 가장 작은 1,2,3의 세 숫자만의 조합으로 표현이 가능한 세 자리 숫자이다. 멋쟁이 숫자로 보이지 않은가? 또한 365는 10, 11, 12의 잇따른 숫자들의 제곱의 합과 그 다음에 잇따른 13, 14의 제곱의 합과 같은―$(10^2+11^2+12^2=13^2+14^2=365)$ 아주 절묘한 숫자이다. 약간 억지스러워 보이는 얘기지만, 사람의 체온이 36.5℃인데 여기에서 소수점을 빼면 365가 되고, 둥근 원(360°)에 동서남북―중(中)의 5방(方)을 더하면 365가 된다. 사람은 '36.5℃', 지구는 '365일', 우주는 '360°+5방'이므로 사람, 지구, 우주가 함축된 숫자가 365이라고 여겨지지 않은가?

한 가지 더. 1년에 지구가 몇 번을 자전하는지 아시는가? 사람들은 대부분 365번 자전하지 않냐고 되묻는다. 그러나 지구가 1년에 한 번만 자전한다고 가정해 보라. 그러면 태양을 향한 지구면은 계속 햇빛을 받아 낮만, 반대쪽은 햇빛을 전혀 받지 못해 밤만 이어진다. 밤낮이 바뀌지 않는다. 지구가 자전을 2번해야 밤낮이 바뀌는 하루가 생긴다. 3번 자전하면 2일, 4번 자전하면 3일이 생긴다. 1년은 365일이므로 지구는 366번 자전하는 것이다.

일상【 8 】케케묵은 두 논쟁

필자가 학교에서 주최하는 학생들의 토론 대회 주제로 가장 많이 올라온 2가지를 추려 보니, 첫째는 "과학기술의 진보가 인류의 행복을 증진시키는가?", 둘째는 "감정까지 표현할 수 있는 인공지능이 탑재된 안드로이드─(인안드)─에겐 인격권을 부여해야 하는가?"였다. 아마도 일상생활에 중요성이 부각되는 세간의 관심이 높은 주제이면서 찬반으로 갈라 토론이 가장 활발하게 잘 진행되는 것이라서 뽑힌 것 같다.

이에 대해 필자가 어떻게 생각하는지 궁금해할 독자도 있을 것이다. 제목에 '케케묵은'이란 단어를 쓴 것에서 필자의 '썰풀기'를 기대할 수도 있을 것이다. 기대에 부응할지 모르겠지만 최대한 비창적으로 뜯어 보도록 하겠다. 가장 격렬한 논쟁들이므로 분량이 좀 길다는 것을 양해하시기 바란다. 길이가 조금 짧은 두 번째 주제부터 보자.

인간의 형상을 하고 인간처럼 움직이고 작업을 수행하는 로봇 수준의 안드로이드에 인간의 두려움은 그리 크지 않았다. 그러나 딥러닝으로 무장한 인공지능(AI)이 인간의 사고를 앞지르고 감정까지 표현하자 인간은 공포를 느끼고, 사고력과 감정표현의 AI가 탑재된 인안드가 개발되면 공존을 모색해야 한다는 인식의 전환이 필요하다고 설파되고 있다. 공존이란 설정에 인격권 부여 논쟁이 불붙었다.

사람처럼 대해야 한다는 것인데, 그럼 사람이란 어떤 존재인가를 정의해야 하고 그전에 생명체란 무엇인가부터 정의해야 할 것이다. 생명체란 신진대사와 성장·번식의 시스템이 작동한다는 속성을 갖는다. 인안드가 신진대사와 성장·번식 기능을 갖추면 생명체로 간주할 수 있다는 말이다. 이에 대한 판단은 독자들에게 맡긴다.

그럼 인간이란 어떤 존재인가. 인간만의 독자적인 영역으로 여러 가지가 있지만 그 중 감정 표현과 논리적 사고 및 창작 능력이 가장 숭고한 마지막 보루로 여겨졌던 것 같다.

AI에게 프롬프트 명령어를 입력하면 기사, 논문, 시, 소설, 그림, 작곡에 영화제작까지 거의 모든 분야에서 인간보다 훨씬 더 빠르게 고도의 산출물을 쏟아 낸다. 이런 것에서 AI가 인간의 마지막 보루까지 점령하고 이제는 인간을 뛰어넘은 것이라고 떠든다.

그런데 이러한 산출물을 창작이라고 할 수 있을까? AI는 방대한 데이터를 알고리즘으로 연산하고 입수된 데이터 중 빈도수가 높은 순으로 조합한 결과를 내놓을 뿐이다.—(최빈값 조합) 알고리즘 연산에 최빈값의 조합을 더한 산출물은 인간의 결과물보다 우수할 가능성이 높을 수밖에 없다. 그러나 필자가 실험한 결과 AI는 프롬프트 명령어를 입력하면 같거나 비슷한 결과물만 계속 내놓는다. 사람처럼 다양한 결과물을 내놓을 수 없다.

프롬프트 명령어를 시차를 두고 입력하면 그 사이 더 많아진 데이터를 가동하여 더 정교해질 수는 있어도 다양해지진 않는다. 한 주제에 대해 몇 가지 주문하면 여러 글을 빈도순으로 보여 줄 뿐이다. AI 산출물은 기계적으로 고도화된 것이지 결코 AI가 스스로 사고(생각)하여 창작한 것이라 할 수 없다.

방대한 데이터를 빛처럼 빠른 속도로 연산하는 알고리즘과 방대한 데이터의 최빈값의 조합 능력은 인간의 눈엔 경이롭게 비쳐진다. 이런 경외감이 창작 능력이니 논리적 사고니 하는 해석을 하게 된 것이다. 방대한 데이터를 기반한 알고리즘 연산과 최빈값의 조합은 인간의 산출물보다 신뢰성이 높아 보이지만 결코 사고(생각)의 결과가 아니라는 것이 필자의 견해이다.—(「§VI-일상[6] 알파고와 바둑 이야기」 참조)

"연기 입자는 1~0.1㎛, 바이러스는 0.1~0.01㎛인데 평균 0.4㎛ 크기의 입자를 94% 걸러내는 'KF94'마스크가 효과 있나요?"라고 물으면 AI는 마스크의 효과에 대한 데이터를 최빈값 순으로 조합하기에 그 효과가 절대적이라는 원론적인 답변만 늘어놓는다. 마스크의 여과 기준보다 작은 담배연기는 걸러지지 않아 마스크 쓰더라도 흡연실에 들어가면 간접흡연을 피할 수 없고 바이러스는 연기보다도 더 작아 막을 수 없다는 것이 논리적인 판단인데, AI는 입자의 크기에 따라 여과 및 투과 여부가 갈린다는 논리적 판단을 하지 못한 것이다. AI의 산출물은 논리적 사고의 결과물이 아님을 알 수 있다.

또한, AI는 시간이 지나 데이터가 더 쌓이면 산출물도 달라질 수 있다는 것에서도 AI가 스스로 논리적·창의적으로 사고하는 것이 아니라는 것을 알 수 있다. 그렇기 때문에 AI

에게선 필자가 쓴 것과 같은 비창적인 글을 산출물로 결코 기대할 수 없다. 일례로 AI에게 "전국적인 학교 석면 공사에 대한 비판의 글을 써주세요."라고 주문하면 '졸속 부실 공사, 공사 중 안전 위험, 공사의 감독 소홀, 공사 과정의 투명성 부재' 등 최빈값의 조합들만 나열한다. 필자와 같은 비창적 견해가 전혀 엿보이지 않는다.—^(「§Ⅰ-[8]석면 공사 유감」 참조) 필자가 시험해 본 결과 그 많은 주제 중에서 AI가 필자와 비슷하게 쓰는 글은 '1'도 없었다. 논리적·창의적 사고는 인간만의 영역으로 건재한 것이다. 따라서 인안드는 사고의 인격체로 부적격이다.

감정 표현도 마찬가지다. 인안드가 구사하는 표현은 인안드에게 접수된 상황에 대한 알고리즘 연산의 기계적인 표출일 뿐이다. 인간은 코미디를 보고 다양하게 반응하지만 인안드의 반응은 정해져 한 가지만을 표출한다. 한 개인일지라도 아침에 다르고 저녁에 다른 감정이 인안드에게 있을 수 없다. 단적인 예로 인안드는 술마시고 노래하고 싶다는 감정이 있을 수 없다. 사람은 기분에 따라 어떤 때는 어떤 노래를, 어떤 때는 저런 노래를 흥얼거리는데 인안드는 그렇지 못하다. 놀면서 기뻐 춤추는 인안드는 없다. 인안드는 감정을 표출할 수는 있지만 감정을 느끼는 기분을 가질 수는 없다는 것이다. 따라서 인안드는 감정의 인격체로 부적격하다.

인간은 아이, 청소년, 중장년, 노년의 단계를 거친다. 아이의 천진난만함, 청소년의 패기, 중장년의 열정, 노년의 원숙함으로 단계별로 변화를 거치는데, 인안드는 아이의 형상으로 만들면 아이이되 천진난만할 수 없고, 단계별 변화를 거치는 성장과 노화가 있을 수 없다. 처음 만들어진 형태에서 내적·외적 변화가 없는 공산품이다. 인안드가 본격적으로 공존하게 되면 가족이나 친구처럼 인격체로 대할 수는 있다. 이는 커다란 피규어나 반려동물을 많은 사람들이 그렇게 대하고 있다는 것에서 그리 어렵지 않게 수긍할 수 있다. 하지만 가족이나 친구로 대한다는 것은 개인적인 차원의 문제이다. 피규어나 반려동물에게 사회적 차원에서 인격권을 부여하진 않는다. 공산품인 인안드에겐 인격권을 부여할 수 없다는 게 필자의 생각이다.

둘째 주제를 보자. 과학기술의 진보가 초래한 부정적인 측면이 여러 가지지만 ① 환경

훼손, ② 불평등 심화, ③ 인간성 퇴조, ④ 윤리적 문제 등으로 압축된다. 각항에 대해, '①
과학 · 기술의 진보는 대기 오염, 수질 오염, 쓰레기 양산, 생태계 파괴, 지구 온난화, 생
물다양성 감소 등 여러 환경 문제를 야기한다. ② 과학 · 기술의 진보로 새로운 산업이 창
출되지만, 이로 인해 기존의 산업이 사라져 실업을 초래한다. 새 산업의 혜택은 소수의 사
람들에게 집중되고 새 기술기계 접근이 소외되는 취약층이 생긴다.

③ 가상현실, 인터넷 등은 인간의 현실감각이나 사회성을 저하시키고, 자동화나 로봇화
등은 인간의 창의성이나 도전정신을 후퇴시키며 과학 · 기술에 대한 물신주의에 밀려 인
간성이 퇴조한다. ④ 인공 지능, 생명 복제, 유전자 조작 등은 인간의 존엄성과 가치를 훼
손할 수 있다. 핵무기와 같은 인류의 안전과 평화를 위협하는 군사적 악용 소지가 커지고,
QR코드를 비롯한 전자시스템으로 개개인을 조작 · 통제하는 빅브라더 식 독재 사회가 도
래할 수 있다.' 등을 내세운다.

각항의 주장은 다 나름대로 일리가 있다. 그러나 이들은 중요한 핵심을 빗나간다. 부수
적인 것을 전면에 부각시키는 오류를 범한 것이다. 어떤 약이든 부작용이 따른다. 약의 효
과가 부작용보다 크면 약으로서의 가치가 있고, 효과보다 부작용이 크면 약으로서의 가치
는 사라진다.[19] 마찬가지로 과학기술로 얻는 편익보다 부작용이 크면 과학기술의 가치는
사라진다. 결론부터 말하자면 과학기술의 진보를 비판하는 사람들은 편익보다 부작용이
큰 것도 과학기술로 보는 오류를 범한 것이다.

원시시대부터 지금에 이르기까지 인류는 편익이 더 큰 쪽으로 과학기술을 개발해 왔다.
납 용기, 고문기구, 살상무기, 다이너마이트, 향정신성 의약품, 고엽제, CFC(프레온 가스),
DDT(살충제) 등과 같이 일상화되면 편익보다 부작용이 더 큰 것으로 판명되면 과학기술로
채택되지 못하고 퇴출되거나 군사용 · 의료용 · 산업용 · 연구용으로 엄격히 규제한다.[20]

앞에 제시된 ② 항은 사회구조적인 문제로 과학기술의 진보가 아닌 어느 것이라도 발생
하는 접근성의 문제이다. ③ 항은 과학기술의 발달로 생길 수 있는 몇몇의 일탈을 일반화

---

19 일례로, 피부병엔 수은이 직방이다. 그러나 피부병 치료의 효과보다 수은 중독의 부작용이 더 커서 특별한 경우가 아닌 한 피부병 치
    료에 수은을 약으로 처방하지 않는다.
20 편익과 부작용의 대소는 과학적·통계적 근거가 부족하여 쉽게 단정 짓기 어렵다. 술·담배를 비롯하여 비닐, 플라스틱, 화석연료, 원
    자력 발전, 풍력 발전, 태양광 발전 등의 편익과 부작용에 대해선 논란이 지속되고 있다. 총기의 개인 소지도 편익이 부작용보다 크
    다고 판단하는 나라는 허용하고 반대로 판단하는 나라는 금지하고 있다.

한 논리의 비약이고, ④ 항은 특정분야를 과학기술 전반의 현상인 양 일반화한 주관적인 견해이다. 따라서 여기에선 ① 항을 중심으로 비창적 시각에서 다루도록 하겠다.

과학기술의 비판으로는 장 자크 루소의 "자연으로 돌아가라."가 유명하다. 기술문명이 인간의 이기심을 부추겨 인간성을 옥죈다는 그의 주장에 공감하는 사람들이 적지 않다. 그러나 루소의 생활은 어땠을까? 기술문명을 타박하면서 동굴이 아닌 집에서 먹고 잤다. 베개와 이불이 갖춰진 침대에서 자고, 식탁의 의자에 앉아 접시에 담은 조리한 음식을 포크로 찍어 먹었다.

밤엔 불을 밝혀 생활했고 겨울엔 벽난로로 추위를 넘겼다. 빗과 칼, 가위로 수염도 다듬고 머리도 꾸몄으며, 당시 유행하는 멋진 옷도 사 입고 튼튼하게 만든 신도 사 신었다. 생활용품과 농수산 먹거리를 손수 만들고 채집하지 않고 시장에서 구입했는데, 시장이란 자연 상태와 대비되는 기술문명의 대명사이다. 개천을 건널 땐 다리를, 강을 건널 땐 배를, 먼 길을 갈 땐 마차를 이용했다.

기술문명의 총아라는 종이로 만든 책을 읽고, 펜을 잉크에 찍어 책과 편지를 썼다. 당시의 세련된 온갖 기술문명을 다 누렸다. 루소는 "인간은 자유롭게 태어났지만 사회의 온갖 쇠사슬에 묶여 있다."면서 "인간은 학문과 예술[21]의 굴레 속에 노예적 행복을 누리고 있다."고 비판했다. 그러나 정작 자신은 학문과 관련된 많은 책을 읽고 썼으며 예술의 정수라 일컬어지는 오페라를 작사·작곡하기도 했다. —(<마을의 점쟁이>라는 오페라를 지었는데 당시에 인기가 상당했다고 한다)

일각에선 루소가 말한 자연은 인간의 본성을 뜻한다고도 하지만 이는 너무 멀리 돌아간 해석이다. 기술문명이 인간성을 옥죈다고 한 것에서 기술문명을 누리는 한 결코 인간은 본성을 되찾을 수는 없다고 주장한 것이다.

보통 과학기술의 폭발적 개발로 급성장한 산업사회를 농경사회와는 달리 인간미 소멸, 자연환경 훼손, 쓰레기 양산의 사회로 본다. 그렇다면 농경사회는 산업사회보다 인간미가 넘치고 친환경적인 사회였단 말인데, 과연 그럴까? 농경사회는 주거 이전의 자유도 없

---

21   아재개그: "예술은 길고, 인생은 짧다."를 4자로 하면?-(답은 글 뒤에)

는 통제가 엄격한 신분제 사회였다. 통제된 신분사회를 신분이 철폐된 산업사회보다 인간미 넘치는 사회로 보는 것은 확증편향이다.

또한 농경사회보다 산업사회가 훨씬 풍요로워졌다. '곳간에서 인심난다.'는 속담이 있듯이 윤택한 삶에서 인정이 넘쳐나지 궁핍한 삶에서 인정이 넘쳐날 수 없다. 궁핍한 사회에선 때때로 삶은 감자나 옥수수를 이웃과 나눠먹는 서글픈 정만 흐른다. 가진 게 없어 나눌 게 없는데 무슨 인간미를 예찬하는가? 장마철이 되면 집집마다 초가지붕 천장에서 방안으로 새는 빗물을 항아리로 받아 냈다. 항아리를 비우려 나온 아낙네들이 만나 장마철에 무탈한지 서로 안부를 묻는 것이 인간미 넘치는 풍경으로 아련한 머릿속에 각인된 것이다.

1770년경부터 1920년경에 이르기까지 약 150년에 걸친 1, 2차 산업혁명의 기술문명이 보편화되기 전의 시절을 보냈었던, 필자를 아우르는 나이 때의 사람들은 산업화로 각박해진 세태를 한탄한다. "그 때가 좋았지."라고 과거를 회상하며, 공동체적 유대감이 넘쳤던 농경사회를 '추억'으로 간직하고 있다. 산업화 이전엔 대가족 공동체로 마을마다 어른과 아이들이 친밀하고 또래들이 정겹게 지낸 것으로 생각한다. 하지만 전통사회는 농부가 대다수를 차지하여 직업적 동질감이 높았던 것이다. 타고난 신분을 한탄하며 벗어날 수 없는 궁핍한 삶을 서로 공유한 것이다. 이는 유대감이 아니라 '연민의 정'이다.

또래들이 정겹게 지냈던 것으로 착각하는 것은 당시의 놀이문화가 일천해서 그랬던 것이다. 투호, 자치기, 공기놀이, 숨바꼭질, 제기차기, 팽이치기, 사방치기, 다방구놀이 등이 옛날 또래들 놀이인데, 이들을 요즘 애들에게 시키면 한두 번 하다 시시해서 바로 그만두고 더 이상 하려들지 않는다. 지금처럼 취미, 운동, 게임, 스포츠 등이 발달하지 못해 혼자 있으면 심심했기에 또래들이 자주 어울렸던 것이다.

후진국의 시골마을에 아이들이 노는 것을 보면 쉽게 이해할 수 있을 것이다. 놀이가 형편없어도, 하는 일 없이 모여 시시덕거려도, 혼자 있는 것보다 재미있었기에 정겨웠던 추억으로 간직하는 것이다. 따라서 전통사회가 공동체적 유대감이 넘쳤다는 것도 확증편향이다.

농경사회의 생활상을 들여다보자. 삼순구식, 춘궁기, 풀죽, 초근목피라는 단어들이 평민들의 삶에서 떠나질 않았다. 조선왕조실록에 영양실조로 부황증을 앓는 사람이 거리에 넘쳐난다는 기록이 자주 나온다. 과거에 "고개 중 가장 넘기 힘든 고개는?"이라는 수수께 끼가 있었다. 춘궁기의 보릿고개가 그만큼 견디기 힘들었다는 수수께끼이다.

농사일 자체도 결코 서정적이지 않다. 맨 허리가 휘는 중노동의 연속이다. 쇠스랑으로 논밭 일구기에 허리가 휘고, 모내기, 김매기에 허리가 휘며, 벼, 보리 베는 낫질에 또 허리 가 휜다. 벼, 보리 이삭에서 벼, 보리알을 탈곡하는 도리깨질로 허리가 휘고, 곡식을 빻는 맷돌질과 절구질에 또 허리가 휘고 검불을 까불리는 키질에 허리가 휜다. 요즘은 기계화 가 많이 됐는데도 시골에 처녀가 귀하다는 것에서 농사일이 보통 힘든 것이 아니라는 것 을 알 수 있다. 이렇게 힘들게 수확한 곡식을 지주에게 2/3를 바쳤는데—(유럽의 중세 농노도 수 확물의 2/3를 영주에게 바쳤다) 이런 삶이 아름다워 보이는가?

밥은 어땠을까? 주변에 '고향의 맛, 원조 할매 ○○집' 등을 쉽게 볼 수 있다. 옛날 밥의 향수에 호소하는 표현들인데 이들도 확증편향이다. 굶주리는 일이 일상이던 시절엔 무엇 을 먹든, 누가 한 밥을 먹든 다 맛있을 수밖에 없었다. 어디 가서 뭘 먹고는 "영 옛날 맛이 안 난다."라는 말도 하는데 이는 평소에 배곯지 않아서 하는 배부른 소리다. '시장이 반찬 이다.'라는 속담이 괜한 것이 아니다.

보리나 조, 귀리, 콩, 옥수수 등으로 끼니를 때우던 평민들이 간혹 쌀밥을 지어먹기도 했는데, 가마솥으로 밥을 하면 아래는 타고 위는 설어 3층 밥이 된다. 탄 밥도 아까워 누 룽지로 먹었다. 요즘의 압력밥솥에서 있을 수 없는 3층 밥. 3층 밥이 싫어서 압력밥솥이 개발된 것이다. 요즘엔 밥 먹다 돌 씹을 일이 없는데도, 말도 안 되는 소리를 하면 "밥 먹 다 돌 씹는 소리하네."라고 핀잔을 준다. 맷돌로 껍질을 벗기고 키질로 검불을 까불렸지 만 덜 벗겨진 쌀알과 까불려지지 않은 까끄라기가 있어서 밥을 해먹으면 이들이 씹히고, 쌀가마니에 섞인 돌을 걸러내려고 조리로 쌀알을 일었지만 걸러지지 않은 돌이 밥 먹을 때 꽤 씹혔던 것이다. 돌 씹을 때의 불쾌감은 겪어 보지 않으면 모른다.

위생환경은 어땠을까? 지금은 사라진 축에 드는 수수께끼가 있다. "내려갈 땐 천천히 내려가고 올라갈 땐 빠르게 올라가는 것은?" 콧물이다. 과거엔 영양실조에 위생상태도 좋 지 않아 코 흘리는 아이들이 많았던바, 지금도 어린아이를 코흘리개라고 부르는 연유이다. 비데는 고사하고 화장지도 없어 화장실에서 일 본 뒤 지푸라기로 밑을 닦았다. 화장실엔 구더기가 무리지어 기어다녔고 구더기에서 우화한 파리 떼는 밥상에 왱왱 달려들어 쫓아내기 바빴다. 파리 떼와 같이 한 밥을 먹은 덕에 뱃속에 회충을 달고 살았다.

여름날 선풍기도 에어컨도 없어 부채질하다 더위 먹기 일쑤였고, 땀에 젖었어도 시원하고 깔끔하게 씻을 수 있는 샤워기도 없어 몸에 밴 땀 냄새를 서로 모른 척해 주는 것이 예의였다. 겨울엔 방안에 웃풍이 쳐들어와 말할 때 입김이 서렸고, 찬물에 부르튼 손을 호호 비비며 세수하곤 했으며, 장갑도 없이 짚신 신고 다니다 손발에 동상 걸리기 일쑤였다. 과거로 되돌아가 이런 환경에서 다시 살고 싶다는 생각이 드는가? 과학기술의 발달이 있었기에 이러한 열악한 환경이 다 해결될 수 있었던 것이다.

우리 머릿속에 아련하게 그려지는 농경사회가 과연 친환경적인가를 톺아 보자. 인류가 개발한 최초의 과학기술은 불의 사용이다. 지상에서 자연 발화된 불을 마주하기란 사람이 벼락에 맞을 확률보다 낮은 아주 드문 현상이다. 따라서 인간이 불을 지피기 이전 시절엔 자연 상태의 대기 중에 연기의 존재량은 태평양의 금의 존재량보다 훨씬 적었었다. 그런데 농경시대에 집집마다 불을 지펴 대기 중에 연기를 다량 방출시켰다. 대기오염의 자연 훼손이다. 다만 지구 자정의 복원력이 이를 감당해 냈을 뿐이다.

또한 집집마다 불을 지피기 위해 수많은 나무를 베었다. 삼림훼손의 환경파괴이다. 불때기 위해 얼마나 나무를 벴다고 그러냐고 반문할 수도 있다. 필자가 어렸을 때 "이산 저산 다 잡아먹고도 또 입 벌리고 있는 것은?"이라는 수수께끼가 있었다. 집집마다 땔나무를 베어가 전국에 민둥산이 널려 있던 것을 빗댄 수수께끼다. 부엌의 아궁이가 연탄 부뚜막으로 바뀌지 않았다면 전국의 모든 산에 나무가 남아나지 않았을 것이다. 물론 화로와 벽난로도 포함된다. 1차적 과학기술인 '장작불'에 의한 환경파괴를 2차적 과학기술인 '연탄불'의 개발로 줄인 것이다.

농경과 목축, 가축 사육은 어떤가? 농지 개간은 말할 것도 없고 경작이란 생태계를 변질시키는 파괴행위이다. 목축으로 들판의 초지가 황폐화되고 가축의 사육으로 들판의 풀들이 마구 뜯겨나갔다. 다행히 이도 지구 자정의 복원력이 감당해 나갔다. 그러나 농경사회의 몇몇 종에 집중한 선택적인 농경과 목축, 가축의 사육으로 인한 생물다양성 파괴는 복원되지 않는다. 지구의 생물 종이 원체 다양하다 보니 어지간히 줄어도 표시가 나지 않았을 뿐이다.

보통 농경사회의 마을 풍경은 목가적이고 친환경적으로 생각한다. 옹기종기 초가집도 위풍당당 기와집도 서정적으로 바라본다. 하지만 인류가 동굴을 벗어나 집을 짓는 순간부터 산과 들은 훼손되기 시작했다. 집을 짓기 위해 자연 상태의 산과 들의 초목을 뭉텅뭉텅 베어 냈다. 수백, 수천 채의 집이 지어진 마을은 환경이 크게 훼손돼 이전과 전혀 다른 모습으로 바뀐 것이다.

주거용 집뿐만 아니라 방앗간, 대장간, 푸줏간 등의 공장과 주막, 약방, 점포, 관아 등의 사무실이 지상에 평면적으로 지어져 풀로 덮인 땅이 매우 많이 잠식됐다. 인구가 늘어감에 따라 잠식되는 땅도 늘어만 갔다. 빌딩과 아파트가 개발되지 않았다면 잠식되지 않은 땅은 남아나지 않았을 것이다. 농경사회의 환경파괴를 산업사회의 기술개발로 '확' 줄인 것이다.

또한 농경시대엔 마을 곳곳에 우물을 파서 지하수를 침해하고 냇가에서 빨래하여 수질을 오염시켰다. 인구수가 적어 그 훼손 정도가 적게 드러났을 뿐이다. 인구수가 폭발적으로 늘어난 산업사회에서도 우물물을 퍼올리고 냇가에서 빨래한다면 지구상의 지하수는 고갈되고 하천은 회생불능으로 오염됐을 것이다. 그러나 산업시대엔 수돗물을 개발하여 우물의 지하수 침해를 없애고, 세탁기를 개발하여 빨랫물의 하수처리를 통해 하천의 수질 오염을 줄였다.

마지막으로 쓰레기 양산에 대해 살펴보자. 농경사회보다 산업사회가 쓰레기 문제로 몸살을 앓고 있는 것은 사실이다. 생활쓰레기와 산업폐기물은 지구의 자정능력을 위협할 정도로 늘어나고 있다. 그러나 문제는 쓰레기문제가 과학기술의 발달로 인한 것이 아니라는 것이다. 보통, 후진국의 시골에는 산업사회의 기술문명이 손길 닿지 않아 불편하긴 해도 공해도 없고 쓰레기도 없어 좋다고 말한다. 수수하면서 나름 화려한 마을 축제도 정겹고

흥겹다고도 한다.

그러나 그들의 축제는 100년 전통이네 200년 전통이네라고 하는데 그들이 입고 있는 옷이나 신, 모자 등과 축제 도구 및 장식들은 모두 산업사회의 산물이다. ─(이들 중 쓰레기로 문제된 게 하나도 없다) 농경사회 때부터 이어진 유구한 축제인 양 포장하지만 축제 자체도 현대 산업사회의 영향을 받아 탄생한 것이다. 그러기에 고작 100년, 200년이란 역사를 가진 것이다.

후진국의 시골은 자연과 더불어 살아 쓰레기가 없는 것으로 인식하고 있다. 그러나 그 마을 사람들이 쓰는 생활용품은 어떤가? 옷, 신, 모자, 두건, 이불 등은 물론이거니와 식칼, 포크, 톱, 낫, 호미, 그리고 접시, 그릇, 솥, 냄비, 바가지, 항아리, 세숫대야 등 산업사회의 산물인 방직물, 양은 및 철제품, 플라스틱을 재료로 한 물건들을 사다 쓰고 있다. 큰 틀에선 자연과 더불어 사는 것처럼 보이지만 구석구석에 산업사회의 산물들이 스며들어 있는 것이다. 다만 이들에겐 쓰레기가 문제되지 않는 까닭은 이들의 구성원 수가 적어서이다. 후진국도 인구가 과밀된 도시에서는 온갖 쓰레기로 몸살을 앓고 있다.

쓰레기는 과밀된 인구의 대량소비에 따른 현상이지 과학기술의 발달과 무관하다. 쓰고 버린 것은 무엇이든지 간에 그 양이 과도하면 처리하기 힘든 쓰레기가 된다. 기술개발로 만들어진 물건은 어느 것 하나 그 자체로 쓰레기 문제를 일으키지 않는다. 과다 소비에 대량 폐기가 일으키는 것이다. 기술개발의 대명사 격인 라디오, TV, 컴퓨터, 핸드폰 등도 소수가 소유했을 땐 전혀 문제가 되지 않았는데 대중화되면서 대량 소비되자 이들의 폐기처분이 쓰레기 문제됐다. 자동차 매연, 타이어 분진, 아스팔트 분진 그 자체로 인해 폐암 환자가 늘었다고 볼 수 없다. ─(「§Ⅴ-[6] 담배 마녀 사냥, 이제 그만 하자」 참조) 자동차가 선진국은 과다 소비되어 공해가 된 것이고 후진국은 과소 소비되어 공기가 맑은 것이다.

결국 자연훼손은 인구수가 문제라는 결론에 다다른다. 산업혁명 이전의 전 세계인구수는 아메리카 1,150만 명, 아프리카 5,500만 명, 유럽 1억 명, 아시아 3억7,500만 명으로 총 5억4,500만 명 정도로 추산하고 있다. 여기에서 인구가 2배만 늘어도 앞에 언급한 각종 사연들로 지구의 환경은 처절하게 훼손돼 회복불능에 빠졌을 것이다.

2025년 전 세계 인구는 81억 6천명이 넘는다. 농경사회 말엽보다 15배 가까이 늘어났다. 이런 상황에서 만약 과학기술의 진보가 없었다면? 과학기술의 진보가 인구 대비 환경 훼손율을 획기적으로 줄인 것으로 봐야 한다. 다만 과학기술의 진보로 자연 환경의 훼손율을 낮춘다하더라도 얼마만큼의 인구수까지 감당할 수 있는지는 알 수 없다. 이런 불확실한 미래를 대비하기 위해선 과학기술의 진보에 박차를 가하는 동시에 폭발적인 인구수 증가를 억제하는 실천적인 방향을 모색해야 한다고 생각한다.

 (각주21답) "예~~~술, 인생!"

기타【1】뉴턴의 사과나무

　우리나라의 국립중앙과학관, 과천국립과학관, 한국표준과학연구원, 대덕 표준연구소, 서울과학고, 대전과학고 등에 뉴턴의 사과나무가 심어져 있고, 나무에 대한 안내 팻말이 걸려 있다. 그런데, 뉴턴이 캠퍼스 교정을 산책하다 우연히 떨어지는 사과를 보고 만유인력의 법칙을 알아냈다는 것은 있을 법한 일을 그럴싸하게 꾸며낸 허구이다.

　과학자들에겐 익히 알려진 사실로, 강풍이 몰아쳐야 떨어질 사과가 산책을 할 정도의 기상상황에서 저절로 떨어질 리 만무하다. 실제로 산책하다 사과가 떨어지는 것을 봤다는 목격담은 보고된 바가 한 건도 없다. 그래서 생긴, 관계 기관의 분위기를 싸하게한 일화가 있는데, 가볍게 넘겨버리기엔 너무 아까워 이를 따끈따끈한 이야기로 그럴싸하게 각색했다.

기관 안내인: 이 건 미연방표준국에서 기증받아 심은 뉴턴의 사과나무입니다.

물리학 박사: 기증받은 것은 사실이지만 뉴턴의 사과나무 자체가 허구 아닙니까?

　　　　- (수십 명의 참가자들이 '맞아, 맞아'하면서 웅성대기 시작했다)

기관 안내인: 그건 그렇지만...

물리학 박사: 아이들에게 공공연하게 거짓을 가르치다니, 당장 뽑아버려야 합니다.

　　　　- (참가자들이 '그래, 공식화하는 건 문제 있지.'라면서 술렁대기 시작했다)

기관 안내인: 그렇다고, 고사리 같은 아이들에게서 과학의 꿈을 뽑아버릴 필요는 없잖아요?

<P.S.>: 글에 등장한 물리학 박사도 어린 시절 '뉴턴의 사과' 이야기를 듣고 '과학의 꿈'을 키웠고, 열심히 공부하고 노력한 끝에 마침내 유명한 물리학 박사가 되었다고 한다.

글이 짧아 아쉬워 사과 시리즈 아재 개그를 덧붙인다. —(답은 각주[22]에)

---

① 사과가 웃으면? ② 사과가 시들면? ③ 사과를 한 입 베어 먹으면? ④ 사과를 입에 물고 발표하면? ⑤ 고등학생에게 중요한 사과는? ⑥ 사과가 반드시 있는 곳은? ⑦ 사과를 맛있게 먹는 도형은? ⑧ 곰이 사과를 어떻게 먹을까? ⑨ 손 안 대고 입 안 대고 사과를 먹는 방법은?

---

22   ① 풋사과, ② 사과 삭아 ③ 파인애플, ④ 사과문 발표, ⑤ 국영수 사과, ⑥ 3과와 5과 사이, ⑦ 사각형('사각사각' 먹는다), ⑧ 베어
(Bear) 먹는다. ⑨ 그냥 집어 먹는다.-[손 안(에) 대고 입 안(에) 대고]

【 2 】1392년-1492년-1592년

필자는 연도를 잘 기억 못한다. 그러나 간격이 묘하게도 딱 100년씩인 〈1392년-1492년-1592년〉엔 엄청난 변화를 가져온 일이 벌어졌기에 필자의 뇌리에 박혀 있다. 우선 1392년은 무슨 일이 일어난 해일까? 조선이 창건된, 이성계가 왕이 된 해이다. 한글의 우수성은 누구나 인정한다. 한글이 있음에 우리나라의 문맹률이 '0'에 가깝고, 인적 자원의 고급화가 가능해졌다. 우리나라가 디지털 시대를 선도하게 된 것도 한글 덕분이다. 핸드폰으로 문자를 쉽게 주고받는 나라는 우리나라밖에 없다.

한글은 세계의 수많은 문자 중 가독성이 가장 높을 뿐만 아니라 오독률(誤讀率)이 가장 낮은 글자이다. 신속성이 높으면 정확성이 떨어지고 정확성이 높으면 신속성이 떨어지는 것이 물리적 현상인데, 신속성도 정확성도 모두 최고이니 한글은 인간의 한계를 뛰어넘은 위대한 창조물이라 할만하다. 그런데 조선 창건과 한글이 뭔 관계라고 1392년에 갖다 붙이냐고 생뚱맞게 여길 독자들이 많을 것이다.

필자는 만약 조선이 건국되지 않았다면 한글이 탄생할 수 있었을까 생각해 본다. 한글은 세종대왕이 만들었다. '이도'(李祹: 세종대왕의 본명)라고 하는 한 민간인이 만든 것이 아니다. 이성계가 왕이 되지 않았다면 그의 손자 '이도'도 왕이 되지 못한다. 일반 백성의 신분으로는 새 글자를 만들겠다는 뜻을 품을 리 없을 것이고, 사대부의 신분으로는 새 글자의 필요성을 느끼지도 못했을 것이다. 혹여 새 글자를 만들겠다는 뜻을 품었다하더라도 한자로 위세하던 주변의 사대부들이 극력 만류했을 것이고, 어찌어찌 글자를 만들었다손 치더라도 그 글자를 온 나라에 강제할 수도 없고, 퍼뜨릴 수도 없어 바로 사장(死藏)됐을 것이다.

그러나 '이도'가 왕이었기에 무지렁이 뭇 백성에겐 어려운 한자를 대신할 쉬운 글자가 필요함을 느꼈고, 왕이었기에 사대부들의 반대를 무릅쓰고 7년간 눈병을 앓아가면서까지 한글창제에 몰두할 수 있었으며, 왕이었기에 권력을 동원하여 만천하에 한글을 공식 반포하였고, 왕이었기에 서리(胥吏)선발 과거시험에 한글을 도입할 수 있었으며, 왕이었기에 언문청(후에 정음청)을 설치하여 전국에 널리 보급할 수 있었던 것이다. 1392년의 조선 건국을 의미심장하게 보는 이유이다.

둘째로, 1492년은 콜럼부스의 신항로 개척이다. 신항로 개척 이전엔 유럽은 동양에 온갖 면에서 한참 뒤쳐졌었다. 그러나 이후 아메리카 수탈로 유럽의 경제적 부가 치솟았고, 감자의 유입으로 인구수가 부쩍 늘어났다. 유럽이 동양에 비해 훨씬 뒤쳐졌던 가장 큰 이유가 인구수이다. 동양은 정주민이 과밀화돼 국가적 발전이 이루어졌지만, 유럽은 정주민이 국가적 발전에 필요한 정도까지 과밀되지 못했다. ─(정주민 과밀화의 중요성은 「§Ⅴ.-[10] 털 없는 원숭이로의 진화?」 참조)

농경사회에선 자식이 노동력이었기에 힘닿는(?) 데까지 애를 낳았고 태어난 아이는 수확된 식량만큼만 생존했다. 식량이 부족하면 굶어죽을 수밖에 없었다. 동양은 단위 면적당 수확량이 보리, 밀의 2배 되는 벼가 있기에 유럽보다 면적 대비 2배 많은 인구가 먹고 살 수 있었다. 유럽은 벼농사가 잘되지 않는 풍토라 많은 인구가 먹고 살 수 없었다.

그러나 감자와 옥수수의 전래로 상황이 달라졌다. 감자는 땅속에 뿌리알이 주렁주렁 열리고 옥수수는 한 줄기에 강냉이가 주렁주렁 열린다. 단위 면적당 수확량이 보리, 밀의 2배가 넘는다. 벼와는 달리 아무데서나 잘 자란다. 감자와 옥수수는 주린 배를 채워줬다. 면적 대비 인구수가 유럽과 동양이 '대등'해지는 순간이 온 것이다. 감자와 옥수수가 없었다면 유럽은 지금도 동양에 훨씬 뒤처진 상태가 이어졌을 것이다. 1492년의 신항로 개척을 의미심장하게 보는 이유이다.

마지막으로, 1592년은 임진왜란이 터진 해다. 중국의 주변국들은 중국을 상대로 노략질을 일삼긴 했어도 중국 본토를 넘본 적이 거의 없다. ─(몽골은 중원을 넘본 것이 아니라 세계를 정복하고 중원에 원나라를 세운 것임) 거란족의 요나라도 여진족의 금나라도 중원을 넘본 적이 없었다. 여진족이 새로 청나라를 세우고 나서도 그 기조는 변함이 없었다. 그런데 일본이 1592년

'정명가도'(征明假道: 명나라 정벌의 길을 조선에게 빌림)—를 내세워 임진왜란을 일으켰다. 주변 민족의 전통적 관례를 깨고 주제넘게(?) 중원을 넘본 것이다. 이에 자극받아 청나라도 중원에 대한 야욕을 불태우게 된다. 수천 년 이어져 내려온 동아시아의 전통적 관례가 무너지기 시작한 것이다.

임진왜란이 터지자 조선은 명나라에 지원을 요청했고 명나라는 조선을 지원하다 국력이 급격히 쇠하게 됐다. 임진왜란 때 5만 명, 정유재란 때 11만 명 파병했던 명나라는 과도한 출혈로 피폐해졌다. 결국 여진족이 어렵지 않게 중원을 접수하게 됐는데, 이로 인하여 중국의 덩치가 기존보다 3배 이상 늘게 됐다.

청나라 이전의 중국 역사상 영토가 가장 큰 것은 한나라와 당나라인데, 이 두 나라도 청나라의 절반 크기에 못 미쳤다. 한과 당의 최대 영토도 정벌 기에만 국한된 일시적이었으므로 중국의 영토는 줄곧 청나라의 1/4 수준을 밑돌았다고 볼 수 있다. 청나라가 300년 가까이 지속됐고, 그 뒤를 이어 중화인민공화국이 들어서면서 대대로 이어진 영토보다 4배 커진 중국이 떡하니 자리한 것이다. 드넓은 동아시아가 하나의 중국에 거의 다 흡수된 것인데, 이로 말미암아 광활한 중원을 중심으로 안으로는 곪고 밖으로는 분쟁이 끊이지 않게 됐다. 임진왜란을 의미심장하게 보는 이유이다.

중국(960만km2)은 우리 남한(9만9천km2)의 거의 100배 크기다. 유럽(1,018만km2)과 비슷하다. 유럽엔 49개 나라가 있지만 중원엔 나라가 중국뿐이다. 유럽은 다양한 만큼 발전하지만 중국은 단일한 만큼 정체된다. 중국은 황하 북동쪽의 만주, 황하 주변의 원(原) 중국, 양자강 아래의 남중국, 황하 서북쪽의 신장위구르, 양자강 서남쪽의 티베트로 대별할 수 있다. 이들 5대 광역은 서로 기후와 풍토가 확연하게 다르다. 민족과 언어, 풍습 등도 사뭇 다르다. 그런데 이들이 하나의 중국으로 묶이다 보니, 시간이 흐를수록 다양성이 점점 줄고 있다. 드넓은 평원에서 거주했던 만주족(약 1천만 명)의 그 유구했던 만주어가 사어(死語)가 됐듯이 획일화의 위험성이 커지고 있다.

초록색이 가장 좋다고 세상을 온통 초록색으로 칠하면 살 수 없듯이, 중국식이 최고라 하더라도 세상을 온통 중국식으로 도배하면 살 수 없다. 지금의 중국을 못해도 앞의 다섯 지역으로 나누어야 중국도 그 주변도 발전할 수 있다. 하나의 중국이라는 그릇된 기치아래 티베트와 신장위구르의 분리운동을 짓밟고, 카슈미르에 손을 뻗쳐 분쟁을 마다하지 않는 실태는 심히 우려되는 바이다. 중국 정부와 중국인들은 노자와 장자, 저우언라이(周恩來)가 설파했듯이 작은 중국이 아름답다는 '소국과민'(小國寡民)의 정신을 하루속히 일깨우길 바란다.

기타【3】쌍둥이 빌딩 붕괴에 대해

2001년 9월 11일에 미국 뉴욕의 세계무역센터(WTC) 쌍둥이 빌딩에 항공기가 충돌하여 110층짜리 두 건물이 완전히 무너져내려 온 세계를 경악케 했다. 이에 대해 의혹이 심심치 않게 불거져 나오곤 했지만 의혹제기가 지엽적인 것에 머물러 딴지 걸기 수준에 그쳤다. 필자는 기존에 제기된 여러 의혹과 달리 있을 수 없는 몇 가지를 비창적 시각에서 언급하고자 한다.

우선 항공기 충돌 동영상이다. 필자는 사건 당시, 그리스인 관광객이 '우연히' 찍은 동영상을 TV를 통해 방송한 것이라고 관계 당국자가 밝혔다고 들었는데, 과연 그는 누구고 정말 어쩌다 우연히 찍었을까? 쌍둥이 빌딩 위의 텅 빈 하늘은 앵글을 고정하여 장시간 노출·촬영할 만큼 매력적인 하늘이 아니다. 그냥 한두 번 지나가는 장면으로 찍을 수는 있을 것이고 이럴 경우 화면은 흔들리게 돼있다. 그런데 동영상은 흔들림이 전혀 없고, 무슨 일이 벌어질지를 알고 있었듯이 빌딩을 중심으로 공허한 하늘을 한동안 고정하여 찍었으며, 여객기 충돌 후에 비행기 한 대가 더 올 것도 알고 있었는지 계속하여 빌딩 위에 앵글을 맞춰 찍었다. 우연히 찍었다고 보기엔 시나리오가 너무 잘 들어맞는다.

110층 쌍둥이 빌딩 사건은 원체 충격적인데다 전례 없던 사건이다 보니, 2천 년대 초엔 각자가 자신이 최고의 전문가인양 인터넷이 경연장을 방불케 했었다. 대체로 항공기 충돌의 충격과 대형 화재의 고열로 붕괴됐다는 설명으로 좁혀진다. 다음은 인터넷에 올라왔던 대표적인 설명이다.

WTC는 철골구조물이다. 철은 800℃가 넘으면 응력이 절반으로 떨어지므로 철골에 내화 피복을 한다. 그러나 WTC의 철골은 대형 항공기의 충돌로 내화막이 많이 떨어져 나갔고 여기에 1,100℃를 넘는 불길이 발생했다. 충돌지점의 철근이 화열에 녹으면서 붕괴가 시작 됐고 붕괴 더미의 무게가 아래로 누적되어 더해져 3층까지 도미노 현상을 일으키며 순식간에 무너져 내렸다.

글에 보태어 WTC는 건물 외곽을 둘러가며 철골 기둥을 박아 넣은 강구조이기 때문에 기존의 콘크리트 구조보다 열에 취약하다는 설명과 테러범들이 항공기를 오전에 납치한 까닭은 항공기 연료 탱크에 기름이 가득한 상태로 폭발시키기 위한 전술이라는 설명도 곁들인다.

그런데, 철골이 열에 취약하다? 납득이 안 간다. 철의 녹는점은 1,538℃라서 용광로에서나 녹일 수 있다. 글에서처럼 1,100℃ 정도의 화재로 56분과 102분 만에 철골을 녹일 수는 없다. 게다가 철골이 녹는다고 건물이 주저앉지 않는다. 미사일을 수백 발 포격해도 110층 빌딩을 완전히 날릴 수 없다. 항공기 1대 충돌로는 어림없다. 고층 빌딩에 내진 설계로 세워진 콘크리트 옹벽기둥은 폭약을 터뜨려야만 파손될 정도로 단단하다. 파손되긴 해도 무너지지 않기 때문에 빌딩을 해체할 때 어마어마하게 큰돈 들여 폭파공법을 동원한다. 빌딩이 열에 의해 무너졌다면 해체할 건물에 항공기 연료 탱크 양만큼의 기름을 부어 불만 지르면 되지 않겠는가?

불길은 충돌 지점의 위쪽으로 치솟고 화열도 위로 솟았다. 충돌지점 아래쪽으론 불길이 번지지 않았고 화열도 가해지지 않았으므로 아래쪽 철골은 멀쩡해야 한다. —(사진1 참조) 아래쪽은 몇 시간이 지나도 고열에 휩싸일 수가 없다. 게다가 고열에 의한 붕괴라면 아래쪽으로 차례차례 고열이 되는 시간이 상당히 걸리므로 빌딩이 장시간에 걸쳐 녹아내려야 한다. 그러나 건물은 몇 초도 안 걸려 와르르 무너졌다.

2017년 6월 14일 런던 그렌펠 타워에 화재가 발생해 건물 전체가 장장 16시간 넘게 화염에 휩싸였다. —(사진2 참조) WTC 화재는 충돌 층에 국한됐고 화열이 2시간도 채 안 되게 가해졌지만, 그렌펠 타워는 24층 전체가 불속에 휩싸였고 16시간동안 화열이 가해졌으므로 WTC 화재보다 그렌텔 화재가 훨씬 강력한 화재이다. 그런데도 그렌텔 타워는 진화된 뒤에도 시커먼 빌딩으로 서있었다. —(사진3 참조) 결코 한층도 무너져내리지 않았다.

항공기 충돌로 파괴된 건물의 무게에 의해 그 아래쪽이 무너지고, 그 만큼 더해진 무게가 계속 누적 가해져 도미노 현상을 일으켜 완전히 다 무너져 내렸다는 논리이다. 납득이 안 된다. 빌딩에 늘어난 무게는 충돌한 항공기 무게뿐이다. 무너지면서 무게가 늘면서 누적된다는 것은 있을 수 없다. 이 주장에 따르면 항공기 충돌이 없어도 빌딩의 어느 한 층이 균열이 생겨 무너지면 계속 무거워져 연쇄반응으로 그 아래로 모두 무너진다는 소가 웃을 일이 생긴다.

또한 관입된 항공기 무게에 빌딩이 무너졌다면 무거워지는 순간 바로 무너져야 했다. 상당한 시간이 지난 뒤에 무너졌다는 것은 늘어난 무게에 의한 것이 아니라는 것을 증거한다. 항공기가 남쪽 빌딩은 93층에, 북쪽 빌딩은 77층에 충돌했다. 그런데 남쪽 빌딩 93층 위쪽의 17층 구조물과 북쪽 빌딩 77층 위쪽의 33층 구조물도 완전 파쇄됐다. 이들은 뭐가 무거워져 형체도 없게 파쇄됐을까? 충돌 지점 위쪽의 구조물 무게는 충돌 전이나 후나 변함이 없다. 윗부분 구조물은 붕괴 더미 위에 고스란한 형체로 얹혀져 있어야 정상이다.

마지막으로 두 빌딩의 붕괴 시간이다. 항공기 충돌 후 한동안 멀쩡히 있다가 한순간에 와르르 무너진 것이 이상하다. 쌍둥이 빌딩은 모두 내진 설계된 철골 구조물이다. 붕괴된다는 것은 납득하기 어려운데, 설령 붕괴되더라도 붕괴 시간은 두 건물이 비슷해야 한다. 그런데 두 건물의 붕괴 시각엔 차이가 크다. 남쪽WTC는 08시 46분 30초 충돌, 10시 28분 22초 붕괴 시작했고, 북쪽WRC는 09시 02분 59초 충돌, 09시 58분 59초 붕괴 시작했다. 남쪽은 102분 만에, 북쪽은 56분 만에 무너진 것인데 무려 46분의 차이가 난다.

비슷한 철골구조물이 화재로 인하여 붕괴되는 시간이 거의 2배 차이가 난다는 것과, 남쪽 빌딩이 먼저 충돌했는데 뒤늦게 충돌한 북쪽 빌딩이 먼저 무너진 것은 납득하기 어렵다. 이 시각차를 버틴⑦ 시간으로 바꿔 비교해 보면 충돌 지점과 묘한 연관성이 보인다. 남쪽 빌딩은 93층에, 북쪽 빌딩은 77층에 충돌·화재가 발생했다.

    남쪽 빌딩은 93층 아래의 사람들이 대피할 수 있고, 북쪽 빌딩은 77층 아래의 사람들이 대피할 수 있다. 92층까지의 사람들이 최대한 많이 대피할 수 있게 하려면 76층까지의 사람들이 대피할 수 있는 시간보다 더 길게 잡아야 한다. 92층까지는 1시간 42분, 76층까지는 56분의 시간이면 충분히 대피할 수 있다는 계산에 따라 영험한⁉ 두 빌딩이 버티는 시간을 서로 다르게 조절한 것이었을까?

사진1 : 쌍둥이 빌딩의 불길   사진2 : 런던 그렌펠 타워의 불길   사진3 : 불 끈 런던 그렌텔 타워

* 남쪽WTC(좌): 08시 46분 30초 충돌, 10시 28분 22초 붕괴-(102분 버팀)
* 북쪽WRC(우): 09시 02분 59초 충돌, 09시 58분 59초 붕괴-(56분 버팀)

기태【4】더 재밌는 축구를 위하여

스포츠 중에서 단일 종목으로 전 세계를 열광시키는 것에 축구만한 것이 없을 것이다. 그래서 말도 많고 탈도 많은 것이 축구이다. 그런데 말도 많고 탈도 많은 것이 축구의 비합리적인 국제 룰에서 야기된 것이라면 냉철하게 곱씹어 봐야 한다. 20세기 초에 정해진 국제 룰이기에 21세기에 걸맞지 않은 것들도 있고, 당시의 의식 수준이 지금의 의식 수준에 못 미치는 것도 있다. 축구를 더 재밌게 하려면 변화된 시대에 걸맞게 합리적으로 손봐야 한다.

먼저 승점제를 보자. 팀 간 담합으로 무승부가 생기고 수비에 치중하는 경향을 뿌리 뽑고, 재미있는 공격 축구를 유도한다는 취지로 승2, 무1, 패0 점이던 승점제를 1994년 미국 월드컵 때부터 승3, 무1, 패0 점으로 바꿨다. 승점을 3점으로 높여 재미없는 무승부를 줄이자는 규정인데 이 규정 적용 이후로 공격 축구로 변하지 않았고 불합리함만 커졌다.

현재의 승점제에선 5경기를 치른 경우, '2승3패'(승점6)팀이 '5무'(승점5)팀보다 앞선다. 그러나 패수가 승수보다 많은 팀이 한 번도 지지 않은 팀보다 승점이 높다는 것은 불합리하다. 무승부라고 해서 무조건 재미없다고 하진 않는데 무승부를 무조건 1점으로 하는 것에 문제가 있다. 득점없이 비긴 0:0 경기는 재미없다. 헛심만 쓴 것으로 여긴다. 그러나 1:1, 2:2, 3:3처럼 득점하고 비긴 경기는 아쉽다고 하지 결코 재미없다고 하지 않는다. 헛심 쓴 것으로 여기지 않기 때문이다.

득점없이 비긴 경기를 '헛'(1점), 점수내고 비긴 경기를 '빅'(1.5점)이라고 하여 승점에 차등을 둘 필요가 있다. 앞의 5무 팀이 '5헛'이면 승점5로 '2승3패(승점6)팀'보다 낮지만 '3빅2헛'이면 6.5점으로 앞선다. 또한, 2승3패보다 1승3무1패가 더 나은데 현 규정에선 승점이 같다. 헛·빅 승점제를 적용하면 2승3패나 1승3헛1패는 둘 다 승점이 6이지만 '빅' 경기가 하나라도 있으면 더 높게 된다. 1승1빅2헛1패는 승점6.5, 1승2빅1헛1패는 승점7, 1승3빅1패는 승점7.5로 모두 2승3패(승점6)보다 높다. 어떤가, 이런 헛·빅 승점제를 적용하면 비기더라도 골 넣고 비기려고 공격적으로 경기하지 않겠는가? 이리하면 합리적이면서도 재미도 배가될 것이다.

축구에 무승부가 많은 까닭은 골을 무조건 1점으로 계산하기 때문이다. 농구는 골 당 1점씩 하던 것을 자유투 1점, 야투 2점, 3점슛 등으로 차등하여 흥미를 훨씬 높였다. 축구도 흥미를 반감시키는 무승부를 줄이기 위해 골의 점수를 차등화 할 필요가 있다. 골의 순도가 떨어지는 자책골과 페널티골은 1−(약1점), 페널티박스 안에서 차넣은 필드골은 1o(평1점), 모두가 감탄하는 페널티박스 밖에서 차넣은 슈퍼골은 1+(강1점)로 차등하면 무승부 경기를 상당히 줄일 수 있다. A팀이 필드골과 슈퍼골을 넣고 B팀은 페널티골과 필드골을 넣었다면 A팀:B팀의 골 점수는 2+(강2):2−(약2)가 돼 A팀이 승리하는 것이다.

축구는 손을 쓰지 않고 발과 머리를 쓰기에 묘미가 크다. 그런데 현 룰에선 사이드 아웃된 공을 손으로 스로인한다. 수비수가 걷어 낸 공이 골라인 아웃되면 코너킥을 찬다. 코너킥은 '발'로 차 위협적이라 수비하는 입장에선 되도록 코너킥을 안 주려고 애쓴다.

그러나 사이드아웃은 '손'으로 스로인하므로 위협적이지 않아 수비수가 걸핏하면 옆줄 밖으로 걷어찬다. 경기 흐름이 자주 끊기고 수비에 유리한 규정이라 공격 축구를 유도한다는 취지에도 어긋난다. 골라인 아웃일 때 코너킥하는 것처럼 사이드아웃 때도 사이드킥을 줘야 함부로 걷어 내는 것을 막을 수 있다. 사이드킥으로 전환하면 멋진 장면들이 많이 나올 것이다. 축구에선 골키퍼만 공을 손으로 만질 수 있다는 것을 일관되게 지켜야 한다.

축구는 11명이 뛰는 경기이다. 축구 룰이 만들어지던 당시엔 적정 인원수였을 것이다. 그러나 지금은 선수들의 신장이 당시보다 평균 10cm 이상 커졌다. 덩치가 산 만해졌기에 상대적으로 경기장이 비좁아졌다. 비좁은 경기장에선 선수들이 많이 부대껴 기량을 제대로 발휘하기 어렵다. 초창기 배구는 9인제로 했다가 커진 체격을 감안하여 무려 3명이나 줄인 6인제로 바꿔 기량을 뽐내게 했다. 축구도 11명에서 9명으로 줄이면 선수들이 기량을 맘껏 발휘할 수 있을 것이다.

커진 골키퍼의 신장에 발맞춰 골대도 높일 필요가 있다. 현재의 2.44m 높이는 가볍게 뛰어 팔을 뻗어도 손이 닿는다.—(배구 네트 높이와 비슷하다) 농구에서 골대 높이는 덩크가 가능한 3m로 하고 있다. 골키퍼는 손을 쓰므로 농구골대처럼 3m로 높일 필요가 있겠다. 신장이 커진 것에 비례하여 좌우 양손의 바운더리도 커졌다. 7.32m인 골대 폭을 8m로 넓힐 필요가 있다. 골대를 높이 3m, 폭 8m로 하면 멋들어진 숏이 골대 맞고 노골되는 안타까움을 상당히 줄일 수 있을 것이다. 아울러 사람들은 소수점 있는 숫자를 골치아파한다. 골대의 높이와 폭의 수치를 소수점 없는 정수로 바꾸면 축구에 대한 관심도 더 높일 수 있을 것이다.

선수를 9명으로 줄이는 것에 대해서 체력 소모의 관점에서 난색을 표할 수도 있다. 11명이 뛰어도 엄청난 체력 소모로 3일은 쉬어야 한다는 것을 근거로 댈 수 있다. 하지만 선수들이 전·후반 90분을 풀타임으로 뛰기 때문에 그런 것이다. 후반전에 나사 풀린 경기가 많은 이유이기도 하다. 축구의 전술도 포지션별 전문화도 어설펐던 선수층이 얇았던 초창기 시절엔, 전반전에 기용된 선수가 후반전까지 맡아야만 했다.

그러나 이제는 전술도 다양해졌고 포지션별로 전문화됐고 선수층도 무척 두터워졌다. 선발 출전 선수가 전·후반을 모두 책임질 명분이 약해졌다. 도리어 주전 경쟁이 치열하다. 기량이 뛰어난데도 주전 경쟁에서 밀려 도태되는 선수도 많아졌다. 우수 선수를 많이 기용할 수 있도록 전·후반 출전 선수를 달리 하는 규정을 도입할 필요가 있다. 이리하면 경기 인원수를 9명으로 줄여도 주전은 18명으로 늘게 된다.

전반과 후반의 엔트리를 다르게 하면 45분만 뛰기 때문에 체력 부담이 적으며, 후반전도 박진감 넘치는 경기를 펼칠 수 있다. 또한 이럴 경우 하루만 쉬어도 체력이 회복되므로 리그 당 경기 수를 많이 늘릴 수 있고, 늘어지는 월드컵과 같은 컵 대회 일정도 쉬는 간격을 줄여 다이내믹하게 진행할 수 있게 된다. 다만 이럴 경우 전반과 후반의 단절성으로 경기의 일체감이 반감될 수 있다. 이 문제는 전·후반 2라운드를 총 3쿼터제로 전환하여 해결할 수 있다. 30분씩 〈1-2-3〉쿼터로 진행하되 1쿼터와 2쿼터는 엔트리를 달리하고 3쿼터는 출전자 제한을 없애는 것이다. 이리하면 제3쿼터엔 1·2쿼터 엔트리 조합도 가능하므로 감독의 지략 싸움도 흥미롭게 된다.

구기 중에서 전 세계적으로 가장 인기 높은 축구가 미국에선 농구, 야구, 미식축구, 아이스하키의 4대 스포츠에 형편없이 밀린다. 발쓰기·발차기를 금기시해 온 미국의 전통적 인식에서 그 이유를 찾았었지만 태권도를 비롯한 발기술을 쓰는 각종 격투기가 흥행하면서 그 논리가 약해졌다. 가장 설득력 있는 논리는 광고 수입에 의존하는 TV중계이다. 앞의 4대 스포츠는 라운드수가 많아 중간 중간 쉬는 시간대에 고액의 광고를 여러 건 할 수 있어 TV중계에 효용가치가 아주 높다.

하지만 축구는 하프타임 한 번밖에 없어 광고할 시간대가 한 번밖에 없고 그마저도 15분으로 무척 길어 광고만 하기에 너무 부적합하다. 그러나 3쿼터제로 바꾸면 광고 시간대를 2번 확보할 수 있다. 1·2쿼터 교대 시간은 5분, 2·3쿼터 교대 시간은 10분으로 하면 광고를 알차게 내보낼 수 있게 된다. 3쿼터 방식은 미국의 TV중계를 끌어들이고 세계 스포츠의 최대 시장인 미국에서도 축구의 인기를 4대 스포츠에 손색없게 만들 것이다.

어느 경기든 반칙으로 얼룩진 경기는 차라리 안 하느니만 못하다. 심판이 없다면 승부욕에 집착하여 반칙을 서슴지 않을 것이다. 모든 경기에 심판을 두는 이유이다. 따라서 심판은 공정성이 제1 덕목이다. 그러기에 오심은 최소화해야 한다. 오심도 경기의 일부라는 해괴한 논리는 심판의 제1 덕목을 망각한 궤변이다. 이런 궤변 속에 VCR판독 등 판정의 정확성을 높이기 위한 전자장비 도입을 주저했었다. 늦은 감이 있지만 전자장비 도입이 점점 확대되고 있어 다행이다. 그러나 요는 전자장비 도입하기 전에 왜 오심이 발생하는지를 곱씹어 봐야 한다.

현재의 축구 심판은 주심 1명, 선심 2명으로 하고 있다. 축구장 하프라인을 경계로 A, B지구로 구분하면, A지구의 왼쪽을 선심A가, B지구의 오른쪽을 선심B가 보고, 주심은 A지구의 오른쪽에서 B지구의 왼쪽으로 대각선으로 오가며 본다. 상당히 합리적이다. 하지만 이론상으로나 통하는 시스템이다. 예전과 달리 현재의 축구는 변화무쌍하고 스피드가 엄청 높아졌다.

A지구 골대 근처에서 공을 다투다 수비수가 B지구 골대근처에 있는 공격수에게 길게 차주면 주심은 A지구 골대 근처에 있다가 B지구 골대 근처로 쏜살같이 달려가도 그 곳

의 상황을 파악하기에 늦다. 게다가 전·후반을 넓은 그라운드를 전력질주하다 보면 지치고, 지치면 시야가 흐려진다. 후반전에 오심이 집중되는 까닭이다. 지금의 체제는 오심이 안 생기면 도리어 이상한 시스템이다. 주심을 각 지구에 1명씩 총 2명을 배치하면 오심을 확 줄일 수 있을 것이다. 비용이 문제라고? 보다 공정한 심판에 환호하며 늘어나는 관중의 수입으로 충분히 충당하고도 남을 것이다. 오심으로 등 돌리는 손해가 더 크다.

우스갯소리 하나 하며 글을 마친다. 2002 한일 월드컵을 계기로 양상이 달라졌지만 그 전까진 남자가 여자랑 데이트할 때, 여자가 가장 따분해 하는 이야기들이 고정적이었었다. 남자가 여자에게 축구 얘기 하는 것이 3위, 군대 얘기하는 것이 2위였다. 그럼 여자가 가장 따분해하는 이야기 1위는? 두구두구두구 짜잔~ 1위는 "군대에서 축구한 이야기!"

기타【 5 】 스포츠 인종학

　제목을 거창하지만 이 글은 어디까지나 필자의 사견이며 인종학이라는 말이 인종적 차별이 아닌 인종적 특성이라는 관점임을 밝혀둔다. 스포츠를 재미있게 보는 관점 포인트로 삼자는 취지이다. 스포츠를 유심히 보다보면 인종별로 우세 종목이 있다는 것을 알 수 있다.

　보통 육상은 흑인, 수영은 백인, 체조·다이빙·마루운동은 황인과 동유럽인이 두각을 나타낸다. 인종별로 발달된 신체부위가 서로 다른데, 흑인은 하체가, 백인은 상체가 발달하여 하체가 중요한 육상은 흑인이, 상체가 중요한 수영은 백인이 두각을 나타낸다. 황인과 동유럽인은 상·하체 어느 한 쪽으로 치우치지 않아 균형 감각이 중요한 체조·다이빙·마루운동에서 강점을 지닌다.

　안타깝게도 한국인은 이 중 어디에도 끼지 못한다. 수천 년 동안 방바닥에 철푸덕 주저앉는 온돌 생활로 엉덩이가 가장 아래로 처진 민족이라 한다. 엉덩이가 아래로 처져 있어 그 어느 민족보다 몸의 무게중심이 아래에 있다. 대부분의 스포츠에 중요하게 요구되는 순발력이 가장 떨어져 아주 불리한 체형이다.

　그러나 이는 중심잡기가 중요한 양궁, 쇼트트랙에서 강점으로 작용한다. 양궁에서 활을 쏠 때 몸이 흔들리지 않도록 무게 중심을 잘 잡아야 한다. 쇼트트랙에선 짧은 곡선 주로를 속도를 줄이지 않으면 주로 밖으로 튕겨져 나가기 때문에 속도를 줄여야 한다. 하지만 무게 중심이 아래로 안정된 우리나라 선수들은 곡선 주로에서도 속도를 유지할 수 있어 유리하다. 우리나라가 이들 종목에서 강세를 보이는 까닭이다.

　골프에선 우리나라 남자 선수들이 별로 힘 못 쓰는데 여자 선수들은 강세를 보인다. 남자 골프는 필드 코스가 엄청 길어 장타가 중요하지만 여자 골프는 필드 코스가 짧아 장타보다 홀컵에 골프공을 쳐넣는 퍼트가 중요하다. 퍼트는 몸이 안정적일수록 유리하다.

우리나라는 저변이 엷은 열악한 상황인데도 불구하고 2000년대 이전까지 남녀 모두 양궁과 쇼트트랙에서 초강세를 보였다. 하지만 2000년 들어서면서 여자와 달리 남자는 초강세를 이어 가지 못하고 있다. 식생활과 생활환경의 변화에 따라 고만고만했던 우리나라 남자의 평균 신장이 아시아에서 가장 커졌고 전반적인 체형이 무게 중심이 위로 올라간 서구화된 영향으로 여겨진다. 그 결과 초강세의 종목은 놓쳤지만 다른 종목에서 점점 성적을 드러내는 것으로 보인다. 반면에 여자들의 체형은 아직도 예전과 그리 크게 달라지지 않았다고 판단된다.[23]

4년마다 치러지는 하계 올림픽에 걸린 수영과 육상의 메달수를 아시는가? 수영은 46개, 육상은 47개이다. 백인이 우세한 수영에 메달수를 별의별 형태로 잔뜩 늘린 것이다. 육상은 종목이 다양하기 때문에 수영과 같은 방식으로 메달수를 정하면 500개가 넘는다. 이는 육상과 같은 방식으로 수영의 메달수를 정하면 10개 정도밖에 안 된다는 말이 된다.

상식적인 방식으로 하면 올림픽에서 백인이 흑인보다 메달을 훨씬 적게 따기 때문에, 상식적이지도 않는 평영, 접영, 배영 등 요상한 수영을 종목으로 갖다 붙이고 혼계영이다 몇 미터 계주다 단체전이다 하는 식으로 마구 늘려 올림픽 메달 획득 총수에서 흑인에게 밀리지 않도록 한 것이다. 안타깝게도 수영에선 흑인이 예선조차 통과하기 힘들 정도로 인종적 격차가 유달리 심하다.

비약으로 보이는가? 그럼 국뽕의 입장에서 양궁의 올림픽 금메달수를 보자. 양궁은 남녀개인과 단체, 혼성단체전의 총 5개이다. 1930년대부터 적용됐던 올림픽 라운드는 여자 30m, 50m, 70m에 라운드 종합의 총 4개의 메달, 남자는 여기에 90m라운드가 더 있어 총 5개의 메달로 남녀 전체 메달은 9개가 걸렸었는데, 1988년 서울 올림픽 때부터 라운드별 메달을 없애고 70m 과녁 하나로 통일했기 때문이다. —(1992년 바르셀로나 올림픽 때부터 75m로 변경) TV중계성(인기도), 안정성(무사고), 진행성(박진감) 등을 감안하면 메달수가 너무 적다. 흥행을 위해 라운드 방식을 되살릴 필요가 있다.

---

23   맛과 영양 면에서 한식이 점점 세계적으로 인정받고 있지만 남자들과 달리 여자들에겐 과도한 다이어트 풍조가 문제라고 지적할 수 있다. 북한은 여전히 영양상태가 안 좋아 아시아에서 평균 신장이 가장 작다. 남한은 영양상태가 좋아져 30대 이하의 남자 평균 신장은 세계 10위권으로 네덜란드, 독일 등의 북유럽에 버금간다.

남녀 동일하게 35, 50, 65, 80m 라운드별로 메달을 배정하고 35-50m '단거리종합'과 65-80m '장거리종합'에 '전체라운드총합' 점수로 메달을 배정하면 7개가 된다. 이를 남녀 개인과 단체, 혼성단체전으로 하면 메달수는 35개나 된다. 또한 지금의 양궁은 과녁과 사대(射臺)가 고정된 상태로 진행하는데 원래 활쏘기란 가만히 있는 과녁과 움직이는 과녁을 제자리에서 쏴맞추는 것과 말달리며 쏴맞추는 4가지 방식이 존재한다.

이에 따라 고정된 사대에 좌우로 흔들리는 과녁, 좌우로 흔들리는 사대에 고정된 과녁, 그리고 사대와 과녁이 좌우 반대로 흔들리는 경기 방식으로 구분할 수 있다.─(실제로 세계 양궁 대회에 적용한 적이 있었으며, 억지스러운 수영 종목보다 합리적이며 관전의 재미가 높았다고 한다) 이리하면 메달 수는 140개가 된다.

양궁(洋弓)은 말 그대로 서양의 활이다. 국궁(國弓)은 아예 종목에도 들어가 있지 않다. 1931년부터 격년제로 개최된 세계양궁대회는 흑인과 황인은 메달 권에 들어간 선수가 0에 가까웠다. 백인의 메달 석권을 확신한 올림픽위원회에서 1972년 뮌헨 대회에 정식종목으로 채택했다. 양궁에서의 백인 싹쓸이가 이어졌다면 수영처럼 양궁도 앞에 언급한 방식으로 계속 늘렸을 것이다.

그런데 양궁은 그러질 못했다. 대회에 참가하는 선수조차 변변치 않았던 대한민국이 1979년 베를린 세계양궁 선수권대회에서 김진호(여)가 5관왕(30, 50, 60m, 개인종합, 단체전)에 오른 것을 시발로 초강국으로 떠올랐다. 한국이 각종 세계 대회의 우승을 줄곧 쓸어가는 종목으로 전락(?)됐다. 세계양궁협회에서는 계속되는 한국의 독주를 막기에 급급해졌다.

경기엔 기록으로 우열을 가리는 '기록경기'와 맞대결로 승패를 겨루는 '대결경기'가 있다. 64개 팀이 출전했을 경우 '기록경기'는 예선-본선-결선으로 메달결정까지 3번 진행되고 진행 일정도 빠르다. '대결경기'는 64강-32강-16강-8강-4강(준결승)-2강(결승전)으로 메달결정까지 6번 진행되고 '토너먼트' 방식이라 진행 일정도 더디다. 웬만한 경기는 체력 부담과 부상위험을 감안하여 기록경기로 진행한다. 그러나 스포츠 종목의 10%인, 기록으로 판가름할 수 없는 구기와 격투기는 체력부담과 부상위험이 크더라도 대결경기로 진행할 수밖에 없다.

양궁은 과녁에 꽂힌 화살의 점수로 우열을 가르는 기록경기이다. 대결경기로 할 이유가 없다. 하지만 기록경기란 의외성(이변)이 무척 낮아 강자의 독주를 막기 어렵다. 한국의 독주가 멈출 기세가 보이지 않자 세계양궁협회에서 기록경기 방식을 이변이 생기는 대결경기 방식으로 바꿨다. 기록경기가 대결경기로 바뀐 인류 초유의 사건이다. 당시 우리나라로선 분개하면서 세계양궁대회 보이콧까지 거론됐었다. 하지만 이를 꼭 그렇게만 볼일은 아니다.

우선 양궁이 기록경기이긴 하지만 여타 경기와는 달리 대결경기로 치러도 체력부담이 그리 크지 않다는 점이다. 체력부담이 크지 않다면 흥행성이 큰 경기 방식으로의 전환은 선의로 받아들일 수 있다. 대결경기는 토너먼트에서 한 번 삐끗하면 끝이기 때문에 선수와 팀에겐 잔인한 방식이지만 관객의 입장에선 긴박감과 박진감이 넘친다. 관객의 입장에선 '뻔한 결과'보다 '이변의 연출'에 더 열광한다. 대결경기가 인기 높은 이유이다. 토너먼트로 진행하는 기록경기의 탄생인데, 당연히 승부는 매회 과녁에 꽂힌 화살의 누적 총점으로 갈랐다.

그런데 대결경기는 '네트 없는 경기'와 '네트 있는 경기'로 나눠 승부 방식을 달리한다. 농구, 축구, 야구, 핸드볼 및 권투, 유도, 레슬링, 태권도 등의 네트 없는 경기는 라운드가 몇 회이든 간에 누적 총점제로 승패를 가른다. 하지만 배구, 탁구, 테니스, 배드민턴 등의 네트 경기는 세트마다 판을 새로 시작한다는 의미에서 세트제로 승부를 가른다.

양궁에서 '0'점을 쐈을 경우 총점제에선 뒤집기가 '0'에 가깝다. 그러나 세트제에선 '0'점을 쏘았어도 세트만 앞서면 된다. 따라서 총점제보다 세트제가 이변의 가능성이 높다. 기록경기를 토너먼트로 바꿔도 한국의 독주가 이어지자 네트가 없는데도 양궁 경기 방식을 총점제에서 세트제로 또다시 바꿨다. 네트 없는 기록경기를 세트제 토너먼트로!

이제까지 인종적 관점에서 살펴본 수영, 육상, 체조, 골프, 양궁, 쇼트트랙은 기록경기들이다. 대결경기에도 인종적 경향이 설득력 있게 나타난다. 상체의 파워와 기술이 중요한 럭비, 레슬링, 테니스는 백인이, 하체의 순발력이 중요한 농구는 흑인이 강세를 보인다. 태권도는 대한민국이, 유도는 일본이 종주국이다.

하지만 종주국의 위상은 점점 추락하고 있다. 발기술이 중요한 태권도는 흑인에게, 상체기술이 중요한 유도는 백인에게 하나둘 자리를 내주고 있다. 인종학적 관점에선 수용할 수밖에 없는 현상이다. 다른 종목들에서도 종주국의 위상은 사라지고 있다. 야구, 축구, 배구, 배드민턴 등은 상·하체 고루 써야 하는 종목이라서 특별히 독주를 이어 가는 나라가 없는 것 같다.

탁구는 얼핏 상체가 중요한 종목인 것처럼 보이지만 실제로는 손기술과 순발력이 절대적이다. 훈련 앞엔 당해 낼 수 없는 종목이다. 인종학으로 설명할 수 없는 유일한 종목이라 하겠다. 탁구는 중국의 저변이 엄청나고 이 중에서 선발된 선수들은 지옥보다 더한 훈련을 견뎌낸 것으로 널리 알려져 있다. 저변이 획기적으로 줄지 않는 한 중국의 탁구 독주는 막기 어렵다고 본다.

야구에선 미국의 메이저 리그가, 축구에선 영국의 프리미어리그가 세계 최고 수준이기 때문에 종주국의 위상이 여전하다고 이견을 제시할 수 있으리라. 이 둘이 세계 최고 수준임은 확실하다. 그러나 이들은 외국 선수들을 용병으로 많이 영입했기 때문에 유지되는 것이다. 출전 선수를 외국 용병을 기용하지 않고 자국선수만으로 구성하는 올림픽이나 월드베이스볼 클래식에서 미국이 초강세의 야구 성적을 못내고, 월드컵과 올림픽에서 영국이 초강세의 축구 성적을 못내고 있기 때문에 종주국의 위상이 유지되고 있다고 할 수 없다.

'스포츠'에 대한 필자의 관으로 마무리하겠다. 스포츠의 제전이라면 왜 '아시안 게임'이라고 하는가? 아시안 게임엔 스포츠의 유형으로 분류하기 곤란한 종목이 있어서 그런 게 아닐까 한다. 스포츠는 두 가지를 갖춰야 한다고 생각한다. 숨이 가쁠 정도의 운동량과 종목 활동으로 갖춰진 균형적인 체형. 경기를 관전할 때 이 두 가지가 갖춰지지 않은 종목은 손에 땀을 쥐게 하는 승부를 겨루는 게임으로 보시면 될 것 같다. 이런 면에서 '아시안 게임'은 이름을 잘 붙인 것으로 보인다.

_기_태【 6 】1776년에 무슨 일이?

1776년은 인류사에 가장 커다란 변혁을 가져온 두 사건의 단초_(端初)가 되는 것이 겹친 해라 필자의 뇌리에 꽉 박혀 있다. 1776년에 미국의 〈독립선언서〉가 공포_(公布)되고 아담 스미스의 〈국부론〉이 발간됐다. 이들이 과연 어떤 변혁을 가져왔을까?

대부분의 인류 역사에 있어서 문명국은 대대로 왕이 나라를 대표하고 다스려왔다. 간혹 왕이 추대되기도 했지만 대체로 왕은 종신제로 혈통에 따른 세습으로 이어졌다. 왕이 없는 나라는 존재하지 못한다는 생각이 지배적이었다. 그런데 미국은 〈독립선언서〉를 공포하고 영국으로부터 독립을 쟁취했지만 신생국이라 왕이 없었다. 누구를 왕으로 추대할 것인지 논란에 휩싸였다. 독립은 했어도 왕만큼은 지배국이었던 영국의 왕을 모시자는 의견도 나왔다고 한다.

시급한 정세 속에 4년만 임시로 맡는 '나라의 대표'를 선거로 뽑자는 재무장관 해밀턴의 제안이 받아들여져 대통령제가 탄생됐다. 이후 4년마다 대통령선거가 치러졌다. 일종의 임시방편이 공식체제가 된 것인데, 이 체제의 성공으로 왕이 없는 나라가 망하지 않고, 오히려 나라의 대표를 선거로 뽑는, 국민이 주권을 행사하는 민주주의가 꽃폈고 이 체제가 전 세계에 퍼져나갔다. 1776년 미국 독립 선언은 인류 역사에 정치적 혁명을 가져온 단초가 된 것이다.

> 분업의 영향으로 기술, 기능, 판단이 발달하여 노동의 생산력 증대를 가져온다. 핀 공장을 관찰해 보니, 비숙련자 10명이 하루 48,000개의 핀을 생산하는데, 각자 만들면 숙련자라도 1명이 하루에 20개를 못 만든다. 최소 240배의 차이다. 분업을 하면 첫째, 일이 단순해지고 작업자가 능숙해져 더 많은 일을 할 수 있게 된다. 둘째, 각자 한 단계씩 맡아서 일하므로 작업 단계 전환에 필요했던

시간 소모가 없어진다. 셋째, 단순한 일에 집중하면서 더 빠르고, 쉽고, 편해지기 위해 생각을 거듭하여 도구와 기계를 발명하게 된다.

경제학의 아버지 아담 스미스의 『국부론』 1권 1장에 실린 글이다. 지금은 분업을 당연시하지만 스미스가 제창하기 전까진 분업을 푼수들이나 하는 짓으로 여겼었다. 대장간에서 20년 일했는데 호미도 낫도 만들 줄 모른다면, 목공소에서 30년 일했는데 장롱 하나 짤 줄 모른다면 푼수라고 놀린다.

장롱 만드는 목공소에서 30년 동안 톱질만, 대패질만, 못질만, 니스칠만 했다, 문고리만, 경첩만 달았다고 하면 푼수 아니냐고 놀린다. 실제로 용렬(庸劣)한 친구들인 경우에만 단순한 일을 시켰다. 적어도 목수라면 장롱 한 짝을 멋지게 만들어야 장인(匠人:Master)으로 대우받고 목공소에 다니면 모두들 장인이 되고자 애썼다. 그러나 스미스는 너나 가릴 것 없이 모두다 푼수짓을 하자고 제안한 것이다.

모든 공정을 이리저리 왔다갔다 하며 혼자 다 해내는 장인 시스템과 달리, 공정을 나눠 분업하면 각 공정에 손쉽게 능숙한 전문가가 되며, 한자리에서 그 공정만 반복하게 되므로 품질도 우수해지고 생산량도 엄청 늘게 된다. 푼수짓이라 비웃던 분업으로 우수한 제품이 대량생산되자 상상을 초월하는 초고수익을 가져왔다. 또한 글의 핀 공장에서 숙련자(고임금) 10명을 고용할 경우 10개의 작업대를 설치해 줘야 하는데, 분업으로 공정을 나누면 비숙련자(저임금) 10명을 배치하는 공정 시스템 하나면 충분하다. 어마어마한 비용 절감 효과를 가져왔다. 초저비용에 초고수익으로 거대한 부를 거머쥔 부르주아세력이 하루가 멀다 하고 급성장하게 됐다.

보통 산업혁명을 스티븐슨의 방적기와 같은 공장제 기계공업의 등장, 와트의 증기기관과 같은 운송수단의 혁신에서 비롯된 것으로 알고 있다. 하지만 산업혁명은 산업 분야뿐만 아니라 인류의 생활양식과 사고방식에 커다란 변화를 가져온 것인바, 한낱 몇몇 기계에 국한된 방적기와 증기기관 등이 일으킬 것이 아니다. 농경사회의 전통을 송두리째 바꿔버린 산업 혁명, 이를 일으킨 그 근저엔 '분업 이론'이 자리한다.

우선, 분업이 가져온 비관적인 변화를 보자. 첫째, A → B → C → D → E 등으로 이어지는 공정에선 누구든 자리를 이탈하면 모든 공정이 정지되므로 임의로 이탈하지 못하도록 강제하는 '노동 통제'가 생겼다. 둘째, 인간이 공정의 부품으로 전락하고 자신이 생산한 것이 하나의 부품에만 그쳐 온전한 완제품에 대한 애정과 자부심이 사라지는 '노동 소외'가 생겼다. 셋째, 숙련자가 필요치 않아 14살 어린아이까지 14시간 이상 부리는 등 온갖 '노동 착취'가 생겼다. 넷째, 노동 착취에 시달리는 노동자와 착취로 부를 축적한 부르주아 간의 빈부격차가 심화됐다. 다섯째, 분업으로 과다 생산된 물건의 소비시장의 확보를 위한 식민지 침탈 및 쟁탈전이 벌어졌다. 이로 인해 1, 2차 세계대전까지 벌어졌다.

농경사회에선 없었던 엄청난 사건사고들이 분업에 의해 촉발된 것이다. 마르크스주의에서는 이런 부정적인 면이 전부인 양 부풀린다. 하지만 앞의 첫째는 효율을 위한 자율적인 협동정신으로, 둘째는 우수한 제품 생산에 기여하는 자부심으로, 셋째와 넷째는 노동법 제정과 복지정책 확충으로, 다섯째는 UN의 창설과 식민국 독립으로 부정적인 면이 차차 줄어들었다.

마르크스주의자들은 분업으로 인해 각자가 맡은 공정이 다르다 보니 일과 무관한 대화나 행동을 못하게 되고 맡은 공정에만 매몰되어 인간의 창의성이 사라지는 '인간 소외'까지 생겼다고 비난한다. 그러나 일과 무관한 대화나 행동은 분업과 무관한 현상이다. 잡담이나 딴짓은 일할 때가 아니라 쉴 때 하는 것은 시대를 막론하고 노동 및 업무의 기본사항이다. 분업으로 창의성이 사라진다? 그럼 분업이 없던 농경사회는 창의적이라서 정체된 사회였나? 앞에 인용한 국부론의 마지막 부분에 언급됐듯이 분업으로 기술과 신제품의 개발이 가능해진 것이다. 분업으로 전문가가 되다보니 여유가 생겨 도리어 인간의 창의성이 한껏 발휘된다고 봐야 한다.

분업은 부정적인 면과 비교할 수 없는 어마어마한 긍정적 효과를 가져왔다. 일일이 열거하기 어려울 정도이다. 우선, 여러 세대를 거치지 않고 단숨에 엄청난 부를 축적한 부르주아들의 세력이 귀족보다 훨씬 커져, 시민이 중심이 되는 사회를 활짝 열어젖혔다. 진정한 의미의 신분제 타파와 실질적 의미의 민주정치 탄생을 분업이 확고하게 다진 것이다. 이것으로도 분업의 부정적인 면을 다 덮고도 남는다. 결코 방적기와 증기기관이 일으킬 혁명이 아니다.

스미스는 분업을 산업 분야의 특화와 특화에 따른 무역이론까지 확장하여 제시했다. 따라서 스미스의 이론은 공장의 공정과 산업의 분야까지 아우르기 때문에 정확히 말하면 특화·분업(특분) 이론이다. 특분은 전문화로서, 전문화는 직종과 업종의 다양화로, 직종과 업종의 다양화는 산업의 고도화로 이어졌다. —(직종은 사무직, 관리직 등 직무를, 업종은 제조업, 무역업 등 사업을 일컫는다) 실로 어마어마한 혁명의 연결고리인데 그 단초가 특분인 것이다.

일례로 목공소를 보자. 소수의 상류층이 목공소에 물품을 주문하여 제작하는 것이 전부인데 이마저도 농경사회에서는 마을 단위로 동종 업체가 한두 개밖에 없어서 문, 의자, 식탁, 책상, 책장, 찬장, 침대, 소파, 장롱, 화장대 등 주문 물품 일체를 한 목공소에서 모두 제작했다.

그러나 특분이론 이후 각각을 만드는 일이 특화돼 품목별로 공장이 분화됐다. 이렇게 분화된 업종에 여러 업체가 뛰어들어 제품의 브랜드가 다양해졌다. 다양한 브랜드가 대량으로 쏟아지자 제품을 전문적으로 판매하는 조직이 필요해졌다. 회사와 기업의 탄생이다. 농경사회에선 없던 것들이다. 특분이론에 따라 회사와 기업은 내부조직을 부서별로 분화하고 자격을 갖춘 직원을 적재적소 하여 인적·물적 자원의 효율성이 한껏 제고됐다.

사람들은 늘어나는 공장에 몰려들어 도시가 팽창하고 새 공장은 기술 개발과 신제품 개발에 박차를 가하게 됐다. 특분이론으로 말미암아 드디어 경쟁사회로 접어든 것이다. 그 덕에 농경사회에서는 구경도 못했던 온갖 양질의 물건을 지금 우리가 누리는 것이다.

농경사회의 대다수를 차지하는 농민들은 생필품 이외에는 관심도 없었고 신분제에 막혀 욕심을 부릴 수도 없었다. 웬만한 살림살이는 스스로 꾸렸고 물품 제작도 자급자족의 가내수공업에 그쳤다. 전문 직공이 만든 우수한 물품은 소수 상류층의 주문 제작에 국한됐기 때문에 저잣거리에서 볼 수 없었다. 저자에서 거래되는 물건의 품목도 적었고 품질도 떨어졌다. 거의 물물교환 수준에 머물렀고 화폐는 단지 결재의 보조 수단에 불과했다. 농경사회에 화폐유통이 일반화 된지 꽤 오랜 세월이 흘렀음에도 불구하고 자본주의 사회라 부르지 않는 이유이다.

그러나 거래에 신분제한이 없어지고 특분으로 다양한 우수 제품이 쏟아지자 저자가 시장으로 바뀌었다. 서민들도 다채롭고 풍요로운 선택권을 누리게 됐다. 또한, 생활 필수의 물품거래에서 이윤 추구의 상품거래로 바뀌었다. 전통 경제 체제에서 시장 경제 체제로 변했다. 경제가 이윤 추구의 시장을 중심으로 돌아가게 됐다는 것을 의미한다. 이윤 추구란 돈벌이 추구를 뜻한다. 화폐가 경제의 보조 수단에서 경제의 중심으로 자리하게 된 것이다. 이로 인해 화폐가 중심축인 자본주의가 활짝 열렸다.

정체된 농경사회에선 '경쟁'이란 단어가 별 의미가 없었다. 농민들에겐 교육, 교통, 통신 등의 필요성도 못 느꼈다. 하지만 신분제가 사라지고 도시가 팽창하면서 교육, 교통, 통신에도 경쟁이 불붙기 시작했다. 경쟁은 교육, 교통, 통신에 그치지 않고 산업 전 분야로 퍼져갔다.—(방적기와 증기기관이 산업혁명을 일으킨 것이 아니라 경쟁에 따른 필요에 의해 기존의 것들이 개량·개발된 것이다) 경쟁으로 기술이 개발되고 신제품이 쏟아져 인류의 온갖 생활이 편리하고 윤택해졌다. 지금까지 언급한 것만 가지고도 특분이론의 의의는 인류 역사의 다른 모든 혁명을 합친 것보다도 더 크다. 하지만 특분이론은 산업과 시장에 그치지 않는다. 인간의 사고방식에도 큰 변화를 가져왔다.

일례로 학문을 보자. 특분이론이 없던 농경사회에선 박사는 모든 것을 다 알고 있어야 행세했다. "박사님이 그것도 모르세요?"라는 어필에 민망해했다. 뉴턴, 데카르트 등 과거의 유명 학자들이 철학자인 동시에 수학자이자 과학자였던 이유다. 하지만 지금은 이런 어필에 "제 전공이 아닌데요."라고 당당해한다. 사회의 모든 영역에 이런 식의 사고방식이 자리잡게 됐다. 특분의 사고방식이 없었다면 여전히 학과의 분화와 전공의 다양화는 요원했을 것이다. 학문의 비약적인 발전을 가져온 학과의 분화와 전공의 다양화는 특분이론이 가져온 것이다.

예전에 서당의 훈장은 마을의 학동들을 나이와 단계의 구분없이 모두 가르쳐야 했다. 하지만 지금은 초중고 및 대학별로 특분됐다. 나이와 단계에 맞게 전문적으로 교육하게 됐다. 교육의 질이 한껏 높아졌다. 예전의 훈장은 천자문을 비롯하여 사서삼경까지 다 가르쳐야 했다. 모든 것에 능통한 만능 훈장이란 흔치 않다. 교육 수준이 떨어질 수밖에 없었다. 수준이 떨어지는 마을에선 뜻있는 학동들이 마을에서 멀리 떨어진 곳의 훈장을 스승으로 찾아나섰다.

지금은 중학교 이상에선 교과별 교사가 전공으로 가르친다. 한 교과만 맡아 전공으로 가르치므로 수업의 질적 수준이 높다. 훌륭한 교사를 찾아 마을 떠나는 일은 일어나지 않는다. 특분이론으로 전국의 교육 수준이 획기적으로 올라간 것이다.

기타【 7 】콜럼버스의 달걀?

신대륙을 발견한 콜럼버스(콜버)가 달걀을 세워, 자신의 업적을 깎아내리려는 사람들의 코를 납작하게 만들었다는 일화. "항해하다 보면 누구라도 우연히 발견하게 될 텐데 그게 뭐 그리 대단하냐?"라고 비꼬는 사람들에게 콜버가 달걀을 탁자에 세워보라고 했더니, 아무도 세우지 못하자 콜버가 달걀을 깨뜨려 세우고서는, "누구나 할 수 있을 것 같아도 당신들은 달걀 하나 세우지 못했잖소. 내가 한 걸 보고 따라 할 순 있지만 뭐든지 맨 처음 해내는 게 어려운 거요!"라고 일갈했다는 에피가 소드한 이야기.

현실에 안주하지 말고 부딪쳐보는 모험과 도전 정신, 그리고 상식을 깨뜨리는 기발한 발상의 전환을 여러 사람 앞에 통쾌하게 보여 주었기에, 현 시대의 젊은이들이 이어 받아야 하는 본보기로 자주 인용되고 있다. 젊은이들을 일깨워주는 의도는 좋은데, 여기엔 몇 가지 비창적으로 톺아 볼 문제가 있다.

아메리카 대륙은 이미 인디언이 살고 있었으므로 '신대륙 발견'이란 서구 중심적 용어를 폐기하고 '신항로 개척' 또는 '지리상의 발견'으로 바꿔야 한다고도 하는데, 신항로 개척도 지리상의 발견도 서구 중심적 용어에서 벗어나지 못한다. 필자는 배가 아프더라도 인정할 건 인정해야 한다고 생각하기에 신대륙 발견이라는 용어를 거부하지 않는다.

여기서 짚어 볼 것은, 서구사람들뿐만 아니라 콜버 자신조차도 그 대륙이 '새로운 대륙'이라고는 전혀 생각하지 못했다는 것이다. 그들은 그곳이 아시아의 인도[24]로 알았기에 그곳 사람들을 인디언이라 불렀고, 콜버가 항해한 항로는 이전과 반대인 서쪽 방향이었기 때문에 그 곳의 섬들을 서인도제도(West-Indies)라 불렀다. 그런 것을 아메리고 베스푸치가

---

24   아재개그: 4개의 인도로 이루어진 나라는?-(답은 글 뒤에)

그곳은 아시아가 아니라는 것을 밝혀, 그 대륙을 자기 이름을 따서 아메리카로 이름하였으며, 그곳의 원주민을 '아메리카 인디언'이라고 부르게 된 것이다. —(중남미는 인디오)

죽을 때까지 서쪽으로 간 인도로 알았던 콜버와 당시 사람들이 무슨 신대륙 운운하며 달걀을 동원한 앞과 같은 쇼를 벌였겠는가? 달걀을 깨뜨려 세운 것도 상식을 깨뜨리는 기발한 발상이 아니다. 「§ I −[5] 누구를 태우시겠습니까?」 편에서 밝혔듯이 전제 조건을 위반하면 안 된다. "탁자에 달걀을 세워봐라."라는 주문은 온전한 상태로 세우라는 전제가 깔려 있다. 달걀을 깨는 건 전제 위반이다.

달걀을 뭔가에 기대거나 밑에 뭔가를 받쳐서 세우면 "에, 그걸 누가 못해."라고 비난하는데, 주문 자체에 아무것도 기대지도 받치지도 말고 세우라는 것을 암묵적으로 전제하기 때문이다. 전제를 무시한 것이 기발한 발상이라면 이보다 더 깔끔한 게 있다. 탁자 위라는 전제를 무시하고 그냥 손바닥 위에 세로로 올려놓으면 된다. 또는 달걀을 뉘어놓고 "달걀을 옆으로 세운 것!"이라고 의기양양하게 외쳐도 된다.

콜버가 당시 뭇사람들이 전혀 생각지도 못했던 새 항로를 위험을 무릅쓰고 모험과 도전 정신으로 과감히 개척했다고 이야기하는 것도 과도하게 미화한 것이다. 우리는 보통 옛날 사람들은 지구가 둥글다는 것을 몰랐다고 생각한다. 하지만 이는 뭍에 사는 사람들 이야기이다. 옛사람들의 지배적인 사고는 뱃사람들이 아닌 뭍사람에 의한 것이었기에 그렇게 생각하게 된 것이다.

하지만 뱃사람들은 아주 오래 전부터 지구가 둥글 것이라고 생각했었다. 배가 바다로 나아가면 나아갈수록 항구에 있는 사람의 눈에서 배의 밑부분부터 시작하여 돛의 윗부분까지 완전히 사라지고, 멀리 나간 배가 다시 항구로 올 때 전혀 안보이던 배가 돛의 윗부분부터 시작하여 배의 밑부분까지 완전히 보이기 때문에 뱃사람들은 지구가 둥글 것이라고 생각했다. 또한 뱃사람들은 배를 저어 망망대해에 나아가면 바다 주위의 먼 수평선이 타고 있는 배를 중심으로 빙 돌아 커다란 원을 그리고, 계속 배를 저어가면 수평선이 계속 원을 그리면서 배의 앞뒤로 부침(浮沈)하는 것에서 지구 전체가 둥글 것이라고 생각했다.

열네 살 때부터 항해에 나섰던 콜버는 1478년 포르투갈에서 이탈리아 명문가의 딸과 결혼하면서, 포르투갈과 에스파냐의 상류층 무역계에 합류하게 됐다. 이때부터 본격적으로 무역으로 크게 성공해 보자는 야망을 키웠다. 여느 뱃사람처럼 지구가 둥글다고 생각한 콜버는 해적을 만날 수 있는 기존의 항로, 즉 아프리카해안을 따라 인도로 가는 길을 버리고, 대서양을 가로질러 가 보자는 생각을 했다.

하지만 당시엔 단거리는 노를 저어가는 나룻배와 장거리는 바람을 이용하는 돛단배가 전부였기에, 나침반이 있어도 돛단배로는 가 보지 않은 머나먼 항로따라 도착한 곳이 인도라는 보장이 없었다. 설령 인도에 도착하더라도 망망대해만 펼쳐진 항로로부터 다시 고향으로 되돌아올 뾰족한 방법이 없다고 생각한 뱃사람들은 어느 누구도 콜버의 제안을 따르지 않았다.[25]

그래서 콜버는 스페인의 이사벨라 여왕을 꼬드겨 '죄수' 120명을 선원으로 채운 것이다.[26] 콜버가 모험과 도전정신으로 신항로를 개척했다는 기록은 어디에도 없다. 콜버 사후에 아메리카대륙이 신대륙임이 밝혀지자 콜버를 칭송하는 추종자들이 그를 치켜세워 포장한, 꾸며낸 이야기이다.

신대륙의 발견에 덧붙일 것이 있다. 학계에선 바이킹 족이 콜버보다 훨씬 앞서 노르웨이 해를 건너 아이슬란드, 그린란드, 캐나다(래브라도반도)에 들락거린 것으로 보고 있다. ─(노르웨이, 아이슬란드, 그린란드, 래브라도반도는 그리 멀지 않게 연결된다) 하지만 이는 역사적 의의가 없다. 콜버에 의해 촉발된 대항해시대의 시작은 하나의 지구촌 시대를 열어젖혔고 세계의 판도를 뒤흔들었기에 의의가 크다.

그런데 중남미의 제국들은 168명의 스페인군에 바로 궤멸됐는데 국가다운 국가도 없었던 북미 인디언들은 300년 이상 버텼다. 만약 북미도 바로 궤멸됐다면 아메리카는 전체가 스페인 천하가 됐을 것이다. 궤멸되지 않은 틈을 타 영국이 북미에 식민지를 건설하고

---

25   실제로 콜버가 스페인 카디스(북위 36°)에서 서쪽으로 직진하려했지만 배는 여름철 무역풍의 영향으로 13° 아래인 바하마 군도(북위 23°)에 도착했다. 따라서 바하마에서 돛단배로 13° 위쪽의 스페인으로 되돌아갈 수 없었다. 스페인으로 돌아갈 수 없다는 절망감에 콜버는 원주민을 잔혹하게 착취하고 닥치는 대로 학살하여 당시 30만 명이던 원주민이 8천 명으로 줄었다고 한다.─(정복자의 만행은 예나 지금이나 별반 다르지 않고, 지금도 내전과 전쟁에서 끊임없이 자행되고 있다) 그러나 콜버에겐 다행스럽게도(?) 겨울에 무역풍과 완전 반대가 되는 편서풍이 불었다. 콜버는 이를 이용해 3차에 걸쳐 여름엔 무역풍타고 스페인에서 바하마로, 겨울엔 편서풍타고 바하마에서 스페인으로 되돌아갔다.

26   신항로로 운항하면 노획물이 어마어마할 것이고 그 노획물의 10%를 바치겠다고 제안하여 무역선 3척을 받아 내고 해군제독에 임명됨. 포르투갈 왕 주앙2세에게 먼저 제안했으나 거절당함.

여기서 독립한 미국이 300년에 걸쳐 인디언을 몰아내고 세계를 호령하게 된 것이다. 인디언의 저항은 세계 판도에 지대한 영향을 준 것인데, 그 원천은 무엇일까?

인디언은 말타고 활쏘며 저항했는데 왜 인디오는 그러질 못했을까? 중남미의 궤멸엔 여러 가지 요인이 있지만 크게 세 가지를 들 수 있다. 첫째, 말의 유무이다. 말이 없던 인디오에겐 말을 타고 진격하는 스페인 군대가 공포 자체였다. 말을 타고 총칼을 휘두르는 스페인 군대에 혼비백산할 수밖에 없었다. 둘째, 무기의 차이이다.

인디오에겐 구리와 청동을 제련할 기술은 있었지만 제철 기술이 없어 단단하고 날카로운 화살촉을 만들지 못했다. 구리와 청동도 장신구만 만들고 전쟁 무기로는 만들지 못했다. 스페인 군대는 총칼로 무장했지만 인디오는 기껏 돌팔매 수준의 무기밖에 없었다. 셋째, 스페인 군인과 말에 의해 천연두를 비롯한 전에 없던 전염병에 걸려 무참히 쓰러져나갔다. 스페인 군대에 대항할 건장한 군사가 절대적으로 부족해졌던 것이다.

그런데 북미의 인디언은 달랐다. 전염병에 무참히 쓰러지지도 않았고, 침략자들에게 말 달리며 활을 쏘며 저항했다. 어찌 이것이 가능했을까? 학계에선 이에 대한 명쾌한 설명을 못해 미스터리로 남아 있다. 하지만 학계가 파헤치지 못한 숨겨진 역사가 있지 않을까? 먼저 말을 보자. 중남미엔 말의 화석이 발견되지 않아 원래부터 말이 없었던 것으로 추정된다. 북미에선 말의 화석이 발견되지만 마지막 빙하기가 끝날 무렵 완전 멸종된 것으로 학계에서 보고 있다. 말이 멸종됐는데 인디언들이 말 타고 저항했다? 이는 콜버 이전에 말이 어디선가 전해졌다고 봐야 한다.

인디언은 활을 쏘며 저항했다. 철을 제련할 줄 모르던 인디언에게 활이 있었다? 이도 콜버 이전에 제철 기술이 어디선가 전해졌다고 봐야 한다. 인디언들이 전염병에 무참히 쓰러지지 않고 저항했다? 이는 콜버 이전에 인디언이 유럽인과 인디언의 중간 형질의 동양인과 접촉하여-(백신역할: 「§Ⅴ-[11] 의술의 발달로 멍청해졌다?」 참조) 중간 항체가 형성됐다고 봐야 한다.

이 세 가지는 명나라 정화(마삼보) 대항해에 꼭 들어맞는다. 명의 대외 정책은 정벌복속이 아닌 조공-(「§Ⅳ-사문[4] 조선의 사대주의?」의 각주5 참조)-거래였으므로 정화의 한 분함대가 콜럼버스 이전에 북미에 도착해 인디언들과 우호적으로 접촉했다면 아귀가 다 들어맞게 된다.

소설 같지만 역사상의 여러 항해를 비교해 보면 허구로만 여길 수 없다.

　1492년에 대서양을 횡단한 콜버의 선단은 경범선 3척에 선원 120명이었으며, 길이 25m 기함의 적재량은 250톤이었다. 1498년 인도양 항해에 성공한 바스쿠다가마의 선단은 소범선 4척에 승선인원 160명이었으며, 길이 25m 기함의 적재량은 120톤이었다. 1519년 환지구 항행을 단행한 마젤란 선단은 소범선 5척에 265명이 승선했으며 기함의 적재량은 130톤이었다. ─(크기는 미상)

　이들보다 앞서 1405년부터 1433년까지 7차에 걸친 정화의 대함대는 어땠을까? 중국 특유의 과장법이 가미된 것으로 보이지만 기록에 의하면 역관, 의원, 천문가 등의 전문인, 기술자가 포함된 선단의 승선 인원이 2만7천여 명, 매번 출동 선박은 대소 300여 척이었다. 기함격인 50여 척의 보선(寶船)은 길이 125m, 너비는 56m로 적재량은 1,500톤으로 1,000명이 승선할 수 있으며, 9주의 돛대에 12장의 대형 돛을 단 대범선이다. 정화의 함대는 앞의 사례보다 항해 능력이 월등했다고 볼 수 있다. 정화는 모든 함대를 한데 모아서 항해한 것은 아니며, 중간에 여러 분함대를 파견했다. 그 중 하나가 북미에 도착하고 체류 기간에 인디언과 접촉했다면 앞의 세 가지 정황이 다 들어맞게 된다.

　개빈 멘지스는 『1421 중국, 세계를 발견하다』라는 책에서 정화의 여러 분함대가 아메리카를 넘어 오세아니아를 도는 세계를 일주했다고 주장한다. 〈천하제번식공도〉(1418)를 본떠 그렸다는 중국의 〈천하전여총도〉(1763)에 아메리카를 비롯하여 호주와 남극대륙까지도 그려져 있다. 전 세계를 누비지 않고는 그릴 수 없는 지도로, 지도 테두리 설명주기에 '일어영락십삼년……영락십육년회경'이라고 적혀 있다. 이는 '1415년 환관 마삼보(정화)가 방글라데시 등 여러 나라를 거쳐 호르무즈까지 가서 황제의 칙령을 읽고 하사품을 준 뒤 1418년에 북경으로 돌아왔다'는 내용이다.

　이를 근거로 정화가 콜럼버스보다 74년 앞서 신대륙을 발견했다고 하지만 지도가 위작이라는 설에 무게가 실리고 있다. 위작이 아니더라도 아메리카 대륙은 몰라도 〈천하제번식공도〉에 없었을 호주와 남극대륙을 〈천하전여총도〉에 추가한 것으로 보인다. 그럼에도 필자가 이를 언급하는 것은 신대륙의 최초 발견자를 콜럼버스로 단정 짓지 말자는 것이다. 필자의 정화 북미 도착설은 중남미 인디오와 다른 북미 인디언의 끈질긴 저항의 정황으로 추정한 것이다. 정화의 대항해 중에서 한 분함대가 콜럼부스에 앞서 북미 대륙에 도착했을 가능성을 열어 두자는 것이다.

🗨️ 생각 더하기

혹시 달걀을 깨지 않고 세우는 방법을 아시는가? 마술적 트릭으로는 설탕가루를 이용하는 것이 있다. 탁자 중앙에 미리 설탕가루를 조금 뿌려놓으면 그 위에 어렵지 않게 달걀을 세울 수 있다. 그런 다음 "얍~하!"하는 기합과 함께 달걀 밑을 훅 불어 설탕가루를 날려버린다. 이때 달걀을 받치고 있는 가루는 날아가지 않아 달걀은 계속 서있게 된다. 이리하면 달걀이 아무것도 받치지 않고 세워져 있는 것처럼 보인다. 이런 트릭 말고는 없을까? 있다.

달걀 속엔 흰자와 노른자가 얇은 막에 싸여 있다. 막에 싸인 노른자가 흰자 중앙에 고정되도록 노른자 위아래의 알끈[난사(卵絲)]이 달걀껍데기에 매어져 있다. 흰자보다 노른자의 밀도가 낮은데 가벼운 노른자가 중앙에 위치하여 달걀의 무게중심이 불안하다. 달걀을 깨지도 않고 뭔가를 받치지도 않고 세우기가 어려운 까닭이 여기에 있다. 그러나 달걀 속의 막을 터뜨리면 흰자는 가라앉고 그 위에 노른자가 뜬다. 흰자와 노른자의 밀도 차는 미미하지만 어쨌든 무게중심이 아래로 치우쳐 안정되므로 이 상황에서 달걀의 둥근 쪽을 아래로, 뾰족한 쪽을 위로하여 조심조심 두 손으로 달걀을 탁자 위에 집중하면 그리 어렵지 않게 세울 수 있다.

자, 그럼 어떻게 하면 껍데기를 깨지 않고 달걀 속의 막을 터뜨릴 수 있을까? 달걀을 한 손에 쥐고 흔들다가 다른 손바닥에 달걀 쥔 손목을 세차게 내려쳐보라. 이렇게 3번 정도 반복하면 달걀껍데기는 멀쩡하지만 달걀 속은 흰자도 노른자도 막이 터져 둘이 마구 뒤섞인다. 이런 상태에서 가만히 두 손으로 달걀을 탁자 위에 집중하면 차츰 흰자는 가라앉고 노른자는 흰자 위에 뜨게 된다. 무게중심이 안정되면 달걀이 세워진다. 한 번 여러 개의 달걀을 줄지어 세워보시라. 세워진 달걀을 보고 있노라면 묘한 신비감이 풍겨온다.

참고로 이런 조치를 취하지 않고도 달걀을 세운 것이 인터넷에 간혹 올라와 있는데, 이에 쓰인 달걀은 겉은 멀쩡해 보이지만 속이 정상이 아닌 달걀일 것이다. 흰자·노른자·알끈 등의 달걀 속이 온전치 못한 상태로 나온 불량 달걀이거나 유통과정에서 속이 터진 달걀로 보인다.

 각주24 답 인도네시아~(인도 넷이야)

기타【 8 】다시 보는 인류의 4대 발명

　종이, 화약, 나침반, 인쇄술을 중국의 4대 발명이라 칭한다. 그런데 중국의 4대 발명을 인류의 4대 발명으로 소개한 글들이 많은데 '인류'라는 타이틀을 붙이기엔 전문성이 떨어져 보인다. 또한 중국이 인쇄술을 발명한 것을 활자술 발명으로 오해하기도 하는데 옛날 중국의 조판인쇄는 목판과 다를 바 없고, 북송의 필승이 고안한 교니활자(膠泥活字)는 찰흙을 구워 만든 것이라 바로 뭉개져 대량인쇄의 활자술이라 할 수 없다. ─(활자술에 대해선 뒤에 자세히 다룬다)

　중국의 인쇄술을 빼고 그 자리에 바퀴를 '인류의 가장 위대한 발명'이라 칭하며 인류의 4대 발명으로 보기도 하는데 여기서도 '화약'과 '나침반'이 자리한다는 것이 문제다. 바퀴와 종이는 인류의 생활에 지대한 영향을 끼치지만 화약과 나침반은 그리 큰 영향을 끼치지 못하기에 자격 미달로 보인다. ─(필자와 같은 일반인들은 화약·나침반과 별 상관없이 생활하고 있다)

　또한 화약은 이것저것 섞다가 무엇과 무엇을 섞어 불붙이면 폭발하는 성질이 있다는 것을 발견한 것이고, 나침반은 막대자석을 실에 매달거나 물잔 또는 수은잔 위에 바늘을 띄우면[27] 남북을 가리킨다는 성질을 발견한 것이므로 이들은 발명이라 하기엔 미흡하다.

　그럼에도 불구하고 화약과 나침반이 인류의 4대 발명에서 빠지지 않는 까닭은 무엇일까? 이들을 '서구' 중심적 사상에서 생각해 보라. 화약은 서구의 식민지 침탈의 주력 무기로, 나침반은 신대륙 정벌의 길잡이로 서구가 세계를 지배하는 데에 지대한 역할을 한 것들이다. 동양 중심의 세계 판도를 서양 중심의 세계 판도로 바꾼 것이니 화약과 나침반은

27　접시물에 띄운 바늘도 남북을 가리킨다. 접시를 돌려도 바늘이 움직여 항상 남북을 가리킨다. 보통 쇠로 된 바늘은 물보다 비중(물1, 쇠7.87)이 커서 물에 가라앉는데 어떻게 접시물에 바늘을 띄울 수 있을까. 바늘을 종이쪽지위에 얹고 가만히 물위에 띄운 다음 젓가락으로 젖은 종이쪽지를 천천히 눌러 가라앉히면 바늘은 표면장력과 부력에 의해 떠 있게 된다. 접시를 제자리에서 빙글 돌리면 바늘이 남북을 향해 저절로 움직이는 것을 관찰할 수 있다. 클립이나 옷핀도 이 방법으로 띄울 수 있다.

서구 세계에겐 너무나 고마운, 아주 위대한 발명인 것이다. 이 고마운 것들을 중국이 발명한 것이니 중국은 이들을 가지고 유럽 앞에서 으스댈 수 있는 것이다.

필자는 '진정한' 의미의 대(大) 발명을 세계 판도의 변화가 아닌 인류의 역사와 생활에 지대한 영향을 끼친 발명으로 보고, 4대 발명을 〈바퀴, 종이, 활자, 숫자 '0'〉으로, 여기에 〈발전기, 철근콘크리트, 특화분업 이론〉을 더해 인류의 7대 발명으로 삼아 그 의의를 이야기하고자한다.

인류의 역사는 문자사용을 기준으로 선사시대와 역사시대로 가른다. 문자가 없던 선사시대는 인간이 동물과 별반 차이가 없는 생활을 하였다. 문자의 사용으로 사람이 사람답게 생활하게 됐으므로 인류의 가장 중요한 발명은 문자라 할 수 있다. 한글은 세상에서 가장 뛰어난 문자이므로 인류 역사상 가장 위대한 발명으로 한글을 꼽을 수 있다. 하지만 문자는, 어느 한 지역에서 창작되어 세계로 전파된 여느 발명과 다른 특징을 갖는다. 무릇 발명이란, 전파된 지역은 그로 인한 혜택을 누리지만, 전파되지 않은 지역은 혜택을 누리지 못해야 발명으로서의 가치가 크다.

모름지기 어떤 발명에 '인류'라는 타이틀을 부여하려면 그 발명의 전파로 인해 전 지구적 혜택이 누려져야 한다. 그런데 문자는 여러 종족들이 각자의 문자를 만들어 썼기에 공간적 전파가 제한적이며 설령 어떤 문자가 전파가 되더라도 그로 인해 얻는 혜택도 사뭇 제한적이다. 따라서 애석하게도 '문자'라는 형식 자체는 인류의 가장 위대한 발명이지만 각 지역의 '개별 문자'는 위대한 발명으로서의 지위를 얻지 못한다.

바퀴도 화약, 나침반처럼 발명이 아닌 발견이지 않을까? 통나무를 굴리는 것과 별반 다를 바 없는 것 같아 필자가 어렸을 때 품었던 순진한 생각이었다. 단순히 통나무를 두개 연결한 것으론 바퀴역할을 못한다는 것을 몰랐던 것이다. 통나무를 얇게 잘라 두개를 굴대로 연결하여 바퀴로 굴리면, 약간만 무거운 물건을 싣고 조금만 빨리 굴려도 바로 박살난다. 반대로 통나무를 굵게 잘라 연결하면 굴리는 데에 힘이 들고 둔해져, 힘들이지 않고 빨리 굴린다는 바퀴로서의 기능을 못한다.

그런데 속을 비운 둥근 테에 여러 개의 가는 살을 꿰어 박은 바퀴는 테가 굵지 않아도 무거운 물건을 실어도 거뜬하고, 가벼운 힘으로도 빨리 굴릴 수 있다. 가는 바퀴살은 물건의 무게에 바로 찌그러질 거라는 생각이 상식인데 이를 뒤집은 역발상이 놀랍다. 바퀴는 교통수단뿐만 아니라 체인기어 및 톱니바퀴 등의 2차 발명으로 이어져 각종 기계 장치에 쓰인다. 바퀴가 인류에 끼친 영향은 실로 지대하다.

앞에서 문자의 의의를 얘기했다. 하지만 문자란 기록해야 유의미하다. 종이가 발명·전파되기 이전엔 갑골, 죽간, 점토판, 양피지, 파피루스 등에 문자를 기록했었다. 하지만 이들은 너무 비싸고 휴대 및 펼쳐 읽기가 용이치 않다. 또한 이들은 기록자와 기록 내용, 이용 계층도 극히 제한적이다. 종이는 이 모든 제약 요소를 단숨에 혁파한다.

왕, 성직자, 귀족의 전유물이던 문자기록이, 평민도 쉽게 접할 수 있는 종이의 발명·전파로 인해 기록자, 기록 내용의 제한이 없어졌으며 기록물을 읽는 계층에 칸막이가 사라졌다. 칸막이의 해체로 새로운 지식의 발굴도 비약적으로 늘게 되었다. 종이로 인하여 지식의 발굴·축적·전파가 대중화가 시작된 것이다. 종이가 인류에 끼친 영향은 실로 지대하다.

종이는 중국의 채륜이 서기 105년에 발명한 것으로 알려져 있다.[28] 중국은 제지술을 국가기밀로 하여 철저히 보안에 부쳤다. 세계에서 가장 오래된 목판본인 〈무구정광대다라니경〉은 서기 751년에 만들어졌는데, 여기에 쓰인 종이는 닥나무를 재료로 한 저지(楮紙)이다. 저지는 중국과 다른 우리나라 고유 방식으로 만든 전통 한지라고 한다. 오래됐는데도 상태가 양호하다니 한지의 우수성에 놀랍다.

그런데 고려와 조선의 대중(對中) 무역품을 보면 더 놀라운 사실이 있다. 고려와 조선은 중국에서 비단, 향료, 서책, 약재 등을 수입하고 종이, 먹, 붓, 인삼, 모피 등을 수출했다. 중국은 한국에서 수입한 종이로 책을 만들어 한국에 판 것이다. 종이의 원조가 중국이고 제지술을 국가기밀로 했는데 어째서 종이를 한국에서 수입했을까? 필자는 제지술의 원조가 한국이라서 이런 일이 일어난 것이 아닐까 생각한다.

---

28   1986년에 간수성 천수시에서 기원전 2세기경 전한시대의 방마탄지(放馬灘紙)가 발견됐다. 이로 인해 종이를 채륜이 발명한 것이 아니라 보급형으로 제지술을 개량·체계화한 것으로 보기도 한다.

종이가 지식 전파에 비약적인 기여를 한 공로로 세계 4대 발명에 선정된 건 사실이지만 글씨를 종이에 손으로 써서 책으로 만드는 일은 예삿일이 아니다. 손 글씨로는 대량제작도 요원하다. 종이의 발명·보급은 대중화의 시작으로 큰 의의를 지니지만 진정한 의미의 대중화엔 턱없이 못 미친다. 목판 인쇄가 개발됨으로 해서 비로소 대량생산이 가능하게 됐다.

하지만 목판제작엔 공이 많이 들고 목판에 새긴 내용을 수정할 수 없다는 한계가 있다. 게다가 하나의 목판으로 한 판본밖에 인쇄할 수 없다는 제약도 따른다. 해인사의 〈8만대장경〉의 엄청나게 많은 목판으로 겨우 한 판본만을 인쇄할 수 있다. 재질이 나무라서 찍을수록 점점 글씨가 뭉개져 대량생산에도 한계가 크다. 목판이 없어지면 다시 찍을 수 없으며, 다른 책을 찍으려면 새로운 목판 꾸러미를 제작해야 한다.

하지만 활자술은 이런 여러 한계와 제약을 모두 단숨에 뛰어넘는다. 쓸 내용을 활자를 배열하여 찍어 내므로 내용의 수정도 쉽고 판본을 보관할 필요도 없게 된다. 판본의 보관이 필요 없으므로 무한정 새 판본을 짜서 찍어 낼 수 있다. 활자술의 발명으로 진정한 의미의 지식의 대중화가 실현된 것이다. 하지만 나무나 찰흙으로 만든 활자는 금방 뭉개져 얼마 못 간다. 활자술하면 금속활자가 자동으로 달라붙는 까닭이 여기에 있다.

금속으로 만든 활자라야 진정한 활자이며 금속활자로 인해 명실상부한 대량생산이 가능해졌다. 이렇게 중요한 금속활자의 세계최초의 발명은 한동안 구텐베르크가 차지했었다. 그런데 2001년 9월 4일에 〈직지심체요절〉이 『승정원일기』와 함께 유네스코 세계기록유산에 등재됐다. 이를 계기로 고려의 〈직지심체요절〉이 구텐베르크의 〈42줄 성경〉보다 78년 앞선다는 것이 공식 인정되어 늦게나마 다행히 세계최초의 금속활자 발명의 영예가 독일에서 우리나라로 옮겨졌다.

그런데 우리나라가 세계 최초로 금속활자를 발명했지만 서양처럼 바로 대중화되진 못한 까닭은 무엇일까? 학계에선 대중적 요구를 이유로 보고 있다. 익히기 쉬운 알파벳을 사용하는 구텐베르크 시절의 유럽은 르네상스와 종교개혁으로 책에 대한 대중적 요구가 높아 대량 인쇄됐지만 고려는 한자를 읽을 줄 아는 식자층이 사대부와 승려에 국한되어 대중적 요구가 낮았다는 것이다.

일리 있긴 하지만 이는 '장님, 코끼리 만지기'에 그친다. ―(장님이 코끼리를 만지고 얘기하면 자신이 만진 부위를 전체인 양 착각한다는 뜻) 아녀자도 쉽게 익히고 널리 쓴다 해서 '암클'이라고도 불린 한글이 창제된 이후 문서에 대한 대중적 요구는 크게 높아졌기 때문이다. 하지만 그럼에도 불구하고 활자술이 대중화되지 못했다.

그 이유는 문자의 체제 차이에서 비롯됐다. 서양의 알파벳은 풀어쓰기 때문에 26개의 활자만 여러 개 만들어 가로로 배열하면 되기 때문에 실용화가 쉽다. 하지만 〈직지심체요절〉이 만들어진 고려 말은 한글이 창제되기 이전으로 활자를 한자로 만들어야 했는데 하나씩만 만들어도 약 5만개나 된다. 만들기도 어렵고 보관하기도 어려우며 조판에 필요한 활자를 찾기도 어렵다. 한글 창제 이후에도 한글은 모아쓰기 때문에 엄청 많은 활자 수가 필요하게 된다.

풀어쓰기 할 경우 〈ㄱ, ㅅ, ㅏ〉의 3가지의 활자로 배열만 달리하여 〈ㄱㅏ, ㅅㅏ, ㄱㅏㄱ, ㄱㅏㅅ, ㅅㅏㄱ, ㅅㅏㅅ, ㄱㅏㄱㄱ, ㄱㅏㄱㅅ, ㄱㅏㅅㅅ, ㅅㅏㄱㄱ, ㅅㅏㄱㅅ, ㅅㅏㅅㅅ, ㄱㄱㅏ, ㅅㅅㅏ, ㄱㄱㅏㄱ, ㄱㄱㅏㅅ, ㅅㅅㅏㄱ, ㅅㅅㅏㅅ, ㄱㄱㅏㄱㄱ, ㄱㄱㅏㄱㅅ, ㄱㄱㅏㅅㅅ, ㅅㅅㅏㄱㄱ, ㅅㅅㅏㄱㅅ, ㅅㅅㅏㅅㅅ〉 등을 모두 처리할 수 있다.

하지만 모아쓰기 할 경우엔 「가, 사, 각, 갓, 삭, 삿, 갂, 갔, 갔, 삯, 삻, 샀, 까, 싸, 깍, 깟, 싹, 쌋, 깎, 깞, 깠, 쌖, 쌗, 쌌」 등의 활자를 각기 따로따로 제작해야 한다. 한글의 음절 수는 무려 11,172개나 된다. 하지만 이는 현대의 철자에 한한 것이다. 한글 창제 당시에는 '쏘/뽐'처럼 수많은 겹자음도 초성에 쓰였고 '쉬/쉽/쉐/슈/쉐/쉭/쉐/쉡/쉠/쉬'처럼 수많은 중성도 쓰였으므로 활자로 만들어야 하는 음절수는 엄청나다. 여기에 종성까지 더하면 가히 불가항력적으로 늘어난다. 민간에서 그 많은 철자를 활자로 만들어 실용화한다는 것은 불가능하다. 그래서 인쇄는 한자든 한글이든 나라의 국책 사업으로 아주 제한적으로 시행됐다.

한글이 음소 문자임에도 불구하고 뛰어난 음절적 자질을 살리는 모아쓰기 체제가 도리어 실용적 활자화에 커다란 장애가 됐다는 것은 아이러니하다. 타자기에선 초성 글쇠를

친 다음 중성 글쇠를 세로형 모음은 초성의 오른쪽에, 가로형 모음은 초성의 아래쪽에 찍으므로 서로 균형이 맞지 않고, 종성 글쇠는 그 아래에 찍기 때문에 자형이 가지런하지 못했다. 받침 없는 세로형 모음, 받침 없는 가로형 모음, 받침 있는 세로형 모음, 받침 있는 가로형 모음 등 자형이 4가지로 들쭉날쭉하게 됐다.

그러나 이는 어디까지나 그때그때마다의 기술적인 문제일 뿐이다. 지금은 그런 기술적인 문제는 컴퓨터 자판으로 다 해결됐고 한글의 모아쓰기 방식에 따른 음절적 자질은 가독성 높고 오독률 낮아 지구촌의 정보화 시대를 선도할 수 있게 됐다. 세종대왕의 한글은 시대를 훌쩍 뛰어넘은 위대한 발명인 것이다.

숫자 '0'은 「§Ⅱ-논리[1] 숫자 '0'이 늦게 태어나서?」에서 언급했듯이 발견이 아니라 발명이다. '0'이 개발되기 전에 이에 해당하는 '공/무/허'란 '없음'을 의미하므로 쓸모없는 개념으로 치부돼 그에 해당하는 기호의 필요성을 몰랐다.[29] '0'이 숫자 개념으로 인도에서 아랍을 거쳐 도입되기 전에는―('0'을 악마의 수라 여겨 전해진 지 600년 간 종교계에서 금지시켰다 한다) 기준(원점)과 음수의 개념도 제대로 잡지 못했다. 그래서 수학이 양(+)의 값만 가지는 기하와 주산 및 산가지(셈막대) 수준을 벗어나지 못했다.

'0'은 없었던 자릿값 시스템을 가능하게 하여, 적은 기호로 큰 수를 표현하고, 수학 연산을 간편하게 수행할 수 있게 됐다. 이로 인해 산수, 대수, 기하, 삼각법, 대수학, 해석학, 미적분학, 확률론, 통계학 등의 수학 분야가 고도로 발전했다. 숫자 '0'의 적용은 무한대, 극한, 미분, 적분, 지수, 로그, 복소수, 행렬, 벡터, 함수, 방정식, 미분방정식 등을 확립시켰다.

기하와 주산, 산가지에 머물던 인간의 사고력이 '0'의 도입으로 비약적으로 발전된 것인데, 별생각 없이 대하는 소수도 '0'이 가져다 준 엄청난 사고의 혁신이다. '0'이 없던 시절

---

[29] 이런 의미에서 별생각 없이 대하는 'ㅇ'(이응)은 사고의 혁신이다. 글자는 말소리를 적는 것이기에 자음이든 모음이든 소릿값을 가진 기호로 적는다. 음가가 없는 것을 철자로 표기한다는 것은 생각조차 할 수 없다. 영어의 알파벳, 중국의 한자, 일본의 히라가나, 아랍의 아브자드 등 음가를 표기하는 철자만이 만들어졌다. 그런데 세종대왕은 음가가 없는 'ㅇ'(이응)을 만들었다. 상식을 뛰어넘는 소름 돋는 발상이다. '비었음'을 나타내기 위해 목구멍의 모양을 본땄댔는데 묘하게도 숫자'0'과 형태와 의미가 같다. 음가가 없는 'ㅇ'의 개발로 음소문자이면서도 음절문자의 기능도 발휘하는 신묘한 문자가 탄생됐다. 「§Ⅱ-[2] 유독, 한글의 표기법이 어렵다고?」에서 밝힌 <'opera'의 음절이 'o-per-a'(오펠아)인지 'o-pe-ra'(오페라)인지, 또는 'op-er-a'(옵엘아)인지 'op-e-ra'(옵에라)인지 구별할 수 없다.>에서 한글은 모아쓰기와 'ㅇ'의 적용으로 음절구별이 가능해졌음을 알 수 있다.

엔 분수를 소수로 표현할 수 없었다. '0'의 도입으로 소수점 아래를 정확하게 표현하게 됐다. 분수는 대소 구별이 어려운 경우가 많은데 소수는 대번에 알아 볼 수 있게 한다는 점에서도 혁신적인 표기법이다.[30]

기온을 춥다 덥다 했을 뿐 영상 몇도 영하 몇도 하는 식의 구분을 할 수 없었으며, 사과 3개에서 2개를 먹으면 1개 남지만 사과 2개에서 3개를 먹을 수 없다고 생각했다. 하지만 '0'이 사용되면서 '0'을 기준으로 양수(+)에 대응되는 음수(-)를 온전하게 인식할 수 있게 됐다. 「§Ⅲ-[3] 묘한 계산법」에서 밝혔듯이 (-)×(-)=(+)라는 것도 '0'이 적용돼 확실하게 해결됐다.

'0'을 기준으로 양수의 대응이 음수라는 논리를 끌어내고 이로 인해 수직선과 그래프도 개발됐다. 그래프의 유용성은 수학에서뿐만 아니라 실생활에도 엄청나다. 1차, 2차, 3차 함수는 물론 원, 타원, 쌍곡선, 포물선 등 온갖 계산이 가능한 좌표그래프뿐만 아니라 막대그래프, 꺾은선그래프, 파이그래프, 방사형그래프, 히스토그래프 등을 개발하여 통계, 확률, 차이, 비교, 변동, 주기, 추이, 패턴, 분포, 경향 등을 한눈에 알아볼 수 있게 됐다. 위치추적과 내비게이션도 좌표그래프 덕에 개발됐다.

숫자 '0'은 과학과 기술 분야에도 큰 영향을 미쳤다. 물리학, 화학, 공학, 천문학, 생물학, 의학, 정보 기술 등의 분야에서 숫자 '0'은 수량을 정확하게 표현하고, 연산, 예측, 모델링, 암호화, 알고리즘, 시뮬레이션 등의 개발 및 고도화를 가져왔다. 컴퓨터의 정보처리 언어가 '0'과 '1'로 구성돼 있다는 것을 모르는 사람은 없을 것이다. 20세기 최고의 발명품이라는 컴퓨터도 '0'이 없었다면 태어날 수 없었다.

'0'이 개발되지 않았다면 인간의 사고 세계는 중세시대 수준에서 머물렀을 것이다. 중세시대까지 인간의 머릿속에 '0'과 이에서 파생된 '-' 값이 없었기 때문에 인간이 사회를 바라보는 시각에 '변화'가 있을 수 없었다. '0'이 인간의 사고에 들어옴으로 해서 '정체된 사회'라는 시각을 갖게 됐고 이에 발맞춰 '진보/퇴보'라는 개념을 갖게 됐다. 이는 경제의 성장, 답보, 쇠퇴뿐만 아니라 모든 영역에 '(+)'의 틀에 갇힌 관념이 '(+)-(0)-(-)'으로 확장돼 과

---

30   프로야구 선수A와 B의 타율을 보자. 소수가 없을 경우 A는 전반기에 212타수 56안타, 후반기엔 167타수 45안타를 쳐서 총 379타수 101안타를 치면 56/212, 45/167, 101/379로 표기하고, B는 전반기에 181타수 49안타, 후반기엔 156타수 41안타를 쳐서 총 337타수 90안타를 치면 41/156, 49/181, 90/337로 표기하는데 이것으론 타율 파악이 쉽지 않다. 이를 소수로 표기하면 전반기-후반기-전체가 A는 0.264-0.269-0.266이고, B는 0.271-0.263-0.267이다. A는 후반기에 타율이 오르고 B는 타율이 떨어진 것, 전반기엔 A보다 B의 타율이 높은 것, 후반기엔 A가 B보다 높은 것, 전체 타율은 A보다 B가 높은 것 등을 한눈에 파악할 수 있다.

학적·논리적·철학적 사고의 세계를 활짝 열어젖혔다. '0'의 개발은 수리 관련 분야의 발전에 그치지 않고 사고 세계의 확장과 사고 체계의 고도화에까지 지대한 영향을 끼친 것이다. 그런데도 '0'의 발명을 어디에서도 인류의 4대 발명으로 꼽지 않는다. 통찰적·비창적 시각의 부족에서 비롯된 것으로 볼 수밖에 없다.

　이로써 인류의 4대 발명을 살펴보았다. 그런데 이들 못지않게 인간 생활에 지대한 영향을 끼쳤는데도 널리 인정받지 못한 것들이 있어 안타깝다. 서두에서 언급한 발전기, 철근 콘크리트(철콘)와 특화분업(특분) 이론이다. 필자는 이 셋을 더해서 인류의 7대 발명이라 부르고 싶다.

　우리의 생활은 전기를 빼고 이야기할 수 없다. 전기가 나가면 거의 모든 게 멈춰 선다는 것은 그리 어렵지 않게 상상할 수 있다. 전기의 개발로 밤을 환히 밝힐 뿐만 아니라 온갖 전열기, 전자기기, 가전제품을 누리게 됐다. 공장에서 기계를 전기로 가동해서 공산품이 만들어진다. 인간의 윤택한 생활 용품들은 전기의 개발로 가능해진 것이다.

　영화, 라디오, TV 등의 문화 창출도, 전신·전화 등의 통신의 혁신도, 전자계산기와 컴퓨터 등을 이용한 계산·지식·정보의 디지털 혁명도 전기가 없으면 생겨날 수 없었다. 4차 산업을 견인하는 모델링, 시뮬레이션, 딥러닝 및 인터넷도 전기가 없으면 태어날 수 없었다. 시간과 공간의 제약을 뛰어넘고, 인간 능력의 현실적 한계를 극복한 것이다.

　전기란 자연 상태에도 존재한다. 따라서 전기 자체는 발견에 해당한다. 하지만 자연 상태의 전기는 우리가 유용하게 사용할 수 없다. 그래서 발전기는 발명이다. 전기를 인위적으로 만들어 원하는 대로 쓰는 발전기야말로 위대한 발명인 것이다. 문자의 개발이 동물과 인간을 구분짓게 했다면 전기의 개발은 인간의 능력을 신의 영역에 가깝게 했다고 할 수 있다. 초 인류로 탈바꿈하게 한 발전기, 인류의 7대 발명으로서 손색이 없다.

　철콘을 보자. 인간은 절대로 늘릴 수 없는 지구의 한정된 땅덩어리 위에 살고 있다. 그래서 2층 3층으로 건물을 올리면 한정된 땅덩어리의 효율을 2배, 3배 증가시키는 대혁명이 된다. 인류의 역사에서 높게 지은 건축물은 꽤 있다. 그러나 건물 내부를 층으로 나눠 각 층마다 살림살이나 공장 설비를 갖추고 여러 사람이 쿵쿵 뛰어다녀도 무너지지 않는 고층 건물을 짓는 데는 모두 실패했다.

층간 바닥을 나무로 하면 쉽게 꺼지고 돌·흙·콘크리트로 하면 인장력이 약해서, 층간에 쌓아둔 물건의 무게나 사람이 뛰어다니는 충격에 금이 가고 무너져 내린다. 고대 로마 시대에 두꺼운 판자나 시멘트로 층간 바닥을 댄 2~3층으로 지은 인슐라가 있었는데 바닥의 인장력이 약해 무너질까 봐 공간을 협소하게 지었으며 이마저도 불안해 널리 보급되지 못하고 명맥이 끊겼다.

층간 바닥을 두꺼운 철판으로 할 수도 있지만 자체 무게가 너무 나가고, 너무 비싸 경제성이 없다. 또한 철판의 크기가 한정돼 있어서 철판 여러 개를 이어서 층간 바닥을 만들어야 하는데, 이럴 경우 살림살이·공장설비가 더해진 철판 무게와 여러 사람이 뛰어다니는 충격을 이기지 못하고 철판 이음매가 떨어져 나가게 된다.

그러나 철근을 박은 콘크리트는 인장력도 뛰어나 건물을 10층 20층 올려도 끄떡없다. 철판 한 장으로 철근 수백 개 만들 수 있으므로 철콘은 경제성도 뛰어나다. 공간이 널찍한 고층 건물은 철콘으로 가능해졌다. 절대로 늘릴 수 없는 한정된 땅의 효율을 고층 건물로 10배 20배 늘렸으니 가히 혁명이 아닐 수 없다. 철콘으로 지구의 몸집이 두 배 세 배 늘어난 셈이다.

철콘은 댐, 둑, 다리, 도로, 운하, 항만, 공항, 스타디움 등에도 필수적이다. 특히 도로는 사람 몸의 핏줄과도 같다. 현대 사회는 도로를 빼고 말할 수 없다. 자동차, 트럭, 버스가 달리면 맨땅 도로는 이내 울퉁불퉁해지고, 시멘트 도로는 쩍쩍 갈라져 여기저기 움푹 팽기고 군데군데 푹 꺼져 버린다. 철콘으로 기초를 다지고 그 위에 아스팔트를 깐 도로는 자동차가 쌩쌩 달려도 멀쩡하고, 무거운 트럭, 버스가 달려도 거뜬하다. 철콘으로 지구의 피돌기가 원활해진 것이다. 지구의 몸집을 키우고 피돌기를 원활하게 한 철콘, 7대 발명으로서의 가치가 충분하다.

마지막으로 특분 이론이다. '이론'이 무슨 발명이냐고 의아해할 독자도 있을 것이다. 발명이라 하면 물체만을 생각하는 경향이 있지만 물체가 아닌 창작도 엄연한 발명이다. '한글'이 세종대왕의 위대한 발명품이라는 것을 떠올리면 쉽게 이해할 수 있을 것이다. 특분 이론의 의의는 「[7] 1776년에 무슨 일이」에서 다뤘으므로 여기선 생략한다.

【 긴 머리에 빨간 티 】

내성적인 성격에 딱히 친한 친구가 별로 없던 나는 고개 너머 윗마을의 혁이네로 줄창나게 놀러갔다. 혁이는 농고생이었지만 초·중졸이 전부인 그 조그마한 마을에선 최고의 학벌이었다. 괄괄한 성격의 혁이는 최고의 학벌에 우쭐대면서 그 동네에서 늘상 대장 노릇했다.

난 사는 동네가 다른데다가 인문고를 다녔기에 또래 집단의 특성상 배척될 수도 있었지만, 초·중학교 9년을 함께 다닌 혁이가 둘도 없는 친구라며 나를 감싸고 놀았다. 동네의 예닐곱 머슴아들이 혁이네 아랫집인 준이네에 자주 모였다. 준이네가 조그마한 그 동네에선 그나마 제일 집이 컸고 마당이 아주 넓어 여럿이 놀기에 딱이였다.

고1 여름방학 때, 변화란 별로 없던 그 시골 동네에, 준이네 집에 외지에서 한 가족이 새로 이사 들어왔다. 홀어머니 밑에 딸 둘. 말괄량이 순이는 중졸의 우리 또래였고, 새침데기 숙이는 중3. 같이 놀기 딱 좋은 청춘들이었는데… 특히 동생 숙이는 외모가 빼어나 사내놈들이 친한 척 함께 어울리면서도 숙이의 환심을 사려고 은근히 신경전을 벌였다. 긴 머리에 빨간 티를 즐겨 입었던 순이도 외모가 그리 모자라진 않았지만 가엽게도 앞니가 두 개나 없는 지라, 같이 놀면서도 우리끼리 몰래 키득거리곤 했다. 하지만 이러한 것들은 어느 누구도 내색하지 않아 모이기만 하면 그저 좋아 신났다.

때는 바야흐로 80년대 초 한여름, 읍내의 롤러스케이트장, 청춘 남녀 여럿이 저녁에 놀러 갔다. 경쾌한 디스코 음악 속에 신나게 내달리는 아이들. 사실, 롤러스케이트 하면 그 어느 누구도 나를 '따를 자'가 없었다. 나를 따르기는커녕 내가 따라가기 바빴다. 운동신경과는 거리가 먼 나는 끊임없이 넘어지고 자빠지고. 순이, 숙이도 나와 별반 다를 바 없었다.

그러자 엉큼한 동네 녀석들은 서로 숙이에게 롤러 타는 법을 가르쳐 주겠다고 앞다투어 나섰다. 멋진 재주를 뽐내며 놈들은 숙이 근처를 맴돌았다. 둘도 없는 친구라던 혁이도 나는 아랑곳하지 않고 계속해서 숙이만을 둘러싸고 놀았다. 아니 오히려 솜씨가 가장 뛰어난 혁이가 그런 무대를 주도해 나갔다. 그들은 나와 순이를 무대에 끼워주질 않았다. 나와 순이는 자꾸 구석으로 내몰렸다.

- '의리 없는 짜식들. 같이 놀러와 놓고. 어떻게든 숙이를 독차지하려고 기를 쓰는 꼬락서니하고는…' 내색은 안했지만 은근히 서글펐다. 구석에서 부아를 삭였다. - '나도 나지만 순이는?' 순이의 얼굴에 애처로운 그늘이 비쳤다. 단지, 이 빠진 외모 때문에 자기 동생 숙이와는 영 딴판으로 따돌림을 당하는 순이. 솔직히 말해서 나도 외모 때문에 꽤 경계를 받아왔다. 오른 뺨 아래쪽에 씹다 버린 껌처럼 엉겨 있는 불에 덴 흉터.

보잘 것 없는 그 마을에서 하늘(^^)같은 학벌을 갖고 있는 내가 그 동네 친구들 앞에서 한껏 우쭐댈 수 있었겠지만 뺨의 흉터는 사춘기의 나를 내성적으로 몰아갔고 하늘같은 학벌의 파워를 한없이 깎아 내렸다. 기실, 숙이도 나의 흉터를 꺼려하는 눈치였고, 나 또한 그런 연유로 숙이에게 적극적이지 못했던 것이었다. 맘은 굴뚝같았지만….

구석으로 내몰린 순이와 난 서로를 격려하며 열심히 실력을 연마했다. 그러는 와중에 남자이기에 조금이나마 더 잘 타는 내가 자연스럽게(•_-;) 순이의 손을 잡아끌어 주었다. 새치름한 숙이에 비해 말괄스럽게만 여겼던 순이… 그 순이의 손을 별 생각 없이 잡아끌었는데… 그런데, 어라, 묘한 전기가 손을 타고 찌릿찌릿 올랐다. - '그래도 여잔 여잔가?' 말괄스런 모습은 전혀 찾아볼 수가 없었다. 내손을 다소곳이 뿌리치는 시늉도 했다. - '이 말괄량이가 빼네?'

어느덧 날이 어둑해졌다. 어두우면 용기가 솟는 법. 순이와 난 서툴지만 인파를 헤치고 슬금슬금 중앙무대로 진출했다. 그러나 아직은 무리였던 듯. 순이가 중심을 잃고 내 쪽으로 비틀댔다. 달리 피할 도리가 없었던 난 황급히(-_-;) 순이를 꺼안았는데···. 순이의 몸이 닿자 머리털이 쭈뼛쭈뼛 곤두섰다. - '아니, 순이 몸이 이렇게 야들탱글했던가? 살결도 참 곱고 우유 빛이네?-초코우유(^_^;) ··· 어두워서 그런가?'

나와 순이가 중앙 무대에 나타나자 기다렸다는 듯이 놈들은 우리 옆을 치며 내달렸다. 그러면서 한마디씩 던지기를 잊지 않았다. "히야~, 둘이 아주 잘 노는데~! 잘 해 봐라~!" 우리는 서로 뒤엉켜 넘어졌다. 급히 일어나려다 다시 또 엎어졌다. 순이의 얼굴이 빨개졌다. 부끄러워 살짝 웃었다. 살짝 웃으니 이 빠진 모습이···. - '어라, 이 빠진 얼굴이 도리어 엄청 앙증맞네? 순이 얼굴이 이렇게 깜찍했던가? 조명 받아 그런가?'

가까스로 몸을 추슬러 다시 구석으로 나갔다. 구석에서 다시 순이를 보니 애처로운 얼굴에 청초함이 넘쳐났다. - '긴 머리에 빨간 티도···. 참 맵시 있네? 아, 내 눈에 껌이 붙었나보다.' 현란한 음악 속에 들려오는 연놈들의 깔깔 호호 소리. 치열한 쟁탈전 속에서 숙이의 선택은 역시 혁이로 결판났다. 혁이는 의기양양하게 숙이의 손을 잡고 달리면서 갖은 묘기를 다 부렸다. - '연놈들···. 그래 잘났다!···.' 배알이 확 뒤틀렸다.

그 일이 있고 난 뒤로 윗마을에 가지 않았다. 친구 놈들이 -(특히 혁이)- 괘씸하기도 하거니와 순이를 생각하면 마음이 싱숭생숭 도무지 갈피가 잡히지 않았다. 그러자 혁이가 우리 집에 찾아왔다. 왜 놀러 안 오냐고 하면서, 준이네 집에 다 모였으니 가자고 했다. 나는 속 좁은 놈이라고 비웃을까 봐 롤러스케이트장에서의 울분은 내색하지 않고 혁이를 따라갔다.

녀석들은 나를 반가이 맞았다. 언제나처럼 놈들은 숙이를 둘러싸고 시시덕거렸다. 헌데, 늘상 같이 떠들어대던 순이는 자기네 집 작은 툇마루에 앉아, 가끔 우리 쪽을 쳐다만 볼 뿐 우리가 모여 있는 준이네 넓은 마루로 건너올 생각을 하지 않았다. - '웬일이지, 저 말괄량이가? 뭘 잘못 먹었나?' 나는 친구 놈들이 혹시 롤러스케이트장에서처럼 놀릴까 봐 표시를 못 내고 힐끗 한번 순이를 훔쳐봤다. ··· 긴 머리에 빨간 티. 아···, 낮에 보니 순이는 더 예뻤

다. 다소곳이 앉은 모습이 너무도 청초해 보였다. - '아예 내 눈에 강력 본드가 붙었구나!!!'

우리는 뒷밭에 가서 몰래 따온 수박을 주먹으로 깨먹으며 순이에게 손짓했다. 그래도 반응 무. 수박을 먹고 난 뒤 우리는 준이네 마당에서 3명씩 편을 갈라 축구를 했다. 순이와 숙이에게는 열심히 응원하라는 부탁을 하고…. 더운 여름날 공을 차면서 땀을 흠뻑 흘리는 것보다 신나고 상쾌한 일은 없을 것이다. 하지만 난 예전만큼 신나지 않았다. 전과는 달리 축구자체를 즐기기보다는 모두 다 숙이 앞에서 멋지게 보이려고 열 올리는 것 같았다.

역시 축구에서도 난 왕혹우[31]였다. 축구공은 영 내 말을 안 들었다. 여자들이 보는 앞인데 자꾸 실수만 해대고. 반면 혁이는 완전히 날았다. 운동신경에 원체 차이가 났다. 혁이가 공을 몰며 기합을 지르면 숙이는 좋아라고 소리 지르며 박수쳤다. - '티내기는 연놈들…' 닭살이 돋았다. 그러는 와중에도 혁이는 내가 공을 잡기라도 하면 순이더러 응원 좀 하라고 일일이 일러주는 친절(?)을 베풀었다. - '날 위하는 건지 약 올리는 건지.' 그러건 말건 순이는 그저 멀거니 우릴 바라만 볼 뿐이었다. 아니, 실눈을 뜨고 실수를 연발하는 나만을 안쓰럽게 바라보는 것 같았다. … 가늘게 뜬 실눈. 처연해 보였다.

열기가 달아오르자 비가 땀 오듯 했다.[32] 우리는 너나 할 것 없이 웃통을 훌렁 벗어 제치고 메리야쓰 바람으로 뛰었다. 하얀 메리, 누런 메리, 찢어진 메리.[33] - 우리끼린 별로 새삼스런 모습이 아니었다. 지치도록 뛰고 나니 어느 덧 해가 뉘엿뉘엿 지고 있었다. 흠뻑 젖은 땀을 씻기 위해 우린 마당 한 켠에 있는 우물로 갔다. 메리야쓰마저 벗어 제치고, 한 놈이 엎드리면 다른 놈이 바가지로 물을 길어 등에 쏟아 부었다. 혁이와 난 뒤에서 기다렸다. 먼저 등물을 마친 놈들이 옷을 주섬주섬 입으며 마루로 올라갔다.

혁이 차례가 됐다. 내가 바가지를 잡고 혁이더러 엎드리라고 했다. 그런데…, 혁이가 손

---

31   '왕-호구'를 찌농스럽게 적었다.
32   '땀이 비 오듯 했다'의 찌농식 개그
33   동요 <우산 셋이 나란히>의 '파란 우산, 깜장 우산 찢어진 우산'에 운을 맞춘 것이다. 당시의 메리야쓰는 흰색밖에 없었다. 메리야쓰를 오래 입으면 땀에 절어 누르스름해지고 더 입으면 너덜너덜해진다.

을 내저었다. 놀랍게도 숙이가 다가오는 게 아닌가? 내게서 물바가지를 받아 들려고 손을 내밀면서…. - '어라? 요것들 봐라? 이래도 되는 거여?' 난 당혹스럽게 물러났다. 마루의 친구 놈들이 쑥덕대기 시작했다.

혁이 다음 마지막 내 차례가 됐다. 그런데, 어찌된 일인지 내가 엎드리자 혁이는 내게 물을 부어 주지 않고 그냥 마루 쪽으로 가버렸다. 숙이랑 시시덕거리면서. 아무도 나에게 물을 부어 주려 하지 않았다. - '이런 황당한 일이 있나?' 혼자 물을 끼얹을 수도 없고, 그렇다고 멋쩍게 그냥 일어설 수도 없고. 엎드린 채 고개를 돌렸다.

- '별 수 없지. 까짓것!'

난 엎드린 채로, 이 광경을 물끄러미 바라만 보고 있던 순이에게 손짓했다. 물론 기대하진 않았다. 그런데 이건 또 어찌된 일인가? 순이가 쭈뼛쭈뼛 내게 다가오는 것이 아닌가? - '아이고…!' 막상 순이가 물을 부어 주면서 등을 손으로 쓸어 주자 온몸이 움찔움찔. 팔다리가 후들거렸지만 억지억지로 배에 힘을 주어 태연한 척 버텼다.

"얼레리꼴레리~, 얼레리꼴레리~"[34] 마루에서 놈들이 놀리는 소리가 들려왔다.

"치이, 누가 좋아서 이러나? 장난이지!" 순이는 내 등에 물을 마구 쏟아부었다. 정말로 장난기가 동했는지 위아래를 가리지 않고 우물물을 마구 퍼부었다. 예전의 말괄량이 그대로 깔깔깔 웃으면서…. 난 고스란히 물벼락을 맞았다. 내가 일어났어도 순이는 계속 깔깔대며 물을 뿌려댔다. 나도 맞받아쳤다. 모든 것이 물보라에 산산이 흩어졌다. 그저 마냥 좋았다.

잠시 후……. 순이는 웃음을 멈추고 가만히 나를 쳐다봤다. 난 바지 속까지 물이 흠뻑 젖

---

34   '얼레리꼴레리'는 비표준어로 표준어는 '알나리깔나리'라고 한다. 그럼 '얼레꼴레'는 '알나깔나'인가?

어 물이 줄줄 흐르는 상태로 서있었다. 여름날이긴 했지만 해가 떨어졌는지라 몸이 오실거렸다. 순이가 조용히 손을 내밀었다.

"미안해. 저… 바지 말려 줄게."-"이, 입고 있으면 바, 바로 말라…."
"아냐, 그러다 감기 걸려."-"괘, 괜찮아. 하, 한여름인데 뭘…."
"입술이 파래, 말도 덜덜 더듬고."-"…그, 그….
"나 난처하게 하지 말고, 얼른."-"……."

그날 밤… 난 잠을 제대로 잘 수가 없었다. 긴 머리 빨간 티. 가늘게 뜬 실눈. 시원한 등물. 보드라운 손결. 움찔대는 등살. 부서지는 물보라. 깔깔대는 얼굴. 그 말괄량이가 내 바질… 머릿속이 이거저거 마구 뒤섞이고 야릇한 느낌에 끊임없이 가슴이 뛰었다.

다음 날. 윗마을에 가기가 망설여졌다. - '순이를 보면 어떡하지? 어떻게 하긴 뭘 어떻게 해? 그냥 딴 때나 마찬가지지. 그런데 내가 왜 이러지? 왜 이리 가슴이 설레지? 왜 이리 순이가 보고 싶을까? 혹시 내가…? 에이, 무슨… 그냥 한번 가 보자!' 한참을 망설이다 윗마을로 발을 옮겼다. 원래 조용한 마을이긴 하지만 그날따라 무척이도 고요하게 느껴졌다. 사람을 만나기라도 하면 괜시리 쭈뼛쭈뼛. 어느 덧 준이네 집에 닿았다. 그런데 준이네 집에도 적막만이 흘렀다. - '어라, 한 놈도 안 보이네?'

준이이네 집 앞에 더 이상 어물쩡거릴 핑계가 없었다. 마당을 힐끗힐끗 쳐다보다 하릴없이 그냥 지나쳐 혁이네로 멈칫멈칫 아쉬운 발걸음을 옮겼다. 그런데, 순간 적막을 깨고 순이가 나왔다. 우물로 설거지하러 나온 순이. - '아, 순이야!' 하지만 말이 입 밖으로 나오질 않았다. 순이가 날 힐끗 쳐다봤다. 숨이 막혀왔다. 도둑질하다 들킨 양 엉거주춤. 순이는 설거지를 서둘렀다. 그리곤 부엌으로 휙…!

멍하니 서 있다가, 남에게 들킬세라 얼른 혁이네 집으로 올라갔다. 혁이와 난 준이네 집

마당이 내려다보이는 언덕 바위에 걸터앉았다. 서로 말이 없었다. 혁이는 준이네로 놀러 갈 기색이 없어 보였다. 그렇다고 내가 가자고 말을 꺼내기도 멋쩍었다. 방학이 며칠 안 남았다는 둥 간간이 실없는 몇 마디 주고받고는 더 이상 말을 잇지 못했다. 그냥 그렇게 죽치고 있다가 별 말없이 엉덩이를 털고 헤어졌다. - '아무래도 어제 일이 좋지 않게 소문난 모양이군. 하기야 머리에 피도 마르지 않은 연놈들이 허구 헌 날 모여서 시시덕거리니…. 그런 것조차도 동네 사람들이 좋게 봐 줄 리 만무한데, 기집애가 머슴아 등물까지 해 주며 놀아났으니….'

난 행여나 순이를 어떻게 볼 수 있는 껀수가 생기지나 않을까 하는 마음에 매일같이 혁이네 집을 찾았다. 준이네 집을 지나칠 땐 크게 숨을 들이마시고, 좌우를 살피고, 기웃거리면서. 하지만 안타깝게도 순이의 모습은 보이질 않았다. 미칠 것 같았다. 바보 같으니…. 만나면 할 말도 없으면서…. 애만 탔다. 야속한 기집애…. 그렇게 며칠이 지나갔다.

그럭저럭 새 학기가 시작됐다. 부질없는 짓은 그만 두고 이젠 정신 차려 공부나 하자고 마음을 다부지게 먹었다. 윗마을엔 아예 발길을 끊자고 다짐했다. 숱하게 다짐하고 다짐했다. 하지만 그러면 그럴수록 '긴 머리에 빨간 티'는 내 머리 속을 더 헤집고 다녔다. 작심삼일이라 했던가? 개학한 첫째 토요일 방과 후…. 그냥 보내기엔 날이 너무나도 화려했다. - '도저히 안 되겠다. 딱 한번 얼굴만이라도 보고 오자.'

어느새 발걸음은 윗마을로…. 준이네 집을 지나칠 때 혹 남이 볼세라 슬쩍 기웃거렸다. 순이는 물론 다른 놈들도 안 보였다. - '애들이 아예 모이질 않는구나. 동네어른들이 단속을 단단히 하나보다.' 내친김에 혁이네 집으로 올라갔다. 그도 집에 없었다. 학교에서 농장으로 단체 실습을 나갔기 때문에 한 달 동안 집에 안 올 거라 했다. 하릴없이 어기적어기적 혁이네 집을 걸어 나왔다. 준이네 집이 내려다보이는 예의 그 언덕 바위에 걸터앉았다. 바위에는 소나무 그늘이 드리워져 있었고, 바위와 준이네 집 사이의 비탈면엔 옥수수 밭이 널찍이 자리하고 있었다. 한적했다. 한숨이 나왔다.

뻘건 수염이 드리워진 옥수수 하나를 꺾어 들었다. 바위 위에 올라서서 옥수수수염을 부여잡고 하늘을 보며 허공에 휘휘 돌렸다. 하염없이 시간만 흘러 어느덧 붉은 노을이 옥수수 밭을 물들였다. - '아, 뒷모습이라도 한번 볼 수 있다면….' 얼마나 돌렸을까? 한참을 돌리다가 문득 아래를 내려다보니…. - '아…, 저기, 저게 누구야!' 아, 그렇게 보고 싶던 순이가 옥수수 밭을 가로질러 휘적휘적 걸어오고 있는 것이 아닌가? 순이는 내가 바위 위에 올라서서 옥수수를 돌리는 게 자기를 부르는 신호로 여겼는지 뚤레뚤레 내게로 다가왔다. 긴 머리에 빨간 티, 여전했다.

"야, 너 여기서 뭐 해?"-"으, 으응, 그, 그냥….”

"접땐 미안했어. 물벼락 맞게 해서."-"뭐, 뭐얼, 외, 외려 고마웠지….”

"일부러 그런 게 아닌 거 알지?-"아, 아무래도 나, 난, 괘, 괜찮아….”

"너 아직도 말 더듬냐?"-"아, 아닌데?"

"아니긴…, 바~보 같이….”-"……." (정말 난 바보된 것 같다)

"그건 그렇고 너도 내 동생 숙이 흉보니?"-"으, 으응? 무, 무슨 흉…?"

"걔 원랜 되게 착해."-"그, 그래…?"

"너 인문고 다닌다며?"-"으, 으응, 그, 그런데…?"

"숙이도 인문고 갔음 좋겠는데, 공불 안 해. 하면 곧 잘 할 텐데 말야."-"……."

"나 요즘 일 다녀. 숙이가 나처럼 돈 없어 학교 못 간다는 소리 못하게 하려고."-"……."

"내일도 일 나가. 내일부턴 밤늦게 끝나. 앞으론 보기 힘들 거야."-"……."

"내가 별 소릴 다 하네."-"……."

잠시 침묵. 그냥 이대로 시간이 멋었으면…. 뭐라 말을 해야겠는데 입에서 말이 떨어지지 않았다. 내가 줄곧 말이 없자 순이도 멋쩍었는지 혼잣말처럼 중얼거렸다.

"참 웃겼어. 적에도 없는 남자 등물에 바지까지 다 말려주고…. 후후."-"……."

"참, 너 시간 있니!?"-"으, 으응…, 왜, 왜에…?"

"응, 시간 있으면 니 메리야쓰 좀 꿰매 입으라고. 깔깔깔….”-"……." (치이, 니 이빨이나 꿰매라!)

"너 축구할 때 보니까, 메리야쓰 완전 여름용이더라. 크크…"-"……." (니 입 월동 준비나 잘 해!)
"아, 미안, 농담이야, 농담. 나 갈게. 그럼 담에 보자!"-"……." (아, 잠깐, 잠깐만…)

순이는 휭하니 긴 머리를 휘날리며 자기 집으로 내려갔다. - '제발 조금만 더…' 소리가 입 밖으로 나오질 않았다. - '바보 같으니…' 나는 한 동안 멍하니 그 자리에 서 있었다. 붉은 노을 물든 옥수수 밭에서 짧게 마주했던 긴 머리에 빨간 티….

그날 이후로 순이를 보지 못했다. 밤마다 우두커니 그 바위에 앉아 속절없이 순이네 집을 바라만 보았다. 그리움만 쌓여갔다. 못된 기집애… 아무 것도 손에 잡히질 않았다. 잊자. 윗마을엔 이제 발을 끊자. 정말 끊어 버리자고 다짐하고 다짐했건만, 어느새 나는 예의 그 바위에 걸터앉아 있었다. 하루도 거르지 않고 저녁만 되면…. 보름이 지났을까? 그날도 그 바위 위에 앉아 있었다. 누군가 다가왔다.

"야, 너 여기서 뭐 하냐? 이 밤중에?"-"어, 혁이구나? 너 농장에 실습 갔다메 어떻게…?"
"오늘 휴가 나왔어. 모레 또 가야 해. 어떻게 지냈냐? 공부 열심히 하지?"-"공부는 무슨!"
"열심히 해라. 휴, 우리 같은 땅꾼들이야…"-"지랄, 뭐가 땅꾼이야. 너 얼굴 많이 탔구나."
"시끼, 실없긴! 껌껌한 밤에 무슨 얼굴!"-"많이 힘들지?"
"힘들지. 꼰대 모르게 술 마시고, 술이 덜 깬 채 노가다 뛰고…"-"짜슥, 학생이 술을…"
"농대생 형들이 실습조교인데 얼마나 친절하다구…"-"지랄…, 그게 어디 친절이야?"
"근데 너 여긴 웬일이야? 날 찾아 온 건 아닐 테고…"-"으응…, 그냥…, 바, 바람 쐬러."
"바람은 무슨, 이 시각에. 너 혹시…?"-"호, 호, 혹시라니?"
"아냐…. 그나저나 이젠 다들 바쁜가 봐. 일 다니느라."-"열심히 살아야지…"
"모처럼 형님이 집에 왔는데, 한 녀석도 안 나타나."-"그렇게들 바쁜가?"
"그러게 말여. 하루 종일 심심해 죽는 줄 알았다야."-"수, 수, 숙이가 있잖아…"
"짜슥, 내가 숙이랑 놀 군번이냐? 그나마 걔네도 머~얼리 이사 갔다더라."-"어, 언제…?"
"한 사나흘 됐다나 봐."-"그, 그랬었구나…"

어디로 이사 갔는지 알 수 없어 더 이상 순이를 만나질 못했다. 세월이 약이라고 차츰 순이의 영상은 아련해져 갔다. 하지만 영상은 지워져도 설렘은 오래도록 사라지지 않았다. 대학 초년 때까지만 해도 간혹가다 긴 머리에 빨간 티만 보면 괜스레 심장이 뛰고 야릇한 감정에 사로잡히곤 했다. 지금은 그나마도 느끼지 못하리만치 무척이도 세월이 무디어졌지만, '긴 머리에 빨간 티'는 아직도 나만의 언어로 간직되어 있다.